ADMINISTRAÇÃO
EMPREENDEDORA

ADMINISTRAÇÃO EMPREENDEDORA

Edmir Kuazaqui (Org.)
Antonio Renato Cecconello
Antonio Vico Mañas
Cláudio Saito
Fernando Brasil da Silva
Gustavo Corrêa Mirapalheta

Gestão e marketing criativos e inovadores

João Pinheiro de Barros Neto
José Predebon
Luiz Carlos Takeshi Tanaka
Maisa Emilia Raelers Rodrigues
Teresinha Covas Lisboa
Vera Lucia Saikovitch

SEI UNIVERSITÁRIO

Preparação de texto
Gabriele Fernandes
Revisão
Julian Guilherme
Vitória Doretto
Renata da Silva Xavier
Ariadne Martins
Projeto gráfico de miolo e editoração
Daniele Gama
Capa
Daniele Gama
Impressão
Edições Loyola

Copyright © 2016 *by* Edmir Kuazaqui
Todos os direitos reservados ao SEI Universitário.

Telefone: (11) 3562-7814/3562-7815
Site: http://www.seiuniversitario.com.br
E-mail: atendimento@seiuniversitario.com.br

DADOS INTERNACIONAIS PARA CATALOGAÇÃO NA PUBLICAÇÃO (CIP)

A186
Administração empreendedora : gestão e marketing criativos e inovadores / Edmir Kuazaqui (organizador) ; Antonio Vico Mañas ... [et al.]. – São Paulo : Évora, 2015.
576 p. ; 16x23 cm.
ISBN 978-85-8461-013-6
1. Empreendorismo. 2. Marketing – Administração. 3. Sucesso nos negócios. I. Kuazaqui, Edmir, 1963-. II. Vico Mañas, Antonio, 1948-.
CDD- 658.4

JOSÉ CARLOS DOS SANTOS MACEDO – BIBLIOTECÁRIO – CRB7 N. 3575

Agradecimentos

Agradecer aos alunos é comum em todo texto introdutório de um livro, mas este ganha maior sabor (apropriando-me de um termo da professora Léa das Graças Camargos Anastasiou) quando o tema central é empreendedorismo, criatividade e inovação, pois geralmente essas competências são incentivadas a partir da construção de conhecimento proveniente do contato entre alunos e professores. Posteriormente, no mercado de trabalho é possível traduzir em ações os conhecimentos auferidos, tornando mais grata a satisfação em perceber os benefícios individuais, profissionais, econômicos e sociais conquistados.

Nossos agradecimentos aos alunos dos cursos de pós-graduação em Administração Geral, MBA em Marketing Internacional e Formação de Traders e MBA em Comércio Exterior da Universidade Paulista (UNIP) e aos alunos dos cursos de graduação em Administração e Relações Internacionais, além dos cursos de férias da Escola Superior de Propaganda e Marketing (ESPM).

Ao Jesuíno I. Argentino Júnior, Marcus Amatucci, Rodrigo Ulhoa Cintra de Araújo, Carlos Barbosa C. Júnior, Luiz Fernando Dabul Garcia, Victor Trujillo, Luis Antonio Volpato, Léa das Graças Camargos Anastasiou, Walter Buiatti, Teresinha Otaviana Dantas da Costa, N.J. Delener, doutor Teruo Monobe, Gleder Maricato, Giancarlo S.R. Pereira, Haroldo Leitão Camargo, Osmar Coronado, Cláudia Regina de Oliveira Salazar, Yoshie Kameoka Kuazaqui, Iorucika Kuazaqui, Edson Toshyiassu Kuazaqui, Edna Kuazaqui, Naná, Lili, Rickinha, Goulart de Andrade e Margareth Bianchini.

Agradeço ao Conselho Regional de Administração (CRA/SP) pela contribuição na valorização do profissional de Administração e aos participantes do Grupo de Excelência em Gestão de Instituições de Ensino Superior (GIES).

Finalmente, aos amigos e familiares dos autores Antonio Vico Manas, Cláudio Sunao Saito, Fernando Brasil da Silva, Gustavo Mirapalheta (à Rosana e Rafaella, por tudo), João Pinheiro de Barros Neto, José Predebon, Luiz Carlos Takeshi Tanaka, Maisa Emilia Raelers Rodrigues, Antonio Renato Cecconello, Teresinha Covas Lisboa e Vera Lucia Saikovitch pela contribuição expressiva nos capítulos e principalmente pela oportunidade de trabalho em conjunto.

Adm. Edmir Kuazaqui
(Organizador)

Sumário

Introdução 1

O EMPREENDEDORISMO, A CRIATIVIDADE E A INOVAÇÃO EM ADMINISTRAÇÃO ESTRATÉGICA   3

CAPÍTULO 1

A dialética das contribuições econômicas e sociais das competências de empreender, criar e inovar 5

CAPÍTULO 2

Empreendedorismo: uma nova tendência 35

CAPÍTULO 3

Criatividade na administração 55

CAPÍTULO 4

Administração e inovação em negócios: conceitos e práticas indissociáveis ... 67

DISCUSSÃO SOBRE TEMAS   125

CAPÍTULO 5

A ética aplicada ao empreendedorismo 127

CAPÍTULO 6

A responsabilidade social e o empreendedorismo 163

CAPÍTULO 07

A responsabilidade social e ambiental no mercado internacional 197

CAPÍTULO 8

Empreendedorismo e terceira idade 227

CAPÍTULO 09

Empreendedorismo em ensino e educação 269

O Empreendedorismo aplicado ao plano de negócios   303

Capítulo 10

Plano de negócios e o empreendedorismo 305

Capítulo 11

Marketing empreendedor 357

Capítulo 12

Gestão de pessoas aplicada a um plano de negócios novos 391

Capítulo 13

Análise da demanda 419

Capítulo 14

Vendas empreendedoras e construção de relacionamentos estratégicos 457

Capítulo 15

Finanças para empreendedores 489

Estudo de caso   533

Capítulo 16

A feira de artesanato do Trianon: a administração de um pequeno negócio na cidade de São Paulo 535

Reflexões Finais 559

Autores: 561

Introdução

> *The rust never sleep.*
> ***Neil Young***

A evolução é natural e, se a sociedade está neste estágio de desenvolvimento, é devido ao resultado de vários fatores passados que influenciaram o presente e, consequentemente, influenciarão o futuro. Pensando desta forma, pessoas e empresas são importantes, pois representam parte do que é a sociedade, seu pensamento, suas necessidades e riquezas.

Ou seja, para que haja a natural evolução das empresas é necessário um constante contato com as mudanças da comunidade. A ação deve partir do indivíduo, do meio onde vive e dos inúmeros desafios a serem superados. Assim, pode-se concluir que essas transformações influenciam também a sociedade como um todo, seja pela assimilação ou pela expansão de ações.

Essa visão sistêmica possibilita uma ampliação de horizontes, em que pode-se vislumbrar uma série de contribuições econômicas e financeiras que podem resultar também em contribuições sociais. Empreendendo em novos negócios, por exemplo, há a possibilidade de obter os resultados econômicos e financeiros e, consequentemente, a geração de empregos, remuneração e impostos que retroalimentam todo o sistema de uma sociedade.

É com esse conceito que nasceu a ideia deste livro. Todos os autores estudaram, trabalharam e, dentro de suas especialidades, obtiveram determinadas experiências pessoais e profissionais. Como docentes, verdadeiros sacerdotes com a missão de ensinar e educar, contribuem em suas aulas e orientações, democratizando o saber e conhecimentos, além de opinarem sobre diferentes outros assuntos.

O objetivo deste organizador, bem como de seus autores, é a construção de uma sociedade melhor por meio do conhecimento e do trabalho, fazendo com que os leitores possam refletir, agir e agregar positivamente para o sistema de valores de uma sociedade.

Não vivemos no paraíso, mas podemos imaginar como seria e começar a construí-lo.

Edmir Kuazaqui
(Organizador)

O empreendedorismo, a criatividade e a inovação em administração estratégica

A confiança vem de princípios.
STEPHEN COVEY, 1988

Esta parte do livro procura conceituar a criatividade e a inovação e, principalmente, o empreendedorismo. A base do desenvolvimento tecnológico geralmente deriva da inovação; da criatividade podem surgir boas ideias e do empreendedorismo o movimento positivo do desenvolvimento.

PARTE I

CAPÍTULO 1

A dialética das contribuições econômicas e sociais das competências de empreender, criar e inovar

> Um conhecimento empiricamente verdadeiro, mas isolado, não é ciência. Só existe conhecimento científico quando este está inserido em uma teoria.
>
> DENCKER; DÁ VIA, 2001
>
> EDMIR KUAZAQUI

Objetivos

- Discutir a importância da necessidade de empreender, criar e inovar em administração;
- Discutir, de forma contextualizada, a evolução das organizações no decorrer dos tempos e sua importância econômica e social;
- Diferenciar o empreendedor do empresário;
- Discutir a importância do empreendedor individual e da economia criativa como fomentadores de novas oportunidades de negócios;
- Discutir a importância das incubadoras no cenário brasileiro;
- Contextualizar os conceitos sobre as competências humanas;
- Contextualizar e justificar a proposta e conteúdos do livro e sua importância para a sociedade contemporânea.

Introdução

No Brasil, dentre as Ciências Sociais Aplicadas, a Administração destaca-se por ter aplicação corporativa direta. É, por exemplo, por meio dos indicadores de gestão que áreas afins como Finanças, Gestão de Pessoas, Produção e Marketing se intercomunicam com os ambientes interno e externo, possibilitando, num pensamento racional e sistêmico, a plena utilização de recursos para a obtenção de melhores resultados, sejam eles quais forem.

Entretanto, a Administração não pode ser tratada como uma ciência exata, que lida com relações entre o trinômio mercado-empresa-recursos, pois ela trata de relacionamentos entre pessoas, e suas respectivas potencialidades, que possuem níveis de conhecimento, visão e interconectividades diferenciadas.

Compreender essa realidade faz com que a empresa possa adotar formas de agir com estratégias focadas nos indivíduos, diferenciando-se dos concorrentes diretos e indiretos. Desta forma, a empresa deverá, dentro de seus limites, refletir e repensar seus conceitos e paradigmas, para praticar a ciência da Administração de modo criativo, inovador e empreendedor – algumas vezes de forma racional, outras de forma emocional, no sentido de quebrar modelos, superar desafios e/ou mesmo criá-los. Com esta condição, a empresa poderá nortear seu caminho. Essa direção poderá ter seus riscos, mas é só com esse ousar que o amanhã poderá também ser o tempo de colher muitos acertos.

Como ponto pessoal, se você for candidato a uma vaga de emprego em uma empresa e o entrevistador lhe perguntar se você é empreendedor, criativo e inovador, o que você responderia? E se a pergunta seguinte fosse: "Então, exemplifique situações nas quais você exerceu o empreendedorismo, a criatividade e a inovação." O que você responderia? Continue sua leitura para melhor refletir sobre esse assunto.

A Administração e a necessidade de empreender, criar e inovar

No Japão Imperial, a principal fonte de carboidratos originava-se do arroz, alimento milenar e cultural. Para o cultivo dos arrozais são necessários, além das terras alagadiças, diversos insumos, tais como grãos selecionados para o plantio, trabalho humano para a manutenção da plantação, colheita e armazenamento – somente para citar os pontos mais importantes. Além desses fatores, outros, como o clima, possibilidade de pragas e até catástrofes podem influenciar o resultado do processo.

Assim, a sabedoria popular japonesa parecia já ter detectado, desde tempos idos, que, à exceção dos fatores externos, sob os quais não se tinha controle, outros poderiam ser otimizados pela utilização planejada dos recursos, melhorando os resultados. Nessa ótica, tornou-se normal a prática da criação de peixes nas terras alagadas, o que contribuía para que os arrozais ficassem livres de algumas pragas, uma vez que os peixes se alimentavam dos insetos que povoavam as áreas e estas eram adubadas naturalmente e, ao final do período, a produtividade aumentava consideravelmente, com a menor utilização de recursos e menos manuseio humano.

A partir desse exemplo, pode-se notar que a Administração pode ser vista tanto no âmbito do indivíduo quanto no âmbito da empresa, e que ambos têm como conexão o mercado. A necessidade de sobrevivência faz com que os indivíduos e empresas busquem soluções para seus problemas. Na atualidade, os vencedores devem criar seus desafios para manter a constância de crescimento e desenvolvimento. Devem procurar respostas a partir de perguntas muito bem elaboradas.

O ponto de vista corporativo: a evolução e os ciclos de vida das organizações

As empresas transformaram-se significativamente nas últimas décadas, sendo, por vezes, um espelho da sociedade e do ambiente em que estão inseridas. No passado, tinham um grupo maior de funcionários e pouca produtividade em comparação com a realidade atual. Hoje, tiveram que se moldar às mudanças e transformações do ambiente.

Adizes (2004, p.3) comenta que "pode ser novidade para você se eu disser que todos nós experimentamos mudanças e que as mudanças são um fenômeno que existirá enquanto pudermos perceber qualquer coisa. Mudanças dão origem a eventos que podem ser oportunidades ou problemas."

As mudanças do ambiente em que as empresas estão inseridas podem ser derivadas de fatores estruturais e/ou conjunturais da sociedade. Fatores estruturais estão relacionados ao percentual de participação dos setores básicos na economia, como o agrícola e o pecuário, bem como ao nível de industrialização de um país. Então, quanto maior o percentual de industrialização na economia, melhor estrutura terão as empresas que atendem este mercado. Algumas vezes, existem alguns comportamentos que podem ser previstos por sua recorrência histórica. Já os fatores conjunturais são aqueles enquadrados como situacionais, que ocorrem eventualmente e não se repetem. Na agricultura, pode ser uma seca, por exemplo. São fatos que representam situações provisórias, de curto prazo, e não ocorrem com frequência. Segundo Kotler e Armstrong (1999, p.51), as estruturas industriais podem ser classificadas como:

- **Economias de subsistência:** cuja orientação é para a agricultura e pecuária. A população consome boa parte de sua produção, trocando o excedente por outros produtos e serviços. As economias desta categoria oferecem poucas oportunidades de desenvolvimento e negócios, exceto se houver possibilidade de incremento da produção e ganho de escala por meio de injeção de capital externo;

- **Economias exportadoras de matéria-prima:** este tipo de economia pode apresentar-se como decorrência natural da economia de subsistência. Também pode ser orientada por meio da riqueza de recursos naturais. Podem existir oportunidades para equipamentos e suprimentos, por exemplo, e o desenvolvimento econômico do país pode ser influenciado pelo investimento planejado, para evitar a concentração de renda e o aumento da pobreza;

- **Economias semi-industrializadas:** em desenvolvimento ou emergentes, caracterizam-se pela crescente participação industrial, e uma crescente classe média. Apresentam necessidades específicas. Se houver políticas sustentáveis do governo, este tipo de economia pode influenciar o desenvolvimento de outros setores, bem como estimular, sobremaneira, o volume de exportações e importações;

- **Economias industrializadas:** orientadas para bens industriais, de tecnologia e de capital, oferecem inúmeras oportunidades de mercado tanto para exportação de bens de valores agregados quanto para a importação de bens mais primários, o que se constitui como a situação ideal. Podem também ser orientadas para oferta de capital intelectual e serviços, envolvendo outras áreas das economias anteriores, como o *agribusiness*, por exemplo, que se trata de uma releitura contemporaneizada da agricultura e da pecuária.

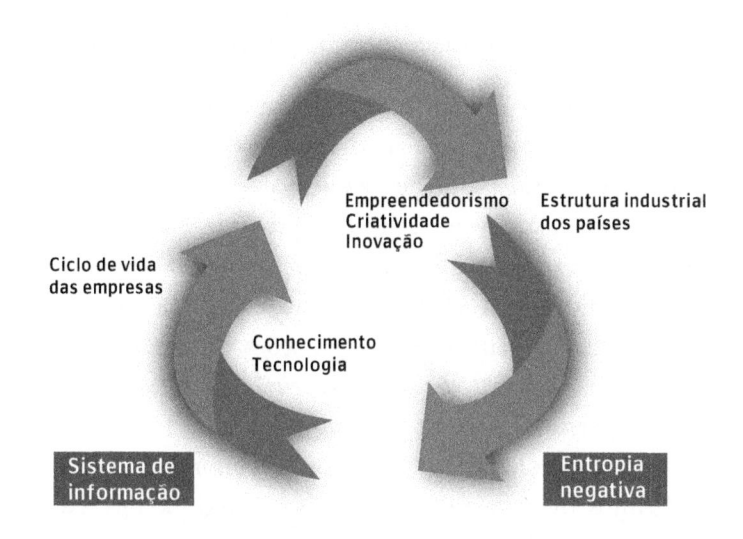

FIGURA 1 – Evolução conceitual: Estrutura industrial *vs.* Modelos de empresas e gestão
FONTE: Autor

Desta forma, pode-se associar a estrutura das empresas com o momento econômico e industrial do país. Quanto maiores os desafios, melhores as estruturas organizacionais. Outra forma de se avaliar o ciclo de vida das organizações pode ser associada ao porte e ao histórico organizacional. Conforme Geus (1999), as empresas podem passar pelas seguintes fases do ciclo de vida:

- Nascimento da empresa, quando provavelmente seu porte é menor; o comprometimento e o espírito empreendedor são os principais compromissos do indivíduo com o negócio. É uma fase de maior entusiasmo pelas possibilidades e perspectivas de desenvolvimento;

- Adolescência da empresa, quando ainda existe a centralização do poder e das atividades comerciais por parte do fundador. Ainda é uma fase de maior comprometimento do indivíduo, percebendo-se já a necessidade da ampliação do número de colaboradores;

- Idade adulta da empresa, quando ela atinge o seu porte médio, e o proprietário já sente a necessidade de ter indicadores e ferramentas de gestão, devido principalmente à multiplicidade de situações;

+ Maturidade da empresa, quando já é de grande porte, há a necessidade de controle patrimonial, e existem operações e processos mais complexos.

Tal ciclo de vida é influenciado pelo ambiente em que a empresa está inserida, bem como pela capacidade da empresa de atender as necessidades do mercado e gerar estratégias assertivas.

Assim, as empresas devem realizar a gestão de seus recursos escassos a partir de previsões racionais, advindas do pensamento sistêmico estratégico. Mas essas previsões só são eficazes quando a empresa está inserida num ambiente sem grandes mudanças e transformações, no qual ela pode crescer a partir da sua própria gestão, isto é, a partir da evolução da estrutura industrial ou porte e fora da perspectiva de fatores conjunturais.

Porém, com as grandes variações que a economia internacional tem passado nos últimos anos – e influenciado o mundo como um todo –, pode-se afirmar que as empresas devem adotar, em seu dia a dia, comportamentos e ações de ajuste. O grande desafio é quando as mudanças e transformações ocorrem de forma muito rápida e instável.

Rifkin (1995) avalia que a sociedade está caminhando para um modelo de desemprego estrutural, em que haverá atividades relacionadas ao trabalho, mas não necessariamente a criação de postos formais de emprego. Acredita que a sociedade deverá voltar para o intangível, como, por exemplo, às ações voltadas para o terceiro setor. Esta afirmação nos leva a crer que as empresas devem se moldar ao momento macroeconômico, de acordo com a sua estrutura, sem deixar de levar em conta que existe outra variável que se refere aos talentos humanos organizacionais, que necessitam ter também um crescimento pessoal e profissional.

A forma como reagimos às mudanças e transformações pode fazer a diferença a respeito da linha tênue do que é considerado normal e do que é visto como ser denominado empreendedor, inovador e criativo, conforme destacou Adizes. Quando as formas de reação às mudanças podem ser padronizadas por um grupo de empresas, é possível categorizá-las como estratégias genéricas, que partem de mudanças estruturais de um determinado setor econômico. Por outro lado, as reações podem se originar de uma percepção diferenciada da empresa, a partir de outras variáveis e dentro de uma visão de mundo própria de seus gestores. Neste sentido, podemos afirmar que houve uma ruptura entre o pensamento sistêmico simples e a possibilidade de ações que possibilitem um ganho de escala, produtividade e qualidade. O grande desafio é perceber essa nova visão e o momento de iniciar as mudanças.

Drucker (2008, p.22) comenta que "o empreendedor transfere recursos econômicos de um setor de produtividade mais baixa para um setor de mais elevada e de maior rendimento." Na verdade, uma das forças propulsoras iniciais do empreendedorismo foi a tentativa das empresas de desvincularem os aspectos racionais da gestão de recursos para a intangibilidade de atos e situações pseudoempreendedoras, e consequentes resultados. Por vezes, a incapacidade das empresas de gerarem resultados pode levar ao abstrato do empreendedorismo, como desculpa estratégica de seus gestores. Por outro lado, talentos humanos devem perceber que, às vezes, suas capacidades e competências são mais fortes do que as paredes da empresa onde trabalham.

O ponto de vista humano: a necessidade de se diferenciar e crescer

A adaptabilidade faz parte do histórico do ser humano. O conceito de resiliência advém da Física e reside na capacidade de acumulação de energia, quando há submissão de esforço sem consequente dano e retorno à situação original. Em Administração, o conceito refere-se à capacidade de adaptação do indivíduo perante os desafios internos e principalmente externos à empresa, tratando-se, então, de ação e reação positiva.

Entretanto, considerando a necessidade de diferenciação e posicionamento competitivo, as empresas e pessoas não devem lidar com o mercado somente de forma reativa, mas devem criar desafios corporativos e pessoais constantes que visem à antecipação e perpetuação, ou pelo menos a maior frequência, de ações empreendedoras, criativas e inovadoras, que conduzam a novos cenários de negócios. A resiliência, na verdade, geralmente está associada à capacidade do indivíduo de identificar oportunidades e soluções a partir de situações adversas, flexibilizando e organizando ações proativas, a partir, entre outras práticas, da Psicologia Positiva como forma de proteção corporativa.

Na nova economia, se assim pudermos denominar o cenário pós-crise iniciado em 2008, o principal ativo econômico não está nos recursos físicos ou mesmo na tecnologia, mas na mente das pessoas e na forma como as empresas conseguem identificar e capitalizar os conhecimentos, ações, posturas e atitudes de seus colaboradores. Davenport e Prusak (1999, p.14) ressaltam que é necessário "reconhecer o conhecimento como um ativo corporativo e entender a necessidade de geri-lo e cercá-lo do mesmo cuidado dedicado à obtenção de valor de outros ativos mais tangíveis." E, para empreender, o indivíduo não deve ter somente a motivação de fazer algo novo ou diferente, mas fazer benfeito e de forma a contribuir financeira e economicamente consigo próprio, com a empresa e com a sociedade. Deste modo, o ato de pensar de forma empreendedora deve estar acompanhado de ações e procedimentos que respeitem empresa e sociedade, pois são criados direitos e deveres, gerando uma inter-relação entre as partes.

> **Empreendedor x Empresário**
> Qual a diferença entre um empreendedor e um empresário?

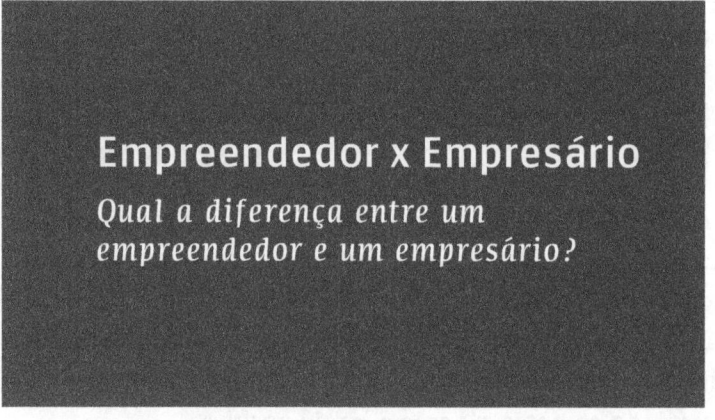

FIGURA 2 – Empreendedor *vs.* Empresário | FONTE: Autor

Conforme a figura, esta é a diferença entre o simples empreendedor e o empresário. Este último assume uma responsabilidade jurídica e legal com o seu mercado interno (colaboradores) e externo (com os seus fornecedores, por exemplo), gerando impostos que são revertidos para a sociedade, e, muitas vezes, promovendo o crescimento tecnológico. E é neste ponto que o empreendedor pode ir além e se comunicar com as atividades inovadoras.

No Brasil, devido a particularidades informais do mercado de trabalho e no sentido de torná-lo mais formalizado, temos a presença do Empreendedor Individual, que é aquele que trabalha sozinho e obtém a legalização como pequeno empresário. Conforme o site[1] do governo Portal do Empreendedor (2012):

> O empresário individual (anteriormente chamado de firma individual) é aquele que exerce em nome próprio uma atividade empresarial. É a pessoa física (natural) titular da empresa. O patrimônio da pessoa natural e o do empresário individual são os mesmos, logo o titular responderá de forma ilimitada pelas dívidas.

O interessante neste processo é que o pequeno empreendedor, ao formalizar o seu negócio, começa a ter uma identidade jurídica com o CNPJ e possibilidade de comprar e vender mais formalmente. Outro ponto interessante é que, a partir dos benefícios fiscais, a empresa pode ter acesso aos diferentes meios de financiamentos bancários. Um dos pontos fundamentais não é somente a facilidade na obtenção de *funding*, mas a possibilidade de um crédito mais orientado, indicando onde os recursos serão bem aplicados.

O Empreendedor Individual pode direcionar seus esforços para a chamada Economia Criativa. O Ministério da Cultura no Brasil pelo Decreto 7743 de 1º de junho de 2012, criou a Secretaria da Economia Criativa (SEC) que:

> Tem como missão conduzir a formulação, a implementação e o monitoramento de políticas públicas para o desenvolvimento local e regional, priorizando o apoio e o fomento aos profissionais e aos micro e pequenos empreendimentos criativos brasileiros[2].

A iniciativa brasileira tem como base a tendência da ideia inovadora de John Howkins (2001), em seu livro *The Creative Economy*, no qual discute a possibilidade de indivíduos exercitarem a imaginação, a fim de gerar valor econômico. Assim, a economia criativa envolve a criação, produção, desenvolvimento e distribuição de produtos e serviços, baseados em conhecimento, cultura e criatividade como recursos produtivos.

---

[1] PORTAL DO EMPREENDEDOR. Disponível em: <www.portaldoempreendedor.gov.br>. Acesso em: 30 nov. 2012.

[2] Disponível em: <sssshttp://www.brasil.gov.br/governo/2012/08/plano-brasil-criativo-sera-apresentado-em-londres>. Acesso em: 18 jun. 2014.

Segundo a HSM (2012), o segmento movimenta mais de 3 trilhões de dólares por ano, representando 10% do PIB mundial e tem como objetivo principal o desenvolvimento socioeconômico. Enquadram-se no rol da economia criativa, aqui no Brasil, desde a literatura de cordel transformada em atrativo turístico até a gastronomia regional.

Esta modalidade de negócios é estudada e analisada no mundo pela UNCTAD (Conferência das Nações Unidas sobre Comércio e Desenvolvimento) devido à sua importância para o desenvolvimento econômico e social das nações, principalmente daquelas em desenvolvimento.

Tanto o empreendedor individual quanto o da economia criativa possibilitam a democratização de recursos e de renda, beneficiando socialmente uma região. Também servem como meios de inovações tecnológicas, pois descentralizam a pesquisa e desenvolvimento e inserem uma motivação intangível que nem sempre é encontrada em grandes empresas.

Os *start-ups*, os chamados investidores-anjos, que aplicam recursos, principalmente financeiros, em empresas iniciantes, têm aumentado nos últimos anos no Brasil, conforme a Conferência Nacional dos Anjos do Brasil, que é uma organização sem fins lucrativos, fomentadora de investimentos para o empreendedorismo. O crescimento se dá não só pelo incremento dos investimentos já realizados, mas também pela entrada de novos investidores, que geralmente aplicam quantias menores no início para ter um termômetro deste tipo de investimento. Cabe ao empreendedor ir em busca desses patrocinadores-anjos.

As incubadoras de empresas são uma forte referência de como boas ideias podem surgir a partir das carências do mercado, sendo uma das formas mais eficazes para desenvolver novos empreendimentos. Conforme o site[3] Brasil (2012):

> No país e no mundo as estatísticas revelam que a taxa de mortalidade de empresas que passam pelo processo de incubação é reduzida de 70% para 20% em comparação com as empresas normais. A incubadora de empresas estimula o empreendedorismo na medida em que fortalece as empresas em seus primeiros anos de existência e as prepara para sobreviver no mercado. Outra razão para a maior chance de sucesso de empresas instaladas em uma incubadora é a captação dos melho-

---

[3] BRASIL. Empreendedor. Primeiros passos. Disponível em: <http://www.brasil.gov.br/empreendedor/primeiros-passos/incubadoras>. Acesso em: 30 nov. 2012.

res projetos e a seleção dos empreendedores mais aptos, o que amplia as possibilidades de sucesso dessas empresas.

As incubadoras surgiram no Brasil na década de 1980. Geralmente, oferecem um espaço físico, onde as empresas são incubadas, facilitando a gestão, comunicação e relacionamento entre as partes. Os primeiros anos, em especial os três primeiros, são essenciais para um novo empreendimento, pois a falta de experiência e de conhecimento de administração podem trazer inúmeros problemas, sobretudo no que diz respeito à falta de gestão de capital de giro, à comercialização, entre outros aspectos. A definição dada acima diz respeito a uma incubadora tradicional, mas ainda conforme o site Brasil (2012), existem os seguintes tipos de incubadoras:

- **Incubadoras de base tecnológica**, que oferecem apoio à pesquisa, gerando tecnologia de alto valor agregado para produtos, processos e/ou serviços agregados. Podem estar ligadas a instituições de ensino, bem com ao patrocínio de empresas privadas. Como exemplo, temos a Incamp, da Universidade Estadual de Campinas (Unicamp);
- **Incubadoras mistas**, que abrigam tanto empreendimentos de Base Tecnológica quanto de Setores Tradicionais. Neste caso, pode-se focar em setores econômicos, para ganho de sinergia, como aquelas relacionadas à tecnologia da informação. Com essas características, temos a da Universidade Federal de Viçosa (UFV);
- **Incubadoras sociais**, que apoiam empreendimentos oriundos de projetos sociais, os quais necessitam de patrocínios ou mesmo projetos especiais de desenvolvimento. A Incubadora Tecnológica de Cooperativas Populares, da Unochapecó (ITCP – Unochapecó), é um dos exemplos de incubadora deste gênero;
- **Incubadoras de cooperativas**, que abrigam empreendimentos associativos em processo de formação e/ou consolidação. Um dos melhores exemplos é a Incubadora Tecnológica de Cooperativas Populares, da Fundação Getúlio Vargas (ITCP – FGV);
- **Incubadoras de empresas de agronegócios, empresas culturais, de design, entre outros**, que atendem setores específicos dos negócios que as compõem. Como exemplo, temos a Incubadora de Empresas de Design (IED), da Universidade do Estado de Minas Gerais (UEMG).

Independentemente do tipo, as incubadoras tornam o negócio mais orientado para o mercado, pois efetuam uma seleção natural, de acordo com a viabilidade aparente, além da construção de indicadores e ferramentas de gestão. Este tipo de iniciativa contribuiu para a melhoria da taxa de sobrevivência de empresas, calculada pela Organização de Cooperação e Desenvolvimento Econômico (OCDE). As modalidades de incubadoras devem contribuir para novos empreendimentos que tragam diferenciais competitivos para a empresa, de forma a compensar o investimento diferenciado de assessoria.

E as inovações?

Se não existissem as **inovações,** provavelmente não teríamos grande parte do que consumimos no nosso cotidiano. Inovações podem ser definidas como melhorias em produtos e serviços existentes e ocorrem no nosso cotidiano pessoal e empresarial. Como exemplo, podemos lembrar de um banco inglês que, na década de 1990, em virtude de limitações legais na época, não poderia expandir suas filiais no território brasileiro. Na busca de melhoria de processos, fez uma parceria estratégica com um banco brasileiro, que implicou na terceirização da conta-corrente e dos 8900 funcionários do banco inglês para o banco nacional. Na verdade, a ideia da terceirização de clientes implicou no redimensionamento do número de funcionários internos e possibilitou criar escritórios isolados da instituição. Como parte da estratégica, o banco nacional cedeu tecnologia bancária ao inglês e este, por sua vez, ofereceu linhas internacionais que incrementaram o *funding* do banco brasileiro para seus clientes. Observa-se, assim, que as atividades necessitam estar em conexão com o ambiente de negócios onde a empresa está inserida. Sob o ponto de vista do marketing, pode ser utilizado o conceito da difusão de inovações. Conforme Semenik e Bamossy (1996, p.279),

> A premissa fundamental desse conceito é de que, quando uma inovação é introduzida na sociedade, haverá uma difusão relativamente padronizada e previsível dessa inovação por meio da sociedade. Os elementos principais desse processo de difusão referem-se às características da inovação (produto) e às características dos adotantes (consumidores) que compram e usam o produto.

De nada adianta uma inovação, se não houver a aplicação desta no mercado. Logo, é fundamental que se faça o planejamento de sua aceitabilidade, introdução e desenvolvimento nesse mesmo mercado.

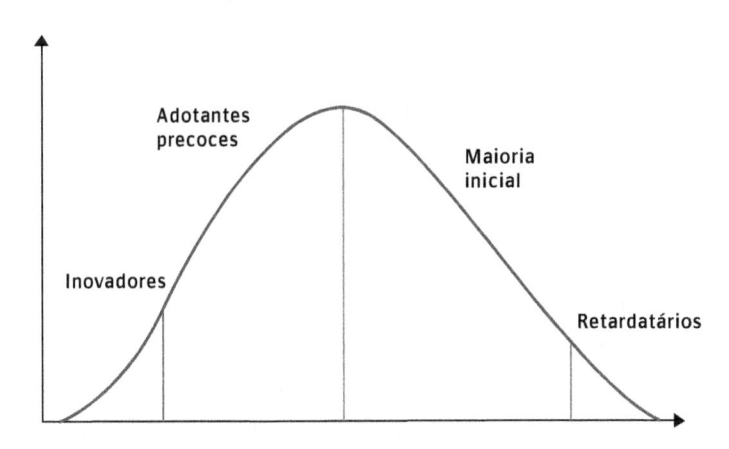

FIGURA 3 – Difusão de inovações: categorias de adotantes
FONTE: Adaptado de SEMENIK; BAMOSSY, p. 282.

Vale ressaltar que, embora a definição dos autores tenha um cunho mercadológico, a própria aplicação na sociedade, como um todo, remete à reflexão de que outros fatores como a estrutura industrial, o nível tecnológico, a educação e o ensino, por exemplo, estão intimamente interconectados, seja sob o ponto de vista da empresa, seja sob o ponto de vista do mercado. A percepção da utilidade e da complexidade do produto pode acelerar ou diminuir o tempo de aceitação e adoção do conceito, dependendo das características macroambientais de onde a empresa está inserida, bem como da intensidade da comunicação da empresa, no sentido de apresentar e estimular este novo conceito. Por lógica direta, a Figura 3 categoriza quatro tipos de grupos de pessoas, a partir de segmentação psicográfica:

- **Inovadores** são os consumidores que, geralmente, possuem maior poder aquisitivo, social e nível de educação e ensino. Devido às suas características, servem como modelo de referência aos outros futuros consumidores. Podem também ser classificados como experimentadores;
- **Adotantes precoces** são aqueles que utilizam como ponto de referência o consumo dos inovadores, e um dos principais motivos do consumo e adoção do novo conceito é o aconselhamento (recomendação);

- **Maioria inicial** e **maioria tardia** representam aqueles que adotam o comportamento de outros grupos econômicos e sociais, a partir de sua popularização;
- **Retardatários** podem ser aqueles consumidores com possível rejeição, céticos ou mesmo sem interesse algum pelo conceito proposto.

Essa classificação dos consumidores diz respeito às inovações graduais, e não às radicais, que são saltos muito relevantes e que transformam a sociedade, empresas e pessoas, como a criação da internet, por exemplo.

Como exemplo da difusão de inovações, temos a telefonia móvel, que substituiu, de forma pontual e rápida, a telefonia tradicional. O aparelho celular, que é um aparelho de comunicação (e não o conceito tradicional de telefone), possibilita a transmissão bidirecional de voz, dados e imagens em uma área geográfica dividida por células servidas por um núcleo transmissor. A tecnologia em si foi criada em 1947 por Graham Bell, nos Estados Unidos. A partir desta inovação radical, foram desenvolvidas as inovações incrementais: numa primeira geração, surgiu a linguagem analógica, no início da década de 1980; numa segunda geração, veio a linguagem digital, no final da mesma década; e a terceira geração trouxe uma maior capacidade de transmissão. A evolução das tecnologias está diretamente associada à aceitação do conceito e posterior massificação da produção. Assim, temos a seguinte escala de inovações:

Incremental	Radical
Extensão de produtos ou processos existentes.	Nova tecnologia cria um novo mercado.
Características do produto bem-definidas.	Invenção pesquisada e desenvolvida em laboratório.
Vantagem competitiva na produção de baixo custo.	Desempenho funcional superior quando comparado ao da "velha tecnologia".
Frequentemente desenvolvidas em resposta a uma necessidade específica de mercado.	Oportunidade específica de mercado ou oriundo de preocupações secundárias.
Estimuladas pelo consumidor.	Estimuladas pelo desenvolvimento da tecnologia.

QUADRO 1 – Escala contínua de inovações
FONTE: MOHR et. al., 2011, p. 19.

As inovações incrementais são aquelas que se constituem em evoluções dentro de um padrão e são percebidas pelo consumidor como ganho de qualidade e utilidade de um produto. Podem ocorrer nos mais diversificados segmentos. Analisando o setor agropecuário, por exemplo, percebemos a evolução gradual das técnicas de plantio e colheita, bem como de criação e abate de animais, ou mesmo na conservação e comercialização de seus derivados. Tal evolução foi tão evidente e forte que surgiu na década de 1980 o termo *agribusiness*, um novo olhar a partir do dimensionamento e gestão das atividades agrícolas e pecuárias. Com a introdução da genética e dos transgênicos, a agricultura sofreu inovações radicais, com resultados talvez mais contundentes. Desta forma, devemos pensar que as inovações, sejam quais forem, devem trazer resultados de transformação e mudanças em uma sociedade.

E os aspectos criativos?

A criatividade pode estar, muitas vezes, associada diretamente aos aspectos mercadológicos relacionados à comunicação, propaganda e marketing. Mas o conceito é muito mais amplo, considerando que o foco reside no indivíduo e suas particularidades. Parte do processo criativo está relacionada ao ambiente no qual o indivíduo está inserido e nas possibilidades de como a empresa pode incrementar esse ambiente, despertando e desenvolvendo a genialidade criativa nos outros indivíduos. Além de empreender e inovar, a criatividade pode facilitar e otimizar as mudanças e transformações necessárias, conjugando esforços e recursos. Ela pode acontecer mesmo em empresas tradicionais e até conservadoras, desde que a cultura organizacional esteja em acordo com os propósitos e objetivos corporativos. Conforme Munhoz (2000, p.214):

> Criatividade é uma competência humana que somente pode ser reconhecida e avaliada a partir dos resultados concretos que produz. Trata-se de um processo de múltiplas facetas, alvo de inúmeras definições, pela complexidade do conceito que engloba algumas de suas dimensões: relativas ao processo, às características da pessoa criativa, ao produto que é criado e, também, ao ambiente facilitador, ou não, do processo de criação.

A dimensão da criatividade envolve, então, o indivíduo, com suas características e particularidades, fruto de sua existência, experiência e visão de mundo, no contexto ambiental em que está inserido. De outro lado, envolve o âmbito empresarial, que pode oferecer variáveis exógenas ao indivíduo, motivando-o e conduzindo-o a determinado tipo de comportamento, que pode levá-lo a construir a competência criatividade, e, posteriormente, os resultados necessários. Aí reside um problema de fato. Ao contrário da área de publicidade e propaganda em que é possível mensurar o custo do investimento na criatividade, outros setores talvez não tenham essa possibilidade de medição, além do resultado financeiro do negócio. Daí o processo criativo ser, por vezes, confundido no cotidiano empresarial com o processo inovativo. Vejamos alguns exemplos que nos permitem melhor perceber essa diferenciação: não é possível aplicar o processo criativo no desenvolvimento de um novo medicamento, mas pode-se ter uma tecnologia inovativa na pesquisa, desenvolvimento e respectiva produção; sob o ponto de vista da gastronomia, é possível a utilização criativa dos alimentos do prato, mas sob o prisma da nutrição, torna-se perigoso, podendo ocorrer um risco à saúde do indivíduo. Capodagli e Jackson (2000, p.122) comentam que:

> Há sempre duas escolas básicas de pensamento sobre a criatividade nos negócios. A primeira insiste que se dê aos pesquisadores e outros inovadores da casa uma rede o mais frouxa possível, para permitir que novos projetos e ideias se desenvolvam com seu próprio ímpeto e com o máximo de tomada de decisão independente. A segunda escola exige que as rédeas sejam mantidas firmes, que a geração de ideias seja parte do processo corporativo e, assim como as demais partes, seja cuidadosamente controlada.

A afirmação dos autores conduz a outra reflexão. A empresa consegue, dentro de seu plano estratégico, investir no capital humano inovativo em seu *budget* e, posteriormente, na gestão e controle de resultados, mas não no aspecto criativo, que parte de subjetividades, sem permitir a previsão de resultados.

```
         Visão                    Alinhamento
                                  da missão
         Sonhe
                                  Acredite

              Participação
              de toda
              a empresa

         Ouse                     Faça

    Barreiras ao sucesso       Superação de barreiras
```

FIGURA 4 – O processo Sonhe, Acredite, Ouse, Faça
FONTE: Adaptado de CAPODAGLI; JACKSON, 2000, p.165.

Pensando desta maneira, tanto o empreendedorismo quanto a criatividade devem ser estimulados pela empresa no sentido de despertar as habilidades e principalmente as competências de seu quadro de colaboradores. Para o processo inovativo, é possível inserir os procedimentos e ações num plano mais objetivo. Em relação à criatividade e inovação, as práticas devem ser realizadas principalmente a partir de resultados concretos.

As competências humanas necessárias

É possível afirmar que os indivíduos têm características, qualidades, habilidades e competências distintas, sem a necessidade do aprofundamento na Psicologia:

- Características se referem aos aspectos físicos de uma pessoa. Indivíduos podem ser altos, baixos, magros, gordos, entre outras particularidades físicas que não interferem (ou pelo menos não deveriam) interferir nas ações de uma pessoa;

- Qualidades são virtudes que existem e que são reconhecidas pelas demais pessoas. Então, determinado indivíduo pode ter boa capacidade de comunicação, o que lhe pode trazer uma diferenciação de destaque dentro de um grupo social;

+ Habilidades se referem ao processo de como fazer alguma coisa. Logo, um indivíduo pode falar bem um idioma, executar tarefas e portar-se de acordo com padrões e procedimentos;
+ Competências estão relacionadas a resultados. Assim, as pessoas podem utilizar o idioma como instrumento de negociação persuasiva, bem como liderar com competência um grupo de indivíduos para a obtenção de resultados mais sinérgicos.

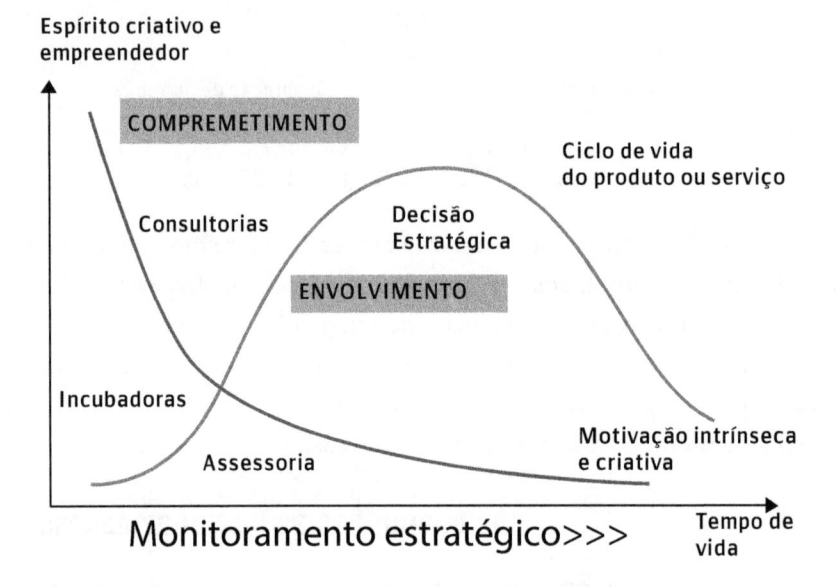

FIGURA 5 – Análise de empreendedorismo e criatividade
Fonte: Autor.

O nível de envolvimento e comprometimento do indivíduo pode estar relacionado a diversos fatores, tais como o seu ciclo de vida profissional, o ciclo de vida da empresa, bem como a aspectos relacionados à autoafirmação e à necessidade de superação de desafios. Dependendo da situação efetiva, o indivíduo poderá estar mais propenso às atividades empreendedoras e criativas e consequente nível de resultados. Dependendo do grau de maturidade, o indivíduo poderá procurar mais desafios e consequências.

Analisando as Figuras 1 e 6, em conjunto com a teoria do ciclo de vida proposto por Geus (1999), consegue-se diagnosticar o momento da empresa e de seus colaboradores internos, contextualizando com o ambiente em que a empresa está inserida. Levando em conta os resultados dos diagnósticos, podem-se adotar determinadas ações e estratégias para manter a consistência dos recursos da empresa – neste caso, representados, principalmente, pelo capital humano, para manter a sustentabilidade do negócio.

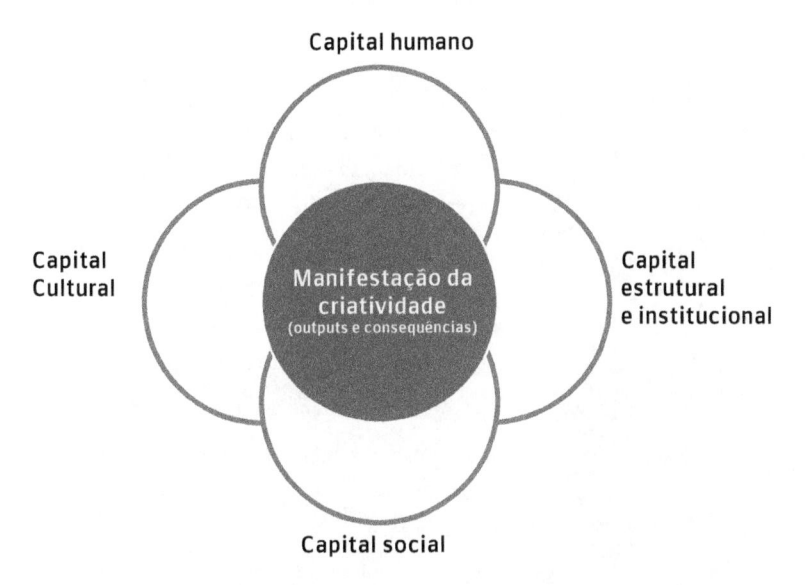

```
                    Capital humano

    Capital                                    Capital
    Cultural    Manifestação da                estrutural
                   criatividade                e institucional
                (outputs e consequências)

                    Capital social
```

FIGURA 6 – Consequências da criatividade
FONTE: Adaptado de UNITED NATIONS, 2010, p.5.

Na verdade, os ambientes propícios a mudanças podem ser altamente férteis de desafios, mas os desafios podem ser também endógenos, fazendo parte das características do indivíduo. A literatura, em obra mais ou menos recente, conseguiu expressar bem essa diferenciação de características, especificamente na obra de Kirn, 2010, *Amor sem escalas,* que retrata os desafios endógenos propostos pelo protagonista, que busca atingir suas metas a partir das milhagens de voos, em oposição a outro personagem conformado com sua situação:

> Eu costumava tentar ser interessante. Essa fase passou. Agora procuro ser agradável e pontual. Mas isso vai ser impossível hoje. Atrás do balcão da locadora de automóveis, um estagiário burro se esforça para colocar a chave num chaveiro e dobrar meu contrato de um jeito que caiba no envelope. A julgar pela idade, ele

deveria estar na faculdade, mas em vez disso já está fracassando em seu primeiro emprego. (KIRN, 2010, p.87)

Para o desenvolvimento de competências é possível identificar quais delas são necessárias e como promover ações que visem desenvolvê-las. Conforme a Foundation for Leadership and Learning (2005), as competências podem ser categorizadas como:

Competências gerais	Competências específicas
Pessoais e Educacionais	Admitir posturas morais, éticas e também de responsabilidade social. Utilizar teorias e estratégias de ensino e aprendizagem.
Interpessoais	Valorizar o desenvolvimento de pessoas. esenvolver relacionamentos e comunicação interpessoal. Trabalhar em equipe. Transitar na diversidade.
Organizacionais	Implementar mudança, criar e inovar. Promover o desenvolvimento organizacional.
Cognitivas	Conhecer os fundamentos e teorias de liderança. Pesquisar e analisar dados. Gerir informação e gerar conhecimento.
Profissionais	Solucionar problemas e tomar decisões. mpreender e administrar. Planejar e implementar projetos.

QUADRO 2 – Competências gerais e específicas
FONTE: Adaptado de THE FOUNDATION FOR LEADERSHIP AND LEARNING, 2005.

- As competências pessoais e educacionais estão relacionadas diretamente ao indivíduo e a sua maneira de ser e agir. Podem envolver a moral e a ética, além da responsabilidade social. As pessoas referem-se ao cognitivo e podem ser influenciadas por variáveis endógenas e exógenas. Já as educacionais referem-se aos aspectos relacionados a comportamentos aprendidos a partir do ensino, por exemplo. Maiores detalhes serão discutidos no Capítulo 9 envolvendo o Empreendedorismo em Ensino e Educação;

- As competências interpessoais referem-se aos relacionamentos e à capacidade de criar vínculos com os diferentes componentes do grupo e respectivos papéis que representam. Consiste no reconhecimento do "eu" e na valorização das pessoas com as quais se mantêm algum nível de relacionamento. Podem também estar relacionadas à capacidade de comunicação, facilitando a mobilidade do indivíduo;

+ As competências organizacionais estão relacionadas à capacidade de organização e gestão de recursos, sejam eles quais forem. São mais intimamente reconhecidas como o empreender, o criar e o inovar, pois se relacionam aos processos de mudança e transformação;
+ As competências cognitivas são aquelas referentes ao poder interpretativo e analítico de processos, ou seja, como as pessoas conseguem interpretar e analisar dados e situações no sentido de transformá-las em informação;
+ As competências profissionais estão diretamente relacionadas ao processo de tomada de decisão, de administrar e gerenciar projetos pessoais e profissionais.

Da mesma forma como a Foundation for Leadership and Learning relaciona tais competências diretamente à liderança, diversos autores convergem para categorizações semelhantes. Portanto, para uma melhor compreensão do que estamos discutindo, adotamos a referida categorização como referencial para a contextualização do empreender, criar e inovar.

Percebe-se que as categorias de competências citadas agem de forma única e complementar, de modo que cada indivíduo poderá optar por um grupo de competências gerais ou específicas. Um administrador financeiro pode, por exemplo, para bem desempenhar as suas funções, ter um grupo de competências cognitivas, interpessoais, organizacionais, profissionais e obter seus resultados esperados. Um médico pode ter, em seu rol de competências, as pessoais, interpessoais, cognitivas e profissionais. Desta forma, cabe a cada indivíduo identificar de que competências necessita para bem atingir seus objetivos pessoais e profissionais.

Empreendedorismo, criatividade e inovação abertas

Tanto as competências quanto as habilidades podem ser desenvolvidas a partir de estímulos e influências externas, como as do meio em que se vive, da empresa e do ambiente de ensino.

Pode-se afirmar, assim, que as competências humanas também podem ser aquelas relacionadas ao empreendedorismo, criatividade e inovação, desde que tragam contribuições para alguém. Entretanto, a gestão dos processos, que leva aos resultados, é de fundamental importância para que os resultados sejam alcançados.

Uma das formas de obter-se resultados mais consistentes é gerenciar a empresa de modo a diversificar a sua estrutura de talentos a partir da contratação de indivíduos com habilidades diferentes daquelas que a empresa usualmente tem em seu quadro de colaboradores. Outro ponto é a conciliação do Ciclo de Vida Pessoal com as metas e objetivos corporativos – etapa em que o gestor deverá ter a habilidade de administrar a si próprio e delegar esta descentralização de poder aos seus iguais e subordinados.

Porém, um dos maiores desafios para a incorporação e apreensão dessas competências é trabalhar com processos de mudanças e transformações gradativas, ou seja, a própria mudança de hábitos, sejam eles pessoais ou corporativos. Criamos hábitos que, muitas vezes, refletem a nossa personalidade e maneira de ser; por isso nos apegamos ao nosso cotidiano e, por vezes, somos resistentes a dele nos desvencilharmos. Sob o ponto de vista corporativo, o custo das mudanças pode ser avaliado por critérios e indicadores próprios de gestão.

Em suma, não pode haver a capacidade empreendedora se não houver a devida competência. Não será possível a inovação se não houver um ambiente propício, planejado e organizado para o seu desenvolvimento. Não haverá espaço para a criatividade, se não houver vontade do indivíduo. Finalmente, se não houver a vontade de crescer e se desenvolver, nenhuma atividade empreendedora, criativa ou inovadora será capaz de surgir, de forma contributiva, para a sociedade como um todo. Teremos somente boas respostas para nossas dúvidas e anseios cotidianos e existenciais a partir da forma diferenciada como questionamos nossa visão de mundo.

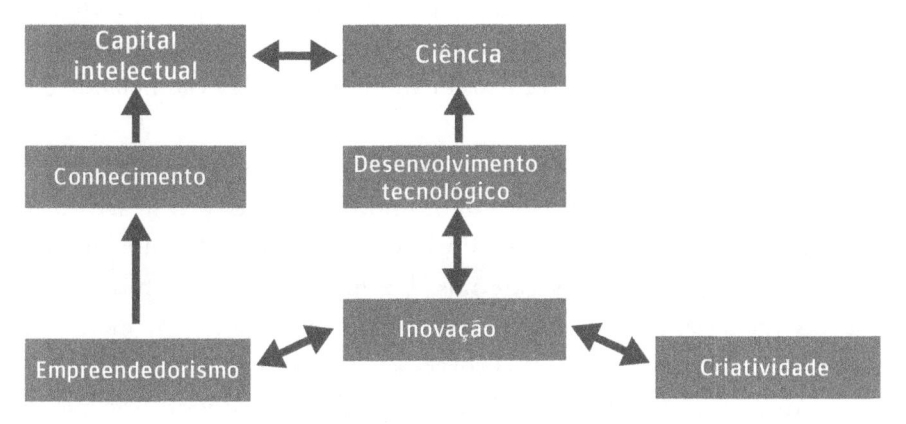

FIGURA 7 – Administração: ciência ou arte?
FONTE: AUTOR

A ciência da Administração, como comentado no início deste capítulo, abarca diferentes áreas, como: Logística, Finanças, Produção, Gestão de Pessoas e Marketing. A empresa, com a participação de seus colaboradores, pode encontrar sua continuidade e longevidade por meio da gestão de processos e indicadores, que possibilitem organizar e planejar a utilização de recursos e ações organizacionais.

Na condução do caminho da empresa, é possível e necessária a utilização das competências citadas, tornando então a Administração mais do que um conjunto de processos racionais, que deve ser gerenciado, mas sim a modelagem de negócios de forma mais artesanal e mais intimista, transformando a ciência num modelo de arte a ser conquistado.

Considerações finais

A importância da ciência da Administração pode ser percebida a partir de sua contribuição para as empresas. Estas desenvolvem um importante papel econômico e social, como catalisadoras de recursos privados e públicos. Por meio do trabalho e impostos, as empresas contribuem de forma significativa e sua longevidade garante a sustentabilidade de todo o sistema social. Não existe o social sem a contribuição econômica e financeira, mas pode existir o econômico sem o social. Pensando desta forma, as empresas necessitam contribuir direcionando parte de seus recursos à sociedade, por meio de sua perpetuação, inserindo o pensamento sistêmico empreendedor, inovador e criativo. Com tais ideologias, a empresa poderá democratizar as oportunidades de trabalho e recursos financeiros, criando e estimulando diferentes desafios empreendedores.

O processo de empreender, criar e inovar pode ocorrer a partir da necessidade e/ou oportunidade. Se o indivíduo conseguir inseri-lo, no seu cotidiano, terá mais sucesso do que aqueles que somente praticam ações a partir de estímulos externos. De nada adianta ter boa vontade e ideias criativas, se não houver um espaço ou mesmo um modelo de negócios competente que possa absorvê-las com sucesso.

Assim, você verá nos três próximos capítulos uma conceituação mais focada sobre o empreendedorismo, a inovação e a criatividade. Posteriormente, serão apresentadas as derivações dos temas, como a responsabilidade social, a ética e o mercado internacional. Finalmente, a aplicabilidade dos temas de forma orgânica, sob o ponto de vista corporativo.

Questões para reflexão

1. Defina e exemplifique o que é empreendedorismo, criatividade e inovação.

2. Como esses conceitos influenciam o seu cotidiano pessoal?

3. Como eles interferem nas empresas?

4. Como os conceitos podem agregar valor para o ambiente interno das empresas?

5. Como podem contribuir para uma sociedade melhor?

6. Como você classificaria os itens dentro dos ativos de uma empresa?

7. Como identificar as potencialidades de um grupo de colaboradores de uma empresa?

8. Os itens podem ser avaliados e mensurados dentro de um Plano de Carreiras de uma empresa?

9. O ato criativo é comum a todos?

10. Como as empresas devem tentar preservar seus talentos organizacionais?

✅ Estudos de caso

Caso 1

Em 2011, os japoneses ficaram sob a égide de uma catástrofe, em decorrência, possivelmente, de falhas de arrefecimento nos reatores de centrais nucleares sediadas em Fucoxima. Poderia ter ocorrido um evento semelhante ao de Chernobil em 1986, gerando um cenário pior do que o enfrentado pelo país na Segunda Guerra Mundial. Sobretudo devido ao vazamento nuclear, o Japão recebeu grande contribuição de esforços solidários e espontâneos de outros países, como dos Estados Unidos e de países europeus. As diferentes experiências, recursos e tecnologias externas propiciaram uma diminuição dos possíveis agravantes que poderiam ocorrer no curto prazo.

A economia japonesa tem um PIB e um PNB consideráveis, com parte de suas empresas sediadas fora do território japonês. Pela primeira vez cogitou-se a possibilidade da não existência de um território nacional, devido ao vazamento, que poderia tê-lo tornado inabitável. Todavia, como os ativos humanos e recursos financeiros estavam fora deste território, caberia ao governante uma nova forma de gerência sobre a sua população. Ainda bem que tal fato não ocorreu. Mas mereceu destaque a subserviência da população perante o governo do país, a qual entendeu que deveria haver um ordenamento necessário para a manutenção e posterior crescimento econômico e social. As previsões são de que a economia japonesa comece a crescer e atingir um nível melhor do que o anterior à crise.

Outro aspecto cultural chama a atenção de nosso olhar ocidental. Trata-se do episódio do ofurô móvel, oferecido pelos soldados da Força de Defesa do Japão à população das áreas mais afetadas (Ofunato e Rikuzentakata), com o objetivo de amenizar o sofrimento das pessoas e ajudá-las a esquecer um pouco da situação.

1. Contextualize o conteúdo inicial em "A Administração e a necessidade de Empreender, Criar e Inovar" com este estudo de caso. Analise os pontos em comum e as diferenças entre eles. Qual a relação com os temas propostos pelo livro?

2. Qual a influência da cultura neste caso? E se o mesmo fato ocorresse em um país europeu?

3. Como as variáveis culturais podem influenciar no desenvolvimento de negócios de uma empresa?

4. Como você analisa o exemplo do ofurô móvel?

5. Aprofunde o estudo de caso. Que lições empresariais podem ser tiradas a partir dele?

Caso 2

Determinada multinacional inglesa localizada no Brasil possuía um programa de seleção de *trainees* aberto a funcionários e público externo. Era oferecido uma vez por ano com o objetivo de identificar 16 jovens recém-formados afim de serem capacitados em dois anos para assumir a subgerência de unidades da empresa. O programa de seleção envolvia 9 etapas, e os aprovados deveriam acompanhar executivos com larga experiência em seu cotidiano de trabalho nas filiais do país inteiro.

Determinado funcionário, bastante motivado, se inscreveu no programa de seleção durante três anos consecutivos, e chegou a atingir a terceira etapa do processo. Em férias, tentou pela quarta vez, e se esqueceu de mencionar na ficha inicial que era funcionário da empresa. Desta vez, foi até a oitava fase de seleção, mas foi reprovado na última (a nona), realizada internamente – lembrando que as etapas anteriores foram realizadas externamente, por diferentes empresas de seleção. A partir de então, percebeu que o programa de seleção era tendencioso em relação aos seus funcionários e era oferecido como forma de motivar a equipe, mas em nenhum momento era meta da empresa selecionar funcionários como *trainees*. A partir desta situação, desmotivou-se e começou a procurar outras oportunidades de mercado. Como comentário final, após dez anos de seleção de *trainees* desta forma, o programa foi extinto, em razão da percepção de que a maioria dos aprovados, depois do treinamento de dois anos, era cooptada pela concorrência a assumir cargos de melhor responsabilidade e salários.

1. Que lições podem ser retiradas a partir deste estudo de caso?

2. Que impressões você teve em relação à postura da empresa?

3. Que impressões você teve da postura do funcionário?

4. Qual é, de fato, o problema da empresa?

5. Que recomendações podem ser dadas para que a empresa promova o comprometimento dos *trainees* admitidos, diminuindo o *turn-over* elevado?

Caso 3

Em um departamento com 50 funcionários, apenas um deles exercia suas atividades de forma normal, sem nenhum diferencial. Cumpria fielmente suas atividades dentro do horário de seis horas, estabelecido pela empresa. No final do ano, a empresa oferecia um bônus no valor de um salário para ser dividido entre os 10 melhor avaliados.

Ao mudar de gestor, o profissional que assumiu a responsabilidade conseguiu negociar junto à diretoria financeira um aumento de recursos e refez a política de distribuição de bônus, entendendo que cada um dos funcionários tinha responsabilidade sobre o resultado do departamento. Então, ao final do ano, todos receberam a premiação, inclusive o funcionário que ficou em último lugar, apenas recebeu 10 % de seu salário como gratificação. Depois desta premiação, esse funcionário mudou todo o seu comportamento, participando mais ativamente do trabalho, inclusive sugerindo mudanças na sua atividade.

1. Que lições podem ser retiradas a partir deste estudo de caso?

2. Como você avalia a postura do novo gestor?

3. Como você avalia a mudança de comportamento do funcionário?

4. Você concorda com o fato da liberação de recursos ter sido feito pela área financeira e não pela área de gestão de pessoas?

5. Que recomendações você daria para esta empresa em relação a avaliação de desempenho e aspectos motivacionais de seus colaboradores internos?

Referências bibliográficas

ADIZES, Ichak. *Gerenciando os ciclos de vida das organizações*. São Paulo: Pearson, 2004.

BRASIL. Empreendedor. Primeiros passos. Disponível em: <http://www.brasil.gov.br/empreendedor/primeiros-passos/incubadoras>. Acesso em: 30 nov. 2012.

CAPODAGLI, Bill; JACKSON, Lynn. *O estilo Disney*: aplicando os segredos gerenciais da Disney em sua empresa. São Paulo: Makron, 2000.

DAVENPORT, Thomas; PRUSAK, Laurence. *Conhecimento empresarial*. Rio de Janeiro: Campus, 1999.

DENCKER, Ada de F. M.; DA VIÁ, Sarah C. *Pesquisa empírica em ciências humanas* (com ênfase em comunicação). São Paulo: Futura, 2001.

DRUCKER, Peter F. *Inovação e espírito empreendedor (Entrepreneurship)*: práticas e princípios. São Paulo: Thonsom, 2008.

GEUS, Arie de. *A empresa viva*. Rio de Janeiro: Campus, 1999.

HOWKINS, John. *The creative economy*. New York: Allen Lane, 2001.

HSM. Disponível em: <www.hsm.com.br>. Acesso em: 30 nov. 2012.

KIRN, Walter. *Amor sem escalas*. Rio de Janeiro: Record, 2010.

KOTLER, Philip; ARMSTRONG, Gary. *Princípios de marketing*. 7. ed. São Paulo: Prentice-Hall, 1999.

KUAZAQUI, Edmir. *Marketing internaciona*: construindo e desenvolvendo competências em cenários internacionais. São Paulo: M. Books, 2007.

_____. (Org.). *Criatividade em negócios*. São Paulo: Thomson, 2006.

MINISTÉRIO DA CULTURA. Disponível em: <www.ministeriodacultura.gov.br>. Acesso em: 30 nov. 2012.

Mohr, J.; et al. *Marketing para mercados de alta tecnologia e de inovações*. São Paulo: Pearson, 2011.

Munhoz, Maria Luiza Puglisi. *Liderar com criatividade, uma competência humana*. 2. ed. São Paulo: Saraiva, 2005.

Portal do empreendedor. Disponível em: <www.portaldoempreendedor.gov.br>. Acesso em: 30 nov. 2012.

Predebon, José. *Criatividade*: abrindo o lado inovador da mente. 4ª ed. São Paulo: Atlas, 2002.

Rifkin, J. *The end of work*: the decline of the global labor force and the dawn of the post-market era. New York: The Putnam Berkley Group, Inc. 1995.

Semenik, r. J.; Bamossy, G. J. *Princípios de marketing*: uma perspectiva global. São Paulo: Makron, 1996.

The Foundation For Leadership And Learning. Disponível em: <www.tfll.org>. Acesso em: 30 nov. 2012.

United nations. *Creative economy*: a feasible development option. Report 2010. New York: Unctad. Disponível em: <http://unctadxiii.org/en/SessionDocument/ditctab20103_en.pdf>. Acesso em: 03 dez. 2012.

CAPÍTULO 2

Empreendedorismo: uma nova tendência

> *Empreendedor é a pessoa que vê oportunidades onde outras pessoas veem somente ameaças.*
>
> LUIZ ARRNALDO BIAGIO, 2012

Teresinha Covas Lisboa

Objetivos

- Definir os conceitos de empreendedorismo e suas tendências;
- Apresentar as etapas de instalação de um empreendimento;
- Analisar o comportamento do empreendedor frente à liderança;
- Refletir, com os estudos de casos, como o empreendedorismo representa uma tendência da nova geração.

Introdução

A história da Administração é envolvida em transformações sociais e culturais. No passado, empresas e indústrias de grande porte dominavam o mundo e as pessoas trabalhavam visando seu crescimento profissional nas empresas que trabalhavam.

Aqueles que abriam seu próprio negócio pensavam nessa ação em termos provisórios, pois o emprego formal era a meta de todo indivíduo. Percebe-se que, à medida que as novas gerações foram surgindo, o sonho de empreender passou a ser uma tendência muito forte de mercado, principalmente no Brasil.

O fato de o país ter um passado de colonização justifica a força do pensamento empresarial daqueles que sonham em ser um empreendedor de sucesso. Trata-se da busca pela independência. Com isso, o emprego formal deixa de fazer parte do projeto de vida da nova geração. Seja produtora de bens ou prestadora de serviços, é necessário planejamento e estratégias para a iniciação do novo negócio e sua permanência no segmento escolhido.

Assim, o pensamento empreendedor transforma o sonho em um projeto de vida. Segundo pesquisa realizada pela *Revista Pequenas Empresas & Grandes Negócios* e a FNQ – Fundação Nacional de Qualidade, o brasileiro decide abrir seu próprio negócio entre os 18 e 24 anos. A pesquisa é resultado das respostas de 3.623 empreendedores que responderam a um questionário enviado entre novembro e dezembro de 2012. A predominância é do gênero masculino, com nível superior completo.

Conforme a análise feita, "quase metade dos brasileiros sonha em abrir o próprio negócio, segundo a pesquisa Global Entrepreneurship Monitor 2012 (GEM), divulgada recentemente. O estudo mostrou ainda que 70% dos empreendedores abrem um negócio por oportunidade[1]".

Atualmente as universidades e faculdades empenham-se em direcionar seus acadêmicos também para o empreendedorismo, com o qual aprendem a elaborar um Plano de Negócios, como implementá-lo e como administrá-lo.

Conceito

A palavra empreendedor tem suas raízes na França, significando "aquele que assume riscos e começa algo novo" (DORNELAS, 2005, p. 29). Em 1800, Jean-Baptiste Say apresenta a palavra *entrepreneur*, que significa "(...) o indivíduo que transfere recursos econômicos de um setor de produtividade mais baixa para um setor de produtividade mais elevada e de maior rendimento" (FERREIRA; REIS; PEREIRA, 1997, p. 181). Alves e Natal conceituam como uma "característica daquele que tem habilidade para criar, renovar, modificar, implementar e conduzir empreendimentos inovadores" (2007, p.20). Empreendedorismo é um processo pelo qual indivíduos perseguem oportunidades, satisfazendo necessidades e desejos por meio de inovação, sem consideração pelos recursos que controlam atualmente (STEVENSON, ROBERTS e GROUSBECK, 1985). Para o Sebrae – Serviço de Apoio às Micro e Pequenas Empresas (2013), empreendedorismo é o ato de criar e gerenciar um negócio, assumindo riscos em busca de lucro.

---

[1] Disponível em: <www.boletimdoempreendedor.com.br>. Acesso em: 18 jun. 2014.

Portanto, vários são os conceitos, mas o empreendedorismo está voltado para a procura por oportunidades inovadoras e que se caracterizam pela tentativa de alcançar sucesso com inovação e criatividade. Independe de gênero, escolaridade, região ou negócio.

O empreendedor deve reunir algumas das seguintes características: buscar oportunidades, ter iniciativa, persistência, exigência na qualidade e eficiência, correr riscos calculados, saber estabelecer metas e pesquisar informações atuais.

O mundo sempre possuiu empreendedores: descobridores, mercadores, produtores, industriais. Além disso, muitas empresas surgiram de redes familiares, onde o gestor utilizava sua própria residência para instalar pequenos negócios (alimentação, vestuário, consertos, etc.).

As ações formais e informais também sempre estiveram presentes no estudo de mercado. Com a industrialização, sentiu-se que a formalização passou a fazer parte do modelo econômico mundial.

O empreendedor é, então, aquele que busca oportunidades por si mesmo ou com ajuda de terceiros, acredita que seu empreendimento dará certo, assumindo riscos e não pensando em insucessos. Instalam suas pequenas empresas com a esperança de um crescimento que o coloque em condições de expansão. Independentemente do produto, serviço, localização, pois até em sua residência o empreendedor desenvolve seu trabalho.

Podemos dar o exemplo de empreendedores que foram bem-sucedidos com pequenos negócios em bairros residenciais. O mecânico de automóveis, por exemplo. Trabalha numa pequena oficina com ao menos dois ajudantes. A fidelização de clientes é grande. Convida-os para tomar um café, mesmo que seja num local próximo, e estabelece uma relação de amizade que perpetua em gerações. Outro exemplo é o supermercado de bairro, em que o conhecimento dos moradores da região pelo proprietário fideliza pessoas que trabalham fora e não têm tempo de fazer compras em estabelecimentos maiores ou que não dominam a ferramenta de compra pelo meio eletrônico. A fidelização se dá, inclusive pela preferência de produtos. Os empreendimentos, como cabeleireiros, barbearias e restaurantes a quilo são negócios que estão se espalhando pelas pequenas e grandes cidades. As tendências, portanto, estão vinculadas às mudanças de hábitos e comportamento da sociedade brasileira.

O Sebrae realizou uma pesquisa em 2012, buscando as novas tendências sobre o motivo de o empreendedor abrir seu próprio negócio:

Administração empreendedora

EMPREENDEDORISMO NO BRASIL — O retrato do setor

Motivo para abrir negócio próprio, em %
- 18,5 Vocação
- 18,8 Única alternativa de renda
- 23,9 Qualidade de vida
- 10,5 Alternativa de renda mais vantajosa
- 9,4 Negócio da família
- 6,1 Investimento
- 12,9 Nenhuma dessas

6,9 milhões é o número de empreendimentos que optaram pelo Simples Nacional, sendo 2,9 milhões deles Microempreendedores Individuais (MEI), de acordo com dados da Receita Federal

Principais dificuldades, de acordo com o tempo no mercado, em %

Crédito/capital de giro ■ Tributos/impostos ■ Concorrência

Até 2 anos de vida: 25 | 16,7 | 11
Entre 3 e 9 anos: 17,1 | 19,5 | 14,8

Item mais importante para o sucesso do negócio nos próximos dez anos, em %
- Treinamento, capacitação dos donos e dos empregados — 27
- Redução e simplificação dos impostos — 26
- Redução e simplificação da burocracia — 22
- Outras respostas — 25

MICRO E PEQUENAS EMPRESAS NO BRASIL

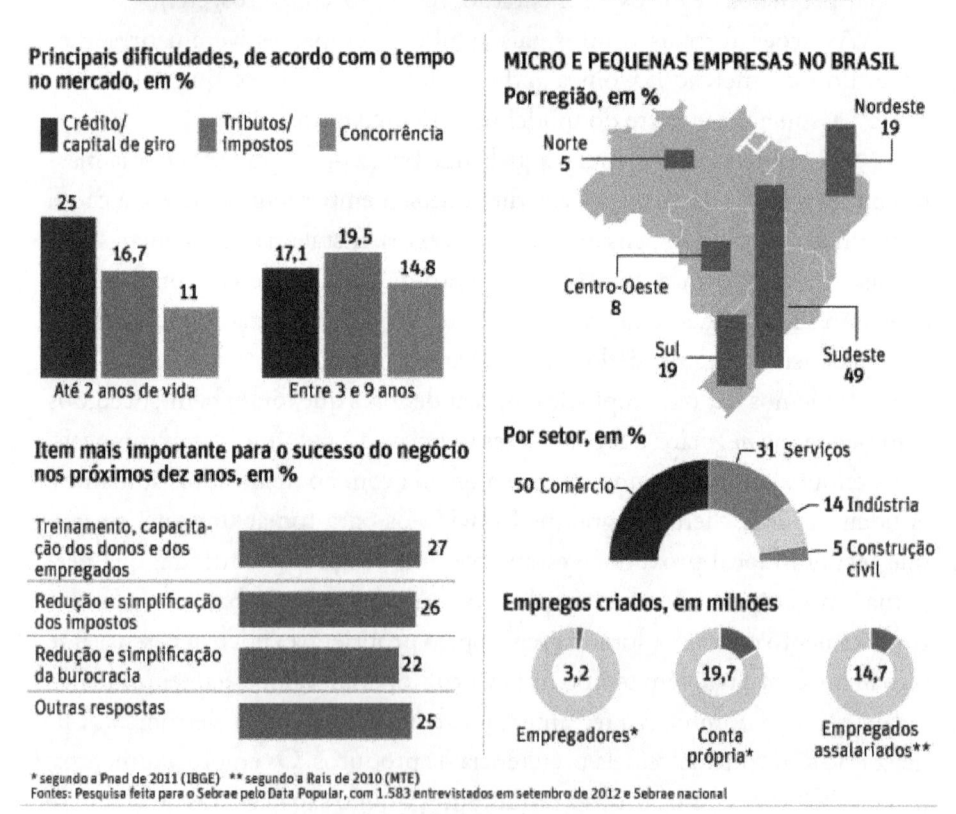

Por região, em %
- Norte 5
- Nordeste 19
- Centro-Oeste 8
- Sul 19
- Sudeste 49

Por setor, em %
- 50 Comércio
- 31 Serviços
- 14 Indústria
- 5 Construção civil

Empregos criados, em milhões
- 3,2 Empregadores*
- 19,7 Conta própria*
- 14,7 Empregados assalariados**

* segundo a Pnad de 2011 (IBGE) ** segundo a Rais de 2010 (MTE)
Fontes: Pesquisa feita para o Sebrae pelo Data Popular, com 1.583 entrevistados em setembro de 2012 e Sebrae nacional

FIGURA 1 – Pesquisa do SEBRAE
FONTE: www1.folha.com.br/11

O bom desempenho da economia brasileira proporcionou, na última década, o surgimento e a expansão das micro e pequenas empresas (MPEs)

para atender essas mudanças. Inclusive, com a análise dos serviços terceirizados entre 2009 e 2010, constatou-se um aumento de novos estabelecimentos criados e a oportunidade da geração de empregos.

Segundo pesquisa da Global Entrepreneurship Monitor (GEM), o Brasil possuía a maior Taxa de Empreendedores em Estágio Inicial (TEA) em 2010 (17,5%), quando comparado aos 59 países que participaram da pesquisa. A TEA média brasileira de 2002 a 2010 é de 13,38%. TEA é a proporção de pessoas na faixa etária entre 18 e 64 anos na condição de empreendedores de negócios nascentes, ou seja, com menos de 42 (quarenta e dois) meses de existência. Os dados demonstram a vocação empreendedora dos brasileiros, que já somam 21,1 milhões de empreendedores – número que só fica atrás da China, em indicadores absolutos[2].

A globalização também proporcionou a criação de empresas especializadas em vários segmentos, oferecendo suporte àquelas maiores. O Ministério da Educação, por sua vez, criou cursos técnicos e de tecnologia e, em consequência, novos empregos foram surgindo, seja na área de serviços ou na produção de bens.

O processo de empreender

O empreendedor deve obedecer as seguintes etapas:

- Etapa 1 – Análise do ambiente;
- Etapa 2 – Estabelecimento da diretriz organizacional;
- Etapa 3 – Formulação da estratégia;
- Etapa 4 – Implementação de estratégias;
- Etapa 5 – Controle estratégico.

Etapa 1 – Análise do ambiente – Para Lisboa (2012), a análise macroambiental representa a elaboração do diagnóstico e o conhecimento da situação atual. A análise é composta de duas partes: análise do ambiente externo e análise do ambiente interno da organização. Na análise macroambiental externa, surgirão aspectos positivos e aspectos negativos. Eles serão

---

[2] Disponível em: <www.brasil.gov.br/economia-e-emprego/2012/02/brasil-emprendedoremnumeros>. Acesso em: 21 ago. 2014.

agrupados separadamente. Os aspectos positivos serão reunidos sob o título de oportunidades. Os aspectos negativos constituirão a lista das ameaças. Por sua vez, a análise macroambiental interna igualmente revelará aspectos positivos e aspectos negativos. Os aspectos positivos constituirão a lista dos pontos fortes e a lista dos aspectos negativos terá o título de pontos fracos.

FIGURA 2 – Análise do ambiente
FONTE: www.igf.com.br/aprende/dicas

A análise é conhecida como "análise SWOT", sigla que representa quatro palavras em inglês: *strengts* (forças), *weaknesses* (fraquezas), *opportunities* (oportunidades) *e threats* (ameaças).

Etapa 2 – Estabelecimento da diretriz organizacional – O estabelecimento das diretrizes organizacionais corresponde à declaração da missão, que são os objetivos e as políticas que irão constituir o caráter e a personalidade da empresa. A clareza na determinação desses elementos fará a diferença na durabilidade da empresa. O empreendedor procurará segui-la e treinar seus funcionários para o seu cumprimento. Os objetivos visam atingir as expectativas da empresa na construção da estrutura organizacional (estratégica, tática e operacional).

Etapa 3 – Formulação da estratégia – A formulação da estratégia corresponde ao caminho que o empreendedor escolherá para que possa atingir os objetivos do negócio, ou seja, são os itens que levam a instituição a atingir seus objetivos. No caso de um novo negócio, o empreendedor procurará desenvolver um produto ou serviço, estudar a penetração no mercado, buscar pontos de vendas, escolher o consumidor, etc. É buscar a relação da empresa com seu ambiente. Para Porter (1986), é saber **como** competir.

Etapa 4 – Implementação de estratégias – A implementação da estratégia é a etapa em que o planejamento estratégico do empreendimento será operacionalizado. Isto ocorre depois que objetivos e estratégias já tenham sido escolhidos.

Etapa 5 – Controle estratégico – É a fase de acompanhamento do processo e ações corretivas, quando necessárias. Reúne a base de dados e os indicadores da empresa e do mercado, corresponde aos programas de trabalho e das estratégias que são implementadas.

Como instalar o novo empreendimento

Atualmente, são várias as opções de escolha do local para instalação de novos empreendimentos.

Dornelas (2005), na análise da localização da empresa, sugere que:

- O valor do aluguel seja competitivo;
- A área a ser ocupada pela empresa seja adequada às necessidades do empreendedor;
- O local fique numa região de tráfego de pedestres;
- Haja estacionamento próximo, ou no local, para os clientes;
- Haja qualidade nas instalações (hidráulica, elétrica, linhas telefônicas);
- Seja verificado junto à Prefeitura se na região onde a empresa será instalada é permitido comércio;
- Seja verificado se o local é, além de seguro, de fácil acesso aos fornecedores e funcionários;
- A fachada e o interior do imóvel tenha boa aparência.

Respondendo aos quesitos citados, o empreendedor poderá assinar a locação ou compra do imóvel.

Gerenciamento de pessoas e o empreendedor

A perspectiva atual de gerenciamento de pessoas visualiza o homem como recurso organizacional de investimento. Os empreendedores devem, desde o início do negócio, conscientizar-se desse preceito, pois as relações de amizade e as atitudes informais não podem interferir no cotidiano da empresa.

As organizações procuram profissionais com a expectativa de que eles executem suas tarefas com eficiência e eficácia, visando atingir os objetivos. Em contrapartida, as pessoas procuram as organizações, a fim de satisfazer suas necessidades e ansiedades. Nesse ambiente, apesar de encontrarmos, muitas vezes, indivíduos desmotivados, salários baixos e ausência de tecnologia para as tarefas, espera-se que a prestação do serviço seja realizada com qualidade. Aliás, é o objetivo central do prestador e a expectativa do consumidor-usuário do serviço. Nesse aspecto, existe a interação denominada "processo de reciprocidade", que é a compatibilidade do sucesso do atendimento de ambas as partes: clientes atendidos *versus* serviços prestados. Portanto, funcionários motivados responderão a essas expectativas.

Verifica-se que, nos últimos tempos, ocorreu uma mudança nos conceitos de administração de pessoas. O consumidor assim o exigiu em função das tendências de mercado, inclusão de novos serviços, tecnologia avançada, agilidade de crescimento no próprio mercado e conscientização dos seus direitos. As organizações, por sua vez, precisam capacitar e motivar pessoas, conhecer seus valores e seu grau de entendimento em relação a produtos e serviços. Ressaltando que seu colaborador também é um consumidor.

Os recursos investidos nos programas de liderança, motivação e qualidade de vida "camuflam", muitas vezes, as arbitrariedades existentes nas empresas, mas elas existem. A instituição precisa ser consciente e transparente em relação aos colaboradores, pois nela temos "pessoas atendendo pessoas". Gestores de recursos humanos procuram adaptar os aspectos formais a ações motivadoras para que o atendimento seja realizado com eficiência. O empreendedor necessita de pessoas especializadas na área de gestão de pessoas para orientá-lo em relação às rotinas da área.

O ambiente de trabalho sempre foi e será uma variável decisiva na motivação das pessoas, incluindo aspectos físicos e psicológicos, relacionamento com as lideranças e colegas, bem como o sentimento de importância no todo da organização. Não há nada mais desmotivador do que um funcionário se sentir uma peça descartável, sem valor para a empresa e a chefia. É o sentido de equipe que vigora, caracterizado pelos resultados obtidos pela interatividade: "Pessoas juntas oferecem suas competências e se conjugam, mesmo que haja uma 'chefia' que se responsabilize pelas mesmas" (Boog, 1994, p. 416).

No estudo do gerenciamento de pessoas, um dos fatores fundamentais na relação entre trabalho e trabalhador é a motivação. Muito se tem estudado para entender o que leva uma pessoa a encontrar satisfação no seu trabalho. Na administração tradicional acreditou-se que apenas a remuneração, direta ou indireta, motivava o trabalhador, fazendo-o interessar-se por suas tarefas, buscar a qualidade nos resultados de seu trabalho e aumentar a produtividade. Estudos mais recentes mostram que se trata de uma questão mais complicada do que pode parecer, por envolver muitos elementos subjetivos e emocionais.

É grande a diversidade de interesses entre indivíduos, de modo que se pode perceber que as pessoas não fazem as coisas pelas mesmas razões. Cada um tem sua expectativa e, no gerenciamento de pessoas, o gestor necessita ter um conhecimento prévio dessas expectativas, a fim de não criar conflitos e desmotivação.

O empreendedor deve conscientizar-se que o mais importante do empreendimento são as pessoas, que buscam no trabalho a materialização de suas aspirações e de seus sonhos, reconhecimento profissional, acesso a bens de consumo, lazer, representatividade social, etc. Cabendo a ele, por sua vez, oferecer condições para essas realizações, investindo na energia psicológica de seus profissionais.

A comunicação é utilizada como um processo de interação de pessoas com pessoas e tem sido uma ferramenta para as correções de conflitos e mudanças de comportamentos nas organizações. A liderança precisa ter a habilidade e a percepção de enfrentar situações de conflitos decorrentes de um processo de comunicação mal planejado. Porém, sabemos que os meios verbais, a simbologia de gestos e a linguagem corporal, quando não compreendidos pelo receptor, decorrem da falha da comunicação do emissor. Os profissionais necessitam de avaliação constante sobre os meios de comunicação que utilizam no atendimento diário dos seus clientes para que as falhas não persistam. Pode-se comprovar tal fato pela atuação das lideranças, que é muito ativa e sensível na utilização de gestos e olhares. Os empreendedores devem investir na capacitação de seus colaboradores, buscando a melhoria das condições de trabalho dos profissionais.

Os líderes devem analisar os recursos existentes pelo diagnóstico de necessidade de treinamento e desenvolvimento, visando a função de planejamento e controle no que se refere ao cumprimento e realização de tarefas. Algumas dúvidas norteiam o processo: as rotinas estão bem-estabelecidas e comunicadas? Estão atendendo à demanda e o fluxo interno da organização? As respostas direcionarão os líderes a corrigirem o processo? Em seguida, outros questionamentos são feitos: ideias e mudanças de procedimentos estão sendo inovadas? Como são comunicadas? As respostas obtidas direcionarão as lideranças à correção do processo e sua retroalimentação.

É importante frisar que alguns profissionais são excessivamente resistentes às mudanças e o conservadorismo prevalece no cotidiano, emperrando a correção. Outro aspecto é o da manutenção da função "comunicação", cujo interesse está voltado para as relações interpessoais, motivação das pessoas e os meios pelos quais o trabalho é realizado. Essa manutenção é realizada pelas avaliações constantes obtidas e, assim, correções alimentarão o processo de planejamento estratégico da unidade avaliada e da organização.

Características/atributos	Traços
Confiança	Confiança, independência, ndividualidade, otimismo
Orientação para a tarefa/ Resultado	Necessidade de realização, orientação para o lucro, persistência, perseverança/determinação. Trabalhador dirige, energia, iniciativa.
Riscos	Habilidade em assumir riscos, gosto por desafios
Liderança	Comportamento de líder: dá-se bem com os outros, aberto a sugestões e críticas
Originalidade	Inovador, criativo, flexível (mente aberta), desembaraçado, expedito, versátil, instruído, informado
Orientação para o futuro	Previsão, percepção

Quadro 1 – Características e traços do empreendedor
Fonte: UFSC/LED, 2000, p. 51, in ALVES. Natal, 2007.

O Quadro 1 apresenta os aspectos mais comuns do empreendedor. A liderança do empreendedor tem seu foco em características que geram traços e interferem no seu processo de administrar.

A comunicação é considerada eficaz a partir da postura da liderança, diante da valorização e da participação dos funcionários visando integrá-los junto aos objetivos e à missão da empresa.

O desenvolvimento de um programa de comunicação tem a estratégia voltada para a criação de mecanismos que informem a organização sobre os dados referentes à missão, visão, objetivos, resultados, políticas da empresa, programas e campanhas internas. Trata-se, portanto, de uma rede de integração e, também, uma forma de criação ou ampliação de um canal de livre expressão com a participação de todos os níveis operacionais, táticos e estratégicos da empresa.

A comunicação envolve a qualidade de vida no trabalho, principalmente no que tange as relações interpessoais e para tanto, algumas medidas precisam ser tomadas pelas lideranças. Primeiramente, considerar as colocações verbais dos funcionários, bem como as diferenças culturais e sociais. Por exemplo, levar em conta que necessitam de comunicações mais explicativas e visuais e precisam que sejam disponibilizados tempo e atenção para responder às perguntas e questionamentos referentes às tarefas e à organização. As relações informais mensuram também os níveis de comunicação e os conflitos interpessoais existentes.

Outro ponto é a observação da verdade, da justiça, da ética e do respeito, ponto forte existente num empreendimento que está iniciando. É necessário, então, oferecer um espaço para que o colaborador considere esse ambiente como um "bom lugar para se trabalhar", aceitando sugestões, processos de mudanças e criatividade no atendimento. Também utilizando instrumentos de avaliação das informações, corrigindo falhas e mal-entendidos, imediatamente à ocorrência de alguma situação indevida. Lembrando que as observações dos usuários dos serviços devem ser avaliadas de uma forma impessoal.

A aproximação das lideranças e dos colaboradores dar-se-á por pequenas ações, como reuniões pontuais para avaliar as rotinas implantadas.

Assim sendo, esses são os desafios existentes para as lideranças diante da comunicação vinculados aos aspectos do comprometimento e da motivação das pessoas. O ambiente de trabalho é muito dinâmico e imediato, necessitando de colaboradores que estejam em equilíbrio com o ambiente interno, e a figura dos líderes neste contexto é o de confiança, pois confiam em seu julgamento, caráter e inteligência.

A comunicação vincula-se à imagem do empreendedor e de seu ambiente de trabalho, ou seja, a forma como é avaliada e respeitada.

Tendências futuras

No futuro, teremos gerações que desenvolverão com maior facilidade a iniciativa, a inovação e a criatividade, tendo em vista a tendência dos atuais gestores pertencerem à geração X, nascidos entre 1980 e 1999.

As principais características exigidas de um gestor, tais como liderança, valores, motivação, competência técnica e administrativa, visão estratégica, integração com as equipes de trabalho, comprometimento e boa comunicação, precisarão ser trabalhadas pelas próximas gerações, pois novos negócios surgirão, e os jovens precisarão saber lidar com todas elas. A ansiedade pelo conhecimento e pela objetividade pode prejudicar a administração das habilidades desse novo gestor. Segundo Oliveira:

> A geração Y precisa de nossa atitude, de nossa experiência, de nossa intuição e de nossa paciência. Afinal, eles estão sendo preparados para assumir empregos que ainda não existem, usando tecnologias que ainda não foram inventadas, para resolver problemas que ainda não sabemos que são problemas (2010, p.149).

É importante que compreendam que, para um empreendedor, o processo de liderar é um processo natural e que há necessidade de ponderação e respeito aos princípios éticos.

Outra tendência, associada pela ascensão da classe C, é o crescimento ao acesso de bens e serviços pela população brasileira. Consequentemente o consumo provocará o surgimento de novos empreendedores, gerando fidelidade às marcas, às novas estratégias de marketing e buscando excelência no atendimento.

Segundo a Fundação Getúlio Vargas (FGV), a desigualdade de renda no Brasil vem caindo desde 2001. "A Classe C é composta, hoje, por 91,8 milhões de brasileiros. Para a FGV, uma família é considerada de classe média (classe C) quando tem renda mensal entre R$ 1.064 e R$ 4.591. A elite econômica (classes A e B) tem renda superior a R$ 4.591, enquanto a classe D (classificada como remediados) ganha entre R$ 768 e R$ 1.064. A classe E (pobres), por sua vez, reúne famílias com rendimentos abaixo de R$ 768,00.[1]"

Questões para reflexão

1. Identifique um empreendedor de sucesso e discuta com seu grupo sobre a carreira dele.

2. Qual a diferença entre o administrador e o empreendedor?

3. Identifique e explique quais as ameaças do ambiente externo que podem interferir nos rumos do empreendedor.

4. Como utilizar a criatividade diante dos obstáculos?

5. Discuta com seu grupo a iniciativa da empreendedora.

6. Até que ponto a falta de conhecimento de iniciativas administrativas dificulta o empreendedor sem conhecimento?

Estudo de Caso

Caso 1

Diletto: tudo começou com um sonho

São Paulo – O ano era 1922. Vittorio Scabin comemorava a abertura de sua primeira sorveteria em um pequeno vilarejo de Sappada, na região do Vêneto. O empresário usava gelo e frutas frescas para produzir seus sorvetes artesanais. As instabilidades no continente europeu e a falta de perspectiva fizeram com que Vittorio cruzasse o oceano para tentar a vida no Brasil. Foi ouvindo a história do avô, que o engenheiro civil e empreendedor Leandro Scabin cresceu e, há quatro anos, se inspirou para criar a Diletto.

Passados mais de 80 anos, ele resolveu, então, reabrir a pequena empresa do avô. "Na época eu tinha uma importadora. Mas resolvi fechar o negócio para investir no sonho do nonno. Percebi que o mercado de sorvetes

---

[1] Disponível em: <http://www.escoladegoverno.org.br/artigos/209-nova-classe-media>. Acesso em: 06 mar. 2015.

estava estagnado e vi uma boa oportunidade para criar algo novo. Por isso, morei dois anos na Itália, onde aprendi tudo sobre os sorvetes artesanais e adaptei os ingredientes de hoje aos que ele usava naquela época, já que queria um sorvete de massa no palito", diz.

De volta ao Brasil, perto da época de lançar a marca, Scabin conheceu o publicitário Fábio Meneghini, que hoje é um de seus sócios. Juntos eles entenderam que era preciso investir em algo sofisticado para atrair a atenção dos clientes. "E deu super certo. Se eu fizesse sozinho, provavelmente faria uma embalagem mais agressiva. Mas a experiência do Meneghini mostrou que a embalagem deveria ser mais requintada", conta o engenheiro, que reconhece que as distintas áreas de seus sócios contribuem para a melhoria da marca.

O lançamento da Diletto aconteceu no final do ano de 2008, em Trancoso, na Bahia. "A ideia então era termos 40 pontos de venda até o final do ano. Mas no meio de 2009 esse número já havia chegado a 400", lembra Scabin. Foi aí que outro sócio entrou no negócio para complementar a dupla. "Percebemos que a Diletto não precisava de caixa porque já estava estabelecida, mas precisava de gestão", diz.

E o empresário Fábio Pinheiro, que desde criança sonhava em ter uma fábrica de picolé, trouxe o que faltava para a empresa. "A Diletto é relativamente jovem. Estamos no nosso 4º ano de vida. Nos primeiros anos tivemos um crescimento meteórico e pretendemos manter um forte crescimento orgânico. Por isso, nossa expectativa é de manter taxas de crescimento superiores a 100% ao ano nos próximos anos", projeta Pinheiro.

A parte de estruturação da empresa provou, também pelos números, que a marca é um sucesso. Hoje a Diletto fatura 25 milhões por ano, tem cerca de 2000 pontos de vendas – todos de propriedade dos sócios –, e conta com 12 sabores de picolé e quatro de copo. "Essa é, aliás, uma de nossas novidades. Recentemente lançamos o sorvete de 500 ml em uma embalagem biodegradável", conta Scabin, que sempre está na fábrica dando "pitacos" de novos sabores a serem desenvolvidos.

As metas não param por aí. "Nós sempre atendemos demandas de eventos e agora vamos estar ainda mais presentes nesse mercado, já que se trata de um ramo potencialmente grande. Decidimos investir e criar um departamento exclusivo para atender a essa demanda e, por isso, vamos adotar uma postura mais ativa, buscando mais negócios e fechando parcerias com empresas e buffets de casamentos e aniversários, além de atuar com agências promocionais para feiras e eventos corporativos. Com isso, esperamos dobrar o número de eventos atendidos", conta Meneghini.

Outro objetivo é crescer no varejo. "Ele vai nos ajudar a ter mais visibilidade, aumentar a experimentação e conhecimento, além de pulverizar a marca", avalia Pinheiro. Para tanto, a Diletto tem um plano de negócios estabelecido até 2017. Nele, segundo Scabin, constam objetivos de supernacionalização da marca e, depois, de globalização. "Estamos trabalhando para atingir essa meta. Se seguirmos a lógica, conseguiremos, pois em 2011 já ultrapassamos a meta em 22%", revela[2].

Reflexão
Discuta com seu grupo sobre a iniciativa do empreendedor Leandro Scabin em aproveitar a iniciativa de seu avô.

1. Qual a principal motivação de empreendedores como Scabin e Meneghini?

2. Quais as características empreendedoras desse estudo de caso?

Caso 2

ONODERA: a empresa de beleza que virou franquia de sucesso.

Mudanças comportamentais e econômicas redefiniram a participação das mulheres no mercado de trabalho nas últimas décadas. Em 1981, quando Edna Onodera aproveitou o espaço da academia de judô do marido, na época treinador da seleção brasileira, para oferecer serviços estéticos, a ideia era apenas complementar a renda da família.

"Na verdade, tudo é uma questão de falta de dinheiro. O negócio começou pela falta dele e cresceu por isso também", conta Edna, a fundadora. A empresária não imaginava que estava prestes a entrar em um setor que, trinta anos mais tarde, ganharia importância econômica capaz de mudar o perfil dos empregos criados no Brasil: o de serviços.

À frente de um segmento cujas fragilidades podem comprometer a longevidade do negócio, dependente basicamente de uma gestão eficiente,

---

[2] REVISTA EXAME. Disponível em: <http://exame.abril.com.br/pme/cases-de-sucesso>. Acesso em: 05 set. 2014.

ficou ainda mais difícil para Edna equilibrar a função de mãe de quatro filhos com o empreendedorismo. "Eu trabalhava hoje para comer amanhã. Era terrível! Não conseguia dormir. Mas eu sempre pensava no outro dia: 'Eu tenho que conseguir'", lembra.

Foram 14 anos de trabalho árduo para só então a empresária investir na abertura de uma segunda unidade da Onodera.

No período, a empresária chegou a morar com a família no porão de um imóvel, que também abrigou a escola de judô e a clínica de estética. "Em todo momento tinha uma dificuldade, um incêndio para apagar", revela.

Usar a criatividade para superar os obstáculos diários foi a alternativa encontrada no trabalho e no lar. E a rotina diária de equilibrar pratos de Edna encantou a filha, Lucy, que desde cedo acompanhou o esforço da mãe em fazer o negócio efetivamente dar certo. "Era caro fazer anúncios. Então a gente distribuía panfletos na rua. Cheguei a esquecer de buscar os filhos na escola", conta Edna.

Sem planejar, a empresária ensinou as primeiras noções de administração para a filha, que anos mais tarde buscou na universidade o embasamento teórico. Hoje, Lucy Onodera é sócia-diretora da rede e responsável também pelo movimento que profissionalizou a gestão da marca e a transformou em uma rede de franquias.

A concepção da Onodera e as transformações que ocorreram na empresa até ela tornar-se uma das principais redes especializadas em beleza do país foram contadas por Edna e Lucy no encontro promovido pelo Estadão PME com pequenos empresários. Confira trechos do evento.

Inovação

A própria natureza dos serviços estéticos exige da marca um cuidado extra no lançamento de tratamentos. Para assegurar eficiência, a Onodera investiu em um centro de pesquisa e desenvolvimento onde tudo é testado antes de ser oferecido ao mercado. "A gente tem um cuidado grande para que no futuro o nosso tratamento não vire um problema para o cliente ou até mesmo seja um dano irreversível", explica Lucy, que recomenda a outros empresários atenção aos processos que envolvem a saúde dos consumidores.

Qualidade

Edna atribui parte do sucesso da Onodera à qualidade do atendimento que presta aos clientes. Antes de o negócio deslanchar, essa premissa sempre norteou as decisões da empresária.

A transformação da marca em rede de franquias, no entanto, obrigou mãe e filha a pensarem na implementação de um modelo de controle viável e replicável em outras unidades.

Por isso, elas investiram na integração da rede. Hoje, as unidades próprias e franqueadas têm ferramentas que oferecem diferentes dados sobre a operação, mas também informam o nível técnico dos profissionais franqueados. "Cada departamento da empresa tem indicadores próprios e mensalmente nos reunimos para ver se eles estão sendo alcançados", afirma Lucy.

Franquias

A opção pelo crescimento por meio do modelo de franquias foi sugestão de Lucy. Com aval da mãe, a jovem empresária criou mecanismos para proteger a qualidade da marca, manter o padrão do negócio e multiplicar o número de unidades em território nacional. "O mercado estava crescendo e a gente não tinha a capacidade de expansão para acompanhá-lo", revela Lucy, que aplicou os conhecimentos adquiridos na faculdade para viabilizar a grande virada que permitiu a expansão e o aumento dos pontos de atendimento.

"A minha mãe já trabalhava com um sistema muito eficiente, mesmo sem tecnologia. O que fizemos foi levar do papel para o computador", revela a empreendedora. Com isso, a empresa conta hoje com mecanismos que contemplam a estrutura operacional, a capacidade técnica de funcionários e também as escolhas do cliente[3].

---

[3] Disponível em: <estadaopme.com.br/noticias >. Acesso em: 30 mar. 2013.

Referências bibliográficas

ALVES, Claudio; NATAL, João Carlos. *Empreendedorismo e Plano de Negócios*. In: SANTOS, Rubens da Costa (org.). Manual de Gestão Empresarial: conceitos e aplicações nas empresas brasileiras. São Paulo: Atlas, 2007.

BARBIERI, Ugo Franco. *Gestão de pessoas nas organizações*: práticas atuais sobre o RH estratégico. São Paulo: Atlas, 2012.

BOLETIM DO EMPREENDEDOR – SEBRAE. Disponível em: <www.boletimdoempreendedor.com.br>. Acesso em: 28 mar. 2013.

BOOG, G.G. *Manual de treinamento e desenvolvimento*. 2. ed. São Paulo: Makroon Books, 1994

BIAGIO, Luiz Arnaldo. *Empreendedorismo*: construindo seu projeto de vida. São Paulo: Manole, 2012.

COELHO, Márcio. *A essência da administração*: conceitos introdutórios. São Paulo: Saraiva, 2008.

DECOURT, Felipe; NEVES, Hamilton da Rocha; BALDNER, Paulo Roberto. *Planejamento e gestão estratégica*. Rio de Janeiro: FGV, 2012.

DORNELAS, José Carlos Assis. *Empreendedorismo*: transformando ideias em negócios. 2. ed. Rio de Janeiro: Elsevier, 2005.

FERREIRA, Ademir Antonio: REIS, Ana Carla

 Fonseca; PEREIRA, Maria Isabel. *Gestão empresarial*: de Taylor aos nossos dias – evolução e tendências da moderna administração de empresas. São Paulo: Pioneira, 1997. Vol. 290. p.78-89.

FOLHA DE SÃO PAULO. Novo empreendedor muda foco do Sebrae. Disponível em: <http://www1.folha.uol.com.br/fsp/especial/70223-novo-empreendedor-muda-foco-do-sebrae.shtml>. Acesso em: 20 mar. 2013.

GIL, Marisa Adán. *A nova cara dos negócios no Brasil*. Revista Pequenas Empresas & Grandes Negócios. São Paulo Junho/2013.

Kuazaqui, Edmir (org.). *Liderança e criatividade em negócios.* São Paulo: Thomson Learning, 2006.

Kuazaqui, E.; Lisboa, T.C.; Gamboa, M. *Gestão estratégica para a liderança em empresas de serviços privadas e públicas.* São Paulo: Nobel, 2005.

Lisboa, Teresinha Covas in Barros Neto, João Pinheiro de; Souza, Gerson de (organizadores). *Manual do empreendedor de micro e pequenas empresas.* Rio de Janeiro: Qualitymark, 2012.

Lobato, David Menezes; Moysés Filho, Jamil; Torres, Maria Cândida Sotelino; Rodrigues, Murilo Ramos Alambert. *Estratégia de empresas.* 8ª ed. Rio de Janeiro: FGV, 2006.

Oliveira, Sidnei. *Geração Y*: o nascimento de uma nova versão de líderes. São Paulo: Integrare Editora, 2010.

Pereira, Maria Isabel; Santos, Silvio Aparecido dos. *Modelo de gestão*: uma análise conceitual. São Paulo: Pioneira Thomson Learning, 2001.

Porter, Michael E. *Competitive advantage*: creating and sustaining superior performance. New York: Free Press, 1986.

Radau, Monise. Conquiste a Classe C. *Revista Meu Próprio Negócio.* Edição 39, p.48 a 57, jan, 2013.

Santos, Rubens da Costa (org.). *Manual de gestão empresarial*: conceitos e aplicações nas empresas brasileiras. São Paulo: Atlas, 2007.

Stevenson, Howard H; ROBERTS, Michael J.; GROUSBECK, H. Irving. *New business ventures and the entrepreneur.* Homewood: Richard F. Irwin, 1985.

CAPÍTULO 3

Criatividade na administração

> *Mais do que nunca, necessitamos fazer uso de nosso potencial para criar. Esse potencial ilimitado, que permanece, muitas vezes, adormecido ou em estado latente, é o recurso mais precioso que indivíduos e organizações dispõem para lidar com os desafios que acompanham nossa época, em que a incerteza, o progresso e a mudança são uma constante.*
>
> ALENCAR, 2013

José Predebon

Objetivos

- Definir o papel da administração;
- Apresentar a *mudança* como fator onipresente na atualidade;
- Mostrar a relação entre administração e criatividade;
- Apontar a criatividade como elemento fundamental para a eficácia da administração contemporânea.

Introdução

Está mais do que aceita a afirmação de que, sem boa administração, o que seria aparentemente o melhor negócio do mundo acabaria fracassando. Então, nada mais justo que, em um livro sobre empreendedorismo, focalizemos aspectos da boa administração. Vamos, neste capítulo, falar do seu cruzamento com a criatividade.

Houve um tempo, que pode ser situado até a primeira metade do século passado, em que a atividade do administrador era bem diferente da de hoje. Nem melhor, nem pior, apenas diferente.

Tenham calma, caros leitores, não estou sendo acaciano, dizendo o que todos sabem, que tudo obviamente mudou com o contexto. Nem ignoro que a mudança do mundo é constante e total, como já observou Heráclito há mais de dois mil anos, quando afirmou que nunca tomamos dois banhos no mesmo rio.

Sugiro, isto sim, que tudo o que envolve o trabalho nas organizações, incluindo a administração, entrou agora nesse nosso impressionante processo geral de mudanças da atualidade, exponencialmente acelerado.

Para defender o ponto de vista que vê a mudança como um fator importante, onipresente e irrecusável, vou primeiro situar a administração de forma bem simplificada: ela seria, em sua essência, uma atividade que trata da aplicação de recursos de forma ideal. Acrescente-se, também resumidamente, que enquanto a economia cuida da criação dos recursos, a administração se ocupa com a gerência deles.

Para cumprir seu papel, é básico que a administração mantenha uma ação perfeitamente sintonizada com o contexto. Como este é dinâmico, a ação para se concatenar com o entorno deverá ser tática, pontual e, além de técnica, também flexível e criativa. Vamos ver os "comos" e os "porquês" disso, após dois exemplos, o caso *sorvetes* e o caso *welcome drink*.

Ação sintonizada: o caso dos sorvetes

Uma rede de sorveterias mantém um planejamento de produção que leva em conta variáveis previsíveis, como a sazonalidade que reduz custos de determinadas frutas em épocas limitadas, e variáveis imprevisíveis como eventuais falhas de abastecimento por parte de algum fornecedor, e o aumento/redução de demanda de determinados sabores. As variáveis previsíveis alimentam normalmente o planejamento estratégico, e as imprevisíveis geram ações de ajustes diretos e indiretos, essência de um planejamento tático, que comanda as ações pontuais. Os ajustes diretos se exemplificam no aumento, redução ou cancelamento de produção de alguns sabores, e indiretos na criação de sabores para manter o leque de opções considerado desejável, ou para atualizá-lo perante a concorrência.

Ação não sintonizada: o caso *welcome drink*

Este exemplo vem do setor de serviços, com o relato de um hóspede de hotel. "O hotel gentilmente me entregou, no *check in*, um vale para ser descontado no bar do hotel, com o simpático nome de *welcome drink*. O tíquete especifica meia dúzia de opções, à guisa de sugestão, porém já com uma não simpática ressalva, definindo que o *welcome drink* era só o que estava listado no vale. Apesar de não achar inteligente, considerei normal a restrição. Consultei o cardápio geral procurando um drinque não alcoólico, além daquele que estava sendo oferecido no vale recebido, e que era um "coquetel de frutas sem álcool". Encontrei o que queria, o suco de tomate temperado e verifiquei que ele tinha preço menor do que o coquetel de frutas sem álcool, que também estava no cardápio geral. Mas, ao pedi-lo ao garçom, ele, constrangido, informou que só poderia servir aqueles drinques que estavam especificados no vale. Eu argumentei que o hotel sairia ganhando, ao me dar algo mais barato, mas ele disse que não poderia sair da norma. Peço para falar com o gerente que, ao vir para me atender, simpaticamente, explica que o *welcome drink* é financiado por uma cachaça, que entra na receita das outras opções, e o coquetel de frutas, aduz, é só uma exceção. Eu fico olhando para ele, que tem um ar de quem quer dizer "sinto muito, mas não é possível". Tento argumentar que exceção por exceção o suco de tomate será um ganha-ganha, mas não adianta, pois ele sorri suavemente e diz, "meu senhor, é a norma, por favor, compreenda minha situação". Desisto da argumentação, mas digo a ele para trazer o suco de tomate, que agora estou disposto a pagar. Pois aí ele traz o suco de tomate e diz que é gentileza da casa. E assim o final deste exemplo contém a clara indicação de que o funcionário precisaria ter discernimento para manejar um caso, evitando um descontentamento – antes que este surja. Ele tinha autoridade para fazer a exceção, como acabou fazendo, mas foi preciso eu teimar, e houve então um risco de eu não fazê-lo, desistir desgostoso com o serviço, dando as costas a ele naquele momento e ao hotel, talvez, para sempre."

Esse relato mostra um típico caso de desajuste por fuga ao desconforto da mudança e a consequente falta de sintonia entre a ação e o contexto que, no caso, incluía a satisfação do hóspede, objetivo final da atividade.

Complexidade, uma nuvem que nos envolve

Mesmo antes de Edgar Morin começar a estudar a complexidade como ciência, nos anos 1970, ela já estava presente em nosso mundo. Tudo o que acontece em cada parte sempre influiu no todo. Contudo, ultimamente, o desenvolvimento da ciência e tecnologia, de forma cada vez mais acelerada, está tornando a complexidade mais presente e importante.

Com o estudo da ação das variáveis, todas interferindo em todas, a complexidade define um novo ambiente para todas as nossas atividades. Vale registrar que a administração, pela sua própria malha de funções, sempre precisou zelar pela *sintonia* entre suas atribuições e o que acontecia em volta.

Agora, então, na realidade que Zygmunt Bauman (2001), com felicidade, batizou de "líquida", essa sintonia se transformou em fator *sine qua non* para o sucesso do trabalho do administrador. E aí a sintonia recorre a uma avalista importante, a criatividade.

Há autoridades no campo da inovação defendendo que o grande motor do comportamento criativo seria o princípio de "safar-se", presente na solução de problemas, que hoje nos EEUU é vista quase como ciência, a do "problem solving".

Eu concordo que a necessidade seja *um* motor da criatividade, mas não o único e, de acordo com as circunstâncias, penso que não seja necessariamente o principal. Porém, na administração, observo e sugiro que a criatividade esteja passando a ser hoje o grande escudo para o gestor se defender dos verdadeiros sustos que a complexidade prega nas organizações. Como observei em outro livro,

> O desenvolvimento do comportamento criativo também se estabelece quando os estímulos circunstanciais são os de "necessidade de solução". Essa vertente é a mais comum que se encontra no campo profissional. O ambiente das empresas, cada vez mais mutante, traz constantes problemas de adaptações, o que também explica por que a criatividade está sendo cada vez mais valorizada nas organizações. (PREDEBON, 2013, p.35)

Mas e o planejamento, onde fica?

Planejamento: sempre necessário, mas nunca sagrado

Para tudo precisamos planejar. A rigor, até quando acordamos de manhã, temos de planejar como levantaremos da cama, como nos vestiremos, etc.

Sem planejamento, nós e nossas atividades ficaríamos soltos, desorientados e, dessa forma, sem qualquer eficiência. O planejamento sempre incluiu uma "receita" do como fazer, mas hoje, com a incerteza trazida pela complexidade, essa receita só pode ser elaborada na hora do uso.

Receitas prontas eram cômodas e tranquilas, mas hoje elas se tornaram duvidosas. Então, temos que achar a virtude do meio, o que significa fugir da armadilha da previsão, mas com o planejamento que contemple uma ação ponderada que minimize a incerteza.

No entanto isso não será o suficiente. A administração que vise resultados precisa incorporar o que Peter Senge (1990) sabiamente batizou como "aprendizagem permanente". É uma ação que se insere no contexto, se adapta às mudanças, as processa e delas tira lições para mudar o curso que antes era o melhor.

Para que isso aconteça, devemos acionar um sentimento de desapego às nossas "verdades". Mesmo que saibamos como se faz, devemos estar atentos para mudar nossa maneira de agir, assim que o contexto exigir. Nosso planejamento deve existir, mas sempre como um conjunto de processos em avaliação permanente, sujeito à mudança. Ou seja, é preciso cultivar uma flexibilidade mental muitas vezes difícil, pois inclui revisões, quase sempre desconfortáveis. Estaremos no regime em que toda regra tem exceção.

Zoom out: o necessário olhar de consultor

No universo da gestão, e especialmente no campo da administração, consagrou-se a atividade do consultor. Mais uma vez peço calma aos leitres, que poderão estar sorrindo ao se lembrar do grande número de piadas[1] sobre a inutilidade do trabalho do consultor.

---

[1] Eis, como exemplo, uma das piadas sobre consultores: *três gestores estão passeando em um balão tripulado, quando surge um forte nevoeiro, e eles passam a não saber mais onde estão. Mas, súbito, no nevoeiro abre-se uma brecha e eles avistam uma pessoa em terra, a quem, gritando, perguntam "onde estamos?" ao que a pessoa responde "em um balão!" Depois das imprecações, os três concluem que a pessoa só poderia ser um consultor, simplesmente porque dera uma resposta "rápida, correta e inútil".*

Porém as anedotas também podem ser debitadas à "dor de cotovelo" de alguns gestores, surgida quando o profissional chega de fora e, sem grande estudo, faz aquelas perguntas que incomodam, do tipo "por que não eliminar esta etapa, se ela nada muda?"

O que fez nascer a função do consultor é principalmente a utilidade do olhar descondicionado. Todos nós somos presa fácil da rotina que nos torna míopes para fatos e processos que sempre prevaleceram no passado da organização. Assim,

> Uso o termo *zom out* para definir a técnica de se ganhar esse ângulo, na análise necessária ao uso da criatividade nos negócios. Consiste em uma apreciação lógica e também "não lógica" de seu setor, a partir de certo distanciamento, e portanto com menor envolvimento, para que se possa incluir na análise as variáveis do contexto. (PREDEBON, 2013, p.154-5)

Mergulhados na "fazeção", acabamos não vendo as mudanças ao redor, quase sempre lentas, que ao se somar tornam a realidade ilógica e até ridícula. Sabedores disso, os administradores pró-ativos, inovadores e/ou criativos, ganham muito ao cultivar a capacidade de, periodicamente, fazer o que em fotografia é o *zoom out*, ou seja, usar a visão mais ampla.

Ao incluir na informação que irá processar o que está "nas bordas", em volta ou mesmo abaixo da superfície, poderemos detectar o que passa despercebido ao olhar disciplinadamente focado na rotina objetiva.

A forma de adquirir esse "olhar de consultor" pode incluir trocas de ponto de vista vindas de simulações, como a do diretor que costumava telefonar para sua firma, disfarçando a voz, para ver como os clientes eram atendidos.

Percebe-se nesse exemplo uma atitude descondicionada, que se recusa a obedecer a modelos mentais que poderiam resultar no pensamento inibidor do tipo "onde se viu um diretor fazer essas coisas?" Esse descondicionamento é uma das bases da criatividade na administração.

Considerações finais

Vamos concluir este capítulo ligando os pontos destacados até aqui. Fica fácil perceber que a recomendação básica vai além de usar um pensamento moderno e criativo nas tarefas da administração. No fundo e na essência devemos colocar todo o empenho, a capacidade e o entusiasmo no objetivo de praticarmos uma "gestão criativa" em nossa atividade.

Como podemos atingir esse objetivo? Bem, se não existem receitas prontas, como defendemos antes, será preciso elaborar a nossa receita pontual, que será o nosso planejamento tático para cada ação que deve se somar às da rotina. E isso, hoje, com a complexidade, parece ocorrer a todo o momento.

Essa gestão que se sintoniza com o contexto e o aproveita, não é apenas recomendável – é indispensável. Ela é a base da competitividade, cuja fraqueza irá condenar o negócio. E não apenas o negócio comercial, frisemos, pois até mesmo atividades não lucrativas, como as do terceiro setor, perderão eficiência se não tiverem uma gestão criativa.

Questões para reflexão

Apesar de repetir antes que cada caso é um caso, vamos reproduzir aqui, com algumas adições, um questionário que está no meu livro, *Criatividade abrindo o lado inovador da mente* (maiores detalhes nas referências bibliográficas). Ele tem o objetivo de facilitar o diagnóstico de até onde nossa organização está praticando uma gestão criativa. Ei-lo, a seguir.

Colocar A, B ou C em cada resposta.

1. Sua organização criou e ofereceu ao mercado algum(ns) novo(s) produto(s) ou serviço(s):
a) Nos últimos 60 dias?
b) No último ano?
c) Não há lembrança disso?

2. Os processos e padrões de operação vigentes:
a) São sempre alvo de aperfeiçoamento, estejam funcionando ou não?
b) Alteram-se quando há solicitação de clientes?
c) Se estão funcionando, jamais são alterados?

3. Fornecedores e/ou insumos:
a) Sofrem permanente reavaliação?
b) Quando geram problemas são trocados?
c) São sempre os mesmos?

4. Os imprevistos que trazem prejuízo/ineficiência:
a) São solucionados e geram mudanças preventivas?
b) São enfrentados?
c) Geram crises?

5. A política de RH:
a) Tem função de incentivar funcionários?
b) É a que o mercado pratica?
c) Tem gerado problemas/queixas?

6. No setor de vendas/contato com usuários/clientes:
a) Há sempre indicação e prospecção de novos usuários/clientes?
b) De vez em quando há procura de novos usuários/clientes?
c) Quando há perda de usuários/clientes o negócio encolhe?

7. No marketing:
a) Há sempre inovação e todos na organização são motivados a participar das iniciativas?
b) De vez em quando surge algo novo?
c) Só acontece o que vai na cabeça do(s) chefe(s)?

8. Quanto à Internet:
a) A organização usa a internet, inclusive para descobrir oportunidades de mercado?
b) A organização usa internet quando necessário?
c) Na organização ninguém tem acesso?

9. No dia a dia da organização, quando surge a necessidade de ser feita uma tarefa dependente de imaginação, fora da rotina:
a) Várias pessoas se oferecem para fazer?
b) O dirigente ou chefe assume e designa alguém para ajudar?
c) Todos encontram desculpa para escapar da tarefa?

10. A direção da organização:
a) Mantém abertos canais de comunicação com funcionários, clientes, fornecedores e comunidade?
b) Faz-se presente em alguns assuntos?

c) Por ausência parcial ou total, é considerada negativamente pelos funcionários?

Analise após as respostas do questionário: obviamente, o ideal é caracterizado pelas alternativas A, que devem, pelo menos, preponderar. Muitas alternativas B revelam um padrão comum de clima carente de melhoria, e muitas alternativas C revelam problemas acima do tolerável, quando o clima não criativo pode afetar o futuro da organização.

Outras questões

1. Relatar casos reais (um, dois ou três, de acordo com o tempo disponível), ou adaptados da realidade, ou mesmo criados pela imaginação, em que estejam decisivamente presentes pontos defendidos neste capítulo, ou nos quais a sua falta causou influência no insucesso de uma atividade.

2. Relatar caso(s) em que a complexidade do mundo atual fez mudar uma atividade, alterando seus detalhes ou mesmo a sua essência.

3. Relatar caso(s) em que a presença de um planejamento tático foi decisiva para uma atividade ter sucesso no contexto atual.

4 Relatar caso(s) em que a visão de consultor foi usada para solucionar problemas ou descobrir oportunidades dentro de uma organização.

Estudos de caso[2]

Caso 1

A cidade de Barcelona, diante do problema de alojar 20 mil atletas, nas Olimpíadas de 1992, construiu um conjunto de apartamentos, em uma área recuperada da deterioração urbana; tais apartamentos foram vendidos com financiamento privilegiado para habitantes locais (resolvendo um pro-

---

[2] Estes casos também foram mencionados no livro *Criatividade abrindo o lado inovador da mente*, especificamente no capítulo 2, subitem "Exemplos interessantes", p.10-11.

blema de déficit residencial), mas com a condição de serem entregues após terem sido utilizados como alojamentos do evento esportivo.

1. Discuta a viabilidade econômica e social da decisão dos gestores da cidade de Barcelona.

2. Na sua opinião, caso os resultados do financiamento privilegiado traduzam-se em prejuízos financeiros para a cidade, mesmo assim o investimento proposto se justificaria?

3. Que outras formas de alojamento para os atletas poderiam ser adotadas num evento situacional, sem que se leve em conta o referido problema estrutural?

Caso 2

Os fabricantes de creme dental Colgate haviam recebido uma máquina automática que processava todos os insumos e soltava o produto pronto, tampado, embalado, em uma sequência veloz, que seria maravilhosa não houvesse um pequeno e renitente defeito oculto: de vez em quando saia um tubo prontinho, mas cheio só de ar. Após um sem-número de tentativas infrutíferas de conserto, a solução veio de um palpite dado quase casualmente por um dos trabalhadores que assistiam aos esforços dos técnicos. "Por que vocês não colocam aí na saída um ventilador que sopre para fora os tubos vazios?"

1. Na sua opinião, a sugestão pode ser adotada pela empresa? Que implicações podem estar também "ocultas" nesta sugestão?

2. A solução proposta pode eliminar a possibilidade de erro da máquina?

3. Embora interessante, que implicações podem conter a utilização desta máquina pela empresa?

Caso 3

A Ikeda era uma fabricante de implementos agrícolas, envolvida com uma das periódicas crises do setor. Ao mesmo tempo em que apresentava considerável capacidade ociosa, percebeu que os operários estavam aproveitando o tempo vago e os restos de materiais disponíveis para fazer pequenas churrasqueiras de uso próprio. Em lugar de adotar soluções normais, enxugando quadros, recolhendo as sobras ou simplesmente proibindo a prática, a Ikeda abriu uma nova linha de produtos, passando a fabricar e vender churrasqueiras – atividade que logo se tornou tão ou mais importante que a anterior.

1. Que lições podem ser extraídas deste caso?

2. Corporativamente, você concorda com a solução adotada pela empresa?

3. Que outras práticas deveriam ter sido adotadas para evitar a questão da ociosidade da empresa?

Referências bibliográficas

ALENCAR, Eunice Soriano de. "Prefácio". In: PREDEBOM, José. *Criatividade abrindo o lado inovador da mente*. São Paulo: Pearson, 2013, p.11-12.

BAUMAN, Zygmunt. *Modernidade líquida*. Rio de Janeiro: Zahar, 2001.

MORIN, Edgar. *Introdução ao pensamento complexo*. Porto Alegre: Editora Sulina, 2011.

PREDEBON, José. *Criatividade abrindo o lado inovador da mente*. São Paulo: Pearson, 2013.

SENGE, Peter. *The fifth discipline*. New York: Doubleday, 1990.

CAPÍTULO 4

Administração e inovação em negócios: conceitos e práticas indissociáveis

> *Criatividade é ter a ideia. Inovação é implementar essa ideia, transformando-a em ação e resultados.*
>
> AUTOR

Antonio Vico Mañas

Objetivos

- Definir o papel da administração;
- Conceituar e definir negócios e empresas que atuam ou pretendem estar em convivência com o que se denomina global, com possibilidades de inovação, crescimento ou simplesmente desenvolvimento.
- Discutir novas questões gerenciais que permitem trazer impactos organizacionais e que obrigatoriamente compõem o alicerce do sucesso esperado para um negócio.
- Apresentar fatores como a velocidade, personalização, capital intelectual, o conhecimento, o crescimento lucrativo, a flexibilidade, a identidade da liderança, a aprendizagem e a conexão com a clientela e o compartilhamento consciente e estratégico.

Introdução

Num ambiente em que convivem as limitações da propositura das 5 forças de Porter, a crescente aplicação da teoria dos jogos, a preocupação constante com as mudanças e a conseguinte responsabilidade social e ambiental, surge a necessidade de ampliação dos horizontes da gestão. Não cabe mais, enquanto gestor, pensar apenas em estrutura, processo, estratégia, tecnologia e negócios. Todos esses pontos são partes de um todo e cada uma dessas partes, quando separada, permite visibilidade restrita desse todo.

As relações internacionais entre países e empresas têm merecido grande atenção porque novas regras e novos processos vem transformando e redefinindo o próprio mundo. Os negócios avolumam-se aproveitando a contribuição significativa dessas relações, e isso acelera processos como o de internacionalização, o de parcerias, o de revisão de comportamento e posicionamento junto ao cliente, o de inovação, entre outros. Passa a entender-se que se tornar uma empresa de sucesso tem a ver com sobrevivência.

A sociedade e a economia clamam em conjunto por um desenvolvimento que garanta o bem-estar, a qualidade de vida, o equilíbrio entre o que se produz e o que se consome, o que a natureza tem e o que a industrialização se propõe a aumentar. Há uma busca pelo equilíbrio que exige um esforço e investimentos em inovação, como única solução.

Para que uma empresa pense em ter sucesso, ou realmente se aventure a tanto, é necessário o conhecimento de alguns fatores, tais como:

- O mercado de atuação não suporta mais demanda, e isto pode ser causado por recessão, por cansaço do produto pelos clientes, pelo surgimento de novos produtos, pela simples curiosidade da clientela, custos elevados, saturação do mercado com muita concorrência, revisão de foco, tal qual a questão da sustentabilidade (produtos verdes, o rápido desenvolvimento de tecnologias que modificam o processo de produção, de comunicação, e outros);
- A empresa que tem excesso de capacidade, precisa vender o estoque excedente;
- O mercado doméstico é constantemente atacado por empresas estrangeiras que oferecem produtos ou serviços melhores ou com preços menores;
- A empresa precisa diversificar o mercado de atuação para conseguir sobreviver;
- A empresa visualiza oportunidades em outro mercado que não o seu, e tal fato atende a algum ou alguns dos requisitos anteriores, demonstrando que seus administradores e capitalistas/investidores tem desejo claro de expansão;
- A empresa, internamente ou em parcerias estratégicas, tem um perfil que lhe permite aventurar-se em novidades.

As vantagens que uma empresa pode vir a ter, atuando num novo ambiente são várias. Destacam-se, aqui, algumas dessas vantagens:

- A empresa pode diminuir sua dependência em qualquer mercado e com isto reduzir seus riscos;

- A empresa passará a ter possibilidade de captar recursos financeiros a menor custo;
- A empresa pode encontrar maiores oportunidades fora do raio de sua ação, especialmente em mercados com estrutura competitiva que lhe permita maior rentabilidade;
- A empresa obterá uma base mais ampla de consumidores para obter economia de escala;
- A venda de produtos ou serviços a novos mercados considerados exigentes contribui para a valorização da imagem do produto/serviço no mercado interno;
- Novos mercados oferecem um meio de estender o ciclo de vida do produto/serviço após saturar a atual demanda;
- A empresa obterá recursos, como peças e componentes, com melhores condições nos novos mercados;
- O novo mercado/segmento pode proporcionar acesso a produtos e serviços de qualidade e produtos e serviços que incorporam novas tecnologias;
- A empresa pode obter em novos mercados o fornecimento de recursos naturais como energia elétrica e riquezas minerais a um custo menor;
- A redução do custo de produção para produtos/serviços em que a curva de aprendizagem requer grandes quantidades;
- O mercado oferece atualização das tendências mundiais;
- A empresa passa a ter acesso a soluções diferentes e novas desenvolvidas pela ciência e pela tecnologia;
- Os mercados com alto potencial de crescimento podem impulsionar a ação em novos segmentos ou mercados.

Compreende-se então que uma empresa passa a atuar externamente ao seu mercado quando os seus gestores e proprietários encontram-se em estágios de motivação que lhes sugerem o crescimento, a consolidação, a sobrevivência, o aproveitamento de oportunidade e a intenção estratégica.

Quando os gestores convivem com novos relacionamentos, passam a pensar globalmente e agem localmente, moldando produtos, serviços, canais de distribuição e temas promocionais aos mercados/segmentos regionais e locais específicos. Além disto, passam a conviver e abordar as oportunidades e ameaças de maneira diferente. O acesso a novos conhecimentos, ideias e culturas faz com que revejam as suas estratégias e ações. Os gestores buscam padronizar, tanto quanto possível, o que gera diferencial, e sua coordenação, apesar de ainda muito voltada para a vantagem competitiva, envolve fortes indícios de cooperação.

Alguns elementos são analisados por estes gestores quando ampliam a atuação de suas empresas, dentre eles: as barreiras para os mercados novos; as estratégias de marketing de antecipação e a instituição e administração do marketing empregado; as conexões competitivas, gerando processos de parcerias; as operações mundiais e a rede global de negócios; a viabilidade de longo prazo; o aprendizado organizacional e cultural; a independência das filiais ou subsidiárias ou parceiras; a interação e plataforma de negócios/produção/logística e a padronização e adaptação de produtos e serviços, marcas e imagem da empresa.

É, pois, necessário que se crie nova abordagem de gestão: o processo de criação de uma visão mais ampla consiste em agregar várias noções de valores que antes dificilmente foram combinadas. É preciso que se defina estrategicamente a empresa, com base global; que se saiba como a empresa criará faturamento e lucro, tendo claro o modo de operação; como medirá o desempenho e a recompensa dentro de sua abordagem; o respeito e comprometimento com o acionista, demonstrando como ela se transformará em um bom investimento; e determinar como os colaboradores se sentirão na empresa, tudo isso associado ao novo público e ainda atendendo ao existente.

Neste capítulo, há a apresentação de conceitos e definições sobre negócios e empresas que atuam ou pretendem estar em convivência com o que se denomina global, possibilidade de crescimento ou simplesmente desenvolvimento. A partir destes conceitos, colocar-se-ão **novas** questões gerenciais que permitem trazer impactos organizacionais e que obrigatoriamente compõem o alicerce do sucesso esperado para um negócio. Distinguir-se-ão, também, fatores como a velocidade, a personalização, o capital intelectual, o conhecimento, o crescimento lucrativo, a flexibilidade, a identidade da liderança, a aprendizagem, a conexão com a clientela e o compartilhamento consciente e estratégico.

Administrar

Conceito de administrar

Administração, gerência e gestão são termos que, na atualidade, se confundem entre si, e ainda geram confusão com o termo liderança. Um profissional que tem a incumbência de determinar caminhos, desenhar processos e envolver pessoas para que se disponham a colaborar com seus recursos no sentido de atingir objetivos comuns predeterminados desde que em troca de retornos, a maior parte das vezes, financeiros e inclusive morais, é aquele que exerce a Administração.

Há pessoas de diversas áreas e autores distintos que entendem administrar como algo mais processual, por exemplo, Chandler (2001), que tratava a gestão como sendo a composição de três grandes atividades: alocação, monitoração e coordenação de recursos.

Essa visão restringe a influência do ambiente externo a entradas e saídas de recursos. Não considera o conhecimento, a experiência e a atuação mais estratégica que leva em conta a competitividade e a cooperação como alternativas que influenciam os administradores a empreender, relacionando informações com oportunidades ou ameaças e forças ou fraquezas, que conseguiram estabelecer em suas organizações gerando diferenciação e posicionamentos mais sólidos ou flexíveis junto a um determinado contexto.

Administrar é, na prática, estar à testa de uma organização e, a partir de determinadas ideias, gerir pessoas que conduzem ou atuam em negócios rumo a objetivos comuns pré-estabelecidos. Para concretizar esse intento é fundamental estabelecer objetivos, escolher e adotar estratégias, planejar os recursos necessários, captá-los e conseguir organizá-los em torno de uma boa motivação. Os objetivos servem para desenhar o caminho que permita chegar a eles e ainda, ao definir esse caminho, estudar outras possibilidades. O caminho é a estratégia que se escolhe analisando as possibilidades existentes. Após isso, dirigir ou coordenar esses recursos de tal forma que se transformem constantemente em mais produtivos e, em seguida, rever e reiniciar os processos envolvidos de modo que permitam atingir e ampliar a clientela com produtos e serviços de qualidade no mínimo aceitável.

Como se pode depreender das colocações acima, administrar é muito mais do que um processo fechado. Envolve o enfoque sistêmico, a visão contingencial e a árdua tarefa de conviver com a crítica (criticando e sendo criticado) e com o comportamento que pode ser humano, da organização, de uma comunidade ou que tenha aspectos mais globalizantes. Administrar é lidar com interesses por vezes conflitantes, com a diversidade. Conhecer, conviver e gerir essa diversidade, com toda a complexidade que o ser humano carrega, dentro de um local ou no planeta, com recursos escassos que precisam ser utilizados e consumidos de maneira otimizada. Enfim, administrar é, com todas essas divergências e paradoxos, conseguir o intento de diferenciar-se e alcançar um determinado êxito, preferencialmente com retornos tangíveis e/ou intangíveis.

Uma vez que se sabe aonde se pretende chegar, com um caminho bem-definido, é chegado o momento de planejar. O processo de planejamento numa organização que adota a estratégia visando a sua expansão está normalmente associado a um conjunto de atividades que deverão ser desenvolvidas de maneira simultânea. Essas atividades são conceitos que permitem distinguir os principais domínios decisórios e precisar, da maneira mais confiável possível, o que seria o processo ótimo de gestão da organização naquele ambiente.

Planejamento bom é aquele que se afirme como função dentro das organizações, interdependente da função de controle. A não associação deste binômio só pode ser interessante no nível teórico, cujo objetivo é o estudo individualizado, dentro do enfoque sistêmico. Planeja-se para organizar e coordenar recursos que permitam chegar da melhor maneira a resultados esperados. Com a predefinição do que e como fazer algo é possível ter o controle da situação, corrigindo ou retornando, quando necessário ou conveniente. Em última instância, nas esferas do poder, é possível a interpretação de que se planeja para se obter controle.

Entende-se uma organização como um sistema administrativo que interage com o ambiente externo constantemente. As influências mútuas fazem com que esse sistema se movimente, via defesa ou via antecipação. Dentro do sistema, encontram-se dois processos que podem ser denominados como "produtivo" e "informacional". O processo produtivo representa ações efetivas e físicas de transformação ou transação. Por outro lado, o processo informacional é o que rege a ideia, os objetivos, o planejamento e a comparação entre a execução e o idealizado, gerando avaliação e correção. No informacional cabe a orientação, a aprendizagem e o treinamento. Toda ação pode ser planejada e controlada, gerando comunicação e conhecimento. Tudo pode ser transformado via operações previamente estabelecidas e obviamente podem ser alteradas e melhoradas de acordo com as conveniências do contexto em determinado momento. Os processos obrigatoriamente são interdependentes e interconectados, mesmo quando tratados de forma separada. O esforço do administrador consiste em agregar esses processos, ou que cada um agregue o máximo possível ao outro.

O administrador frente ao seu ambiente tem atitudes que perpassam características muitas vezes indissociáveis entre si. Numa escala de possíveis atitudes de um administrador frente ao ambiente externo em que se situa ou pretende atuar, ter-se-ia ações empresariais que variariam entre as defensivas, as combativas e as projetivas.

Ao pretender assumir decisões de expansão que culminem com a internacionalização, o gestor de uma organização age de forma combativa ou projetiva. Em momento algum pode ter características de ignorar, isolar, resistir ou recolher-se. Conforme Vico Mañas (2004), é preciso que tome decisões que permitam ajustar, explorar, influenciar, atacar e/ou antecipar o ambiente externo. Assim, é de suma importância estar amparado de sólidos conhecimentos, que não serão apenas econômico-financeiros, tecnológicos, sociais ou estruturais.

Para facilitar a ação estratégica que conduza a operações bem-sucedidas, os administradores pautam-se principalmente numa regra substancial para o atendimento aos anseios do ambiente externo, ou seja: criar um negócio cujo processo contínuo permita primeiro atender o cliente; em seguida, atender às expectativas básicas do mesmo e, por fim, superá-las.

Conceito de negócio

Um negócio é entendido como qualquer transformação de algo pelo trabalho (físico ou intelectual) que será negociado e proporcionará retorno a quem o faz, aproveitando-se de oportunidades que estão relacionadas à necessidade ou ao envolvimento psicológico, por exemplo, do consumidor (individual ou coletivo). Para tal e tentando garantir a possibilidade de negócios é que existem os empreendedores que, muitas vezes, se transformam em empresários. Estes adotam ideias, captam recursos e direcionam seus esforços para o gerenciamento desses negócios. Monitorar oportunidades e decidir sobre o seu aproveitamento exige a adoção de estratégias e de estruturas que permitam a consecução de ações, dentro do possível, eficazes, garantindo assim o retorno esperado, o que leva a novos investimentos relacionados à motivação trazida pelo êxito alcançado ou para tentar escapar de situações embaraçosas ocasionadas por fracassos anteriores. A definição de negócios adotada pela Harvard Business School é simplesmente: negócios são as atividades relacionadas à obtenção de lucro – no sentido monetário.

Abell (1993) sugere que a definição de negócio acrescente a sua posição no mercado e a eficácia da amplitude ou estreiteza da alocação dos recursos da empresa, especialmente quando podem vir a ser afetados por sinergias entre as atividades nos níveis estruturais da organização.

O entendimento de como a totalidade das atividades de uma empresa pode influenciar sua posição competitiva ou seu foco/competência essencial requer o conhecimento prévio e a descrição efetiva das atividades da empresa considerando as 3 dimensões de Abell, isto é:

- O grupo de consumidores atendidos ou servidos;
- As funções atendidas desses consumidores, ou seja, suas necessidades;
- A tecnologia usada para atender às funções desse grupo de consumidores: como a empresa faz para atender às necessidades de seu público-alvo.

As três dimensões abordadas são importantes e reais, mas estão baseadas na visão e no espaço industrial, obviamente inseridos no contexto onde ocorre a competição, o que permite a crítica delimitante.

O próprio Abell e Hammond propõem, em 2004, um acréscimo, considerando a relação da definição de negócios com outras decisões de cunho estratégico empresarial, que, segundo eles, são inter-relacionadas.

Seguir o processo de um negócio, especialmente o bem-sucedido, envolve uma divisão clara de três dimensões, conforme Vico Mañas (2012). Considerando que os processos de negócios são as próprias operações que tem de ser originadas e desenvolvidas para que se alcancem os objetivos predeterminados, entende-se que os processos de negócios são os mais distintos e imagináveis. Por vezes, as ações nascem de situações não imaginadas anteriormente, originando negócios de fato inovadores ou negócios efetivados de forma inovadora. Podem ser citados como processos atuantes ou participantes de um negócio: a logística, a manufatura, o próprio marketing, o atendimento de pedidos, a assistência ao cliente, o apoio necessário para prover e melhorar projetos, entre tantos outros. As 3 dimensões do conceito de negócio podem ser vistas na fig. 1.

Necessidades

Possíveis necessidades de potenciais clientes

Possíveis formas de como atender às necessidades dos potenciais clientes

Grupos de clientes

Possíveis grupos de potenciais clientes

Formas de atendimento

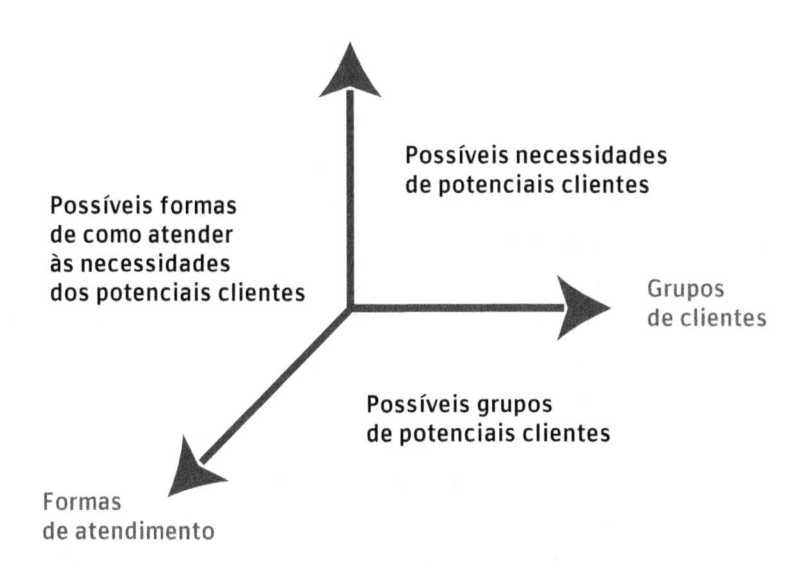

FIGURA 1 – Três dimensões de um negócio
FONTE: Vico Mañas, A. e Buaride, A. M. R., Conceito de Negócio, 2012, p. 86.

É muito comum confundir-se conceitos. A razão da confusão pode estar na desinformação, o que leva a confrontos e fracassos diversos, mas que é balanceada com a aprendizagem ou por conceitos que se sobrepõem. Na maioria das vezes, a inovação nasce de um esforço individual ou em conjunto do uso da criatividade, outras vezes, no entanto, acontece por estar dentro de um percurso normal que leva ao evento da inovação.

Criatividade é ter a ideia. Inovação é colocá-la em ação. Inovar é transformar uma novidade em um resultado com retorno, qualquer que seja, financeiro, econômico, de conhecimento, de imagem...

Entendo que a Inovação deve ser vista como uma estratégia, além disso, sua prática é muito mais ampla do que só envolver laboratórios, pesquisadores especializados, e certificar-se de que a ideia tem proprietário e pode ser comercializada. Envolve uma visão, uma missão, a aplicação do conhecimento para envolver e premiar os *stakeholders* envolvidos e atuar pelo retorno, dificultando a ultrapassagem dos competidores e a constante valorização de busca e implementação de oportunidades, com todos os riscos que estas possam trazer.

Inovação

ESTRATÉGIA EMPRESARIAL

A estratégia, com ênfase na competitividade ou na cooperação, quando se pretende expandir ou diversificar num mercado local, regional, nacional ou internacional, exige uma relação da empresa com o ambiente que a leve (a organização) a postar-se com um comportamento que lhe permita reagir, adaptar e inovar.

Os passos que der, serão rumo a uma solidificação, com vistas a atingir, a longo prazo, o seu desenvolvimento. Mesmo quando já posicionada no plano internacional, a empresa, ao ser atacada, não pode simplesmente manter ou construir barreiras. A interação negativa com o ambiente traz consequências que, a curto prazo, levam à retirada do mercado ou à extinção enquanto empresa ou negócio. Por outro lado, se a sua relação com o ambiente externo for de interação neutra, reagindo e se adaptando, a possibilidade de sobrevivência existirá, porém com tendências à estagnação. O ideal é investir na interação positiva com o ambiente e através dela desenvolver-se efetivamente.

As organizações e os administradores tendem a adotar estratégias empresariais para lidar com o seu futuro, tomar decisões sobre caminhos, recursos e mercados que enfrentarão, tentando reduzir esforços desnecessários, utilizando conhecimentos que diminuam a incerteza e então gerir com controle da situação.

A estratégia empresarial é um conjunto de ações predeterminadas que serve como caminho alternativo para um planejamento efetivo da organização, possibilitando a esta o direcionamento para os resultados previamente estabelecidos e acompanhando eventuais distorções de maneira a provocar correções, via um efeito sinérgico que corresponde ao final, no alcance dos objetivos.

A intuição pura é descartada como hipótese que não abrange todas as possibilidades. As alternativas estratégicas de uma empresa são muitas e atualmente não se adota apenas uma. Porter apregoava a existência de três tipos de estratégias: a voltada para os custos, a da diferenciação e a do foco. Na prática, descartava a importância do foco, na medida que pode-se, por exemplo, focar em uma estratégia de baixo custo ou diferenciar-se focando algumas especialidades ou mercados. O grande recado de suas teses está no que se configurou como valor. Prahalad e seus parceiros, por suas vez, trazem o foco como base, quando determinam que estratégias tem garantia de sucesso quando tem foco, e este existe no conhecimento e na definição clara da competência essencial da empresa, daí a ênfase em recursos. Atualmente as coisas acabaram ficando restritas a dois tipos de macroestratégias, a que a aborda com ênfase no valor e aquela que a entende como recursos. Observa-se, neste texto, que uma não exclui a outra.

Autores distintos dizem que, na prática, atualmente pode-se optar por estratégias de crescimento, de manutenção ou sobrevivência ou de retirada, total ou parcial.

As possíveis estratégias (todas encaixadas nas linhas simplificatórias de valor e recursos) que permitem a expansão dos negócios são: 1- Concentração em único negócio; 2- *Joint-Venture*; 3- Integração Horizontal; 4- Integração Vertical; 5- Diversificação; 6- Inovação; 7- Parceria e 8- Internacionalização.

Segundo Vico Mañas (2007), a inovação é considerada como uma estratégia. Consiste no desenvolvimento de uma nova tecnologia/processo, ou na procura do desenvolvimento de um produto inédito ou milagroso, ou na adoção de um serviço diferenciado que apresente ótimas perspectivas de aceitação no mercado. É a estratégia indicada para empresas que dispõem de quantidade de recursos suficientes para realizar esse intento, bem como têm a possibilidade e disponibilidade de assumir riscos. As empresas que saem na frente dos concorrentes com novas ofertas são os exemplos típicos de adoção dessa estratégia. Naturalmente procuramos na nossa memória a imagem de empresas que são conhecidas por efetivar inovações: basta acompanhar a história e evolução conhecida. A Ford, a GM, a Volvo, a Honda, a Toyota, são exemplos no setor automotivo que em momentos distintos apresentaram-se com diferencial movido em inovações, tanto na área dos processos, organizacional, tecnológica, de marketing, etc. Há ainda outras áreas com exemplos vivos. Entre elas, 3M, IBM, Microsoft, Apple, LG, Samsung, Natura, Shell e Alpargatas (Havaianas) para ficar em algumas. Mas pode-se citar exemplos de organizações mortas ou com risco de desaparecer, por não optarem pela estratégia de inovação, ou por fazê-lo de maneira incorreta ou ainda, tarde demais, temos então a Kodak, a HP e a Memorex.

Teorias da inovação

O caminho para a inovação inclina-se para os caminhantes. Todos que participam de um ambiente que se propõem inovador, com destaque àqueles que possuem papel estratégico quando se colocam como parte integrante de um ciclo, por exemplo as Universidades, o Governo, as Instituições de Pesquisa e as próprias Empresas, entendem que a aproximação entre a produção de conhecimento, formadoras de cidadãos e profissionais, por um lado e as que suprem com recursos financeiros e políticas cabíveis, por outro lado, e ainda as participantes do setor produtivo e de apoio à produção, são *stakeholders*, com interesses e papéis determinantes para que se alcance a inovação.

Cada uma das partes interessadas pode caminhar só e abastecer-se de tal forma que consiga ser independente, isto é, autônoma, autossuficiente, enfim desenvolver a inovação via uma estrutura própria, com seus próprios recursos. Quando isto é possível, obtém-se um diferencial único. No entanto, a maior parte das organizações e as pessoas de maneira geral sabem que é quase impossível atingir a inovação de maneira individual.

A inovação fechada acaba por ser mais cara, mais lenta, mais problemática de administrar, dependendo das circunstâncias. O modelo *Close Innovation* e o seu processo pode ser verificado na Figura 2.

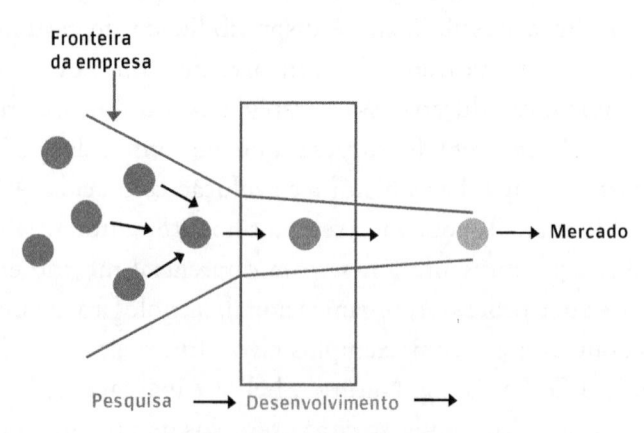

Figura 2 – Inovação fechada
Fonte: Baseado em Chesbrough, 2002

Outro caminho que tem sido mais fortemente utilizado é o de se compor parcerias mais responsáveis e constantes, aliviando a carga interna e utilizando a competência essencial, como diferencial competitivo, diluindo, então, em partes o todo.

A *Open Innovation*, (Figura 3) como se tem chamado a inovação aberta, permite paralelamente interagir para o objetivo, e a complexidade de sua administração compensa o esforço com os resultados obtidos e o retorno que estes trazem, que podem ser econômicos, financeiros, de imagem, dentre outros, como aprendizagem constante. O criar pontes entre as partes interessadas, leva ao que tem se caracterizado como "ganha-ganha". Ao final, cada parte leva sua parte na vantagem.

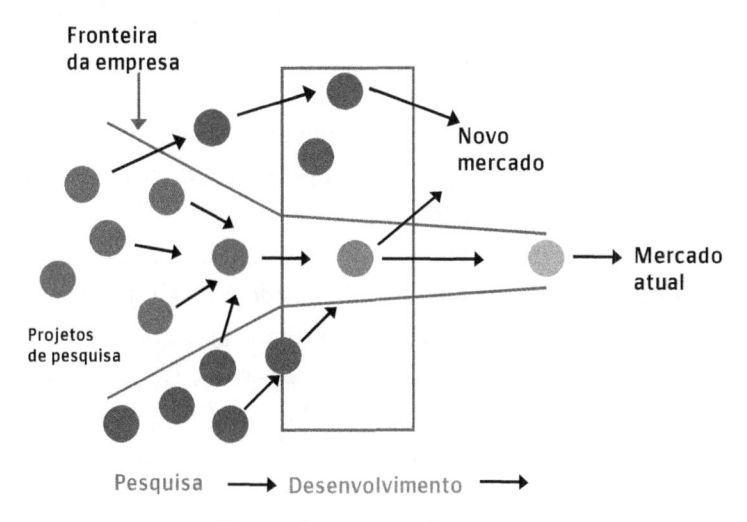

Figura 3 – Inovação aberta
Fonte: Baseado em Chesbrough, 2002

É de conhecimento geral que, nas últimas décadas, o processo de globalização provocou transformações substanciais de ordem sócio-econômico-político-tecnológica. A mera redução de fronteiras entre os países criou novos cenários empresariais que cada vez mais precisam responder a essa pressão de forma rápida, flexível e inovadora. Diferenciar-se para competir melhor tem sido um caminho escolhido por muitos e isto tem provocado uma crescente competitividade na busca de novos produtos, mercados, processos e tecnologias e, obviamente, novas formas de gestão organizacional. O crescimento econômico depende essencialmente da criação, do intercâmbio, da evolução e da aplicação de novas ideias que sejam capazes de gerar o desenvolvimento da sociedade como um todo.

As instituições que formam a sociedade, neste contexto acima comentado, encontram-se propensas a repensar e redefinir as responsabilidades e papéis frente as questões sociais e econômicas que surgem. Os governos têm estabelecido diretrizes que visam garantir a geração de inovações a partir do entendimento de sua importância para o crescimento econômico.

Já as universidades, por seu lado, são levadas à reflexão, cada vez com maior empenho, sobre a importância estratégica de sua função enquanto produtoras de conhecimento e, claramente, de formadoras de cidadãos e profissionais para um mercado de trabalho diferente do que antes se conhecia.

No caso brasileiro, até recentemente (talvez nas últimas décadas), enxergava-se uma enorme lacuna entre a universidade e o setor produtivo, que levava à consequência nefasta de que o conhecimento gerado dentro da chamada academia não tivesse aproveitamento eficiente para a melhoria de processos, produtos e serviços. Daí a importância de se criarem pontes que unissem as partes interessadas.

A busca de sinergias tem sido a tônica. Todas as formas de geração de possíveis sinergias têm sido tentadas, de acordo com Costa, Porto e Feldhaus (2010), com o intuito de superar o atraso tecnológico das empresas brasileiras. Os resultados encontrados apresentam-se positivos. Uma dessas formas tem sido a efetivação de cooperação (parcerias) dos setores produtivos com a academia. A sociedade tem se colocado de maneira a gerar pressão para o aumento constante de acordos cooperativos entre instituições de pesquisa e entidades empresariais, além das já comuns parcerias com instituições governamentais.

A essa tendência imposta pela sociedade, a cooperação tecnológica entre universidade e empresa tem respondido, com arranjos relacionados ao desenvolvimento tecnológico exigido pela economia contemporânea e Cunha e Fischman (2003) bem como Stal (1998) apud Cruz e Segatto (2009) têm confirmado essas ações.

O governo brasileiro, por intermédio do Ministério da Ciência e Tecnologia criou, em 2004, a lei conhecida por Lei da Inovação (n. 10.973). Trata-se da primeira lei brasileira a abordar o relacionamento entre universidades (e instituições de pesquisa) e o segundo setor (empresarial).

Um dos fatores de maior relevância para a gestão da inovação consiste na proteção dos direitos da propriedade intelectual, que ocorre via concessão de patentes, possibilitando assim a utilização e a transferência da tecnologia.

Entende-se também, de forma tímida, que não basta patentear, é preciso licenciar e aplicar, colocar no mercado, disponibilizar para a sociedade, caso contrário, o custo para esta é altíssimo, sem retornos substanciais.

Vale ressaltar que não há neste capítulo nenhuma pretensão em discutir, apresentar e esgotar as teorias que regem o tema inovação. Há liberdade para colocar-se o que é relevante nessa área e que possa ser aplicado pelos administradores de maneira geral.

As organizações que obtêm sucesso na aplicação da inovação são aquelas que melhor interpretam as teorias e, portanto, que investem de forma consistente, decidindo sobre como obter atuação benéfica, quais são os contrastes entre a inovação fechada e a aberta a que Cheshbrough se referia e que foi apresentado anteriormente neste capitulo.

Na Inovação Fechada:

- Os melhores talentos em seu campo, trabalham na empresa;
- Para lucrar com P&D&I deve-se conceber, desenvolver e comercializar;
- Se for descoberta uma inovação, é preciso conseguir ser o primeiro a introduzi-la no mercado;
- Ao ser a primeira a comercializar uma inovação, então será vencedora;
- Se criar mais e melhores ideias do que outros competidores, será a vencedora;
- Deve-se controlar a propriedade intelectual de modo que a concorrência não venha a lucrar com as nossas ideias.

Na Inovação aberta:

- Nem todos os talentos trabalham na organização, assim deve-se encontrar e reter conhecimento e a *expertise* de indivíduos brilhantes de fora;
- Não é necessário originar a pesquisa a fim de lucrar com ela;
- Construir um modelo de negócio melhor é mais vantajoso do que conseguir introduzi-lo no mercado primeiramente;
- Se for feito o melhor uso de ideias externas e internas, vencer-se-á;
- Deve-se lucrar com o uso da nossa propriedade intelectual por outros, e deve-se também comprar a propriedade intelectual de outros sempre que gerar vantagem para o próprio modelo de negócio da organização

Estão incluídos nesses conceitos e aplicações o conceito e o uso amplo de rede. Para que a inovação ocorra dentro do modelo aberto, ou para determinar a escolha do modelo a implantar, tem-se em Prahalad e Ramaswamy (2003), de acordo com a Figura 4, que atuar em um ambiente de constante experimentação que leve a pensar em como interagir estrategicamente e, no ambiente da organização, isso envolve todos os *stakeholders* pertinentes ao processo.

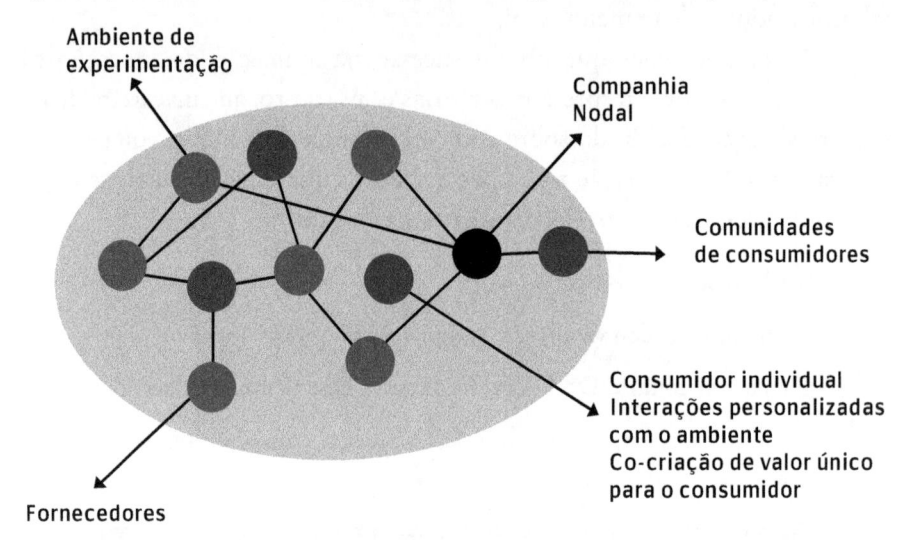

FIGURA 4 – Redes para a inovação
Fonte: Prahalad e Ramaswamy (2003).

Acessando o Google, como exemplo, foi possível encontrar (considerando dados de 2012) cerca de 2,5 milhões de termos que explicam inovação. Percebe-se que há forte concentração de conceitos em áreas como a criatividade, a invenção aplicada, modelos de negócios e o atendimento a aspirações que até aquele momento não foram atendidas. O que se tem, na prática, é a mistura de conceitos que são introduzidos de maneira simples em uma equação construída pelo economista Joseph Schumpeter, mostrando que inovar é: "crescer lucrativamente de forma sustentada por período prolongado, considerando-se responsabilidade social e ambiental". Certa vez, ouvi (e não sei precisar quem é o autor da frase) que inovar é gerar riquezas. Pode-se concordar com esta simplificação, desde que se leve em conta que a riqueza obtida pode ser não necessariamente e imediatamente entendida por resultado financeiro/econômico, mas também por conhecimento, aprendizagem, imagem, entre outras possibilidades.

Já Drucker, (2005, p.25) afirmou que inovação é o instrumento específico dos empreendedores, o meio pelo qual eles exploram a mudança como uma oportunidade para um negócio diferente. Ela pode ser apresentada como uma disciplina, ser apreendida e ser praticada. Os empreendedores precisam buscar, com um propósito deliberado, as fontes de inovação, as mudanças e seus sintomas que indicam oportunidades para que uma inovação tenha êxito. E os empreendedores precisam conhecer e pôr em prática os princípios da inovação bem-sucedida.

Outras definições importantes sobre inovação foram surgindo, Dosi (1988) identificou que tratar de inovação é tratar de descoberta, de experimentação, de desenvolvimento, de imitação e também da adoção de novos produtos, novos processos de produção e novos arranjos organizacionais.

Na tentativa de apresentar formas mais práticas aos administradores e pesquisadores sobre a inovação, outros autores, quando abordam a questão para produtos, processos, tecnologias, acabam por, de alguma forma, assinalar no funil da inovação (vide os modelos aberto e fechado), a necessidade de além de identificar o processo e suas atividades, transcorrer sobre sua implementação, cuidar e avaliar constantemente os funis que podem gerar melhorias e também podem interferir na velocidade, nos custos, na qualidade, etc. Um exemplo encontra-se em Takahashi e Takahashi (2007), ao tratar da inovação em produtos (vide figura 5).

Administração empreendedora

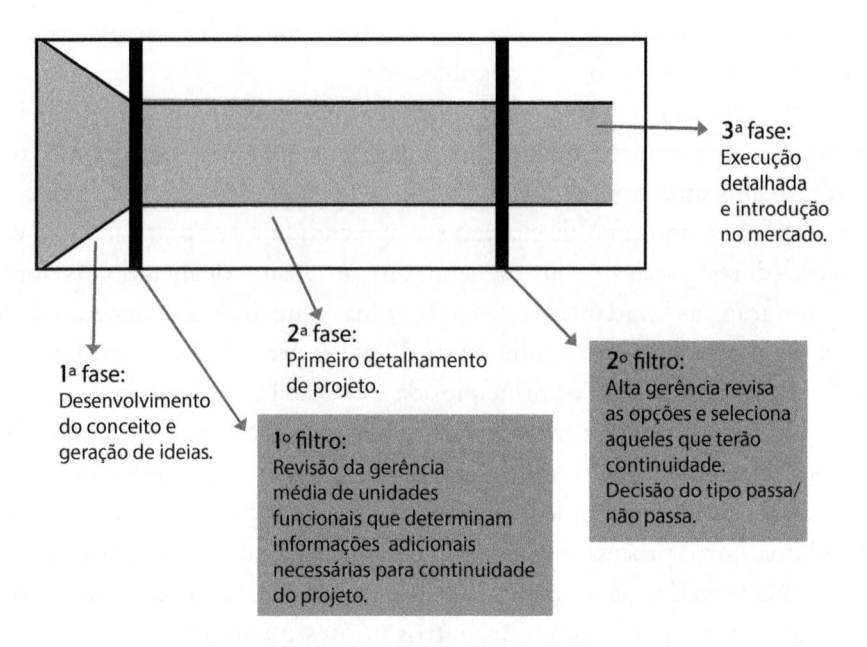

3ª fase: Execução detalhada e introdução no mercado.

1ª fase: Desenvolvimento do conceito e geração de ideias.

2ª fase: Primeiro detalhamento de projeto.

1º filtro: Revisão da gerência média de unidades funcionais que determinam informações adicionais necessárias para continuidade do projeto.

2º filtro: Alta gerência revisa as opções e seleciona aqueles que terão continuidade. Decisão do tipo passa/não passa.

FIGURA 5 – Modelo do funil de inovação
FONTE: Takahashi e Takahashi, 2007, p. 49.

O real poder do funil deriva de duas fontes:

a) De uma série criativa de ideias inovadoras em uma série lógica de projetos em desenvolvimento e;

b) Dos projetos que estejam na direção dos objetivos de negócios.

O objetivo do funil de inovação é gerar ideias organizadas a partir de várias fontes e não somente da pesquisa e desenvolvimento. Todas as funções e grupos da organização são responsáveis pela geração de novas ideias e conceitos, além de também pela identificação de maneiras que possam ser incorporadas aos produtos, serviços e processos em geral.

Filtros ao final de fases tratam de fazer uma revisão completa. As áreas de conhecimento crítico para o sucesso dos projetos potenciais devem ser apontadas de tal forma que não colidam com a ação produtiva que tem clara quais são as suas fronteiras.

A imprevisibilidade da inovação derrota o planejamento excessivo, ou seja, a essência da inovação bem-sucedida é e sempre tem sido a experimentação constante. Planos e pesquisa básica são importantes, mas testes frequentes, em mercados pequenos, têm demonstrado maior eficácia.

Para não se fracassar é fundamental envolver-se; reduzir o ciclo de aprendizagem, mas com todos dando atenção ao cliente; diminuir a burocracia; ter foco na criação de mercados; e encarar o produto como postura, como um experimento a ser constantemente melhorado, vivenciando testes rápidos.

À luz de Clark e Fujimoto (1993) o que se tem é a sugestão de que em um determinado nível, a inovação em produto é essencialmente uma simulação da produção e do consumo. É preciso considerar-se que tudo pode ser transformado ou visto como um produto para ser consumido. Todavia, quando as necessidades dos clientes são complexas, portanto difíceis de articular, torna-se também difícil uma simulação precisa (vide figura 6).

Outro aspecto importante a considerar, que, por causa da dificuldade de gerenciar a integração entre desenvolvimento de produto e as informações sobre o consumo futuro, torna-se necessário, é analisar o comportamento e o desenvolvimento do consumidor concorrente.

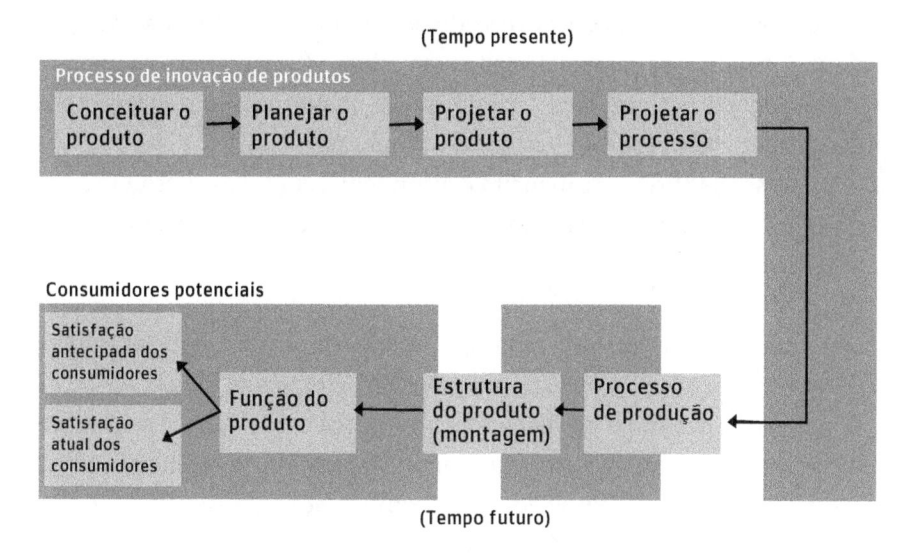

FIGURA 6 – Relações entre processos
FONTE: Clark e Fujimoto, 1993.

Ao se tratar de inovação tecnológica, esta pode ser considerada uma inovação apenas para a empresa, explicam Clark e Wheelwright (1993), não precisa ser necessariamente uma novidade para o mercado. Saltando por uma série de autores e seus contatos, encontram-se alguns dos mais importantes no tema inovação. Prahalad e Ramaswamy (2003) conceituam inovação com base na adoção de novas tecnologias que permitem aumentar a competitividade da empresa no mercado. Tidd, Bessant e Pavitt (2008) indicam que inovação é algo novo que agrega valor social e riqueza. Para considerar-se uma inovação, esta deve ser uma novidade que venha a gerar um ganho para quem a coloque em ação, isto é, para quem a pratique, obtendo algum tipo de lucratividade.

Inovação é a implantação de novas ideias para alcançar os objetivos. É a aplicação de novas ou diferentes abordagens, métodos ou tecnologias, resultando na melhoria da qualidade ou na redução de custos comparativamente à concorrência. É desafiar o *status quo*, identificando oportunidades e implementando mudanças significativas para atingir os objetivos, ou seja, encontrar e aplicar uma vantagem competitiva. É a implementação de novas ideias, grandes ou pequenas, que possuem o potencial de contribuir com os objetivos.

É preciso fazer algumas considerações antes de continuar. O que se procura é criar novos valores de novas maneiras e fomentar novos produtos, serviços, processos e negócios. Criar novas regras e oportunidades de conseguir vantagem competitiva e resultados pioneiros.

Por isso se afirma, de maneira contundente, em todas as esferas empresariais e na sociedade de maneira geral, que só há uma coisa que não muda: A MUDANÇA.

Decidir sobre a inovação implica em implementar soluções que considerem e contenham determinada importância comprovada, que sejam originais em algum aspecto e que sejam viáveis em diversas frentes.

Diversas áreas do conhecimento estudam a inovação e adotam nomenclaturas distintas, como a Economia, a Engenharia, a Medicina, a Biologia, a Administração, a Publicidade, a Comunicação, a Física, o Marketing, entre outras. Uma definição bastante difundida é a proposta pela Organização para a Cooperação e o Desenvolvimento Econômico (OCDE) e pelo Eurostat no Manual de Oslo.

O Manual de Oslo[1], uma publicação da supracitada OCDE, diz que inovação deve ser algo novo ou significativamente modificado para a empresa e disseminado pelo mercado. As inovações contidas nesse manual mostram a evolução do conceito de inovação ao longo de suas três edições (OCDE, 1992, 1997 e 2005). Nas duas primeiras edições do manual, o conceito era definido com foco na inovação tecnológica de produto e de processo (TPP). Contém esse manual, em interpretação livre deste autor, o seguinte conceito para Inovação:

"Inovações tecnológicas em produtos e processos (TPP) compreendem as implantações de produtos e processos tecnologicamente novos e substanciais melhorias tecnológicas em produtos e processos. Uma inovação TPP é considerada implantada se tiver sido introduzida no mercado de inovação de produto ou usada no processo de produção (inovação de processo). Uma inovação TPP envolve uma série de atividades científicas, tecnológicas, organizacionais, financeiras e comerciais."

Inovar então é entendido como uma estratégia, como o objetivo de um administrador, com diferenciação e satisfação geral dos envolvidos. Segundo Vico Mañas (2004), há três estágios para a inovação:

+ A inovação segue a linha de menor resistência;
+ A inovação é utilizada para melhorar inovações anteriores e;
+ São descobertos novos usos e direções que crescem a partir da própria inovação.

Diz ainda que a inovação tem três formas distintas de acontecer:

+ Ela vem até você;
+ Há uma quebra brusca;
+ Evolução natural.

A inovação é consequência de determinada(s) mudança(s) que pode ser provocada ou ser natural. Ela ocorre em contextos e velocidades das mais variadas, previsíveis ou imprevisíveis. O mesmo autor Vico Mañas (2004)

---

[1] O Manual de Oslo é referência para trabalhos de inovação, e sua proposição é ajudar a mensurar as inovações nas organizações, padronizando conceitos. Possui uma última versão atualizada, ampliando as possibilidades e facilitando o entendimento e a aplicação dos conceitos e as respectivas avaliações sobre o que é inovação e sua tipologia.

afirma que as áreas de mudança nas quais ocorrem as inovações são: empreendimentos, estruturas, tecnologias e no comportamento. A gama de entendimento dessas possibilidades é imensa.

Com o aumento da importância do setor de serviços na economia mundial e a maior turbulência e volatilidade dos mercados, as rápidas mudanças tecnológicas, com redução do ciclo de vida dos produtos, verificou-se as dificuldades de entender-se os processos de inovação em todo tipo de organização a partir das definições de TPP.

Passaram a chamar a atenção as inovações organizacionais, especialmente os relacionamentos externos criados pelas interações entre organizações. Dando respostas a esse novo cenário, introduziram-se dois novos tipos de inovação não tecnológica na terceira edição do manual de Oslo (OCDE, 2005): Organizacional e de Marketing.

Nas páginas 47-52 do manual de Oslo (OCDE, 2005) encontram-se os tipos de inovação que são:

- Inovação de Produto;
- Inovação de Processo;
- Inovação Organizacional e;
- Inovação de Marketing.

Inovação de Produto

É a introdução de um bem ou serviço novo ou significativamente melhorado com relação aos produtos existentes, tanto de características funcionais como de usos previstos.

As inovações de produto podem utilizar novos conhecimentos ou tecnologias, ou podem basear-se em novos usos ou novas combinações.

Inovação de Processo

É a implementação de um método de produção ou distribuição novo ou significativamente melhorado. Os métodos de produção envolvem técnicas, equipamentos e/ou *softwares* utilizados para produzir bens e serviços. Já os métodos de distribuição dizem respeito à logística da organização. Além da produção e da distribuição, esse tipo de inovação também envolve as atividades de compras, contabilidade, computação e manutenção e a implementação de tecnologia da informação e da comunicação (TIC) novas ou significativamente melhoradas, caso vise à melhoria de eficiência.

Inovação organizacional

É a implementação de um novo método organizacional, que pode ser uma nova prática de negócio da organização, uma nova organização do local de trabalho ou nas relações externas.

Os aspectos distintivos da inovação organizacional, quando comparada com outras mudanças organizacionais, estão no fato de não terem sido usados anteriormente na organização e de que são resultados de decisões estratégicas tomadas pela sua gestão.

Inovação de Marketing

Implementação de novos métodos de Marketing, como mudanças no design do produto, na marca e na embalagem, na promoção e sua colocação no mercado, e de seus métodos de estabelecimento de bens e serviços.

A aplicação do novo método é voltada para as necessidades dos consumidores abrindo novos mercados, ou reposicionando o produto no mercado, com o objetivo de aumentar as vendas. Deve representar mudanças significativas na concepção do produto ou em sua embalagem, no posicionamento do produto, em sua promoção ou na fixação de preços. Deve fazer parte de um novo conceito ou estratégia de marketing que representa um distanciamento substancial dos métodos de marketing existentes nas organizações.

Nota-se a complexidade efetiva que as organizações passaram a ter com relação aos tipos de inovação. O entendimento dificultado por frases como "significativamente melhorado" ou "posicionamento do produto", "em sua embalagem", "na fixação de preços", ou "no fato de não ter sido usada anteriormente" geram buscas para enquadramento e facilidade de uso. Ao fim e ao cabo, a tipologia pode ser restringida a três fases:

a) Sistemas complexos – difíceis de aparecer;
b) Interage com a situação existente;
c) Modestas – próximas do curto prazo.

E Christensen (2007) facilita o caminho para os que tem de tomar decisões relacionadas à inovação. Divide as inovações em Radical e Incremental. Pode ser algo bombástico ou algo que se desenvolve gradativamente. Tidd, Bessant e Pavitt (2008) colaboram, determinando que a inovação pode ocorrer em:

+ Produtos (mudança nas coisas);

- Processos (mudança na forma);
- Posição (mudança no contexto);
- Paradigma (mudança nos modelos).

Falta ainda uma identificação importante. Mas, afinal, qual o grau de novidade que determinado tipo de inovação traz? E a traz para quem? Quando? Como? O manual de Oslo traz uma tabela de tipos e graus de novidade, vide tabela 1.

			Inovação			Não Inovação
			Máximo	Intermediário	Mínimo	
Inovação tecnológica de produto e processo	Tecnologicamente novo	Produto	Novo para o mundo	(¹)	Novo para a empresa	
		Processo de produção				
		Processo de distribuição				
	Melhoria tecnológica significativa	Produto				
		Processo de produção				
		Processo de distribuição				
Outra inovação		Puramente organizacional				
Não inovação	Mudança não significativa; mudança sem novidade ou outro melhoramento criativo	Produto				
		Processo de produção				
		Processo de distribuição				
		Puramente organizacional				

TABELA 1 – Tipos e graus de novidade
Fonte: Manual de Oslo (1997), p. 60.
(¹) Pode ser geograficamente nova para o país ou região.

A ADMINISTRAÇÃO DA EMPRESA (ORGANIZAÇÃO) INOVADORA

Se, ao administrar a organização que enfatiza preponderantemente a inovação, for feito um esforço que permita definir a função de planejamento como um processo sistemático e contínuo de preparação do futuro dessa organização, compreender-se-á que se terá:

- Uma apreciação e portanto uma previsão de seu meio ambiente (ambiente externo);
- Os meios e medidas de suas possibilidades;
- Os objetivos gerais e estratégias adotadas, com vontade de ação e;
- A tomada de decisão e o controle de sua realização.

Uma organização que atua considerando como fator principal de diferenciação a inovação deve obter de seu planejamento uma clara formatação, isto é:

- Que o topo de sua estrutura organizacional (nível estratégico), aprecie, por meio do controle, as performances da(s) suas unidades/pessoas e acompanhe a(s) sua(s) evolução(ões);
- Que administradores de sua(s) unidade(s) fixem e alcancem seus objetivos
- conforme os interesses do seu nível estratégico e;
- Que a autonomia conquistada pela(s) unidade(s) seja compatível com a necessidade de controle do topo.

Entende-se que associar esse processo de planejamento com o controle simultâneo das ações adotadas possa vir a evitar desvios de rota e, portanto, não venha a comprometer os objetivos que foram estabelecidos anteriormente pela organização.

Ao desenvolver o planejamento associado ao controle é importante entender que os ambientes de atuação são diferentes e esse processo deve gerar a preparação para o enfrentamento de situações novas e muitas vezes inusitadas. Uma organização tende a construir os seus planos e *modus operandi* em seu mundo particular e adaptá-lo em cada ambiente de que participa. Ao mesmo tempo, adapta-se aos contextos e ambientes em que pretende estar.

Subtendeu-se até este momento no capítulo que, tanto o administrador quanto a organização que ele administra (e isto pressupõe o envolvimento de todos os seus colaboradores internos e externos) façam uso do conhecimento adquirido pelo esforço das partes, compondo uma grande base de conhecimentos a disposição das estratégias e operações no mercado de atuação atual ou em novos mercados. Há dois grandes processos que caminham de forma paralela e constante: aquele que compõe as atividades geradoras de conhecimento, e o de desenvolvimento, que transforma o conhecimento em possibilidades de comercialização.

De forma prática pode-se entender que toda novidade passa por uma transformação que implica em novas tecnologias que tem que ser apreendidas, aprendidas e então utilizadas para após o período de experimentação, serem difundidas. Em Vico Mañas (2004), há uma figura autoexplicativa desse processo (figura 7) e, em Leonard-Barton (1992), vide figura 8, tem-se os passos que envolvem as atividades que são geradoras de conhecimento. Entende-se que ambos os processos estão contidos em ambas as situações, carregando cada um deles as suas especificidades, de acordo com o seu ambiente externo e as características internas da organização.

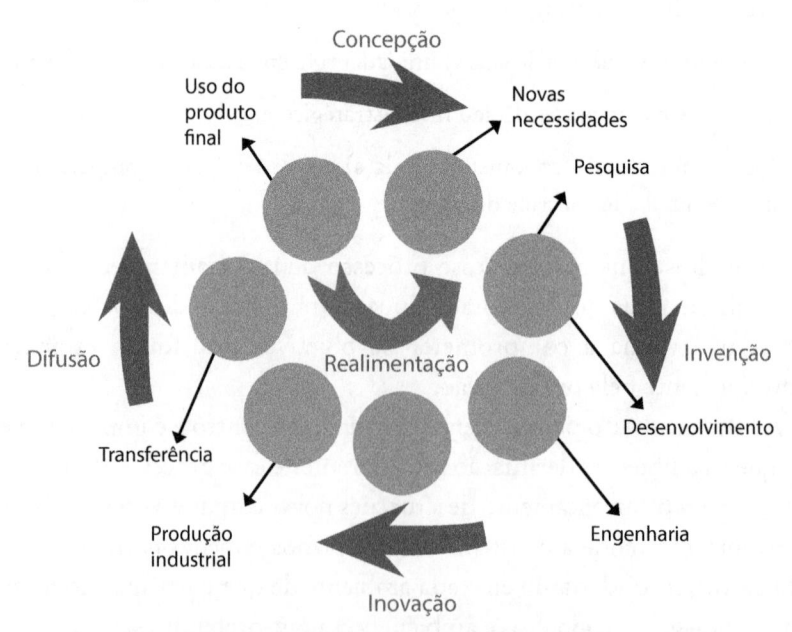

FIGURA 7 – Processo de inovação tecnológica
FONTE: Vico Mañas, 2004

Estar ou adentrar no cenário com características que carregam uma complexidade maior do que a já vivenciada implica em ter constante controle. A organização deve estruturar-se para compor processos de adaptação e controle no cenário escolhido. A escolha de um estado desejado a partir de sua percepção do ambiente externo exige essa definição a partir dos próprios objetivos da organização.

Ao se pretender ser um participante da crescente mundialização, ou ao menos participar em plano local, é preciso entender e acompanhar o mercado com seus produtos, serviços, tecnologias e outras particularidades. Não é possível ser surpreendido ao conhecer novos lançamentos de produtos e/ou serviços, por exemplo, de qualquer que seja a organização.

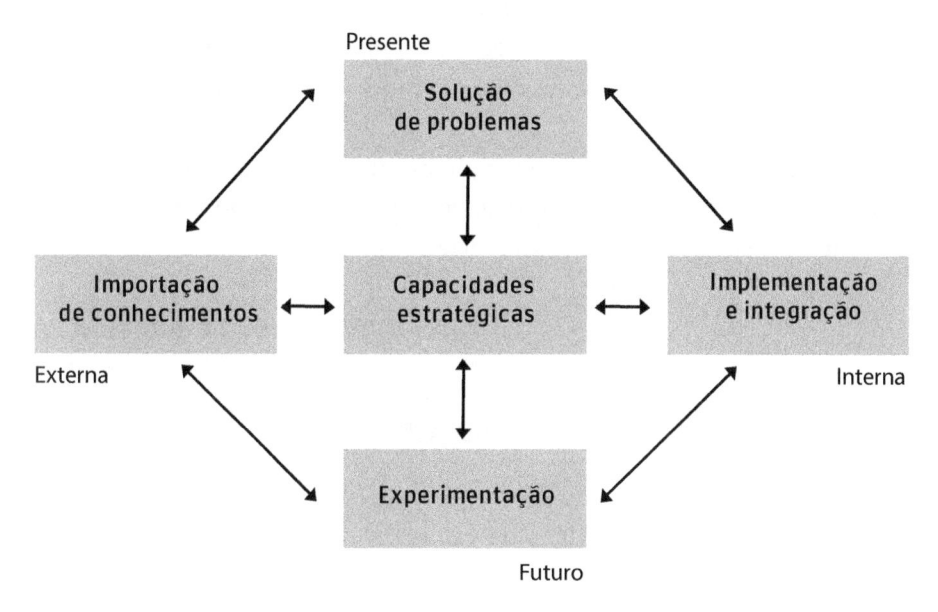

FIGURA 8 – Atividades geradoras de conhecimento
FONTE: Leonard-Barton, 1992.

Para os negócios, o produto ou serviço, a comunicação, o preço, a comercialização e a distribuição compõem um conjunto de partes importantes da sua estratégia. Saber quais são os fatores de influência mútua é o mínimo que um administrador quer para que sua organização seja bem-sucedida. Os fatores básicos são: econômico, tecnológico, político, legal, ambiental, demográfico e social. As decisões a partir daí são mais conscientes.

A estratégia escolhida e adotada sempre é o resultado da análise feita sobre o produto, serviço, processo de produção, da tecnologia disponível, de sua posição concorrencial e das barreiras que enfrentará no mercado.

Naturalmente, as barreiras são associadas a fatores econômicos e concorrenciais. É fato que elas têm peso muito forte sobre os passos da implantação de uma aventura em outros mercados, ou para explorar e ampliar o mercado em que já atua, substituindo a concorrência ou adentrando com novo produto ou serviço. Mas há outros aspectos que precisam ser conhecidos e administrados para garantir que a empreitada tenha sucesso. Para facilitar, diminuindo o impacto dos custos da implantação, aumentar o conhecimento do mercado e da cultura do novo local, muitas organizações têm optado por alianças estratégicas ou fusões. Fazendo esses contratos de parceria elas sinalizam para sinergias de gestão, de marketing, ou de operação e, com isto, podem fabricar e distribuir o todo ou parte dos seus produtos, comercializando-os.

A visão que se transforma em ação estratégica bastante usual é unir-se a um concorrente potencial, o que garante participação no novo mercado, algo muito melhor do que ficar fora dele.

(Novas) Questões da administração

Exigências para administrar

O lançamento de um novo produto/serviço no mercado exige preocupação com custos. Além de cláusulas técnicas e econômicas, necessidades de adaptação, esquemas de implementação e outras informações importantes, tanto para a organização, como para o mercado.

Embora a construção de uma planilha de planejamento possibilite diminuir os riscos de decisões tomadas na pressão de acontecimentos não previstos, ao querer participar ou estando num mercado internacional faz com que se considerem, usando conteúdo de Previdelli (1996, p.91):

- A adaptação da qualidade do produto/serviço às necessidades do consumidor;
- Identificação do produto/serviço pelos consumidores;

- Determinação de um preço justo e competitivo e;
- Adaptação às normas e costumes comerciais do consumidor.

O administrador de uma organização necessita avaliar as necessidades não só em termos de custo, mas de valor e de tempo. É comum a preocupação com a situação comercial da organização sobre seu mercado permanente, a capacidade financeira a longo prazo, os riscos financeiros, comerciais, operacionais, políticos e monetários, mas não é possível deixar de preocupar-se com as relações culturais e sociais. Para isto é preciso desenvolver um bom projeto. A inovação (entrada, expansão ou manutenção com novidades) tem um custo que inclui fazer um projeto que demonstre a forma de obter-se o mais alto retorno (financeiro e/ou moral).

O perfil de riscos e dos impactos de determinadas ações ou tecnologias adotadas sugere tipos diferentes de avaliação. O processo de traçar um perfil dos riscos oferece aos gestores uma estrutura para a consideração de três tipos distintos de riscos que podem ser associados à inovação. É preciso ter acesso a fontes de risco de mercado, de tecnologia e organizacional, e isso é possível via pesquisa, desenvolvimento e inovação, o quão mais aberto possível com todas as partes interessadas.

As possíveis fontes de risco de mercado estão relacionadas com o tamanho e escopo desse mercado, com a definição da base da clientela, com o conhecimento das necessidades da clientela, canais de distribuição, ambiente regulador, regimes de propriedade intelectual e posição e reação dos concorrentes, bem como o capital intelectual ou talento humano disponível.

Quanto às fontes de risco de tecnologia, entende-se estarem relacionadas com a viabilidade técnica, com os padrões incertos, os perigos físicos, a confiabilidade do produto/serviço, com o suprimento de materiais e a possibilidade de processamento/transformação.

A relação com as fontes de risco organizacional tem de ser ajustada com a adequação às capacidades e competências, o custo, a velocidade da mudança organizacional, a dependência de nova organização e/ou de parceiros externos, além da qualidade e disponibilidade de pessoal e o ritmo de gasto em oposição ao caixa disponível e ao capital.

O gestor estará, se já não está, em um jogo diferente. Os problemas que frequentemente confundem os administradores de qualquer nível hierárquico de uma empresa estão enraizados nas incertezas, nos sinais ambíguos de mercado e nas estruturas competitivas embrionárias, distinguir entre o que está estabelecido e o que é emergente. Separar o que é existente do que se pretende é sempre uma incerteza que vem acompanhada de complexidade que está associada a velocidade acelerada e ao desenvolvimento de novas competências.

E a novidade para a organização e para o mercado precisa ser entendida e ampliada se a pretensão for manter ou adquirir uma ou mais vantagem(ns) competitiva(s). Em Griffin e Page (1996), há um quadro que pode ser adaptado para garantir o encontro e a facilidade para o que se quer (ver figura 9). E isso leva a novas abordagens da administração, incluindo aquela de se tomar decisões que levem a experimentar modelos, o que não deixa de ser uma inovação que as organizações e suas administrações já estão acostumadas a desenvolver.

Novidade para a empresa

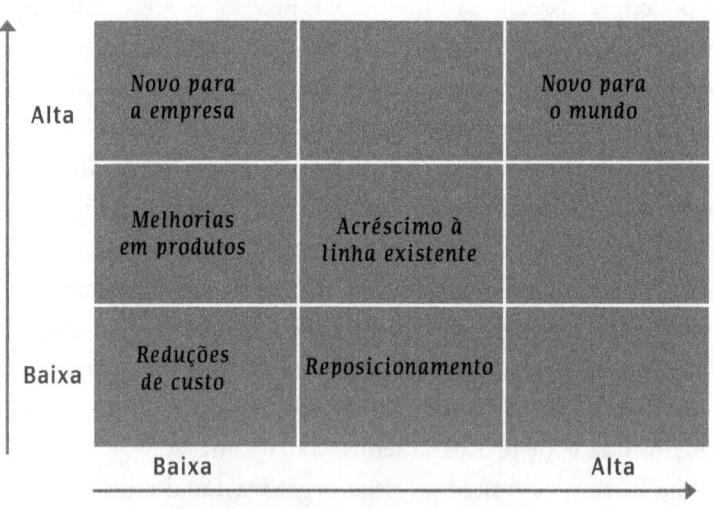

	Baixa		Alta
Alta	Novo para a empresa		Novo para o mundo
	Melhorias em produtos	Acréscimo à linha existente	
Baixa	Reduções de custo	Reposicionamento	

Novidade para o mercado

FIGURA 9 – Novidade para a empresa e o mercado
Fonte: Adaptação de Griffin e Page (1996).

Com essa facilidade de provocar as inovações sem ter que enfrentar processos cujo objetivo é atender a explicações por qualquer desvio que na maior parte das vezes foi involuntário, a administração das organizações atua na tentativa de diferenciar-se.

Novas abordagens da administração

Considerando as diferenças existentes entre os mercados, os consumidores, os costumes, as necessidades, as produções, os formatos de operacionalizar negócios, etc. e o seu reconhecimento, o administrador deve notar e providenciar a mudança que pode ocorrer como efeito cumulativo de inúmeras modificações pequenas em muitas dimensões da empresa, ou, pura e simplesmente, como resultado de umas poucas modificações quânticas em algumas dimensões principais. A única certeza é de que o ambiente está diferente e isto pode estar relacionado às peças envolvidas, ao processo, ao produto/serviço, ao mercado, à tecnologia ou a qualquer outro componente ou conjunto de envolvidos.

Tradicionalmente, o gestor baseia-se no que lhe é ensinado em abordagens que passam por planejamento estratégico, análise financeira, estratégia de marketing e planejamento organizacional; na prática, coisas que estão fundamentadas em pressuposições de continuidade, com um foco correspondente no equilíbrio, na racionalidade e na excelência, de acordo com Schoemaker (1991). Mesmo nos casos em que os princípios não estejam presentes de maneira explícita, trata-se de uma crença amplamente partilhada a de que o papel do administrador é o de controlar e gerir incerteza. Essas suposições são diretamente desafiadas por entradas de novas situações que podem ser vistas como de desequilíbrio, profunda ambiguidade e um ritmo de mudança que, com frequência, desafia a análise de uma situação temporal momentânea. Uma parte substancial dos gestores que conseguem êxito são aqueles que não administram a incerteza e, sim, navegaram por ela e a exploraram, antecipando-se. Um jogo diferente impõe regras distintas das praticadas.

A alta incerteza e suas rápidas mudanças destruidoras de competência minam as antigas regras usadas na gestão estabelecida. Se o avanço com projetos estiver posicionando-se como negativo, a questão é descobrir em que se está baseando o gestor (e ele próprio deve fazer esse questionamento) nas suas decisões. Se ele não pode saber quando e se uma dada tecnologia, produto ou serviço, se desenvolverá a ponto de poder ser comercializada, como é possível uma empresa construir um negócio em torno dessa ideia cuja concretização pode nunca chegar? Se houver a decisão pela cooperação com os concorrentes, como é que se poderá competir com eles?

A internet, a biotecnologia e a nanotecnologia (para ficar em algumas) entre outras, desafiam constantemente a análise do valor presente e as abordagens tradicionais conhecidas e utilizadas. Em contrapartida, se os gestores abandonam totalmente suas antigas formas de agir e tomar decisões, bem como as regras em voga, esta atitude pode convidar à implementação do caos.

Na realidade, existe um conjunto diferente de regras e uma estrutura subjacente nesse novo jogo. Compreender essa nova abordagem não reduzirá necessariamente os riscos e os desafios envolvidos, mas pode fazer com que fique significativamente mais fácil administrá-los.

Uma série de instrumentos e de perspectivas novas está surgindo e cada gestor pode criar ainda novas, atuando de acordo com elas. Entre mudanças no pensamento e na prática do que os administradores precisam fazer, podem ser incluídos:

+ Contexto organizacional mais fluído;
+ Formulação de estratégia mais robusta e adaptável;
+ Alocação de recursos em etapas;
+ Exploração do mercado;
+ Desenvolvimento de tecnologia adaptável.

O novo administrador pode, então, na sua organização e interagindo com o ambiente externo, lidar com a grande incerteza e com a complexidade, conseguindo acompanhar a velocidade acelerada e as consequentes mudanças, desenvolvendo novas competências, levando em conta que uma inovação descontínua pode aumentar ou destruir competências existentes.

Tidd, Bessant e Pavitt (2008) trazem dois elementos do ambiente da organização empresarial que proporcionam maiores interferências do seu ambiente (das empresas) na estratégia de inovação baseada em capacidades dinâmicas:

+ A posição de mercado comparada com os concorrentes e;
+ O sistema nacional de inovação.

Esses autores mencionam três fatores influenciadores da taxa de direção da inovação tecnológica:

+ As pressões do mercado nacional;

- Incentivos ao mercado também nacional que as empresas devem responder com suas competências em produção e;
- Pesquisa e as instituições de governança corporativa.

Um outro elemento descrito por Tidd, Bessant e Pavitt (2008) que trata da questão dos sistemas nacionais de inovação é a aprendizagem sobre os sistemas de inovação externos ao país. Os competidores também são influenciadores da inovação. As respostas às perguntas abaixo são alavancas da inovação (em linha genérica):

- Como são os concorrentes?
- O quão eficientes são os concorrentes nas suas ações?
- Quanto se pode aprender com o conhecimento e a experiência deles?
- Como manter vantagem inovadora sobre eles?

O conhecimento pode incrementar a análise das estratégias de inovação das organizações, auxiliando a responder mais questões, quais sejam:

- Qual a origem das tecnologias da empresa?
- Como elas contribuem para a vantagem competitiva?
- Quais são as maiores tarefas da estratégia de inovação?
- Onde estão as oportunidades e ameaças, e como elas podem acontecer?

A proposta de efetivar processos para construção pode ser entendida e aplicada à construção e ao gerenciamento da capacidade dinâmica. A interpretação mais simplificada do entendimento de que a inovação é a operacionalização da criatividade. Para chegar a esse ponto é preciso atuar sobre as dimensões da inovação conforme se verifica na figura 10.

Quando agindo em rede, baseado em relacionamentos, com a função de ter de acionar a inovação, via grupos liberados para criar e provocar a diferenciação, novas questões são colocadas aos gestores, dentre elas:

- A empresa deve decidir a qual rede deve se juntar, e se a união envolverá mais de uma.
- A questão de confiança é crucial, mas não como a maior parte da conjuntura atual dissemina, isto é, podendo provocar o ganha-perde – em que apenas

uma das partes sai vencedora. O novo conceito de confiança envolve uma avaliação da capacidade de vários participantes trabalharem juntos a longo prazo. O foco deve estar no comprometimento entre as partes.

+ De interesse central, será a natureza dos relacionamentos financeiros no contexto dos compromissos substanciais que levem à maximização dos resultados.

+ Ter em mente que algumas organizações terão que abrir unidades, filiais ou subsidiárias que não tragam aquela carga do passado. A mentalidade tem que ser bem diferente da hierarquia tradicional.

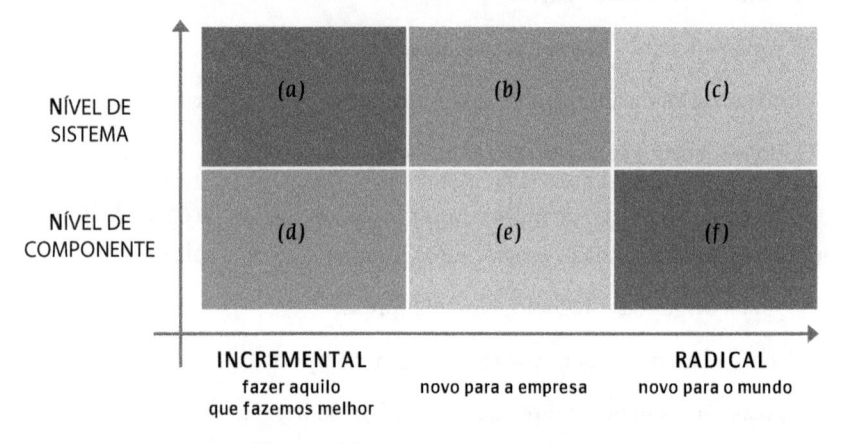

FIGURA 10 – As dimensões da inovação
FONTE: Tidd, Bessant e Pavittt (2008), p.32.

Retomando a estrutura apresentada na figura 8, neste capítulo (p. 93), encontram-se quatro atividades geradoras do conhecimento, segundo Leonard-Barton, que permitem aprendizado necessário para as operações da organização presentes e futuras desde que permitam o aproveitamento e a obtenção de competências e capacidades. As ações gerenciais que permitem essa construção passam por:

+ Identificar e reunir os participantes e organizar o processo;

+ Construir entre os participantes a compreensão comum do que seja a visão do conhecimento com uma trajetória, fecundidade, estilo específico, foco na reestruturação do sistema de tarefas vigente, comunicação, valores e comprometimento com o desenvolvimento da competitividade;

- Elaborar e usar narrativas do futuro como plataformas para a criação de visão;
- Encarar como aprendizado o desenvolvimento da visão do conhecimento.

O que gera conhecimento e, consequentemente, aquilo que permite chegar a inovações, exige transformações que criam impactos organizacionais, nem sempre fáceis de assimilar, e resistências culturais, que tendem a minar o processo, exigindo ações gerenciais nem sempre aceitas com naturalidade. De forma prática, abordam-se atividades que geram esses impactos:

- Solução criativa e compartilhada de problemas (para produzir produtos do momento);
- Implementação e integração de novas técnicas (para intensificar operações internas);
- Experimentação formal e informal (para criar capacidades para o futuro);
- Incorporação do *know-how* de fontes externas à empresa.

Impactos organizacionais

OLHAR DIFERENTE

Uma grande discussão sobre a questão da competitividade tem alertado para possíveis impactos. Hamel e Prahalad (1995) sugerem que se olhem as coisas de maneira diferente, em que os pequenos e médios negócios são passíveis de usufruir de novas formas estratégicas e de gestão, mas abordam também os mesmos autores, que há uma tendência a favor da grandeza. Acreditam que as grandes empresas são essenciais ao processo de criação de riqueza por diversos motivos.

O primeiro deles está relacionado a ter capacidade de alcançar os recursos e a distribuição global dos grandes concorrentes, o que significa obter vantagens. O segundo é que as grandes empresas também tendem a dedicar uma parte desproporcional de seus recursos ao treinamento e educação, sendo este investimento em pessoas altamente valioso para a sociedade. O terceiro é a possibilidade de abrir portas para muitas megaoportunidades do futuro, o que vai exigir recursos significativos. Além desses motivos, poderia ser acrescentado um outro: elas são grandes empregadoras. Quando Hamel e Prahalad (1995) afirmam que o tamanho de uma organização só é vantajoso quando existe aspiração de ampliação que gere grande criatividade no uso dos recursos disponíveis na empresa, tem-se a certeza de que o objetivo não é crescer para ficar grande, com filiais burocratizadas e engessadas, mas sim aprender, ensinar e permitir a expansão, com novas oportunidades, colocando de forma acessível os recursos e orientando, capacitando e permitindo às pessoas terem acesso ao conhecimento, tanto técnico quanto conceitual e humano e, com isto, provocar a distribuição, a interdependência e novas oportunidades.

O problema não está no gerir os recursos tão somente, assim como não está apenas na estratégia. O impasse está na noção específica, tanto de estratégia quanto de gestão. O impacto só é salutar quando se entende a gestão como comprometimento de investimento muito mais amplo do que só um processo de reprodução e de fazer negócios.

Só haverá reação positiva quando a empresa, seus negócios e a gestão entenderem e agirem na redefinição das regras do setor e criação de novo espaço que permita cooperação e competitividade. Para tal, deve estruturar-se a organização, via planejamento que permita a exploração aberta, isto é, não mais presa a fórmulas e ritos. É necessário ter compreensão das descontinuidades e competências e ter isto como base de ação para buscar, então, novas funcionalidades ou novas formas de oferecer as funcionalidades tradicionais. Investir na ampliação dos horizontes de oportunidades, testando meios (entre outras ferramentas), para estabelecer o significado, a identidade e a época favorável das novas oportunidades. Desenvolver planos que visem a aquisição e migração de competências (interna e externamente) e as suas possíveis abordagens às oportunidades.

A organização do futuro que pretenda manter-se "viva" terá que ser mais aberta, e as relações globais e locais deverão receber tratamento que permita ter mais gestores e menos mão de obra que execute sem o uso de inteligência. A sabedoria coletiva da empresa é o impacto que se quer obter, mas para isto é preciso rever dogmas atuais e orientar primeiramente a cúpula e esta passar a incentivar todo o pessoal envolvido.

Talvez, o investimento da organização inovadora não seja efetivamente o fazer negócios, tentando diminuir custos ou descobrir novos produtos e mercados. O raciocínio de que as questões são de retorno, riscos e lucros pode entorpecer a organização e seus gestores, o que não é viável. O longo prazo não pode mais ser visto como um retorno distante, pois trata-se de um ponto de vista sobre a evolução do setor e sobre como moldá-lo. A ambição ampla que evita os perigos por meio de instrumentos de alavancagem de recursos deve substituir a estreita política de riscos predominante. Por fim, a possibilidade de adquirir realmente credibilidade tem a ver com um comprometimento intelectual e emocional que garanta consistência e constância nas ideias, que, em muitos momentos, têm de ser inovadoras, e na efetivação das ações de maneira eficaz.

No início do capítulo, falou-se das limitações da abordagem de Porter (1991, in: Vico Mañas, 2007). O esquema de análise da estrutura de cada setor focaliza as forças nele atuantes: rivalidade entre competidores existentes; ameaça de novos produtos; poder de negociação dos compradores; poder de negociação dos fornecedores; e ameaça dos produtos substitutos, faz com que um certo valor seja criado enquanto que o bem ou serviço passa de uma empresa para outra e para o cliente final ao longo de uma cadeia (ou será rede?). Nesta perspectiva, a empresa se concentra em como o valor que é agregado dentro do setor será dividido entre ela ou outra determinada empresa e os demais participantes dentro do setor específico. O esquema de Porter traduz para a estratégia da empresa os elementos subjacentes às relações de oferta e demanda, usados na análise microeconômica. Quando o assunto é cooperação, Porter e seu esquema, baseado em sua teoria dos agrupamentos, não ajudam.

Abordou-se também inicialmente, de forma sucinta, a aplicação da teoria dos jogos. Com o uso do conceito da teoria dos jogos nas relações empresariais verifica-se que, ao enfatizar os participantes dentro de um determinado setor, estes são capazes de aumentar o valor agregado a ele, ou pelo menos, os lucros financeiros, por meio da colaboração ao invés da competição. Em uma situação mais simples, os competidores podem colaborar para aumentar os preços. Os negócios podem ser vistos como um jogo no sentido de que as ações individuais dos participantes (*players*) influenciam na lucratividade dos demais participantes. As decisões são tomadas com base na avaliação de uma série de resultados possíveis. Passa-se a analisar um setor, considerando clientes, substitutos, complementadores e fornecedores da empresa, considerando-se as possíveis mudanças nos *players*, nos valores agregados, nas regras, nas táticas e percepções, e no escopo dos negócios. Cada um dos participantes pode alterar os resultados potenciais, mudando a estrutura do setor de diversas maneiras.

A possibilidade do uso da teoria dos jogos faz com que seja possível a utilização de estruturas em forma de rede e especialmente quando se trata da internacionalização de empresas.

Novos desafios

Para a gestão de competências essenciais, que é uma das alternativas à posição de Porter, Hamel (2007) traz uma outra perspectiva, ou seja, a utilização de alguns componentes distintos: Seleção; Construção; Decomposição e Proteção das competências essenciais. Mas isto é assunto para outro texto.

A fórmula para inovar na gestão passa por comprometer-se com um objetivo ousado; descontruir as ortodoxias; adotar princípios novos e poderosos; e aprender com os dissidentes que foram bem-sucedidos. Para que seja possível caminhar rumo a esse futuro vitorioso, é inevitável a coragem de se empreender, focar em causas e não em sintomas, criar responsabilização e permissão para modificar. Ferramentas para essa empreitada já existem e novas podem e serão desenvolvidas. Mas isto é assunto para outro texto.

O desafio nas organizações a partir da nova gestão envolve o foco na estrutura em rede, cujo grande teor é a inovação. A finalidade central é aumentar o valor agregado dentro do grupo, criando novos bens e serviços e/ou concebendo métodos capazes de permitir a redução de custos e ao aprimoramento da eficiência. Os componentes de um grupo podem, ainda, tentar negociar uma determinada parte do valor total criado pelo grupo, mas o êxito desta equipe exige que todos os participantes recebam compensação que seja considerada satisfatória como retorno pela sua contribuição para o sucesso do grupo como um todo.

A rede só é implantada quando realmente envolve uma análise dinâmica, deixando de ser estática. Os questionamentos gerenciais deverão ter as melhores respostas que, como consequência, mudarão com o tempo e gerarão transformações.

Essa estrutura, no que se refere ao processo de produção, terá colaboração contínua. Fazendo analogia ao jogo, pode-se afirmar que a organização terá grupos de trabalho, em que todos os seus componentes estarão do mesmo lado, colaborando juntos pela criatividade.

A formação desta rede deve ser entendida como híbrida, pois deverá ter um organizador central, o que a torna "não rede". Haverá uma concentração de poder da tomada de decisão, numa organização, que estará próxima ao centro da rede. Ninguém separadamente, na rede, poderá atingir êxito por si. Cada coordenador contará com uma rede de relacionamentos.

A rede de relacionamentos é finita, pois há empresas que não se enquadram no relacionamento direto. São entendidas como individuais. Elas, na prática, serão a ponta da rede, estarão ao final da trama participando do êxito compartilhado e, portanto, criando uma dependência mútua contínua permanente, por mais distanciada que esteja do coordenador central.

Mais do que um fluxo unidirecional de componentes ou materiais parcialmente completados, a natureza dos relacionamentos envolve o fluxo inverso que trata de decisões a respeito dos objetivos e procedimentos de pesquisa, desenvolvimento e marketing e, com grande frequência, a assistência financeira necessária para o cumprimento desses objetivos e procedimentos. A dependência, enquanto fluxo, corre sempre em várias direções.

A dispersão geográfica é um elemento importante da rede. Forças poderosas têm servido de estímulo para a efetivação de parcerias e para a internacionalização das estratégias empresariais, incluindo acordos e alianças internacionais, que têm reduzido barreiras comerciais, liberando o investimento estrangeiro, e protegido a propriedade intelectual, além de permitir a efetivação de inovações junto com novas tecnologias inovadoras, inclusive com a quebra das fronteiras, via redes de comunicação e de informação.

O conceito aplicado à estrutura visando trazer novidades, por via de entendimento único do processo adquirido com o conhecimento e colaboração, é cada vez traduzido com o foco de simplificar as ações gerenciais. Autores como Daveni, Christensen, Tidd e outros baseiam-se em um modelo conceitual que interpreta como inovação aquela novidade que pode ser desenvolvida nas organizações de maneira radical ou incremental, vide figura 11.

	Estratégia organizacional e tamanho	Estrutura organizacional	Condições pré inovação	Inovações de saída
Processo de inovação radical	Política tecnológica	Concentração técnica de especialistas	Campeão em inovação Congruência	Processo de adoção radical
Processo de inovação incremental	Diversificação Tamanho da organização Estratégia de crescimento de mercado dominado	Complexidade Formalização Centralização		Adoção de processo incremental Introdução de novos produtos e serviços

TABELA 1 – Modelo conceitual de inovação radical x Incremental nas organizações
FONTE: Ettie, Bridges e O'Keefe, 1984.

A visão empresarial predominante no último século foi a da suposição implícita de que a prosperidade das empresas depende exclusivamente da maneira como sua gestão organiza internamente os recursos e as capacidades à sua disposição. Há a suposição também de que as transações externas das empresas sejam exógenas, e não endógenas, a sua carteira de ativos e habilidades e ainda à maneira com que esses ativos e habilidades são combinados uns com os outros para criar vantagens de valor agregando adicionais.

As empresas tinham ainda, neste último século, uma visão hierárquica de que elas reagiriam basicamente ao fracasso endêmico e estrutural, adotando estratégias, do tipo "saída", como a retração e o desinvestimento, em vez de adotar estratégias de "afirmação", que permitem a expansão com desenvolvimento, como aquelas discriminadas anteriormente (internacionalização, inovação, parceria, etc.).

Um bom número de trabalhos tem se proposto a examinar experiências empresariais pelo mundo. Há um vasto conjunto de artigos publicados sobre essas questões. Fullbright (2006) diz que há problemas sérios nas empresas tradicionais e medianas, para desenvolver inovação.

Para melhorar esse cenário, existe a necessidade de distribuição do conceito de inovação por toda a organização de modo que se venha a permear todos os serviços e práticas de negócios. Fullbright construiu um modelo chamado Modelo Vendável em que empresas são modeladas com base no montante de recursos produzidos internamente *versus* montante de recursos comprados de entidades externas.

Dougherty (2004), a exemplo de Fullbright, também sustenta, com base na obra de Altshuller, que por sua vez se fundamenta em uma metodologia para estudos de pesquisa e entendimento dos problemas, que os impasses resolvidos operacionalmente são características de inovação.

Pesquisas têm focalizado questões técnicas do tipo "como fazer", classificando-as como as que envolvem desafios interculturais e o desenvolvimento da "confiança" nos relacionamentos de negócios. O que se percebe é a necessidade de conduzir pesquisas mais efetivas a respeito das forças ambientais externas, e na relação com empresas que se situam fora do circuito, chamado ambiente externo, onde estão as empresas que querem ser inovadoras.

Uma dimensão estratégica que tem colaborado com os impactos nas organizações e que são associados aos graus de novidade são os Mapas Estratégicos de Kaplan e Norton (2004), que está na figura 12.

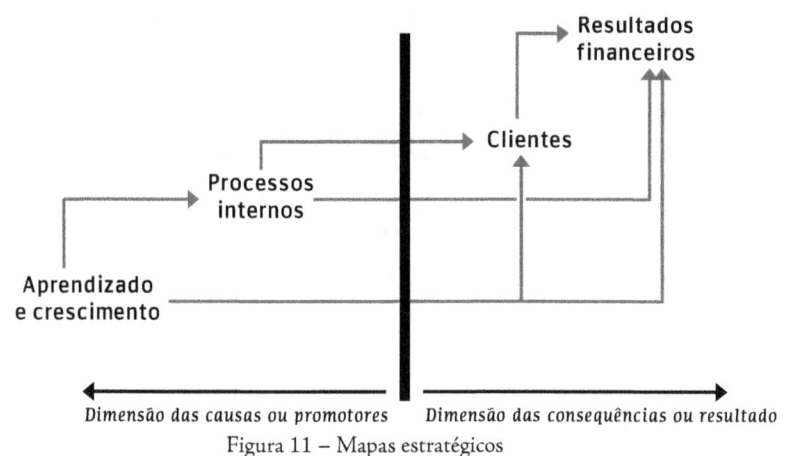

Figura 11 – Mapas estratégicos

As generalizações sobre a inovação podem (ou precisam?) ser focalizadas em setores específicos e, particularmente, em pontos geográficos (países, estados, cidades, parques tecnológicos, terceiros/parceiros, etc.). A busca de sucesso por parte de toda a organização exige movimentos estratégicos e operacionais que extrapolem a inovação, mas que proporcionem a cada um dos itens incorporar inovações. Kim e Mauborgne (2004) demonstram isto quando compõem os fatores que seriam elementos-chave do pensamento estratégico, ou seja: Pressupostos da Indústria, Produtos, Clientes, Valor Capacidades, Competição, Fronteiras, Inovação e Sistemas, e Funções (internas e externas). Daí a consideração na aplicação dos Mapas Estratégicos, que são divididos em duas dimensões, que acionam os envolvidos e geram impactos os quais podem ser medidos.

As organizações mais inovadoras, e com os mais bem-sucedidos projetos, têm basicamente quatro características:

- Existência de suporte às atitudes de inovação – um apoio forte e inabalável por parte da alta administração, que deve patrocinar o projeto;

- Elevado padrão comunicacional e um baixo nível de formalidade hierárquica. A natureza de um trabalho inovador implica que todos possam ter acesso a todos;

- Um verdadeiro projeto de inovação deve incluir um *expert* em termos técnicos ou um *technical star* que possa assegurar a eficácia do processo e a interligação de várias linguagens técnicas;

- E, por fim, a necessidade da existência de um perito na área de gestão – um verdadeiro *managerial star*.

Precisa ser entendido que em/ou para uma empresa/organização não há resposta para a questão de se ela (qualquer uma) poderá constantemente inovar. Há um dilema que leva à frequente busca sobre novos modelos de criatividade, alguns dos quais são meros clichês. O certo, no entanto, é que se torna muito difícil manter a vantagem inovadora que se possuía antes, ao se pensar, por exemplo, quando eram apenas duas pessoas trabalhando numa garagem.

Termos são revitalizados. Autores e consultores exploram seus pontos de vista, o mundo dos negócios e a sociedade de maneira geral agarram-se a eles (termos) enquanto duram ou são detonados. Um exemplo que vive seus momentos de glória é a disrupção, que é interpretada de forma diferente no Brasil e nos EUA. Podem, segundo esse termo, ser sugeridas três práticas fundamentais, ou três passos, para a inovação:

- Tudo começa com um bom entendimento do que está acontecendo de novo no mercado;

- Em paralelo, é importante cultivar um ambiente dentro da organização que estimule a criatividade e a inovação (cultura);
- Por último, é uma questão organizacional: proteger os inovadores. Para organizações grandes funcionarem bem, é necessário ter processos bem definidos e azeitados.

Muito se tem falado da empresa do futuro, e muito se tem discutido sobre as suas características. Se o futuro é provável a partir do investimento em estratégias de inovação, então talvez as características que mais se aproximem de uma organização inovadora sejam:

- Muitos acontecimentos estão ocorrendo na área de negócios, e isto causará forte mudança na forma de administrar/dirigir as organizações do futuro;
- Os custos trabalhistas estão crescendo, por isto, cada vez mais empresários contratarão pessoas por projeto, sem ter que suportar um custo fixo insalubre em época de escassez de trabalho;
- Por outro lado, a internet tem aberto um novo mundo de possibilidades e gera um maior poder e controle aos indivíduos;
- Por esse motivo, cada vez menos empresários requerem a presença física dos trabalhadores em seus locais de trabalho;
- Olhando por outro ponto de vista, também há vantagens, uma vez que a possibilidade do teletrabalho proporciona ao trabalhador uma opção menos traumática na hora de mudar de emprego;
- A questão de tecnologias e produtos "VERDES" que possibilitam mudanças gerais no parque industrial e de serviços precisarão de pessoas para pensar e agir de maneira diferente;
- Por estas razões, a administração das organizações tenderá a um estilo muito mais orgânico: buscando o talento combinado com o dinamismo e a flexibilidade trabalhista que permite a contratação *ad hoc* ou "por projeto".

É por esse motivo que é comum afirmar-se que muitas vezes o problema é a administração. Peter Senge sempre repete que o "gargalo está no alto da garrafa".

Considerações finais

Estando numa organização que pretende ou já atua com inovação, o administrador enfrenta um ambiente/setor volátil e imprevisível, com nenhuma base de previsão para o futuro, alta complexidade e ambiguidade. Esse ambiente geralmente é turbulento e incerto, o *feedback* obtido é casual e ambíguo, e os *stakeholders* envolvidos são naturalmente novos ou desconhecidos, num domínio (local), cada vez mais global em formação e evoluindo.

O contexto e o clima organizacional, se relacionados à mentalidade e às rotinas não têm regras, nem saber convencional, e pior, em geral (essa sabedoria) é irrelevante ou enganosa.

Com relação aos limites, entende-se que serão permeáveis, com ênfase em ultrapassar quaisquer limitações, no uso de padrões para superar a ausência de capacidades e em uma dependência de recursos externos. No que diz respeito à tomada de decisão, encontrará a necessidade de decidir de forma acelerada, o que valoriza o conflito construtivo e a intuição.

A formulação da estratégia estará focada na criação de um conjunto amplo e adaptável, de estratégias múltiplas, sempre ocorrendo em tempo real, num processo voltado muito mais para as questões, o desenvolvimento de cenários e pensamentos divergentes.

Na locação de recursos, os critérios serão de valor, baseados em opções reais e de forma heurística. Já o processo e responsabilidade serão informais e iterativos, sempre com pequenos compromissos iniciais. Por sua vez, o monitoramento será definido com base em um juízo amadurecido.

A avaliação de mercado estará subordinada à experimentação e a abordagens de sondar para aprender, pesquisa de necessidade latente, análise dos usuários líderes e enfoque na demanda secundária.

O processo de desenvolvimento será adaptado, em estágio inicial, por meio de experimentação, levando adiante múltiplas alternativas e um prazo de tempo elástico.

A gestão de pessoas será nova, com ênfase na diversidade, com quebra de regras, com novos sistemas de compensação e muito mais.

Ter-se-á que conviver com ganhos apropriados por meio de mecanismos como patentes, segredos, vantagem de tempo e controle dos ativos complementares.

Para conviver com negócios inovadores é preciso que a empresa tenha em seus administradores pessoas capazes de responder a algumas questões que a levem ao êxito, as principais podem ser as seguintes:

- Na escolha de oportunidades de mercado – São capazes de lidar com ampla variação de alternativas de diferenças culturais, econômicas e políticas existentes?
- No ajuste de capacitações principais – Têm base doméstica suficientemente forte que justifique o envio de suas mercadorias e serviços a outros segmentos/mercados?
- Na superação de barreiras – Têm disposição para fazer acordos especiais com *stakeholders*, para penetrar em áreas difíceis?
- Nas fontes de fornecimento – Podem descobrir os recursos de menor custo e mais produtivos para sua empresa e realizar esta tarefa melhor que os concorrentes?
- Na seleção de clientes – Podem descobrir clientes com demanda de mais alta qualidade para os produtos/serviços de sua empresa e realizar esta tarefa melhor que seus competidores?
- Na criação de valor – Podem criar valiosos produtos patenteados e realizar essa tarefa melhor do que aquelas empresas, já sediadas, ou que tem intenção de atuar no novo segmento/mercado?
- No uso de informações – São capazes de integrar as rápidas mudanças em tecnologia, administração e recursos à sua empresa?
- No posicionamento de ativos – São capazes de integrar seus ativos de maneira mais eficaz do que seus concorrentes?
- No entendimento das diferenças – Podem moldar suas estratégias de forma que se ajustem à ampla variedade de diferenças existente no mundo (no seu ou geral)?
- No transformar em inovadoras a empresa, suas marcas, seus produtos/serviços e seus mercados – Podem arquitetar estratégias para novos segmentos/mercados?

Embora neste capítulo tenha havido um esforço para apenas enfocar as estruturas, as abordagens e as expectativas que possam ajudar a responder a algumas questões de administração levantadas pelas emergentes estratégias e ações ligadas à inovação de empresas, tem-se claro que talvez as melhores contribuições possam vir de perguntas não respondidas.

Os administradores precisam ter a postura saudável de dúvida em relação a quaisquer respostas simples aos desafios complexos apresentados. Os administradores das empresas inovadoras, ou com intenções para obter esse objetivo, precisam tornar-se mais confortáveis com os altos níveis de complexidade e de paradoxo em que se encontram, e que continuarão convivendo de forma acelerada. Incluem-se entre os principais paradoxos:

- Um forte compromisso, mantendo abertas as suas opções;
- Os que vencem, em geral, são pioneiros, mas a maioria dos pioneiros fracassa;
- As estratégias devem estar baseadas em competências existentes, porém uma separação organizacional geralmente é bem-vinda ao êxito;
- A concorrência é intensa e brutal, mas vencer, ainda assim, requer colaboração.

Alguns desses paradoxos podem ser suavizados por meio de abordagens formuladas por tecnologias ou estratégias novas, mas não podem ser eliminados de todo. Uma parte importante da gestão é a habilidade de viver com o paradoxo e com suas ambiguidades associadas. São poucas e distintas as respostas simples e absolutas. E se houvessem respostas simples, as recompensas de vencer não poderiam ser grandes, uma vez que muitos participantes dominariam as estratégias e táticas necessárias. Pode ser a habilidade de coexistir com essas ambiguidades e de continuamente as identificar e ponderar que representa uma das maiores habilidades da gestão de negócios emergentes. É a própria complexidade da situação e a sua estrutura associada e oblíqua de retornos que fazem valer a pena para as organizações estabelecidas aprender e a correr riscos, acreditando no porvir futuro.

A nova consideração a fazer está voltada para o desenvolvimento. Nem os países nem as empresas têm que estar se martirizando pelas suas fraquezas ou desperdícios de ideias não aproveitadas e, portanto, achando-se incompetentes ou perdedoras. A chance de se transformar em superpotência e de dominar mercados, povos, tecnologia, etc., passa a não ser mais uma ficção e também não faz mais parte da realidade de cada um dos administradores e das empresas sob sua responsabilidade. Não mais se trata de dominação.

Não há mais ninguém para dominar. A questão a colocar-se é como cada um, ou uma, poderá criar uma grande oportunidade para si próprio e transformá-la em seu próprio ser, ou então continuar criando novas oportunidades onde puder prosperar.

Entende-se que o que se deve correr atrás para poder dominar é a eficiência, dominar a colaboração, dominar a competitividade, dominar os meios para ser um diferenciado componente de uma rede em expansão.

Ao trazer caminhos, modelos e outros componentes que facilitam o entendimento e permitem a implementação da inovação é preciso perceber que o espaço desta, enquanto estratégia, é muito amplo. Há paradigmas que precisam ser vencidos, como o mental bem como questões de processo, de posição e de produto/serviço. A inovação concorrerá de forma incremental, parcial ou radical e virá de áreas e em momentos difíceis de serem interpretados com muita antecedência, mas que com certeza podem ser antecipados e preparados para encontrar a sua maturidade.

O que nos diz o Manual de Oslo e as experiências vivenciadas e acompanhadas em empresas e com pesquisadores diversos é que a novidade vem, com forças distintas, grandes ou pequenas, mas correrão via gradativa (incremental), mais induzida (substancial) e "bombástica" (radical), só para ficar no recado fornecido por Sawhney et. al. (2008). Para tanto, ao administrador cabe destruir, reforçar, alterar ou não alterar o que dá suporte às mudanças necessárias. Um grande motor para as inovações tem sido a tecnologia. É, pois, necessário ter capacidade tecnológica. O que é afinal ter capacidade tecnológica?

Bell e Pavitt (1993; 1995) afirmam que a capacidade tecnológica incorpora os recursos necessários para gerar e gerir mudanças tecnológicas. Tais recursos acumulam-se incorporando-se aos indivíduos (aptidões, conhecimentos, experiência) e aos sistemas organizacionais. A definição dada está baseada em outras definições anteriormente colocadas. Em poucas palavras, considera-se que a capacidade tecnológica de uma organização (ou de um setor produtivo inteiro) está armazenada em pelo menos quatro componentes, que são: a) Sistemas Físicos, b) Pessoas, c) Sistema (Tecido) Organizacional e d) Produtos e Serviços.

Por Sistemas Físicos, entendem-se máquinas e equipamentos, sistemas baseados em TI, tais como BD, *software* em geral, plantas de manufatura.

O componente Pessoas leva em conta o conhecimento tácito, as experiências e habilidades de gerentes, engenheiros, técnicos e operadores, que são adquiridos ao longo do tempo, mas que também abrangem sua qualificação formal. Essa dimensão tem sido geralmente denominada por Capital Humano da empresa ou do país. Há ainda os que a denominem Capital Intelectual.

Por Sistema (Tecido) Organizacional, pressupõe-se o conhecimento acumulado nas rotinas organizacionais e gerenciais das organizações, nos procedimentos, nas instruções, na documentação, na implementação de técnicas de gestão (TQM, ERP, JIT, SCM, BSC, etc.); nos processos e fluxos de produção de produtos e serviços e nos modos de realizar certas atividades nas organizações.

Produtos e Serviços é a parte mais visível da capacidade tecnológica e reflete o conhecimento das pessoas e da organização, bem como dos seus sistemas físicos e organizacionais, por exemplo: nas atividades de desenho, desenvolvimento, prototipagem, teste, produção e na parte de comercialização de produtos e serviços, estão refletidos os outros três componentes da capacidade tecnológica.

Há, sem sombra de dúvida, uma relação inseparável (simbiótica) entre esses quatro componentes, por mais ou menos que o que vier como solução tecnológica seja compatível, no decorrer de um determinado tempo, com o ser uma organização investidora, seguidora ou avessa.

Vantagem e competência essencial na gestão da inovação poderá ser fruto da inovação em gestão. O que não é tarefa simples de ser obtida.

Para nossos propósitos, pode-se afirmar que Inovação em Gestão é qualquer coisa que altera substancialmente a maneira pela qual o trabalho de gestão é realizado, ou modifica significativamente formas organizacionais costumeiras e, como resultado, faz progredir os desempenhos e as metas da organização.

Simplificando, para facilitar a prática, em Hamel (2007) tem-se que a inovação em gestão muda a forma que os gestores trabalham, e o faz de uma maneira que aprimora o desempenho organizacional. Acredita-se no poder da inovação em gestão.

Grande parte das inovações conhecidas, que vieram da GE, DuPont, Procter & Gamble, Toyota, Visa, 3M e mesmo da Apple, entre outras e que as impulsionaram para que atingissem posições de liderança global, de maneira particularmente diferenciada, são tidas como forças provocadas por produtos, serviços ou tecnologias notáveis, ou ainda por execução disciplinada ou por líderes com visão de futuro.

Todos os colaboradores tiveram sua participação, mas, no entanto, se formos mais fundo, descobriremos que foi a inovação em gestão que acima de tudo as colocou nesse patamar. Há muitos casos bastante conhecidos, abaixo estão citados alguns.

As organizações adotam determinados passos que estão relacionados com uma definição clara, específica e que são patrocinados e cobrados constantemente pela administração:

- Administrando a ciência (GE);
- Distribuindo Capital (DuPont);
- Administrando ativos intangíveis (Procter & Gamble);
- Captando a sabedoria de cada funcionário (Toyota, 3M);
- Construindo um consórcio global (Visa).

O segredo é administrar a inovação de forma inovadora para construir vantagens permanentes. Aliás, é o único fator essencial para manter o sucesso competitivo de longo prazo. Para garantir que se caminhe da inovação à vantagem.

A inovação em gestão tende a produzir uma vantagem competitiva quando uma ou mais de três condições são atendidas:

- A inovação baseia-se em um princípio original de gestão que desafia alguma ortodoxia antiquada;
- A inovação é sistêmica, abrangendo uma gama de processos e métodos;
- E/ou a inovação parte de um programa contínuo de invenção acelerada em que o progresso aumenta com o tempo.

Para atingir o sucesso e realmente ser uma organização inovadora é preciso pensar em transformação. As principais possíveis mudanças para a inovação costumam ser:

- Tornar a inovação um tema fundamental nos programas de desenvolvimento de liderança;
- Reservar anualmente uma parcela significativa de dispêndio de capital para projetos que sejam realmente inovadores;
- Exigir que cada projeto de desenvolvimento de produto contenha um componente considerável de inovação na venda de novos produtos no mercado;
- Treinar o máximo possível de mentores de inovação encarregados de dar suporte às inovações em toda a organização;
- Inscrever todo colaborador assalariado em um curso virtual de inovação empresarial ou de negócios;
- Estabelecer a inovação como um componente de peso nos planos de bonificação de longo prazo da alta administração;
- Reservar tempo nas reuniões (trimestrais, de preferência) de revisão de desempenho para uma discussão detalhada do desempenho de inovação de cada unidade;
- Criar uma junta de inovação para analisar e agilizar as ideias mais promissoras da organização;
- Construir um portal de inovação para permitir aos colaboradores o acesso a um compêndio de instrumentos de inovação, informações sobre o fluxo global de inovações da organização e a oportunidade de contribuir com suas ideias;
- Desenvolver um conjunto de métricas para acompanhar a entrada de informações, a transformação e o produto da inovação.

A inovação pode ser de várias formas: operacional, de produto, de estratégia e de gestão. Ou de empreendimento, tecnológica, de estrutura ou de comportamento. Cada gênero dá sua contribuição para o sucesso, mas pode-se pensá-la como Kelley (2005) e ordenar de forma a compor uma pirâmide, assim:

- No topo, a inovação em gestão;

- Logo abaixo, a inovação estratégica;
- A seguir, inovação de produtos/serviços e;
- Na base da pirâmide, a inovação operacional.

Se preciso criar programas inovadores, devo antes ter algum projeto pessoal de inovação em gestão, através do qual o administrador possa agir. Este precisa ser ousado, a inovação não pode ser só incremental. E gerar um grande desafio com perguntas básicas, como estas:

- Quais são os novos desafios mais difíceis que o futuro reserva para sua organização? Quais são as descontinuidades emergentes que levarão os processos e práticas atuais de gestão ao ponto de ruptura? Qual é o "problema futuro" no qual você gostaria de começar a trabalhar agora?
- Quais são os malabarismos difíceis que aparentemente sua organização nunca consegue fazer? Há um *trade-off* crítico em que parece que um lado sempre prevalece em detrimento de outro? Qual é o frustrante "e/ou" que você gostaria de transformar em "e"?
- Quais são os maiores descompassos entre retórica e realidade em sua organização? Quais são os valores que ela tem maior dificuldade de se mostrar à altura, ou acha mais difícil de institucionalizar? Qual o valor adotado que você gostaria de transformar em uma capacidade ou competência integrada?
- Sobre o que você se sente indignado? Quais são as incompetências frustrantes que assolam sua organização e outras como ela? O que a grande organização "não pode fazer" que precisa passar a "poder"?

Com o(s) desafio(s) em mira, você precisa decompô-lo(s) em componentes menores e mais manejáveis. Assim é possível focar as energias em subproblemas de grande impacto, que o ajudarão a maximizar os retornos sobre os esforços de inovação.

Não falta análise perspicaz. É preciso que se formem alternativas realmente arrojadas e criativas para o estado atual da gestão, bem como ter um exército de inovadores com vigor, dispostos a mudar a organização e o seu ambiente interno e externo, mas acima de tudo, para reinventar a gestão de cima a baixo.

A seguir há três dos maiores desafios que são sugeridos para ajudar a ajustar um programa de inovação em gestão nas organizações:

* Acelerar radicalmente o ritmo de renovação estratégica;
* Tornar a inovação função de todos, todos os dias e;
* Criar um ambiente de trabalho altamente envolvente, que inspire colaboradores a dar o melhor de si.

Entende-se, portanto, que é necessário construir uma empresa que seja tão ágil quanto a própria mudança. Apesar de parecer estranho e complexo, e mesmo uma tarefa quase impossível, é uma proposta viável. Para concluir o capítulo, deixa-se alguns recados ou lições entendidas como essenciais:

* A inovação em gestão geralmente redistribui o poder (então, não espere que alguém se empolgue);
* No curto prazo é possível que os custos de inovação em gestão sejam muito mais visíveis do que os benefícios;
* Não seja tímido.

Questões para reflexão

1. Qual a relação entre criatividade e inovação?
2. Explique o conceito de Administrar.
3. Explique o conceito de Negócio.
4. Discorra sobre a Estratégia Empresarial de Inovação.
5. Que abordagens e tipologias de Inovação existem e como elas são entendidas e aplicadas?
6. Explique a inovação aberta e as diferenças existentes entre ela e a inovação fechada.
7. O que diferencia a organização inovadora?
8. Porque há necessidade de novas abordagens gerenciais quando se trata de empresas inovadoras?
9. Descreva os possíveis impactos organizacionais advindos das novas abordagens de gestão da inovação.
10. Que novos desafios são trazidos pela implementação da nova gestão de inovação?

☑ Estudo de caso

Há algum tempo foram feitas pesquisas sobre aplicações e resultados de inovações, que levaram a um quadro em que exemplos de empresas optaram por determinadas dimensões decididas pela administração, para que as organizações se focassem rumo à inovação, e o que foi gerado se transformou em sucesso e seu verdadeiro diferencial.

A sugestão agora é que se aplique esse mesmo quadro e se atualize com novos exemplos empresariais. Pede-se que, na sequência, se tente explicar porque se concluiu que esses novos exemplos são de fato uma inovação, que tipo de inovação e em quais dimensões inovadoras se enquadram.

Dimensão	Exemplos	Novos exemplos
Oferta	Ipod	
	Ford Ecosport	
Plataforma	FIAT América Latina	
	NET Combos	
Soluções	Bradesco Prime	
	GERDAU Armafer	
Clientes	HABIB'S	
	Diário Gaúcho	
Experiência do consumidor	Abbey Road Estúdio Pub	
	Cirque du Soleil	
Captura de valor	Google pagamento por resultado	
	Almoço por quilo	
Processos	Sistema Toyota de Produção	
	Dell	
Organização	PROMON	
	Copesul	
Cadeia de Suprimentos	GM – CELTA	
	Natura e ONG's	

Presença	Nacional 24 horas	
	Ipiranga AM PM	
Rede	Brasil Brokers	
	Redemac	
Marca	Virgin Group	
	Oaklem	

QUADRO 1 – Estudo de caso

Referências bibliográficas

ABELL, D. F. *Managing with dual strategies. Mastering the present:* preempting the future. New York: The Free Press, 1993.

BELL, M. e PAVITT, K. "The development of technological capabilities". In: ULHAQUE, I.; BELL, M.; DAHLMAN, L. LALL, S. e PAVITT, K. *Trade, technology and international competitiveness.* Washington, D. C.: The World Bank, 1995.

CHANDLER, A. D. *Strategy and structure:* chapters in the history of the industrial enterprise. Cambridge, MA, MIT Press, 2001.

CHESBROUGH, H. WANHEVERBEKE, W. and WEST, J. *Opens innovation:* researchin a new paradigm. Oxford: Oxford Univ. Press, 2008.

CLARK, K. B. e FUJIMOTO, T. *Product development, performance:* strategy, organization and management in the world auto industry. Boston: The free Press, 1993.

CHRISTENSEN, C. *The innovator's dilemma:* when new technologies cause great firms to fail. Boston: Harvard Business Scholl Press, 2007.

_____; RAYNOR, M. E. *O crescimento pela inovação.* Rio de Janeiro: Campus, 2007.

CONKLIN, D. e TAPP, L. A rede criativa. In: Chowdhury (org.). *Administração do século XXI*: o estilo de gerenciar hoje e no futuro. São Paulo: Prentice Hall, 2003.

COSTA, P. R. da, PORTO, G. S. e FELDHAUS, D. *Management of company-university cooperation:* a brazilian multinational case. Rev. de Administração Contemporânea, vol. 14 n. 1 pp100-121, 2010.

CRUZ E. ; SEGATTO, A. P. Processos de comunicação em cooperações tecnológicas universidade-empresa: estudos de caso em universidades federais do Paraná. Revista de Administração Contemporânea. V. 13, n. 3, art. 5, p.430-449, 2009.

CUNHA, N. C. V. e FISCHMAN, A. A. *Alternativas de ações estratégicas para promover a interação universidade-empresa através dos escritórios de transferên-*

cia de tecnologia. X Seminário Latino-Americano de Gestion Tecnológica – ALTEC 2003 – Cidade do México, 2003.

Dosi, G. *Tecnological paradigms and technological trajectories*: a suggested interpretation of the determinants and directions of technological change. Research policy, v. 11, n.3, p. 147-162, 1998.

Dougherty, D. *Organizando para inovação*. In Handbook de estudos organizacionais. Ação e análise organizacionais. São Paulo: Atlas, vol. 3, 2004.

Drucker, P. F. *Inovação e espírito empreendedor (entrepreneurship): prática e princípios*. São Paulo: Pioneira Thomson Learning, 2005.

Ettlie, Bridges e O'Keefe. *Organization strategy and structural differences for radical versus incremental innovation*. Mangement Science, vol. 30, n.6, p.682-695, 1984.

Fullbright, R. *Innostruture: The nedd corporate infrastructure supporting innovation*. University of South Carolina Upstate, Spartanbug, SC. (September), 2006.

Griffin, A. e Page, A. L. *Sucess measurement project*: recomended measures for product development sucess and failure. Journal of Product Innovation management, pag. 478-496, 1996.

Hamel, G. e Prahalad, C.K. *Competindo pelo futuro*. Rio de Janeiro: Ed. Campus, 1995.

_____*O futuro da administração*. Rio de Janeiro: Campus. 2007.

Kaplan,R.S.eNorton,D.P.*Mapasestratégicos*.RiodeJaneiro:Ed.Campus2004.

Kelley, T. *The ten faces of innovation*: ISEO's strategies for beating the devil's advocate & driving creativity throughout your organization. 1a. edition. New York: Doubleday, 2005. In: dos Santos, A. B. e Vico Mañas, A. *Principais contribuições das teorias das organizações para as empresas com estratégia em inovação*. VII CONVIBRA Administração – Congresso Virtual Brasileiro de Administração.

KIM, W. C. e MAUBORGNE, R. A. *A estratégia do oceano azul*. RJ: Campus, 2004.

_____*Strategy, value unnovation and knowledge economy*. Sloan Management Review 40 n. 3 primavera, 1999.

LEONARD-BARTON, D. *Core capabilities and core rigidities:* a paradox in managing new product development. Strategic management Journal, v. 13, p. 111-125, 1992.

LEONARD-BARTON, D. *Core capabilities and core rigidities:* a paradox in Managing new product development. Strategic management Journal, v. 13, p. 111-125,1992 in:

MANUAL DE OSLO. *Diretrizes para coleta e interpretação de dados sobre inovação.* 3. Ed. Trad. Flávia Gouveia. Rio de Janeiro: Finep, OCDE e Eurostat, (s/d).

PRAHALAD, C. K.; RAMASWAMY, V. *The new frontier of experience innovation.* MIT SLOAN Management Review. Magazine: Summer, July, 15, 2003.

PREVIDELLI, J. de J. *Mudanças organizacionais em empresas multinacionais.* Tese (Doutorado) – Faculdade de Economia, Contabilidade e Administração, Universidade de São Paulo, S. P.: 1996.

SAWHNEY, M.; WOLCOTT, R. C.; ARRONIZ, I. *The 12 different ways for companies to innovate.* MIT SLOAN Management Review, vol. 47 n. 3, Spring, 2008.

SCHOEMAKER, P.J.H. *The quest for optimality:* a positive heuristic of science? Behavioral and Brain Sciences,1991 14, pp. 205-245, 1991.

SCHUMPETER, J. A. *Capitalism, socialism and democracy.* New York: Harper, 1975.

TEECE, D. J.; PISANO, G.; SCHEN, A. *Dinamic capabilities and strategic management.* Strategic Management Journal, vol. 18, p.509-533, 1997.

TIDD, J.; BESSANT, J.; PAVITT, K. *Gestão da Inovação*. Porto Alegre: Bookman, 2008.

TAKAHASHI, S.; e TAKAHASHI, V. P. *Gestão de inovação de produtos:* estratégia, processo, organização e conhecimento. Rio de Janeiro: Ed. Campus, 2007.

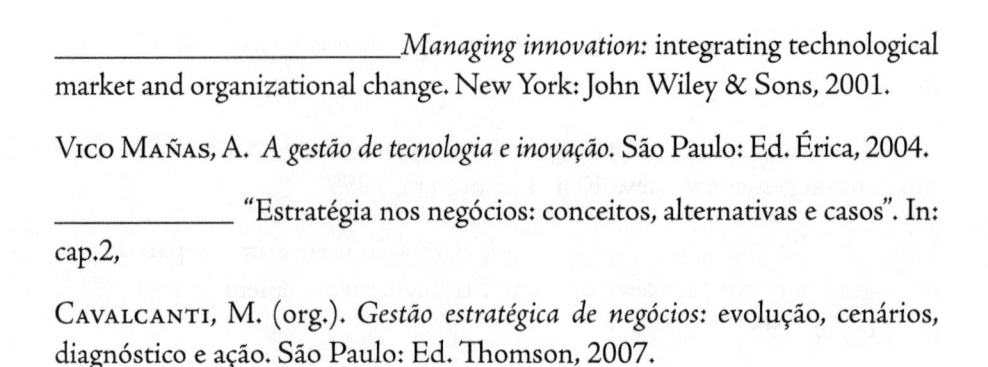

_____*Managing innovation:* integrating technological market and organizational change. New York: John Wiley & Sons, 2001.

VICO MAÑAS, A. *A gestão de tecnologia e inovação.* São Paulo: Ed. Érica, 2004.

_____ "Estratégia nos negócios: conceitos, alternativas e casos". In: cap.2,

CAVALCANTI, M. (org.). *Gestão estratégica de negócios:* evolução, cenários, diagnóstico e ação. São Paulo: Ed. Thomson, 2007.

_____; BUAIRIDE, A. M. R."Organização orientada para o atendimento ao cliente": estrutura, recursos e processos. In: LAS CASAS, A. L. (org.). *Excelência em atendimento ao cliente.* São Paulo: M.Books do Brasil Editora, 2012.

WHEELWRIGHT, S. *Managing new product and process development:* text and cases. New York: free Press, 1993.

Discussão sobre temas

Fruto da cidadania, a responsabilidade social tempera a lógica da maximização dos lucros.

(SROUR, 2003, p.9[1])

Esta segunda parte visa aprofundar os temas anteriores com outros que complementam e sustentam a consciência empreendedora, criativa e inovadora.

---

[1] Srour, Robert Henry. *Ética empresarial*: a gestão da reputação – posturas responsáveis nos negócios, na política e nas relações pessoais. 2. ed. Rio de Janeiro: Campus, 2003.

PARTE II

CAPÍTULO 5

A ética aplicada ao empreendedorismo

> "(...) o que pode existir de mais valioso na vida, quer dos indivíduos, quer dos povos, senão alcançar a plena felicidade? Pois é disto exatamente que se trata quando falamos em ética."
>
> COMPARATO, 2006

Maisa E. Raele Rodrigues

Objetivos

- Refletir sobre a ética em todos os aspectos da vida;
- Distinguir ética, moral, direito e justiça;
- Contextualizar a teoria jus-humanista de regência jurídica da economia e do mercado com o fundamento da ética;
- Analisar a importância do comportamento ético nas organizações;
- Examinar condutas empresariais que contribuem ou não para a sobrevivência e evolução das empresas;
- Analisar a ideologia reinante no atual Código Civil sob o prisma da eticidade e seus reflexos nas relações obrigacionais.

Introdução

O homem, para viver em sociedade, necessita do conhecimento, até como modo de viabilizar sua existência. Somos seres pensantes, e à medida que obtemos conhecimento, passamos a compreender com maior clareza os fatos que nos rodeiam. Hodiernamente, noções de ética, não raro, associadas à moral, posto consideradas na maioria das vezes vocábulos sinônimos, fazem parte do conhecimento do homem médio, contudo, sua realização constitui uma das questões mais intricadas no âmbito das relações sociais.

As ideias de ética e moral nunca estiveram tão presentes na sociedade brasileira como no início do segundo decênio deste século, em razão dos acontecimentos marcantes que envolveram de forma avassaladora o Parlamento e o Executivo, materializando-se no que se convencionou chamar "mensalão". Mas é certo que, algum tempo antes, o Parlamento brasileiro já se encontrava no centro das discussões éticas, não sendo outra a razão da existência do Conselho de Ética do Senado, logo seguido pela criação de Comissão idêntica na Câmara dos Deputados.

A ética entre nós não tem sido um tema muito debatido, a exemplo do que ocorre na Europa e na própria América Latina, onde são modelos países como o México e a Argentina, os quais possuem expressiva produção literária sobre o assunto.

Quando, então, transportamos o tema para a seara do empreendedorismo, deparamo-nos com um certo silêncio obsequioso, como se o traço competitivo a ele inerente não fosse capaz de se ajustar aos princípios éticos mais comezinhos, o que não deixa de ser uma excrescência social. Se é certo que a "cultura do jeitinho brasileiro", há muito enraizada entre nós, serve de campo fértil para a origem de atitudes absurdamente antiéticas, ao argumento, por exemplo, da consagrada expressão "todo mundo faz, se eu não fizer, ficarei em situação desvantajosa"; não menos certo é que é passada a hora de práticas como essas serem duramente combatidas, a fim de que possamos alcançar um patamar mínimo de ética.

Não é demais ressaltar a inoperância da ética como objeto de marketing, ou apenas como inclusa no rol de "valores" propalados pela empresa, mas sem efetividade. Nessa hipótese, o discurso é vazio e, redundantemente, antiético.

A insegurança econômica-jurídica e a falta de credibilidade dos sistemas de crédito, chagas duramente expostas a partir da crise de 2008, vêm paulatinamente impondo um novo paradigma ao capitalismo, de viés muito mais ético e humanista. Entre nós, a teoria jurídica e econômica do capitalismo humanista, encabeçada por Ricardo Sayeg e Wagner Balera, propõe um novo olhar na regência jurídica da economia, no qual os ideais capitalista e humanista de mercado não se excluem, ao revés, se entrelaçam e não se dissociam.

Seja por sua importância, seja pelas dificuldades de ordem prática que suscita, o presente capítulo busca enquadrar-se na discussão a respeito da ética enquanto caráter humano e suas repercussões no mundo empresarial. A boa percepção da Ética mostra-se fundamental à formação dos indivíduos, assim como para as instituições efetivamente comprometidas com a harmonização social.

Ética: conceito e gênese

Diuturnamente ocupamo-nos com a Ética, porquanto presente em todas as nossas decisões, sejam elas de trabalho, políticas ou familiares, assim como ouvimos falar em ética ou na ausência dela, mas nem sempre vamos perscrutar seu significado.

Do grego *éthos*, o vocábulo ética costuma ser definido pelos dicionaristas como um conjunto de valores morais e princípios que dirigem a conduta humana em sociedade. Segundo observa Marilena Chauí (2006, p. 310), na língua grega existem duas vogais (breve e longa) para grafar nossa vogal *e*; quando escrita com a vogal longa, *éthos* tem o sentido de costume, mas se grafada com a vogal breve, significa caráter, índole natural, referindo-se às características pessoais de cada indivíduo e, corolário lógico, quais vícios e virtudes tem aptidão para praticar. O conceito de *éthos* espargiu-se por diversas civilizações. Em Roma, referido termo foi traduzido como "mor-morus", significando "costume mor" ou "costume superior", daí a palavra "moral" em português.

Sob o prisma filosófico, a Ética é uma ciência que estuda os valores e princípios morais de uma sociedade, emergindo a partir da busca pela compreensão dos costumes, assim como do caráter de cada ser humano (senso moral e consciência moral individuais).

De um modo geral, pode-se dizer que a Ética consubstancia-se no ideal inato de aprimoramento do comportamento humano, e tem por função organizar a sociedade, com vistas a uma finalidade geral. Sempre que o ato de uma pessoa possibilitar a melhoria de seu caráter, afirmar-se-á que ela agiu com eticidade.

A par de investigarmos, tratar-se de uma noção que nasce com o indivíduo ou é adquirida ao longo de sua vida social, certo é que a ideia do bem e do mal, e os sentimentos de justiça e injustiça que dela subjazem, são inseparáveis da condição humana.

A origem da Ética, enquanto filosofia moral, pode ser atribuída a Sócrates, um dos fundadores da filosofia ocidental, que nada escreveu em razão de sua atitude filosófica, mas seu legado não pereceu graças, sobretudo, aos escritos de Platão e Xenofonte. Na exposição de suas ideias, Sócrates, descrito por Chauí (2006, p.311) como o "incansável perguntador", utilizava mais de uma forma de diálogo, quais sejam, tratando-se de um adversário a contestar, assumia a humilde posição de quem nada sabe, passando a formular exaustivas perguntas ao interlocutor até sua "rendição", que vencido, admitia humilhantemente sua ignorância, esse método era baseado no que se chamou de "ironia socrática". Já quando se tratava de um discípulo, as perguntas se multiplicavam objetivando que novas ideias viessem a luz, caracterizando o método maiêutico, também conhecido como "obstetrícia do espírito", por propiciar o "parto das ideias" (CAVALCANTI, 2013).

O pensamento socrático, assentado na natureza humana e seu envolvimento ético-social, como se afirmou linhas atrás, constitui um marco na história da Ética. Em tal sentido sustenta Chauí (2006, p. 311):

> As questões socráticas inauguram a Ética ou Filosofia Moral, porque definem o campo no qual valores e obrigações morais podem ser estabelecidos, ao encontrar seu ponto de partida: *a consciência do agente moral*. É *sujeito ético ou moral* somente aquele que sabe o que faz, conhece as causas e os fins de sua ação, o significado de suas intenções e de suas atitudes e a essência dos valores morais. Sócrates afirma que apenas o ignorante é vicioso ou incapaz de virtude, pois quem sabe o que é o bem não poderá deixar de agir virtuosamente.

Note-se que, para Sócrates, todo erro advém da ignorância e toda virtude do conhecimento, daí a afirmação de que sua ética prestigia o conhecimento, incentivando o homem a conhecer-se como fundamento de validade para o agir ético, o que nos faz deduzir que a maior batalha humana deve ser pela educação. A concepção socrática considera que as pessoas que exercitam o ato de pensar e compreendem o significado e as consequências de seus atos, conhecerão o bem e agirão de um modo ético. Por outro lado, as pessoas que não refletem o suficiente antes de agir e não buscam conhecer verdadeiramente os fatos, inexoravelmente, farão coisas erradas. Portanto, o pensamento é pressuposto da Ética, existindo uma relação direta entre ambos. No bojo das formulações socráticas insere-se, em última análise, a concepção de que a ação ética conduz a felicidade tão perquirida pela espécie humana.

A vida ética impõe dois requisitos: consciência e responsabilidade. Dessa forma, conhecer a diferença entre o bem e o mal, o certo e o errado, a virtude e o vício, torna-se imprescindível para a existência da conduta ética, além do que, o agente consciente terá capacidade para julgar o valor dos atos e dos comportamentos em consonância com os valores morais.

Muitas foram as contribuições trazidas pela ética socrática, tais como o conhecimento como virtude, a educação como caminho para o conhecimento, a prioridade do coletivo sobre o individual e o respeito às leis como forma de viabilizar a vida em sociedade. Lamentavelmente, o decurso de tantos séculos parece ter apagado para a sociedade civilizada e, em especial, para os agentes políticos, tão preciosas lições, dando lugar a sociedades cada vez menos justas e solidárias.

Determinar o que é um agir ético envolve tarefa de extrema complexidade, uma vez que nela se insere o inevitável embate social pela definição verdadeira e necessária de boa conduta, luta essa que sofre influência decisiva de pontos de vista absolutamente diferentes, à medida que os atores sociais agem e valoram suas ações em conformidade com a cultura de cada um. Contudo, todos convergem em direção à determinação autêntica de um agir correto, de uma boa ação.

Ética: fundamento

Não só os pensadores clássicos, mas também os contemporâneos tomaram a Ética como objeto de estudo, de modo que o tema tornou-se um assunto cada vez mais fértil, abrangente e complexo.

O fundamento de toda vida ética está centrado no princípio da dignidade humana, o qual se expressa em padrões universais de conduta, que vivificam a vida social e dão legitimidade às estruturas de poder. Ressalte-se, contudo, que, no campo ético, o modelo de vida deve ser aplicado na essência, não podendo ser ignorado valores secundários que se alteram significativamente em razão das diferenças culturais.

O conceito de pessoa humana é uma formulação recente na História, em tempos passados não havia a noção de que os indivíduos e os grupos humanos pudessem ser "reduzidos a um conceito ou categoria geral". Nesse sentido, Comparato (2006, p. 453) assim se manifesta:

> Durante o período axial da História, como foi assinalado, despontou a ideia de uma igualdade essencial entre todos os homens. Mas foram necessários vinte e cinco séculos para que a primeira organização internacional a englobar a quase totalidade dos povos da Terra proclamasse, solenemente, numa Declaração Universal de Direitos Humanos, que "todos os homens nascem livres e iguais em dignidade e direito"(artigo I), e que "todo homem tem direito de ser, em todos os lugares, reconhecido como pessoa perante a lei" (artigo VI).

Ética, moral, direito e justiça

Ética, moral, direito e justiça são categorias distintas, não obstante, tais conceitos se entrelaçaram. Principiaremos nossa análise pelo equivocado tratamento da Ética e da moral como expressões sinônimas. Observe-se que a imprecisão terminológica integra o senso comum, aparecendo nos veículos de comunicação, na política e inclusive na prática forense, inadmissível, porém, sua utilização na linguagem científica, sob risco de incoerência epistemológica (Bernardes Neto, 2007).

A Ética, como já se viu, refere-se à ciência humana que estuda o comportamento moral humano em sociedade com vistas ao bem comum. Nela está implícita a ideia de ação ou de omissão dos indivíduos, vinculando-se, assim, a "um agir".

A moral, por outro lado, é parte do conhecimento, mas não é ciência, consubstanciando-se na "reunião de princípios e de padrões de conduta dos seres humanos, de um grupo ou de uma coletividade", estabelecidas a partir das experiências individuais e sociais.

Da mesma forma que a ética, a moral também trata de valores e princípios, o que as distingue, no entanto, é a ação ou a omissão dos indivíduos (conduta humana) inerentes à noção de ética. Como bem pontua Napoleão Bernardes Neto (2007) "[...] a Ética é um agir consubstanciado na moral. Quando a conduta humana é baseada nos valores e nos princípios morais, exteriorizando-os, há o agir ético". Todo conteúdo ético há de ser moral. A ética decidirá sobre o que é moralmente correto.

O Direito, por sua vez, é uma ciência humana, mais precisamente uma ciência social, substanciado no conjunto de normas ou regras jurídicas que traçam aos homens certas formas de condutas. Como ciência, exige método e princípios próprios, dispostos a serem universalmente aceitos, universalidade essa que deita raízes no direito natural.

O ponto de igualdade entre Direito e Ética situa-se no fato de que ambos fazem parte das ciências humanas, manifestando-se no âmbito do *dever ser*. O mesmo não ocorre com a moral, que não é ciência e prende-se apenas às questões espirituais dos seres humanos, sem repercussão no mundo dos fatos, por isso mesmo é muito mais ampla que a Ética e o Direito.

Na espetacular formulação da Teoria Tridimensional do Direito, Miguel Reale (2002, p. 64) expõe o direito sob três aspectos básicos: o normativo, o fático e o axiológico. Para ele, entre o fato jurídico e a produção normativa encontra-se a valoração, isto é, o componente moral da ciência jurídica. O Direito, como apreciação do fenômeno social, subordina-se à moral, porém, não de forma absoluta, na medida em que tutela muita coisa que não é moral.

O Direito é pautado por normas coercitivas, cujo descumprimento sujeita-se à sanção imposta pelo Estado, aqui reside a diferença básica entre o Direito e a moral, na medida em que esta é *incoercível*, enquanto aquele é *coercível*. A punição para a conduta imoral fica limitada apenas à reprovação, ao isolamento social, etc.

De outro modo, apesar de debatida há séculos, não há ainda um conceito universal de justiça. As primeiras noções estão ligadas ao princípio da igualdade, daí a afirmação de Miguel Reale (2002, p. 123) de que "a justiça é, em ultima análise, uma expressão ética do princípio de igualdade".

Nada obstante a confusão que se faça em relação a quem seja a Deusa da Justiça, se *Themis, Diké* ou ainda *Iustitia* (CAIXETA, 2008), personagens da mitologia grega e romana, certo é que a justiça é representada por uma figura feminina que tem os olhos vendados para destacar que "todos são iguais perante a lei" e "todos tem iguais garantias legais". Nos dias atuais, tem sido também apresentada sem as vendas, com o intuito de significar Justiça Social, onde o meio em que o indivíduo se inclui é tido como fator agravante ou atenuante de suas responsabilidades.

Justiça é um termo abstrato que traduz a ideia de equilíbrio, de respeito ao direito de terceiros, de dar a cada um o que é seu e, em última instância, de equidade. Aristóteles foi o pensador que melhor tratou o tema da equidade que, para ele, é uma forma de justiça, a justiça do caso concreto, adaptada à especificidade de cada fato que ocorre. A igualdade foi vista por Aristóteles sob dois ângulos: a justiça corretiva, que compreende a manutenção do equilíbrio entre perdas e ganhos nas relações sociais, e a justiça distributiva, atrelada a repartição das coisas entre os cidadãos (REALE, 2002).

Como visto anteriormente, o Direito pode ser moral ou imoral. Uma regra de direito positivo (aquele que é posto pelo legislador) para ser aceita requer tão somente um valor jurídico, podendo desrespeitar um mínimo moral, sem que comprometa sua validade. Veremos então a separação entre Direito e moral. Se para o Direito é imprescindível apenas o valor jurídico, válida também será a norma injusta, razão pela qual Direito e justiça também não caminham juntos. Daí a ilação de que a validade e a justiça de uma norma jurídica albergam juízos de valores distintos, consequentemente, poderá haver uma norma válida e injusta ou inválida e justa. (KELSEN, 1994)

A Ética sob o prisma do capitalismo humanista

Na era pós-moderna, após sucessivas crises, as ideologias de crescimento econômico, de desenvolvimento e de bem-estar, entre outras, têm sido constantemente reavaliadas, repensadas e sopesadas. Nessa esteira, a teoria do capitalismo humanista proposta, entre nós, por Ricardo Sayeg e Wagner Balera (2011) formula um novo referencial teórico de regência jurídica da economia e do mercado, balizado no respeito à satisfação universal da dignidade da pessoa humana.

Com efeito, os idealizadores dessa teoria reconhecem que não obstante os efeitos perversos, circunstanciados mormente na exclusão de parcela expressiva da humanidade do âmbito econômico, político, social e cultural, o regime capitalista e a economia de mercado continuam a manter-se "necessários, eficientes e recomendáveis", especialmente por se mostrarem geradores do "bem-estar material particular de todos", variante desprezada pelos regimes socialista e comunista, razão pela qual foram fulminados pelo individualismo e hedonismo da pós-modernidade, para Sayeg e Balera (2011, p. 141):

> O capitalismo não prevaleceu por mero acaso, mas em razão da eficiência dos agentes econômicos privados na busca de seus próprios interesses, inerentes à natureza individualista e hedonista humana, em contrapartida à ineficiência do Estado enquanto agente econômico, diante da sua natural inclinação para a busca dos interesses coletivos.

Por reconhecer, dentre outros, o direito à propriedade privada, a livre iniciativa e os direitos adquiridos, o capitalismo é nomeadamente o regime econômico prevalecente no mundo contemporâneo, incluindo-se o Brasil, que positivou tais direitos em sua Constituição Federal. O sistema capitalista apresenta-se sob duas formas: há o modelo do capitalismo liberal, no qual a economia é comandada pelas forças naturais de mercado, que se autorregula, e o Estado intervém o mínimo possível, é a conhecida "mão invisível" de Adam Smith, traduzida no *laissez-faire*, expressão representativa do liberalismo, que pode ser entendida literalmente como "deixar fazer"; a outra forma de capitalismo é o de Estado, que, sem afastar as prerrogativas da "propriedade privada dos meios de produção e das instituições financeiras", controla a atividade econômica (SAYEG ; BALERA, 2011).

Influenciado por teorias econômicas neoclássicas, o liberalismo econômico foi redefinido, fazendo surgir o neoliberalismo que se institucionalizou em 1989 no chamado Consenso de Washington, cuja pauta jus-econômica neoliberal foi imposta, sobretudo, aos países emergentes e em desenvolvimento, invariavelmente tomadores de empréstimos do FMI. Observa-se assim a migração do planeta para uma economia capitalista amplamente globalizada. Contudo, a eclosão, em 2008, de uma das piores crises no sistema financeiro infundiu a necessidade de se repensar a lógica do capitalismo. Nesse sentido, Sayeg e Balera (2011, p. 25) assim se manifestam:

> Por sua vez, a grave crise ocorrida em 2008 no sistema financeiro global – que estendeu a destruição do capitalismo

às pessoas mais favorecidas – demonstrou definitivamente que o capitalismo precisa ser salvo dos capitalistas neoliberais. Uma resposta deve ser dada a eles, e a melhor resposta é humanização da econômica de mercado, deslocando ontologicamente o capitalismo neoliberal: do seu ser – que corresponde ao estado de natureza, selvagem e desumano – para o dever-ser da concretização multidimensional dos direitos humanos mediante a universal dignificação da pessoa humana.

Por outro lado, como sustentam Sayeg e Balera (2011, p.111), a existência dos direitos humanos é algo indubitável, posto que são reais e concretos, a par de qualquer positivação. Nada obstante o trato dos direitos humanos remontar as mais antigas civilizações, visto que sinais de dignidade e fraternidade estiveram presentes em todos as épocas da história, na sociedade pós-moderna, o marco delineador de tais direitos é incontestavelmente a Declaração Universal dos Direitos Humanos, cujo reconhecimento e concretização são indutores da dignidade universal da pessoa humana. Além do fato de viver, nenhum outro requisito é necessário para que o homem possua dignidade, vez que ela está jungida a todo ser humano e dele jamais se desprende, seja comissiva ou omissivamente, vale dizer, os seres humanos já nascem com direitos inalienáveis.

Sob o prisma filosófico, a ideia dos direitos humanos, emanada do conceito de direitos naturais, nos iguala diante de Deus, somos todos filhos de um único Criador e portanto irmãos entre si, daí a fraternidade apresentar-se como valor irrestrito. A mensagem cristã de fraternidade inaugura o chamado humanismo antropofilíaco, que é a proposta de uma terceira via para o humanismo, um humanismo fraterno. Para Sayeg e Balera (2011, p. 88) "a fraternidade desloca o homem do centro das coisas para o meio difuso delas". A lei universal da fraternidade, traduzida pelo humanismo antropofilíaco, irá construir toda a base da teoria do capitalismo humanista.

Numa tríade dimensional, os direitos humanos expressam-se por meio da liberdade inata, da igualdade inata e da fraternidade do "homem todo e de todos homens", divisão não taxativa, na medida em que outras dimensões podem ser reveladas com a evolução da sociedade, ressaltando, porém, que tais dimensões jamais se sucedem ou substituem-se umas às outras, ao revés aglutinam-se, apontando com isso o caráter multidimensional dos direitos humanos (SAYEG; BALERA, 2011).

Os direitos humanos assumem assim um papel de extrema relevância, já que sem eles o homem não consegue participar plenamente da vida em sociedade, razão pela qual devem ser empregados em todas as variantes que conduzem a vida social. Sayeg e Balera (2011, p.133) asseveram que "dada a insuperável relevância dos direitos humanos para o homem todo e todos os homens, e também para o planeta, é certo que o humanismo antropofilíaco se aplica também às questões econômicas".

Em linha de arremate, a teoria do capitalismo humanista propaga que o neoliberalismo econômico necessita dos "freios e calibragem humanista" para dar lugar a um "liberalismo econômico renovado pelo humanismo antropofílíaco", e que o capitalismo deve ajustar-se à lei natural da fraternidade, com vistas a concretização dos direitos humanos e a satisfação da dignidade humana, o que vem ajustar-se plenamente ao fundamento de toda a vida ética que, como já se viu, está centrada no princípio da dignidade humana, sendo a Declaração Universal dos Direitos Humanos o mais relevante instrumento defensor da ética da sociedade pós-moderna.

A Ética no âmbito corporativo

As empresas, inquestionavelmente, fazem parte da estrutura fundamental da sociedade, constituindo elemento ativo do contexto social, o que implica concorrer para o desenvolvimento da comunidade por meio de ações cidadãs e de responsabilidade social, motivo pelo qual torna-se imprescindível que as organizações atuem com base em valores éticos. Por atrair um contingente bastante expressivo de fatores humanos, a Ética é inseparável da atividade empresarial.

Meditando sobre a finalidade da Ética nos negócios, pondera Srour (2003, p.50) que "as decisões empresariais não são inócuas, anódinas ou isentas de consequências: carregam um enorme poder de irradiação pelos efeitos que provocam", ou seja, todas as deliberações organizacionais geram reflexos sociais, influenciando a vida de um número indeterminado de pessoas, corroborando a ideia de que tais decisões, pela importância e repercussão que se revestem, não podem ocorrer fora de parâmetros éticos.

Conforme visto anteriormente, o sistema capitalista, apesar dos problemas que lhe são próprios, centrados sobretudo no que diz respeito à distribuição de renda, mantém-se ainda como a melhor via propulsora do ideal de organização econômica de uma sociedade.

Na economia capitalista ganha destaque o interesse pessoal, cuja natureza desperta as mais acaloradas discussões. Para uns, trata-se de um interesse de viés absolutamente egoísta, enquanto que, para outros, ajusta-se ao que se convencionou chamar de "altruísmo estrito". Clarificando o embate, Srour (2008, p.26) sustenta que numa economia de mercado capitalista, o empresário tanto pode ganhar como perder, uma vez que esse sistema assenta-se no capital de risco. Dessa forma, o empresário encontra-se diante de duas variantes, de um lado, deseja maximizar o retorno do investimento e minimizar eventuais prejuízos, de outro lado, necessita encontrar compradores determinados a adquirir seus produtos ou serviços, mas para tanto precisa atender às aspirações e necessidades deles sob pena de comprometer o investimento realizado. A relação que se estabelece entre o empresário e o cliente, aparentemente antagônica, é, na verdade, de pura complementaridade, na medida em que as operações só se concretizam quando conciliáveis os interesses de ambos, portanto, nesse cenário não há prática egoísta, mas sim autointeressada ou altruísta.

O autointeresse realiza-se na concretização de interesses pessoais, quando porém isso se dá "a custa dos outros", surge o egoísmo e desaparece a ética, daí Srour (2008, p.23) enfatizar a imprescindibilidade de distinguirmos os conceitos de autointeresse e de egoísmo, para a existência de uma convivência social harmônica. Prosseguindo, o autor cita alguns exemplos de atitudes egoístas na empresa, tais como exigir propina dos fornecedores ou prestadores de serviços, elevar em nota o valor das despesas da empresa em proveito próprio, omitir dos colegas informações úteis da companhia, fazer mal uso de informações confidenciais da empresa, etc. Em nosso sentir, trata-se de condutas antiéticas reveladoras da mais absoluta ausência de ortodoxia, fazendo lembrar a máxima de que a ninguém é dado beneficiar-se da própria torpeza.

Assim sendo, o interesse pessoal do empresário que simetricamente considera o interesse de seus clientes e não prejudica os interesses alheios nada tem de egoísta, ou antiético, cuida-se apenas de um modo de ajustamento às demandas do mercado, o que, no entanto, não significa que esteja agindo de forma "generosa", uma vez que suas ações não se destinam à filantropia ou atender aos interesses da sociedade como um todo, mas satisfazer às necessidades de uma determinada clientela (SROUR, 2008).

No que diz respeito aos lucros no mundo corporativo, superada a fase de críticas e condenações, o que se tem percebido é um contínuo esforço no sentido de adequá-lo a um contexto mais elastecido da produtividade e da responsabilidade social, buscando aproximar-se de conceitos de ampla troca entres as partes interessadas. Demais disso, a inobservância de tais parâmetros apequena as formas de negociação e conduz ao enriquecimento ilícito. Huntsman (2007, p. 46), discorrendo sobre a obtenção de vantagens nas transações empresariais, faz, espirituosamente, a seguinte formulação:

> Eu sempre barganho, por princípio, quer esteja comprando alguma coisa que valha um dólar, quer esteja procurando consolidar uma aquisição avaliada em um bilhão de dólares. A negociação me entusiasma, mas a verdade é que jamais buscarei tirar vantagem de alguém à custa de engano ou suborno. Além de serem práticas moralmente erradas, elas tiram qualquer graça de se **obter um lucro**. (grifo nosso)

Por outro lado, a edificação da imagem e reputação das empresas no mundo globalizado conserva estrita dependência com a forma pela qual atuam as organizações, portanto, ações empresariais alicerçadas em valores éticos conquistam a confiança e garantem credibilidade e respeitabilidade social. A sociedade pós-moderna está cada vez mais atenta à atuação das empresas, cobrando condutas transparentes e de responsabilidade. As organizações que ignorarem essas expectativas dificilmente construirão ou manterão uma boa reputação. Como bem observa Srour (2003, p. 349) "as empresas competitivas que adotam políticas socialmente responsáveis não o fazem por bom-mocismo, mas sob pressões cidadãs; pretendem sabiamente preservar sua reputação".

Releva ainda considerar que as organizações são investidas de importante função social, resultante de determinação da ordem econômica prevista na Constituição Federal de 1988, sem a qual não se efetiva a busca pela justiça social. Para bem exercer sua função social, nenhuma empresa pode deixar de observar os direitos e interesses de tudo quanto circunda a atividade econômica. A função social da empresa gera reflexos de grande importância, alcançando todos os *stakeholders* (investidores, clientes, grupos interessados, empregados, sistema jurídico vigente a comunidade), que são pessoas ou entidades influenciadas ou que influenciam a atividade empresarial, sendo alvo de suas iniciativas éticas.

A ampliação da circulação de riquezas e consequentemente o fortalecimento da economia e o favorecimento ao consumidor são algumas das muitas repercussões positivas da função social da empresa, ao revés, o abuso econômico, o desrespeito aos colaboradores, a agressão ao meio ambiente, a utilização de procedimentos escusos para obtenção de vantagens indevidas, como a manipulação de balanços, corrupção, são exemplos de reflexos negativos derivados da conduta antiética e do afastamento da empresa de sua verdadeira função social. Pondere-se finalmente que a ética empresarial exige prática cotidiana e não apenas em situações especiais quando se instala o conflito de consciência.

Ética empresarial: um conceito

O conceito de ética nas empresas vem sendo discutido desde meados do século passado, ganhando estímulo a partir da década de 1970 com os estudos formulados pelo professor Raymond Baumhart, a ponto de o ensino da Ética passar a integrar a grade curricular de cursos de Administração e Economia em vários países, inclusive no Brasil. (EVOLUÇÃO..., 2013). Como visto no início deste capítulo, pode-se dizer que a Ética consiste num conjunto de valores morais e princípios dispostos a orientar a conduta do homem em sociedade. Quando aplicada ao âmbito empresarial, a ética alcança nuanças próprias, muitas vezes não imagináveis em outros segmentos sociais, isto porque a empresa para sobreviver necessita, fundamentalmente, obter lucro, sem ele não há como manter-se hígida. Em contrapartida, é essencial que o desejo de alcançar o lucro esteja harmonizado com as necessidades e aspirações da sociedade, o lucro advindo de uma má ação pode comprometer inexoravelmente a vida da empresa. Essa especificidade das organizações tem impulsionado a criação de regras no sentido de orientar as empresas na obtenção dos lucros, mormente, com as constantes notícias de descobertas de fraudes nas empresas. Na definição de O.C. Ferrel, Fraedrich e L. Ferrel (2001, p.7), a "ética empresarial compreende princípios e padrões que orientam o comportamento no mundo dos negócios". Para eles a qualificação do comportamento quanto a sua regularidade e eticidade costuma ser feita pelos *stakeholders*, cujas opiniões influenciam decisivamente na aceitação ou rejeição da empresa e suas atividades, apesar de não estarem "necessariamente" corretos. Outro conceito difundido de ética nos negócios preconiza que:

> "[...] a ética nos negócios é o estudo da forma pela qual normas morais pessoais se aplicam às atividades e aos objetivos da empresa comercial. Não se trata de um padrão moral separado, mas do estudo de como o contexto dos negócios cria seus problemas próprios e exclusivos à pessoa moral que atua como um gerente desse sistema". (NASH, 1993, p.6)

Em nosso sentir, singelamente, podemos dizer que a ética empresarial ou organizacional ou ainda a ética nos negócios nada mais é do que o agir empresarial de boa-fé, dentro dos padrões considerados aceitáveis pela sociedade, em conformidade com valores de honestidade, verdade e justiça, é proceder bem, sem prejudicar terceiros. A ideia de que a conduta ética proporciona muito mais vantagens à empresa está praticamente pacificada e disseminada por todo meio empresarial, daí a crescente preocupação com o tema, afinal a má conduta das organizações, não raro, costuma calçar o caminho do inferno.

A Ética empresarial no mundo contemporâneo

Atualmente, as empresas têm demonstrado uma preocupação crescente com as questões éticas, na maioria das vezes atrelando-as ao sucesso econômico. No mundo corporativo, a mentalidade ética, repousada num comportamento que adere aos mais nobres preceitos íntimos do ser humano, tem procurado estabelecer um novo paradigma de geração de riquezas.

Pode-se dizer que a ética corporativa entrou definitivamente na pauta das discussões organizacionais depois dos escândalos financeiros que envolveram as empresas norte-americanas Enron (setor de energia), Andersen (auditoria) e WorldCom (setor de comunicação), classificadas entre as maiores empresas dos respectivos ramos de cada uma. Após a quebra em 2002 da Enron, seguiu-se o colapso da Andersen, que era auditora da Enron e com ela foi arrastada. Numa sucessão de práticas abomináveis, a auditora confessou ter banido e autorizado em algumas circunstâncias a destruição completa de parcela significativa de documentos relacionados à auditoria realizada na empresa energética, esta, por sua vez, admitiu ter "inflado" seus lucros na ordem de US$585 milhões no período de 1997 a 2001. Logo em seguida, foi a vez da WorldCom, igualmente auditada pela Andersen, reconhecer uma fraude estrondosa de U$3,852 bilhões, resultado da ardil manobra de contabilizar despesas e demais gastos operacionais como "Investimentos". (SROUR, 2003, p.339 ss.).

Por óbvio, essa sequencia de escândalos gerou uma crise de confiança que abalou profundamente o sistema econômico global. A falência da Enron representa um dos maiores malogros empresariais da história americana e expõe a fragilidade dos mecanismos contábeis e de auditoria. As demonstrações financeiras induziam até os mais experientes investidores a confiarem no desempenho das empresas, de modo que quando veio à tona o fato de que esses dados estavam "mascarados", instaurou-se o mais puro descrédito nos demonstrativos contábeis das instituições. A gravidade da situação fez com que Alan Greenspan, então presidente do Federal Reserve, o banco central dos Estados Unidos, tecesse severas críticas ao empresariado norte-americano e questionasse a atuação da governança coorporativa e dos balanços, pontuando que havia uma "infecção gananciosa" disseminada na comunidade empresarial, consoante relato de Srour (2003). O risco é inerente ao mercado de capitais, mas a assunção deles não se confunde com o reconhecimento de que as informações sobre determinada empresa não sejam confiáveis.

Como é sabido, um esquema desse jaez decorre da necessidade que as empresas têm de capitalizarem-se, mas isso pode ser resolvido com eticidade, por exemplo, tomando empréstimos bancários. A ganância dos administradores há que ceder espaço para um agir transparente entre todos os envolvidos. Vale ressaltar que os problemas que envolveram essa tríade de empresas, embora pertencentes a experiências jurídicas diversas, têm servido de modelo para as questões brasileiras de direito concursal, na medida em que os abusos evidenciados pelas empresas norte-americanas estão sendo sopesados quando se trata de analisar pedidos de recuperação judicial e falência da sociedade empresaria.

Assim sendo, não é difícil perceber, no que se refere à ética, que o maior desafio das empresas consiste justamente em equacionar o ideal de maximização dos lucros sem provocar prejuízos à sociedade. Situada em âmbito complexo e controvertido, posto não existir uniformização nos modos de solução de seus problemas, a ética destina-se, em última instância, a analisar quais as ações empresariais são aceitáveis ou não, daí serem frequentes os conflitos e dilemas éticos, por exemplo, sonegar impostos num país como o Brasil que possui elevada carga tributária. Neste ponto, O.C. Ferrel, Fraedrich e L. Ferrel (2001, p.6) citam algumas hipóteses recorrentes, como os dilemas do vendedor em omitir falhas de segurança no produto que está sendo negociado; do contador em denunciar inexatidões apuradas em trabalho de auditoria ao custo de perder seu emprego; da montadora de automóveis em adotar novos dispositivos de segurança dispostos a salvar vidas, mas que encareceriam sobremaneira os automóveis, tornando-os inacessíveis aos compradores, etc.

Premida pelos frequentes escândalos na política, na religião, na cultura e nas empresas, a sociedade pós-moderna tem procurado constantemente impor um novo paradigma de comportamento que priorize a ética nas relações sociais, não sendo outra a razão pela qual as empresas e demais seguimentos da sociedade vêm buscando cada vez mais agregarem valores éticos à cultura de suas organizações, não raro, com a criação de códigos internos de ética, os quais possibilitam evidenciar os valores e condutas das empresas, tornando as relações, tanto internas como externas, muito mais transparentes.

Destaque-se por oportuno que o Poder Judiciário brasileiro, atento a essa pressão da sociedade e levando em conta sua função educativa e exemplar de cidadania perante os demais grupos sociais, editou o Código de Ética da Magistratura. É verdade que a adoção de referido diploma não ocorreu de forma pacífica, já que muitos ministros opunham-se a ele por acreditarem que a existente Lei Orgânica da Magistratura já seria suficiente para garantir a Ética na justiça. Grande incentivadora da Ética na magistratura, a combativa ministra Eliana Calmon, quando esteve à frente da Corregedoria Nacional do Conselho Nacional de Justiça, lutou muito para imposição de medidas mais severas de conduta, motivada, sobretudo, pelo episódio que envolveu o ex-candidato ao governo do Distrito Federal, Joaquim Roriz, o qual tentou impedir o Supremo Tribunal Federal de condená-lo com base na chamada "Lei da Ficha Limpa".

Nos dias atuais, resta cada vez mais evidente que o sucesso econômico dos empreendimentos está jungido à ética corporativa. A maior parte das decisões tomadas cotidianamente nas organizações envolve questões éticas e as empresas já perceberam que o compromisso ético pode ensejar resultados positivos, daí a criação dos chamados "comitês de ética" no âmbito interno, geralmente, a custos elevados, mas que se justificam se sopesados com benefícios alcançados no que diz respeito à reputação da empresa, mormente, as mais antigas. Atente-se, porém, que o compromisso ético das empresas não pode ter por objetivo a satisfação financeira, sob pena de ferir-se de morte o verdadeiro princípio ético.

As empresas gradativamente vão se conscientizando que quando suas ações não são pautadas na ética podem vir a sofrer as mais penosas consequências, desde o boicote de clientes, fornecedores, à fuga dos investidores e a aplicação de sanções decorrentes da legislação. Os escândalos ocorridos nas empresas de todo o mundo globalizado têm demonstrado que olvidar-se da ética pode não ser um bom negócio.

A Ética e a legislação civil brasileira

O Brasil, assim como os demais países latino-americanos, padece do que poderíamos chamar de "ambivalência moral". Somos conhecidos e reconhecidos como o país "do jeitinho", procuramos dar um "arranjo" em tudo, desde as transgressões mais simples até às mais complexas. Existe em nosso âmago uma disposição atávica para burlar as leis, para o conluio e para contornar a ética. O "jeitinho brasileiro" pode ser traduzido na conhecida expressão "levar vantagem em tudo", que incorporamos rapidamente em nossa cultura e que tem origem numa propaganda feita por um célebre jogador de futebol (Gerson) para os cigarros Vila Rica no ano 1976, posteriormente alcunhada de Lei de Gerson. Apesar dos esforços feitos por antropólogos e sociólogos no sentido de combatê-la, essa "lei" teve mais aderência do que rejeição, e, para horror e espanto, até hoje se discute se ela é mesmo assim tão nociva.

Não faltaram estudos para explicar nossa "condição gersoniana", boa parte deles convergindo para a ideia de que a causa deitava raízes na forma pela qual fomos colonizados, com ênfase no enriquecimento veloz e sem muito esforço, e, para piorar, assentado em plataforma oligárquica.

Embora esteja em vigência desde janeiro de 2003, ainda não perdemos o costume de referirmo-nos ao diploma legal instituído pela Lei n. 10.406, de 10 de janeiro de 2002, como o "novo Código Civil brasileiro". Trata-se de um dispositivo legal que estabelece regras de conduta de todos os homens, e cujo Projeto de Lei, coordenado por Miguel Reale, tramitou durante mais de vinte e cinco anos no Congresso Nacional, tendo sido submetido à apreciação da Câmara dos Deputados no distante ano de 1975.

Ressalte-se que não apenas o Brasil, mas também outros países, como a Holanda, Portugal, Peru, Província de Quebec (no Canadá) e Paraguai, modificaram recentemente suas respectivas legislações, para nelas inserirem um novo Código Civil, isto porque, os antigos códigos, dotados de sistemas impermeáveis às alterações econômicas e sociais, não tinham mais lugar na sociedade contemporânea (NERY, 2002, p.3).

Neste ponto, a genialidade de Reale, mentor intelectual de nosso atual Código Civil, fez introduzir um sistema móvel, nem fechado tampouco aberto, mas que prestigia uma técnica legislativa fundamentada nos métodos da casuística, dos conceitos legais indeterminados e das cláusulas gerais, como forma de dar flexibilidade à rigidez dos institutos jurídicos e as regras do direito positivo. Dessa forma, o sistema mantém-se sempre atualizado, ajustando-se às exigências da vida social, econômica e jurídica.

Por conceito legal indeterminado pode-se entender as palavras e expressões contidas na lei cujo significado é bastante vago e impreciso, vale dizer, um conceito abstrato e lacunoso, competindo ao juiz o preenchimento dessa indeterminação por meio de valores éticos, morais, econômicos, sociais e jurídicos. Igualmente dotadas de extrema vagueza, as cláusulas gerais são normas jurídicas com diretrizes indeterminadas, são normas abertas, dispostas a propiciar a acomodação entre o sistema jurídico alicerçado em normas rígidas e uma realidade fática cambiante que necessita de respostas mais rápidas para a solução dos conflitos sociais.

Verifica-se assim a opção do legislador por leis capazes de conferir concreção e individualidade, atributos até então circunscritos aos negócios privados. As cláusulas gerais estão espalhadas difusamente pelo corpo do Código Civil pátrio, tome-se como exemplo: a função social do contrato; as partes terem de contratar observando a boa-fé objetiva e a probidade; a realização do ato ou negócio jurídico com atendimento aos fins sociais e econômicos; os negócios jurídicos devem ser interpretados conforme a boa-fé e os usos do lugar de sua celebração; a empresa dever atuar atendendo sua função.

No que diz respeito ao princípio da boa-fé, verifica-se que o atual Código Civil conferiu-lhe enorme importância, a ponto de citar exaustivamente a expressão "boa-fé" por todo o seu texto. Agir com boa-fé nada mais é do que agir com ética, motivo pelo qual, com a vigência do novo código, a ética nas relações obrigacionais deixou o campo da facultatividade para ingressar o terreno da obrigatoriedade. Com isso, o descumprimento de qualquer preceito ético incorporado a este código tem como consequência a responsabilização da parte violadora. Considera-se ilícito o ato que, dentre outras coisas, exceder manifestamente aos limites impostos pela boa-fé (CC art. 187), gerando o dever de indenizar. O descumprimento dos deveres éticos sujeita-se às mesmas penalidades impostas para a violação das obrigações contratuais.

Ao tratar dos contratos em geral, o Código Civil vigente, sem perder de vista que a principal função do contrato é favorecer a circulação de riqueza, assegurou a autonomia privada, mas impôs como baliza a ordem pública e a função social do contrato (art. 421), esta consiste fundamentalmente em obstar que o mais fraco, coagido pelas circunstâncias, veja-se obrigado a aceitar o que o mais forte lhe impõe, revelando-se tão ou mais importante que o próprio aspecto econômico do contrato. Logo em seguida, o artigo 422, um dos mais emblemáticos no que diz respeito à boa-fé ou a ética, prescreve que os contratantes são obrigados a observar a probidade (honestidade, honradez) e a boa-fé tanto na execução como na conclusão do contrato.

O atual Código Civil foi fortemente influenciado pelas convicções filosóficas de Miguel Reale, um dos maiores representantes da geração contemporânea de culturalistas, movimento filosófico que compreende a cultura como uma realidade axiológica, isto é, impregnada de valores. Para o culturalismo, o direito só é apreciável como bem cultural na medida em que a elaboração legislativa corresponder à concreção de fatos e valores. Reale sempre enfatizou que o culturalismo pátrio é um movimento filosófico que além de manter suas atenções voltadas para os valores universais, concentra-se na especificidade brasileira, pois são os valores culturais que possibilitam o país resolver seus problemas de desenvolvimento (REALE, 2000).

O culturalismo importará ao direito vigente conforme ocorrer sua positivação, fenômeno que entre nós se deu com a promulgação do Código Civil de 2002, o qual inaugurou a comunicação intertextual entre suas disposições e outras fontes, jurídicas ou extrajurídicas. Essa comunicação arrima-se nos princípios da **eticidade, socialidade** e **operabilidade,** assim como na estrutura e na linguagem aberta que o atual diploma apresenta, de modo a permitir um modelo regulatório aberto e flexível. No que se refere a **eticidade**, Reale (2013) assim se manifesta "não era possível deixar de reconhecer, em nossos dias, a indeclinável participação dos *valores éticos* no ordenamento jurídico, sem abandono, é claro, das conquistas da *técnica jurídica*, que com aqueles deve se compatibilizar".

Vale ressaltar que a sociedade está inserida num contexto dinâmico, surgindo a todo momento ideologias novas que repercutem nos valores culturais, os quais exteriorizam-se por meio da legislação. Tais valores são impregnados de uma carga de **preceitos éticos** que acabam por provocar um forte impacto no ordenamento jurídico.

Pelo exposto, vê-se que os preceitos estabelecidos no Código Civil vigente desencorajam quaisquer ações antiéticas. Assim sendo, nas relações que estabelece, seja com os colaboradores, estagiários, seja com clientes, com fornecedores, ou ainda com os concorrentes, com o governo e com a coletividade, a empresa não pode se furtar de observar padrões éticos, sob pena de, assim não procedendo, sujeitar-se à reparação, consistente, regra geral, no pagamento de perdas e danos acrescidos de juros e atualização monetária (CC art. 389).

A Ética empresarial e as relações com clientes

O ambiente corporativo é caracterizado por um contexto multifacetado de relações, dele despontando o relacionamento que se estabelece entre a empresa e seus clientes. Por se tratar de atividade humana, que envolve aspectos valorativos, a ligação profissional que daí subjaz deve necessariamente ser orientada pelos mais comezinhos princípios éticos.

Moreira (1999, p.45) considera relações com clientes, dentre outras, as seguintes atividades: "Publicidade, principalmente propaganda; Marketing; Os contatos diretos: entrevistas, reuniões, exposições e demonstrações de produtos; As negociações; O fechamento do negócio; A assistência após a venda. O encaminhamento de pleitos de garantia e outros fins; A resolução de eventuais conflitos".

Para atender o binômio "mercado cada vez mais competitivo e consumidores cada vez mais exigentes", a classificação acima proposta apresenta-se bastante eficiente, na medida em que não se pode considerar "relação com cliente" a singela troca de mercadoria ou serviço por dinheiro. A relação que se cria entre a empresa e o consumidor vai muito além, impondo a necessidade de serem levados em conta aspectos muito mais complexos, como forma de satisfazer o cliente e torná-lo fiel aos seus produtos.

A informação e o consumo são características marcantes da sociedade pós-moderna. Para atender suas aspirações consumeristas, a sociedade precisa conhecer quais produtos ou serviços estão no mercado, competindo à publicidade realizar esse trabalho. Note-se, contudo, que a publicidade não se restringe a informar, mas igualmente a persuadir, afinal o objetivo é vender o que está sendo anunciado. Por outro lado, publicidade e propaganda não se confundem, esta possui caráter ideológico, enquanto aquela tem caráter negocial, comercial.

A sociedade de consumo representa um novo modelo de associativismo (*mass consumption society*), caracterizada por um número crescente de produtos e serviços, pelo domínio do crédito e do marketing, assim como pelas dificuldades de acesso à justiça. Considerando que esse modelo foi introduzido no século XX, a proteção dos direitos básicos dos indivíduos nas relações contratuais de consumo é uma realidade recente. O Brasil optou por uma codificação das normas de consumo com base na Constituição Federal (Direitos e Garantias Fundamentais), surgindo a lei n. 8.078, de 11 de setembro de 1990, que dispõe sobre a proteção e defesa do consumidor e não apenas defesa, como é usual referir.

Tendo em vista a enorme influência da publicidade nas relações de consumo, nosso Código de Proteção e Defesa do Consumidor destinou, dentro do Capítulo V (Das Práticas Comerciais), uma seção específica (Seção III – Da Publicidade) para tratar da publicidade, disciplinando-a também nos artigos 63 a 69, do Título II (Das Infrações Penais), com isso os consumidores passaram a ter seus direitos eficientemente protegidos. Nessa conformidade, a publicidade só pode ocorrer dentro de limites éticos, de forma clara e transparente, de modo a não confundir o consumidor ou levá-lo a erro na interpretação da mensagem. A publicidade ilícita é crime.

Para Moreira (1999, p. 50 ss), propaganda ética é aquela que a um só tempo atende os seguintes requisitos: "Divulga as verdadeiras características dos produtos, ou serviços. Não é enganosa e nem abusiva. Não é escandalosa. Não se vale da demonstração dos defeitos do produto ou serviço concorrente. Não interfere na liberdade de escolha do ser humano. Não ofende a moralidade da sociedade a que se destina".

Publicidade enganosa é aquela que pode levar o consumidor a erro, seja por ato omissivo, por meio do qual o anunciante não menciona informações importantes sobre o produto anunciado; seja por ato comissivo, onde o fornecedor faz falsas afirmações sobre o produto ou serviço. Ambas as hipóteses interferem desfavoravelmente na capacidade decisória do consumidor, que se tivesse conhecimento dos verdadeiros dados do produto ou serviço não os adquiriria. Nossos tribunais têm entendimento pacificado no sentido de que o induzimento ao erro independe do grau de cultura do consumidor, assim como não se exige a intenção de enganar do anunciante para a configuração da publicidade enganosa, basta a veiculação do anúncio enganoso. A culpa do fornecedor em veicular propaganda enganosa é sempre presumida, razão pela qual são rejeitadas as teses defensivas que alegam que determinada prática enganosa é comum no mercado, sendo praxe um anúncio dessa ordem.

Publicidade abusiva, segundo o artigo 37, §2.º do CDC, é a publicidade discriminatória de qualquer natureza, a que incite à violência, explore o medo ou a superstição, se aproveite da deficiência de julgamento e experiência da criança, desrespeite valores ambientais, ou que seja capaz de induzir o consumidor a se comportar de forma prejudicial ou perigosa à sua saúde ou segurança. Como se pode concluir, em todas essas modalidades há ofensa aos valores sociais. No que diz respeito à publicidade de cigarros, bebidas alcoólicas, medicamentos, terapias e defensivos agrícolas, a lei n. 9.294, de 15 de julho de 1996, dispõe sobre as restrições ao uso e à propaganda desses produtos, tendo em vista serem potencialmente nocivos à saúde e ao meio ambiente.

Fora dos contornos éticos podemos citar ainda a publicidade subliminar, a publicidade comparativa e a publicidade escandalosa. A publicidade subliminar é proibida pelo Código de Defesa do Consumidor e consiste na transmissão da mensagem sem que o consumidor perceba e tenha consciência de que está sendo induzido à compra. A publicidade comparativa é aquela que em vez de divulgar os dados de seu próprio produto ou serviço, faz menção aos defeitos dos produtos ou serviços de seu concorrente, comparado-os. Trata-se de publicidade desabonadora também vedada pelo CDC, uma vez que procura obter vantagem em prejuízo do concorrente. Apenas ao consumidor cabe comparar e concluir o que mais lhe convém.

A publicidade escandalosa, em linhas gerais, procura prender a atenção do consumidor "mais para as cenas apresentadas do que para o produto ou serviço divulgado" (MOREIRA, 1999).

Pondere-se que, decorridos mais de vinte anos de vigência do CDC, os consumidores estão cada vez mais esclarecidos de seus direitos, não faltam esforços para conscientização das massas, inclusive com programas televisivos, lamentavelmente, muitas vezes de cunho bastante apelativo. Certo, contudo, é que quanto maior for o conhecimento do consumidor, mais haverá nele um sentimento de descrença em relação à publicidade, por essa razão as empresas não podem prescindir da boa-fé e da veracidade no momento de divulgar seu produto.

Por outro lado, o contato direto entre o vendedor e o cliente também merece cuidados, senão vejamos. É sabido que os motivos que levam o consumidor a escolher uma determinada empresa não se restringem a mera relação comercial, mas contribuem decisivamente para sua preferência de valores como transparência, respeito, honestidade, confiança, eficiência, responsabilidade, etc. Portanto, a apresentação de um produto ou serviço pelo vendedor ao cliente deve ocorrer da forma mais transparente e verdadeira possível. Neste ponto, não se pode olvidar que há no mercado determinadas práticas empresariais (premiações e outras formas de incentivo) dispostas a compelir o vendedor a realizar o negócio seja ao custo que for, nem que para isso seja necessário agir de má-fé, por exemplo, omitindo alguma imperfeição do produto.

A empresa que assim proceder pode até num primeiro momento obter algum "benefício", mas ao longo do tempo os resultados serão desastrosos, primeiro, porque a empresa não vende apenas um produto, mas inserida no "pacote" está, sobretudo, sua imagem, que restará maculada de forma indelével, sendo tarefa das mais difíceis sua recomposição; segundo, porque encoraja no funcionário uma atitude de má-fé que poderá vir a ser utilizada contra a própria empresa; terceiro, porque ao perceber que foi enganado, o cliente, além de não mais querer negociar com a empresa, passa a divulgar os fatos negativos, constituindo um eficiente meio de publicidade em desfavor da empresa.

Como já se apontou, o Código Civil estabelece que os contratantes são obrigados a observar a boa-fé antes, durante e após a conclusão do contrato. Nessa conformidade, não é demais relembrar que faz parte de um agir ético empresarial o cumprimento, nos respectivos prazos, das obrigações assumidas pela empresa, assim como sua responsabilidade por eventuais problemas de qualidade e inadequação do produto ou serviços comercializados, hipóteses, que aliás, contam com intensa rede protetiva disposta por meio de normas de proteção ao consumidor introduzidas no direito positivo pelo Código de Defesa do Consumidor.

Ao lado das situações acima descritas, também faz parte da conduta ética o modo pelo qual as organizações agem diante de um conflito de interesses. O cotidiano das empresas é problemático e desenvolve-se segundo um movimento de constantes transformações, por isso torna-se inevitável o surgimento do conflito. Coexistindo com o conflito, as organizações contam com várias maneiras de solucioná-lo, sendo as mais utilizadas a autocomposição e a heterocomposição, a opção por uma dessas técnicas é que revelará o agir ético ou antiético da empresa, senão vejamos.

A autocomposição é uma forma direta de resolução do conflito na qual ganha relevância o ajuste de vontades, o acordo. Um dos litigantes ou ambos consentem no sacrifício do próprio interesse. Já a heterocomposição é um modo de solver o embate por uma fonte suprapartes, decidindo com força obrigatória sobre os litigantes, que são submetidos à decisão. São consideradas técnicas heterocompositivas a jurisdição, a arbitragem e a mediação, esta última com ressalvas, pois o mediador tem por função precípua a aproximação das partes.

O judiciário brasileiro, como é sabido, passa por severa crise de celeridade e eficiência. Não faltam esforços em prol da reforma do sistema judicial, a ponto dos Poderes Executivo, Judiciário e Legislativo subscreverem, em 15 de dezembro de 2004, o Pacto de Estado em favor de um Judiciário mais rápido e Republicano, o qual resultou na promulgação da Emenda Constitucional n. 45/2004.

Apesar do vigor no propósito de ampliar o acesso à jurisdição célere e efetiva, continuamos a padecer com a longa duração do processo e a falta de efetividade, que repercutem perversamente no desenvolvimento nacional, cabendo aqui relembrar o adágio "justiça tardia não é justiça". Não se desconhece que uma das causas desses graves problemas tem origem numa explosão de litigiosidade, contudo, o fenômeno não é apenas nacional, mas atinge outros países independente do sistema operado, ou seja, alcançam tanto os que adotam o sistema romano-germânico (lei escrita) como os que se orientam pelo sistema do *comnnon law* – jurisprudência dominante (RODRIGUES, 2010).

Isto posto, como bem acentua Moreira (1999, p. 84 ss.) uma empresa ética não se aproveita da morosidade do Poder Judiciário para obter uma vantagem, tampouco a utiliza para negociar fraudulentamente. Tome-se como exemplo a questão dos juros que no processo judicial estão aquém dos praticados no mercado, aproveitando-se a empresa para obter vantagem indevida no cumprimento de sua obrigação. Para o mesmo autor, o segundo mandamento ético que deve incidir nessas hipóteses é a aceitação de "um mecanismo alternativo de resolução da disputa", sendo os mais usuais a arbitragem e a mediação.

A arbitragem é uma forma de composição extrajudicial dos conflitos, onde uma terceira pessoa ou órgão eleito pelas partes, não investido de poderes jurisdicionais, decidirá a controvérsia impondo a solução aos litigantes, por meio de sentença arbitral que possui força de título executivo judicial. Podem ser objeto de exame no procedimento do juízo arbitral os direitos patrimoniais disponíveis. Foi instituída pela Lei n. 9.307/96 e no Brasil ganhou impulso com a decisão do Supremo Tribunal Federal ao analisar o processo de uma sentença estrangeira, onde se discutia a homologação de um laudo arbitral da Espanha que dirimiu o conflito entre duas sociedades comercias – MBV Commercial and Export Management Establishment e a Resil Indústria e Comércio Ltda.

O Brasil ratificou em 2002 a Convenção de Nova York, que dispõe sobre o reconhecimento e a execução de sentenças arbitrais estrangeiras. Apesar dessa ratificação não ter trazido grandes alterações, uma vez que a Lei 9.307/96 já traz em seu bojo o reconhecimento e homologação de sentenças estrangeiras arbitrais, não há dúvida de que a ratificação aumenta a segurança jurídica de partes estrangeiras participarem de procedimentos arbitrais com partes brasileiras, que a seu turno obtém dos Estados estrangeiros a execução de sentenças arbitrais proferidas em seu território.

A mediação é uma forma de solução consensual do conflito caracterizada pela participação de um terceiro supra-partes, e tem por objetivo facilitar o diálogo entre as partes, aproximando-as, de modo que os problemas sejam melhor administrados, mas não impõe uma solução ou qualquer tipo de sentença.

Apesar de largamente utilizada, com diversos núcleos de mediação privada espalhados por todo o país, a mediação ainda não foi regulamentada, existindo mais de uma proposta legislativa nesse sentido. Há um projeto de lei que já chegou a ser aprovado no Senado, tornando obrigatória a tentativa de mediação para solucionar um conflito antes de submetê-lo ao processo judicial tradicional. A mediação seria feita por técnicos treinados e cadastrados nos tribunais de justiça, num prazo de 90 dias para conclusão, não havendo solução, o processo seria automaticamente encaminhado ao juiz da causa.

Muitas são as vantagens da mediação e da arbitragem em relação ao Sistema Judiciário, merecendo destaque a celeridade e a confidencialidade. As organizações que adotam a mediação costumam regular em seus códigos de ética o dever de sigilo do mediador. No Brasil, o impedimento do mediador em depor ou servir de testemunha em processos judiciais fica no campo ético, contudo, temos leis processuais que impedem o depoimento das pessoas, que por suas atividades, estão obrigadas a guardar sigilo.

A Ética e o assédio moral no ambiente de trabalho

Para organizar e gerir livremente seu empreendimento, o empregador necessita de um feixe de prerrogativas que o possibilitem estruturar funcional e hierarquicamente as relações determinadas pelas forças produtivas. A esse conjunto de atributos dá-se o nome de poder empregatício ou poder de direção, o qual é ínsito às relações de trabalho subordinado, e deve ser exercido com base nos princípios da boa-fé e da função social do contrato. Quando este poder é disposto de forma superior aos limites da lei e dos princípios gerais do direito, ocorre o abuso do direito. A conduta caracterizadora do abuso é rica em casuísmo e tem diversas faces, impedindo-nos nos parâmetros deste capítulo abordar o tema em sua completude, por tais razões elegemos tratar das práticas perversas e reiteradas de gestão abusiva identificadas como assédio moral.

O assédio moral no ambiente de trabalho constitui relevante questão ética, muitas vezes mal tratada no contexto empresarial. Não é preciso muito esforço para perceber que uma mácula dessa gravidade altera a produtividade e a motivação, refletindo negativamente nos resultados operacionais da empresa. Demais disso, está cada vez mais claro para os empresários que a ética passou a ser um fator de competitividade e a conduta das empresas mais controlada e examinada, razão pela qual é crescente o cuidado das organizações em adotarem padrões éticos. Por outro lado, as pessoas que trabalham na empresa não podem ser reduzidas a singelos elementos de produção e geração de lucros, devendo-se privilegiar a dignidade da pessoa humana que é o fundamento de toda ética.

O assédio moral tem se apresentado como um fenômeno recorrente no mundo do trabalho e consiste basicamente na imposição de situações constrangedoras e vexaminosas, comumente dirigidas ao trabalhador. Não é uma questão nova, mas tão antiga quanto a própria relação de trabalho, especialmente quando presente a subordinação. Trata-se de prática nociva que repercute de modo dominante no cotidiano do trabalhador, ocasionando danos físicos e psicológicos muitas vezes imprevisíveis. Os prejuízos que daí surgem comprometem a capacidade laborativa e, corolário lógico, a qualidade da produção, alcançando não só as partes envolvidas da relação de trabalho, mas afetando também o equilíbrio social.

É da essência da própria dinâmica do trabalho a possibilidade de surgirem conflitos decorrentes da tensão de interesses antagônicos, os quais podem ser discutidos e resolvidos pacificamente, mas também podem disparar um processo onde o empregador passa a dominar moralmente o empregado, incutindo-lhe medo e humilhação, agindo de modo abusivo, portanto, fora dos princípios éticos.

Para a pesquisadora francesa, Marie-France Hirigoyem (2002, p.65), o assédio moral é todo o comportamento abusivo, o qual pode manifestar-se por "gesto, palavra e atitude", e que por repetição põe em risco a integridade física ou psíquica de uma pessoa, ameaçando-lhe o emprego e deteriorando o ambiente de trabalho. Em geral, são agressões que, se consideradas isoladamente, são de pequena monta e reduzida gravidade, no entanto, por serem sistemáticas, seus efeitos tornam-se destrutivos e devastadores.

O ritual do assédio moral, habitualmente, tem início com reiteradas críticas do agressor ao trabalho de um empregado, impedindo-lhe de trabalhar, ou, ao revés, sobrecarregando-o de tarefas. O próximo passo consiste no isolamento do trabalhador, o empregador não lhe dirige mais a palavra e o impede de participar de qualquer atividade da empresa. Se o empregado esboçar alguma defesa será humilhado, não raro, serão desferidas censuras a sua vida privada e suas opiniões serão debochadas. Como se vê, a essa altura, a saúde da pessoa vítima dessa violência certamente já estará comprometida, mesmo aqueles com maior resistência emocional dificilmente escapam de alguns desses efeitos danosos.

Do ponto de vista jurídico, o assédio moral pode ser definido como o conjunto de repetidas condutas abusivas, nas quais o empregador ou superior hierárquico rompe os limites do exercício do poder diretivo, violando os direitos de personalidade do trabalhador.

O assédio moral foi estudado precursoramente pela doutrina estrangeira, motivo pelo qual sua nomenclatura apresenta-se bastante variável, como por exemplo, *harcèlement moral* (França), *mobbing* (Alemanha e Itália), *bullying* (Grã-Bretanha e Austrália), *emotional abuse* (Estados Unidos). Pode ocorrer de forma individual, cometido contra um trabalhador singularmente, ou, de forma coletiva, quando atinge um grupo de trabalhadores, como é o caso das conhecidas penas vexatórias aplicadas quando não são alcançadas metas de produtividade impostas pelo empregador, tome-se como exemplo os expedientes adotados pela Companhia Brasileira de Bebidas (AmBev), em sua unidade no Rio Grande Norte, onde obrigava os trabalhadores que não atingissem as metas de vendas a passar por situações vexatórias, como o impedimento de sentarem durante as reuniões, ou serem constrangidos a dançar na frente dos outros, ou ainda usarem camisas com dizeres ofensivos, "brincadeiras" humilhantes que evidenciam o assédio moral. A empresa em questão foi processada pelo Ministério Público do Trabalho, tendo sido condenada pelo Tribunal Regional do Trabalho da 21ª Região, nos autos do RO n. 01034-2005-001-21-00-6, Ac. 61.415, ao pagamento de vultosa importância a título de indenização por assédio moral coletivo (TRT 21ª REGIÃO, 2006).

O assédio moral pode manifestar-se por mais de um modo. O mais comum é o assédio hierárquico, do chefe contra o subordinado, vale dizer, aquele praticado pelo indivíduo que tem ascendência funcional sobre outro. Outra forma de assédio é aquela ocorrida entre pares e conhecido como assédio horizontal porque é realizado por colegas no mesmo nível de hierarquia. Não é demais afirmar que a causa maior do assédio horizontal reside na apologia à competitividade da sociedade pós-moderna. A incidência do assédio hierárquico é infinitamente maior que o assédio horizontal, consoante se pode constatar na vida diária das organizações.

Nada obstante a excepcionalidade com que ocorre, há que se mencionar ainda a existência do assédio moral vertical ascendente, que é aquele praticado pelo trabalhador contra seu superior hierárquico, em geral, envolvendo um empregado de maior qualificação profissional e um superior com pouca experiência e hesitante.

Afora os aspectos de índole econômica, psicologia e social até aqui examinadas, o assédio moral também apresenta repercussões legais. Neste ponto, o Poder Judiciário tem enfrentado o tema com muita serenidade, buscando evitar os excessos que poderiam desencadear as chamadas "indústrias de ações indenizatórias dessa natureza", sem, contudo, descuidar da tutela efetiva e imprescindível às vítimas dessa forma de assédio. Para ilustrar tal posicionamento tem-se a decisão do Tribunal Regional do Trabalho de Minas Gerais originária do processo 00766-2008-012-03-00-3, Relator Sebastião Geraldo de Oliveira, publicada em 17 de junho de 2009.

> ASSEDIO MORAL – NÃO CARACTERIZAÇÃO. Não se vislumbrando comportamento abusivo ou prejudicial dos diretores na exigência do padrão de qualidade em relação aos projetos publicitários criados pelo reclamante, o indeferimento da indenização com amparo no *assédio moral* é mero consectário, mormente quando evidenciado que a relação no ambiente de trabalho era profissional, inexistindo qualquer indício de que o autor teria sido alvo de humilhações, situações constrangedoras ou atos dissimulados com o intuito de depreciar, criticar ou zombar dos serviços apresentados. (TRT 3ª REGIÃO, 2010)

Ao analisarem as ações reparatórias relativas ao assédio moral, os juízes passam a palmilhar terreno movediço, se por um lado, é necessário coibir o abuso e a violência contra o empregado, por outro lado, é preciso resguardar o exercício regular do poder empregatício, sem restrições descabidas. As fronteiras entre essas duas variantes nem sempre são claras, explícitas, muitas vezes escondem-se em suas dobras, mas nem por isso costumam passar desapercebidas do julgador.

Sob o prisma legislativo, ensaiou-se uma regulamentação genérica objetivando penalizar a prática do assédio moral. Desta forma, tramitam pela Câmara dos Deputados os seguintes Projetos de Lei: n. 4.591, de 03/05/01, de autoria da deputada Rita Camata, dispondo sobre a aplicação de penalidade à prática de assédio moral por parte dos servidores públicos; n. 5.970, de 13/12/01, de autoria do deputado Inácio Arruda, alterando dispositivos da CLT, para possibilitar o empregado rescindir o contrato de trabalho em caso de coação moral, humilhação ou abuso do poder; e o de n. 5.972, de 13/12/01, também de autoria do deputado Inácio Arruda, alterando dispositivo da Lei 8.112/90, projeto esse apensado ao de n. 4.591/01.

Isto posto, o assédio moral é um problema grave que não pode mais ser tratado de forma secundária pela empresa, ou pior, ser ignorado, como se nunca pudesse ocorrer com ela. Quando a instituição fica atenta e se prepara para o problema, as chances dele ocorrer diminuem drasticamente, razão pela qual é importante a existência de uma política organizacional que difunda claramente que os direitos humanos integram, sem temperamentos, os valores internos da organização, os quais devem ser praticados por todos que nela atuam. Sabe-se que quanto mais desorganizada for a companhia, maiores serão as possibilidades de disseminação do assédio moral. A criação de um programa de prevenção dando ênfase ao diálogo e a instituição de canais de comunicação é providência que se impõe. Por fim, outra medida que tem se mostrado bastante eficiente no combate a essa prática perniciosa é a adoção de um Código de Ética, no qual a empresa expressa sua postura em relação ao assédio moral e as consequências na hipótese de sua ocorrência.

Considerações finais

A Ética, desde sua origem na Grécia Antiga, convida ao aprimoramento da conduta humana, tendo por função organizar a sociedade de modo a manter a paz social. A ética empresarial, por realizar-se no contexto da ética social, recebe os influxos da ética pessoal de cada indivíduo que integra a organização empresarial.

Como contraponto ao predomínio do regime capitalista e da economia de mercado no mundo contemporâneo, a teoria do capitalismo humanista, sem deixar de reconhecer o direito subjetivo natural de propriedade e, sobretudo, da livre iniciativa, propugna a concretização multidimensional dos direitos humanos de primeira, segunda e terceira geração. O fundamento de toda ética é o princípio da dignidade humana, de onde se infere que a lógica do capitalismo humanista deve concentrar-se no ideário do progresso planetário que leva em conta não apenas a dimensão econômica, mas igualmente a dimensão ética.

O viés ético constitui elemento determinante para a formação da boa imagem e reputação que a empresa apresenta à sociedade. Nenhuma gestão empresarial moderna pode ignorar o comprometimento ético, sob pena de por em risco sua própria sobrevivência.

Questões para reflexão

Como verificação de aprendizagem, propomos as seguintes meditações:
1. O que vem a ser a Ética?
2. Como podemos diferenciar Ética, moral, Direito e justiça?
3. Qual é o fundamento da Ética?
4. O que vem ser o capitalismo humanista? Qual a sua relação com a Ética?
5. O que é ética corporativa?
6. Quais os principais desafios para a implantação da ética nas empresas?
7. Quais são os reflexos da ideologia do atual Código Civil na ética empresarial?
8. Qual a finalidade dos Códigos de Éticas empresariais? Podem influir diretamente para o sucesso das organizações?
9. Qual o limite instransponível do poder diretivo do empregador em relação ao empregado?

Estudos de caso

Caso 1

A empresa Alfa fez anúncios em seu estabelecimento sugerindo que vendia frango resfriado com qualidade superior e por preço menor do que o comercializado pela empresa Beta.

- A conduta adotada pela empresa Alfa configura prática antiética ou trata-se de simples comparação de preços? Justifique.

Caso 2

A indústria farmacêutica A veiculou propaganda comparativa dirigida apenas a médicos, sem contudo desabonar as marcas de referência de propriedade da indústria farmacêutica B.

+ Em sua opinião a indústria farmacêutica A violou princípios éticos?

Caso 3

Uma indústria dedicada ao ramo de pesticidas atuou na cidade de Paulínia, interior do estado de São Paulo, de 1970 até 2002. Durante esse período seus ativos pertenceram a três renomadas multinacionais. Tempos depois, após a realização de estudos ambientais, conclui-se que o complexo industrial não tinha condições adequadas de funcionamento, poluindo a área próxima e os lençóis freáticos com vários componentes químicos. Os efeitos da exposição para a saúde dos trabalhadores e seus descendentes também foram avaliados por autoridades públicas e pesquisadores, que constataram risco de várias doenças, como câncer e disfunções da tireoide. O Ministério Público do Trabalho da 15ª Região, em Campinas, entrou com uma ação civil pública contra as empresas cobrando os tratamentos de saúde e uma indenização por danos morais que, em valores atualizados, se aproxima de R$1 bilhão. As empresas foram condenadas em primeira e segunda instâncias, determinando a justiça a antecipação da execução para custeio dos tratamentos de saúde, que já estão sendo pagos. Até o momento contabilizou-se a morte de 70 pessoas em decorrência de complicações de saúde ligadas a exposição às substancias tóxicas da fábrica em Paulínia, o que deve gerar outro valor considerável em indenizações.

+ Em sua opinião, questões éticas importantíssimas como a do caso em estudo, no mais das vezes, são subestimadas no contexto empresarial?
+ O fato da indústria ter iniciado suas atividades na década de 1970, quando ainda era incipiente o estudo da ética empresarial, pode ter influenciado para um resultado tão adverso? Justifique.
+ Representantes da empresa, que tomam decisões importantes no mundo dos negócios, como por exemplo o controle de poluição, devem submeter-se à treinamento ético?

- Quais razões levaram as três empresas multinacionais, que foram proprietárias dos ativos da indústria de pesticida, perderem suas consciências éticas no Brasil?
- Do ponto de vista financeiro, qual avaliação faria para o caso em tela?

Referências bibliográficas

BERNARDES NETO, Napoleão. *Elementos da ética, direito e política*: a necessária correlação. Disponível em: <http://jus.com.br>. Acesso em: 23 jan. 2013.

CAIXETA, Carlos Távora de Albuquerque. *As deusas da justiça*. Disponível em: <http://jornal.jurid.com.br/materiais/noticias/as-deusas-justica>. Acesso em: 25 jan. 2013.

CAVALCANTI, Lourdes Maria Rodrigues. *A maiêutica de Sócrates*. Disponível em: <http://sca.org.br/artigos/maieuticasocrates.pdf>. Acesso em: 22 jan. 2013.

CHAUI, Marilena. *Convite à filosofia*. 13. ed. São Paulo: Ática, 2006.

COMPARATO, Fábio Konder. *Ética: Direito, moral e religião no mundo moderno*. São Paulo: Companhia das Letras, 2006.

FERREL, O.C.; FRAEDRICH, John; FERREL, Linda. *Ética empresarial*. 4. ed. Rio de Janeiro: Reichmann & Affonso, 2001.

HIRIGOYEN, Marie-France. *Assédio moral: a violência perversa do cotidiano*. 3. ed. Rio de Janeiro: Bertrand Brasil, 2002.

HUNTSMAN, Jon M. *Os vencedores jogam limpo*: os valores morais que aprendemos na infância (será que esquecemos?). Porto Alegre: Bookman, 2007.

KELSEN, Hans. *Teoria pura do direito*. 4. ed. São Paulo: Martins Fontes, 1994.

MOREIRA, Joaquim Manhães. *A ética empresarial no Brasil*. São Paulo: Guazzelli, 1999.

NASH, Laura. *Ética nas empresas*. São Paulo: Makron Books do Brasil, 1993.

NERY JUNIOR, Nelson; NERY, Rosa Maria de Andrade. *Novo Código Civil e legislação extravagante anotados*. São Paulo: Revista dos Tribunais, 2002.

REALE, Miguel. *Cinco temas do culturalismo*. São Paulo: Saraiva, 2000.

_____ *Lições preliminares de direito*. 27. ed. São Paulo: Saraiva, 2002.

_____. *Visão geral do novo Código Civil.* Disponível em: <http://jus.com.br/revista/texto> Acesso em: 23 jan. 2013.

RODRIGUES, Maisa E. Raele. *Execução Trabalhista e a atual ideologia da Execução Civil.* São Paulo: LTr, 2010.

SAYEG, Ricardo; BALERA, Wagner. *O Capitalismo Humanista.* Petrópolis: KBR, 2011.

SROUR, Robert Henry. *Ética empresarial:* o ciclo virtuoso dos negócios. 3. ed. Rio de Janeiro: Elsevier, 2008.

_____ *Ética empresarial:* a gestão de reputação. 2. ed. Rio de Janeiro: Campus, 2003.

EVOLUÇÃO do conceito de ética nos negócios e nas empresas. *Ética e Negócios.* Disponível em: <http://www.éticaempresarial.com.br> Acesso em: 04 fev. 2013.

TRIBUNAL REGIONAL DO TRABALHO DA 21ª. REGIÃO. Disponível em: <http://www.trt21.jus.br>. Acesso em: 26 ago. 2008

TRIBUNAL REGIONAL DO TRABALHODA 3ª. REGIÃO Disponível em: <http://www.trt03.jus.br>. Acesso em: 13 jun. 2010.

CAPÍTULO 6

A responsabilidade social e o empreendedorismo

> *Qualquer pessoa pode ser um empreendedor social, não é nenhuma benção divina, você não toma comprimido para virar empreendedor social. Você simplesmente se conscientiza do seu poder de transformação.*
>
> DENER GIOVANINI

João Pinheiro de Barros Neto

Objetivos

- Explicar a relação da responsabilidade social com o empreendedorismo;
- Discutir de forma contextualizada como o empreendedorismo e a responsabilidade social podem ajudar a resolver os problemas atuais;
- Discutir as razões para adotar uma postura e comportamentos socialmente responsáveis;
- Apresentar uma metodologia para implantar projetos sociais e obter resultados;
- Refletir sobre a importância de uma mudança paradigmática relativa à adoção do empreendedorismo com uma visão de abundância ao invés de escassez;
- Diferenciar os prós e os contras do assistencialismo em face das vantagens do empreendedorismo socialmente responsável;
- Refletir sobre questões básicas para o sucesso do empreendedor socialmente responsável;
- Refletir, discutir e identificar, a partir de três estudos de caso, as aplicabilidades da relação entre o empreendedorismo e a responsabilidade social.

Introdução

Acredito e, por isto, parto do princípio que o ser humano é naturalmente empreendedor, realizador, conquistador e que só pode haver duas razões para que ele não obtenha sucesso ao empreender: ou não acredita nessa possibilidade, ou não está motivado para isso.

De fato, desde que começamos a construir nossas próprias ferramentas para sobreviver, lá estava presente o perfil empreendedor característico de toda a humanidade que, com o passar do tempo, só evoluiu passando pelo desenvolvimento da agricultura, pelas civilizações antigas, como a egípcia que conseguiu construir suas maravilhosas pirâmides existentes até hoje, pela linha de montagem do automóvel de Henry Ford, até os incríveis desenvolvimentos tecnológicos que estão hoje presentes no nosso cotidiano e nem nos damos conta.

A diferença é que antes se empreendia sem nenhum cuidado nem atenção, pois o que importava era apenas empreender, realizar. Atualmente, chegamos a um limite e a norma é ser o empreendedor socialmente responsável que desenvolve seu negócio sem esgotar os recursos humanos e materiais que utiliza. Ele reconhece e recompensa o talento humano de sua organização e retribui à sociedade e ao meio ambiente os insumos que alimentam sua empresa, renova a energia consumida e não desperdiça nada, é prudente e visa sempre o longo prazo.

O mundo está repleto de oportunidades empreendedoras com responsabilidade social e essas oportunidades, se bem aproveitadas, não são apenas a chance de fazer o bem, mas também de fazer dinheiro, gerar riquezas e produzir desenvolvimento resolvendo problemas que trarão resultados para toda a sociedade.

É necessário compreender que é possível fazer as coisas da forma correta com lucro e estar atento para as oportunidades que estão em todos os lugares. Com certeza, quando o empreendedor age com responsabilidade social, abrem-se mais oportunidades. Por exemplo, um terço da população mundial em plena segunda década do século XXI não tem acesso à energia elétrica. Estamos falando de um mercado consumidor de pelo menos dois bilhões de pessoas ávidas por fontes alternativas de energia limpas e baratas.

O espírito empreendedor se fez presente na história da humanidade desde seus primórdios e todas as transformações pelas quais passamos deve-se ao comportamento empreendedor que trouxe inúmeras invenções que apareceram, algumas revolucionárias e que nos permitiram avançar em novos tempos.

A inovação só existe por necessidade ou visão de futuro dos empreendedores que descobrem coisas novas e métodos inéditos que nos trazem a revolução do conhecimento e, com ela, a consciência de que é necessário um esforço conjunto para perpetuar nossa espécie no planeta.

Empreendendo com responsabilidade social

Empreender é fazer um sonho, uma visão ou uma ideia virar realidade. O empreendedor precisa acreditar no seu sonho para fazer seu negócio dar certo. Para isto, mais do que vontade, é preciso adotar boas práticas de gestão e cuidar bem do relacionamento da empresa com todos os públicos, não só clientes, mas também fornecedores e empregados, para fazer o negócio crescer.

Além de sonhar com o tão esperado retorno financeiro, ou seja, o lucro, o empreendedor deve colocar em sua lista de prioridades as práticas de responsabilidade social que vão ajudá-lo a se aproximar dos clientes e da sociedade para conseguir um resultado melhor para o negócio.

O empreendedorismo é, indiscutivelmente, um importante vetor de progresso econômico e desenvolvimento social, acelerador de inovações, gerador de empregos e renda, impulsionador do aumento de produtividade e do crescimento. Dito assim, é tudo de bom para qualquer país e para a economia global. O único porém, é que o empreendedorismo precisa se pautar pela filosofia da responsabilidade social porque do contrário, o motor do desenvolvimento pode se transformar em uma máquina de explorar e consumir recursos indiscriminadamente.

Com base na ABNT NBR ISO 26000[1], que é a norma internacional publicada em 2010 sobre responsabilidade social (RS), a responsabilidade social se traduz no propósito de as organizações incorporarem questões

---

[1] Disponível em: <http://www.abntcatalogo.com.br>. Acesso em: 10 jul. 2014.

socioambientais nos seus processos decisórios e em se responsabilizar pelos impactos de suas ações e atividades na sociedade e no ambiente.

De maneira mais geral, responsabilidade social significa ter um comportamento ético, adotar uma postura transparente, contribuir para o desenvolvimento sustentável, respeitar as leis aplicáveis e se portar de acordo as normas morais de comportamento. No âmbito organizacional a responsabilidade social deve estar integrada em cada processo e ser praticada em todas as relações com as partes interessadas.

A palavra empreendedor vem do latim *imprendere* cujo significado é decidir realizar tarefa difícil e laboriosa (HOUAISS, 2009), por isso, o empreendedor é sempre uma pessoa realizadora, capaz de mobilizar recursos e correr riscos para iniciar algo, que seja pessoal, social ou de negócios.

O empreendedor é aquele que cria e põe em prática uma ideia, concretiza um sonho, abre uma empresa ou negócio. Empreender, portanto, significa criar empregos, gerar riqueza, contribuir para o desenvolvimento econômico e melhorar a qualidade de vida das pessoas.

Assim, por princípio, e do ponto de vista da contribuição e da realização, o empreendedorismo tem tudo a ver com a responsabilidade social. Qualquer empreendedor tem motivos de sobra para se orgulhar, não só por sua coragem e ousadia para fazer acontecer, mas principalmente por sua iniciativa de contribuir de alguma forma para o crescimento e desenvolvimento social.

Obviamente, existem pessoas inescrupulosas e desonestas que conseguem obter riqueza de maneira duvidosa, porém, essas não devemos chamar de empreendedoras, mas quando muito, de oportunistas ou aproveitadoras.

O verdadeiro empreendedorismo é para os determinados e persistentes, para quem está disposto a transformar sonhos em realidade de maneira socialmente responsável, ou seja, com base em princípios e valores.

A pesquisa[2] 2012 do Global Entrepreneurship Monitor (GEM) realizada em 54 países identificou que no Brasil há cerca de 27 milhões de empreendedores que são responsáveis por mais de 60 milhões de empregos formais e informais, ou seja, mais de 75% da massa de trabalhadores em atividade.

---

[2] Disponível em: <http://www.gemconsortium.org/docs/download/2645>. Acesso em: 10 ago. 2014.

Segundo a pesquisa GEM é o empreendedorismo que está transformando a China, país número 1 em quantidade de empreendedores, com 370 milhões, numa potência mundial. Também foi graças ao empreendedorismo que os Estados Unidos viraram, e se mantém como, uma nação rica, poderosa e hegemônica.

Não vejo sinais de que a economia global seja capaz de produzir empregos em um número suficiente para dar um nível de vida razoável a todas as pessoas, até porque a quantidade de empregos vem na verdade diminuindo. A única solução é o empreendedorismo, cada ser humano criar sua própria fonte de renda e ainda empregar outros. Isto está dando certo no Paquistão, na Índia, e em várias regiões do Brasil.

Empreender é melhorar a própria vida e a dos outros, pois cada empresa que nasce traz consigo um efeito multiplicador capaz de sustentar ao menos de 3 a 4 pessoas, a família média do empreendedor. No caso dos grandes empreendimentos, pode-se chegar facilmente a envolver milhares de pessoas. No mais, o trabalho bem feito do empreendedor gera valor para a sociedade e, além do ganho monetário, traz também respeito e reconhecimento social para quem empreende.

Estamos, portanto, em um momento de nossa história social e econômica muito favorável ao empreendedorismo, pois são os empreendedores que alavancam economias, quebram paradigmas comerciais e culturais, diminuem distâncias, revitalizando conceitos e implementam inovações que impulsionam a globalização.

O *Global Entrepreneurship and the Successful Growth Strategies of Early-Stage Companies* foi um estudo feito em 2011 pelo Fórum Econômico Mundial e pela Universidade de Stanford[3] e confirmou a ideia do empreendedorismo de alto impacto. Mas, infelizmente, há poucos empreendimentos que geram tal impacto.

De fato, a pesquisa mostrou que 1% das 380 mil empresas pesquisadas em 10 países contribuem com 44% da renda gerada e 40% do total de empregos e que 5% dessas empresas geram 67% dos postos de trabalho e 72% das receitas totais.

---

[3] Este estudo completo com 380 páginas está disponível para download gratuito no link indicado a seguir: <http://www3.weforum.org/docs/WEF_Entrepreneurship_Report_2011.pdf>. Acesso em: 10 jul. 2014.

Independente do impacto gerado pelos empreendedores na geração de renda e empregos diretos que criam, é importante também considerar os desdobramentos e sua influência no sistema econômico e social com seus exemplos de coragem, iniciativa e transformação, bem como quando eles se tornam estimuladores e até mesmo investidores de novos empreendimentos. Nesse sentido, toda e qualquer iniciativa empreendedora reveste-se de significado social.

No Brasil, a Endeavor, uma organização sem fins lucrativos, trabalha com esse conceito de empreendedorismo de alto impacto e oferece capital e uma rede de mentores e de conexões para novos empreendedores com potencial de gerar grande impacto.

| | REVENUE CREATION | | | JOB CREATION | | |
	AS % OF TOTAL REVENUE CREATED			AS % OF TOTAL JOBS CREATED		
	TOP 1% of Companies	TOP 5% of Companies	TOP 10% of Companies	TOP 1% of Companies	TOP 5% of Companies	TOP 10% of Companies
United Kingdom	63	87	94	46	73	85
France	44	74	86	42	68	81
Italy	42	70	83	43	68	81
Spain	39	64	76	33	61	75
Belgium	47	76	89	26	53	69
Sweden	41	66	90	40	67	82
Norway	26	60	79	33	66	84
Finland	30	67	84	33	68	84
Japan	29	54	69	47	70	82
South Korea	26	51	66	25	52	69
Total	44	72	84	40	67	80

FIGURA 1 – Criação de emprego e renda pelos empreendedores de alto impacto
FONTE: *World Economic Forum*, 2011, p. 63.

Segundo Linda Rottenberg, fundadora da Endeavor, em entrevista concedida à HSM Management (STANLEY, 2012), a organização já avaliou 30 mil candidatos, dos quais foram selecionados 650 empreendedores de 400 companhias. Ainda de acordo com Rottenberg, em 2011, esses "empreendedores geraram receitas de US$5 bilhões e criaram 180 mil postos de trabalho de alta qualidade".

Porém, o mais importante é reforçar a importância do empreendedor que atua com responsabilidade social na construção de um mundo melhor. Se o negócio for de alto impacto, então os valores e princípios éticos praticados e disseminados pela organização também exercerão grande influência no ambiente e nos públicos alcançados pelo empreendimento. E mesmo que o negócio seja de baixo impacto, influenciará alguém que influenciará outro e assim o ciclo virtuoso, de baixo ou de alto impacto, continuará construindo um futuro mais promissor.

Como o empreendedorismo com responsabilidade social pode revolucionar as organizações e mudar o mundo

A competência empreendedora é uma característica cada vez mais exigida no mercado. Antigamente, se exigia pessoas e trabalhadores operacionais, mas hoje, na sociedade do conhecimento, só há espaço para aqueles que colaboram com ideias e, ao mesmo tempo, têm a capacidade de levá-las à realização. Essa capacidade de executar, de fazer acontecer, levou Ram Charam e Larry Bossidy (2005) a escreverem um livro sobre a importância crucial da execução para o sucesso dos negócios.

Como professor e facilitador em programas de desenvolvimento de líderes, tenho percebido ao longo de anos que as pessoas deixam de lado sua criatividade e seu empreendedorismo em troca de um emprego que lhes permita apenas honrar seus compromissos financeiros no final do mês. Em troca disso, toleram muitas vezes um chefe menos competente que elas e aceitam fazer apenas o que os outros lhes mandam, abrindo mão de sua essência criativa e empreendedora.

Para se tornar empreendedor, mais importante que o talento é o desejo de aprender sempre, a disposição para investir tempo, a disciplina, a facilidade de se adaptar e criar algo novo. Ser empreendedor é ser agente de mudança.

Marcus Buckingham e Donald Clinton (2006) defendem que a maioria das pessoas tem um potencial inexplorado e desconhece os próprios talentos, sendo essa uma barreira que impede os indivíduos de descobrirem o que podem extrair de melhor de si mesmos. Realmente, esta é a história recorrente que vejo e ouço ao interagir com alunos de 18 a 70 anos, pois boa parte não faz ideia dos seus talentos verdadeiros e estão passando, ou já passaram, a vida fazendo coisas que não gostam ou num emprego em que não tem a oportunidade de exercer aquilo que fazem de melhor.

Ken Robinson (2010) afirma que todos nascem com talento e que, a exemplo de um mineral, precisa ser extraído. Porém, segundo o autor, as pessoas não sabem extrair seu verdadeiro talento porque o sistema educacional funciona erroneamente, não estimulando as pessoas a pensarem por conta própria.

Entendo que esse quadro é preocupante, pois o mundo em que vivemos exige respostas rápidas, inovação, criatividade, liderança e empreendedorismo em níveis nunca antes tão demandados. A sociedade e o meio ambiente vêm mudando rapidamente e deixando as organizações em um beco sem saída. Não é mais possível explorar o ambiente para extrair os recursos necessários à produção sem "pagar a conta", como era feito antes, quando os recursos eram abundantes.

A atuação das empresas e dos empreendedores de maneira socialmente responsável virou uma das prioridades estratégicas mais importantes e um imperativo para a sobrevivência dos negócios. Organizações, qualquer que seja seu tipo ou atuação, precisam ser socialmente responsáveis constantemente. Daqui a uma ou duas décadas as que não conseguirem incorporar essa lógica em seu DNA organizacional estarão ultrapassadas, mas muitas não estão se preparando para isso, portanto, não vão resistir à era da responsabilidade social.

É verdade que muitas empresas estão interessadas em responsabilidade social, seja por curiosidade seja por interesses meramente utilitários, mas, sinceramente, não vejo problema nisso, pois mais cedo ou mais tarde perceberão que é a única maneira de continuarem operando e realizando negócios no século XXI. Nesse processo, elas irão mudar sua postura, o que não acontece da noite para o dia, mas aceitarão o desafio da RS com criatividade e imaginação, ingredientes fundamentais do empreendedorismo.

É o espírito empreendedor natural do ser humano que permite trazer à realidade algo que não estava disponível antes, todos os empreendimentos e o desenvolvimento social vem da força empreendedora. A questão-chave agora é que não podemos mais empreender sem considerar os limites e exigências tanto sociais como ambientais.

Uma experiência emblemática é a do Grameen Bank, também conhecido como o Banco dos Pobres. No ano de 1976, o economista e empreendedor social Muhammad Yunus (2008) criou um conceito inovador que veio completar a estrutura do capitalismo, a empresa social. Ele estava inconformado com a situação dos pobres em seu país, Bangladesh, por isso, fundou um banco baseado em microcréditos para solucionar um dos maiores problemas enfrentados pelos pequenos e pobres produtores independentes locais. Como não tinham acesso ao sistema bancário formal, não conseguiam crédito e recorriam a agiotas, virando reféns das exorbitantes taxas de juros que pagavam e inviabilizavam o crescimento dos respectivos negócios e a própria independência financeira.

Muhammad Yunus (2008) identificou uma oportunidade empreendedora naquela situação de exploração dos mais humildes, mudou a vida de milhares de pessoas, melhorou as condições sociais de significativa parte das comunidades em que atua, apenas porque viu naquelas pessoas capacidade empreendedora e valores como confiança, respeito pelo outro e responsabilidade na hora de pagar um empréstimo.

Outros exemplos muito interessantes são apresentados por Prahalad (2010) que defende que precisamos deixar de pensar nos pobres como vítimas ou como um problema. Para ele, sustentado pelos casos que são discutidos, os pobres, como quaisquer seres humanos, são empreendedores, porém devido às dificuldades que enfrentam, tornam-se mais criativos e resilientes e, como consumidores, são mais conscientes do valor dos produtos também.

Assim, se mudarmos nossa visão e entendermos todo ser humano como alguém naturalmente empreendedor e capaz de assumir comportamentos socialmente responsáveis, um mundo de oportunidades completamente novo se abrirá e problemas antes considerados insolúveis passarão a ter possibilidades de solução.

Empreendedorismo sustentável

Sustentabilidade já é o negócio do presente e não pode ser tratada como um projeto isolado, mas deve estar no centro da estratégia de negócio. Isto, porém, não significa que é algo complicado, como geralmente se imagina quando falamos em estratégia. Na verdade, é mais questão de filosofia e atitude que de tecnologia ou metodologias complexas.

A sustentabilidade implica em inovar para servir melhor as pessoas e atender suas necessidades de maneira mais eficiente, unindo inovação com o serviço à sociedade. Ou seja, para um empreendimento ser sustentável de verdade, ele precisa engajar todas as partes interessadas, principalmente os colaboradores, os fornecedores e as lideranças sociais.

Quando eu era pequeno, lembro que meu pai era fumante, apesar de ser médico, e não tinha qualquer pudor em dirigir fumando e jogar a bituca do cigarro pela janela. Isto, na época, há uns 45 anos, era absolutamente normal. Hoje, crianças de 5 ou menos anos de idade se veem alguém fazendo isso, imediatamente a recriminam. Lembro de estar em uma festa infantil em que as crianças praticavam o descarte seletivo do lixo e ainda orientavam os adultos que erravam ao lançar latas nos recipientes para papel ou para material orgânico.

As gerações passadas nem se davam conta da importância da sustentabilidade. Depois veio um período em que a ideia de sustentabilidade era uma questão financeira, pois o mote era economizar luz ou água para poupar dinheiro com o intuito de gastar com outras coisas. Somente com a crise do petróleo nas décadas finais do século passado é que surgiu a percepção de escassez e da necessidade de comportamentos sustentáveis por questão de sobrevivência da humanidade e do próprio planeta.

Nesse contexto em que a sustentabilidade passou a ser uma exigência da sociedade – cada vez mais pessoas se dispõem até a pagar mais caro por produtos ecologicamente corretos – o empreendedor precisa incorporar a sustentabilidade em seu negócio, qualquer que seja ele, e atentar para sua pegada econômica, social e ambiental[4].

A consciência ambiental e o respeito a todos os seres vivos está se tornando uma exigência ética e elevando nossos padrões morais e de convivência com o meio que vivemos. Nesse sentido, cito um caso interessante como exemplo. Há menos de dez anos era comum a indústria de cosméticos fazer testes em animais, pois era praticamente a única técnica existente no setor, além de ser condição obrigatória dos órgãos regulamentadores. Hoje já deixou de ser obrigação e muitas empresas decidiram investir recursos

---

[4] Mais informações em: <www.pegadaecologica.org.br>. Acesso em: 10 jul. 2014.

para criar testes alternativos com sucesso e com grande apelo positivo junto aos seus consumidores, que o diga a Natura, por exemplo.

De fato, a sustentabilidade deve ser encarada pelo empreendedor como uma necessidade, pois precisamos reconhecer que o modo de produção adotado por séculos não foi realizado da melhor maneira. O empreendedor do século XXI tem a responsabilidade, para o bem da própria empresa, de fazer a sustentabilidade acontecer dentro do negócio.

Para isso, mesmo quando tiver que tomar decisões rápidas, nunca deve fazê-las de forma superficial, mas sempre colocar a sustentabilidade como fundamento básico do processo decisório. Isto significa assumir a complexidade da questão e entender que não existem fórmulas prontas e acabadas de sucesso. O importante é colocar a sustentabilidade como objetivo e correr atrás dessa meta em todas as ações e projetos da organização: resultados econômicos, sociais e ambientais.

Por que ser socialmente responsável

Philip Kotler e Nancy Lee (2005) defendem e apresentam vários casos, fatos e dados que demonstram que fazer o bem não só faz bem, como é bom para os negócios. Eles apontam vários benefícios para empresas que adotam o *triple-bottom-line*, ou seja, buscam consistentemente e de maneira estratégica resultados econômicos, ambientais e sociais. Dentre os benefícios, apontam:

- Aumento de vendas e de participação de mercado;
- Fortalecimento do posicionamento de marca;
- Intensificação da imagem da influência corporativa;
- Aumento da habilidade organizacional para atrair, motivar e manter empregados e talentos;
- Redução de custos operacionais;
- Maior atração de investidores e simpatia dos analistas financeiros.

Infelizmente, ainda existem algumas coisas que minam o empreendedorismo com responsabilidade social, como a cultura do levar vantagem em tudo ("Lei de Gerson"), ideias pré-concebidas sobre o ser humano e ignorância a respeito do impacto de nossas ações no planeta e nas demais pessoas que vivem conosco.

Existem certas crenças que dificultam a disseminação da cultura empreendedora com responsabilidade social, ou seja, o incentivo para que as pessoas sejam mais empreendedoras e mais socialmente responsáveis, como por exemplo, achar que empreender e fazer as coisas da maneira certa, com ética e responsabilidade requer pessoas especiais. Na verdade, quando uma mãe elabora um novo prato saudável para o almoço de sua família, por mais simples que possa parecer, trata-se de um perfeito exemplo de empreendedorismo socialmente responsável.

Muitos alunos e participantes de palestras e seminários me perguntam se é possível estimular a postura empreendedora e incentivar a adoção de comportamentos socialmente responsáveis. Sempre respondo positivamente, basta oferecer exemplos e novas experiências nesse sentido.

Para isso, é preciso fomentar um clima no qual as pessoas possam contribuir não só com ideias, mas as implementar, ou seja, deve haver uma mudança do paradigma do comando e controle para o de empreendedor responsável. A queda do Muro de Berlim mostrou que seu conceito de que é possível controlar e cercar tudo e ter poder absoluto sobre as coisas estava errado, tanto que, apesar de ter ficado em pé por décadas, caiu.

Para ser um grande líder nos dias hoje é preciso criar um ambiente que permita que as ideias possam ser criadas e concretizadas com ética e responsabilidade. A liderança tem que ser resiliente, capaz de provocar, comunicar e demonstrar senso de oportunidade, pois os grandes problemas do mundo não estão sendo resolvidos por governos nem por Estados, mas por empreendedores com senso de responsabilidade social.

Nesse sentido, o indiano Amartya Sen (2000), prêmio Nobel de economia em 1998 e um dos inventores do Índice de Desenvolvimento Humano (IDH), lançou uma nova visão econômica baseada em liberdades.

Segundo Sen (2000, p.10), o desenvolvimento "consiste na eliminação de privações de liberdade que limitam as escolhas e as oportunidades das pessoas de exercer ponderadamente sua condição de agente" e continua afirmando que com oportunidades "sociais adequadas, os indivíduos podem efetivamente moldar seu próprio destino e ajudar uns aos outros" (idem, ibidem, p.26). Portanto, de acordo com Amartya, deve-se prover os indivíduos de condições básicas iguais para que eles exerçam com liberdade seu papel de empreendedor.

Assim, quando falamos em responsabilidade social, estamos pensando em uma sociedade melhor, com igualdade de oportunidades e incluindo também o conceito de sustentabilidade que preconiza produtos e serviços de acordo com as expectativas dos consumidores e geração de valor econômico, social e ambiental. Nesse sentido, empreendedores e empresas tem grande responsabilidade na criação do futuro que desejamos.

Como transformar projetos de responsabilidade social em resultados

Boas intenções são insuficientes se não forem implantadas e trouxerem resultados, e a única maneira de obter bons rendimentos é inserir a responsabilidade social por meio de projetos. Mas não é só isso. É necessário também gerenciá-los para que sejam bem executados e gerem vantagem competitiva para o empreendedor ou para a organização patrocinadora.

A capacidade de execução do empreendedor está sendo até mais valorizada do que a capacidade técnica e o conhecimento, mas, para ser bem-sucedido, o projeto precisa ser bem-planejado e isto envolve o levantamento da situação, dos recursos e das condições necessárias à sua implantação.

Além de planejar, o empreendedor precisa organizar todo o processo de implementação da ideia, dirigir e distribuir responsabilidades, controlar, supervisionar e avaliar todo o processo, enfim, o projeto tem que entrar no negócio.

Estamos em um bom momento para o Brasil, pois existe uma grande necessidade de grandes empreendimentos de infraestrutura e de atendimento de necessidades sociais básicas, ou seja, há oportunidades de todos os tipos e tamanhos. Independente da grandeza da ideia ou da iniciativa, todas partem, ou deveriam partir de um projeto.

O projeto nada mais é que uma ferramenta que estabelece uma disciplina para que tudo seja feito da forma mais otimizada possível, ou seja, é estruturar uma ideia para que sua concretização cumpra prazos, metas e que traga resultados satisfatórios à organização e à sociedade. Na vida real, os projetos, assim como o planejamento, nunca funcionam 100%, pois sempre há desvios de rumo, variáveis não consideradas, eventos inesperados etc. Mas sem um projeto, a chance de não funcionar é muito maior.

Assim, não há opção: se quiser que algo funcione bem, considere ter um bom projeto. Portanto, elaborar e gerenciar os projetos adequadamente são os passos mais importantes para garantir o sucesso da realização das ideias e iniciativas do empreendedor, não só na área de responsabilidade social, mas também na área empresarial e de negócios.

De fato, a gestão de projetos deve fazer parte do dia a dia dos empreendedores. Nem todos precisam ser gestores de projetos certificados pelo Project Management Institute (PMI), mas devem compreender o que é o gerenciamento de projetos, sua importância e como ele pode ser decisivo para as ações de responsabilidade social do empreendedor e mesmo para o desenvolvimento do Brasil.

A definição mais comum de projeto é que ele é algo temporário e único, portanto, o contrário da rotina, uma vez que esta é algo que fazemos repetidas vezes. Por exemplo, quando uma tarefa é rotineira, a repetimos sempre da mesma forma e vamos nos tornando mais rápidos, mais hábeis e mais precisos na sua realização, passamos a fazer aquilo de forma automática.

Já o projeto exige um esforço específico e diferenciado de gestão, pois é algo que não fazemos de forma automática e que não faz parte do nosso cotidiano. Às vezes precisamos aprender uma habilidade especial ou uma forma diferente de trabalho, por isso, é importante definir previamente os riscos, o escopo e os prazos. Assim, o gerenciamento de projetos é uma disciplina ensinada até em cursos tecnológicos e treinamentos rápidos para que o empreendedor administre bem os seus projetos, fazendo com que alcancem os objetivos propostos e agreguem valor ao negócio e às partes interessadas.

É interessante notar que, de uma maneira geral, estamos mais preocupados com as rotinas quando deveríamos estar mais voltados para os projetos. Daí a importância de o empreendedor aprender técnicas para administrar seus novos empreendimentos, ou seja, seus projetos.

Quanto maior for o projeto que tiver em mente, mais necessária se faz a gestão dele, porque a complexidade da dinâmica de mercado, os riscos, os muitos fornecedores, os vários parceiros, as diversas entidades envolvidas e o imperativo da transparência exigem uma atenção diferenciada, permanente e profissional do empreendedor.

Qualquer que seja o projeto, se bem gerenciado, apresenta algumas características bem marcantes: cumpre prazos, atende o escopo do que tem que ser feito, segue o orçamento e tem os riscos devidamente identificados e mitigados. Além disso, os projetos específicos de responsabilidade social precisam também ser detalhadamente avaliados quanto à sua pertinência, sintonia, sinergia e alinhamento estratégico com o negócio da organização, pois é extremamente contraproducente executar um projeto no prazo e dentro do orçamento que não tem nada a ver com a missão, visão, valores e propósito organizacional.

A questão não é fazer o "bem pelo bem", mas fazê-lo de maneira sustentável e isso só acontecerá se negócio e responsabilidade social estiverem alinhados, do contrário é filantropia ou caridade, que também são importantes, mas não resolvem problemas, apenas trazem algum conforto momentâneo.

Há alguns anos uma aluna de um dos meus cursos de pós-graduação geria uma pequena sorveteria, que na verdade era o negócio da família. Era uma empreendedora de elevada consciência social, vivia dizendo que queria que a sorveteria crescesse e todos os meses reservava uma parte do lucro para doar cestas básicas para uma pequena comunidade de produtores rurais pescadores de sua cidade natal. O seu trabalho de conclusão de curso foi um projeto para transformar a caridade que praticava (doação de cestas básicas) em um projeto de responsabilidade social sustentável e que agregasse real valor a todas as partes interessadas.

No último contato que tive com ela, disse-me que as 36 cestas básicas mensais transformaram-se em 86 microempresários individuais que têm renda própria e são fornecedores do seu agora restaurante de culinária exótica que só serve produtos orgânicos de primeira qualidade. Na época não tirou nota máxima no TCC por causa de alguns detalhes formais, mas hoje tenho que reconhecer que foi um projeto que entregou o benefício previsto e superou as expectativas.

Este tópico não tem o objetivo de ensinar gestão de projetos, mas apenas ressaltar a importância dessa ferramenta para o empreendedor que está disposto a implementar e praticar a responsabilidade social, fazer seu negócio crescer aproveitando a sinergia que as boas ações causam e efetivamente melhorar a sociedade em que vive.

Não obstante, destacamos a necessidade de os empreendedores se qualificarem na gestão de projetos, estarem atentos e sensíveis às mudanças que se apresentem no contexto em que atuam, evitando que seus projetos de responsabilidade social produzam resultados pífios, extrapolação de prazos, emprego de mais recursos que os necessários e outros prejuízos que contrariam toda a lógica da RS.

A necessária mudança de paradigma

Provavelmente o leitor já deve ter visto em algum documentário sobre animais uma cena à primeira vista estranha: à beira de um rio, leões e zebras tomando água lado a lado, ignorando-se mutuamente. Estranhamos o quadro porque, para nós, leões comem zebras sempre, logo, não poderiam conviver nem por um minuto em paz. Ocorre que na natureza não existe ganância, uma vez de barriga cheia o leão não perturba as zebras e eles podem então satisfazer suas necessidades de água próximos um dos outros e se ignorando sem qualquer risco de um ataque inesperado.

E nós, seres humanos, por que nunca estamos satisfeitos com nada? Por mais que tenhamos, queremos mais enquanto outros nada têm. A resposta é simples: o leão não tem como acumular, assim a ganância na natureza não tem sentido. Se o leão tivesse geladeira, é bem provável que a zebra não tivesse um minuto sequer de paz.

Vivemos nos digladiando justamente porque temos a capacidade de acumular coisas, o que alimenta nossa ganância que é reforçada pela escassez. A lógica é cruel – se os recursos e as coisas são limitados e eu posso acumulá-las, então, guardo cada vez mais e, se necessário, até privo meus semelhantes de coisas, das quais realmente não preciso, sem o menor constrangimento ou peso na consciência.

Enquanto permanecer esse paradigma da escassez e do acúmulo, continuaremos sendo egoístas e resistindo a uma postura mais solidária e socialmente responsável. Essa lógica tem prevalecido por séculos, mas recentemente Diamandis e Kotler (2012) criaram a teoria da abundância, segundo a qual, em apenas uma geração, a humanidade será capaz de oferecer produtos e serviços a todos que os necessitem ou desejem, pois de acordo com eles, estamos entrando em uma época na qual a tecnologia trouxe o potencial de melhorar significativamente o padrão de vida de todas as pessoas que habitam a Terra.

A princípio pode parecer que os autores estão sendo otimistas em excesso, porém a teoria da abundância não se refere a uma vida de luxos e excessos para todos, mas sim à criação de um mundo no qual todos possam sonhar e empreender, no qual todos terão suas necessidades básicas satisfeitas.

Se você tivesse a opção de viver em um mundo sem fome, sem doenças, sem poluição, sem guerras, que não faltasse água nem comida, enfim, com uma condição boa para todos, iria preferir continuar nessa sociedade? A maioria absoluta das pessoas não preferiria, embora não acredite que seja possível, pelo menos em curto prazo.

Daí a importância da teoria da abundância que nos permite prever um futuro melhor fundamentado nos progressos da ciência e da tecnologia em direção a uma sociedade sustentável e justa. Essa teoria apresenta certa semelhança com a teoria da hierarquia de necessidades de Maslow (1954), mas tem apenas três níveis.

No primeiro nível da pirâmide da abundância, estão as condições elementares para a sobrevivência, como água, comida, moradia. No segundo, localizam-se os catalisadores do desenvolvimento, como energia, educação, comunicação, informação. Por fim, no terceiro e último nível estão a liberdade e a saúde, condições necessárias para que qualquer pessoa possa empreender e oferecer sua contribuição à sociedade.

De fato, estamos testemunhando, tanto no Brasil quanto no mundo, que o acesso cada vez maior e mais fácil às tecnologias da informação (TI) e às redes sociais somado a uma perspectiva econômica voltada para o social, tem multiplicado as oportunidades empreendedoras por todo o mercado global.

Um bom exemplo, dentre outros citados por Prahalad (2010), é o da Hindustan Lever, subsidiária da Unilever na Índia, que focou no entendimento das aspirações e no comportamento de compra dos consumidores emergentes e dirigiu-se a eles com a metodologia e as respostas adequadas e, com isso, conseguiu atender uma das populações mais pobres do mundo e ainda obter lucros.

De fato, os estudos de caso[5] apresentados por Prahalad (2010) mostram que é possível fazer negócios com responsabilidade social até em países emergentes, de tal forma que empresa e cliente prosperem e,

---

[5] Disponível em: <http://www.ftpress.com/promotions/fortune-at-the-bottom-of-the-pyramid-5th--anniversary-138004>. Acesso em: 10 jul. 2014.

consequentemente, ajudem a sociedade e demais partes interessadas a se desenvolverem também.

O mais indicado é que o empreendedor comece suas ações de responsabilidade social de imediato, fazendo o que é possível fazer, porque o bem atrai o bem. Algumas sugestões são: reduzir o espaço ocupado na armazenagem e no transporte, utilizar sacolas reutilizáveis, e assim dispensar o uso das indesejáveis sacolas plásticas no varejo, comprar veículos com menor potência, utilizar produtos biodegradáveis, combustíveis ecológicos, plástico de fontes renováveis, reduzir o consumo de tudo que se usa, reutilizar embalagens, reciclar produtos, usar fibras naturais, reciclar água, utilizar apenas madeira certificada, etc. Não é preciso nem investir em um primeiro momento. Na verdade, pode-se começar economizando.

O empreendedor vê oportunidade onde os outros veem problemas. Quando pergunto aos meus alunos se gostariam de investir no deserto do Saara ou na cidade de São Paulo, a maioria absoluta prefere a segunda alternativa, pois foram criados e educados dentro do paradigma que diz que as oportunidades estão nas grandes cidades. Mas basta lançar a informação, ou lembrá-los da importância das energias alternativas, que eles aos poucos passam a ver aquele deserto inóspito como uma grande oportunidade para usinas energéticas baseadas em energia solar.

É como aquela história de vendedores de sapatos que são enviados a um país onde ninguém conhece ainda os calçados e todos andam descalços. O primeiro volta desesperado e relata ao presidente da empresa que as vendas serão um desastre, que é melhor investir em outro país, porque naquele lugar ninguém usa sapatos. O segundo vendedor volta eufórico contando ao presidente que estão diante da maior oportunidade de negócios de suas vidas, pois naquele lugar ninguém usa sapatos. Naturalmente ambos têm razão, o primeiro não venderá nada lá porque seu paradigma o impede de ver a oportunidade, e o segundo venderá muito porque vê a situação de forma completamente diferente e assim se comportará, conseguindo naturalmente vender muito.

Empreendedorismo e não assistencialismo

Não devemos confundir assistencialismo com responsabilidade social. De maneira bem simples, assistencialismo, que não se confunde com ajuda humanitária em casos de catástrofes, seria dar o peixe já frito ou assado a quem tem fome. Responsabilidade social tem mais a ver com ensinar a quem tem fome pescar e cozinhar o peixe para se virar sozinho sempre que tiver fome. Assistencialismo cria dependência e responsabilidade social dá independência.

É bem verdade que cada vez mais organizações e governos estão trabalhando muito para suprir as necessidades mais básicas dos necessitados em todo planeta, mas é fato que quanto mais trabalham mais aparecem necessitados, o que indica que os métodos assistencialistas não resolvem a questão, que é preciso uma nova abordagem baseada em empreendedorismo, ou seja, o que o mundo precisa para combater e resolver a miséria e a pobreza com eficácia é fomentar o empreendedorismo natural das pessoas e não continuar investindo em assistencialismo.

Claro que no primeiro momento o assistencialismo se justifica para não deixar alguém morrer de fome, mas no momento seguinte a abordagem deve ser a de fazer a pessoa exercer seus dons naturais para empreender e recuperar a dignidade característica de todo ser humano.

O caso do Banco Palmas, além de outros exemplos pelo mundo todo, comprova que as pessoas têm capacidade nata de saírem da condição de pobreza se tiverem condições justas de concorrer pelas oportunidades. Para quem não sabe, o Banco Palmas é uma iniciativa de socioeconomia solidária do empreendedor social Joaquim Melo no Conjunto Palmeira, um bairro popular da periferia de Fortaleza, no estado do Ceará, com 32 mil moradores.

Joaquim (MOURÃO, 2011), como líder comunitário, passou anos lutando para levar água, eletricidade, esgoto, asfalto, etc. para seu bairro extremamente pobre. Quando conseguiu, as pessoas começaram a sair do bairro porque não tinham condições de pagar suas contas e estavam indo ainda mais para a periferia. Ou seja, a prefeitura não conseguia tirá-los nem da miséria para a pobreza, pois por mais assistencialismo e programas de bolsas que ofereciam, faltava às pessoas autoestima, dignidade para cuidarem de si mesmas e dos seus.

Melo então, a exemplo de Yunnus (2008), lutou até contra o Banco Central do Brasil para fundar um banco social com moeda própria que emprestasse dinheiro a quem quisesse empreeender. Apesar de as quantias serem irrisórias para os padrões capitalistas e em uma moeda que só tem valor no próprio bairro, ele conseguiu transformar uma comunidade decadente e miserável em uma forte economia pulsante composta por empreendedores que sustentam a si mesmos e seus familiares.

Infelizmente, quando pensamos em favelas, países africanos, comunidades latino-americanas e asiáticas, a primeira coisa que nos vem à cabeça é a pobreza, as doenças, o crime e a necessidade das pessoas que lá estão, não por sua escolha, mas por uma condição artificial, criada pela própria sociedade. As pessoas não nasceram para serem miseráveis, são colocadas nesse estágio e mantidas lá por questões histórico-sociais.

O caso do continente africano atualmente com mais de 50 países e quase um bilhão de pessoas, cuja maioria absoluta é vítimada pela pobreza, guerras, genocídios etc. é emblemático. Em 15 de novembro de 1894, Otto Von Bismark, então chanceler alemão, liderou a conferência de Berlim para dividir a África entre as potências europeias da época e assim regularizar o colonialismo naquele continente.

E assim, arbitrariamente, sem nenhum respeito à cultura, tradições e fronteiras naturais, cada país foi escolhendo seu pedaço. Podemos imaginar os ingleses dizendo "quero o Quênia e também Uganda", a Bélgica falando "eu fico com o Congo", a Alemanha acrescentando "a Namíbia é minha", enquanto os Portugueses preferiram Angola e Moçambique, a França, a Líbia, e assim foram recortando o continente e fatiando as terras e dilacerando famílias, tribos e comunidades.

No início do século passado, 90% da África estava sob regime colonial, o que persistiu até recentemente. Acho que não é preciso explicar mais o porquê de a economina e a sociedade africanas terem tantos problemas e tantas dificuldades para se desenvolverem. O assistencialismo só piora as condições estruturais, mas infelizmente os países ricos, por questões escusas e sentimento de culpa, continuam a reproduzir o modelo da dependência ao mandar milhões de dólares anualmente em caridade e filantropia, quando na verdade deveriam era capacitar e tornar as pessoas independentes. Porém é mais lucrativo continuar comprando matérias-primas baratas, reprocessá-las e vendê-las a preço de ouro nos mercados desenvolvidos.

Mesmo o assistencialismo bem-intencionado precisa ser substituído pelo empreendedorismo socialmente responsável se quisermos resolver os complexos problemas que hoje a humanidade enfrenta. Convido o leitor a comparar os Estados Unidos, a Inglaterra, a França, a Austrália, o Japão e mais recentemente também a China, Cingapura e a Coréia do Sul para constatar que todos esses países são desenvolvidos não por causa de uma cultura assistencialista, mas por um comportamento empreendedor de tentar resolver seus problemas por conta própria e séculos de produção e livre comércio.

Não tenho mais dúvidas de que o empreendedorismo é a única maneira viável e sustentável de tirar comunidades e nações inteiras da miséria e da pobreza. É preciso nos conscientizarmos que a única maneira real de ajudarmos os outros não é por meio de doações e assistencialismo, mas ajudar as próprias pessoas a se ajudarem, ou seja, liberar o potencial empreendedor presente em todo ser humano. Às vezes toda a diferença está em apenas emprestar 27 dólares e cobrar de volta, como descobriu Yunnus (2008), para que as pessoas comercializem entre si.

O grande problema é que o paradigma nos leva a crer que as pessoas estão lá porque querem ou porque não têm capacidade de alcançar o sucesso, uma visão muito fomentada pela mídia de uma forma geral. Mas é uma grande inverdade, tanto que quando têm oportunidade iguais, nos surpreendemos com as histórias de sucesso que consideramos exceção, quando deveriam ser a regra. Voltando ao exemplo da África, no conjunto, são os países que mais recebem doações, os que menos contribuem com o comércio internacional e os que mais sofrem com a pobreza.

Há evidências contundentes de que esmolas não tiram ninguém da pobreza, portanto que em médio e longo prazo não ajudam, apenas criam mais dependência e acabam com a dignidade que ainda resta nas pessoas. Segundo dados disponíveis no site do Banco Mundial[6], entre 1970 e 2000, a África como um todo recebeu 400 bilhões de dólares em doações.

Nesse período, como apontou o professor de economia William Easterly (2003) da Universidade de Nova York, enquanto o volume de doações subia ano a ano, o PIB *per capita* caía. No ano de 1995 o volume de doações atingiu o pico e o PIB *per capita*, o vale, ou seja, o volume de doações foi inversamente proporcional ao crescimento econômico.

---

[6] Disponível em: <http://data.worldbank.org/data-catalog/world-development-indicators>. Acesso em: 11 jul. 2014.

Administração empreendedora

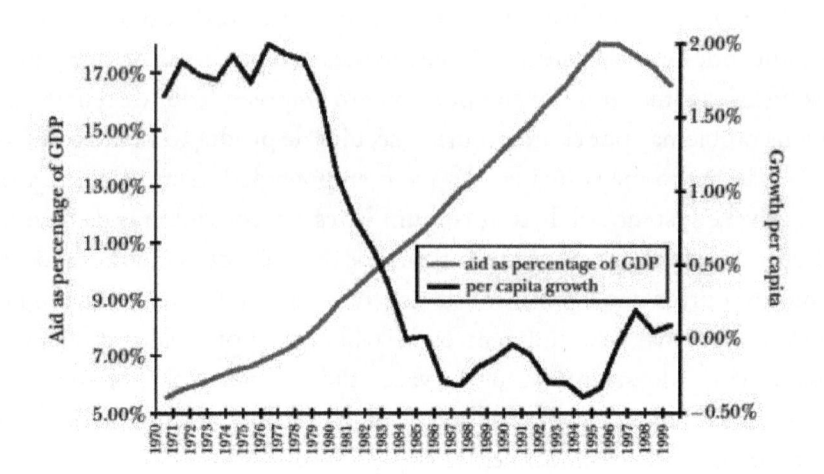

FIGURA 2 – Crescimento econômico x doações
Fonte: Easterly, 2003, p. 35.

O gráfico acima mostra claramente que quanto maior as doações (*aids percentage of GDP*) menor o crescimento econômico (*growth per capita*). O GDP (*Gross Domestic Product*) significa PIB (Produto Interno Bruto). Deixando de lado a terminologia econômica e os termos em inglês, o que a figura mostra claramente é que quanto mais assistencialismo (doações), menor foi o desenvolvimento das nações que recebiam a ajuda.

Há várias hipóteses que podem explicar porque esmola não ajuda, porque a caridade não é eficaz para trasnformar a economia. Acredito que só o empreendedorismo pode desenvolver países, estamos presenciando o caso da China, um país que mesmo sendo comunista, se rendeu à livre iniciativa e está estimulando o empreendedorismo com ótimos resultados, visíveis a todos.

De fato, quem recebe ajuda graciosamente, fica dependente, perde autoestima, autoconfiança, o foco, se sujeitam e se humilham a qualquer condição que lhes é imposta. Além disso, a doação, ao contrário do empreendedorismo com responsabilidade social, não cria empregos, não gera riquezas, não paga impostos, ou seja, funciona como uma droga viciante, quanto mais se recebe mais se precisa e menos força se tem para se livrar da dependência de doações.

A orquestra sinfônica de Heliópolis, da comunidade que ficou famosa na cidade de São Paulo como a maior favela do Brasil e por conta de altos índices de criminalidade e pobreza no final dos anos 1990, é a comprovação de que o talento, em qualquer área ou disciplina, está igualmente distribuído pelo mundo, não faz distinção de cor, raça, credo ou condição social. De fato, Sen (2000, p.113) diz que quanto "mais incluso for o alcance da educação básica e dos serviços de saúde, maior será a probabilidade de que mesmo os potencialmente pobres tenham uma chance maior de superar a penúria".

De fato, o talento só precisa de condições justas para aparecer. Se não conhece o caso, convido o leitor a visitar o site do Instituto Baccarelli criado pelo maestro Sílvio Baccarelli e conhecer histórias inspiradoras, de pessoas que, tendo oportunidades iguais, se tornaram grandes músicos, alguns até com carreira internacional, trazendo fama, riqueza, dinheiro e desenvolvimento para sua comunidade.

Por fim, 5 questões fundamentais

Já pesquisei e discuti muito sobre liderança e empreendedorismo, até mesmo organizei um livro com a contribuição de vários autores sobre o segundo tema, o *Manual do empreendedor* (BARROS NETO; SOUZA, 2012), por isso, posso afirmar que não existe uma fórmula mágica para garantir o sucesso do empreendedor, mas com certeza a responsabilidade social é um ingrediente fundamental a qualquer negócio.

E responsabilidade social significa também cuidar da imagem pública, manter negócios transparentes e relações sociais e profissionais somente com pessoas e organizações idôneas, pois aqui vale o velho ensinamento bíblico "diga-me com quem andas e eu te direi quem és[7]".

Por isso, tomei um susto quando McCarty e Pettersson (2012) noticiaram no site da Bloomberg a falência da consultoria de Michael Porter, considerado o pai da estratégia e um dos maiores gurus da gestão por conta de, dentre outros fatores, negócios com o ex-ditador da Líbia, o já falecido Muammar Kadaffi. Assim, é bom lembrar também o ditado "faça o que digo,

---

[7] A frase não se encontra de forma literal na Bíblia, mas o seu conceito, sim, em várias passagens, por exemplo: "Quem anda com os sábios será sábio; mas o companheiro dos tolos sofre aflição" (Provérbios 13:20) e "Não vos enganeis. As más companhias corrompem os bons costumes" (Coríntios 15: 33).

mas não faça o que faço". Provavelmente, Porter estudou muito de estratégia, mas nunca ouviu a música de Renato e seus Blue Caps[8].

Ironia à parte, o exemplo de Porter, um dos gurus mais respeitados no mundo acadêmico, é digno de nota, pois ele, ao que tudo indica, não conseguiu aplicar as recomendações que pregava. Infelizmente a realidade no mundo empresarial é desta forma. Por exemplo, a quase totalidade das pessoas concorda que responsabilidade social é crucial para o sucesso e sustentabilidade dos negócios, mas, na prática privada, procuram fugir da verdade que eles próprios defendem publicamente.

Por isso, Peter Drucker (2008) defendia a necessidade de o empreendedor refletir sobre as questões mais básicas e que impulsionam qualquer negócio, qualquer que seja ele ou qualquer que seja o local onde está localizado. Ao conhecê-las, talvez acredite que já sabe a resposta, porém, convido o leitor, a exemplo de Drucker, a pensar um pouco mais profundamente sobre cada uma delas:

- Qual é sua missão? Primeiro de tudo, por que você abriu ou quer abrir esse tipo de empresa? Esse negócio está relacionado a algo que você realmente gosta de fazer? Está disposto a fazer isto o resto de sua vida?

- Quem é seu cliente? Conhece bem a necessidade ou as necessidades das pessoas que está se propondo atender? Conhece bem esse público?

- O que seu cliente valoriza? Você sabe a diferença entre preço e valor? Está preparado para entregar valor a um preço justo? O que você está fazendo ou vai fazer é superior e melhor ao que os concorrentes oferecem?

- Que resultados você quer alcançar? Se responder ganhar dinheiro, comece de novo. Dinheiro nunca é resultado, muito menos objetivo, é meramente consequência de um trabalho bem feito. Reflita sobre o que realmente mede o sucesso.

- Tem um plano bem estruturado e fundamentado? É preciso antecipar problemas, dificuldades, pesar os prós e os contras, garantir os recursos. O plano é importante não para ser seguido de maneira inflexível, mas para aumentar as chances de sucesso e ter sempre uma alternativa quando os problemas aparecem.

---

[8] A banda brasileira Renato e seus Blue Caps gravou uma música chamada "Faça o que eu digo, mas não faça o que eu faço". Se tiver curiosidade e não quiser cometer o mesmo erro de Porter, conheça a música na rádio UOL :<http://www.radio.uol.com.br/#/letras-e-musicas/renato-e-seus-blue-caps/faca-o-que-eu-digo-mas-nao-faca-o-que-eu-faco/480651>. Acesso em: 11 jul. 2014.

Se o empreendedor iniciar seu negócio sem uma profunda reflexão para essas questões, irá sucumbir na primeira dificuldade tentando o caminho que acha ser mais fácil para manter o seu negócio, mesmo que não seja o da alternativa correta. Esquecerá que a longo prazo soluções fáceis sempre trazem mais problemas. Sonegar um imposto hoje, vender um produto que não está disponível para a entrega, podem até dar um fôlego a curto prazo, mas posteriormente, a conta sempre virá e com juros e correção.

Por isso, na prática, a responsabilidade social combinada com o espírito empreendedor é que levarão ao sucesso do negócio de maneira consistente e a longo prazo. De uma forma geral, hoje, todas as organizações têm acesso às ferramentas básicas de gestão (planejamento estratégico, qualidade, fluxo de caixa, orçamento, plano orçamentário, balanço financeiro, mapeamento de processos, técnicas de vendas, etc.), assim, o que faz diferença é a reputação da empresa e a confiança que os clientes depositam nela.

Considerações finais

Responsabilidade social nada mais é do que aplicar a regra de ouro em todas as nossas relações, ou seja, só fazer ao outro o que gostaríamos que fizessem para nós. Ao relacionarmos esse conceito ao de empreendedorismo, reconhecemos o empreendedor como um cidadão consciente dos seus deveres para com a comunidade em que vive e para com a sociedade em geral que busca por meio de seu negócio atender uma necessidade de algum público específico sem prejudicar quem quer que seja.

Compreender essa relação é fundamental para o desenvolvimento dos países e mesmo para a manutenção da vida em nosso planeta, uma vez que, por princípio, todas as ações de todas as pessoas, em maior ou menor grau, sempre têm algum impacto positivo ou negativo na vida dos demais cidadãos e da coletividade.

Desta forma, a responsabilidade social concretiza-se no empreendedor quando ele ou ela adotam atitudes, comportamentos e práticas de gestão positivas e construtivas que, além de atenderem as necessidades de seus clientes, também contribuem para o bem comum e para a melhoria da qualidade de vida de todos.

É preciso entender que não há outra solução para os problemas complexos que a humanidade enfrenta atualmente, a não ser trabalho duro e inovação, ou seja, empreendedorismo com responsabilidade social.

A prática do empreendedorismo vem acabar com o pensamento de que a melhor pessoa para ajudar alguém é outra pessoa e não ela mesma e que esta é a melhor maneira, senão a única, de nos ajudar a cuidar de nós mesmos.

Questões para reflexão

1. De que maneira a responsabilidade social e o empreendedorismo se relacionam?
2. Como o empreendedorismo com responsabilidade social pode revolucionar as organizações e o mundo?
3. Que motivos ou razões existem para o empreendedor se comportar de maneira socialmente responsável e implantar tais práticas em sua empresa?
4. Como garantir que projetos sociais convertam-se em resultados efetivos?
5. Quais as etapas de um bom gerenciamento de projetos? Descreva essas etapas.
6. Explique a mudança de paradigma defendida neste capítulo.
7. Explique a teoria e a pirâmide da abundância.
8. Diferencie assistencialismo de responsabilidade social.
9. Descreva situações de assistencialismo que, em sua opinião, poderiam ser substituídas por ações empreendedoras.
10. Quais as questões fundamentais sobre as quais o empreendedor deve refletir para garantir que seu negócio seja sustentável e socialmente responsável? Explique-as.

Estudo de caso

Caso 1

Ana Moser: uma sacada social

A ex-jogadora oferece novas perspectivas aos jovens de baixa renda por meio do esporte.

Nos tempos em que jogava vôlei, Ana Moser destacou-se como uma das melhores atacantes do mundo e era uma das estrelas da seleção brasileira que conquistou a medalha de bronze nos Jogos de Atlanta, em 1996. Cinco anos depois, já aposentada das quadras, ela decidiu levar novas perspectivas a jovens de baixa renda da cidade [de São Paulo] com a criação do Instituto Esporte & Educação (IEE), na Zona Sul. Dezenas de modalidades são ministradas duas vezes por semana por 60 professores fora do horário da escola a grupos de estudantes de todas as idades. As atividades começam e terminam sempre com uma roda de conversa. Se o assunto é ginástica artística, são discutidas não só as técnicas, mas também os valores que fizeram atletas como Daiane dos Santos chegarem até uma Olimpíada.

O projeto beneficia atualmente cerca de 3000 jovens na metrópole. "Virei gente por causa do esporte e quero permitir essa transformação a outras pessoas", afirma Ana, hoje com 44 anos. Ela costuma trabalhar doze horas por dia no IEE. Cerca de 80% da receita para manter a entidade vem da Lei de Incentivo ao Esporte, que direciona 1% do imposto de renda de empresas a projetos da área. Isso significa, em média, sete milhões de reais por ano. Em mais de uma década de atividade, o instituto contribuiu para aumentar a utilização de espaços públicos, como pistas de skate nos [Centros Educacionais Unificados] CEUs, e a conservação dos colégios. Além disso, houve uma sensível melhoria no desempenho escolar e na comunicação dos alunos em casa. "Tínhamos um garoto de 7 anos que batia nas outras crianças e chegou a puxar o cabelo da professora", conta o professor Fabiano Chaves, do CEU Casablanca, em Campo Limpo. O pai era traficante e ele vivia num ambiente violento em casa. "Seis meses depois de aderir ao projeto, ele me pediu um abraço e hoje participa de tudo", diz Chaves. Ana Moser vibra com histórias como essa e tem planos de aumentar o alcance do trabalho. "Quero agora organizar núcleos e discutir políticas de esporte nas cidades da Copa do Mundo", afirma a ex-jogadora[9].

Instituto Esporte Educação, Avenida Professor Noé de Azevedo, 208, sala 34, Vila Mariana (www.esporteeducacao.org.br).

---

[9] SALVO, Maria Paola. *Ana Moser*: uma sacada social. Veja São Paulo, 21 dez 2012. Disponível em: <http://vejasp.abril.com.br/materia/solidariedade-esporte-ana-moser>. Acesso em: 23 dez. 2012.

1. 80% da receita para manter o Instituo Esporte Educação vem da Lei n. 11.438/2006, conhecida como Lei de Incentivo ao Esporte, que direciona 1% do imposto de renda de empresas a projetos da área. Em sua opinião, as empresas que usam a lei para deduzir do imposto de renda devido, apurado na Declaração de Ajuste Anual os valores despendidos a título de patrocínio ou doação, no apoio direto a projetos desportivos e paradesportivos previamente aprovados pelo Ministério do Esporte estão praticando a responsabilidade social? Justifique sua resposta.

2. Como empresário, que itens ou elementos exigiria que Ana Moser apresentasse a você para garantir que o projeto esportivo trouxesse resultados efetivos e assim recebesse o incentivo fiscal da sua empresa?

3. Ana Moser, atleta de grande sucesso, pode ser considerada uma empreendedora socialmente responsável? Justifique sua resposta.

4. Que argumentos podem ser usados por Ana Moser para convencer um empresário a investir em seu projeto social, além do apelo à Lei n. 11.438/2006?

5. Pesquise outras leis que oferecem incentivos a projetos sociais e elabore um projeto para utilizar esse recurso. Além das etapas da metodologia de gestão de projetos apresentada no capítulo, também considere e responda às 5 questões fundamentais de Peter Drucker.

Caso 2

Casas Bahia: reconhecimento internacional

No país, há mais de meio século, a Casas Bahia é apontada por pesquisadores da Michigan Business School como *benchmark* no mercado da baixa renda. Trata-se de um caso sem similar no varejo mundial.

Segundo um dos mais respeitados especialistas em termos de estratégia do mundo, o indiano C.K. Prahalad, em seu livro *The fortune at the bottom of the pyramid*, a Casas Bahia teve habilidade para entender as necessidades emocionais e os hábitos de compra dos clientes de baixa renda e a capacidade de viabilizar o sonho de consumo por meio de acesso facilitado ao crédito.

Tal atitude resultou em um modelo de negócios único no que diz respeito ao varejo, e tornou-se objeto de estudo dos cursos de MBA de renomadas universidades de administração e negócios internacionais.

Em 2004, a Casas Bahia foi citada como a empresa brasileira que mais trabalha pela equidade social no mundo. O estudo foi divulgado pela Comissão sobre o Setor Privado e Desenvolvimento ligada ao PNUD (Programa das Nações Unidas para o Desenvolvimento) e entregue ao então Secretário Geral da ONU, Kofi Annan.

Desde 2006, a rede tem sido escolhida para colaborar com o programa de especialização dos estudantes da The Wharton School, da Universidade da Pensilvânia. O GIP (Global Immersion Program) acontece anualmente e proporciona aos estudantes de MBA uma imersão nos negócios das principais companhias do mundo, em seus ramos de atuação.

Em 2010, estudantes de MBA da Universidade de Stanford[10] também incluíram a Casas Bahia no seu programa de Study Trip, como fizeram, em 2012, os estudantes de MBA da Universidade de Connecticut.

1. "Muitos observadores do setor [de varejo] argumentam que a Casas Bahia está simplesmente explorando os pobres e cobrando deles taxas de juros exorbitantes porque eles não conhecem coisa melhor. A verdade parece ser exatamente o contrário." (Prahalad, 2010, p.225). Comente essa afirmativa.

2. Quais as estratégias inovadoras desenvolvidas pelas Casas Bahia para servir ao mercado da Base da Pirâmide (classes C, D e E)?

3. Vender aos pobres os mesmos produtos que eles veem na televisão e não uma versão mais barata, pode ser considerada uma ação de responsabilidade social? Justifique sua resposta.

4. A Casas Bahia foi indicada como empresa brasileira que mais trabalha pela equidade social no mundo, como consta no próprio site da organização. Essa indicação justifica-se por vender produtos ou por conceder crédito a pessoas que de outra forma não o obteriam?

5. Quais as principais lições que a Casas Bahia pode oferecer aos alunos de MBA das mais renomadas universidades do mundo?

---

[10] Disponível em: <http://institucional.casasbahia.com.br/empresa/empresa/reconhecimento-internacional/> Acesso em: 23 dez. 2012.
Veja também o vídeo disponível em: <http://www.youtube.com/watch?v=Vy8Z77aDQdE>. Acesso em: 23 dez. 2012.

Caso 3

Pequenas empresas poupam e preservam: conheça empresas que poupam recursos naturais sem deixar de lado o lucro e a competitividade

Salão de beleza

Há dez anos, a administradora e esteticista Fabiana Gondim, 39, criou um sistema de gestão de salão de beleza que inclui práticas sustentáveis. Batizado de HairSize, esse sistema é formado por réguas que permitem medir o tamanho dos fios, o volume do cabelo e a velocidade de crescimento da raiz.

Os dados permitem preparar tabelas com a quantidade necessária de tintura e o prazo de duração dos estoques. "Minha ideia era acabar com a gestão na base do 'olhômetro', criando um método que evitasse o desperdício e estimulasse a prática da sustentabilidade. Pelos produtos que utiliza, um salão de beleza polui tanto quanto uma oficina mecânica ou uma lavanderia", compara.

As ferramentas de gestão criadas por Fabiana vêm ganhando novos adeptos. Atualmente, 30 salões de beleza espalhados pelo país já usam o método. Um dos que adotaram sua técnica foi Leandro Pires, 31, dono do salão Fizz Cabelo e Imagem, em São Paulo. O empresário afirma ter conseguido uma economia de 50% dos produtos químicos em pouco mais de um ano. "Incorporei esses conceitos ao meu negócio e sei exatamente quanto custa uma lavagem de cabelo com determinado xampu ou cinco minutos de secador ligado."

Lavanderia

Quando assumiu a lavanderia Prillav, há dez anos, o engenheiro Paulo Gomes, 55, logo identificou o que levava boa parte dos ganhos financeiros para o ralo.

As máquinas usadas para lavar roupa eram muito velhas e funcionavam manualmente. Com a troca do equipamento, o consumo de luz foi reduzido em 20%.

Hoje, a lavanderia, que fica em Rondonópolis (a 220 km de Cuiabá), usa dosadores que controlam a quantidade de sabão e outros produtos químicos.

Entre outras medidas, uma delas recorre a um hábito caseiro: todas as roupas que chegam à loja com prazo de entrega superior a 24 horas secam no varal. "Como não precisam ser devolvidas com rapidez, podem secar naturalmente, aproveitando o calor e a baixa umidade", diz o empresário.[11]

1. O HairSize e a Prillav mostram que ser sustentável é econômico e bom para o negócio. Por que tantos empreendedores ainda resistem à adoção de práticas sustentáveis?

2. Quem ganha mais com a sustentabilidade? Grandes negócios, pequenas empresas ou o consumidor? Justifique sua resposta.

3. Com base na experiência da HairSize, que sugestões você daria para tornar um salão de beleza socialmente responsável?

4. Com base na experiência da Prillav, que sugestões você daria para tornar uma lavanderia socialmente responsável?

5. Elabore um plano de ação para emplacar a responsabilidade social no seu negócio e torná-lo sustentável sob os aspectos econômico, social e ambiental.

---

[11] Disponível em: <http://classificados.folha.uol.com.br/negocios/1102281-pequenas-empresas-poupam-e-preservam.shtml>. Acesso em: 10 ago. 2014.

Referências bibliográficas

BARROS NETO, João Pinheiro de; SOUZA, Gerson de. *Manual do empreendedor*: de micro a pequenas empresas. Rio de Janeiro: Qualitymark, 2012.

BUCKINGHAM, Marcus & CLINTON, Donald O. *Descubra seus pontos fortes*. São Paulo: Sextante, 2006.

CHARAM, Ram & BOSSIDY, LARRY. *Execução*: a disciplina para atingir resultados. Rio de Janeiro: Elsevier, 2005.

DIAMANDIS, Peter; KOTLER, Steven.*Abundance*. New York: Simon & Schuster, 2012.

DRUCKER, Peter F. *Inovação e espírito empreendedor*: prática e princípios. São Paulo: Cegange Learning, 2008.

EASTERLY, William. Can foreign aid buy growth? *Journal of Economic Perspectives*. Volume 17, Number 3. Pittsburgh, PA: AEA Publications, Summer 2003 (pages 23-48). Disponível em: <http://docserver.ingentaconnect.com/deliver/connect/aea/08953309/v17n3/s2.pdf?expires=1356360239&id=72137110&titleid=6117&accname=Guest+User&checksum=3854040BFBE0D1695239B9431EFA8F56> Acesso em: 24 dez. 2012.

HOUAISS, Antonio. *Dicionário Houaiss da língua portuguesa*. São Paulo: Objetiva, 2009.

KOTLER, Philip & LEE, Nancy. *Corporate social responsibility*: doing the most good for your company and your cause. Hoboken/New Jersey: John Wiley & Sons, 2005.

MASLOW, Abraham Harold. *Motivation and personality*. New York: Harper, 1954.

MCCARTY, Dawn; PETTERSSON, Edvard. *Monitor Company Group LP files for bankruptcy in Delaware*. Disponível em: <http://www.bloomberg.com/news/2012-11-08/monitor-company-group-lp-files-for-bankruptcy-in-delaware.html>. Acesso em: 09 nov. 2012.

MOURÃO, Mara. *Quem se importa*. DVD. São Paulo: Imovision, 2011.

PRAHALAD, C. L. *A riqueza na base da pirâmide*: erradicando a pobreza com o lucro. Porto Alegre: Bookman, 2010.

ROBINSON, Ken. *O elemento-chave*. Rio de Janeiro: Ediouro, 2010.

SEN, Amartya. *Desenvolvimento como liberdade*. São Paulo: Companhia das Letras, 2000.

STANLEY, Chris. *Vocês já emergiram*: entrevista exclusiva com Linda Rottenberg. *HSM Management*. São Paulo: HSM do Brasil, novembro/dezembro 2012 (p. 48-59).

YUNNUS, Muhammad. *Um mundo sem pobreza*: a empresa social e o futuro do capitalismo. São Paulo: Ática, 2008.

WORLD ECONOMIC FORUM. *Global entrepreneurship and the successful growth strategies of early-stage companies*. USA: World Economic Forum, 2011. Disponível em: <http://www3.weforum.org/docs/WEF_Entrepreneurship_Report_2011.pdf>. Acesso em: 01 dez. 2012.

CAPÍTULO 07

A responsabilidade social e ambiental no mercado internacional

The living company.

GEUS, 1999

Edmir Kuazaqui

Objetivos

- Explicar a relação do mercado internacional e a necessidade de crescimento das empresas;
- Discutir criticamente o real papel do governo nas relações de troca internacional;
- Discutir os temas com marketing internacional;
- Discutir, de forma contextualizada, o empreendedorismo e a inovação frente à internacionalização;
- Apresentar e discutir, a partir de um estudo de caso, as aplicabilidades do empreendedorismo, responsabilidade social, ambiental e marketing internacional.

Introdução

Este capítulo analisa a sustentabilidade como fator agregado e obrigatório às políticas governamentais e privadas, bem como às empresas que transacionam no cenário internacional.

Deve-se destacar que a sustentabilidade será vista sob dois ângulos: o relacionado ao cuidado do meio ambiente; e também o relacionado ao universo da gestão financeira. Independentemente do enfoque a ser estabelecido, os dois significados resultam sempre numa maior ou menor satisfação do mercado e, consequentemente, resultado financeiro e também econômico.

Iniciando com o segundo enfoque mencionado – universo financeiro –, este capítulo apresenta um panorama conceitual e crítico sobre o funcionamento orgânico do Sistema de Comércio Exterior Brasileiro e suas possíveis deficiências em relação ao comércio internacional, principalmente pela intervenção do Estado nas políticas públicas e privadas. Este contraponto é necessário, pois parte da teoria do empreendedorismo está relacionada ao setor privado e cabe ao Estado influenciar e contribuir positivamente para o desenvolvimento dessa competência.

Também se faz necessário conceituar e discutir o marketing internacional e as respectivas estratégias que podem acontecer de forma organizada e também criativa.

Boa parte das empresas que transaciona do Brasil para os outros países é categorizada como microempresas – havendo, portanto, uma relação direta com o empreendedorismo e também com a responsabilidade social atrelada aos problemas ambientais, que serão aqui discutidos. Ao final, é trazida uma proposta pragmática para o problema global referente à sustentabilidade ambiental.

Para a construção deste trabalho, além da experiência pessoal, profissional e docente do autor, foram utilizadas consultas a profissionais do Conselho Federal de Administração (CFA), Conselho Regional de Administração (CRA), Ministério do Desenvolvimento Indústria e Comércio (MDIC), Ministério das Relações Exteriores (MRE) e Banco do Brasil (BB).

Assim, pelos motivos já expostos, iniciamos a discussão sobre o Sistema de Comércio Exterior Brasileiro.

Sistema de Comércio Exterior Brasileiro: análise das políticas do setor público e privado

Conforme conceituado no Capítulo 1, a classificação econômica de um país deriva de seu desenvolvimento econômico. Esse desenvolvimento é consequência das políticas governamentais, bem como da livre iniciativa empresarial. Assim, vamos analisar e discutir as razões e diferenças das políticas públicas e privadas no contexto do Sistema de Comércio Exterior Brasileiro. Entende-se como participantes desse sistema as entidades governamentais diretamente relacionadas aos processos de normatização, deliberação e controle das exportações e importações, bem como de suas consequências.

```
Presidência da República
├── Ministério da Fazenda (MF)
│   ├── Banco central do Brasil (BACEN) — Controle cambial
│   └── Secretaria da Receita Federal — Controle aduaneiro
├── Ministério das Relações Exteriores (MRE)
├── Ministério do Desenvolvimento, Indústria e Comércio Exterior (MDIC)
│   └── Secretaria de Comércio Exterior (Secex) — Controle comercial
│       ├── Departamento de Negociações Internacionais (Deint) — Controle comercial
│       ├── Departamento de Operações de Comércio Exterior (Derex)
│       ├── Departamento de Planejamento e Desenvolvimento do Comércio Exterior (Depla)
│       └── Departamento de Defesa Comercial (Decom)
└── Câmara de Comércio Exterior (Camex)
```

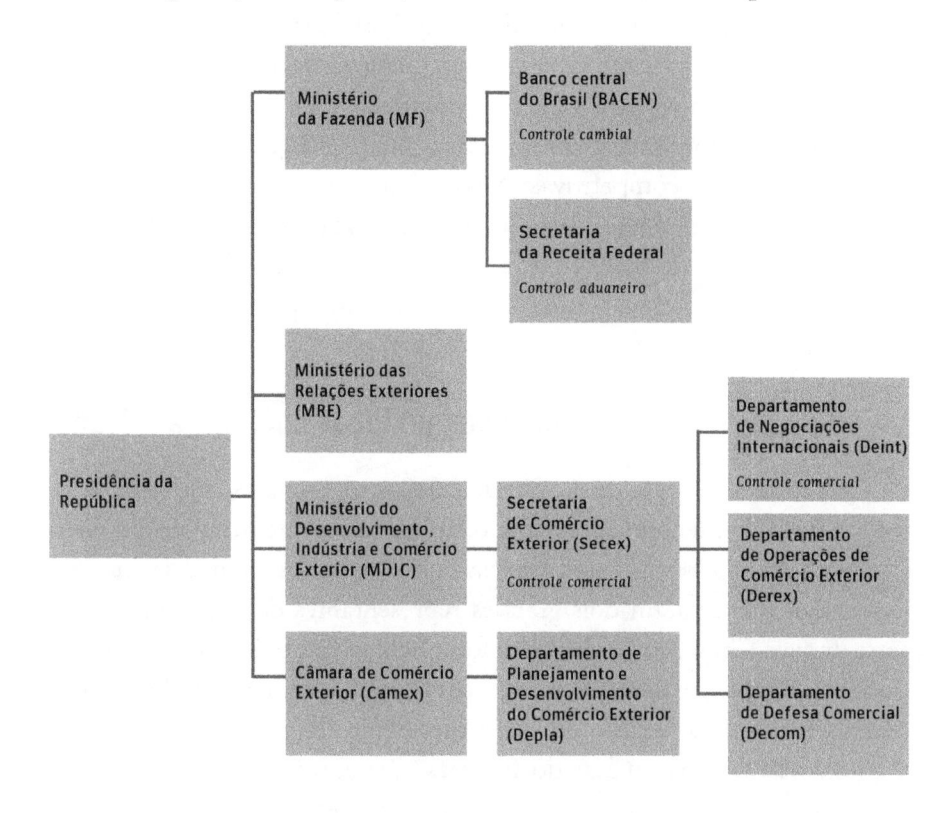

Figura 1 – Estrutura administrativa do comércio exterior brasileiro
Fonte: Adaptado de MDIC, 2012.

No plano histórico, desde 1980, evidencia-se a falta de consistência e continuidade das políticas industriais públicas, influenciando no que produzimos e consequentemente no que exportamos. No setor privado, temos um norteamento para um objetivo econômico, derivado dos mecanismos de demanda e oferta do mercado nacional e internacional, fortemente influenciado também pela necessidade de uma competitividade cada vez maior. Nesse cenário, temos ainda a alta carga tributária, que deveria democratizar os resultados econômicos da competência empresarial ao atender as necessidades financeiras do setor público. Mas não é isso o que ocorre, na prática.

As políticas públicas advêm de um conjunto de fatores que tem por objetivo principal o crescimento econômico e consequentemente o bem-estar social da população. Mas, como considera Cardoso (2006, p.508), "a afirmação de que a sociedade civil está muito mais ativa do que no passado não reduz a ação do Estado, mas a modifica". Significa dizer que é necessário bem desempenhar suas atividades e responsabilidades institucionais, de forma a contribuir e não atrapalhar o espaço corporativo.

Em contraponto, temos a iniciativa privada, norteada por questões mais focadas e mais competitivas. Nesse contexto, por meio de dados oficiais do Ministério do Desenvolvimento, Indústria e Comércio (MDIC), da Federação das Indústrias do Estado de São Paulo (FIESP) e de diferentes veículos de comunicação, além do vivencial do autor, procuramos analisar e discutir esta dicotomia histórica.

Análise das políticas públicas e privadas

Durante a Cúpula do G-20, de 2010, por exemplo, em especial no P5+1, o Brasil perdeu uma grande oportunidade de construção de um diálogo entre os principais países, em especial com os Estados Unidos da América. Da reunião, participaram dois grandes representantes dos chamados emergentes, Índia e China, que dialogaram fortemente e informalmente sobre o Irã e puderam estreitar mais relacionamentos comerciais com os Estados Unidos. É sabida e notória a posição do então presidente Luís Inácio Lula da Silva na questão da energia nuclear do Irã, mas, quando do advento da Cúpula, preferiu permanecer em Brasília para coordenar ações de recuperação do Nordeste. É a partir deste pequeno recorte situacional que gostaria de enfatizar as diferenças entre as políticas públicas e privadas no contexto do Sistema de Comércio Brasileiro.

Um país pode ser definido como um grupo de unidades administrativas que deve atender a objetivos nacionais e regionais, contemplando o bem-estar econômico e social. Dificilmente haverá uma quebra entre o que é econômico e o que é social, pois um interfere no outro. Entretanto, permeando os objetivos a serem traçados, temos a dimensão política, no sentido *lato* do termo, que interfere nas políticas do governo ou, melhor dizendo, de cada governo, nem sempre de forma consistente, coerente e contínua. Num país, há personalidades jurídicas do setor público e privado. Cabe às entidades públicas manter a máquina administrativa, dentro da *persona* característica do setor público e de cada governo, e as entidades privadas, que devem trabalhar dentro de uma realidade de demanda e oferta nacional e internacional, sempre com um objetivo econômico. Muitas vezes existe um descompasso muito grande entre o que é político, econômico e social nas dimensões públicas e privadas.

As exportações brasileiras, por exemplo, têm aumentado gradativamente nos últimos anos, porém em descompasso com as importações, e com a média de crescimento mundial. Segundo o MDIC, a Balança Comercial Brasileira de 2009 fechou com um superávit comercial de US$25,348 bilhões, tendo os manufaturados uma diminuição de 27,3% em relação ao ano anterior, fenômeno que vem ocorrendo gradativamente em decorrência do nosso parque industrial, da ausência de políticas concretas de comércio exterior, devido às estratégias do atual governo federal, bem como à alavancagem da China e da Índia. Os dados de 2012 mostram um superávit de US$ 19 438, inferior em 37,7% em relação a 2011.

Esta queda pode ser atribuída, em parte, à crise internacional, que afetou a base produtiva e as relações comerciais internacionais entre os países em 2009. Entretanto, hoje sabemos que é muito reducionista afirmar que ela é a responsável principal – como afirmavam à época, alguns representantes do governo. Isso porque existem outros fatores expressivos, como a demora na recuperação da demanda interna no decorrer dos últimos anos; a sensibilidade dos produtos manufaturados brasileiros em relação à política cambial; além da constante intenção de alguns articuladores brasileiros de tentar redirecionar nossos relacionamentos comerciais para economias menos desenvolvidas, promovendo atritos diplomáticos com mercados que usualmente consomem produtos desta categoria, como os Estados Unidos e a Europa.

Um fato relevante é que comercializamos o que podemos produzir, com o nível de qualidade que nossas empresas podem agregar aos produtos, independentemente do cenário internacional e das estratégias adotadas pelo governo federal e pelas empresas. Desta forma, boa parte da nossa pauta de exportações se refere a produtos básicos, insumos e recursos que nos possibilitam efetuar vendas a um custo baixo, apesar do Custo Brasil. Tal cenário advém das características continentais de nosso país e de nossa política industrial.

A economia brasileira passou por um doloroso processo de ajustamento industrial no período de 1980/1997 – pós-crise internacional – com o crescimento acelerado da inflação, participação crescente das importações substitutivas e, finalmente, com a abertura irrestrita do mercado aos produtos importados no governo Collor. Foram necessários ajustes contextualizados ao ambiente competitivo no mercado doméstico e principalmente internacional, envolvendo o nível corporativo e organizacional, com otimização de custos, contenção de despesas e racionalização dos métodos produtivos, objetivando custos menores, sinergia, economia de escala, maior produtividade, qualidade de produtos e menor necessidade de capitais de terceiros, principalmente adequando o fluxo de caixa. Procurou-se adotar durante todo esse processo de ajustamento uma política de convergência internacional para outra relacionada ao *share* industrial agregado, denotando uma estrutura industrial com forte heterogeneidade intersetorial, significando, num primeiro momento, uma tentativa de adaptar o modelo brasileiro ao padrão internacional e, posteriormente, uma busca de interdisciplinaridade e complementariedade produtivas.

Entretanto, políticas devem estar contextualizadas com propostas e ações. O desempenho industrial brasileiro mostrou, principalmente a partir de 2003, certa capacidade reativa e não propriamente pró-ativa do setor produtivo privado frente às constantes transformações e mudanças econômicas internacionais. Na área pública, entretanto, faltam investimentos que acompanhem a tentativa de crescimento, bem como uma política industrial que possibilite um incremento de tecnologia e desenvolvimento sustentado. Falta capacidade das estradas, ferrovias e portos, mão de obra qualificada, tecnologia de ponta e recursos para que a convergência para uma forte heterogeneidade intersetorial aconteça de fato e traga expansão econômica interna e externa. Além disso, a reforma tributária e a correta aplicação dos impostos recolhidos são de suma importância para que a expansão ocorra naturalmente.

Fazendo um comparativo com a demanda do mercado chinês (já que tanto Brasil quanto China integram o BRIC), o porto de Yangshan, em Xangai, é o segundo maior porto em volume de mercadorias no mundo e está passando por reestruturação que lhe possibilitará ser o maior ponto de entrada e saída de mercadorias do mundo. Este fato, consequência da mudança e transformação econômica do país, nos sugere a necessidade de investimentos maciços que possibilitem o aumento da produtividade e competitividade industrial das empresas brasileiras. Além disso, pensar na China como parceira comercial não parece ser uma ideia profícua já que, em tese, o mercado chinês possui uma estrutura industrial em transformação, com uma indústria em pleno emprego para atender as demandas internacionais e internas. Com um câmbio pseudodesvalorizado, a China se recuperou facilmente da crise internacional e tem novamente despontado como o principal país influenciador do comércio internacional e possivelmente reverterá a relação importação-exportação ainda nesta década.

No Brasil, números publicados pela Federação das Indústrias do Estado de São Paulo (Fiesp), relativos ao NUCI (Nível de Utilização da Capacidade Instalada) da indústria brasileira indicam uma média do uso da capacidade instalada da indústria de 83,8% e uma intenção do empresariado de aumentar a capacidade de produção em setores relacionados à cadeia de valores da indústria automobilística (o que parece ser um padrão de comportamento mundial), eletrônicos e eletrodomésticos. Os investimentos em bens de consumo parecem uma decisão acertada, levando-se em consideração o alto valor agregado e o reaquecimento do consumo interno. Mas, com a sucessiva diminuição de nossas exportações de manufaturados, inclusive com a decisão de diminuir a dependência de nossa pauta de exportações ao mercado norte-americano, torna-se difícil a sustentabilidade das propostas, havendo certa falta de coerência na política industrial que influencia todo o comércio exterior brasileiro.

É histórica a falta de consistência e continuidade das políticas industriais com as de comércio exterior, que influenciam fortemente o setor privado. Para se ter uma ideia, fazendo um balanço, em junho de 2010, menos de 1% das exportações brasileiras foram influenciadas pelos acordos comerciais do governo dos últimos dez anos. Destes, somente com a Índia e Israel, porém com certas reservas. Fechamos um acordo de livre comércio com Israel, mas este país representou menos de 0,18% em 2009. A Índia representou 2,2%, e abrange um conjunto de 450 produtos dentro de um portfólio de 9 000. Além disso, a Índia tem um forte relacionamento comercial com a União Europeia, o que traz certos obstáculos às trocas comerciais com o Brasil.

O Ministério das Relações Exteriores tem uma importante missão de criar uma imagem institucional do país que alavanque as exportações brasileiras. Entretanto, existe historicamente um descompasso entre o que produzimos e que posicionamento desejamos ter. Nos últimos anos, tivemos um crescimento na comercialização de *commodities* – agrícolas e pecuárias. Em contrapartida, diminuímos significativamente a comercialização de manufaturados, pois a indústria nacional não tem condições nem de atender o mercado interno, levando o país recentemente a liberar a importação de diversos itens.

Para aprofundar ainda mais a discussão do problema referente ao Custo Brasil, lembramos Stefano e Maia Júnior (2012), em matéria da revista *Exame*, observando que, em termos de produtividade, um trabalhador norte-americano produz o equivalente a cinco trabalhadores brasileiros. Tal situação deriva de vários fatores, mas redundam num custo maior do que será produzido e comercializado externamente. Há ainda o que se refere à orientação comportamental, que não é prática em alguns países, como o "jeitinho brasileiro" – que denota uma falta de pensamento de longo prazo e foco sempre em ações de curto prazo.

O próprio diretor do departamento de Competitividade e Tecnologia da Fiesp, José Ricardo Roriz Coelho, observa, por exemplo, que "as empresas oferecem serviços que deveriam ser financiados com recursos tributários, porque consideram importante para a melhoria na qualidade de vida e bem-estar dos funcionários, o que resulta em melhor desempenho das atividades profissionais" (REHDER, 2012). Louvada a postura das empresas brasileiras em tentar prover o bem-estar de seus colaboradores internos. Entretanto, trata-se de erro, se visto sob o ponto de vista da necessidade de empresas substituírem um direito público por um privado; com isso, o esforço da empresa para se tornar mais competitiva se torna maior e mais difícil. Como ilustração, segue o "custo" dos benefícios em 14 países:

País	%
Brasil	32,7
Estados Unidos	25,7
Holanda	22,1
Reino Unido	21,5
Canadá	19,8
México	18,7
Rússia	17,4
Itália	16,3

País	%
Alemanha	15,9
Índia	14,1
França	14,0
Japão	11,8
China	11,2
Austrália	9,2

TABELA 1 – Custo dos benefícios trabalhistas em diferentes países
FONTE: KPMG e FIESP apud REHDER, 2012.

Nos percentuais, não estão inclusos os encargos trabalhistas legais e não possuem, necessariamente, a mesma consistência, uma vez que derivam de país para país, bem como da estrutura de que os benefícios são oferecidos, o que torna mais agravante a situação. Como exemplo, os serviços públicos oferecidos nas áreas de educação e saúde são diferentes em cada país.

Concluindo, a estrutura industrial brasileira é constituída por um grupo heterogêneo de setores produtivos industriais, que, às vezes, relacionam-se. Esta forte característica de heterogeneidade intersetorial possibilita uma diversidade econômica, mas não um foco de excelência, em que cada região pode desenvolver sua *core competence* e não um posicionamento de país, como ocorre com o Japão, a Alemanha e os Estados Unidos, por exemplo. O governo, em seus diferentes níveis, opta de tempos em tempos, por determinados setores para incentivos que objetivam metas de curto prazo. Entretanto, boa parte do resultado econômico do Brasil é decorrente dos esforços, práticas e estratégias do empresariado brasileiro. Boa parte do ônus dos resultados financeiros das empresas é democratizada e repartida com o governo, sem uma política consistente de crescimento econômico integrado.

O aumento de importações e estagnação industrial: o papel da classe C nesses processos

A transformação da pirâmide econômica e social brasileira se iniciou em 2003, com consequências e impactos na estrutura industrial do país. A emergente classe C, que incorporou parte do segmento de baixa renda, constitui um mercado com características e necessidades distintas, que acabaram por onerar, no curto prazo, a produção das empresas brasileiras, obrigando-as a optar pela importação de produtos básicos, semimanufaturados e manufaturados, a fim de conseguirem manter a sua participação de mercado e retorno sobre seus investimentos. Embora esse fato seja parte de uma tendência de transformação econômica mundial, aqui se deve a uma série de ações irregulares do governo brasileiro frente à necessidade política de curto prazo.

O Brasil se enquadra nas economias semi-industrializadas, tendo como característica básica um aumento da classe média (KOTLER; KELLER, 2010). Entretanto, como seu parque industrial não tem condições de atender a demanda crescente, opta então pelas importações. Embora seja um fenômeno natural, o grande problema foi que o governo federal não influenciou as políticas industriais, não incentivou o setor privado e não adotou política de comércio exterior – atitudes que facilitariam de forma sustentada o natural crescimento econômico. Além disso, a distribuição de renda num contexto geográfico traz diversos problemas, como os relacionados à produção e à logística, agravados pela dimensão do Brasil. De acordo com Dicken (2010, p.549),

> Uma crítica muito divulgada sobre a industrialização nos países em desenvolvimento é a de que seus benefícios materiais não foram amplamente difundidos para a maior parte da população. Inclusive, há comprovações de distribuição de renda altamente irregular dentro de muitos países em desenvolvimento [...]. Em países como o Brasil, Chile e México, por exemplo, a proporção do total da renda familiar recebida pelas famílias posicionadas entre as 20% mais abastadas é muito superior à das economias de mercados industriais.

O processo de evolução e crescimento industrial está associado diretamente à transformação econômica e crescimento da renda *per capita*. Assim, fatores relacionados à política industrial, bem como à conjuntura externa contribuem para o avanço econômico do país, mas também lhe impõem algumas limitações. A política industrial de um país deve levar em consideração a gestão otimizada de recursos, no sentido de garantir um crescimento sustentado e contextualizado com as relações internacionais. Nesse aspecto, historicamente, a estrutura industrial brasileira tem evoluído para uma estrutura heterogênea intersetorial, constituída por um grande número de setores econômicos que não têm expressividade coletiva, como acontece com o mercado norte-americano, onde existe a indústria automobilística, por exemplo, que agrega e movimenta outros setores como o financeiro, pneumáticos, vídeo e aço, conforme já apontado.

De acordo com estudo realizado pela Fundação Getúlio Vargas (FGV, 2011), o panorama brasileiro envolvendo os 10 maiores setores econômicos era em 2008 e 2009:

	Pré-crise (jul.2008)	Pós-crise (dez. 2009)
Papel e celulose	93,2	90,4
Material de transporte	92,5	88,5
Vestuário e calçados	86,9	87,1
Minerais não metálicos	89,3	86,6
Produtos de matéria plástica	85,8	86,3
Mecânica	87,8	83,7
Produtos alimentares	84,6	81,6
Material elétrico	83,0	78,7
Produtos farmacêuticos	71,7	72,9
Indústria em geral	86,2	83,8

QUADRO 1 – Panorama dos 10 maiores setores econômicos brasileiros nos períodos pré e pós-crise
FONTE: FGV, 2011.

Conforme estudo de Sondagem de Investimentos da Indústria da Fundação Getúlio Vargas (FGV), publicado no jornal O *Estado de São Paulo*, em matéria de Nunes (2012, B7), a média da redução de investimentos em 2011 da indústria foi na ordem de 20%, e em 2012 houve o incremento de 28%, ocorrendo ainda investimentos em decorrência do "esgotamento da capacidade e a confiança de que a economia vai crescer".

Na verdade, a transformação da pirâmide econômica pressiona os diferentes segmentos da economia, considerando a cadeia de valores, onde existem fornecedores, produtores, distribuidores e clientes com novas necessidades.

Atualmente, parte do mercado – a emergente classe C – está consumindo mais, entretanto, as empresas não estão preparadas para atender a esta mudança repentina de consumo.

Pelo quadro anterior, constata-se que os maiores setores econômicos estão trabalhando abaixo do seu nível de produção, optando por não deslocar investimentos e sim importar matéria-prima e outros produtos. A Nestlé, por exemplo, optou pela importação de parte do que comercializa no país.

A iniciativa privada deveria aumentar significativamente seu nível de investimento no sentido de atender de forma mais pontual as diferentes necessidades do mercado e não apenas importar produtos básicos, semimanufaturados e manufaturados, substituindo a produção interna.

Ano	Exportações	Importações
2001	58 223	55 602
2002	60 362	47 243
2003	73 084	48 326
2004	96 678	62 836
2005	118 529	73 600
2006	137 808	91 351
2007	160 649	120 627
2008	197 942	172 895
2009	152 995	127 722
2010	201 915	181 649
2011	256 000	226 200

Quadro 2 – Comparativo das exportações e importações brasileiras nos últimos 11 anos feito a partir das balanças comerciais de cada ano.
Fonte: Autor.

Como resultado, o país tem enfrentado expressivo aumento na pauta de importações, proporcionalmente superior ao crescimento das exportações. Além disso, as exportações brasileiras nos últimos anos têm demonstrado perda de qualidade, com o aumento da participação de *commodities* em detrimento de produtos acabados. Inversamente, ocorre importação cada vez maior de produtos agregados e a diminuição de produtos considerados básicos, como aponta o gráfico abaixo:

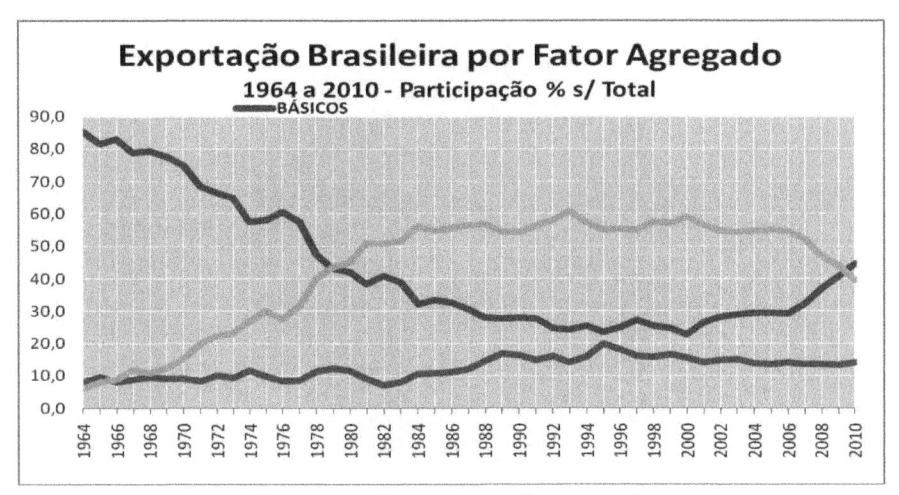

GRÁFICO 1 – Exportação por fator agregado
FONTE: MDIC, 2012.

Assim, a inserção do país nos mercados internacionais depende, hoje, mais dos esforços das empresas do que do governo, que não assume posturas eficazes. As instituições privadas é que tem se mobilizado e precisam continuar nesses esforços empreendedores.

E, para o incremento das atividades exportadoras de maior valor agregado, bem como para a emigração de negócios internacionais, as empresas devem compreender que existem categorias de estratégias que visam inserir o negócio, produto ou serviço de forma organizada e com menor risco, como se verá a seguir.

O marketing internacional e a sustentabilidade

As ferramentas de marketing internacional diferem daquelas do mercado doméstico. O marketing *mix* doméstico é a composição dos chamados 4 Ps: produto, preço, ponto de distribuição e promoção. Já para o mercado internacional, aos 4 Ps somam-se mais dois: o *public relations* e o *power* (relações públicas e poder). De nosso especial interesse para esta discussão é a importância do *public relations*.

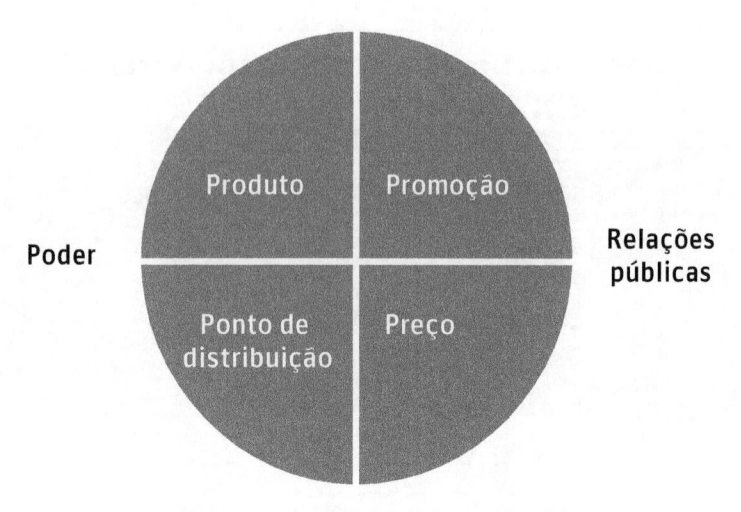

FIGURA 2 – Marketing Mix Internacional
FONTE: Adaptado de Kotler, 1986.

É essa ferramenta mostrada pela teoria do megamarketing que pode ajudar a resolver questões delicadas que surgem em decorrência de processos de exportação e importação, que implicam na transferência física de mercadorias, embalagem e transporte entre regiões. Com o trânsito destas entre países pode ocorrer a transferência, involuntária, de outros elementos que podem ser nocivos ao país destino, como materiais que necessitam de descarte específico (como os materiais hospitalares), bem como outros elementos como insetos e similares. Eis um dos problemas contemporâneos atrelados à questão de importação e exportação. É nesse sentido que se destaca a importância da utilização das ferramentas de *public relations*, com as quais é possível a construção e manutenção de uma imagem favorável perante os diferentes *stakeholders* por meio da utilização verdadeira da preocupação com o meio ambiente e a sociedade. Tal preocupação pode ser informada ao mercado pelos diferentes meios de comunicação e devidamente convertidas em um maior envolvimento do consumidor com os propósitos da empresa.

A sustentabilidade como fator de crescimento econômico das nações e empresas

A sustentabilidade foi, até então, tratada neste capítulo como meio de designar a gestão financeira-operacional das instituições e organizações. Mas, como observa Achim Steiner (PNUMA), "em breve o meio ambiente vai definir o crescimento econômico", por isso focaremos agora a questão da sustentabilidade na ótica da gestão ambiental como prática e políticas organizacionais que visam à preservação da natureza e o crescimento orgânico sustentado.

De um lado, temos os governos preocupados com a opinião pública e, de outro, organismos internacionais que podem influenciar direta e indiretamente as políticas sociais e mesmo econômicas, se houver implicações relacionadas a dívidas internacionais e respectivos serviços. O bem-estar ecológico não é mais uma responsabilidade única e exclusiva de um governo, mas relaciona-se com aspectos globais, podendo ser ranqueado internacionalmente.

As empresas perceberam que podem se diferenciar de concorrentes utilizando práticas que visam à otimização de recursos não renováveis. Durante muitos anos, houve a preocupação de contribuir financeiramente com programas relacionados ao meio ambiente. Atualmente, são práticas comuns a divulgação da utilização de novas tecnologias e a oferta de produtos ou serviços politicamente corretos. Pensando desta forma, as empresas conseguem uma exposição positiva perante os diferentes grupos de interesse e, ao mesmo tempo, reduzem custos, despesas e processos. Tal redução se refere ao melhor acreditamento das empresas, seus produtos e serviços no mercado, reduzindo os investimentos em comunicação e marketing.

A incorporação de uma filosofia voltada para a sustentabilidade produtiva pode trazer uma série de benefícios para empresa e consumidores, influenciando toda a cadeia de valores (*input, throughput* e *output*), inclusive o espírito empreendedor. Conforme Paulo Nigro no seminário "A livre iniciativa no combate à crise" (2009, p.75), não devemos

> [...] incorporar a crise no processo mental e de gestão. Temos que encontrar saídas com o que temos: o portfólio, canal de distribuição, força de vendas. Na Tetra Pak é proibido falar em crise. Adaptamo-nos e não paramos de investir naquilo que era fundamental para o cliente.

Dentro desta visão, Oliveira (2008, p.94) define *stakeholders* como:

> aquelas partes legitimamente interessadas no funcionamento da empresa, seja porque impactam ou são impactados pela empresa, ou simplesmente têm interesse sobre como a empresa se comporta. Entre eles podemos incluir comunidades

afetadas pela empresa, empregados, consumidores, fornecedores, associações comerciais, governos, mídia e ONGs, além da sociedade como um todo.

Observamos que a preocupação não é somente com a produção, mas de garantir a sustentabilidade ambiental do processo. Assim, a International Organization for Standardization (ISO), que congrega mais de cem países, regula por meio da ISO 14000, normas que buscam a redução da carga de poluição gerada pelas empresas no sistema produtivo, bem como dos desperdícios de matéria-prima. No Brasil, todo o processo de certificação é gerenciado pela Associação Brasileira de Normas Técnicas (ABNT). As empresas que atendem às normas recebem uma certificação de validade mundial. Portanto, além do diferencial competitivo, a empresa pode obter ganhos por meio da economia de escala e produtividade obtidos nos processos de produção.

Face ao exposto, nota-se, então, a impropriedade da afirmação de Allan Cohen, reitor da escola de negócios Babson College, que acredita que a preocupação socioambiental obedece a ciclos e pode, futuramente, não mais existir. A conjectura de Cohen se baseia no fato de que as empresas tendem a adotar uma gestão relacionada a custos e, consequentemente, dependendo da situação e do contexto econômico, avaliariam e cortariam as despesas relacionadas ao meio ambiente. Na verdade, práticas que contribuem para o bem-estar ecológico e ambiental podem ser incorporadas no dia a dia das empresas, trazendo a otimização de recursos, bem como a visibilidade espontânea para os públicos interno e externo, envolvendo desde a aplicação dos tradicionais 5 Ss (Seiri [senso de utilização]; Seiton [senso de ordenação], Seisou [senso de limpeza], Seiketsu [senso de saúde] e Shitsuke [senso de autodisciplina]), coleta seletiva de resíduos ou práticas mais pontuais que analisaremos a seguir.

Além disso, como já mencionado, a utilização de *public relations*, principalmente em se tratando de grandes empresas em mercados internacionais, faz-se fundamental para a criação de uma imagem corporativa positiva e manutenção da boa reputação entre os diferentes públicos de interesse, garantindo a eliminação de barreiras e a incorporação de facilitadores de entrada – os chamados "porteiros". Aqui, pode-se incorporar a ideia da criação e oferta de benefícios sociais que facilitem a entrada de novos negócios e empresas em cenários internacionais.

A sustentabilidade no cenário exportador brasileiro

O comércio exterior não envolve somente processos relacionados à exportação de produtos tangíveis; também envolve a intangibilidade e agregação de valor dos serviços agregados à produção, gestão e comercialização. O conceito de pagamento de serviços ambientais (PSA) não é novo. Um de seus melhores exemplos é o tratamento da água da cidade de Nova York, que adotou preventivamente, há décadas, práticas que desoneram a cidade e o contribuinte de impostos.

No Brasil, foi enviado em junho de 2009 um projeto de lei que cria o Programa Federal de Pagamento por Serviços Ambientais, que institui o Fundo Federal de Pagamento por Serviços Ambientais, visando à remuneração de agricultores e pecuaristas que preservam o meio ambiente, principalmente as áreas de mananciais. Existe, portanto, um modo de terceirizar a preservação da natureza.

Essas mesmas práticas podem ser, na verdade, incorporadas como diferenciais competitivos em produtos exportados por empresas nacionais, com a emissão de certificação específica e aval de entidades governamentais.

Ampliando a análise, boa parte do PIB brasileiro origina-se de produtos e serviços do *agribusiness*. Paradoxalmente, em sua maioria, as técnicas adotadas no setor não se pautam pela ótica da preservação do ambiente e da utilização de procedimentos politicamente corretos. O conceito de sustentabilidade não foi totalmente incorporado à cadeia de valores e relacionamentos (o antes, durante e depois da porteira), que envolve desde a produção e comercialização de fertilizantes, empréstimos financeiros, sementes, manutenção, colheita até a comercialização.

Por outro lado, os ambientes de negócios e corporativos podem trazer importantes contribuições para o contexto da sustentabilidade, tais como: a adoção de *pallets* de materiais que substituam os de madeira; a utilização de energia limpa sempre que possível; e a redução na utilização de embalagens que agridem a natureza, com sua substituição pelo bioplástico, que possui ótima durabilidade e, quando descartado, se biodegrada num período de quatro a seis meses.

A Natura Ekos, por exemplo, projeta a sustentabilidade internacional a partir do conceito de que os insumos obtidos nas florestas brasileiras são extraídos de forma justa, contribuindo para a sociedade. De maneira análoga, a multinacional inglesa *Lush* divulga que a maior parte dos componentes de seus produtos é de origem orgânica e natural, privilegiando extratos naturais e produzidos de forma artesanal.

Pensando desta forma, pode-se incorporar o conceito da sustentabilidade em quase todos os produtos que exportamos. No caso do frango, por exemplo, a utilização de insumos e técnicas que não agridam a natureza. Com a necessidade de competitividade internacional, o tempo do nascimento ao abate foi reduzido, pela melhor utilização de recursos e insumos; tanto as rações quanto a criação e o abate podem contribuir para a diminuição dos impactos ambientais; as embalagens de proteção, transporte e exposição podem ser de materiais biodegradáveis. Desta forma, todo o conceito será incorporado ao processo e os resultados obtidos de forma sustentável.

Outro exemplo se refere ao tijolo ecológico, este relacionado ao processo inovador sustentável. Conforme a revista *Comércio Exterior* (2012, p.21):

> O tijolo ecológico é composto por areia argilosa, água e um pouco de cimento, misturados na medida certa e comprimidos em prensas hidráulicas. Pode ser produzido a partir de resíduos industriais e de demolição, permitindo o reaproveitamento de materiais que causam impactos ambientais. O tijolo ecológico não é novo.

O que é novo, no conceito do tijolo ecológico, é a tecnologia brasileira reproduzida nas máquinas fabricadas já em escala, o que pode significar a substituição da atividade rudimentar da fabricação, que inviabiliza o processo de exportação do produto, por outro, com maior valor agregado.

Recomendações para manter a sustentabilidade do planeta

Programas de conscientização são importantes para alertar e procurar novas respostas ao problema. Entretanto, às vezes, a conscientização não está associada diretamente a ações pragmáticas que consigam a convergência necessária para a solução de problemas no tempo esperado. Como exemplo, temos o cinto de segurança na cidade de São Paulo. Sempre ocorreram programas de conscientização, mas, às vezes, a população esquecia-se de utilizá-lo, o que implicava em maior gravidade nos acidentes. A partir da implantação da lei, a utilização obrigatória contribuiu significativamente para a redução da mortalidade e do número de acidentes com lesões mais graves.

Desta forma, é importante que o problema da sustentabilidade do planeta seja debatido e inovações sejam realizadas. Entretanto, temos o relógio como um dos principais inimigos. Sugerimos neste capítulo, por exemplo, a cobrança de um imposto sobre todas as exportações dos países pertencentes à Organização Mundial do Comércio (OMC). O imposto seria cobrado de todos e, assim sendo, oneraria proporcionalmente, de acordo com a participação do país no comércio internacional; então, países mais industrializados pagariam mais e os menos favorecidos menos impostos. O resultado financeiro seria transferido para um fundo internacional e reaplicado em programas que visassem a sobrevivência do planeta. Com esta ação, haveria a democratização de recursos financeiros e, o mais importante, a democratização de resultados sob o ponto de vista ambiental.

O empreendedorismo no cenário internacional brasileiro

A ação empreendedora sempre é bem-vinda, porém se deve ressaltar que o desempenho de nossas exportações deriva de vários fatores, inclusive o que e como produzimos. Conforme a revista *Exame*, em matéria de Stefano e Maia Jr. (2012, p.40), temos a seguinte relação de realidade na questão do Custo Brasil, além dos componentes já conhecidos.

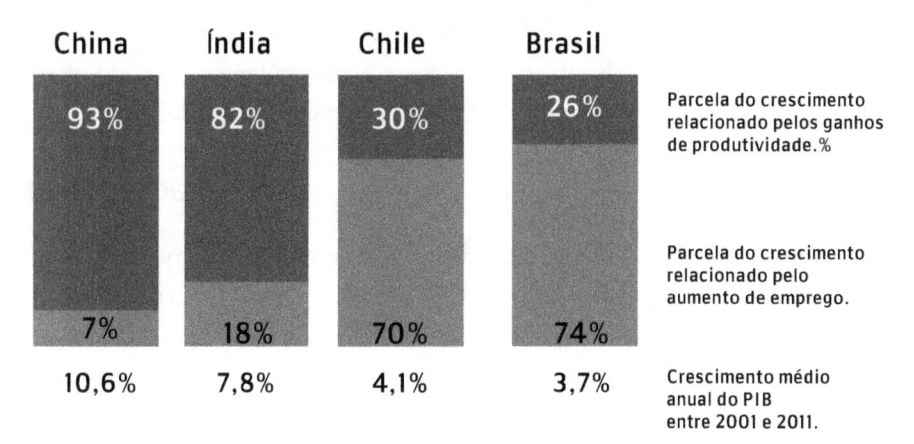

	China	Índia	Chile	Brasil	
	93%	82%	30%	26%	Parcela do crescimento relacionado pelos ganhos de produtividade.%
	7%	18%	70%	74%	Parcela do crescimento relacionado pelo aumento de emprego.
	10,6%	7,8%	4,1%	3,7%	Crescimento médio anual do PIB entre 2001 e 2011.

FIGURA 3 - Produtividade, emprego e PIB
FONTE: Adaptado de Stefano; Maia Júnior, 2012, p. 40.

Nota-se, então, uma baixa produtividade que influencia no resultado de volume de produção, emprego e também no nível comercial. No caso do comércio exterior brasileiro, o fator empreendedor pode ser relacionado inicialmente na participação das microempresas no cenário exportador. Historicamente, quase metade da quantidade das empresas que exportam é de pequeno porte, o que pouco representa em relação ao resultado exportador. Na média, menos de um por cento das vendas internacionais são provenientes desta categoria de empresa, o que não diminui a sua importância no contexto econômico e social do país. Deve-se considerar também o esforço dessas empresas para acessar os mercados internacionais, uma vez que existem barreiras naturais como falta de recursos, produção, poder de barganha, comercialização e pós-venda.

Pela perspectiva das médias e grandes empresas, há a necessidade de manter posição competitiva, com a criação e introdução de novas formas de produzir, comercializar e se relacionar com o mercado internacional. Então, a aplicação de estratégias de captação de recursos e clientes por meio de *global sourcing*, parcerias entre empresas de ramos diferentes, mas que encontram um objetivo único (*merger*), e mesmo novas formas de repensar o negócio (como o caso já citado da produção e abate de frangos), fazem com que o empreendedorismo seja parte integrante e importante para todas as empresas e profissionais que atuam no Sistema de Comércio Exterior Brasileiro e que utilizam as estratégias de Marketing Internacional.

Se bem planejadas, as políticas industriais e de comércio exterior podem resultar em um melhor volume de exportações e, consequentemente, em maiores riquezas, que devem ser democratizadas para a comunidade doméstica.

Considerações finais

A evolução para um país mais desenvolvido está intimamente relacionada às suas políticas públicas e privadas. Cabe ao governo a coleta de impostos e a gestão de recursos básicos como a infraestrutura, educação e saúde, por exemplo. Pode-se afirmar que a maior responsabilidade de qualquer governo está relacionada à fluidez das empresas no mercado interno, atendendo a questões de emprego, e como facilitador nos processos de internacionalização. E é das empresas a responsabilidade de crescimento financeiro e econômico pela utilização de estratégias que visem ao crescimento de negócios e vendas de produtos e serviços. A contribuição das exportações é trazer dinheiro novo para o mercado doméstico, divisas para o país, empregos, novas tecnologias e conhecimentos pela assimilação e relacionamentos de contatos.

Com essas perspectivas, as empresas e entidades do governo devem entender que tal crescimento deve ocorrer considerando o meio ambiente, a responsabilidade social bem como o bem-estar dos *stakeholders* e *stockholders*. A partir desta filosofia e visão mais orgânica, as empresas estarão cumprindo seu dever dentro do conceito da responsabilidade social. Esta deve estar integrada ao empreendedorismo e à inovação, principalmente em se tratando de cenários internacionais, pois se configuram em ações complexas principalmente de longo prazo. O que se espera das empresas é o resultado comercial e do governo a infraestrutura institucional necessária. Com esta união, pode-se esperar o crescimento econômico, financeiro e social de um país e de toda a comunidade e sistema. Mais importante do que discursar sobre a importância dos assuntos abordados neste capítulo é pôr em prática as ações. Daí deriva o empreendedorismo real.

Questões para reflexão

1. Qual a função social de uma empresa?

2. Como definir a responsabilidade social sob o ponto de vista da empresa?

3. Como definir a responsabilidade social sob o ponto de vista do consumidor?

4. Como a responsabilidade social está relacionada ao crescimento das empresas?

5. A preocupação ambiental está presente em discussões nos últimos anos em todos os setores econômicos. A que se deve este fato?

6. Como as empresas podem preservar seu crescimento econômico e financeiro, considerando a responsabilidade ambiental e a responsabilidade social?

7. Qual o papel do governo sobre as empresas em se tratando de responsabilidade social?

8. Qual o papel do governo sobre as empresas em se tratando de gestão ambiental?

9. É correto incorporar ações de responsabilidade social e ambiental nos custos de produção de uma empresa?

10. É correto acrescentar as ações de responsabilidade social e ambiental nas estratégias de marketing de uma empresa?

11. Explique como os *stakeholders* podem influenciar a cadeia de valores de uma empresa ou negócios.

12. Você considera um bom argumento para a produção e comercialização de livros virtuais o fato de que com eles é possível evitar danos causados às florestas?

13. As empresas podem incorporar no preço final ao consumidor as suas despesas com a preocupação com o meio ambiente?

14. Qual a relação da ferramenta Relações Públicas no marketing *mix* internacional?

15. Como incorporar a responsabilidade social nas estratégias de marketing internacional?

Estudos de caso

Caso 1

As operações de exportação e importação envolvem a transferência física de bens entre regiões, portanto, implicam transporte, como o marítimo, por exemplo. No deslocamento entre regiões, pode ocorrer da embarcação trazer junto ao seu casco micro-organismos e similares, bem como a água de lastro. Conforme Newton e Botter (2012), "o lastro tem por objetivo aumentar ou diminuir o calado do navio durante a navegação para garantir a sua segurança. Os tanques são preenchidos com água para aumentar ou diminuir o calado do navio durante as manobras portuárias." Por convenção internacional, a referida água não pode ser descartada na região do país destino, mas sim devolvida à região do país origem. Com o desenvolvimento da ciência náutica, os cascos de madeiras foram sendo gradativamente substituídos pelos de aço, diminuindo (mas não eliminando) a possibilidade de mistura de organismos em outro meio. Conforme o site Invasões Biológicas Marinhas

(2012) ainda pode existir a questão da bioincrustação mesmo com a substituição dos cascos de madeira por outros. Entretanto, atesta o mesmo site que as embarcações domésticas ajudam também a proliferar de maneira mais regionalizada os estranhos ao ecossistema local. Considerando as plataformas de petróleo,

> As plataformas para exploração de petróleo também consistem em vetores importantes no aumento da distribuição de várias espécies marinhas, pois não possuem proteção anti-incrustante eficaz, podem passar longos períodos estacionadas ou serem arrendadas de outros países, como no caso do Brasil. O exemplo da introdução de *Tubastrea coccinea*, um coral escleractíneo, por plataforma no Brasil é um caso conhecido, assim como *Hypsoblennius invemar*, um peixe da família Blenniidae, recentemente encontrado associado às plataformas na região sul brasileira

Em complemento ao problema proveniente da bioincrustação,

> A recente introdução do mexilhão *Mytilopsis sallei* na região nordeste da Austrália, assim como a introdução da alga *Undaria pinnatifida* no sudeste da Tasmânia e Nova Zelândia por embarcações pequenas e a distribuição do poliqueta *Sabella spallanzanii* no noroeste da Austrália são exemplo da importância deste vetor na introdução e espalhamento de espécies exóticas.

Gaspari (2012) mostra a presença do Coral-Sol (denominado anteriormente como *Tubastrea coccinea*, além da Tubastrea tagusensis), do Oceano Pacífico, que está proliferando desde a década de 1980 no Brasil a partir da incrustação em cascos de navios e nas plataformas de petróleo. A primeira identificação foi na costa do Rio de Janeiro, tendo se alastrado de forma agressiva por extensa faixa litorânea, eliminando grande parte do ecossistema marinho. Segundo o mesmo site, "Conforme informações da Organização Internacional Marítima, uma espécie é considerada invasora quando causa danos ecológicos, econômicos ou para a saúde humana. Elas são consideradas uma das quatro maiores ameaças à biodiversidade marinha".

Existe toda uma preocupação por parte dos pesquisadores e biólogos no controle deste tipo de praga, tendo inclusive um trabalho manual e artesanal realizado por mergulhadores para retirar a espécie invasora. Esta situação envolve a fauna e flora marítima, mas é decorrente da utilização equivocada dos recursos disponíveis e sem o devido planejamento.

1. De quem é a responsabilidade dos fatos relatados no estudo de caso?

2. Como os impactos ambientais poderiam ter sido diminuídos nesse exemplo?

3. Qual proposta de melhoria você sugere para que não houvesse maiores consequências às águas brasileiras?

4. Como a situação afeta toda a cadeia de valores de uma empresa?

5. Como a situação afeta toda a cadeia de valores de um negócio?

Caso 2

Produtos e serviços contribuem significativamente para o atendimento das necessidades e desejos das pessoas – quer sejam consumidoras ou acionistas da empresa. A sobrevivência de uma empresa depende de vários fatores e, quando está relacionada à inovação e empreendedorismo, torna-se ainda mais complexa.

A Tetra Pak, por exemplo, desenvolveu o conceito da embalagem longa vida, destinada a envasar produtos líquidos e pastosos, melhorando sua conservação (pois elimina a necessidade de refrigeração), distribuição e manuseio. Consiste em embalagem cartonada, com três materiais básicos que compõem sua estrutura (papel, polietileno e alumínio), cada um deles com uma função específica. Trata-se de uma inovação de categoria radical, considerando o setor de embalagens e uma inovação incremental, se analisada em relação aos seus clientes *B to B*. A empolgação com o ineditismo inicial do conceito e sua aplicação foram sendo substituídos, gradativamente, pela preocupação estratégica de manutenção do ambiente. Isto porque os materiais que compõem a embalagem precisariam ser extraídos do meio ambiente, sem causar danos, e depois descartados, sem prejuízos a este.

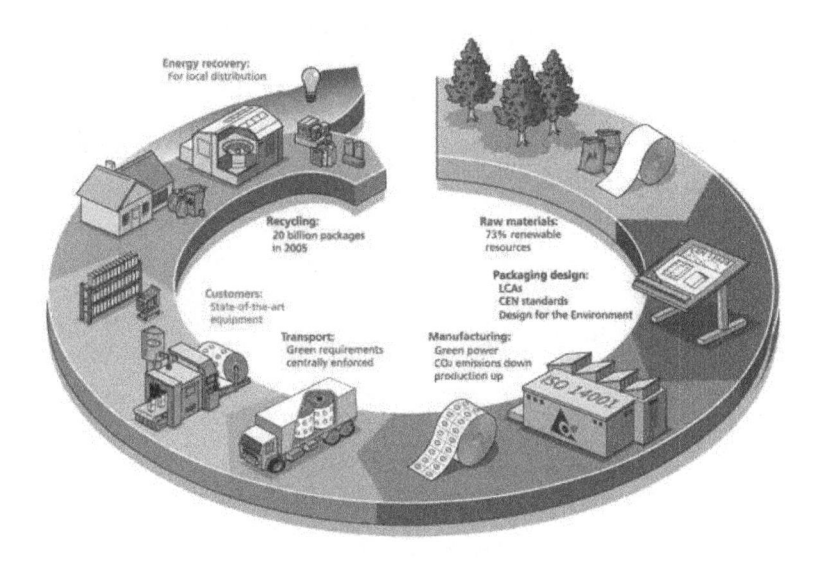

Figura 4 – Ciclo de vida da embalagem Tetra Pak
Fonte: Tetrapak.com.

Conforme o site Embalagem Sustentável (2012), a empresa tem passado por uma série de providências e mudanças de processos, tendo a preocupação maior de manter uma sustentabilidade socioambiental e financeira. Além do apoio à reciclagem tradicional, o desenvolvimento tecnológico de novos meios de produção, distribuição, logística e de comercialização tem contribuído para o sucesso do processo e, consequentemente, para os negócios da empresa. A Figura 4 identifica e demonstra a integração de toda a cadeia de valores do ambiente de negócios onde a empresa está inserida. Os principais fornecedores são certificados, como os de papel, que é proveniente de florestas certificadas pelo *Forest Stewardship Council* (FSC) e os de plástico e alumínio pela ISO 14001. Em relação à logística externa, o transporte é otimizado, com a preocupação da diminuição do consumo de combustíveis e, consequentemente, dos níveis de poluição. Além da redução de custos e despesas, é possível perceber os ganhos intangíveis para a sociedade.

1. Que lições podem ser extraídas deste estudo de caso?
2. De que forma este estudo de caso complementa o primeiro?
3. Explique detalhadamente a preocupação da empresa citada com o meio ambiente.

4. Qual o grau de dependência da empresa ou mesmo do setor de negócios com os *stakeholders* e *stockholders*?

5. De que forma as certificações internacionais podem contribuir ou mesmo influenciar o consumo de produtos e serviços por parte de clientes jurídicos e físicos?

Referências bibliográficas

BOWERSOX, D., CLOSS, D.; COOPER, M. B. *Gestão da cadeia de suprimentos e logística*. 2. ed. São Paulo: Elsevier, 2008.

CARDOSO, Fernando Henrique. *A arte da política:* a história que vivi. 3. ed. Rio de Janeiro: Civilização Brasileira, 2006.

CAVALCANTI, Vanessa M.M. *Plataforma continental*. A última fronteira da mineração brasileira. Brasília. Ministério das Minas e Energia. Disponível em: <http://www.dnpm.gov.br/mostra_arquivo.asp?IDBancoArquivoArquivo=5579.>. Acesso em: 12 dez. 2012.

COMÉRCIO EXTERIOR. Publicação do Banco do Brasil, edição 90, ano 20, 4º trimestre de 2012.

DICKEN, P. *Mudança global:* mapeando as novas fronteiras da economia mundial. 5. ed. Porto Alegre: Bookman, 2010.

EMBALAGEM SUSTENTÁVEL. Disponível em: <http://embalagemsustentavel.com.br/2011/06/21/tetra-pak-e-o-pos-consumo>. Acesso em: 15 dez. 2012.

FGV. Fundação Getúlio Vargas. *FGV confiança*. Disponível em: <http://portalibre.fgv.br/main.jsp?lumChannelId=4028809722611B-CB0122614E977D2265 >. Acesso em: 01 de jun. de 2011.

FIESP. *Nível de Utilização da Capacidade Instalada*, NUCI. Disponível em: <www.fiesp.org.br>. Acesso em: 12 jan, 2013.

FIGUEIREDO, J. "Difusão de produtos através de países". In: AMATUCCI, M. (Org.). *Internacionalização de empresas*. Teorias, problemas e casos. São Paulo: Atlas, 2008, p.105-122.

FREEMAN, E.; REED, D. *Stockholders and stakeholders:* a new perspective on corporate governance. *California Management Review*, v.25, n.3, p.88-106, 1983.

GASPARI, Lucas. *Coral Sol invasor é registrado pela primeira vez no Brasil em recife de coral, na Baía de Todos os Santos*. 6 abr. 2012. Disponível em: <http://www.promar.org.br/pt/novidades/noticias/2012/abril/coral-sol-

invasor-e-registrado-pela-primeira-vez-no-brasil-em-recife-de-coral-na--baia-de-todos-os-santos>. Acesso em: 10 mar. 2013.

Geus, Arie de. *A empresa viva*. Rio de Janeiro: Campus, 1999.

Hsm Management. *Marketing*: como chegar aos pobres da América Latina. Edição 44. Disponível em: <http://www.hsm.com.br/revista/marketing-como-chegar-aos-pobres-da-america-latina>. Acesso em: 11 jun. 2011.

Ibge. *Sinopses por Setores*. Disponível em: < http://www.censo2010.ibge.gov.br/sinopseporsetores>. Acesso em: 10 jun. de 2011.

Invasões Biológicas Marinhas. Disponível em: <http://zoo.bio.ufpr.br/invasores/incrust.htm>. Acesso em: 12 dez. 2012.

Ipsos Public Affairs. Observador 2011. Disponível em: <www.ipsos.com.br>. Acesso em: 10 jun. 2011.

Kotler, P.; Armstrong, G. *Princípios de marketing*. 7. ed. São Paulo: Prentice Hall, 1998.

_____; Keler, K. L. *Administração de marketing*. 12. ed. São Paulo: Prentice-Hall, 2010.

_____. Megamarketing. 1986. *Harvard Business Review*. Disponível em: <http://hbr.org/1986/03/megamarketing/ar/1>. Acesso em 22 dez. 2012.

Kuazaqui, Edmir Kuazaqui. *Marketing internacional*: construindo e desenvolvendo competências em cenários internacionais. São Paulo: M. Books, 2007.

Malhorta, N. *Pesquisa de marketing*. Foco na decisão. 3. ed. São Paulo: Pearson, 2011.

Mdic. *Ministério do Desenvolvimento Indústria e Comércio Exterior*. Disponível em: <http://www.mdic.gov.br/sitio>. Acesso em: 07 jul. 2012.

Ministério Da Fazenda. *Economia brasileira em perspectiva*. Fev. 2012. Edição especial. Disponível em:<http://www.fazenda.gov.br/portugues/

docs/perspectiva-economia-brasileira/edicoes/Economia-Brasileira-Em-
-Perspectiva-14Ed.EspecialFev2012.pdf>. Acesso em: 13 dez. 2012.

Nunes, Fernanda. *Indústria reduz investimentos em 28% este ano.* O Estado de São Paulo, B7, 14 dez. 2012.

MINISTÉRIO DO MEIO AMBIENTE. Para Achim Steiner, são vários os fatores que contribuirão para o crescimento econômico de uma nação, e a questão ambiental deixará o plano secundário para assumir um papel fundamental. Disponível em: <http://www.mma.gov.br/informma/item/3907-meio-ambiente-vai-definir-crescimento-economico-diz-diretor-do-pnuma>. Acesso em: 06 mar. 2015.

Oliveira, José Antonio Puppim de. *Empresas na sociedade*: sustentabilidade e responsabilidade social. São Paulo: Campus, 2008.

Pereira, Newton Narciso; Botter, Rui Carlos. *Uma abordagem sobre água de lastro.* Disponível em: <http://www.ipen.org.br/downloads/XXI/083_PEREIRA_NEWTON_NARCISO.pdf.>. Acesso em: 13 dez. 2012.

Padiglione, C. *Mudanças no jornalismo da Globo apontam tendência mais popular.* O Estado de São Paulo. 21 jun. de 2011. Caderno 2.

Prahalad, C.K. *A Riqueza na base a pirâmide.* Como erradicar a pobreza com o lucro. Porto Alegre: Bookman, 2008.

_____; Hart, S. L. *O pote de ouro na base da pirâmide.* HSM Management, n.32, ano 6, 2002.

Rehder, Marcelo. *Indústria desembolsa R$7,5 bilhões por ano para bancar serviços públicos.* O Estado de São Paulo, 25 dez. 2012.

Seminário "A livre iniciativa no combate a crise". ABAP, LIDE, 2009.

Stefano, F.; Maia Júnior, H. *Brasil leva surra dos EUA em produtividade: como melhorar? Revista Exame*, ed.1025, 03 out. 2012. Disponível em: <http://exame.abril.com.br/revista-exame/edicoes/1025/noticias/agora-vem-a-parte-mais-dificil>. Acesso em: 10 out. 2012.

Capítulo 8

Empreendedorismo e terceira idade

> *Ter o próprio negócio é trabalhar 80 horas por semana a fim de não trabalhar 40 horas por semana para outra pessoa.*
>
> RAMONA A. F. ARNETT

Vera Lucia Saikovitch

Objetivos

- Conceituar empreendedorismo e empreendedor;
- Apresentar uma visão do empreendedorismo maduro no mundo e no Brasil;
- Discutir características do empreendedor maduro;
- Indicar tendências do empreendedorismo na terceira idade;
- Prover informações gerais sobre programas de qualificação e de apoio;
- Descrever casos de empreendedorismo na terceira idade;
- Relacionar conhecimentos básicos para o empreendedor maduro.

Introdução

Empreendedorismo costuma ser entendido como uma atividade desempenhada por jovens, mas na sociedade contemporânea, com o aumento da longevidade, melhoria da qualidade de vida, o desenvolvimento econômico atingindo mais indivíduos, e o avanço da tecnologia da informação e comunicação, que permite tanto o trabalho como a aprendizagem à distância, uma parcela da população, ao atingir a idade para se aposentar, ou mesmo antes dela, não consegue encontrar emprego que aproveite seus conhecimentos e acaba adotando essa prática.

Assim, muitos se voltam para a criação de negócios próprios, sejam eles de serviços ou produção, por motivos variados: sobreviver, aumentar sua renda, manter-se ocupado, realizar um sonho não concretizado durante a vida laboral. Outros ainda buscam uma atividade no voluntariado, para compartilhar o que têm ou retribuir à sociedade parte daquilo que dela receberam. O então chamado empreendedorismo maduro está crescendo tanto nos países menos desenvolvidos, mas em menor escala, quanto em países industrializados. Casos mostram que o empresário mais idoso é até mais bem-sucedido do que o mais jovem.

Várias instituições no mundo se ocupam dessa atividade como meio de reduzir a pobreza e permitir a inclusão social, estudando empreendedorismo, propondo alternativas para que organizações públicas e privadas o implementem e criando formas de preparar os potenciais empreendedores para obterem sucesso, com conhecimentos e instrumentos que os auxiliem a reduzir a possibilidade de fracasso. Entre esses instrumentos, encontram-se pesquisa de produto e de mercado, motivação e formalização de um plano de negócios, mesmo simples, que sirva de guia para o novo empresário.

Empreendedorismo e empreendedor

O empreender não é novidade: quantos, ao lerem sobre as viagens de Marco Polo, pensaram que ele poderia ser um empreendedor? Saía da Itália, com produtos que podiam ser vendidos, trocados (ou roubados) durante o trajeto, até chegar ao destino, onde adquiria outros bens que ele sabia serem necessários ou desejados na Europa. O perfil do empreendedor mudou, mas o espírito permanece igual.

Para Kotler (2003), o empreendedor é o equivalente moderno dos pioneiros em busca de novas fronteiras, alguém imbuído de paixão e energia para criar algo novo, que assume riscos contra todas as chances, para construir algo inédito e não só ganhar dinheiro. Ressalta, porém, que é necessário muito trabalho e manter vivo o espírito empreendedor, mesmo após o sucesso da empresa e a instalação da rotina.

Décadas antes, Schumpeter (apud MAXIMIANO, 2006, p.5) já havia argumentado que os empreendedores inovam pelo uso que fazem das invenções e pela "introdução de novos meios de produção, novos produtos e novas formas de organização. O empreendedor promove a 'destruição criativa', tornando obsoletos os recursos existentes e necessária a sua renovação". Além disso, reitera que a "destruição criativa" ocasiona o progresso e a melhoria contínua do padrão de vida coletivo.

Já Gartner (1989, apud DORNELAS, 2007, p.8) define empreendedorismo como a atividade desenvolvida pelo empreendedor, que "é aquele que faz acontecer, se antecipa aos fatos e tem uma visão futura da organização". Para Griffin (2007, p.159), empreendedorismo é "o processo de planejar, organizar, operar e assumir o risco de um novo negócio" e empreendedor é "alguém que se envolve com o empreendedorismo". Turner (2006), por sua vez, acrescenta que o empreendedor cria riqueza como consequência de sua ação.

Segundo o Parlamento e o Conselho Europeus, o senso de iniciativa e empreendedorismo é uma das 8 competências-chave da aprendizagem continuada e

> "refere-se à habilidade do indivíduo de transformar ideias em ações. Inclui criatividade, inovação e aceitação do risco, bem como a habilidade de planejar e gerir projetos para atingir objetivos. Isso auxilia indivíduos, não só em sua vida diária em casa e na sociedade, mas também no local de trabalho, a estar conscientes do contexto de seu trabalho e ser capazes de aproveitar oportunidades e é base para habilidades e conhecimentos mais específicos necessários para aqueles que estabelecem ou contribuem para uma atividade social ou comercial" (PINTO, s.d., p.6).

Note-se que essa competência aplica-se à perfeição ao empreendedor maduro que, mudando de contexto, já tem habilidades e conhecimentos e parte em busca do que lhe falta para atingir seu objetivo.

O empreendedorismo, segundo o SELA (Sistema Econômico Latino Americano e do Caribe) (2012), é um meio de ampliar a trama dos negócios e gerar oportunidades de trabalho para combater a pobreza e promover a inclusão, com impacto positivo na economia e na sociedade, baseando-se em valores como cooperação, responsabilidade social, cidadania, autonomia e participação, gerando renda e promovendo o desenvolvimento.

Dornelas *et al.* (2010, p.41-42) destacam que

> "empreendedores eficazes são líderes motivados internamente, de muita energia, com uma tolerância singular com a ambiguidade, um olho aguçado para minimizar riscos, e uma paixão pela descoberta e inovação. Esses líderes criam ou identificam e seguem oportunidades organizando os diversos recursos para desenvolver novos mercados e enfrentar a inevitável concorrência."

Note-se a inclusão de "enfrentar a concorrência", fator que não pode ser minimizado pelo empreendedor moderno, seja ele jovem ou maduro, pois o ciclo de vida das inovações se encurta cada vez mais e há facilidade de cópia ou imitação de muitas delas.

Pesquisa de Nassif *et al.* (2009, p.82-83) relata a opinião de alunos do nível superior, para quem

> "o empreendedor é corajoso, corre risco, é criativo, determinado, investe tempo e dinheiro em objetivos pessoais claros ligados a seus sonhos, tanto no âmbito de negócios quanto na vida pessoal. Tem crença no seu potencial e na sua capacidade de realização, aproveitando os fatores disponíveis e transformando-os em oportunidades".

As fontes de formação do empreendedor são o ambiente familiar (exemplo empreendedor na família), aprendizado (dos erros cometidos por pais empreendedores) e acadêmico (matérias, bibliotecas, incentivo à teoria e à prática, união de conhecimentos teóricos e práticos).

Para os empreendedores consultados, as suas características são enfrentar desafios, ter iniciativa, encorajar e liderar grupos de pessoas, pensar estrategicamente e promover inovação, além de uma boa base educacional e cultural. Nassif *et al.* (2009) mostraram que apoio governamental para a formação empreendedora é relevante, mas igualmente uma barreira, pela falta de políticas públicas que favoreçam o empreendedorismo.

Pode-se caracterizar os empreendedores, também, pelos motivos que os levaram a tal atividade, sendo as mais empregadas o empreendedorismo por necessidade – o indivíduo é empurrado para começar um negócio porque não tem outras opções de trabalho e necessita uma fonte de renda –, mais comum em economias menos desenvolvidas, e o por oportunidade – o indivíduo deseja explorar uma oportunidade ou é motivado por uma possibilidade de melhoria, de aumentar a renda ou tornar-se independente. Na América Latina e no Caribe, há uma diferença de cerca de dez pontos percentuais entre as duas categorias, enquanto que, na União Europeia e Estados Unidos, os empreendedores por oportunidade superam (mais de 50%) os por necessidade (menos de 20%) (GEM, 2013, p.33).

A esses dois tipos de empreendedor, Dornelas (2007) acrescenta o serial, que é o apaixonado não apenas pelas empresas que cria, mas pelo ato de empreender, que não se contenta em criar um negócio e ficar à frente dele, prefere o desafio de fazer algo novo.

Resumindo, empreender é criar algo novo e empreendedor é aquele que vê oportunidades onde outros não veem, sabe transformar ideias em ações, tem uma visão que persegue acirradamente, consegue recursos para isso e corre riscos, mas não cegamente, sabendo avaliá-los para evitar perder seu investimento, muitas vezes feito com recursos próprios ou de familiares e amigos.

É importante notar que não há empreendedores que possuam todas as características expostas pelos autores citados, mas sim algumas delas, que se compatibilizam com a personalidade do indivíduo, as condições locais e o momento por ele vivido. Assim, o empreendedorismo pode ser estimulado por razões internas e externas.

O empreendedor maduro

De acordo com Szajman (in BARROS, 2009), é importante a recuperação de pessoas aposentadas ou prestes a fazê-lo, pelas competências e características que possuem, para atender às necessidades do desenvolvimento nacional, visto o progressivo envelhecimento da população, resultado de políticas de assistência social, saúde e educação terem reduzido os índices de natalidade e de mortalidade.

A distribuição etária dos brasileiros sofreu mudanças drásticas, passando de um país de jovens, em meados do século XX, para a previsão de um país de idosos em 2050, quando o IBGE estima que 37% da população terá mais de 55 anos, sendo 23%, mais de 65, além de 12 milhões de pessoas com 80 anos ou mais, colocando o país em sexto lugar no mundo. Essa projeção mostra que, se em 2000 havia 12 pessoas na faixa de 15 a 64 anos para cada indivíduo com 65 anos ou mais, esse número passará para apenas três no mesmo grupo. As organizações que veem seus colaboradores mais idosos como produtos acima da "idade competitiva", apesar de a Organização Mundial da Saúde ter revisto para 75 anos a idade determinante da velhice, precisarão mudar radicalmente sua cultura para acomodar a nova realidade (SZAJMAN, in BARROS, 2009).

Para o GEM – *Global Entrepreneurship Monitor* – (2012b), o empreendedor maduro é aquele que está na faixa dos 55 a 64 anos de idade, classificação adotada pela maioria das instituições que atuam na área de empreendedorismo.

No Brasil, o indivíduo com mais de 60 anos é um idoso, conforme definição da Lei n. 10.741, de 1º de outubro de 2003, conhecida como Estatuto do Idoso, que lhe assegura, em seu art. 3º, ser obrigação da família, da comunidade, da sociedade e do Poder Público, com absoluta prioridade, a efetivação de vários direitos, entre eles os da educação, cultura, trabalho, cidadania e dignidade.

Não obstante a longevidade e a qualidade de vida dos indivíduos terem aumentado, existem restrições informais à continuidade do trabalho assalariado em faixas etárias mais altas, às vezes ao redor dos 40-45 anos; como a aposentadoria pode ser concedida aos 30 anos de trabalho para mulheres e aos 35 para homens, havendo profissões em que esse prazo é de 25 anos, uma parcela da população deixa, voluntaria ou involuntariamente, de trabalhar por volta dos 50 anos, o que implica a perda de sua experiência acumulada. Mesmo assim, o Estatuto do Idoso não é uma garantia ao trabalho.

Na União Europeia, a idade de aposentadoria está aumentando em todos os países-membros e, se for estimulada a atratividade do empreendedorismo para indivíduos mais velhos ou entre gerações, haverá uma razão prática para a criação de empresas nessa região (PINTO, s.d.). Também no Brasil se discute essa ampliação que, se concretizada, permitirá uma vida de trabalho mais longa para o indivíduo, inclusive reduzindo o ônus para o sistema de seguridade social. O fator previdenciário, obtido da soma de tempo de trabalho com a idade para cálculo da aposentadoria, é um passo nessa direção.

Segundo Pinto (s.d.), apesar de o nível de empreendedorismo europeu estar abaixo do norte- e do latino-americano, muitos indivíduos estariam interessados em criar um negócio porque é uma boa opção de carreira, dá status ser empreendedor e a mídia oferece grande cobertura a negócios novos e em desenvolvimento; todavia, apenas 9% das pessoas entre 18 e 64 anos acreditava ter capacidade para ser dono de empresa e haver boas oportunidades de novos negócios em seu ambiente, o que não acontece em países em desenvolvimento.

O empreendedorismo é reconhecido como grande estimulador de inovação, competitividade e desenvolvimento e a existência de atitudes positivas a respeito pode indicar a propensão da população para se engajar nessa atividade, a extensão em que a sociedade pode fornecer suporte cultural e financeiro e gerar um potencial de públicos interessados em ampliar e apoiar os esforços dos empreendedores (GEM, 2012). Comprovando-o, a taxa de empreendedorismo inicial é maior entre os adultos de 45 a 64 anos na América Latina e Caribe; 21% dos maiores de 65 anos nos Estados Unidos eram autônomos e, entre 1995 e 2005, havia o dobro de empreendedores acima de 50 anos do que acima de 25 (PINTO, s.d.).

"Devido ao envelhecimento e a estereótipos negativos, o pessoal mais idoso tende a ser percebido como menos produtivo, inovador e criativo, ambicioso e motivado", mas "pessoas mais velhas são mais experientes, estão envolvidas com maior número de contatos e redes potenciais, tem maior maturidade emocional e, provavelmente, posições financeiras estáveis" (PINTO, s.d., p.4). O número crescente de pequenos negócios criados e geridos por empreendedores maduros na Europa, no Reino Unido e na América do Norte têm vida mais longa e são mais bem-sucedidos do que os administrados por mais jovens. Pesquisa do GEM (2013, p.34) o comprova, acrescentando que, em muitas economias, também estão familiarizados com as tecnologias de informação e comunicação, tornando as empresas com base doméstica uma opção interessante.

Freire e Muritiba (2012) mostram que, em 2012, o Brasil contava com 27 milhões de empreendedores, mas apenas 3,3 milhões na faixa de 55-64 anos, sendo uma das menores participações mundiais, ou seja, 3% do total de empreendedores, que se dedicam principalmente à atividade de serviços (alimentação, 36%, comércio varejista, 20%) e construção (16%), sendo que, nesta, atuavam como marceneiros, eletricistas, encanadores e outros serviços à construção.

Pinto (s.d.) acrescenta outras áreas em que os empreendedores maduros podem identificar oportunidades, como saúde, finanças, entretenimento, moradia, transportes, etc., além de atuarem como conselheiros, gerentes e outros, há o exemplo de uma instituição alemã, o SES, que envia especialistas para darem consultoria a empresas e instituições educacionais na Alemanha e no exterior; realizado voluntariamente, o serviço é considerado um modelo de sucesso.

A Taxa de Empreendedorismo Inicial (TEA), desenvolvida pelo GEM para medir a dinâmica do empreendedorismo, conforme a incidência de negócios nascentes (até três meses) ou novos (até 42 meses) na população adulta de 15 a 64 anos tende a ser alta nos países com PIB baixo, com mais empreendedores por necessidade, o inverso ocorrendo nas economias com PIB alto, com mais empreendedores por oportunidade. A TEA média mais alta foi encontrada nos países da Africa Sub-Saariana (GEM, 2013, p.35).

A distribuição etária dos empreendedores em todas as regiões geográficas segue uma curva normal, com o maior nível de empreendedorismo entre os 25-34 e 35-44 anos de idade, atingindo cerca de 50% do total. Na América Latina/Caribe e África Sub-Saariana há uma participação maior de empreendedores mais idosos, com um terço deles na faixa de 45-64 anos, com variações regionais (GEM, 2012b).

Igualmente, existe maior envolvimento de homens em empreendedorismo na maioria dos países, que varia nos estágios iniciais da atividade: na África Sub-Saariana, é aproximadamente igual; na região do Oriente Médio e Norte da África, a tendência de empreender é 2,8 vezes maior para homens; Equador e Panamá, Gana e Nigéria e Tailândia são os únicos países em que a taxa de empreendedorismo feminino é maior. Na América Latina/Caribe, há cerca de sete pontos percentuais a favor dos homens (GEM, 2013, p.38), enquanto que no Brasil essa diferença já é de 52,2% de mulheres para 47,8% de homens.

A infraestrutura física foi identificada por especialistas como fator positivo em quase todas as economias de cada região, assim como a dinâmica do mercado interno, esta com menor frequência na América Latina/Caribe, na União Europeia e nos Estados Unidos. A educação para empreendedorismo na América Latina/Caribe foi considerada positiva na parte de treinamento pós-escola, mas negativa para a escola fundamental e média, o mesmo acontecendo com as finanças. Assim, o clima para empreendedorismo é afetado por fatores específicos de cada economia (GEM, 2012b).

Quanto às normas culturais e sociais e à transferência de pesquisa e desenvolvimento, os especialistas nos EUA consideraram-nas positivas, e apenas um país da União Europeia compartilhou dessa opinião. Porém, a maioria dos países na África Sub-Saariana e em outras regiões a avaliaram desfavoravelmente, talvez por estarem num patamar mais baixo de desenvolvimento tecnológico.

A migração internacional surgiu pela primeira vez nas pesquisas sobre empreendedorismo global em 2012 (GEM, 2012b). Há mais de 210 milhões de migrantes internacionais na atualidade, tendendo a aumentar na próxima década, e eles têm o potencial de contribuir para a economia do país receptor e do de origem, por meio de conhecimento e transferência de informação, comércio global, criação de postos de trabalho e outros benefícios. Em países muito desenvolvidos, os migrantes apresentaram taxas maiores de empreendedorismo do que naqueles em desenvolvimento.

Fairlie (2012) descreve que os empreendedores imigrantes nos EUA tendem a ser casados, mais maduros, com nível mais alto de escolaridade, mas a dificuldade de obter capital inicial é idêntica à dos não imigrantes, usando como fontes de recursos economias pessoais e familiares, cartões de crédito, empréstimos bancários, bens pessoais ou familiares e hipotecas.

No Brasil, muitos empreendimentos de sucesso foram criados por imigrantes, particularmente em meados dos anos 1900 e, em anos recentes, até a crise de 2008, os migrantes de Governador Valadares, MG, trabalhando nos Estados Unidos, repassavam milhões de dólares anualmente para investimento e manutenção de familiares nessa cidade.

Pelo exposto, fica evidente que a situação do empreendedorismo varia conforme o país e a região, com diferenças nos fatores que a influenciam: em geral, predominam os empreendedores entre 25-44 anos, os homens (com exceções) e os mais maduros, nos países menos desenvolvidos. O empreendedor maduro ainda não tem participação significativa na maioria das economias.

Características do empreendedor maduro e motivação para empreender

Para Turner (2006), o empreendedor tem como características o comprometimento com o crescimento e inovação, impulso para criar riqueza, aceitação de risco (financeiro e pessoal), aderência obsessiva a certos valores, aceitação de incerteza e ambiguidade, esforço incondicional e sem reservas, habilidade de focar oportunidades, liderança/auto-iniciador, crença inamovível em sua visão. Além disso, trabalha duro, é determinado, confiante, auto-motivado, competitivo, resiliente, pensa claro, é honesto e hábil em motivar colegas.

O mesmo autor relaciona as possíveis razões para alguém se tornar empreendedor: usar suas habilidades/capacidade; ter controle sobre sua vida; construir para a família; gostar do desafio; viver onde/como quiser; ganhar respeito/reconhecimento; ganhar muito dinheiro; preencher expectativas alheias; melhor alternativa disponível.

O Manual do Empreendedor Maduro (NYS, s.d., p.3) diz que esse tipo especial de empreendedor pode estar buscando uma nova oportunidade porque se aposentou cedo, mas não deseja parar de trabalhar; busca melhor equilíbrio entre trabalhar, cuidar dos pais e criar filhos; procura completar a renda da aposentadoria; queria ter um negócio próprio e não tinha tempo para cuidar dele.

Para Robbins e Judge (2009), empreendedores são "uma raça à parte", pois, conforme 23 estudos sobre diferenças entre empreendedores e administradores em cinco traços de personalidade – extroversão (sociável, gregário e assertivo); amabilidade (bom gênio, cooperativo e confiante); consciência (responsável, confiável, persistente e organizado); estabilidade emocional (calmo, auto-confiante, seguro); aberto a experiências (criativo, curioso e sensível às artes) –, os empreendedores obtiveram resultados significativamente mais altos em três deles: consciência, estabilidade emocional e abertura a experiências.

Já os primeiros 21 empreendedores membros da Academy of Distinguished Entrepreneurs do Babson College citam como 3 atributos principais causadores de seu sucesso: "a capacidade de reagir positivamente a desafios e aprender com os erros; a iniciativa pessoal; e muita perseverança e determinação" (DORNELAS *et al.* 2010, p.47).

Esses autores também relacionam sete conjuntos de atitudes e comportamentos do empreendedor, desejáveis e adquiríveis: "compromisso e determinação; coragem; liderança; obsessão pela oportunidade; tolerância ao risco, à ambiguidade e à incerteza; criatividade, autossuficiência e adaptabilidade; motivação para se destacar" (Idem, p.49). Outros desejáveis são: capacidade de inspirar, valores; energia, saúde e estabilidade emocional; criatividade e inovação; inteligência; destacando que "os empreendedores percebem que boas ideias são comuns e estão em toda parte, mas boas oportunidades são poucas e ocorrem em grandes intervalos" (Ibidem, p.54).

Numa pesquisa com 399 empreendedores brasileiros, Dornelas (2007) notou aspectos comuns de comportamento e gestão, que são: foco; montar uma equipe complementar e comprometida com o negócio; saber a hora de profissionalizar e delegar; otimizar os recursos disponíveis; identificar boas fontes de investimento e financiamento; participar de entidade de classe e tornar-se conhecido em seu setor. Verificou, ainda, que as características de empreendedores de sucesso se assemelham, variando apenas na ênfase dada a uma ou outra. Todavia, o "ficar rico" não costuma ser primordial para a maioria. Relatou que o Sebrae (Serviço Brasileiro de Apoio à Pequena e Micro Empresa) consolidou-as em grupos relativos à realização (busca de oportunidades e iniciativa, correr riscos calculados, exigir qualidade e eficiência, persistência, comprometimento), ao planejamento (busca de informações, estabelecimento de metas, planejamento e monitoramento sistemático) e ao poder (persuasão e rede de contatos, independência e autoconfiança).

O mesmo autor acrescenta que "na verdade, se houvesse fórmula de sucesso, não seriam chamados empreendedores. Empreendedores abrem seu próprio caminho para o que sonham, necessitam ou desejam" (DORNELAS, 2007, p.83).

Já um levantamento realizado na Turquia mostrou que a cultura influencia as características e atributos dos empreendedores. Os empreendedores turcos priorizam o curto prazo (talvez devido à falta de educação empreendedora e à instabilidade econômica do país), são orientados para resultados, muito responsáveis, otimistas e autoconfiantes, gostam de desafios, têm alta autoestima, tem lócus de controle interno (não se rendem facilmente) e gostam de trabalhar por conta própria, com algumas diferenças em relação a empreendedores americanos ou brasileiros (EROGLU, 2011).

Pesquisa realizada na Holanda (NANDRAN e SAMSOM, 2007), com 205 empresas em vários estágios do ciclo de vida, mostrou que, para ser bem-sucedido, o empreendedor necessita de:

- Atitudes dinâmicas: (a) ser observador para identificar oportunidades de novos negócios; (b) ser persuasivo para buscar colaboração ou investimento; (c) ter tempo para refletir e aprender da própria experiência; (d) ser orientado para metas para trabalhar eficientemente; (e) ser decidido; (f) ser pragmático para diminuir a incerteza e a flexibilidade do ambiente e (g) ser autoconfiante, para enfrentar o sucesso e também o fracasso.

- Sentimentos dinâmicos: (a) criatividade; (b) coragem; (c) confiabilidade e (d) ambição.

- Temperamentos: (a) capacidade de empatia; (b) resolução; (c) perseverança; (d) lócus de controle e (e) determinação.

Esse estudo mostrou que atitudes, sentimentos e temperamentos podem ser usados para a avaliação de potenciais empreendedores, sendo algumas dessas características passíveis de treinamento (aspectos atitudinais e princípios autorregulatórios), e as competências necessárias para o sucesso, que frequentemente se sobrepõem às gerenciais; este ponto pode indicar que o empreendedor maduro teria mais condições de ser bem-sucedido em suas novas atividades devido às redes formal e informal desenvolvidas no local de trabalho e aos contatos de negócios, sendo a primeira a de maior relevância. Face a esses resultados, Nandran e Samsom (2007) concluem que os empreendedores buscam, nessas redes, informação, experiência, recursos financeiros e apoio psicológico.

As habilidades que mais contribuíram para o sucesso dos empreendedores pesquisados variaram conforme o estágio do ciclo de vida da empresa: na fase inicial, persuasão, consideração e autoconfiança dominam; no estágio de expansão, a orientação para metas e, na fase de maturidade, volta a persuasão. Dois fatores são primordiais: maturidade psicológica e suporte familiar.

A personalidade do empreendedor também evolui segundo seu próprio estágio do ciclo de vida: do adulto jovem à meia idade e à velhice, tornando-se mais dominante socialmente, mais caloroso, mais considerado, mais responsável e menos vulnerável e neurótico; todavia, quanto à abertura a novas experiências, este fator não varia com a idade (NANDRAM, BORN, SAMSOM, 2007). Isto é, a maturidade não restringe o empreendedorismo.

Khouzina (2012) destaca que empresários mais velhos podem ter o mesmo impacto e tanto sucesso como os jovens Bill Gates e Mark Zuckerman e descreve o caso de Murray Crane, presidente (55 anos) de uma empresa de transportes de *commodities* inovadora, com experiência em vendas e *software*, que declara ser apaixonado pelo seu trabalho, mas é cuidadoso onde põe seu dinheiro, economizado durante anos. Diz ele que, quando os filhos crescem, o indivíduo fica com mais tempo livre e aflora o desejo de saber mais, recomeçar, ter uma segunda chance na vida. Normalmente, esse empreendedor maduro desenvolve um negócio correlato àquele em que trabalhou, aproveitando sua experiência, suas conexões de negócios, porque "não quer apenas um bom salário, mas gostar do que faz", ter controle, ser capaz de fazer o que quer e realizar a tarefa.

Tal informação é comprovada por pesquisa da Vargas Tecnologia realizada no último bimestre de 2012 que levantou, numa amostra de 476 profissionais com currículos cadastrados e 82% deles aposentados, com idade média de 68 anos, que 47% continuam trabalhando e apenas 5% não pretendem voltar a trabalhar. Os motivos que os levam a buscar nova colocação são gostar de trabalhar (49%), sentirem-se mais ativos com o retorno (49%), necessitarem de renda extra (47%). Dos que estão trabalhando, a maioria quer mudar de emprego, mas gostaria de ficar na mesma área ou voltar a um setor em que já atuou; apenas 14% desejam uma oportunidade numa nova área. Isso se deve à baixa desocupação dos trabalhadores com mais de 50 anos que, de acordo o IBGE, foi de 1,7% em novembro de 2012 (GERBELLI, 2013).

Masi (2005, v.2) descreve a trajetória de Félix Anton Dohrn, pesquisador em ciências naturais nascido na Pomerânia em 1840 que, influenciado pelas teorias de Darwin, emigrou para o sul e, em Nápoles, teve a ideia da criação de uma Estação Zoológica. Seu pai recusou um adiantamento de sua herança. Com amigos, calculou os custos do empreendimento, o pessoal necessário e a possível receita. Conseguiu do município a promessa de uma área próxima do mar, estabeleceu acordos, firmou contratos e se desenvolveu como relações-públicas para superar obstáculos burocráticos. Para viabilizar o empreendimento, convenceu patrocinadores (governos, ministérios, instituições e particulares) a alugarem "escrivaninhas", por meio de contribuições anuais, onde pesquisadores poderiam trabalhar em seus projetos.

Graças aos esforços de Dohrn, a Estação tornou-se modelo no mundo da época e mereceu reconhecimento oficial, sendo ele disputado e laureado por universidades importantes. Como talentos pessoais, tinha o carisma de um líder, sólida base científica, ótimo conhecimento de idiomas, inteligência aguda e irrequieta, educação leiga e liberal, além de vontade criativa, que o levava a buscar novas iniciativas tão logo notava o êxito das precedentes, e sabia aproveitar ao máximo as possibilidades do contexto em que estava inserido; tolerante, apesar de polêmico e irônico, tinha grande empatia e era um mestre inigualável, dedicando-se profundamente à educação científica e cultural de quem o seguia: aos 63 anos, famoso, ainda orientava e aconselhava, por carta, um estudante de 19 anos.

Dohrn possuia, também, um conjunto de habilidades que, na atualidade, o caracterizariam como um empreendedor serial por oportunidade e um excelente gestor: senso de marketing e promoção modernos; recrutamento e treinamento dos homens certos; capacidade de motivar seus colaboradores, apesar dos baixos salários; mínima divisão de tarefas entre cientistas e pessoal de serviço; organização das "escrivaninhas" (bolsas de estudo) de modo que os cientistas podiam usar toda a infraestrutura da Estação com liberdade; máxima interdisciplinaridade entre as ciências naturais; prática do universalismo na Estação, considerada um "congresso permanente"; vanguarda no uso de novas tecnologias e novos preparados, com muitas técnicas desenvolvidas internamente; economia de escala da pesquisa, com a criação constante de novos laboratórios e novas disciplinas, aumentando a sinergia; culto à criatividade e ao rigor científico; separação entre pesquisa e administração, consideradas atividades distintas; flexibilidade da organização, evitando a todo custo a burocracia; força dos contatos pessoais (rede) entre cientistas e disciplinas afins.

Além disso, Dohrn implantou na Estação uma estrutura orgânica, como um sistema biológico, uma rede de funções interagindo com o ecossistema, algo inédito à época, mostrando que esse pesquisador já aplicava princípios modernos de administração nos seus empreendimentos, implantados há bem mais de 100 anos.

Esse exemplo destaca que, para muitos indivíduos, o empreender é razão de vida e que, mesmo começando jovem, não se acaba na maturidade.

Alguns casos de empreendedores em Minas Gerais corroboram esses estudos: Choucais (2012) relata o caso da Lilica Modas, pequena loja de roupas e acessórios criada por uma costureira que, com os filhos crescidos, queria complementar a aposentadoria, mas, com o marido doente durante quatro anos, ela necessitava de algo que fosse lucrativo e a ocupasse – "Eu estava 'morta', mas o trabalho me fez retomar as rédeas da vida. À frente do meu trabalho, tenho vontade de viver.... Cada uma delas (clientes) tem um espírito e isso nos incentiva". Ajudada pela filha, confecciona as roupas à noite e nos finais de semana. Hoje, também vende para o Brasil, por meio de site na Internet. Dificuldades encontradas: falta de capital de giro e altas taxas de juros no crédito.

Outro exemplo da mesma autora: um engenheiro mecânico aposentado abriu a Sabores do Interior, empório de queijos, doces, biscoitos, temperos, pimentas e quitutes do interior. A renda da loja complementa a aposentadoria, mas o empresário diz que continuaria a trabalhar mesmo com renda suficiente, pois é motivo de satisfação para ele e exemplo para seus descendentes e outros jovens. Sua experiência prévia o ajudou a desenvolver a nova atividade.

Fontes de apoio ao empreendedor

A literatura revisada mostrou que poucas instituições ou ações se preocupam especificamente com o empreendedor maduro, mas há algumas no Brasil voltadas ao empreendedorismo em geral, como:

- Programas de incubação de empresas, apoiados por universidades (geralmente públicas), Sebrae e Anprotec (Associação Nacional de Entidades Promotoras de Empreendimentos Inovadores) (DORNELAS et al., 2007);
- Cursos de curta duração, consultoria, treinamento e biblioteca sobre temas negociais do Sebrae, incluindo o Empretec, criado em conjunto com o Programa das Nações Unidas para o Desenvolvimento (PNUD), que prepara empresários e empreendedores para melhor gerir seus negócios, atuais ou futuros e que, avaliado por milhares de participantes, apresentou aumentos de faturamento em 55%, do número de funcionários em 31% e de participação de empresários e funcionários em educação continuada em 65% (AGOSTINI et al., s.d.);

- Outras atividades de apoio (cursos, assistência técnica) realizadas por entidades do "Sistema S": Senac, Senat, Sest, Senai e o Sebrae, o mais ativo em empreendedorismo;

- Aprendendo a Empreender, programa desenvolvido em escolas públicas do Paraná a partir de 1998, inicialmente com 32 escolas, numa parceria entre o Sebrae/PR e a Secretaria de Educação do Estado que, usando dinâmicas de grupo e vivências, propiciou reflexão e prática de comportamentos empreendedores, mudando a visão de professores e alunos sobre a atuação no mundo do trabalho (AGOSTINI et al., s.d.);

- Financiamento de estímulo a empresas nascentes, como os propiciados pela Endeavor ou Anjos do Brasil, desde que o projeto atenda aos requisitos da instituição; costumam implicar uma participação do investidor no capital da empresa;

- Inclusão de conteúdos sobre empreendedorismo em currículos escolares, do ensino fundamental à universidade, visando a criar uma cultura empreendedora;

- O aumento de publicações sobre empreendedorismo, inclusive o na maturidade, em vários ramos de atividade;

- A criação do SIMPLES, Sistema Integrado de Pagamento de Impostos e Contribuições das Microempresas e Empresas de Pequeno Porte, que visa a reduzir sua carga tributária e a burocracia envolvida no seu recolhimento;

- A redução da burocracia para a formalização das empresas de pequeno porte, bem como dos empreendedores individuais;

- A criação da Secretaria da Pequena e Microempresa, com nível de ministério, cujo dirigente está procurando reduzir a burocracia para a criação de empresas de micro e pequeno porte, simplificar o Simples para empreendedores individuais e criar alternativas para que eles também possam exportar e/ou importar;

No exterior, além de incentivos similares, notam-se:

- A criação de organizações voltadas especificamente para o desenvolvimento de pequenos negócios, como a *Small Business Agency* nos Estados Unidos e a *Federation of Small Businesses* no Reino Unido;

- O crédito de pequenos valores, concedido por bancos especializados, para micro empresas ou empreendedores individuais. A Índia foi pioneira nesse tipo de empreendimento, pelo qual seu criador foi premiado com um Nobel.

Barreiras ao empreendedorismo

O empreendedor costuma enfrentar restrições de diversos tipos na sua atividade, sejam elas legais, financeiras, culturais ou educacionais, por isso instituições públicas ou privadas realizam eventos ou desenvolvem projetos para mapeá-las e propor sugestões para eliminá-las ou minimizá-las, pois afetam mais seriamente o indivíduo maduro.

A *Small Businesses Federation* do Reino Unido, em 2011, levantou as barreiras que deveriam ser extintas para que o empreendedorismo se desenvolvesse naquele país, aqui resumidas (FEDERATION, 2011):

- a cultura do setor público pouco conhece de empreendedorismo e emprego autônomo e, portanto, falha em entender essa oportunidade como trajeto de carreira, seja em escolas, centros de trabalho ou outros locais de aconselhamento de carreira; assim, não reconhece sua importância e seu sucesso raramente é celebrado;

- grupos específicos na sociedade enfrentam maiores desafios ao tentar criar um novo negócio. Esses desafios deveriam ser mais bem entendidos para poder fornecer o apoio e aconselhamento necessários para desenvolver as habilidades e a confiança de que necessitam;

- acesso a financiamento permanece uma barreira recorrente e irresistível para criar um setor empresarial sempre crescente, capaz de uma contribuição cada vez maior para o setor produtor de riqueza da Grã-Bretanha.

Algumas constatações desse estudo merecem destaque, como as barreiras ao empreendedorismo feminino – no Reino Unido, apenas 29% dos empreendedores são mulheres; se a taxa de criação de novas empresas fosse igual a dos homens, 150 000 novos estabelecimentos surgiriam; para os empreendedores maduros, as barreiras mais significativas são o acesso a financiamento (62%, comparados a 50% na faixa de 31 a 49 anos e a 41%, dos 18 a 30 anos) e a falta de qualificação (18%, comparados a quase 12% na faixa de 31 a 49 anos e 9%, de 18 a 30 anos). Um dado adicional foi que não existe uma categoria específica para trabalhadores entre 50 e 64 anos, e que o apoio disponível se dirige aos jovens no mercado de trabalho. Pode-se, pois, concluir que o empreendedor maduro não é incentivado nesse país.

Segundo Freire e Muritiba (2012), uma análise de conteúdo de dados do GEM, do IBGE e da Previdência Social, de 2002 a 2010, mostrou que o Brasil investe pouco no empreendedorismo na terceira idade, estando em 40º lugar entre os países da América Latina, e que políticas públicas voltadas a esse segmento poderiam ser uma saída para a crise da previdência social e para o endividamento dos idosos com empréstimos consignados, uma vez que a expectativa de vida dos brasileiros é de 73 anos na atualidade e será de 81, em 2050.

Uma apresentação de Pinto (2011) em seminário sobre empreendedorismo na maturidade mostrou que, na Nova Zelândia e na Islândia, as taxas de atividade empreendedora inicial entre adultos em idade de trabalho são mais altas entre os mais velhos; a Europa apoia jovens empreendedores (18-34 anos), para crescer e ser competitiva, mas sua participação ainda está abaixo dos 10%. Se a União Europeia espera ser tão competitiva economicamente quanto sólida, pessoas mais velhas não podem ser deixadas de lado em programas empreendedores.

Conforme o Parlamento Europeu (PINTO, 2010), as empresas formadas por equipes intergeracionais (jovens e idosos) deveriam ser apoiadas e projetos que se destacam, ser reconhecidos. O evento salientou que educação e treinamento podem promover o empreendedorismo entre gerações, melhorar a administração da idade de trabalho, incrementar a transferência de habilidades entre gerações no local de trabalho e educar para a transição em negócios familiares. Todavia, apesar das vantagens que apresenta, esse campo ainda é subestudado na teoria e na experiência.

Plano semelhante já havia sido feito pela União Europeia em 2000 para torná-la a economia mais competitiva do mundo em 2010, o que não se concretizou, com a contribuição da crise de 2008: incrementar mentes empreendedoras, encorajar mais pessoas a se tornarem empreendedoras, adequar os empreendedores para o crescimento e a competitividade, melhorar o fluxo de finanças e criar uma estrutura regulatória e administrativa mais amigável ao empreendedorismo (DORNELAS et al., 2010).

Segundo o GEM (2011a), a taxa de empreendedorismo inicial (TEA) de mulheres no Brasil é a quarta maior do mundo, com 49%, entre os 54 países pesquisados (e atingiu 52,2% em 2013, segundo o mesmo órgão) e o número de jovens de 25 a 34 anos é elevado, mas entre os empreendedores estabelecidos, predominam as pessoas entre 45 e 54 anos. A TEA tem sido mais alta entre os grupos de menor renda, sendo um fator de inclusão social. Igualmente, mostrou que o brasileiro já encara o empreendedorismo como uma carreira.

Todavia, a visão sobre os fatores limitantes ao empreendedorismo no Brasil é bastante negativa: políticas governamentais – burocracia e impostos (83,8% dos entrevistados), educação e capacitação – ensino fundamental e médio (88,7%), transferência e desenvolvimento tecnológico (75,9%), apesar de pontos favoráveis: percepção das oportunidades existentes (69,5%), motivação e valorização do empreendedorismo (62,3%) e o valor da inovação para os clientes (52,6%) (GEM, 2013).

Mais de um quarto da população brasileira entre 18 e 64 anos, ou seja, 27 milhões de adultos estão envolvidos com empreendedorismo, na administração ou na criação de algum negócio, sendo 15 milhões em estágio inicial e 12 milhões em empresas com mais de três anos e meio de existência.

Quanto à faixa etária dos empreendedores em 2011, para aqueles no estágio inicial, há uma concentração de 32,45% na faixa dos 25-34 anos, e mais 25,17% nos 35-44 anos; nos empreendimentos estabelecidos, 30% estão entre os 45 e 54 anos e mais 18,33% entre 55 e 64 anos, apesar de 24,17% se encontrarem entre 35-44 anos. Mas também indivíduos com mais de 64 anos (7,28% dos negócios) começaram sua atividade independente em 2011. Ao se considerar a década 2001-2011, a variação é pequena, cerca de 10% para mais ou menos em cada faixa, e consistente, pois o GEM (2012b) considera empresa estabelecida aquela que existe há 42 meses.

Esse relatório mostra, no que se refere ao nível de escolaridade, que os empreendedores com nível superior (e mais qualificações) podem não estar atualmente interessados em trabalho autônomo, porque a demanda do mercado por pessoal qualificado está alta. Os empreendedores iniciantes ou estabelecidos têm, em geral, nível mais baixo de educação.

Infelizmente, só 1,6% dos empreendedores estabelecidos e 3,97% dos iniciais usavam tecnologia com menos de um ano de existência, enquanto que cerca de 90%, em ambos os casos, faziam uso de tecnologia com mais de cinco anos. Portanto, as empresas brasileiras já começam a funcionar com tecnologia defasada.

Outro aspecto negativo é a internacionalização dos empreendedores, pois o Brasil ocupa o 53º lugar na classificação geral, talvez pela distância dos grandes mercados, pela alta demanda interna e pela concentração da atividade em poucas e grandes empresas de *commodities* agrícolas, aviação ou minério, que dificilmente são contatadas nas pesquisas do GEM (2012a).

Os especialistas em empreendedorismo (GEM, 2011a) fazem uma série de recomendações para a melhoria do ambiente empreendedor no Brasil, das quais algumas são destacadas adiante e se assemelham às preconizadas pelo Reino Unido:

- Políticas governamentais: estabelecer uma agenda favorável à criação de novos negócios; criar um Ministério da Pequena Empresa, com legislação específica (já criado, mas como secretaria com status de ministério); ampliar/reforçar o apoio financeiro ao empreendedor por necessidade e criar parcerias público-privadas para a criação de ambiente inovador para o empreendedor por oportunidade;

- Educação e Capacitação: introduzir cultura empreendedora desde a educação infantil e estimular comportamento e habilidade empreendedores; educação mais voltada ao empreendedorismo, fortalecimento da base para capacitar/qualificar cidadãos nessa direção; investir em instituições de apoio a empresas nascentes; melhorar a educação geral da população, em todos os níveis; capacitar empresas e empreendedores em planejamento; criar uma mentalidade de retorno do investimento a médio e longo prazo;

- Infraestrutura comercial e profissional: criar agenda de incentivos para fortalecimento de parques e incubadoras e integrá-los; disseminar informações sobre microcrédito; criar e incentivar o uso de instrumentos de gestão focada no planejamento e aspectos tributários, com métodos simplificados; disponibilizar oportunidades e informações em programas e instituições para sensibilizar potenciais interessados em empreendedorismo; investir na formação de uma matriz de transporte e apoio logístico racional e compatível com o território nacional; massificar divulgação e melhorar canais de comunicação entre programas governamentais e empresas;

- Normas culturais e sociais: reduzir a heterogeneidade cultural, melhorar produtividade; prestar atenção à inovação; usar casos de sucesso para disseminar cultura empreendedora; não abrir negócios só visando ao lucro, mas também às consequências; manter viva a cultura empreendedora;

- Apoio financeiro: melhorar o uso das fontes disponíveis; facilitar acesso ao crédito das pequenas e médias empresas.

O relatório do SELA (Sistema Econômico para a América Latina e Caribe) (2010) sobre cursos para empreendedores mostra que há uma correlação estatisticamente significativa entre empreendedorismo e crescimento econômico e recomenda que seja implantada uma política pública para a criação de incubadoras de negócios de segunda geração, educação, treinamento e promoção de redes de negócios, entre outras. A dimensão humana do empreendedor deve definir o tipo de empreendimento a ser gerado e a cultura da empresa e o empreendedor devem ter características adequadas para tocá-lo; o empreendimento de subsistência gera renda suficiente para a sobrevivência do indivíduo e sua família, pode ser tocado por qualquer pessoa, não requer conhecimento prévio e tem baixo nível de tecnologia, mas pode ser desenvolvido e melhorado pela adição de valor à cadeia de valor com novas tecnologias, um esquema organizacional e treinamento, entre outros; o empreendimento por oportunidade ou centrado no cidadão gera renda suficiente para viver, permite acumular capital e melhorar a qualidade de vida, mas requer conhecimento, perícia, equipamento e técnicas.

Antes de começar um programa empreendedor, deve-se notar que cada atividade tem seu próprio ciclo, e precisa ser tratada de acordo com sua duração; para superar a informalidade e mover-se para a formalidade, é necessário tratar do fator escala e do valor agregado, num processo gradual para aumentar as oportunidades de desenvolvimento do negócio; empreendedorismo também necessita de estratégias de cooperação com outros setores e as empresas populares ainda precisam de programas especiais de estímulo.

Depreende-se, dos relatos acima, que o empreendedorismo é uma atividade que oferece muitos benefícios para os indivíduos e as economias, mas necessita de amparo e incentivo público e privado para se desenvolver mais, incluindo melhor preparo dos potenciais empreendedores.

Cenários para o Brasil

Segundo o *Global Entrepreneurship Monitor* (GEM, 2011), a situação do empreendedorismo no Brasil é a seguinte:

- O país ocupa o 13º lugar no mundo;

+ As mulheres estão em 10º lugar entre os empreendedores;
+ O 3º lugar é de jovens empreendedores (25% das empresas);
+ 42º lugar em empreendedores adultos de 55 a 64 anos, abrangendo 3% das empresas brasileiras (mas o Chile ocupa o 4º. lugar, com 13%).

Szajman (in BARROS, 2009) relata que, de acordo com dados do IBGE, 10% da população brasileira atual tem mais de 60 anos, em 2050, 12 milhões de habitantes terão mais de 80 anos e o país estará entre os seis com mais idosos no mundo. Para o período 2009-2015, haverá 8,8 milhões de empreendedores, com maior renda, maior escolaridade, mais velhos (40-50 anos), fazendo uso intensivo de TICs (tecnologias de informação e comunicação), sendo 4,8 milhões no comércio, 2,9 milhões em serviços e um milhão na indústria. Na maioria são homens, empreendendo mais por oportunidade do que por necessidade. Todavia, a participação feminina tem aumentado.

Para que esse cenário se torne realidade, há necessidade de estímulo ao empreendedorismo, conforme tratado no tópico anterior, nas linhas amplas de políticas governamentais (incentivar/não restringir o trabalho de mulheres e terceira idade), educação e capacitação (melhorar produtividade e aumentar elaboração), infraestrutura comercial e profissional (facilitar produção e comercialização para esse segmento), normas culturais e sociais (não rotular o indivíduo maduro como "ladrão" de postos dos mais jovens), apoio financeiro (para todos os empreendedores), suporte social e público para a mulher (GEM, 2011a).

Outros fatores podem impulsionar o empreendedorismo no país, como o crescimento da economia, o aumento da classe C, a redução das desigualdades sociais, a melhora da renda e da escolaridade, o comércio com a maior quantidade de pequenas e micro empresas, a forte expansão dos serviços, particularmente nas grandes cidades (SZAJMAN in BARROS, 2009).

Segundo o Sebrae de São Paulo (ibidem, p.46-47), as áreas que apresentam maiores oportunidades para o empreendedorismo até 2015 são:

+ co-soluções: prédios ecológicos, cursos, brindes ecológicos, etc.;
+ preocupação com a saúde: cursos, atividades, lojas
+ especializadas (ex.: vitaminas, áreas da saúde);

- sensação de insegurança: lojas de segurança, sistemas de segurança, serviço "leva e traz";
- mais tempo em casa: serviços do tipo "em domicílio" e "*plug e use*";
- pessoas que moram sozinhas: comodidade no lar, serviços especializados;
- estética e aparência: cirurgias plásticas, serviços e produtos associados etc.;
- busca espiritual e mística: retiros, roupas, produtos, livros, entre outros;
- responsabilidade social: créditos de carbono, comércio justo, reciclagem, ações sociais etc.;
- aumento do número dos animais de estimação: pet shop, novos serviços (ex.: passeio, hotel, convivência, cemitério etc.);
- emancipação do consumo das crianças: centros de experiência e lazer, brinquedos, cursos e livros para pais, etc.;
- população com mais de 60 anos: lojas especializadas (ex. calçados, serviços, *revival*), educação on-line; filtros especializados;
- shopping virtual (de bairro) etc.;
- mundo digital.

O mesmo autor ainda destaca os "novos negócios associados a novas necessidades nas áreas de saúde, educação, serviços pessoais, serviços para idosos e pessoas sozinhas, "enclausuramento", qualidade de vida", e "o aumento do ritmo de inovações incrementais e novas tecnologias" (idem, p.42/43).

Como aprender a empreender na terceira idade

Um projeto para idosos, desenvolvido pela Universidade Federal de Santa Catarina em 2008/2009, com 24 alunos concluintes, visava a provocar nos participantes, de acordo com Schmitz, Lapolli, Bernardes (2011):

- Alteração de atitudes, maior participação e predisposição para inovar e
- Valorização da vida, com busca de conhecimentos, do novo, de realização ou satisfação pessoal, de desafios, de novos horizontes e implementação de ideais de vida.

Na primeira aula foi solicitado aos alunos que respondessem um questionário sobre características empreendedoras. Criatividade teve 25%

da preferência, correr risco e liderança, 20,84%, desafio e inovação, 12,5%; comunicação e ação, 8,33%, visão, comunicação, planejamento e realização pessoal, 4,16%. O que os motivou a participarem do curso foi interesse por: tema (50%), conhecimentos para a vida pessoal (37,5%), conhecimentos para a vida profissional (20,83%) e novas atividades (60%), sendo permitidas respostas múltiplas.

Após o curso, os participantes apresentaram mudanças de comportamento significativas, passando a valorizar a persistência para realizar sonhos (62,5%), definição de metas (50%), planejamento (37,5%), foco e iniciativa (20,84% cada), correr riscos calculados (12,5%), trabalho em grupo e buscar o novo (8,33% cada).

Em 2009 em Gdansk, na Polônia, cidade em que apenas 33% dos indivíduos entre 50 e 64 anos estavam empregados, foi criado um projeto de desenvolvimento para empreendedores de terceira idade. A ideia era que 26 pessoas com propostas de negócios próprios mais inovadores teriam apoio financeiro durante seis meses para implantá-los, sendo que 120 candidatos se apresentaram; após avaliados por uma comissão, 60 foram escolhidos e participaram de um curso de 150 horas sobre criação e gestão de negócios, ministrado pela Gdansk Entrepreneurship Foundation; os 26 melhores receberam apoio do Poviat Labor Office na parte burocrática da criação da empresa e depois puseram em execução seus projetos, recebendo aconselhamento durante essa etapa. Devido ao alto nível dos projetos, mais sete receberam um subsídio menor para sua implantação. Cada estágio do projeto foi filmado e exibido pela televisão polonesa, ficando disponível para os futuros interessados.

O projeto foi tão bem-sucedido que, após receber a apreciação do Ministério de Desenvolvimento Regional e do organizador da competição "Boas Práticas" – 2010, do Fundo Social Europeu, nela obteve o segundo lugar entre 300 concorrentes e recebeu o título honorífico de "Melhor Investimento Humano".

O programa está em sua quarta edição e recebeu 5 000 projetos de negócios, bem mais do que os 120 da primeira versão. É um exemplo de sucesso em empreendedorismo de terceira idade em um ambiente totalmente adverso, como o início da crise europeia, em 2008.

Pinto (s.d., p.7) afirma que habilidades e competências são fatores importantes na equação empreendedora, uma vez que educação e treinamento contribuem para encorajar o empreendedorismo, fomentando a visão certa, criando consciência da carreira como empreendedor e aumentando as habilidades.

O empreendedor deve se preparar para alguns "pontos cegos" do seu negócio nascente, para evitar surpresas (FOSTER, s.d.):

- Capitalismo é a realidade dos negócios, não um modelo econômico. Sem transações, não há negócio;
- Falha em se preparar para o fracasso. Empreendedores maduros se preparam empregando pessoas que enfrentam reveses, tendo um plano/orçamento flexível e produtos modulares, fáceis de modificar conforme a demanda;
- Não compartilhar riscos. Usando o próprio dinheiro, o empreendedor controla as despesas, faz orçamento e é duplamente seletivo ao empregar colaboradores;
- Falta de convicção. Acreditar absolutamente na ideia que está sendo implantada é primordial para que a empresa exista. Se o criador não o faz, quem o fará?
- Trabalhar duro. É necessário realizar até o trabalho sujo, mas não é preciso se esgotar de trabalhar.

Estar em boas condições físicas e mentais é um ponto a favor do empreendedor, pois lhe permitirá enfrentar melhor o esforço de criar/desenvolver uma empresa.

Santos (2010) relata a experiência vivida no Clube dos 50 de Lagoa Santa, em Minas Gerais, criado em 2006 com a finalidade de identificar pessoas talentosas maiores de 50 anos, dispostas a se reunirem regularmente para ampliar relacionamentos, trocar conhecimentos e trabalhar, voluntariamente ou não, na oferta de serviços de consultoria aos comerciantes da região que precisassem de auxílio para melhorar seu negócio e suas condições de trabalho. Outro objetivo foi recuperar a Lagoa Santa como ponto turístico e conservar o seu entorno, que estava se descaracterizando, usando como apoio as descobertas arqueológicas feitas na região pelo Dr. Peter Wilhelm Lund, no início do século XIX, que atraem interessados do Brasil e do exterior. Ao estudar sua vida, descobriram que ele era um empreendedor nato. Veio para o Brasil em 1825, para estudar zoologia e botânica, retornou à Holanda, voltou em 1833 para estudar a flora brasileira, explorou as cavernas ao longo do Rio das Velhas e os fósseis que nelas encontrou e descobriu as propriedades medicinais da Lagoa Santa, permanecendo na região até sua morte, em 1880.

O grupo ainda buscou parcerias com o município, câmara, empresas e consulados holandês e norueguês para desenvolver um projeto de cidades--irmãs com base na origem do Dr. Lund (inviabilizado por motivos diplomáticos) e de seu colaborador Peter Andreas Brandt, desenhista nascido na Noruega, país que acolheu esse projeto. Assim, o Clube concretizou alguns dos seus objetivos e desenvolveu a cooperação no grupo, para o que foram relevantes a comunicação intergrupal e o empreendedorismo do Dr. Lund, que, conforme Santos (2010), tinha um comportamento diferenciado das demais pessoas, gostava da natureza e era um pioneiro no campo em que decidiu atuar (e que mudou diversas vezes durante sua vida).

Estratégias de desenvolvimento de empreendedores

O World Economic Forum, em evento realizado na Suíça em 2006, visando a desenvolver a educação em empreendedorismo como meio de tirar da extrema pobreza a população mundial que sobrevive com US$1 500 por ano, apesar de dirigido primordialmente para jovens, relacionou medidas aplicáveis a empreendedores de todas as idades, a serem implementadas por:

- gestores públicos (comprometer fundos sustentáveis a longo prazo para o desenvolvimento da educação empreendedora; rever a legislação e simplificá-la para incentivar empreendedorismo responsável);
- corporações e outros públicos interessados (união em redes para criar um ecossistema em que o empreendedorismo possa florescer);
- organizações multilaterais (criar recursos baseados na Web e plataformas de compartilhamento de conhecimento, para aproveitamento conjunto de material desenvolvido em todo o mundo);
- educadores e instrutores (recursos para acesso a revistas acadêmicas e publicações para leitura sobre a situação atual e tendências da área e adaptação de currículos escolares para incluir o que é relevante, novo, fresco e dinâmico);

* mudanças sociais (trabalho conjunto de legisladores, educadores, empreendedores e patrocinadores para elevar padrões, aumentar o volume de participação e encontrar soluções locais, regionais e nacionais para que a educação empreendedora tenha um impacto positivo sobre a base; a televisão não pode ser ignorada).

Os organizadores desse evento estabeleceram um marco para o desenvolvimento da educação empreendedora, tendo como foco estudantes e empreendedores, considerando quatro vertentes: **o que** (desenvolver habilidades empreendedoras e negociais), **como** (aprendizagem por multimeios, prática, multidisciplinaridade, interação com empreendedores, tutoria), **quem** (estudantes, professores, empreendedores, empresários, mentores) e **onde** (sistemas escolares formais, em todos os níveis, e informais: pós-escola, instituições de treinamento, centros comunitários, ONGs, agências governamentais, bancos, treinamento no trabalho, aprendizagem continuada).

A mensagem deixada pelo fórum é que grande parte das pessoas que trabalham no mundo é autônoma ou atua em pequenas organizações, mas até agora seu nível de renda não é suficiente para tirá-las da miséria opressiva e atingir os resultados estabelecidos pelas Metas de Desenvolvimento do Milênio.

No curso de Estratégias para o Desenvolvimento de Novos Empreendedores realizado pelo SELA em 2011 na Guatemala, empreendedorismo foi caracterizado, no início das atividades, pela tomada de decisão da liderança, trabalho em grupo e preparação para a mudança. A falta de conhecimento do processo empreendedor pode levar ao uso das ferramentas erradas, especialmente na implantação e gestão de novas empresas (SELA, 2012).

Como o ciclo de vida de uma empresa é medido em relação ao tempo de retorno do investimento para o empreendedor, discutiu-se que programas devem ser criados para apoiar e participar desse ciclo, para que os empreendedores se beneficiem do investimento feito antes do início do próximo ciclo de produção.

Para o diagnóstico de desenvolvimento humano, foi lançado o polígono da competitividade, que mede a maturidade empreendedora e toma em conta variáveis como o espírito empreendedor, liderança efetiva, comunicação efetiva, trabalho em equipe e relações e contatos interpessoais. Destacou-se, também, a necessidade de um índice que meça a confiabilidade empreendedora.

Além disso, o modelo tradicional de assistência técnica, orientado a fornecer um serviço específico para uma necessidade específica, nem sempre dá aos empreendedores os recursos que precisam e, se os obtêm, nem sempre os apreciam. O novo modelo para empreendedores permite a criação de novas empresas sem endividá-las e promove iniciativas autossustentáveis.

> O First Step FastTrac®, apresentado por Ximena Pacheco, é um programa educacional prático para empreendedores de renda baixa ou média que desejam desenvolver um negócio. O primeiro passo do programa fornece a base e ferramentas para os participantes explorarem se são capazes e estão prontos a se tornarem empreendedores. O programa foi desenvolvido para ajudar os empreendedores a fortalecer as habilidades que necessitam para avaliar sua ideia de negócio, criar, gerir e desenvolver empresas bem-sucedidas. Os participantes anotaram, num workshop e da exposição de suas características pela facilitadora, a metodologia para avaliar a viabilidade dos produtos apresentados. Por meio de dinâmicas, os participantes praticaram o conceito da ideia do negócio e identificaram os benefícios dos produtos (SELA, 2012, p.6).

Os participantes no curso do SELA (2012) sugeriram que a implementação dos conhecimentos adquiridos em suas áreas de trabalho requer a promoção de incubadoras de negócios que não só deem apoio ao estudante, no caso de universidades, mas criem ligações entre universidades, o setor privado e outros atores, sendo necessária uma lei que estimule a criação de incubadoras. Empreendedorismo social e cooperativas populares foram igualmente apresentadas como estratégias de inclusão a serem consideradas por instituições governamentais.

O SELA deverá agir como observador e receptor do progresso feito pelas instituições na implementação das novas experiências. Os participantes foram convidados a enviar informação relevante sobre resultados e experiências específicos de suas instituições, que poderão fornecer exemplos de melhores práticas para atividades futuras, a serem documentadas e disseminadas para promover espírito empresarial.

Pedrazzini *et al.* (2012) relatam um projeto da Fundação Educacional São Carlos (FESC), da prefeitura da mesma cidade, visando à capacitação de idosos para novas atividades e complementação da renda, por meio de treinamentos em produção e negócios; por solicitação dos participantes, incentivou a criação de um grupo de economia solidária, um local de exposição e venda dos produtos por eles desenvolvidos e os resultados obtidos, em termos de aquisição de novas competências, acesso a direitos, protagonismo, participação social e qualidade de vida.

Segundo as autoras, o projeto, iniciado em 2008, usou cursos, seminários e palestras ministrados por profissionais e treinamentos comportamentais realizados por psicólogo, originando-se da 10ª edição do concurso Talentos da Maturidade. As ações efetuadas no ano seguinte caracterizaram o grupo de empreendedorismo na terceira idade e foram coroadas pelo recebimento do prêmio na 11ª edição desse certame, o que serviu para ampliar suas ações em 2010.

O projeto teve consequências muito favoráveis para os três grupos afetados:

- As famílias, cujos membros da terceira idade agora se sentem atuantes e protagonistas de suas histórias, participam melhor do convívio familiar, pois contribuem com a renda de suas novas atividades e a rede de conhecimentos e amizades estabelecida no âmbito do projeto os beneficiou pessoalmente;
- A comunidade, ao adquirir produtos artesanais personalizados e gerar renda para os 40 idosos participantes do projeto, pode auxiliar indiretamente na formação de uma rede de apoio para acolher e reforçar ações positivas não só para o grupo, mas também para criar uma cultura de valorização das pessoas idosas;
- O município, que ganha ao incentivar uma ação que concretiza o envelhecimento saudável e pode ser expandida para outros pontos da cidade, pois se mostrou uma fórmula eficaz de atuação junto a esse segmento.

A sustentabilidade do projeto deriva da capacitação de seus participantes para a criação de um empreendimento coletivo autogestor ao firmar parceria com o Centro Público de Economia Solidária e buscar outras parcerias com instituições privadas. O principal desafio é a consolidação desse grupo.

Deve-se notar, igualmente, que os programas de capacitação e treinamento para indivíduos de terceira idade, conforme estudos, mostram que os métodos mais bem-sucedidos são aqueles que mesclam informação com prática, e não apenas aulas presenciais ou à distancia, visto que os participantes têm condições de trocar experiências e conhecimentos tanto com instrutores/professores como com coparticipantes.

O produto/serviço e o consumidor

Igualmente, o empreendedor deve analisar a atividade que pretende desempenhar, de acordo com seus conhecimentos, recursos e interesses, considerando os seguintes aspectos (NYS, s.d.):

- Sazonalidade do produto ou serviço (se comercializados durante apenas alguns meses no ano, de onde virão os recursos para manutenção do empreendimento nos meses sem atividade);
- Efeitos da situação econômica (como a economia local e/ou internacional afeta seus negócios e o que pode ser feito para minimizá-los);
- Controle governamental (alguns setores são mais fiscalizados/controlados do que outros: saúde, alimentação, produtos de higiene e beleza etc.);
- Dependência de insumos com oferta e custo incertos (quais medidas tomar para poder fixar preços e manter a produção);
- Ciclo de vida do setor (expansão, estagnação ou retração – há necessidade de estar atento à falta de possibilidade de crescimento);
- Lucratividade (verificar se o produto ou serviço escolhido dará uma margem suficiente para cobrir todos os custos e gerar lucro compatível com o investimento feito);
- Mudanças no setor (analisar qual a velocidade em que mudanças ocorrem – tecnologia da informação é muito rápida, assim como moda);
- Efeitos da evolução tecnológica (considerar se há condições de acompanhá-la no setor escolhido, para não ficar defasado logo no início das atividades);
- Imunidade frente à concorrência (no que o produto/serviço torna difícil a cópia ou imitação, permitindo sua sobrevivência por mais tempo);
- Atração pessoal (se a atividade escolhida é realmente a desejada pelo empreendedor e não apenas um negócio);
- Barreiras à entrada (além da financeira, comum a muitos empreendedores, verificar se há outras específicas do setor escolhido).

Para evitar erros que podem ser custosos em termos de tempo e de recursos físicos ou financeiros (principalmente), o empreendedor deve examinar bem o mercado em que pretende colocar seu novo produto ou serviço. Essas informações podem ser obtidas, em parte, de fontes públicas (estatísticas nacionais, estaduais ou locais; publicações em geral; associações de classe e outras) ou de relações pessoais/comerciais/acadêmicas. Sua validade ou exatidão devem ser verificadas, para evitar surpresas.

Ideias de produtos podem surgir em várias situações e, segundo Turner (2006), 100 empreendedores bem-sucedidos as conseguiram: no trabalho anterior (71 casos), construída num trabalho eventual (7 casos), seu próprio desejo de consumidor (6 casos), levado pela revolução da internet (5 casos), pesquisa sistemática (4 casos), leu sobre a indústria (4 casos), ideia de membro da família (2 casos), durante a lua de mel (1 caso). Isso corrobora que o empreendedor investe, com bastante frequência, num negócio relacionado àquele em que trabalhou, levado por seu conhecimento e sua experiência na área, mas também, que ideias empreendedoras podem ocorrer em qualquer situação.

De acordo com o mesmo autor, para que uma ideia se transforme numa oportunidade, é preciso conhecer se atende a um desejo ou necessidade do consumidor, se pode se transformar num negócio lucrativo e se há compradores suficientes para seu produto manter a empresa; quantos concorrentes há para essa demanda, entre outras acima relacionadas (TURNER, 2006).

Especialistas recomendam que, sempre que possível, o produto seja patenteado, ainda que o processo demore (cerca de cinco anos), garantindo os direitos do proprietário pelo menos durante o período de consolidação da empresa. É importante lembrar que inovar não é inventar, mas, sim, apresentar algo de forma inusitada, descobrir novos usos para produtos/serviços existentes, diferenciar, para agregar valor ao produto/serviço e que o consumidor o reconheça. Casos clássicos são a entrega em domicílio de pizzas e os serviços "leva-e-traz" das *petshops*, que trouxeram comodidade aos usuários.

Tudo o que pode influenciar o consumidor deve ser visto com grande atenção: preço, formas de pagamento, embalagem (cor, formato, material) ou ambiente (decoração, cores, mobiliário, uniformes, particularmente para a prestação de serviços), qualidade (desempenho, durabilidade, resistência, higiene, origem dos materiais e componentes), diferenciação (qual atributo o torna inovador), distribuição física (como chegar ao consumidor – para *software*, por exemplo, a venda eletrônica é suficiente em muitos casos; em outros, ter pontos de venda bem localizados é essencial).

Um aspecto que se destaca é conhecer o consumidor. Para o empreendedor maduro, que se estabelece em ramo semelhante àquele onde trabalhou, costuma ser mais fácil, pois já sabe onde está localizado, como e com que frequência adquire o produto ou serviço, o nível de preços que está disposto a pagar e o que valoriza no que compra – no caso da venda virtual, são imprescindíveis navegação amigável e fácil, e entrega pontual. Além disso, devem ser pensadas formas de fidelizar o cliente, pois, seja corporativo ou individual, gosta de ser bem atendido, sentir-se importante e, também, ter vantagens por ser leal ao seu negócio, seja ele loja, salão, oficina, consultório ou indústria.

Relacionamentos podem e devem ser usados para ampliar os negócios, mas o empreendedor não deve esquecer que conexões são baseadas em trocas, que informações e cooperação devem funcionar em ambos os sentidos e se constroem com o tempo, o que é um ponto a favor do empreendedor maduro.

A comunicação é, também, relevante para o empreendimento, seja ela impressa, audiovisual ou eletrônica, mas deve ser desenvolvida considerando o produto/serviço a ser ofertado, o público a quem se destina e os recursos disponíveis; a comunicação eletrônica tem sido muito útil para quase todos os tipos de produtos/serviços, mas deve ser adequada à finalidade a que se destina (divulgar, informar, vender, entregar, fidelizar ou outra) e ser usada em conjunto com outros tipos – há vários negócios em que, até hoje, a propaganda boca a boca é muito importante. O Código do Consumidor proíbe muitas ações que prejudicam o comprador, entre elas a comunicação enganosa.

Convém lembrar que o novo negócio pode ser começado do zero, quando a ideia vai ser totalmente desenvolvida pelo empreendedor (negócio novo) ou uma nova atividade, quando ele adquire uma franquia, por exemplo, em que operará um empreendimento sob licença de outra empresa, o que reduz o risco inerente a negócios nascentes, por ser um modelo testado e aprovado (e comprovado), mas, também, restringe a criatividade do novo empresário, conforme o tipo de contrato firmado. Cada empreendedor deve se avaliar e decidir-se pelo que melhor combine com sua personalidade.

Plano de negócios

Este tópico será tratado com maior profundidade em outro capítulo desta obra, mas sua importância não deve ser minimizada – mesmo que não seja detalhado, serve de indicador para as providências que o empreendedor deve tomar para implementar e monitorar seu negócio. Os principais pontos que aborda são:

- Descrição do negócio a ser criado (produto/serviço, missão);
- Análise do mercado em que pretende atuar, suas oportunidades e ameaças;
- Avaliação do potencial do empreendedor, seus pontos fortes e fracos;
- Orçamento dos recursos necessários para implantar e manter o negócio (e a família) nos primeiros 12 meses de operação;
- Fontes dos recursos financeiros (custos altos de obtenção podem onerar ou inviabilizar sua empresa iniciante);
- Fixação de objetivos e metas para balizar seu progresso;
- Mecanismos de controle (mesmo simples, devem ser usados com regularidade).

Sua existência isoladamente não garante o sucesso, mas planejar é um aspecto relevante do empreendedorismo e, particularmente na maturidade, em que tempo pode ser um recurso menos abundante.

Para planejar com menos incerteza, o empreendedor deverá estar capacitado em áreas relevantes da empresa, como finanças (despesas fixas e variáveis, custos, margem de lucro, financiamentos e seus custos), suprimentos (fornecedores, sua capacidade, qualidade, prazos de pagamento possíveis), recursos humanos (seleção, remuneração, possíveis incentivos, treinamentos e, principalmente, motivação – os resultados se obtêm por meio de pessoas e essas devem ser estimuladas a dar o melhor de si para o bem geral) e legislação/tributação (na área trabalhista e fiscal, mesmo que sejam noções básicas, para poder entender/monitorar sua assessoria e evitar falhas que possam vir a custar muito para a empresa). O Sebrae, com seções em quase todos os estados e em muitas cidades em cada um deles, ministra cursos básicos em todas essas áreas, a maioria gratuitos.

Considerações finais

No panorama do empreendedorismo no mundo, verifica-se que, apesar de ser normalmente associado a jovens, seu perfil está se alterando face ao progressivo envelhecimento da população e à diminuição do emprego formal, devido ao desenvolvimento tecnológico e às crises econômicas. Igualmente, a piora ou inexistência de sistemas ou planos de aposentadoria podem tornar indispensável a criação de uma fonte de renda na/ou para a terceira idade. Assim, muitos indivíduos maduros, principalmente na América Latina, no Caribe e na África Sub-Saariana, começam a implantar negócios próprios por necessidade, pela observação de uma oportunidade em áreas que conhecem ou para concretizar um sonho há muito acalentado. Suas características pessoais variam, bem como seu nível de educação e sua motivação, mas seus negócios proveem renda e empregos em todas as economias, criando oportunidade de uma vida produtiva para indivíduos maduros.

No Brasil, predominam em serviços e em empresas de pequeno porte. Nos EUA, há casos de empreendedorismo em alta tecnologia também. Esse empreendedor maduro apresenta vantagens frente ao mais jovem, devido à maior experiência de vida e de trabalho, boas conexões em áreas correlatas ou distintas, geralmente mais recursos financeiros e maior conhecimento e, em especial, menores índices de fracasso em seus empreendimentos por avaliar melhor os riscos incorridos.

Além da existência de órgãos voltados a auxiliá-lo, como o Sebrae, há projetos ligados a universidades que buscam envolver e preparar idosos para novas atividades, seja na vida pessoal ou na profissional, como meio de mantê-los no mercado de trabalho e melhorar sua vida social. Todavia, estudos mostram ser preciso passar a ver o idoso como gerador de riqueza para a economia e criar políticas de apoio a empreendimentos desenvolvidos por esse segmento, ainda pouco valorizado em nosso país.

Questões para reflexão

1. Dentre os conceitos de empreendedorismo apresentados, qual você considera o mais adequado ao Brasil? Por quê?

2. Cite pelo menos três motivos para haver mais empreendedorismo maduro na atualidade do que no século passado.

3. Por que o empreendedorismo brasileiro se destaca mais na área de serviços do que de produção? Dê exemplos.

4. Quais características pessoais podem ser mais relevantes para um empreendedor maduro do que para um jovem?

5. A existência de órgãos públicos voltados ao desenvolvimento do empreendedor maduro resolveria o problema da elevada mortalidade de empreendimentos iniciantes? Sugira alternativas para sua resposta, seja ela positiva ou negativa.

6. O que você entende por clima para empreendedorismo? Ele pode ser criado ou estimulado? Como?

7. Que critérios você usaria para definir o segmento para o qual o produto ou serviço de sua nova empresa se destina?

8. Quais os principais pontos que devem constar de seu plano de negócios? Qual a sua utilidade?

9. Quais fontes de informação você poderia utilizar para melhor se preparar ou se desenvolver para tocar um negócio próprio?

10. Supondo que você seja um empreendedor maduro, consciente de sua decisão de começar uma nova atividade, quais conselhos você daria para quem quisesse seguir seu exemplo?

Estudo de caso

Caso 1

Abraham Kasinsky, empreendedor aos 80 anos [1]

Nascido em 1917, em São Paulo, esse filho de imigrantes russos começou cedo a trabalhar na loja de autopeças paterna. Para poder estudar economia, aumentou a idade. Em 1951, após a morte do pai, ao ver que o

---

[1] Baseado em: DORETTO, Maria Lucia. *Abraham Kasinsky*: um gênio movido a paixão. São Paulo: Geração Editorial, 2012. Disponível em: <www.geracaobooks.com.br/releases/?id=142>. Acesso em: 2013.

MELO, Mariana. Caso de Sucesso: Kasinski. s.d. Disponível em: <www.casodesucesso.com/?conteudo=77>. Acesso em: 2013. <www.moto.com.br/acontece/conteudo/morre_aos_94anos_abraham_>. Acesso em: 2013.

negócio familiar não sobreviveria dependendo apenas de produtos importados, convenceu um dos irmãos a investir numa fábrica que produzia e vendia para a indústria automotiva, a COFAP (Cia. Fabricadora de Peças). Sob seu comando, nos anos 90, a empresa exportava para 97 países, tinha 18.000 empregados e faturava US$1 bilhão por ano, sendo a maior da América Latina no setor.

Em 1993, criou a Fundação Abraham Kasinsky, com a missão de promover o desenvolvimento humano por meio de educação, capacitação profissional, educação ambiental, cultura e lazer, para tornar o indivíduo, cidadão. Essa ONG administra um colégio e um centro de pesquisa biológica em São Paulo e um parque florestal em Lavras, MG.

Em 1997, por questões familiares, vendeu sua participação na COFAP por US$25 milhões e tentou se aposentar, sem sucesso: começou a montar motocicletas de pequeno e médio e, depois, de grande porte, com tecnologia japonesa e coreana, adaptadas ao gosto brasileiro, na Kasinski Fábrica de Veículos, localizada no Polo Industrial de Manaus; no mesmo ano, criou o Consórcio Nacional Kasinski, para facilitar as vendas de seus produtos; em 2001, lançou o MotoKar, um triciclo para entregas urbanas com baixo consumo de combustível.

Em 2003, foi "garoto-propaganda" de um comercial para a televisão em que pilotava uma moto no globo da morte, considerado a Melhor Campanha Publicitária do Ano.

Aos 90 anos (faleceu aos 94) ainda passava várias horas por dia no escritório em São Paulo e, nos finais de semana, ligava para funcionários e chamava assessores para discutir os rumos da empresa. Kasinsky "colecionou amores e arte, brigas e desafetos" e pronunciou uma frase lapidar numa palestra a alunos de Administração: "é muito tênue a linha que separa o pioneiro do empreendedor. No primeiro caso estão as mentes sonhadoras e aventureiras e no segundo estão as mentes dotadas de forte energia criativa".

Analise a trajetória de Kasinsky em função da teoria exposta, considerando o ambiente em que se desenvolveu, o tipo de empreendedorismo desempenhado e sua personalidade. Quais ensinamentos você pode tirar deste caso?

Referências bibliográficas

AGOSTINI, Júlio César; ANGONESE, Rosangela M.; BOGONI, Roseli T. *Empreendedorismo*. Cadernos da SBDG. Disponível em: <www.konos.com.br/HTML/textos%5Cempreendedorismo.pdf>. Acesso em: 2013.

BRASIL. Lei no. 10.741, de 1º. de outubro de 2003. Estatuto do Idoso. Disponível em: <www.planalto.gov.br/civil_03/leis/2003/L10741htm>. Acesso em: 2013.

BRASIL ALEMANHA. Disponível em: <www.brasilalemanha.com.br>. Acesso em: 2013.

CHOUCAIS, Geórgea. *Terceira idade aproveita a oportunidade para montar negócio próprio*. Estado de Minas, 2012. Disponível em: <www.em.com.br>. Acesso em: março/2015.

DORETTO, Maria Lucia. *Abraham Kasinsky – um gênio movido a paixão*. São Paulo: Geração Editorial, 2012. Disponível em: <www.geracaobooks.com.br/releases/?id=142>. Acesso em: 2013

DORNELAS, José; TIMMONS, Jeffy A.; SPINELLI, Stephen. *Criação de novos negócios*: empreendedorismo para o século 21. Rio de Janeiro: Campus, 2010.

DORNELAS, José Carlos Assis. *Empreendedorismo na prática*: mitos e verdades do empreendedor de sucesso. Rio de Janeiro: Elsevier, 2007.

EMPREENDEDORISMO na terceira idade. Disponível em: <www.abrhrj.org.br/typo/fileadmin/user_upload/.../BC_27_09_09.pdf>. Acesso em: 2012.

EROGLU, Osman. Entrepreneurship, National Culture and Turkey. International Journal of Business and Social Science. Vol. 02 no. 16, September 2011. Disponível em: <www.ijbssnet.com/journal/index/606>. Acesso em 2013.

FAIRLIE, Robert W. *Immigrant entrepreneurs and small business owners and their access to capital financing*. Small Business Office. USA May 20, 2012. No. 3 Disponível em: < www.sba.gov/sites/default/files/rs396tot.pdf>. Acesso em: 2013.

FEDERATION OF SMALL BUSINESSES. *Work-Life Balance: putting the economy back on track*. Disponível em: <www.fsb.uk/policy/assets/Lifting the Barriers 2008.pdf>. Acesso em: 2013.

_____. *Breaking down the barriers to entrepreneurship*. A Report by All Party Parliamentary Small Business Group. United Kingdom. Pesquisa lançada em 2011. Disponível em: <www.icaew.com/~/media/Files/About-ICAEW/What-we-do/Policy/bu>. Acesso em: 2012.

FOSTER, Justin. *5 blind spots that get entrepreneurs*. Disponível em: <fosterunfiltered.com/5-blind-spots-that-get-entrepreneurs>. Acesso em: 2012.

FREIRE, Denilson Aparecida Leite Ferraz; MURITIBA, Patricia Morilha. *O empreendedorismo na terceira idade: uma alternativa sustentável à crise da previdência social? ReCaPe – Revista de Carreiras e Pessoas*. São Paulo. v.02 n.02 Mai/Jun/Jul/Ago 2012, p.14-25. Disponível em: <revistas.pucsp.br/index.php/ReCaPe>. Acesso em: 2013.

GEM – Global Entrepreneurship Monitor – 2013 Global Report. AMORÓS, José Ernesto; BOSMA, Niels (org.). Disponível em: <www.gemconsortium.org>. Acesso em: 2014.

GEM–Global Entrepreneurship Monitor. Empreendedorismo no Brasil: 2012 – Relatório Executivo. Curitiba: IBQP, 2011. Disponível em: <www.gemconsortium.org>. Acesso em: 2013. (a)

____ *2012 Global Report*. XAVIER, Siri Roland; KELLEY, Donna; KEW, Jacqui; HERRINGTON, Mike; VORDERWÜLBECKE, Arne (org). Disponível em: <www.gemconsortium.org>. Acesso em: 2013. (b)

____ *Empreendedorismo no Brasil: Relatório Executivo 2013*.. GRECO, Simara Maria Silveira de Souza (coord.). Disponível em: <www.ibqp.org.br>. Acesso em: 2014.

____ *Empreendedorismo no Brasil*: 2011. GRECO, Simara Maria Silveira de Souza (coord.). Curitiba: IBQP, 2011. Disponível em: <www.gemconsortium.org>. Acesso em: 2012. (a)

Global Report Extended 2011. Disponível em: <www.gemconsortium.org>. Acesso em: 2012. (b)

GERBELLI, Luiz Guilherme. *Só 5% dos aposentados não voltariam a trabalhar*. O Estado de São Paulo, Economia, 25/01/2013, p. B6.

GRIFFIN, Ricky W. *Introdução à Administração*. São Paulo: Ática, 2007.

KHOUZINA, Angela . *Mature entrepreneurs more successful, experts say*. 30.11.2012. Disponível em: <www.calgaryjournal.ca/index.php/ourcity/1281-mature-entrepre>. Acesso em: 2013.

KOTLER, Philip. *Marketing de A a Z*: 80 conceitos que todo profissional precisa saber. Rio de Janeiro: Campus, 2003.

LAPORTA, Tais. *Ex-tecelã fatura R$200 mil por ano com turismo para a terceira idade*. iG São Paulo. Disponível em: <economia.ig.com.br/finanças/seunegocio/2013-08-20>. Acesso em: 2014.

MACHADO, Joana Paula et al. *Empreendedorismo no Brasil: 2009*. Curitiba: IBQP, 2010.

MASI, Domenico de. *Criatividade e grupos criativos*: descoberta e invenção. V. 2, Rio de Janeiro: Sextante, 2005.

MASON, Angela Key. *Baby boomers opt for entrepreneurship upon retirement*. Disponível em: <entrepreneurweek.com./boomers/2011/12/22/baby-boomers-opt-for>. Acesso em: 2012.

MATURE ENTREPRENEUR. *Wszystkie prawa zastrzeżone 2011 Powiatowy Urząd Pracy w Gdańsku Realizacja Net P.C*. Disponível em: <pup.gda.pl/artykuly/292_392_mature-entrepreneur.html>. Acesso em: 2012.

MAXIMIANO, Antonio Cesar Amaru. *Administração para empreendedores*: fundamentos da criação e da gestão de novos negócios. São Paulo: Pearson Prentice Hall, 2006.

MELO, Mariana. Caso de Sucesso – Kasinski. s.d. Disponível em: <www.casodesucesso.com/?conteudo=77>. Acesso em: 2013.

Moto.com.br. Disponível em: <www.moto.com.br/acontece/conteudo/morre_aos_94anos_abraham_>. Acesso em: 2013.

Nandram, Sharda S., Born, Marise Ph, Samsom, Karel J. *Do entrepreneurial attributes change during the life courses of enterprises and entrepreneurs? NRG Working Papers*, April 2007, no. 07-08. Nyenrode Business Universiteit. Disponível em: <http://www.nyenrode.nl/research/publications>. Acesso em: 2013.

Nandram, Sharda, Samsom, Karel. *Entrepreneurial Behaviour. NRG Working Papers*, April 2007, no. 07-04. Nyenrode Business Universiteit. Disponível em: <http://www.nyenrode.nl/research/publications>. Acesso: em 2013.

Nassif, Vania Maria Jorge et al. *Formação empreendedora:* aspectos convergentes e divergentes sob a ótica de alunos, professores, pais e empreendedores. Revista Angrad, v.10 no.2 Abr/Mai/Jun/2009, p. 73-96.

Nys Small Business Development Center. *Mature Entrepreneur Planning Guide*. The State of New York University. Disponível em: <www.nysbdc.org/resources/Publications/09-mature-entrepeneur>. Acesso em: 2012.

Pedrazzini, Elisete Silva; Matheus, Maria Doralice Grande; Cardoso, Rogéria Kapp; Purquerio, Maria Cecilia Villani. *Projeto inclusão produtiva na terceira idade:* fui moço... agora sou empreendedor. REVISTA PORTAL de Divulgação, n.19, Mar.2012, p.23-30. Disponível em: <http://www.portaldoenvelhecimento.org.br/revista/index.php>. Acesso em: 2012.

Pinto, Teresa Almeida. *No entrepreneurial skills for old men:* a call for intergeracional learning. Learning late in life – uncovering the potential of investing in an ageing workforce. 21-22 September, 2011 Brussels. Disponível em: <www.cedefop.europa.eu/download-manager.aspx?id=18787&lan>. Acesso em: 2012.

____.*No entrepreneurial skills for old men:* a call for Intergenerational Learning. Paper s.d. (ca. 2012) Intergenerational Valorisation and Active Development Association, Lourosa, Portugal. Disponível em: <www.TAP_Cedefop_PAPER_final.pdf>. Acesso em: 2013.

Pombo, Adriane Alvarenga da Rocha. *O que é ser empreendedor?* Biblioteca Temática do Empreendedor – SEBRAE. S.d. Disponível em: <www.bte.com.br>. Acesso em: 2013.

Robbins, Stephen P., Judge, Timothy A. *Organizational Behavior.* 13th ed. Upper Saddle River, N.J.: Pearson Education Inc., 2009.

Santos, José Roberto dos. *O empreendedorismo na maturidade.* Rio de Janeiro: e-Papers, 2010.

Schmitz, Ana Lucia Ferraresi; Lapolli, Edis Mafra; Bernardes, Francisco José. *Estimular o empreendedorismo na terceira idade.* Universidade Federal de Santa Catarina. Florianópolis. Extensio – Revista Eletrônica de Extensão, v.8. n.12, p.109-121, 2011. Disponível em: <www.ufsc.br>. Acesso em: 2012.

Sebrae-SP. Disponível em: <www.sebraesp.com.br>. Acesso em: 2012.

Sebrae. *Os empresários e os potenciais empresários no Brasil:* estudo comparativo. Série Estudos e Pesquisas. SEBRAE, julho/2012. Disponível em: <http://www.sebrae.com.br/estudos-e-pesquisas>. Acesso em: 2013.

Sela Sistema Econômico Latino-Americano e do Caribe. *Final Report: Course on Entrepreneurship Strategies for the Development of New Entrepreneurs.* Caracas, Venezuela: Permanent Secretariat of SELA, 2012. Disponível em: <Di_5-FR_Course_Entrepreneurship_Strategies_Development_New_Entrepreneurs.pdf> Acesso em: 2013.

Serra Negra, Carlos Alberto; Serra Negra, Elizabete Marinho. *Manual de trabalhos monográficos de graduação, especialização, mestrado e doutorado.* 4.ed. São Paulo; Atlas, 2009.

Szajman, Abraham. Empreendedorismo na Terceira Idade. In BARROS JR., Juarez Correia. *Empreendedorismo, trabalho e qualidade de vida na terceira idade.* São Paulo: Edicon, 2009. Disponível em: <www.sfiec.org.br/artigos/social/Empreendorismo 3aIdade.pdf>. Acesso em: 2012.

TURNER, Patrick. *Characteristics of Entrepreneuers*. TiE Institute Series, first of VI. April 29, 2006. Disponível em: <www.genesis.iitm.ac.in/download/resources/Characte>. Acesso em: 2013.

WEF-WORLD ECONOMIC FORUM. *Educating the next wave of entrepreneurs*: unlocking entrepreneurial capabilities to meet the global challenge of the 21st. Century. Switzerland, April 2006. VOLKMANN, Christine; WILSON, Karen E.; MARIOTTI, Steve & RABUZZI, Daniel A.; VYAKARNAM, Shailendra; SEPULVEDA, Ana (orgs.). Disponível em: <www.weforum.org>. Acesso em: 2012.

Capítulo 09

Empreendedorismo em ensino e educação

> *O movimento que cria o mundo do pensamento é o mesmo que abre o pensamento ao mundo.*
>
> MORIN, 1994

Edmir Kuazaqui

Objetivos

- Analisar e diferenciar os termos relacionados a ensino e educação e conceituar o modelo de ensino atual;
- Discutir o papel e a importância do professor universitário dentro do processo de ensino e aprendizagem;
- Discutir as particularidades e aplicações da didática e da metodologia;
- Discutir, de forma contextualizada, os temas inovação, criatividade e principalmente empreendedorismo nas ações do professor universitário;
- Indicar o perfil ideal de um professor universitário.

Introdução

Este capítulo tratará do empreendedorismo em ensino e educação sob o ponto de vista do professor universitário, fazendo-se breve contextualização com as Instituições de Ensino Superior (IES) e tendo como foco o "aprendizado" do aluno. Para as descrições e análises, foram desconsideradas as questões mais pontuais relacionadas ao programa, ementa e mesmo à legislação, mas consideradas as partes relacionadas aos comportamentos e atitudes dos corpos docente e discente. Para a discussão, tornou-se necessária a conceituação e análises de termos, principalmente daqueles intimamente relacionados à construção do conhecimento e de competências, como o ensinar, o aprender, o apreender, a metodologia e a didática aplicados à andragogia, ensino para adultos. Destaca, assim, a importância da educação continuada para a evolução de conteúdos tanto do ponto de vista do docente quanto do discente.

Após as análises e discussões, será apresentada uma reflexão sobre a importância de todo o processo de educação como fator de inclusão social, bem como os benefícios econômicos e sociais dele oriundos, se conjugados a ambientes que motivem as atitudes e ações empreendedoras, inovadoras e criativas, de forma dialogada, constante, planejada e sustentada.

A metodologia empregada para a construção deste capítulo valeu-se de estudo exploratório, com técnicas bibliográfica e de campo, principalmente o vivencial.

Ensino e educação

Para que uma nação possa ocupar posição de destaque econômico e social, a população, entidades e empresas devem usufruir plenamente de uma infraestrutura que atenda suas necessidades básicas, como alimentação, educação e saúde. Pode-se afirmar que a qualidade de vida de uma população está diretamente ligada ao nível de conhecimento e respectiva aplicação. Dentro desta visão, o ensino e a educação devem estar presentes no cotidiano de todos.

Vamos aprofundar um pouco mais esse aspecto para melhor conhecermos essa relação. A família deve ser participante na formação do indivíduo, o que facilita a absorção do conhecimento. É dela, também, a responsabilidade da criação inicial de valores sociais, éticos e morais, que possibilitarão à criança ter uma determinada visão de mundo e construir a sua própria individualidade e personalidade.

Numa estrutura formal, a família delega a entidades públicas e privadas o ensino, de acordo com as prerrogativas e pressupostos que o governo entende serem verdadeiros, suficientes e justos à plena inserção do indivíduo na sociedade. Desta forma, o governo exerce a função de deliberador e normatizador de pressupostos que entidades públicas e privadas devem seguir – e neste capítulo focam-se especificamente as Instituições de Ensino Superior, IES. Esse modelo busca possibilitar a democratização do ensino à população.

Embora a construção de modelos educacionais remonte a milênios – desde a época do homem das cavernas, era comum que os indivíduos se reunissem em clãs e contassem histórias, que eram devidamente registradas em desenhos nas paredes das cavernas –, foi só com a evolução da sociedade, o aumento da quantidade de indivíduos e o desenvolvimento e a heterogeneidade do conhecimento, que começaram a ser construídos modelos que atendessem as necessidades da sociedade, bem como discussões filosóficas a respeito. De forma geral, a transmissão de conhecimentos evoluiu, podendo ser efetuada a partir de simples transmissão e repetição, até a introdução e discussão de estudos de casos e jogos de empresas, de forma mais contemporânea. Conforme Anastasiou e Alves (2009, p.17), "um dos elementos básicos de discussão da ação docente refere-se ao ensinar, ao aprender e ao apreender. Essas ações são muitas vezes consideradas e executadas como ações disjuntas, ouvindo-se até de professores afirmações do tipo 'eu ensinei, o aluno é que não aprendeu.'"

A ação docente pode ser medida pelo resultado alcançado pelos alunos em avaliações como provas e exercícios ou até pela estatística obtida a partir da inserção do indivíduo no mercado de trabalho. Porém, deve-se considerar que tal ação não é um ato isolado, e que deve ser contextualizada num processo sistêmico, no qual o docente tem breve participação. Desta forma, a atividade docente deve estar dentro de um planejamento maior de curso, que deve estar integrado à IES e enquadrado nas leis e normas do país.

Nem sempre é possível o acompanhamento individual do discente, por isso, geralmente, se empregam estatísticas sobre a performance deste, da mesma forma que o corpo docente também é avaliado, levando-se em consideração a formação acadêmica e a participação em eventos e produção de publicações. Com tal situação, é normal, num primeiro momento, entender que a atividade docente está relacionada a uma normatização de regras e procedimentos que visam a transmissão do saber. Entretanto, devemos atentar que as aulas são ministradas por pessoas para pessoas (e não simplesmente indivíduos), e que cada um tem suas características e particularidades distintas. Então, de uma simples repetição, pode-se estabelecer um diálogo entre as partes, ajustando os níveis de intensidade da comunicação e assimilação de dados e fatos que podem se transformar no processo cognitivo entre professor e aluno, em conhecimento pleno a ser aplicado de forma assertiva na sociedade. Daí a relação e importância da didática no ensino relacionado à andragogia. Como um professor universitário consegue, a partir de sua visão de mundo, transmitir conhecimentos com sua capacidade de abstração de fatos, dados e números? Pode-se afirmar categoricamente que o ensino e a educação estão diretamente relacionados à capacidade e à competência do docente para ensinar e educar.

A capacidade está relacionada aos conhecimentos adquiridos na sua formação acadêmica e na experiência profissional – a conjugação de ambos lhe possibilita transmitir ao discente tanto a teoria quanto a sua aplicação em situações reais. Já a competência está relacionada, principalmente, a fatores endógenos do docente, como empreendedorismo, criatividade e assertividade, e depende do seu grau de motivação, que pode vir de si próprio ou de variáveis exógenas. Essas variáveis externas podem ser relacionadas ao ambiente de trabalho, remuneração, bem como a desafios sadios que podem ser incorporados em sua carreira. O importante é frisar que um professor motivado, certamente, motiva seus alunos a um melhor aprendizado.

Para desenvolver uma boa aula, o professor universitário deve apresentar uma mensagem clara e concisa, mas com muita motivação, que tem por objetivos conceituar, discutir e desenvolver o tema ou assunto. Albrecht (2006, p.46) afirma que

> As palavras são muito mais do que meros símbolos e sinais sem vida. Elas são a própria estrutura do pensamento. Muitos líderes famosos compreenderam e capitalizaram sobre a psicologia da linguagem, e usaram esse conhecimento para provocar e mobilizar as pessoas, para o bem e para o mal. A poesia, a literatura, slogans populares, metáforas e canções patrióticas, todas elas têm o poder de mexer profundamente com as pessoas. O estudo da retórica lida com os padrões primários da língua, e de como um giro de frase hábil transmite sentidos que vão muito além do mero nível simbólico das palavras.

A retórica pode estar relacionada ao bem falar, de forma clara, concisa e eloquente, facilitando a argumentação e a creditação do discurso do professor em sala de aula. A mensagem deve possibilitar que o aluno possa entender e compreender, processar e ter uma opinião, a fim de aplicá-la, a partir da análise e tomada de decisão. A mensagem deve fazer sentido no contexto apresentado ao aluno.

É importante, assim, que o professor busque o aprendizado contínuo, seja por meio de cursos de aperfeiçoamento e atualização, seja pela assimilação de novas tecnologias e ferramentas, que possam facilitar a construção e transmissão de conhecimentos. Somente a exposição dialogada, por vezes, não é suficiente para que se capte a atenção do aluno e se facilite o processo de aprendizagem. Observa-se, dessa forma, que não só o aluno deve estar preparado para aprender, mas o professor também. O processo então do ensino e da aprendizagem requer particularidades que nem sempre estão disponíveis aos interlocutores.

O ato de **aprender**, dentro de um processo sistêmico, significa tomar conhecimento de algo, de um fato, de dados e informações de um transmissor, retendo na memória de forma seletiva. Neste aspecto, pode-se considerar que a exposição de um professor, uma leitura e a simples repetição por parte do aluno podem favorecer a memorização, mas isso não significa dizer que o aluno terá a capacidade e competência para aplicar o que reteve na memória numa situação real ou mesmo abstrata. Por vezes, a avaliação solicitada ao aluno visa mensurar a simples memorização de dados, fatos e conteúdos, mas não necessariamente a capacidade necessária para o processo decisório numa situação real.

Ressaltando um comentário de Almeida (2000, p.13):

> Aprender a aprender é uma das frases mais banais da educação do fim do século. Dizem com muita convicção que o importante é o processo de aprendizagem e que os conteúdos podem ficar num segundo plano, quando se privilegia o processo de aprendizagem.

Tal afirmação, sob o ponto de vista do autor deste capítulo, é clara e apresenta uma dicotomia saudável, pois pode se aplicar aos dois elementos mais importantes do processo – professor e aluno. Pode denotar a constante procura da melhoria por parte do professor para ministrar uma aula com qualidade, e também por parte do aluno, numa busca constante por conhecimento.

O professor deverá procurar, a partir de suas diversas experiências em sala de aula, adequar recursos, conhecimentos, técnicas e ferramentas ao perfil do alunado. Isso implica submeter-se a um processo de avaliação constante, a fim de promover o melhor aprendizado por parte de seus alunos.

Não é um processo simples e fácil, mas a orientação para a qualidade deve ser uma procura constante. Conforme Moran (2009, p.12),

> Há uma preocupação com ensino de qualidade mais do que com a educação de qualidade. Ensino e educação são conceitos diferentes. No ensino se organizam uma série de atividades didáticas para ajudar os alunos a que compreendam áreas específicas do conhecimento (ciências, história, matemáticas). Na educação o foco, além de ensinar, é ajudar a integrar ensino e vida, conhecimento e ética, reflexão e ação, a ter uma visão de totalidade. Fala-se muito de ensino de qualidade.

Seguindo esta linha de raciocínio, o verbo *aprender* só acontecerá se houver o **apreender**, que significa prender com energia, força, assimilar mentalmente, entender e compreender o que foi transmitido. Isto é, dentro de um processo de aprendizado, o aluno conseguiu entender e compreender o que foi transmitido e houve a incorporação de algo em seu ser, tornando-se parte de seus conhecimentos e, portanto, passível de aplicação.

Tomemos como exemplo a área da medicina. O aluno fica um longo período, em tempo integral, assistindo as aulas teóricas, passando por uma série de situações e exercícios práticos, avaliações, laboratórios e discussões. Ao final, tem a residência obrigatória, em que poderá conviver com a prática e posteriormente procurar uma especialização para, então, ingressar no mercado de trabalho e atuar na sociedade como médico. O indivíduo não nasceu com os conhecimentos, as habilidades e as competências de um médico. Nem tampouco com o seu discernimento técnico e humano perante um diagnóstico. Ele pode até ter certa aptidão natural e interesse pela atividade profissional, mas, sem passar por todo este processo, ele não terá condições plenas de exercê-la. Desta forma, percebe-se que há todo um conjunto de técnicas que visa incorporar o conhecimento ao aluno de medicina para que ele possa aprender e apreender os conhecimentos, criando competências e possibilitando que o mesmo possa aplicá-los, de forma técnica e assertiva, em seus pacientes.

Outro exemplo são os advogados, os quais são avaliados pela Ordem dos Advogados do Brasil (OAB), têm grande necessidade de leitura, boa verbalização (oratória) e argumentação interpretativa, e que podem, ainda alunos, exercitar seus conhecimentos em assistência popular nos núcleos de práticas jurídicas.

Gostaria de mencionar também minha experiência pessoal como docente, principalmente em cursos ligados à área de Administração, e evidenciar algumas particularidades a respeito. O curso de Administração está inserido, no Brasil, na área de Ciências Sociais Aplicadas. Dentro da Administração, temos outras subáreas como Finanças, Produção, Marketing, Gestão de Pessoas, Serviços, além de assuntos que se inter-relacionam, como Gestão de Indicadores, Planejamento e Estratégia Empresarial, entre outros.

Os cursos de Administração possuem uma série de ferramentas e recursos que possibilitam ao alunado a absorção de conhecimentos que podem se tornar competências de gestão. Além das aulas, exercícios e avaliações, o curso tem, obrigatoriamente, a presença de Atividades Complementares (ACOM), bem como de Trabalho de Conclusão de Curso (TCC), de Programa de Estágios, além da figura da Empresa Júnior. Entretanto, uma grande dificuldade que lhes tem sido apresentada é a aplicabilidade dos conhecimentos adquiridos pelos alunos quando estes ingressam no mercado de trabalho, uma vez que existe uma grande heterogeneidade de atividades e categorias de empresas, o que torna complexa a adaptabilidade dos programas dos cursos à realidade a ser enfrentada por cada aluno. Um graduado em Administração pode exercer sua profissão em bancos, lojas, hospitais, escolas, serviços, farmácias, entre outros, atuando em diferentes atividades, funções e cargos em empresas principalmente. Desta forma, a consistência necessária para o bom aprendizado é a consistência de conteúdos dos cursos, em detrimento das necessidades e carências do mercado. Com isto, é possível a obtenção de foco. Esta situação é sinalizada pelo próprio fato de que há dificuldade de se submeter o administrador a uma avaliação de conselho de classe – como ocorre no caso de médicos e advogados.

Para contextualizar melhor os conteúdos, temos de conceituar e discutir mais alguns termos como o estudar, pesquisar, entender e compreender. O estudar está relacionado ao ato contínuo do autodesenvolvimento, proveniente de fatores endógenos que motivam o estudante (daí o termo) a procurar dados, fatos e conhecimentos sobre determinado assunto. Então, um estudante que se dedica e estuda frequentemente estará mais preparado para uma prova e terá melhores condições para entender determinada situação. Já a pesquisa, como atestam alguns autores, pode ser uma competência e fazer parte do cotidiano das pessoas. Quando uma empresa necessita desenvolver um novo produto ou serviço, usará a pesquisa como forma de identificar oportunidades e necessidades não atendidas no mercado. Já sobre o ponto de vista do professor ou do aluno, o objetivo é outro, uma vez que visam obter um melhor conhecimento e informação sobre determinado assunto. Não que a pesquisa realizada por empresas não redunde em conhecimentos, mas sob este prisma existe uma necessidade de sistematização, que envolve desde a definição clara do objeto de pesquisa, objetivos, métodos, amostragem, entre outros, que confira aos resultados maior credibilidade para que possam ser multiplicados como modelo para outras pessoas e situações. A pesquisa, em si, é a base do conhecimento. Finalmente, o entender e o compreender são dois processos complementares e sequenciais, pois o indivíduo pode absorver o que está sendo apresentado e sua aplicabilidade (o entender), bem como contextualizar e decidir sobre a melhor forma de atuação e aplicação (o compreender).

Após toda a conceituação e discussão efetuadas, podem-se introduzir os conceitos de didática e metodologia. A primeira é a forma como o professor desenvolve suas ações, a partir de seus conhecimentos teóricos e práticos, de modo organizado e planejado, no sentido de transferir conceitos e fundamentos, que deverão ser absorvidos e aprendidos pelos seus alunos. Lowman (2004, p.22) aprofunda o conceito, destacando que

> Além de um sólido domínio da matéria, o ensino universitário de qualidade parece ser uma tarefa complexa, que requer a competência de se comunicar bem com os estudantes, em grandes ou pequenos grupos, em situações formais e informais, e relacionar-se com eles como pessoas, de maneira que eles sintam como positivas e motivadoras. O ensino universitário exemplar deve engendrar um aprendizado ativo não somente dos fatos básicos, teorias e métodos, mas também das relações entre os diferentes ramos do conhecimento. Deve promover o pensamento, as habilidades de comunicação e de resolução de problemas, características de uma pessoa educada.

Para a evolução didática, o professor universitário deverá ter um perfil resiliente, a fim de que consiga identificar e perceber as mudanças sutis e as transformações radicais no meio em que vive, tornando então uma importante peça orgânica do ambiente social. Também é de crucial importância a efetiva percepção do que ocorre em suas aulas, modelando, em tempo real, as ações aplicadas a partir do *feedback* dos alunos. A didática é um dos principais pontos para o qual convergem as melhorias e qualidades bem como as principais deficiências do professor universitário e, consequentemente, tem implicações no nível de qualidade do conhecimento dos alunos.

É comum alunos comentarem que determinado professor conhece a matéria, mas não tem didática. Em casos como esse, ou o professor não aplica as técnicas de forma correta, ou o público (alunos) não tem o perfil necessário para a absorção dos conteúdos. Desenvolvemos a seguinte situação como exemplo:

"Assisti, incrédulo, na última quarta-feira, a várias reportagens na mídia eletrônica, sobre um protesto ocorrido em um colégio destinado à educação (ou seria simplesmente ensino?) de alunos de classe social privilegiada. O protesto que teve repercussão mundial, pois foi veiculado em rede social na internet, focava o aumento do preço do pão de queijo para R$2,30 na cantina da escola. Segundo depoimentos publicados na mídia, o estudante que começou o protesto não esperava tanto impacto; apenas havia postado sobre o ocorrido no *twitter* por brincadeira. Esse protesto, que foi aproveitado pelos veículos de comunicação para ressaltar a força e a rapidez dos meios interativos, infelizmente, também traduz outros pontos mais significativos. Primeiro, a indignação de um indivíduo pertencente à classe social favorecida diante de um aumento de preço, que talvez seja condizente com a política de aluguel do colégio para o terceirizado. Isso ninguém comentou. Depois, grande parte das lanchonetes e similares repassa seus preços para o consumidor devido ao aumento da inflação. Isso ninguém analisou. O "estudante" que postou a notícia por brincadeira nem sabe que o proprietário pode perder o direito de ter a cantina no colégio ou vê-la fechada, o que acarretará o desemprego de alguns indivíduos pertencentes à classe social menos favorecida. O proprietário, como empresário e empreendedor, que deve pagar em dia seus impostos e gerar empregos, recebeu vários desaforos e palavras desagradáveis, mas, de forma ética, considerou a legitimidade do protesto. Provavelmente, não vai entrar com uma ação por danos morais – que acredito ser válida pelos motivos já expostos. Infelizmente, na sociedade contemporânea, banalidades são discutidas com todo o rigor e ímpeto, como, por exemplo, a despedida recente de um jogador de futebol; quem deixará de integrar determinado *reality show*; ou mesmo o vestido dito impróprio de uma aluna universitária paulistana. E, assim, palhaços são eleitos deputados federais e assuntos importantes relacionados à crise internacional, política industrial, desmatamento, extinção de espécies, impostos e criminalidade são deixados em segundo plano. Caracteriza-se e atesta-se a desinformação, a despolitização e a desindustrialização num país onde as banalidades são as peças mais importantes de curto prazo. E haja pão de queijo para todos!"

Em teste informal, apresentou-se o referido texto para discussão a diferentes grupos de alunos, desde os de primeiro semestre de um curso de graduação até outro de pós-graduação. Lógico que os resultados de cada grupo de discussão foram diferentes, pois cada um deles tinha uma visão de mundo a partir de seus conhecimentos e experiências, tendo o primeiro grupo, a título de exemplo, evidenciado que "realmente o pão de queijo não deveria ter aumentado tanto de preço", enquanto o segundo dispensou boa parte do tempo na discussão de problemas contemporâneos nacionais e globais. Desta forma, conteúdos e técnicas devem estar de acordo com a situação e públicos envolvidos. Pode-se então definir didática como *a forma organizada e direcionada para construir e transmitir conhecimentos a determinado tipo de público.*

A metodologia refere-se ao modo como professores e alunos podem obter um maior e melhor nível de conhecimento, por meio de pesquisa científica. Dencker e Da Viá (2001, p.49) definem metodologia como:

> [...] o estudo analítico e crítico dos métodos de investigação e de prova. A metodologia não é, senão, uma reflexão sobre a atividade científica que está sendo desenvolvida para obter, em determinado momento, um retrato dessa atividade – retrato esse que diferirá de acordo com a ciência sobre a qual estamos refletindo.

A prática pode envolver simples ações como a leitura de textos selecionados, interpretação e análise, até a procura de documentos públicos e privados, além de pesquisa exploratória, descritiva e/ou experimental, dependendo do grau de necessidade de dados e informações requeridas pelo objeto e problema de pesquisa. Podem-se estabelecer relações mais racionais e pontuais a partir de estudos descritivos e probabilísticos ou com a utilização de uma vertente mais qualitativa, que pode envolver o registro de opiniões e sugestões, bem como resultados que possibilitem interpretações e análises mais semânticas e de profundidade.

A prática metodológica possibilita um melhor nível de conhecimento do objeto estudado, podendo ser um motivador para que conteúdos possam ser melhor fundamentados e posteriormente democratizados para a sociedade. Não existe indivíduo que tenha conhecimento pleno sobre tudo; a procura pelo conhecimento deve ser derivada de um desafio constante de maior e melhor saber. Qualquer um tem, portanto, a necessidade de reciclar, atualizar e incorporar mais conhecimentos. Como destacam Anastasiou e Alves (2009, p.24),

> Pela proposta atual, no processo de ensinagem a ação de ensinar está diretamente relacionada à ação de apreender, tendo como meta a apropriação tanto do conteúdo quanto do processo. As orientações pedagógicas não se referem mais a passos a serem seguidos, mas a momentos a serem construídos pelos sujeitos em ação, respeitando sempre o movimento do pensamento. Diferentemente dos passos, que devem acontecer um após o outro, os momentos não ocorrem de forma estanque, fazendo parte do processo do pensamento.

Reflexão!
Para desempenhar um bom papel de professor universitário, deve-se considerar, como pontos cruciais, o conhecimento dos fundamentos da didática e da metodologia. Embora parte dos professores desenvolva, no decorrer de toda a sua carreira acadêmica, ações que podem ser consideradas empreendedoras e inovadoras (e que geralmente surtem resultados positivos) existe a necessidade de entender os comportamentos que influenciam o pensar e as lógicas do pensamento, como será visto posteriormente neste capítulo.

O conhecimento pode parecer definitivo para o momento; mas pode não ser suficiente para o futuro próximo. Desta forma, a procura constante pelo conhecimento deve ser um hábito a ser cultivado naqueles que desenvolvem suas atividades no ensino superior.

Educação continuada

A essência da vida é o constante aprendizado, que possibilita ao indivíduo o seu desenvolvimento e sobrevivência. Sem este aprendizado, não será possível a preservação e construção de novos conhecimentos.

Segundo Trujillo Ferrari (1974, p.8), "a ciência é todo um conjunto de atitudes e atividades racionais, dirigidas ao sistemático conhecimento com objeto limitado, capaz de ser submetido à verificação". Entendemos, então, por ciência uma sistematização de conhecimentos, um conjunto de proposições logicamente correlacionadas sobre o comportamento de certos fenômenos que se deseja estudar.

A educação continuada pressupõe o aprendizado do indivíduo por meio de cursos, palestras, eventos e tudo aquilo que vise à sua atualização, crescimento e aperfeiçoamento pessoal e profissional, preferencialmente de forma espontânea. O indivíduo deverá procurar as oportunidades que visem ao melhor aproveitamento do desenvolvimento de suas habilidades e competências, tanto pessoais quanto corporativas, dentro de seu plano de carreira, e também moldá-las às necessidades de mercado. Entretanto, uma das premissas para o desenvolvimento do indivíduo é agregar, ao seu dia a dia, a habilidade de pesquisar e a competência de aplicar os conhecimentos adquiridos.

Ander-Egg (1978, p.28) conceitua pesquisa como o "procedimento reflexivo, sistemático, controlado e crítico que permite descobrir novos fatos ou dados, relações ou leis, em qualquer campo do conhecimento". Portanto, a pesquisa é um procedimento racional e formal que permite conhecer as várias partes de uma realidade.

Pelo lado das instituições de ensino superior, abrem-se diversas oportunidades de geração de atividades que objetivam o aprimoramento dos alunos, bem como a geração de recursos que visam à sustentabilidade institucional e, ao mesmo tempo, a aplicação em investimentos de melhoria contínua.

A educação continuada e a responsabilidade social são exigências do governo federal, que devem ser atendidas pelas instituições de ensino superior não como uma obrigatoriedade, mas como uma forma de propiciar a atualização e melhoria do ensino e não simplesmente como a geração de novos cursos e receitas. Os cursos de extensão, por exemplo, deverão constar no Plano de Desenvolvimento Institucional (PDI), e serem utilizados como atividades complementares pelos alunos.

A razão da educação continuada reside, assim, em dois fatores básicos: primeiro, no atendimento das necessidades específicas do indivíduo, que pode permitir sua melhor inserção e crescimento no ambiente pessoal, familiar e corporativo; o segundo, na observância da própria missão da IES, ou seja, na geração de conhecimento contínuo plenamente adaptado à área de conhecimento, permeando o mercado e a sociedade. A instituição de ensino superior contribui, portanto, com a sociedade, na medida em que gera resultados comerciais e financeiros, mas, sobretudo, éticos e sociais, sempre que exerce a responsabilidade social.

Por questões práticas, a reciclagem e atualização podem não ocorrer somente dentro de uma sala de aula convencional, mas com a utilização de outros meios designados como "a distância", que podem complementar (e não substituir) as aulas presenciais. Há, por exemplo, o Ensino a Distância (EAD), formado por instrumentos didáticos virtuais diferentes dos presenciais, pois grande parte da ação fica sob a responsabilidade do aluno, enquanto o professor deverá ter a função de motivar e interagir com seu respectivo público.

Concluo esta seção com o trecho (autor anônimo) a seguir:

> Every morning in Africa, a gazelle wakes up. It must run faster than the fastest lion or it will be killed. Every morning a lion wakes up. It knows it must outrun the slowest gazelle or it will starve to death. It doesn't matter wheather you are a lion or a gazelle. When the sun comes up, you'd better be running[1].

Analogamente, o aprendizado contínuo é o que faz mover a ciência e, consequentemente, a sociedade em que estamos inseridos.

O processo ensino-aprendizagem

O assunto é muito discutido e diferentes pontos de vista são evidenciados. A pedagogia para adultos pode (e deve) ser estudada por pedagogos, psicólogos, bem como por indivíduos com formação em outras áreas, a fim de melhor compreenderem o perfil do público adulto e as técnicas para atingi-lo. Neste item, discutiremos um pouco essas técnicas. Embora o foco seja o professor universitário, é importante ressaltar, de acordo com Tachizawa e Andrade (2003, p.230):

> Não existem técnicas melhores ou piores e sim técnicas mais adequadas ou menos adequadas, em função dos objetivos que se pretenda atingir; treinamento é atividade educativa que busca como subsídios os princípios universais de aprendizagem

---

[1] "Toda manhã, na África, uma gazela desperta. Ela deve correr mais rápido que o leão mais rápido ou será morta. Toda manhã um leão desperta. Ele sabe que deve correr mais que a gazela mais lenta ou irá morrer de fome. Não importa se você é um leão ou uma gazela. Quando o sol nasce, é melhor que você esteja em movimento."

válidos para situações de sala de aula convencional e para situações de treinamento, resguardados os necessários ajustamentos induzidos pelas condições de aprendizagem e finalidades do programa.

A IES pode recomendar uma linha de ensino e aprendizado, e, nesse caso, o corpo docente deverá adotar os padrões estabelecidos, utilizando um mesmo conjunto de técnicas. Mesmo assim, o docente que for capaz de utilizar as mesmas técnicas de modo diferenciado poderá levar seus alunos à obtenção de melhores resultados acadêmicos. A orientação geral dada pela IES ou mesmo pela coordenação de curso é importante, mas também deve haver uma possibilidade de desvio entre os padrões a serem utilizados. Por exemplo, um docente com formação acadêmica e experiência profissional na área de turismo e hospitalidade, com foco em gastronomia, ao ministrar a disciplina Alimentos e Bebidas em cursos de graduação em Turismo e também Nutrição, precisa adaptar os programas e instrumentos didáticos à diversidade dos dois públicos correspondentes, a fim de não causar ruídos na comunicação em sala de aula, em virtude da terminologia aplicada a alguns conteúdos específicos das aulas.

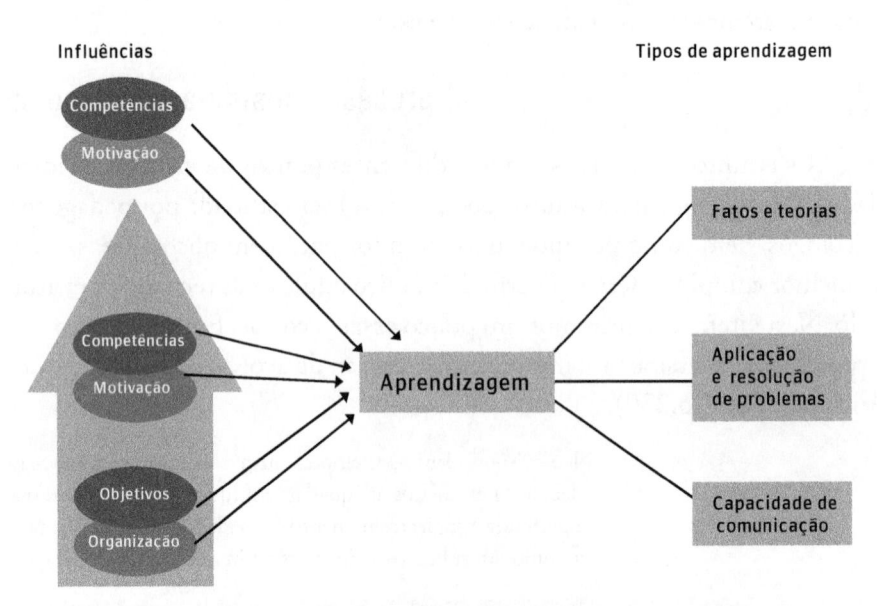

FIGURA 1 – Fontes de influência na aprendizagem do estudante universitário
FONTE: Adaptado de LOWMAN, 2004, p.25.

Mesmo dentro de uma mesma área de conhecimentos, fatos e teorias podem sofrer análises e conteúdos diferentes, dependendo da linha teórica e foco. Um curso de graduação em Administração, por exemplo, deve ter um conteúdo básico a partir de grade curricular aprovada pelo Ministério da Educação e Cultura (MEC). A grade curricular comporá um grupo de conhecimentos mínimos organizados a serem ministrados, além de outras disciplinas ou mesmo atividades, seminários, palestras e similares, que poderão diferenciar os cursos de uma instituição para outra. As disciplinas, por sua vez, também poderão ter conteúdos diferenciados e serem ministradas com técnicas e metodologias pertinentes. Cursos de graduação em Administração podem ter foco em Marketing, Finanças, Gestão de Pessoas com enfoque em Empreendedorismo, dependendo da percepção de carências e necessidades nacionais e regionais. Desta forma, pode-se justificar que um curso de Administração pode ter conteúdos *semelhantes*, mas não iguais, em grandes capitais como São Paulo e Rio de Janeiro e também num município como Guarulhos, SP, pois a composição da estrutura industrial de cada um é diferente e consequentemente sua população também o é; então, um deles poderá ter um enfoque mais em serviços, outro em petroquímica e o terceiro em produção e logística. Além dos conteúdos, as técnicas devem ser aplicadas de acordo com diferentes razões, conforme discriminado no quadro a seguir.

Operação de pensamento	Conceitos / Relações
Comparação	Examinar dois ou mais objetos ou processos com intenção de identificar relações mútuas, pontos de acordo e desacordo. Supera a simples recordação, enquanto ação de maior envolvimento do aluno.
Resumo	Apresentar de forma condensada a substância do que foi apreciado. Pode ser combinado com a comparação.
Observação	Prestar atenção em algo, anotando cuidadosamente. Examinar minuciosamente, olhar com atenção, estudar. Sob a ideia de observar existe o procurar, identificar, notar e perceber. É uma forma de descobrir informação. Compartilhada, amplia o processo discriminativo. Exige objetivos definidos, podendo ser anotada, esquematizada, resumida e comparada.

Operação de pensamento	Conceitos / Relações
Classificação	Colocar em grupos, conforme princípios, dando ordem à existência. Exige análise e síntese, por conclusões próprias.
Interpretação	Processo de atribuir ou negar sentido à experiência, exigindo argumentação para defender o ponto proposto. Exige respeito aos dados e atribuição de importância, causalidade, validade e representatividade. Pode levar a uma descrição inicial para depois haver uma interpretação do significado percebido.
Crítica	Efetivar julgamentos, análise e avaliação, realizando o exame crítico das qualidades, defeitos, limitações. Segue referência a um padrão ou critério.
Busca de suposições	Supor é aceitar algo sem discussão, podendo ser verdadeiro ou falso. Temos de supor sem as confirmações dos fatos. Após exame cuidadoso, podem-se verificar quais as suposições decisivas, o que exige discriminação.
Imaginação	Imaginar é ter alguma ideia sobre algo que não está presente, percebendo mentalmente o que não foi totalmente percebido. É uma forma de criatividade, liberta dos fatos e da realidade. Vai além da realidade, dos fatos e da experiência. Socializar o imaginado. Introduz flexibilidade às formas de pensamento.
Obtenção e organização de dados	Obter e organizar dados é a base de um trabalho independente; exige objetivos claros, análise de pistas, plano de ação, definição de tarefas-chave, definição e seleção de respostas e de tratamento delas, organização e apresentação do material coletado. Requer identificação, comparação, análise, síntese, resumo, observação, classificação, interpretação, critica, suposições, imaginação, entre outros.
Levantamento de hipóteses	Propor algo apresentado como possível solução para um problema. Forma de fazer algo, esforço para explicar como algo atua, sendo guia para tentar solução de um problema. Proposição provisória ou palpite com verificação intelectual e inicial da ideia. As hipóteses constituem interessante desafio ao pensar do aluno.

Operação de pensamento	Conceitos / Relações
Aplicação de fatos e princípios a novas situações	Solucionar problemas e desafios, aplicando aprendizados anteriores, usando a capacidade de transferências, aplicações e generalizações ao problema novo.
Decisão	Agir a partir de valores aceitos e adotados na escolha, possibilitando a análise e consciência deles. A escolha é facilitada quando há comparação, observação, imaginação e ajuizamento, por exemplo.
Planejamento de projetos e pesquisas	Projetar é lançar ideias, intenções, utilizando-se de esquema preliminar, plano, grupo, definição de tarefas, etapas, divisão e integração de trabalho, questão ou problema, identificação das questões norteadoras, definição de abrangência, de fontes, definição de instrumentos de coleta de dados, validação de dados e respostas, etapas e cronograma. Requer assim identificação, comparação, resumo, observação, interpretação, busca de suposições, aplicação de princípios, decisão, imaginação e crítica.

Quadro 1 – As técnicas didáticas que influenciam o pensar
FONTE: Raths, 1977 apud Anastasiou, 2009, p.33.

O quadro apresenta as operações de pensamento que professores esperam que sejam efetuadas pelos alunos.

Cada atividade deve ser tratada de forma isolada, no sentido de justificar a sua aplicação. Mas devem ser aplicadas em conjunto, buscando complementaridade e facilitando a organização das ideias. Daí a percepção de alguns que um curso ou professor é mais teórico ou mais prático. A afirmação pode derivar dos conteúdos ministrados, das técnicas empregadas e até mesmo da argumentação do professor. Desta forma, talvez não seja necessariamente verídico que um curso de Tecnologia Superior em Logística empregue muito a técnica de leitura ou que um curso de Comunicação Empresarial não prescinda desta.

A aplicação das técnicas perderá seu valor dentro do processo, se os conteúdos apresentados não estiverem de acordo, bem como a estratégia de utilização, correção e *feedback*. Esse *feedback* deve ser claro e argumentativo, para que a aplicação justifique a operação de pensamento e memória e devida contribuição para o aprendizado dos alunos. Portanto, as atividades de avaliação do pensamento devem estar de acordo e integradas a todo o processo.

Ressalta-se que as operações de pensamento, o exercício mental e a resolução de problemas solicitados devem se adequar à faixa etária dos alunos. Diante de um texto talvez considerado complexo por eles, mas a título de desafio, pode-se utilizar e incorporar diferentes ações e exercícios. De um texto curto, pode-se solicitar a leitura individual; depois, a simples cópia de um trecho a partir de uma pergunta-chave; uma discussão em grupo a partir da interpretação dos conteúdos; finalmente, a aplicabilidade dos conteúdos dentro de uma situação abstrata que represente a realidade.

Entendendo que existe um processo e que cada disciplina e professor pode contribuir de forma significativa para o aprendizado do aluno, deve-se levar em consideração fatores relacionados aos conteúdos focados de cada disciplina, bem como à necessidade de interdisciplinaridade, multidisciplinaridade, transdisciplinaridade e convergência, em detrimento da disciplinaridade, de forma a trazer contribuições mais consistentes ao resultado do processo de ensino-aprendizagem.

No Brasil, a Coordenação de Aperfeiçoamento de Pessoal de Nível Superior (CAPES) por meio de sua Tabela da Área de Conhecimento (CAPES, 2012), classifica as áreas do conhecimento em quatro níveis, do mais geral ao mais específico. O primeiro nível está relacionado à chamada grande área, com a organização de áreas do conhecimento e respectiva "afinidade de seus objetos, métodos cognitivos e recursos instrumentais refletindo contextos sociopolíticos específicos". O segundo nível, o da área, é formado "pelo conjunto de conhecimentos inter-relacionados, coletivamente construído, reunido segundo a natureza do objeto de investigação com finalidades de ensino, pesquisa e aplicações práticas". O terceiro nível, designado como subárea, em que ocorre a "segmentação da área do conhecimento estabelecida em função do objeto de estudo e de procedimentos metodológicos reconhecidos e amplamente utilizados". E, finalmente, o quarto nível, em que ocorre a especialidade, com a "caracterização temática da atividade de pesquisa e ensino. Uma mesma especialidade pode ser enquadrada em diferentes grandes áreas, áreas e subáreas".

A partir dessas categorizações, é possível identificar quais conteúdos específicos cada disciplina deverá ter bem como as inter-relações entre as partes, já que se pretende que o resultado final não seja simplesmente a soma entre elas, mas algo mais consolidado e contributivo. Desta forma, o processo de ensino e aprendizagem não será fragmentado, mas mais orgânico.

As IES devem, portanto, em conjunto com o seu grupo de professores, organizar encontros pedagógicos para que haja a adequação de conteúdos e respectivas contextualizações, com a identificação e seleção das melhores estratégias didático-pedagógicas.

A disciplinaridade envolve o foco na disciplina e suas relações com as demais matérias do curso, mas sem deixar de levar em consideração seu objeto e seus conteúdos próprios. Esta categorização pode contribuir com um foco mais especializado, mas deve obrigatoriamente envolver uma inter-relação com outros conhecimentos. Como exemplo, podemos afirmar que a disciplina Teoria Geral da Administração antecede outras relacionadas à Gestão, bem como Pesquisa de Mercado deve ser ministrada antes de Administração Mercadológica ou mesmo Planejamento Estratégico. De modo informal, as disciplinas devem "conversar" com as outras do mesmo curso. Tal conceito está relacionado a multidisciplinaridade, interdisciplinaridade, transdiciplinaridade e convergência.

A multidisciplinaridade envolve o pressuposto de que todo conhecimento pode ser dividido em partes distintas, designadas como disciplinas no ambiente universitário. Cada disciplina tem um objeto e objetivos dentro de um contexto maior de curso – o que Morin (2000) designa como justaposição de disciplinas e conteúdos diversos, que às vezes, aparentemente não mantêm relação, mas que podem apresentar correlação sob diferentes ângulos, com ciências diferentes, possibilitando um conhecimento mais completo.

Para comprovar esse fato, solicitei a um aluno, como pesquisa disfarçada, que perguntasse a um professor de matemática de um curso de graduação em Administração qual a aplicação prática de um termo ("PI"), quando a teoria fosse desenvolvida em sala. Infelizmente, no episódio em questão, o docente não convenceu o aluno de que o conteúdo era importante, pois desconhecia a aplicação do conceito no dimensionamento de espaços e, neste caso, relacionado diretamente à Engenharia e Arquitetura. Por vezes, uma boa prática para se tentar consolidar os resultados multidisciplinares nos alunos é a aplicação de um trabalho a ser desenvolvido em conjunto com várias outras disciplinas de áreas diferentes, convergindo para o foco esperado pelo curso de graduação.

A interdisciplinaridade, diferentemente da multi, está enquadrada numa mesma ciência, e a respectiva relação e interação com outras disciplinas, preferencialmente do mesmo curso na mesma área de conhecimento. Para que a disciplina Gestão de Negócios seja ministrada com êxito, é necessária a sinergia com outras áreas, como Finanças, Marketing, Gestão de Pessoas e Planejamento Estratégico, por exemplo. O mesmo trabalho pode ser aplicado, ressaltando o foco necessário aos objetivos do trabalho.

A transdisciplinaridade, por sua vez, envolve não somente as relações de objetos das partes, mas está contextualizada num sistema maior, com limites rígidos. Conforme Nicolescu (2001, p.25): "A transdisciplinaridade é radicalmente distinta da multidisciplinaridade e da interdisciplinaridade porque sua meta, a compreensão do mundo presente, não pode ser alcançada dentro do quadro de referência da pesquisa disciplinar." É por demais complexa, pois os conteúdos da disciplina e do curso devem estar contextualizados e inter-relacionados com o ambiente externo e a sociedade. Então, disciplinas de Comércio Exterior, por exemplo, devem estar devidamente relacionadas às práticas de mercado e às políticas de entidades governamentais. E não é somente a possibilidade de visita técnica que pode compor tal efeito. Paulo Miguez (2009, p.19) em *Economia da cultura* comenta:

> A cultura é, certamente, um dos mais relevantes dentre os eixos que organizam a agenda contemporânea. Seus múltiplos enlaces e sua transversalidade face a outras dimensões societárias tem lhe reservado uma posição de indiscutível centralidade no mundo, hoje. E não são poucos os sinais que atestam a presença significativa da cultura nos debates e embates que conformam a contemporaneidade.

A incorporação de conteúdos relacionados à cidadania e a aspectos culturais tornam a concepção de formação do indivíduo mais rica, inserindo elementos contributivos à sociedade. Os resultados esperados podem ser obtidos pelas diversas atividades já citadas, seja pela disciplinaridade, seja pelas formas complementares de construção de conhecimento.

Por fim, mas não menos importante, a convergência deve ser ressaltada para que o curso cumpra suas metas e objetivos educacionais. Cada curso pode ter um foco e, para realizar a gestão da melhor forma possível, é necessária a composição de linhas, que visem identificar e organizar conteúdos e posteriormente os relacionamentos em cada linha. Como exemplos práticos, podemos incluir palestras que discutam a Gestão Ambiental, a Responsabilidade Social e a Ética, pois não são matérias "obrigatórias" em alguns cursos de graduação. As palestras não devem se restringir somente aos alunos, mas devem ser abertas aos professores, mesmo que aquele conteúdo não seja diretamente aplicado nas disciplinas.

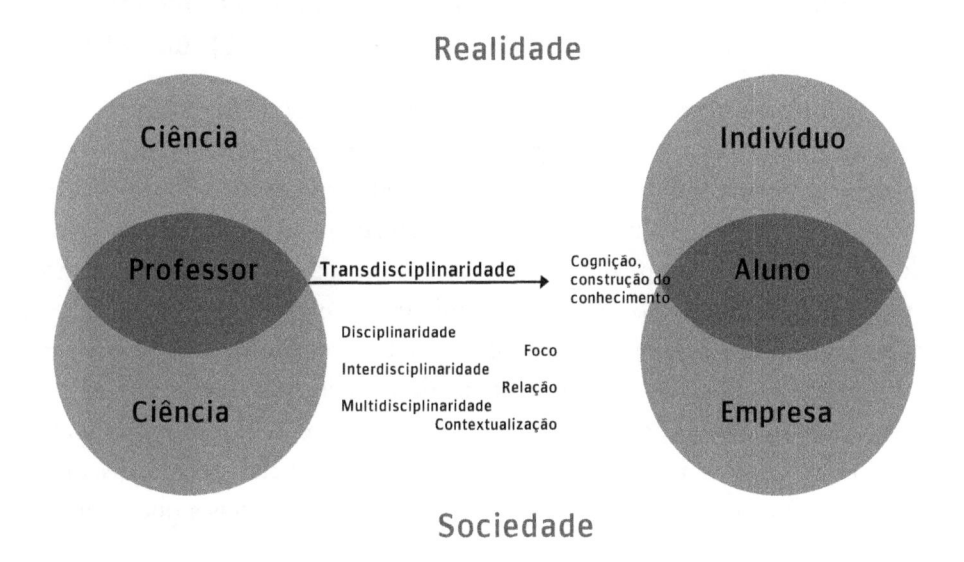

FIGURA 2 – Processo sistêmico do ensino e da aprendizagem
FONTE: Autor.

Concluindo este item, podemos ressaltar um comentário de Kanitz (2005, p.18):

> Harvard queria justamente o contrário. Queria que nós descobríssemos as perguntas que precisam ser respondidas ao longo da vida. Uma reviravolta e tanto. Eu estava acostumado a professores que insistiam que decorássemos as perguntas que provavelmente iriam cair no vestibular. Adorei este novo método de ensino.

O comentário se refere às práticas da Instituição, abordando o método qualitativo do estudo de caso. Longe de simplesmente tentar fazer com que os alunos reproduzam o que foi desenvolvido em sala de aula, o professor pode (e deve) ser o elemento transformador, utilizando multimétodos (sendo um deles a correta utilização do estudo de caso) e práticas didáticas diferentes, que visem inserir o aluno na comunidade e que este, também, seja mais um vetor de mudança e transformação da sociedade. Face ao que foi conceituado até este momento, podemos, finalmente, discutir de forma mais segura, pragmática, técnica e contextualizada o que se pretende neste capítulo.

Considerações sobre as práticas empreendedoras, inovadoras e criativas no processo de ensino e aprendizagem

É possível afirmar que uma das maiores contribuições do ensino e da educação reside na inserção do indivíduo no meio em que vive e na consequente contribuição deste para a sociedade. Cardoso (2006, p.516) ressalta: "pode haver programa maior de inclusão social? É na escola que os laços de sociabilidade se ampliam e as bases da cidadania se fortalecem". É no ambiente acadêmico, após o convívio familiar, que o aluno pode despertar e desenvolver seus conhecimentos e talentos latentes. Se esta situação estiver relacionada e devidamente contextualizada com *insights* empreendedores, inovadores e criativos, a possibilidade de uma maior evolução tecnológica pode redundar em maior crescimento econômico e social. A transdisciplinaridade pode auxiliar nesta inclusão, bem como outras ações que visem à integração do indivíduo no ambiente em que vive.

Pensando desta forma, as atividades docentes não são ações soltas. Elas necessitam estar devidamente contextualizadas com todos os envolvidos, desde com os objetivos do curso e programa de disciplina até com as instituições governamentais. Desta forma, ações que visem aplicações diferentes devem ser analisadas de forma técnica e pontual, para não prejudicarem o resultado final do processo de ensino-aprendizagem. Evoluindo no conceito, conforme Kotler e Fox (1994, p. 27):

> Uma orientação de marketing pressupõe que a principal tarefa da instituição é de determinar as necessidades e os desejos de mercados-alvo e satisfazê-los através do projeto, comu-

nicação, fixação de preço e entrega de programas e serviços apropriados e competitivamente viáveis.

Assim, a aplicação do marketing nas IES transcende o termo usualmente utilizado para produtos e serviços com conotação de consumo. Essas instituições deverão utilizar a orientação de marketing sob dois prismas: o primeiro se refere a cursos de qualquer gênero que atendam as necessidades, carências ou até mesmo as potencialidades não atendidas de forma regional, redundando em contribuição econômica e social à população. O segundo prisma deve focar a divulgação (informar) à população da oferta desses serviços segmentados para que haja a demanda e a continuidade de suas operações; caso contrário, haverá somente a constituição de propostas, sem, contudo, o desenvolvimento e posterior contribuição. Para que o processo se efetive, é necessário que haja um corpo docente preparado para poder contribuir para o desenvolvimento de competências regionais.

A satisfação do alunado serve para refletir no resultado da sua formação e não somente no atendimento de carências de curto prazo. Neste sentido, considerando o vivencial e em conversa informal com outros professores, destacaram-se alguns procedimentos utilizados para que a incorporação de conhecimento se processe da melhor maneira possível.

As ações devem ser devidamente identificadas e planejadas. Então, o que se considera uma prática empreendedora, inovadora e criativa levando em conta as particularidades da educação? Uma profunda pergunta que requer uma resposta ainda mais complexa.

Primeiro, é necessário identificar o que é padrão para as aulas ministradas, as técnicas didáticas utilizadas, quais os recursos necessários e que objetivos se pretende atingir. A simples utilização de um vídeo em sala de aula pode não ser uma prática nova, mas a forma de conduzir a sua utilização, bem como a discussão podem se caracterizar como algo novo. Neste exemplo, a experiência da primeira aplicação pode ser criativa e empreendedora; posteriormente, a partir de sua repetição, pode se tornar praxe didática, necessitando de eventuais *upgrades*. O ambiente de sala de aula pode se constituir num importante laboratório, onde a pesquisa experimental pode ser aplicada de forma técnica e organizada. Se as aulas devem ser planejadas, como será possível a inclusão da criatividade? Conforme Predebon (2009, p.65), a respeito do improviso:

Ele nunca conseguirá mantê-las no terreno das atividades planejadas. É como se planejássemos ter o caos, cujo primeiro efeito é fugir do planejamento. Dessa defesa advém outra conclusão: o aproveitamento do imprevisto, na aula criativa, é uma ação tática impossível de ser planejada, e nunca vinda de um "roteiro" feito pelo professor. Talvez o único princípio a ser previamente utilizado é uma disposição aberta e francamente favorável.

Desta forma, as duas palavras contêm conotações diferentes. O *improviso* pode ser uma atividade relacionada à *criatividade*, se não for consequente da falta de planejamento de conteúdos e estratégias de ensino definidas. O improviso pode ser utilizado, pois nem sempre é possível a previsão de todas as situações e questionamentos que podem ocorrer dentro de uma sala de aula. Geralmente, a capacidade de improvisar pode derivar do pleno domínio do conhecimento de fatos e teorias, bem como a confirmação da competência do professor em ensinar e educar.

Como o docente está inserido num sistema, pode-se afirmar que não será possível o seu lado empreendedor. Será? Algumas vezes, o docente está preso a uma necessidade brasileira de pesquisar e publicar periodicamente, o que é bom, se considerado o ganho de conhecimento; entretanto, outras vezes, é somente para que o professor tenha uma pontuação e classificação melhor no âmbito burocrático. Atividades consideradas como empreendedoras, criativas e até inovadoras têm um espaço mais restrito em face dessa necessidade de pontuação.

Outras duas variáveis são importantes para facilitar o processo de ensino e educação e também as atividades empreendedoras e criativas. Uma delas se refere ao ambiente onde as aulas são desenvolvidas e os recursos oferecidos pelas IES, que devem criar e gerir ambientes propícios para que o processo se desenvolva e se consolide como uma prática saudável de trabalho. As IES não devem somente cobrar de seus professores uma boa aula, mas provê-los de recursos e estímulos para que as aulas eficientes e as ações diferenciadas aconteçam.

Por fim, o outro foco de toda a discussão, os alunos. Estes devem ser devidamente selecionados, sob o ponto de vista de interesse pelo curso, para estarem preparados e motivados a absorver os conhecimentos que serão oferecidos pelas IES. De nada adianta uma boa aula, ministrada por um bom professor, dentro de um ambiente favorável, se os alunos não estiverem preparados e interessados nos conteúdos a serem desenvolvidos. O desinteresse pode ser causado por vários fatores, como a inadequação de disciplinas e conteúdos e capacidade de conciliar trabalho e estudos. A partir de então, podemos discutir *insights* sobre o perfil desejado de um profissional da área de educação.

Pensando novamente de outra forma, as atividades docentes que podem ser consideradas como empreendedoras, criativas e inovadoras, por vezes, são individuais e solitárias. Devem-se à vocação do docente, que a partir de motivações individuais, busca melhorar o processo e resultados, sem conseguir meios eficazes para democratizar suas experiências. Em alguns casos, consegue divulgar seu trabalho por meio de algumas pesquisas científicas. Em outros, restringe-se a divulgar "depoimentos", "opiniões" ou mesmo relatos de experiências em encontros, palestras e reuniões pedagógicas de cursos. Com tais situações, existe certa dificuldade na evolução e democratização de novas experiências e práticas de ensino e educação. Essas experiências individuais e conhecimentos vão evoluindo e se acumulando, tornando-se um "ativo intangível" de cada profissional.

O perfil ideal de um professor universitário

Incluímos este tópico para ressaltar que é quase impossível indicar qual o perfil ideal de um professor universitário devido às diferentes facetas e realidades que devem ser analisadas de forma contextualizada. Entretanto, por meio de pesquisa exploratória com vários professores e alunos, foram obtidas algumas características, qualidades e competências. Anastasiou e Alves (2009, p.138) ressaltam que:

> A qualidade da argumentação, a percepção aguçada e crítica no exame de dados, a capacidade de articulação de teoria e prática, as habilidades de organização das respostas com logicidade, clareza e coerência, os estilos de fala e escrita, o emprego adequado de princípios e normas formam um conjunto de aprendizagens ao qual se pode atribuir a distinção acadêmica. É a totalidade da aprendizagem que precisa ser destacada. Quanto mais o processo avançar na complexidade do conhecimento, maior será a conquista, que não exclui os sujeitos e a diversidade, mas é rigorosa.

A partir do exposto, podemos presumir que o professor universitário deverá ter inicialmente:

- Uma formação acadêmica na disciplina que pretende lecionar, sendo um fator também importante a atuação na respectiva área de conhecimento. De nada adianta somente a teoria sem a devida prática, obrigando o professor a um nível de abstração desnecessária;
- Capacidade de organização e planejamento, seja para aplicação nas aulas, seja na condução de espaço e conteúdos em sala de aula. Os conteúdos e a logicidade devem ser partes integrantes das aulas, conferindo-lhes unidade. É o professor quem deve garantir a convergência dos conteúdos e o convencimento do que está sendo exposto;
- Capacidade de comunicação, que se traduz na competência argumentativa relacionada a dados, fatos e informações. O professor deve ter a comunicação verbal e corporal como "instrumentos de trabalho", ressaltando que a qualidade desejada deve ser alcançada a partir de melhor utilização dos mesmos. Esta também é uma competência profissional;
- Ter apreço pela atividade e profissão, o que serve como meio agregador de qualidade.

O professor não deve ser somente um repetidor de conteúdos, mas o meio transformador de dados e fatos em conhecimentos relevantes, que tornem a aula mais cativante e motivadora para o aluno. Além dos itens citados, pressupõe-se que o professor também tenha:

- Foco e qualidade nos conteúdos a serem desenvolvidos, contextualizados com os objetivos da aula, do curso e da faculdade;
- Conhecimentos associativos com outras ciências, possibilitando a multisciplinaridade;
- Conhecimentos ecléticos e amplos da realidade da sociedade, possibilitando a transdisciplinaridade. Para tanto, é necessária a atualização e a educação continuada;
- Percepção de mudanças e transformações do ambiente onde os conteúdos estão sendo inseridos e também em sala de aula;
- Competência na identificação de problemas, tomada de decisões e resolução dos mesmos, seja quais forem;

- Capacidade na articulação de relacionamentos externos e principalmente internos, dentro da realidade de uma sala de aula;
- Empatia e presença em sala de aula. O professor deve criar vínculos com aqueles com quem se relaciona, bem como deve ser identificado e respeitado como o meio facilitador de conhecimentos;
- Capacidade de dar *feedback* aos alunos (inclusive no processo avaliativo) e à comunidade.

A resiliência, como conceituada no Capítulo 1, é uma importante competência para a articulação de resultados a partir de mudanças e transformações do processo (in)formativo. Para que todo o processo se consolide, é necessário também que a IES desempenhe o seu papel, providenciando recursos, ferramentas e instrumentos necessários, que também envolvem uma remuneração compatível com a titulação, desempenho e performance do docente. Para finalizar, dentre os aspectos mais pessoais e relevantes, mas que se confundem com as atividades de um professor, podemos destacar:

- Comportamento moral, envolvendo valores humanos e a capacidade dos professores de, além dos conteúdos objetivos, construir, complementar ou mesmo redirecionar valores sem, contudo, tomar partido e posição pessoal. Embora a educação para adultos preconize o livre arbítrio, deve-se ter especial cuidado com observações que podem gerar um ponto de vista definido, uma vez que o processo de ensino e, principalmente, de educação pretende ser informativo e, sobretudo, formativo;
- Comportamento ético, a partir dos valores pessoais e aqueles relacionados à atividade profissional, com especial cuidado aos comentários e críticas referentes, por exemplo, ao profissional o qual o curso se presta a formar;
- Comportamento profissional, entendendo que a atividade docente é também uma atividade regulamentada, com direitos e deveres claros e concisos.

Conforme artigo da *HSM Management*, de autoria de Christensen, Dyer e Gregersen. (2013, p.95), "os inovadores constituem o núcleo da capacidade de competir de uma empresa, ou mesmo de um país. E a capacidade de gerar ideias inovadoras é função tanto do funcionamento mental como de comportamentos". Embora a afirmação tenha uma relação mais direcionada para as empresas, não podemos esquecer que toda instituição de ensino superior pode (e deve) ser considerada uma empresa, mesmo em relação aos objetivos, metas, missão e visão, bem como até em razão de suas responsabilidades econômicas, financeiras e sociais. Refletindo sobre o assunto, os professores, ou seja, os talentos humanos organizacionais do ensino superior se constituem como principal elemento de diferenciação para a transmissão e captura de conhecimentos para os alunos. E um dos principais desafios para a obtenção desta vantagem competitiva por parte das IES é a identificação do melhor e mais consiste quadro docente, bem como prover as melhores condições para que o processo de ensino e aprendizagem ocorra. A marca de toda IES é importante como ponto de referência e posicionamento competitivo; entretanto, a sua longevidade depende de diversos fatores, como, por exemplo, a sustentação da qualidade propiciada pelo seu quadro de professores.

Após os conteúdos desenvolvidos, traçado o perfil ideal do professor universitário, principalmente com as considerações sobre as práticas empreendedoras, inovadoras e criativas no processo de ensino e aprendizagem, propõe-se uma grande reflexão sobre a atividade e a profissão de SER um professor universitário, na realidade contemporânea brasileira.

Considerações finais

A construção e o desenvolvimento do conhecimento não devem se limitar a simples repetição de dados, números e fatos, mas envolver uma série de fatores devidamente contextualizados a partir da base legal (governo e entidades relacionadas à normatização do processo de ensino e educação do país), tais como: questões institucionais relacionadas às IES; perfil do quadro docente e discente; e, principalmente, quais contribuições pretende oferecer à sociedade de forma efetiva.

Dentro do processo de ensino-aprendizagem para adultos, deve ser nítida a diferença positiva entre o perfil do egresso em relação ao ingressante. Esta diferença não deve ser mensurada somente sob o ponto de vista dos conhecimentos esperados e auferidos, mas também nas atitudes e comportamentos do aluno e respectiva contribuição efetiva na sociedade. Aí reside o grande desafio das entidades e instituições do ensino superior, pois a grande maioria dos sistemas avaliativos institucionais se refere à aferição de conhecimentos e capacidade na aplicação de conceitos; mas, às vezes, o sistema avaliativo não consegue mensurar aspectos mais qualitativos relacionados às mudanças e transformações de atitudes e comportamentos. Por outro lado, a divulgação e democratização de atividades empreendedoras, criativas e até inovadoras por parte dos professores não têm um meio eficaz, efetivo e motivador.

Desafios! Talvez esta seja a melhor palavra para definir a profissão de professor universitário no país.

Questões para reflexão

1. Como é uma boa aula sob o ponto de vista de um professor universitário?
2. Como é uma boa aula sob o ponto de vista de um aluno de graduação?
3. Como é uma boa aula sob o ponto de vista do mercado de trabalho?
4. A partir das respostas das perguntas anteriores, apresente uma definição mais consistente de "boa aula".
5. O que pode ser considerado como "qualidade no ensino e educação superior"?
6. Um grupo de alunos de diferentes cursos de graduação de uma mesma instituição procurou a direção da instituição com o objetivo de dar uma ideia a ser institucionalizada. Segundo eles, o dia a dia faz com que os alunos tenham menos tempo de estudar e sugeriram então a prática de resumos, para facilitar o entendimento das aulas e ajudar aqueles que faltaram. Os resumos seriam depositados por alunos de forma espontânea, em ambiente virtual a ser disponibilizado pela instituição. Analise a situação e apresente os pontos positivos e negativos da proposta sob o ponto de vista didático e pedagógico.
7. Compare o ensino presencial com o virtual. Que semelhanças e diferenças há entre as duas modalidades de ensino? Que acréscimos didáticos podem ser efetuados no ensino virtual a partir do presencial?
8. Como a metodologia científica pode influenciar a qualidade de uma aula?
9. Que instrumentos um professor universitário pode utilizar para obter *feedback* de suas aulas?
10. Como incorporar, controlar e avaliar o processo empreendedor dos professores de uma instituição de ensino superior?

Estudos de caso

Caso 1

Em um curso de Relações Internacionais, uma das disciplinas da grade do primeiro semestre era Sistema de Comércio Exterior Brasileiro, cujo programa apresentava como objetivos a conceituação, o desenvolvimento e a discussão de conteúdos relacionados ao comércio exterior e internacional, sob o ponto de vista brasileiro, considerando como foco as exportações. Na primeira turma, optou-se por aulas teóricas e dialogadas sobre o histórico internacional e posteriormente brasileiro, a apresentação da estrutura institucional e depois as entidades que contribuem e normatizam as operações de exportação e importação e finalmente, *checklist* da operacionalização de uma exportação. Havia duas avaliações com perguntas abertas e um trabalho (projeto) em grupo. Cada grupo desenvolvia um trabalho envolvendo um setor econômico brasileiro. A partir das experiências sentidas pelo docente e o resultado das provas, optou-se, na segunda turma, por adotar, além das práticas citadas, a solicitação de pesquisas dos assuntos abordados em periódicos impressos (como jornais, por exemplo) e apresentação de notícias semanalmente para discussão em sala de aula, buscando-se maior envolvimento e comprometimento de alunos. Na terceira turma, além dessas práticas devidamente incorporadas, houve o acréscimo de outras práticas didáticas, com a introdução de uma visita técnica, além de palestra com um profissional da área. Posteriormente, a cada turma, foram alteradas as intensidades de cada prática, de acordo com os resultados auferidos.

1. Que lições e conclusões podem ser atingidas a partir deste estudo de caso?

2. Quais tipos de estratégias foram utilizados no decorrer das turmas para melhorar a qualidade das aulas? Você concorda com as estratégias adotadas?

3. Que semelhanças e diferenças podem ocorrer, se a mesma disciplina fosse ministrada por professores diferentes? Você concorda com a possibilidade de padronização dos recursos didáticos adotados?

4. Considerando que os professores adotam estratégias e avaliações diferentes na mesma disciplina, curso e instituição, como garantir que o resultado final seja atingido de forma equânime nas turmas?

5. Como representar a realidade de mercado em sala de aula?

Caso 2

Contando um caso pitoresco: Uma pesquisa aleatória efetuada por uma IES.

Uma determinada IES obrigou todos os docentes a aplicarem, no final de cada aula, no mesmo dia, uma pequena pesquisa, em que os alunos deveriam relatar o que tinham aprendido naquele dia de aula específico. A solicitação foi aleatória, não havendo integração com outras ações da Instituição.

Assim, em uma aula de Marketing, o docente abordou um dos itens do programa que dizia respeito a como uma pesquisa mal elaborada poderia contribuir de forma errada para a campanha de comunicação de uma empresa. O caso citado foi da aveia no mercado norte-americano. Em determinado momento, numa sala de aula constituída por mais de cem alunos, um deles perguntou por quais razões a aveia fazia bem para as pessoas que a consumiam. O professor respondeu de forma técnica, mencionando a quantidade de fibras que ajudavam na digestão de alimentos pelo organismo. Para melhorar ainda mais a explicação, partiu para a ilustração, fazendo uma analogia entre o intestino e a parede da sala de aula e entre uma esponja úmida e as fibras da aveia, que poderiam limpar a "parede". Dias depois, o professor foi chamado pela coordenação, pois três alunos não haviam entendido, a partir da pesquisa aplicada, qual era a relação de uma "parede suja" e a aula de Marketing.

1. Que lições você abstraiu deste estudo de caso?
2. Você considerou a pesquisa aplicada como válida para uma avaliação de ensino-aprendizagem?
3. Você concorda (ou discorda) com o grau de abstração do professor em sala de aula?
4. Você acredita que seja significativo o fato de que três alunos não tenham entendido a analogia feita pelo professor?
5. Você concorda que foi coerente a convocação do professor pela coordenação?

Referências bibliográficas

ALBRECHT, Karl. *Inteligência social*: a nova ciência do sucesso. São Paulo: M. Books, 2006.

ALMEIDA, Fernando José de. *Educação a distância*: formação de professores em ambientes virtuais e colaborativos de aprendizagem. São Paulo: PUC: 2000.

ANASTASIOU, L. das G. C.; ALVES, L. P. *Processos de ensinagem na universidade*. Pressupostos para as estratégias de trabalho em aula. 8. ed. Santa Catarina: Univille, 2009.

ANDER-EGG, Ezequiel. *Introducción a las tecnicas de investigación social*: para trabajadores sociales. Buenos Aires: Humanitas, 1978.

CAPES. Tabela da área de conhecimento. Disponível em: <http://www.capes.gov.br/avaliacao/tabela-de-areas-de-conhecimento>. Acesso em: 22 dez. 2012.

CARDOSO, Fernando Henrique. *A arte da política*: a história que vivi. 3. ed. Rio de Janeiro: Civilização Brasileira, 2006.

CHRISTENSEN, Clayton; DYER, Jeff; GREGERSEN, Hal. *Reprograme seu DNA para ser criativo*. HSM Management, n.96, p.94-7, jan.-fev. 2013.

DENCKER, A.de F. M.; DA VIÁ, S. C.. *Pesquisa empírica em ciências humanas* (com ênfase em comunicação). São Paulo: Futura, 2001.

FERRARI, Alfonso Trujillo. *Metodologia da ciência*. Rio de Janeiro: Kennedy, 1974.

KANITZ, Stephen. Qual é o problema? *Revista Veja*, ano 38, n.13, 30 mar. 2005.

KOTLER, P.; FOX, K. F. A. *marketing estratégico para instituições educacionais*. São Paulo: Atlas, 1994.

LOWMAN, Joseph. *Dominando as técnicas de ensino*. 2. ed. São Paulo: Atlas, 2004.

MEC. Ministério da Educação. Formulário do Plano de Desenvolvimento Institucional. Disponível em: <http://www 2.mec.gov.br/sapiens/Form_PDI.htm>. Acesso em: 5 mai. 2009.

MIGUEZ, Paulo. Aspectos de constituição do campo de estudos em economia da cultura. In: CHIBARI, Isabela (Org.). *Economia da cultura*. Recife: Fundação Joaquim Nabuco, 2009, p.19-40.

MORAN, José Manuel. *Novas tecnologias e mediação pedagógica*. 12. ed. São Paulo: Papirus, 2009.

MORIN, Edgard. *Ciência com consciência*. Barcelona: Anthropos/Editorial Del Hombre, 1994.

_____. *A cabeça bem-feita*: repensar a reforma, reformar o pensamento. Rio de Janeiro: Bertrand, 2000.

NICOLESCU, B. *O manifesto da transdisciplinaridade*. Coleção Trans. São Paulo: Triom, 2001.

PREDEBON, José. *Criatividade para renovar aulas*. São Paulo: MCMLight, 2009.

TACHIZAWA, Takeshy; ANDRADE, Rui Otávio B. de. *Gestão de instituições de ensino*. 3ª ed. São Paulo: FGV, 2003.

PARTE III

O empreendedorismo aplicado ao plano de negócios

> A vida empresarial, de um bom empreendedor, não é uma aventura.
>
> (CECCONELLO E AJZENTAL, 2008, p. 201)

Esta parte do livro aborda a aplicabilidade da criatividade, inovação e, principalmente, do empreendedorismo a partir do plano de negócios, elemento primordial para que o ato de empreender também seja profissional. Os capítulos retratam, a partir da experiência de seus autores, a construção de um plano de negócios para um novo empreendimento, bem como a análise da demanda, uma das principais dificuldades do novo empreendedor. Trata também de marketing, vendas e construção de relacionamentos, bem como o capital intelectual necessário para o desenvolvimento do negócio. Finalmente, será realizada uma análise financeira que possibilitará o retorno do investimento bem como o resultado das operações.

---

[1] CECCONELLO, Antonio Renato; AJZENTAL, Alberto. *A construção do plano de negócios*. São Paulo: Saraiva, 2008.

CAPÍTULO 10

Plano de negócios e o empreendedorismo

> A possibilidade do empreendedorismo, mais do que representar um mecanismo social promotor do crescimento econômico, é a constatação da liberdade, alicerce central na construção de uma organização social justa e desenvolvimentista.
>
> CARLOS BARBOSA C. JÚNIOR, 2013

Luiz Carlos Takeshi Tanaka

Objetivos

- Contextualizar o empreendedorismo dentro da visão do plano de negócios;
- Discutir a importância do plano de negócios e sua respectiva contribuição para empreendedores e empresários;
- Discutir a estrutura e os conteúdos necessários para a sua construção;
- Apresentar exemplos e estudos de caso, que visem demonstrar as particularidades e dificuldades na sua construção.

Introdução

O empreendedorismo e os empreendedores são fundamentais para que haja a melhora e o crescimento da economia e, para tal, são necessárias ferramentas de conhecimento técnico atreladas ao segmento de negócio em que o empreendedor deseja empreender. O plano de negócios é de crucial importância, pois proporciona uma visão ampla e técnica das necessidades prementes em relação ao mercado em que o negócio está inserido, bem como conhecimentos para abertura, manutenção e crescimento da empresa. Portanto, não existe uma grande empresa sem que ela não tenha sido cuidadosamente planejada e seu plano de negócios bem estruturado. Este capítulo foi desenvolvido a partir da experiência profissional do autor e tem a pretensão de proporcionar os passos técnicos para que o empreendedor possa elaborar o plano de negócios para a futura empresa, bem como os riscos e as alternativas para alavancar os negócios.

Os objetivos consistem em conceituar e discutir o plano de negócios, além de contextualizar a sua importância para as práticas empreendedoras, para isso, veremos como elaborar um plano passo a passo e sua execução para alavancar o negócio e minimizar os riscos do insucesso. A abordagem de temas específicos do plano de negócios, como planejamento econômico e financeiro, gestão de pessoas, planejamento de marketing e outros, será aprofundada nos respectivos capítulos. Por isso, o roteiro apresentado abaixo tem por premissa fundamental a necessidade criteriosa e assertiva na formulação e execução desse plano.

Conceitos fundamentais

Neste tópico, serão abordados os conceitos fundamentais e essenciais para a compreensão da dimensão do que é empreender, quem o faz, por qual motivo e o que esperar disso.

Empreendedorismo tem origem no termo empreender, ou seja, propor, tentar, pôr em execução. Seu significado também pode ser considerado como práticas voltadas para a criação, planejamento e execução de projetos, quer de cunho científico ou empresarial.

Empreendedor tem origem na palavra francesa *entrepreneur* e significa uma pessoa que assume riscos para começar algo novo, a qual deve possuir qualidades específicas para empreender, ou seja, propor e pôr em execução a abertura de um novo negócio e, posteriormente, geri-lo ou não. A partir dos anos de observação aliados à experiência adquirida com a implantação de vários projetos, e depois de conhecer e trabalhar com vários empreendedores e gestores, descrevo, abaixo, as principais características encontradas no perfil empreendedor:

- Criatividade, capacidade de criar, inventar, reinventar, inovar;

- Ousadia, coragem, gosto por desafios, assumir riscos;
- Iniciativa, sempre em busca de algo, de um objetivo;
- Gosto pelo novo, afeito a mudanças;
- Persistência, força de vontade para continuar;
- Comprometimento à empresa;
- Gosto pelo que faz, ou seja, procurar algo com o qual realmente se identifique;
- Liderança, unir e mobilizar a equipe para objetivos específicos;
- Trabalho em equipe, para execução e cumprimento dos resultados;
- Visão de futuro;
- Senso ético e de responsabilidade.

Não devemos nos esquecer de que, de alguma forma, quase todas as pessoas têm, explícito ou não, o potencial para empreender, basta que encontremos um jeito de identificar e desenvolver esses atributos, bem como o de aprender técnicas para que o plano possa ser gerido adequadamente e que tais potencialidades resultem em projetos empreendedores.

A importância do empreendedorismo

O comportamento empreendedor e, consequentemente, o empreendedorismo vêm acompanhados da existência da espécie humana através dos tempos, ou seja, uma parcela da população possui o perfil criativo e o emprega de forma a introduzir uma visão inovadora e construtiva em algo. Por conseguinte, na maioria das vezes, o novo vai de encontro às necessidades das pessoas, tanto que várias das inovações e invenções de que usufruímos atualmente são resultado da incessante busca pelo novo, pelo diferente. É inquestionável a importância do empreendedorismo para a economia, pois proporciona uma força motriz extra para o crescimento do PIB de um país, assim como o aumento da geração de empregos e renda da população. Por isso, várias nações estão investindo grandes somas para desenvolver cada vez mais indivíduos por meio do ensino das técnicas empreendedoras em escolas específicas e, dessa forma, fazer que cada vez mais novos negócios sejam desenvolvidos pelos empreendedores.

Quando surge a necessidade de empreender

A necessidade de empreender pode, em muitos casos, surgir aleatoriamente, ou seja, independentemente da nossa vontade, como quando somos dispensados do emprego e, por desejo próprio ou por influência de terceiros, decidimos empreender e abrir o próprio negócio, bem como quando herdamos os negócios da família e, a partir de então temos de alavancar ou criar empresas. Existem também pessoas com visão de futuro e que, em conformidade às necessidades do mercado e às oportunidades identificadas, decidiram por diversificar ou inovar o próprio negócio ou abrir outros empreendimentos. Conforme Gerber (2004, p. 15), o empreendedor é o visionário que está em nós, o sonhador, a energia que está por trás de toda atividade humana, a imaginação que alimenta o fogo do futuro, o catalisador da mudança, ou seja, nunca está satisfeito com a situação atual e está sempre procurando novas soluções e caminhos. É importante ressaltar que, apesar de possuir o espírito empreendedor, alguns pontos devem ser considerados para que o sonho vire um projeto concreto, como descritos abaixo, adaptado de Dornelas (2001, p. 49):

- Escolha correta do ramo da atividade a ser desenvolvida, ou seja, fazer algo com o qual se identifica e gosta;
- Planejamento detalhado, incluindo todas as etapas do projeto;
- Fazer um plano de negócios;
- Avaliar riscos;
- Necessidade de obter o capital financeiro para o início das atividades;
- Gerir o negócio.

Depois de seguir os pontos citados, é preciso muita atenção para que o negócio não naufrague, pois existe uma diferença fundamental entre "abrir uma empresa" e "administrar uma empresa", isto é, são atividades, habilidades e competências distintas: nem sempre um bom administrador é um empreendedor; porém, necessariamente um empreendedor precisa saber administrar (ou contratar alguém que saiba) para que o negócio prospere.

Plano de negócios

A premissa fundamental é que o plano de negócios deve ser a "bíblia" do empreendedor e, assim sendo, essencial como guia do projeto de empreender. Ao seguir seus passos, a chance de sucesso aumenta.

O QUE É UM PLANO DE NEGÓCIOS E PARA QUE SERVE?

O plano de negócios é um documento que serve como diretriz, ou seja, por meio dele as etapas da criação de um empreendimento são planejadas e descritas de forma clara e devem ser seguidas através de uma execução adequada e consistente. Segundo Mckinsey e Ashoka (2001, pp. 26-29), na construção do plano de negócios, este deve transmitir clareza, ser objetivo, ter estilo e uma boa aparência, de forma que impressione e permita ao leitor a flexibilidade de escolher os tópicos que particularmente mais lhe interessam, isto é, a mensagem contida deve ser de fácil e completa interpretação, permitindo a tomada da decisão correta.

VALE A PENA ABRIR UM NEGÓCIO?

O primeiro passo é identificarmos algo que gostamos de fazer. Após a escolha, deve ser analisado o mercado, percebendo suas particularidades, como a solidez do ramo de atividade, oportunidades, custo de entrada no setor, viabilidades de expansão, chances de sucesso ao empreender nesse ramo de atividade, capital necessário a ser empregado e a análise da concorrência. Assim, a viabilidade em se abrir uma empresa se inicia e é determinada pelo plano de negócios, pois ele fornece tais ferramentas de análise. Além disso, deve-se ter em mente que ser empresário exige enorme dedicação, persistência e paciência de toda a família, é difícil saber se estamos devidamente preparados, até porque o preparo adequado é a somatória das adaptações no exercício do comando do empreendimento. Mesmo que o negócio não dê certo após a sua criação e abertura, a sensação de bem-estar que causa o ato de empreender é muito frequente entre os empreendedores, e nem todos desistem de voltar a fazê-lo.

A elaboração do plano de negócios

A elaboração pode ser feita pelo próprio empresário, por uma consultoria especializada ou até com ajuda profissional, como o Sebrae. Devemos tomar alguns cuidados básicos e fundamentais para a construção e acompanhamento de um plano de negócios. O primeiro deve ser a obtenção de informações fidedignas e pertinentes ao ramo de atividade escolhida por meio de pesquisas na internet, diálogos com donos de negócio similar ao que se pretende abrir, mercado financeiro etc. Outro ponto importante são as adaptações necessárias no decorrer da formatação do projeto, pois lembre-se de que, quanto melhor redigido, maior a chance de não esquecer detalhes que podem comprometer o acompanhamento, bem como dificultar correções de rota que se fizerem necessárias. Além disso, fica mais fácil obter financiamentos de capital privado ou governamental.

Sumário executivo

O sumário executivo deve conter os pontos-chave do empreendimento e seus principais tópicos, afinal o sucesso começa com a venda da ideia e de sua viabilidade demonstrada neste sumário. Os pontos-chave estão enumerados abaixo, adaptados do Sebrae (2009, p. 11):

- Missão da empresa;
- Visão da empresa;
- Empreendedores do negócio;
- Formação da empresa e seu capital social;
- Empresa e seus produtos e/ou serviços;
- Recursos estruturais da empresa;
- Ramo de atividade do negócio, o mercado e os concorrentes;
- Marketing e vendas do produto final;
- Aspectos financeiros do negócio;
- Recomendações finais do plano de negócios.

Missão da Empresa

Ao elaborar a missão da empresa, não esquecer de que ela pode ser definida como a sua essência, ou seja, o propósito máster da sua existência. Portanto, é preciso definir o que é o negócio, para que serve e quais os meios utilizados para se atingir o proposto.

Visão da Empresa

A visão determina o que a empresa pretende ser em um determinado período de tempo em seu segmento de atuação, isto é, onde estará inserida em relação aos concorrentes e, principalmente, o que terá de fazer para atingir tal posição e grau de importância.

Empreendedores do Negócio

Uma vez escolhidos os sócios administradores, é necessário descrevê-los com nome e respectivo CPF, bem como fazer uma apresentação adequada por meio de um *curriculum vitae* destacando as experiências anteriores como empreendedor (se tiver) e os resultados advindos dessas incursões, além de outras informações pertinentes, como formação acadêmica, experiência como executivo etc. É importante também destacar o cargo e a atividade que cada sócio exercerá no empreendimento. Nunca é demais frisar que os empreendedores devem estar em perfeita sintonia quanto aos objetivos a serem alcançados, os sacrifícios a serem realizados e os riscos inerentes à própria atividade empreendedora. Por isso, os sócios devem ser escolhidos por meio de critérios bem definidos e não apenas por afinidade e empatia. Além da confiança é essencial que seja alguém que complemente, ou seja, um entende da operação, o outro de finanças e contabilidade e assim por diante. Dessa forma, cada um terá seu papel definido previamente e, atrelado a isso, o resultado esperado para cada um dos sócios empreendedores.

Formação da empresa e seu capital social

Destacar todos os pontos relevantes para a formação correta da empresa sob o ponto de vista das legislações vigentes no nosso país, bem como a formação do capital social da instituição.

Escolha do nome da empresa

O nome da empresa é um passo muito importante e deve ser feito de maneira criteriosa, pois é como deverá ser reconhecida, lembrada e associada a algo, como qualidade, rapidez etc. Desse modo, deve ser um nome de fácil pronúncia e pode estar ligado, de alguma forma, à atividade a ser exercida. Caso possua uma imagem ou logotipo associado, deve ser destacado em conjunto com o nome.

Aspectos legais na composição da empresa

Após a escolha do nome, o passo seguinte é contratar um contador para que ele possa instruir quanto à forma jurídica da composição da empresa e que tipo de abordagem tributária será realizada para o pagamento de impostos junto aos governos estadual e federal e ao município. Portanto, para que uma empresa efetivamente exista, é necessário escolher que tipo de forma jurídica a compõe, ou seja, se houver a existência de uma única pessoa, tem de haver o registro como Empresário; caso haja dois ou mais sócios, será registrada como uma Sociedade Limitada. Depois da elaboração do contrato societário, a empresa deve ser registrada na Receita Federal para obter o Cadastro Nacional da Pessoa Jurídica. Concomitante a esse processo, o contador verificará qual a melhor abordagem tributária, isto é, pode ser o Empresário Individual, cujo recolhimento de impostos é fixo, ou ainda Regime Normal, em que os impostos são recolhidos normalmente e, por fim, o Simples Nacional, em que há a redução e simplificação dos tributos.

Aspectos na composição do capital da empresa

Na composição de capital da empresa, deve(m) ser incluído(s) o(s) nome(s) do(s) proprietário(s) do negócio e seus respectivos percentuais de participação societária. Portanto é necessário especificar com o que cada sócio está entrando no negócio. Caso a(s) fonte(s) de recursos para viabilizar o negócio não seja(m) do(s) sócio(s), ou somente parte dele(s), fica patente a necessidade de especificar onde serão obtidos tais recursos financeiros, que podem ser instituições financeiras públicas ou privadas, como instituições bancárias, bem como órgãos federais, como o Banco Nacional de Desenvolvimento Econômico e Social (BNDES), empréstimos obtidos com terceiros, como parentes, amigos etc., e, por fim, obter o recurso por meio da disponibilização de algum ativo imobilizado, como casa, terreno, automóvel etc.

Aspectos legais no funcionamento da empresa

Determinado o ramo do negócio e seus produtos finais, devemos achar uma sede para a empresa e, a partir daí, procurar profissionais que possam nos instruir em como dar entrada e obter as licenças e seus respectivos registros para o funcionamento do negócio. Isso pode acontecer em várias esferas, ou seja, municipal, estadual e federal, como, por exemplo, alvará para funcionamento da prefeitura, licença do Conselho de Classe, Agência Nacional de Vigilância Sanitária (ANVISA), Polícia Federal etc. Desse modo, é imprescindível que se tenha em mãos todas as licenças para funcionamento quando da abertura do empreendimento sob a pena de surpresas desagradáveis e de difíceis soluções posteriores.

A empresa e seus produtos e/ou serviços

O bem maior de uma empresa é o que efetivamente ela se propõe a fazer, ou seja, o que se produz, quer sejam produtos quer sejam serviços. Para tanto, é de extrema importância que sejam descritos adequadamente no plano de negócios. Veremos como fazer por meio dos passos a seguir.

É produto ou serviço?

Lembre-se de que os produtos são diferentes dos serviços: enquanto o primeiro é tangível, mensurável, estocável e não fabricado na hora, o segundo é intangível, de difícil mensuração, não estocável e produzido e entregue de maneira imediata, como exemplo, caracterizaremos o setor de varejo, ou seja, consideraremos como produtos itens tais como produtos de limpeza, alimentos enlatados, refrigerantes etc. Perceba que todos são tangíveis, ao contrário do que quando caracterizamos o serviço no varejo. Neste caso, os supermercados, além de venderem os produtos, possuem serviços atrelados à venda, os quais são realizados por pessoas por meio de processos operacionais definidos. Por isso, avaliam-se a rapidez, presteza, limpeza, explicações técnicas etc. Ao apresentar o produto final, faça-o com todas as características pertinentes, incluindo as qualidades, os benefícios e a utilização de tecnologia e/ou serviços que não prejudiquem o meio ambiente.

Recursos estruturais da empresa

Aqui deve ser descrito de maneira sucinta, porém abrangente quanto aos principais recursos necessários para viabilizar a operação do negócio, ou seja, demonstrar que a operação foi estruturada de forma a proporcionar a execução e a entrega do produto e/ou serviço a qual a empresa se propõe. É necessário dividir o tema para que haja um planejamento adequado, pois é um dos principais tópicos do plano de negócios. Assim, foi dividido em recursos de pessoas, recursos tecnológicos e de apoio e processos operacionais. Lembre-se: iniciar um negócio é muito mais fácil que perpetuá-lo; portanto, não cumprir essa etapa adequadamente aumentará a probabilidade de os sócios amargarem o insucesso.

Recursos de pessoas

Pessoas são fundamentais para o bom desempenho e a perenidade do negócio. Por isso, escolher bem e adequadamente os colaboradores faz parte da "lição de casa" de um dos empreendedores sócios ou a quem isso delegar. Essas pessoas devem estar alinhadas em comportamento e atitudes com a missão da empresa, sendo, então, um dos fatores críticos de sucesso. Sucintamente, devemos segmentar o quadro de pessoal em quatro partes: administrativo, operação meio, operação fim e terceiros. Em cada um deles é necessário listar a quantidade necessária de funcionários por cargo, carga horária, proventos e descrição das atividades que exercerão. Obviamente que isso depende do tipo e da atividade principal do negócio. Contudo, os **administrativos** são classificados normalmente como os que exercem suporte à atividade principal e não produzem diretamente os produtos e/ou serviços. Temos como exemplo a área financeira e contábil, área de planejamento, área jurídica, setor de recepção etc.

A **operação meio** se caracteriza por proporcionar o suporte e os meios que diretamente influenciam na execução principal do negócio. Normalmente temos neste time a área de recursos humanos, o setor de tecnologia da informação, a gerência de projetos, setor de suprimentos etc.

A **operação fim** ou **serviço fim** se trata da execução da atividade principal do negócio, ou seja, quem produz e o que efetivamente é produzido para entregar aos clientes. Esta equipe deve ter total conhecimento técnico do negócio, bem como estar plenamente afinada com os demais setores da empresa para que o custo x benefício seja satisfatório. Lembre-se de que esse pessoal é que vai entregar o prometido pela empresa e devem ser criteriosos. Por isso, é necessário investir na contratação, capacitação e dimensionamento adequado para "dar conta do recado", porque, após o início da operação, é admissível que haja pequenos ajustes, porém não a substituição completa ou parcial desses colaboradores, pois a perda de tempo, dinheiro e, principalmente, a desconfiança dos clientes farão que haja a inviabilização do projeto.

Como exemplos de executores do serviço fim temos as enfermeiras, os médicos, os chefes de cozinha, o químico que faz fragrâncias de perfumes, o engenheiro projetista de automóveis etc. Os times dos **terceiros** normalmente realizam as operações de apoio e não estão vinculados diretamente à realização da operação fim; geralmente são pessoas contratadas como prestadoras de serviços e ligadas à empresa como pessoa jurídica. Atualmente é muito comum as empresas terceirizarem alguns serviços, como portaria e segurança patrimonial, nutrição, limpeza, *call center* etc., pois é sabido que, além de diminuir os custos, a empresa pode se dedicar ao serviço fim sem perder tempo em ter de operar os serviços citados.

Recursos tecnológicos e de apoio

Com o avançar da globalização, a rapidez nas mudanças de tendências no mercado de atuação e a procura por serviços e/ou produtos cada vez com o melhor custo x benefício, principalmente pelos clientes, fizeram que as empresas necessitassem se adequar. Assim, é fundamental ter recursos tecnológicos para o suporte e apoio aos serviços principais, imaginem se atualmente tivéssemos de controlar todos os serviços e a produção manualmente?

Depois de caracterizar os produtos e/ou serviços a serem oferecidos, impera a necessidade de se verificar quais recursos tecnológicos serão adquiridos para o apoio necessário. O primeiro passo é contratar alguém que entenda de tecnologia da informação e, após a análise, listar os equipamentos como *hardware*, vídeos, telefonia, conexões etc., *softwares* com sistema de gestão para gerenciar a contabilidade, o financeiro, as encomendas, as compras de insumos pelo setor de suprimentos, as entregas, a operação de produtos e serviços, entre outros. É importante lembrar também que, para viabilizar a operação fim, são necessários vários equipamentos que não são de tecnologia, bem como os insumos a serem utilizados na produção de produtos e/ou serviços. Portanto, deve-se listar tudo criteriosamente para não inviabilizar o projeto. Tomando como exemplo um restaurante, fica fácil entender que o seu funcionamento e produção dependem de equipamentos como fogão, freezer e refrigeradores, máquina de lavar louças, utensílios como panelas, frigideiras, talheres, louças etc., e, por fim, os insumos, que são fundamentais, por exemplo, vários tipos de carne, temperos, legumes etc.

Processos operacionais

Toda e qualquer produção, seja de um produto e/ou serviço para que este seja concluído e entregue ao cliente final, passa por etapas que denominamos de processos operacionais fundamentais, ou seja, fluxos que, de alguma forma, explicam como e em que momento cada elemento participante (apoio, insumo, pessoas, equipamentos etc.) entram na cadeia produtiva e de que maneira colaboram na produção do bem final. O primeiro passo é determinar quem são os elementos participantes e qual o papel determinado a cada um e, em seguida, desenhar o fluxo por etapas, que são processos operacionais secundários para, em seguida, encadeá-las dentro do processo operacional principal e, consequentemente, finalizar o processo. Relembrando o exemplo do restaurante, é preciso que cada item do cardápio tenha um processo definido, isto é, como fabricá-lo, desde o armazenamento dos insumos, até separar os utensílios a serem utilizados e, finalmente, como utilizá-los na confecção do "prato" a ser servido. Lembre-se de que a qualidade é dependente de várias coisas, entre elas, seguir à risca o que está desenhado no processo operacional, pois isso previne surpresas desagradáveis, principalmente minimizando os riscos de haver a entrega abaixo da qualidade prometida.

Ramo de atividade do negócio, o mercado de atuação e seus concorrentes

Descrito anteriormente no plano de negócios, o produto final, quer ele seja um produto e/ou serviço, é de extrema importância descrever o ramo de atividade em que está inserido, ou seja, o setor de atuação do negócio, pois cada qual tem seu mercado específico e deve ser tratado como tal, sendo importante a análise detalhada da concorrência.

Setor de negócios

Determinado o tipo de negócio, faz-se necessário determinar em qual ramo de atividade ele se encontra. Para tanto, vamos conhecer os mais importantes atualmente em nosso país:

- **Agricultura:** tem como característica a utilização da terra para plantação e colheita de madeira, vegetais etc.
- **Comércio:** caracteriza-se pela venda de produtos diretamente aos clientes. Nesse contexto, temos os postos de combustíveis, supermercados etc.
- **Industrial:** setor caracterizado pela transformação, ou seja, por meio de matérias-primas se obtêm produtos finais, como calçados, roupas, automóveis etc.
- **Pecuária:** consiste em criar animais, tanto para a extração e consumo quanto para ornamento.
- **Prestação de serviços:** caracteriza-se por fabricar e fornecer o próprio produto, ou seja, empresas como restaurantes, taxistas, escolas, consultórios médicos etc.

Após as descrições acima, têm-se as condições de enquadrar a empresa em seu segmento principal de atuação, bem como segmentá-lo sucessivamente até obter a caracterização final do empreendimento e seu segmento de mercado específico – assim fica mais fácil a abordagem da estratégia para o negócio. Podemos, por exemplo, pensar em um negócio enquadrado como prestação de serviços que atua no segmento restaurante, mais especificamente em cozinha oriental e é estruturado para fornecer comida tailandesa.

O MERCADO DE ATUAÇÃO

É preciso analisar e, posteriormente, descrever criteriosamente o mercado em que o negócio está inserido. É necessário um levantamento adequado e com todas as variáveis que o influenciam, tais como ramo de atividade, qual segmento, quantidade de empresas, custo de entrada nesta atividade etc. É necessário também prestar atenção nas ameaças e nas oportunidades desse mercado.

Contexto da empresa no mercado

É fundamental que se confirme a eficiência da inserção de um negócio em determinado tipo de mercado. A análise começa com o estudo preliminar do modo de operar das empresas de sucesso nesse segmento e qual o diferencial para que se mantenham no topo. Uma das formas de saber o que é necessário, e que faz a diferença, consiste em visitá-las e procurar se comportar como um consumidor prestando atenção em como o fluxo operacional é realizado e nas demais estruturas. De posse desse comparativo, tente situar sua empresa em relação às outras e também aonde se quer chegar para que o negócio seja devidamente caracterizado e inserido corretamente no contexto do mercado.

Os clientes

Entender os clientes e satisfazê-los é o que todo empreendedor procura com seu negócio; porém chegar lá exige conhecimento detalhado do público-alvo e averiguação de quais são os diferenciais importantes e atrativos. *"Não esqueça jamais que a sua empresa só existe porque os clientes assim o desejam."*

Quem são os potenciais clientes?

O primeiro passo é identificar o público-alvo, ou seja, quem é e quais as suas características e desejos. Para isso, temos que determinar se o nosso produto e/ou serviço é direcionado para pessoas ou outras empresas. Nesse contexto, um passo importante é levantar as características dos consumidores como demonstrado abaixo, adaptado do Sebrae (2009, p. 22):

- Grupo étnico;
- Sexo;
- Faixa etária predominante;
- Estado civil;
- Ocupação profissional;
- Renda familiar;
- Escolaridade;
- Região domiciliar.

Note que, dentre as características acima, nem todos possuem a mesma importância, pois isso depende do tipo de produto e/ou serviço ofertado. Caso o público-alvo seja outras empresas, é necessário levantar, adaptado também do Sebrae (2009, p. 22):

- Quem são as empresas pesquisadas;
- Qual é o seu negócio principal;
- Qual é o seu porte;
- Número de funcionários;
- Possuem subsidiárias;
- Como é o mercado em que atuam;
- Há quanto tempo estão em atividade;
- Qual sua imagem perante o mercado consumidor;
- Qual seu faturamento anual;
- Existe restrição financeira e/ou tributária?

Após o levantamento, fazer um relatório contendo essas características que adicionalmente a outros pontos importantes, como quais empresas são líderes do segmento, o que proporcionam e quais diferenciais possuem e quanto os clientes pagam pelo serviço e/ou produto, qual a quantidade que costumam comprar etc. Desse modo, quanto mais informações possuímos, maior a chance de adaptarmos o que vendemos ao público-alvo.

Diferenciais do produto e/ou serviço para os clientes

Temos que ter a percepção exata de que o produto e/ou serviço comercializado precisa possuir diferenciais perceptíveis ao nosso público-alvo. Esses atributos são variáveis em seu grau de importância dependendo do tipo de produto final, exigências dos clientes, índice de satisfação gerado, percepção qualitativa da marca etc. Durante a execução de vários planos de negócios e observações de empresas no mercado, pude constatar que os atributos importantes e que fazem a diferença dos produtos e/ou serviços finais são:

- Apresentação;
- Qualidade;
- Rapidez na entrega;
- Durabilidade;
- Tecnologia;
- Preço;
- Forma de pagamento;
- Garantias concedidas;
- Atendimento no pós-venda;
- Ecologicamente correto.

É necessário se adaptar com o intuito de possuir os diferenciais que certamente farão que o negócio tenha mais chance de dar certo. Seguindo essa linha, é preciso descrever exatamente o tipo de produto final e todos os atributos diferenciais agregados a ele.

Análise dos fornecedores

Uma etapa importante a se verificar são os insumos, equipamentos, utensílios, matérias-primas etc., ou seja, tudo que é necessário utilizar na confecção da produção do produto e/ou serviço. Uma vez identificado e listado, deve-se escolher os fabricantes que fornecerão o que necessitamos. Lembre-se do que foi falado algumas vezes anteriormente: precisamos adicionar os benefícios esperados ao que formos vender aos clientes. Portanto, é necessário adequar as compras dos itens anteriores com critério justificado, pois não é adequado listar e comprar de fornecedores somente por preço, mas sim daqueles que apresentam o melhor custo x benefício ao que pretendemos. Segundo a minha experiência, o melhor é utilizar uma metodologia relativamente simples para a classificação desses fornecedores, e conforme o mesmo inicia-se listando todos os itens para a aquisição, por exemplo, necessita-se de um equipamento (um freezer); após listarmos no mínimo três fornecedores e, em seguida, listarmos os atributos e identificá-los em cada fornecedor, conforme figura abaixo, adaptada do Sebrae (2009, p. 28):

Item	Atributo	Análise dos fornecedores		
		Marca A	Marca B	Marca C
Freezer	Tipo / Modelo	A	B	C
	Aparência	x	x	x
	Capacidade de carga	x	x	x
	Durabilidade	x	x	x
	Tecnologia	x	x	x
	Preço	x	x	x
	Condições de pagamento	x	x	x
	Prazo de entrega	x	x	x
	Assistência técnica	x	x	x
	Resultado	-	Marca B	-

Tabela 1 – Análise dos fornecedores
Fonte: Autor.

Onde "x" pode ser a nota atribuída ao atributo, por exemplo, de zero a cinco, ou seja, zero igual a atributo ruim e assim por diante, o resultado final e a marca vencedora são as que obtiverem a maior nota. Veja que fica muito fácil de visualizar o melhor custo x benefício entre as marcas de freezer e escolher a que melhor se encaixa aos nossos propósitos. Isso deve ser feito para todos os itens necessários.

Análise dos concorrentes

Os concorrentes estão presentes em todos os ramos de atividade e são os nossos referenciais comparativos, ou seja, o espelho do que desejamos ser ou não. Então por que não observá-los e, principalmente, tomá-los como exemplo com o objetivo de superá-los? Veja que não há nenhum mal nisso, pois o princípio básico da concorrência é sempre melhorar, ser um dos primeiros. Portanto, o primeiro passo é levantar quantos concorrentes existem nas proximidades de onde pretendemos instalar a empresa, listá-los e atribuir os diferenciais competitivos a cada um, estudá-los e verificar quais atributos atraem os clientes e por quais motivos. A seguir, analisar como poderemos ser melhores para os clientes, ou no mínimo concorrer em igualdade para então superá-los. Não se esqueça de se colocar no lugar do cliente e observar o que realmente faz a diferença.

Nem sempre ter muitos concorrentes localizados próximos é um mau negócio. Note que existem ruas com várias concessionárias de veículos ou vários restaurantes, e assim por diante. Veja que é o mesmo princípio dos *shoppings*. Todos se direcionam ao mesmo lugar com o propósito de consumir, porque é onde se concentram várias lojas do mesmo segmento, restaurantes etc., ou seja, para os clientes é muito importante comparar para poder escolher. Ainda segundo a experiência do autor, o melhor é utilizar uma metodologia simples para a análise dos principais concorrentes, como apresentada na tabela a seguir, adaptada do Sebrae (2009, p. 25):

	Análise dos concorrentes			
Item	Diferencial	Concorrente A	Concorrente B	Concorrente C
Pontos fortes e/ou fracos	Localização		x	x
	Estrutura operacional	x	x	x
	Atendimento	x	x	x
	Qualidade produto / serviço	x	x	x
	Preço	x	x	x
	Condições de pagamento	x		x
	Prazo de entrega	x		x
	Assistência pós-venda	x	x	x
	Resultado	-	-	**Concorrente C**

TABELA 2 – Análise dos concorrentes
FONTE: Autor.

Onde "x" pode ser a atribuição do conceito de ponto forte e/ou fraco ao concorrente, para, no resultado final, verificarmos duas situações muito importantes: a primeira é quantos pontos fortes e fracos cada um possui, e a segunda é a relevância dos pontos fortes ou fracos e em que contexto estão inseridos em relação ao mercado.

Marketing e vendas do produto final

Como exemplo, a apresentação do produto final deve ser encarada como um fato de extrema relevância, pois deve ser feita após um detalhado estudo e planejamento, uma vez que deve constar como será apresentado, para quem e por quanto tempo isso será realizado. Observe que iniciaremos o primeiro contato para que o público-alvo tenha conhecimento dos produtos e/ou serviços e os atributos agregados e não há a garantia de emplacar as vendas. Como não custa repetir, o caminho do sucesso se inicia com o cumprimento do prometido. Como dito inicialmente, os temas pertinentes aos aspectos de Marketing e Financeiro serão abordados com maior profundidade nos respectivos capítulos, portanto, as informações abaixo são de cunho básico e fundamentais para o empreendedor, e serão complementadas em momento oportuno.

Produto final

Ao conceituar anteriormente as diferenças entre produtos e serviços, note que essas diferenças serão utilizadas para a descrição detalhada e apresentação do produto final. Conforme as experiências do autor com formatação e execução de planos de negócios, existem cinco pontos fundamentais que devem ser abordados, os quais devem ser caracterizados de forma lógica e apresentados conforme vários aspectos com o intuito de facilitar a identificação e a descrição detalhada do produto final, características essas descritas abaixo:

Características do produto final

Caracterizar e indicar o portfólio – produtos e serviços a serem considerados:

- **Tipo de produtos:** sua forma contendo tamanho, cor, embalagem etc.; características do sabor; variantes da linha de produtos; tempo de validade; sua garantia; se é ecologicamente correto; pós-venda; seu registro nos órgãos competentes como ANVISA; etc.
- **Tipo de serviços:** descrever quais serviços serão prestados e de que forma serão realizados, acrescentar informações de duração, garantia do serviço, pós-venda etc.

Tipo de produção, ou seja, descrever como são produzidos os produtos finais, atentando a três pontos:

- **Produtos para revenda:** um item importante é destacar a procedência, pois, para o cliente, somos corresponsáveis pelos produtos à venda.
- **Produtos fabricados pela empresa:** destacar os mecanismos de como são produzidos e também os atributos.
- **Serviços:** destacar como são confeccionados e os atributos deste.

Características de armazenamento e entrega dos produtos finais

- **Produtos:** informar se são estocáveis, como serão estocados e disponibilizados aos clientes.
- **Serviços:** como são fabricados na hora, não são estocados e disponibilizados e adequados aos clientes no momento da sua execução.

Características de consumo dos produtos finais

- **Produtos:** devem ter orientação por produto, bem como a forma de consumo. Podemos, ainda, dar orientações de como melhorar a sua utilização e assim ajudar os clientes.
- **Serviços:** como o seu consumo é imediato, as orientações são dadas na hora, e podem ser customizadas por cliente, dependendo da situação e do momento.

Característica do pós-venda dos produtos finais

- **Produtos:** ao revendermos os produtos de outros fornecedores, a garantia já está incluída. Porém, se fabricamos, nossos produtos devem ter uma garantia também. Deve relatar como ofereceremos um serviço de atendimento no pós-venda.
- **Serviços:** como são consumidos no ato, deve-se deixar claro quais são as garantias que são dadas aos nossos serviços e como serão os atendimentos no pós-venda.

Precificação do produto final

Ao determinarmos o produto e/ou serviço a ser comercializado, faz-se necessário precificá-lo. Para isso, devem-se levar em conta alguns aspectos importantes. Discorro, abaixo, sobre os pontos e as etapas relevantes que foram observados durante a implantação de vários projetos dos quais fiz parte. O processo ocorria por meio de uma metodologia simples e era desenvolvido em conformidade ao praticado por várias empresas atuantes no mercado. Atualmente, continuamos (minha equipe e eu) a utilizar a mesma metodologia com pequenas adaptações, conforme o ramo de atividade do negócio.

Variáveis importantes na precificação

Analisaremos, a seguir, as variáveis que compõem a metodologia citada acima e suas implicações na formatação do preço de venda do produto final.

- **Gastos diretos da produção:** listar todos os itens envolvidos na fabricação e verificar qual o preço de compra de cada componente, obviamente levando em conta qual o posicionamento do produto e/ou serviço. Por exemplo, pode-se usar matéria-prima e insumos importados ou não. Ao final, deve-se somar os valores dos itens para obter os gastos com a produção por unidade fabricada.

- **Gastos indiretos:** listar todos os gastos que, de alguma forma, auxiliam a manutenção do negócio e não necessariamente participam efetivamente na sua fabricação, como energia elétrica, gás, água, combustível, telefonia etc.

- **Gastos administrativos e de pessoas:** listar todos os gastos que fazem parte da administração do negócio. Trata-se de setores como recepção aos clientes, setor de recursos humanos, contabilidade e financeiro, almoxarifado e estoque etc.

- **Gastos com terceiros:** listar todos os gastos com empresas terceiras contratadas, ou seja, setores como higiene e limpeza, segurança patrimonial, nutrição e dietética, transporte, consultorias etc.

- **Gastos com distribuição:** caso haja a necessidade de distribuir os produtos e/ou serviços até os pontos de venda ou consumo direto, é necessário mensurar os gastos.

- **Gastos com marketing e propaganda:** listar todos os tipos de comunicação a serem realizados, bem como as mídias a serem utilizadas e, a partir de então, mensurar todos os gastos envolvidos no processo.

- **Gastos com impostos:** verificar com o contador ou assessoria contábil todos os gastos com os impostos municipais, estaduais e federais que incidirão sobre os produtos e/ou serviços comercializados e, a seguir, listá-los, dividindo-os por tipo.

- **Margem de lucratividade:** na verdade, significa a margem do retorno que esperamos com a venda dos produtos e/ou serviços, pode ser por unidade comercializada, por lote definido etc.

- **Comparativo com produtos e/ou serviços similares:** um levantamento que se faz necessário e é de extrema importância é comparar produtos similares com seus respectivos preços e o que oferecem agregados ao mesmo e que é perceptível ao cliente.

Etapas para formatação da precificação

Ainda seguindo a metodologia adotada, discorreremos acerca das etapas necessárias que precisam ser percorridas para a formatação do preço do produto final.

Gasto total unitário por unidade produzida

De modo simples, temos de transformar todos os itens por unidade, ou seja, o primeiro passo é projetar a quantidade a ser vendida e, em seguida, planejar todos os gastos, excetuando os impostos e tributos, como demonstrado abaixo:

N = Quantidade projetada de vendas do produto e/ou serviço
X = Gasto total por item, exceto os impostos / tributos
$x1; x2; x3; ....$ = Gasto por unidade produzida e a ser vendida
xt = Gasto total unitário por unidade produzida e a ser vendida

Portanto, o gasto por unidade produzida está demonstrado abaixo (e não se esqueça de fazer isso para cada gasto):

$$x1 = X / N$$

Após obtermos o gasto por unidade produzida por cada item, temos que obter o gasto total unitário, conforme segue:

$$xt = x1 + x2 + x3 + ...$$

Impostos e tributos totais por unidade produzida

O percentual dos impostos e tributos incidentes em cada produto e/ou serviço, bem como o valor correspondente, deve ser calculado pela área contábil e tributária, isto é, pelo contador ou assessoria contratada para esse fim. Não esquecer de que devemos separar por tipo de tributo, municipal, estadual e federal:

N = Quantidade projetada de vendas do produto e/ou serviço
I = Total de impostos projetado incidente
i1; i2; i3; .... = Imposto projetado por unidade produzida, por tipo de tributo
it = Total de impostos unitário projetado por unidade produzida

Idêntico ao item anterior, será obtido o imposto projetado por unidade produzida e por tipo de tributo; a partir de então se obterá o total de impostos unitário projetado por unidade produzida, conforme demonstrado abaixo:

$$it = i1 + i2 + i3 + ...$$

Margem de lucratividade por unidade produzida

A margem de lucratividade que se deseja por unidade produzida deve ser no mínimo o suficiente para ser adicionada nos reinvestimentos do nosso negócio, porém se deve tomar muito cuidado, pois, ao colocarmos uma margem exorbitante, podemos estar muito aquém no comparativo de mercado para o mesmo produto e isso com certeza refletirá nas vendas, puxando-as para baixo. Portanto, a determinação da margem de lucro deve ser consciente e pautada por um estudo técnico. Observe a seguir:

N = Quantidade projetada de vendas do produto e/ou serviço
M = Margem desejada total de lucratividade
m = Margem desejada de lucratividade por unidade produzida

Para obtermos a margem desejada de lucratividade por produto produzido, utilizaremos a equação abaixo:

$$m = M / N$$

Não esqueça que a margem de lucro é muitas vezes regulada pelo tipo de produto e seus atributos, bem como pela concorrência e pela estratégia de vendas, ou seja, como exemplo, pode-se ganhar mais por unidade vendida ou ganhar menos, porém vender mais e ganhar no total vendido.

Precificação por unidade produzida

Ao se obter os valores de cada variável importante e incidente no gasto para a fabricação do produto final, finalmente conseguiremos precificar por unidade produzida. Como dito anteriormente, tenha em mente que esse valor deve ser ajustado conforme as necessidades do mercado, da empresa e dos clientes. Veja abaixo de modo simples como obter o preço unitário do produto e/ou serviço final:

xt = Gasto total unitário por unidade produzida e a ser vendida
it = Total de impostos unitário projetado por unidade produzida
m = Margem desejada de lucratividade por unidade produzida
P = Preço unitário por unidade produzida

O preço unitário do produto final pode ser obtido por meio da fórmula:

$$P = xt + it + m$$

Revisão da precificação e comparativo de mercado

Conforme as regras aceitas pelo mercado, a formulação do preço do produto final não significa necessariamente o final do processo, falta ainda uma etapa muito importante: comparar com produtos semelhantes existentes no mercado, ou seja, analisar conforme já descrito anteriormente, as variáveis da precificação. Particularmente, acho fundamental esse comparativo, pois, por diversas vezes, eu e minha equipe verificamos que os nossos produtos finais estavam acima do preço em relação aos concorrentes e não possuíam atributos diferenciadores que justificassem o preço. Segue, abaixo, o comparativo de produto, que deve ser realizado sistematicamente:

Comparativo de produto					
Item	Atributos	Nosso Produto	Concorrente A	Concorrente B	Resultado comparativo
PRODUTO Y	Localização	x	x	x	Nosso
	Atendimento	X	X	X	Nosso
	Qualidade produto / serviço	X	X	X	A
	Valores agregados	X	X	X	B
	Preço	X	X	X	Nosso
	Condições de pagamento	X	X	X	B
	Prazo de entrega	X	X	X	A
	Assistência pós-venda	X	X	X	Nosso
	Resultado final	Nosso produto	-	-	-

Tabela 3 – Comparativo de produto
Fonte: Autor.

Como é um quadro comparativo com o nosso produto e/ou serviço, o referencial passa a ser essa coluna em comparação às demais, ou seja, preencheremos com os nossos atributos e a compararemos com os produtos concorrentes, obtendo-se, então, o resultado explicitado na coluna Resultado Comparativo, para depois obtermos o resultado final. Onde está "x" é a descrição do atributo, se possui, valores dos preços, etc.

A análise do quadro comparativo é de extrema importância, pois posiciona o nosso produto em relação aos demais e cada atributo deve ser estudado separadamente, ou seja, alguns atributos são determinantes, como, por exemplo, a qualidade do produto; se ele estiver abaixo dos concorrentes, anula praticamente todos os demais bons atributos que o nosso produto possa possuir. Outro ponto relevante é o preço. Se estamos acima dos demais, devemos estar cientes de que, para cobrar mais caro, é necessário agregar valores percebidos aos clientes e assim por diante. Portanto, é fundamental analisar ponto a ponto até que tenhamos certeza de que teremos chance de concorrer nesse mercado. Caso haja, então, a necessidade de rever o preço do produto final, devemos seguir os mesmos critérios anteriores e acrescer as variações dos itens necessárias à adequação de mercado e, a partir de então, obter a nova precificação e submetê-la novamente ao quadro comparativo de mercado (tabela 3). Se o resultado for satisfatório, então está tudo certo, caso não, é preciso repetir os passos tanto quanto necessário até a obtenção do resultado desejado.

Condições para competir no mercado

Existem alguns pontos importantes e amplamente difundidos no mercado, os quais pude observar durante esses anos e que foram determinantes para o sucesso do produto final e devem ser tidos como cruciais para competir e sobreviver em qualquer mercado. Esses pontos são sistematicamente aplicados por minha equipe em todos os projetos. Abaixo estão relacionados os mais importantes e que fazem a diferença nesse contexto:

- **Produto de má qualidade:** não há empresa que resista muito tempo a um mau produto. Por isso, manter a qualidade é fundamental em qualquer ramo de atividade.
- **Prometer e não entregar:** o cliente aguarda receber o que foi negociado e prometido. Portanto, se não o fizer, avise e faça um novo acordo, pois, se não, ele certamente terá a sensação de que foi enganado.
- **Escolha do produto e/ou serviço:** o cliente compara nosso produto aos demais e só comprará se tiver a percepção exata de que está fazendo um bom negócio, ou seja, um bom custo x benefício.
- **Assistência no pós-venda:** o produto pode ser bom, mas não resistirá muito tempo a um mau pós-venda, ou seja, o encanto do cliente acaba assim que precisar de assistência posterior e não conseguir o que foi prometido.
- **Expansão e manutenção dos clientes:** a maioria dos empreendedores está preocupada em crescer, isto é, expandir a base de clientes, e por vezes acabam

esquecendo que possuem uma base atual que deve ser fidelizada para que continuem consumindo. Por isso as ações devem ser paralelas sempre que possível, reter os atuais e, ao mesmo tempo, conquistar novos clientes.

Sob ótica criteriosa, o quanto estamos preparados em relação aos itens acima? Ao responder essa pergunta, o mesmo deve ser resultado de uma análise franca da situação atual e/ou futura da empresa. Portanto, o mais correto é que encontremos meios de minimizar o risco e os impactos negativos do não cumprimento. De qualquer forma, é sempre bom se antecipar e explicar o ocorrido e o porquê da falha e, se possível, fazer um novo acordo e procurar cumpri-lo.

Vendas do produto final

Já temos os produtos e/ou serviços que serão comercializados, então é a hora de efetivamente vender e, para que isso ocorra, é necessário um planejamento adequado, como veremos adiante.

Planejamento de marketing

É importante sempre planejar antes de executar. Assim, qualquer que seja o produto e/ou serviço, é necessário um planejamento adequado para a divulgação. Além disso, promover é uma das formas de fazer que o cliente se lembre e sinta a necessidade do produto/serviço.

Os canais de divulgação dos produtos e/ou serviços usualmente aceitos e utilizados pelas empresas, inclusive por mim, nos planos de negócios estão descritos abaixo:

- **Mídia escrita:** os principais representantes são os jornais de grande circulação, revistas especializadas ou não, panfletos em semáforos, malas-diretas aos potenciais consumidores etc.
- **Mídia eletrônica:** o principal meio de comunicação desse canal é a web e outros, como as redes sociais da internet, *sites* de busca como o Google e o Yahoo, o *site* da própria empresa etc.
- **Mídia falada:** divulgação principalmente em rádios, utilização da telefonia para a divulgação dos produtos etc.

- **Mídia televisiva:** uma das mídias com maior penetração junto aos clientes pode ser comunicação direta por meio de inserções de propaganda durante o intervalo de programas ou mesmo incluir os próprios produtos nesses programas etc.

- **Promoção nos pontos de venda:** divulgar nos pontos de venda do produto, como supermercados, restaurantes, bares, banca de revistas, farmácias, amostras grátis em consultórios médicos e hospitais etc.

- **Divulgação em eventos e feiras especializadas:** todo e qualquer evento especializado é um bom local para a divulgação dos produtos e/ou serviços, pois, nesses ambientes, os potenciais clientes podem compará-los, o que é importante para a decisão deles.

- **Divulgação pelos clientes:** com certeza é uma das formas mais demoradas, mas, sem dúvida, é uma das mais consistentes: a famosa indicação "boca a boca", ou seja, um cliente indica para outro, que, se gostar, acaba indicando para outro e assim sucessivamente.

Dito isso, chegou a hora de determinar qual(is) a(s) melhor(es) técnica(s) para divulgação dos produtos e/ou serviços. É importante, antes de mais nada, verificar os custos de cada um e analisar como atingir o maior número possível de clientes e, a partir de então, decidir e iniciar as cotações e fechar como será realizada a divulgação.

Em seguida, começa o planejamento de como serão as etapas de divulgação, ou seja, quem, como e em quanto tempo realizará, qual público atingir, quais os resultados esperados e se são adequados ou não. Por último, determinar se deverão manter ou modificar as ações realizadas. Devemos também nos atentar aos canais de distribuição dos nossos produtos e/ou serviços, o que pode ser realizado de várias maneiras, ou seja, como faremos com que eles cheguem aos consumidores finais. Na minha experiência e nos planos de negócios de que participei, foram utilizados como parâmetros os canais de distribuição e vendas abaixo. Obviamente, não foram utilizados em sua totalidade, estão citados e podem ser adaptados no futuro, dependendo do mercado de atuação da empresa.

- **Pontos de venda:** os produtos chegam ao ponto de venda e estes vendem aos clientes. Esses pontos podem ser próprios ou de outras empresas.

- **Força de vendas:** os produtos são vendidos por uma equipe de vendas, que pode ser própria ou de empresas externas.

- **Vendas de serviços:** os serviços são fabricados no momento do consumo. Portanto, na maioria das vezes, isso é realizado pelo proprietário ou a quem esse desig.

- **Vendas por mídia falada:** vendas realizadas por uma equipe especializada por telefone e contato direto com os clientes.

- **Vendas por mídia eletrônica:** vendas realizadas pela web em *sites* específicos. Atualmente estão aumentando as vendas por esse canal.

- **Vendas por mídia televisiva:** vendas realizadas por meio de programas específicos para adquirir vários tipos de produtos.

- **Vendas por intermediários:** vendas realizadas por meio de empresas (distribuidores) que são intermediários e distribuem aos outros canais de venda.

- **Vendas porta a porta:** modelo exclusivo em que a equipe da força de vendas faz a venda exclusivamente em residências, muito utilizado por indústrias de cosméticos, alimentícios etc.

A escolha de como serão vendidos os produtos e/ou serviços deve ser criteriosa e determinada não só pelo custo da operação, também é necessário verificar em qual canal de vendas e distribuição melhor se encaixa a comercialização dos produtos e/ou serviços. Por último, verificar como os nossos concorrentes diretos procedem. Veja que não é imperativo que tenhamos somente um canal para vender, inúmeras empresas atualmente trabalham com vários canais e distribuem os produtos determinando um percentual para cada tipo de canal. Após a escolha do(s) canal(is), deve-se inseri-lo no planejamento de marketing anteriormente descrito, ou seja, determinada a forma de divulgar e o público-alvo a atingir, é necessário planejar e executar as ações por canal de vendas escolhido para que os produtos e/ou serviços efetivamente cheguem aos clientes finais.

Aspectos financeiros do negócio

Chegamos finalmente ao momento de abordar como obter um resultado financeiro com o negócio e, para tal, é essencial comentar algumas coisas pertinentes à capacidade de geração de lucro pela empresa. Em uma conta simples, os gastos totais da empresa não devem superar a entrada total de receita, ou seja, devemos produzir pelo menos a quantidade suficiente para atingir o ponto de equilíbrio entre receita e despesa. Lembre-se de que, como o tópico de Marketing, os aspectos Financeiros serão descritos de forma simples e contemplarão informações cruciais para o empreendedor, porém superficiais, pois serão melhor tratados nos respectivos capítulos deste livro. Para confeccionar os pontos abaixo, nos baseamos nos parâmetros utilizados usualmente pelas empresas no mercado, bem como na experiência do autor no tema e no Sebrae, por meio de seu manual *Como elaborar um plano de negócios* (2009).

Capacidade produtiva operacional

Ao se projetar uma empresa, inicialmente temos em mente uma determinada capacidade de produção e/ou serviço. Consequentemente, deve haver um determinado dimensionamento operacional e não há a preocupação, na maioria das vezes, em saber se esse dimensionamento é suficiente para manter a empresa girando. Por isso, a capacidade produtiva da empresa deve ser muitas vezes redimensionada, conforme a necessidade, para produzir de início a quantidade suficiente, com o intuito de pelo menos atingir o ponto de equilíbrio entre receitas totais e despesas totais. O ponto é atingido quando são produzidas quantidades suficientes para que as receitas cubram os custos e não houver resultado positivo e nem negativo, ou seja, resultado zero. Isso não é considerado ideal, mas mantém o giro mínimo necessário sem sufocar em demasia o empreendedor. Na verdade, o que vemos é que as melhores práticas nas empresas nem sempre são utilizadas e a capacidade produtiva não é dimensionada adequadamente, e que vão se adaptando conforme as necessidades; isso, no entanto, é um grande risco. Portanto, depois de projetarmos as receitas e as despesas, é necessário verificar qual é a real capacidade produtiva e se ela é suficiente para atingir o ponto de equilíbrio da produção; caso não seja, redimensionar, pois o correto é produzir acima do ponto de equilíbrio e gerar lucro, isso fará que aumente as despesas e, como tal, não devemos nos esquecer de voltar às planilhas de precificação dos produtos e/ou serviços para adaptá-los à nova realidade, ou seja, alterar o preço de venda. Exposto isso, não se esqueça de que dimensionar corretamente a produção por etapas de crescimento do mesmo é fundamental, pois ela é um dos fatores essenciais para a obtenção de um resultado favorável.

Previsão de receitas

As receitas ou entrada de dinheiro são provenientes da venda dos produtos e/ou serviços e, inicialmente, não venderemos em grande escala. Então, o correto é desenhar e escalonar em uma linha do tempo o aumento gradativo das vendas. Não se deve esquecer que, dependendo do que é vendido, o mesmo pode ter um comportamento de sazonalidade, ou seja, tem épocas específicas em que a venda é maior, bem como dificuldades em obtenção dos insumos etc. As variáveis descritas abaixo são fruto da observação e gestão de vários planos de negócios pelo autor, bem como regras usuais de mercado utilizados pelas empresas em geral; portanto, atente-se a elas para não ter surpresas desagradáveis quanto à venda dos seus produtos.

- **Capacidade produtiva:** normalmente a produção é limitada, independentemente de ser produto ou serviço. Por isso, deve-se mensurar a capacidade máxima atual e levar em conta a necessidade de adaptação, incluindo pessoas, equipamentos e processos operacionais.

- **Insumos e matérias-primas:** dependendo da procedência desses materiais e da dificuldade de obtenção, pode ser um fator limitante à produção e, como tal, existe a necessidade de se proteger procurando alternativas para os insumos e matérias-primas, isto é, o que comumente chamamos de plano B ou alternativo.

- **Comportamento sazonal:** alguns produtos e/ou serviços sofrem um comportamento sazonal e pode haver, então, aumento ou diminuição da produção. A sazonalidade pode ser típica, isto é, sempre em determinados meses do ano há um impacto na produção, tornando-se repetitivo. A sazonalidade também pode ser atípica, ou seja, por algum fato inusitado e não costumeiro pode haver interferência na produção.

- **Prestação de serviços:** como dito anteriormente, o mesmo é produzido e dispensado no momento da utilização e, por essa razão, na prática depende das pessoas, ou seja, caso aconteça algo com alguns deles, principalmente se for um especialista no tipo de serviço, haverá, com certeza, limitação na produção. Portanto, deve-se ter em mente que há a necessidade de considerar um time reserva para qualquer eventualidade.

+ **Legislação vigente:** dependendo do ramo de atividade, a legislação é muito mais rigorosa e algumas mudanças que ocorrem nela levam algum tempo para se adaptar e, consequentemente, podem impactar negativamente na produção.

Passados os pontos anteriores, devemos analisar criteriosamente os pontos frágeis que a empresa possui e podendo limitar a produção, portanto, é necessário formular ações e executá-las com o intuito de minimizar os riscos.

A projeção de receita é obtida por meio da fórmula abaixo, adaptada do Sebrae (2009, p. 56):

N = Quantidade projetada de vendas do produto e/ou serviço
P = Preço unitário por unidade produzida
R = Receita total (R$)

$$R = N \times P$$

A receita total obtida é determinada por um período de tempo, o qual pode ser diário, semanal, mensal etc. Por meio disso, podemos prever a quantidade a ser vendida nos próximos meses e, a partir daí, projetar a receita a ser obtida através da fórmula acima. As informações podem ser transferidas para um gráfico em que estarão demonstradas as receitas em uma linha do tempo, normalmente por mês. Podemos projetar as receitas nos próximos seis meses, por exemplo. Segue modelo de uma tabela contendo a projeção de receita por um período de um ano (2012) a partir das vendas do produto X e sua respectiva receita mensal. Ao analisar a tabela, observe que as vendas não são constantes. Portanto, é necessário encontrar os motivos e, através de ações direcionadas, melhorar o desempenho de vendas. Pode-se também inserir a tabela em um gráfico, bem como compará-la ao passado, sempre usando o mesmo período e produto (adaptado do Sebrae – 2009, p. 56).

Administração empreendedora

Projeção das receitas de vendas do produto ou serviço "x"			
Meses	Nº vendas	Valor unitário (R$)	Receita (R$)
jan/12	113	33,00	3 729,00
fev/12	125	33,00	4 125,00
mar/12	110	33,00	3 630,00
abr/12	140	33,00	4 620,00
mai/12	130	33,00	4 290,00
jun/12	122	33,00	4 026,00
jul/12	143	33,00	4 719,00
ago/12	156	33,00	5 148,00
set/12	154	33,00	5 082,00
out/12	145	33,00	4 785,00
nov/12	138	33,00	4 554,00
dez/12	119	33,00	3 927,00
Total	1.595	33,00	52 635,00

Tabela 4 – Projeção das receitas de vendas do produto ou serviço "X"
Fonte: Autor.

Previsão de despesas

A previsão de despesas é um item importante para o resultado do nosso negócio. Desse modo, deve-se ter o controle com os gastos para evitar surpresas desagradáveis. Adotaremos critérios simples para compor os gastos da empresa, os quais são usualmente utilizados por empresas e foram sendo adaptados pelo autor que os utiliza atualmente. Adaptado do Sebrae (2009, pp. 57-65):

- **Gastos com os processos produtivos:** listar e compor todos os itens relativos aos custos atrelados e fundamentais à fabricação dos produtos e/ou serviços que serão comercializados.

- **Gastos fixos mensais:** listar e compor todos os gastos fixos mensalmente, como pessoal administrativo e não administrativo, gastos com locação do imóvel, gastos com locação de automóveis etc.

- **Gastos não atrelados diretamente à produção:** listar e compor todos os itens que não compõem diretamente o processo produtivo, mas que são gastos mensais, tais como telefonia, energia elétrica, água, gás etc.

- **Gastos com empresas terceiras:** listar e compor todos os gastos realizados com empresas terceiras e que nos prestam serviços, tais como empresa de segurança, empresa de higiene e limpeza, empresa de nutrição e dietética etc.
- **Gastos com marketing e comercialização:** listar e compor todos os gastos relativos às ações de marketing e, no âmbito comercial e vendas, as despesas relativas às comissões de vendas.
- **Gastos com tributos:** listar e compor todos os gastos com tributos municipais, estaduais e federais. Vale neste item tributos correntes ou advindos de renegociações como REFIS. Portanto, neste quesito é importante a ajuda do contador da empresa ou de uma assessoria contábil.
- **Gastos financeiros:** listar e compor todos os gastos de ordem financeira, como pagamentos mensais de empréstimos financeiros de curto ou longo prazo, bem como o pagamento mensal de encargos financeiros (taxa de juros).
- **Gastos com depreciação:** listar e compor todos os gastos referentes à depreciação dos equipamentos, imóvel etc. Como é um item muito técnico, neste necessitamos das orientações do contador da empresa ou de uma assessoria contábil.

A despesa total (**D**) será composta pela soma de todos os gastos anteriores, excetuando-se os gastos com a depreciação, esquematizados abaixo. Adaptado do Sebrae (2009, pp. 57-65):

a = Gastos com os processos produtivos
b = Gastos fixos mensais
c = Gastos não atrelados diretamente à produção
d = Gastos com empresas terceiras
e = Gastos com marketing e comercialização
f = Gastos com tributos
g = Gastos financeiros
h = Gastos com depreciação

D = Despesa total (R$)

$$D = a + b + c + d + e + f + g$$

Observe que o gasto com a depreciação não entra na somatória para a composição da despesa total (**D**). Vale ressaltar a necessidade de se realizar um controle rigoroso nos gastos, ou seja, procurar desenvolver uma metodologia na qual tenhamos em mãos informações atualizadas e separadas por tipo de gasto, conforme descrito acima. Além do controle, faz-se necessário projetar os gastos em uma linha temporal, normalmente por mês, e fazer a análise em conjunto com as receitas projetadas. Essa metodologia propicia projetar um resultado e, ao mesmo tempo, oportunidades para agir e corrigir a rota. Segue o exemplo de uma tabela demonstrativa contendo a projeção de gastos pelo período de um ano (2012) da empresa "Z". Ao completar a tabela, certifique-se de que tenha utilizado informações apuradas corretamente por você ou pelo contador da empresa. Utilizou-se a mesma nomenclatura anterior, ou seja, gasto "a" se refere a gastos com os processos produtivos e assim por diante. O total se refere ao gasto total do ano do gasto "a" e o total geral é a soma de todos os gastos durante o ano mensurado. Pode-se também inserir a tabela em um gráfico, bem como compará-la ao passado, sempre usando o mesmo período e os mesmos tipos de gastos.

Projeção dos gastos da empresa "z" (R$)							
Meses	Gasto a	Gasto b	Gasto c	Gasto d	Gasto e	Gasto f	Total
jan/12							
fev/12							
mar/12							
abr/12							
mai/12							
jun/12							
jul/12							
ago/12							
set/12							
out/12							
nov/12							
dez/12							
Total (R$)							
Total geral (R$)							

Tabela 5 – Projeção dos gastos da empresa "Z"
Fonte: Autor.

Previsão do capital de giro

O capital de giro da empresa consiste no capital financeiro disponível imediatamente e necessário para dar giro ao negócio mensalmente, ou seja, para conseguir pagar todas as despesas, comprar insumos e matérias-primas e vender. Isso quer dizer que, para a operação continuar funcionando, é fundamental que isso esteja equalizado. Ao iniciar um negócio, devemos planejar o gasto nos primeiros meses, ou melhor, após o investimento inicial, que são a montagem e o dimensionamento da estrutura operacional, e também a compra e estocagem de insumos e matérias-primas necessários à produção, deve-se ter o capital mínimo necessário disponível para pagar os gastos da empresa.

Nos primeiros dois meses, o estoque deve durar e não serão necessárias novas aquisições, e o capital de giro necessário será somente para pagar os gastos administrativos, fixos, entre outros, como ditos em tópico anterior. Além disso, a maior parte desse capital inicial vem da empresa, ou seja, muito pouco é proveniente das vendas realizadas. Portanto é necessário mensurar a necessidade mínima de dinheiro. A partir do momento em que há o início da comercialização de produtos e/ou serviços, há a entrada da receita de vendas e, consequentemente, é necessário fazer a gestão para que tenhamos dinheiro disponível para o capital de giro. Para uma perfeita sintonia, abordaremos pontos importantes, os quais são utilizados por várias empresas e pelo autor. Adaptado do Sebrae (2009, pp. 46-53):

Prazo médio de vendas

Consiste, em linhas gerais, no prazo médio, em dias, em que o cliente nos pagará pelos produtos e/ou serviços adquiridos. O cálculo deve ser realizado conforme demonstrado a seguir:

Prazo médio de vendas			
Tipo de vendas	%	Nº dias	Média (dias)
Vista	50	0	0
Prazo	25	15	3,75
Prazo	25	30	7,5
Total			11,25

Tabela 6 – Prazo médio de vendas
Fonte: Autor.

O quadro mostra que o prazo médio de recebimento do pagamento pelos clientes é de 11,25 dias, cujo cálculo é realizado pela multiplicação do nº dias pelo percentual.

Prazo médio de compras

Seguindo o princípio anterior, é necessário calcular o prazo médio em dias em que negociamos com o fornecedor para pagá-lo. O cálculo deve ser realizado conforme demonstrado abaixo:

Prazo médio de compras			
Tipo de compras	%	Nº dias	Média (dias)
Vista	25	0	0
Prazo	25	15	3,75
Prazo	50	30	15
Total			18,75

Tabela 7 – Prazo médio de compras
Fonte: Autor.

O quadro mostra que o prazo médio de pagamento aos fornecedores é de 18,75 dias, cujo cálculo é realizado pela multiplicação do nº dias pelo percentual.

Estoques

Devemos mensurar a média em que os insumos ou matérias-primas ficam estocados no almoxarifado. Ou seja, desde a sua chegada à empresa até a efetiva fabricação e/ou venda de produtos e/ou serviços.

Cálculo da diferença entre os recebimentos dos clientes e os pagamentos aos fornecedores

Esse cálculo é importante, pois define quantos dias a empresa necessitará se manter sem a entrada de recursos financeiros provenientes das vendas. Da mesma forma se vender tudo ou quase tudo à vista, o dinheiro entrará no caixa da empresa antes de pagar os fornecedores. Portanto, é muito importante essa gestão para que não haja problemas de fluxo financeiro. Segue a demonstração do cálculo:

Cálculo de dias entre recebimento e pagamento		
Id	Item	Nº dias
1	Prazo Médio de Vendas (PMV)	11,25
2	Estoques (E) – Projetado	15,00
3	Prazo Médio de Compras (PMC)	18,75
4	Total	7,50

TABELA 8: Cálculo de Dias entre Recebimento e Pagamento.
Fonte: Autor.

O cálculo é realizado utilizando a seguinte fórmula:

$$\text{Total} = (PMV + E) - PMC$$

O total de dias se refere àqueles que serão necessários para a empresa se manter sem a entrada de recursos financeiros de vendas realizadas. Neste caso é de 7,50 dias.

- **Cálculo do capital disponível necessário mensal**

Esse cálculo é importante porque determina o valor financeiro necessário mensal para pagar os gastos por um determinado período de dias, os quais são determinados pelo cálculo entre o recebimento dos clientes e o pagamento aos fornecedores, conforme demonstrado a seguir:

Cálculo do capital disponível necessário mensal		
Id	Item	Valor [R$]
1	Gasto Estimado Mensal	12 000,00
2	Gasto Estimado Diário	400,00
3	Dias entre Recebimento e Pagamento (tabela 8)	7,50
4	Capital Disponível Mensal Necessário	3 000,00

Tabela 9: Cálculo do capital disponível necessário mensal.
Fonte: Autor.

Para calcular o valor acima, é necessário ter a estimativa de gasto mensal. A seguir, deve-se estimar o gasto diário, calculado dividindo-se o gasto mensal por 30 dias. Este valor deve ser multiplicado por 7,50 dias e, assim, chega-se ao valor de 3 mil. Portanto, o valor financeiro necessário mensal para se manter por 7,50 dias é de 3 mil, ou seja, a empresa necessita desse montante até começar a receber os valores pagos pelos clientes.

Previsão de investimentos

Por meio dos investimentos, o empreendimento tem a oportunidade de melhorar suas operações produtivas, bem como de crescer e expandir o negócio. Contudo, os recursos financeiros destinados a esse fim devem ser provisionados ao longo do tempo até a sua efetiva utilização. As empresas, em geral, provisionam por meio de um orçamento de investimentos para o ano subsequente, de qualquer forma, independentemente de planos para expansão ou abertura de novos negócios, o mesmo deve estar contemplado como projeto no plano de negócios. Seguem abaixo as etapas necessárias a ser percorridas para investir na empresa. Elas são usualmente aceitas e praticadas no mercado e este autor adaptou-as e as vem utilizando rotineiramente em seus projetos:

+ **Escolha do investimento:** não existe nada mais importante e fundamental do que definir onde ou em que investir. Essa escolha depende das prioridades e necessidades da empresa, por exemplo, aumento da capacidade produtiva com a contratação de mais pessoas, investimento em melhoria e agilidade operacional com a compra de mais aparelhos etc.

- **Projeto para investimento:** todo e qualquer investimento deve ser planejado e, para isso, é necessário elaborar um projeto. Portanto, escolhido o investimento a ser realizado, o projeto deve conter os objetivos, a área a ser contemplada para investir, as ações previstas para a evolução do projeto, o cronograma para a execução das ações e entrega do projeto e, por fim, descrever a análise do retorno do investimento realizado.

- **Captação de recursos financeiros:** para investir pode-se utilizar recursos próprios, como a venda de terreno e automóvel, ou de terceiros, como instituições financeiras privadas ou públicas, fundos de investimento, órgãos governamentais como BNDES etc. Não se esqueça de que, na maioria das vezes, para captar recursos financeiros é necessário apresentar um projeto como descrito no item anterior. Lembre-se, ainda, de que, se não for recurso próprio, haverá parcelas mensais e elas deverão ser provisionadas na saída de caixa mensal.

- **Comparativo de mercado:** uma prática comumente realizada é o de fazer comparações com outras empresas do mesmo ramo de atividade e que fizeram investimentos semelhantes aos que pretendemos realizar e efetivamente verificar o processo e os resultados obtidos após o término do projeto.

- **Análise dos resultados obtidos:** após o término do projeto e o início da nova operação, além de realizar controles, é necessário determinar um prazo como fora anteriormente planejado e verificar se os objetivos estão sendo alcançados. Findado o prazo, serão analisados os resultados obtidos. Caso satisfatório, a operação será mantida e continuará rodando; caso seja insatisfatório, deve-se verificar quais ajustes serão necessários, como devem ser realizados, e partir para nova verificação posterior.

Resultados do negócio

Na prática, existem três resultados possíveis para os negócios em geral, ou seja, eles podem apresentar lucro, prejuízo ou zero. Assim, fica patente a necessidade de compilar as informações financeiras para obter o demonstrativo de resultado do exercício e, conforme o resultado, implantar as ações necessárias, tanto de correção quanto de manutenção. O contador da empresa ou a assessoria contábil contratada confeccionará esse demonstrativo, porém, em linhas gerais, é a receita total e dela retiram-se os impostos e obtém-se a receita líquida, o qual é o norteador de receita (entrada de dinheiro), subtraindo todos os gastos como para a fabricação do produto, serviços, gastos fixos, encargos financeiros (prestações e juros), tributos, entre outros. O saldo é considerado como o resultado financeiro da empresa, indicando a viabilidade ou não do negócio. Outros indicadores importantes também serão levantados pelo contador ou assessoria, como lucratividade, rentabilidade e prazo de retorno do investimento e, como descrito anteriormente, serão aprofundados em capítulo específico.

RECOMENDAÇÕES FINAIS DO PLANO DE NEGÓCIOS

A descrição correta e a clareza do plano de negócios em todos os seus pontos é fator importante para o início do sucesso. Portanto, todos os pontos fortes e fracos, bem como as condições que atenuam as fragilidades, devem estar bem fundamentados, assim como a viabilidade do retorno do investimento do empreendimento aos seus financiadores. Outro ponto importante é quem vai gerir o negócio e sua experiência para tal. Por fim, caso se trate de expansão do negócio, deve haver uma recomendação final a favor do prosseguimento ou não do projeto.

QUAIS SÃO AS MAIORES DÚVIDAS DOS FUTUROS EMPRESÁRIOS QUANTO À CONSTRUÇÃO DO PLANO DE NEGÓCIOS

Foram entrevistados 50 profissionais com formação acadêmica diversa, que pretendem abrir um novo negócio, em que apontaram os principais pontos quanto às dúvidas em relação ao plano de negócios.

Quais as principais dificuldades na elaboração de um plano de negócios?

Seguem as respostas mais significativas:

- "As principais dificuldades são focar nas linhas essenciais do projeto, que definem a alocação dos vários tipos de recursos, para ser concebido para concretizar a ideia que se pretende implantar e para solucionar os problemas que inevitavelmente aparecerão."

- "Ideias repetitivas, uso de jargão, inconsistências nas informações transmitidas aos sócios, clientes, parcerias, excesso de confiança e não ouvir a opinião de especialistas."
- "É tentar desenvolver algo novo que não exista e que traga bastante benefício à sociedade, ou melhorar um produto ou um serviço já existente, para que possa superar as expectativas dos clientes."
- "Organizar e colher informações do negócio e ambiente."
- "Analisar e descrever minuciosamente todo e cada item do plano, principalmente os itens considerados 'obstáculos', pois esses podem interferir também no que diz respeito às expectativas e progresso do negócio."
- "Ter conhecimento global do negócio, pois, para elaborá-lo, é necessário ter criatividade, pesquisa, comprometimento, persistência."

Quais os principais benefícios decorrentes do plano de negócios?

Seguem as respostas mais significativas:

- "É projetar estratégias operacionais e de inserção no mercado e prever metas e resultados financeiros."
- "Permite ao empreendedor aprimorar suas ideias tornando-as claras, de fácil entendimento. Conhecer os pontos fortes e fracos do seu futuro negócio. Contribui para futura apresentação para sócios, investidores do seu plano de negócios. O benefício é que, se o plano for feito com base em informações corretas e dados consistentes, há uma grande probabilidade de o negócio ser um sucesso."
- "A empresa se beneficiará de informações com pretensão de desenvolver seu negócio e analisar periodicamente a situação organizacional."
- "O plano de negócios pode ser uma 'bússola' para o empreendedor. Esse é um grande benefício, pois, a partir dele, é possível identificar com mais facilidade as oportunidades e ameaças no negócio."
- "Quando executado, o plano de negócios possibilita redução de gastos, tempo e, muitas vezes, mão de obra desnecessária."
- "Ter uma visão global do negócio (crescimento do mercado, concorrentes, fornecedores, investimento, clientes, pontos fortes e fracos), podendo identificar seu sucesso ou fracasso."

Quais são os objetivos de um plano de negócios?

Seguem as respostas mais significativas:

- "É basicamente um instrumento de planejamento, no qual as principais variáveis envolvidas em um empreendimento são apresentadas de forma organizada."

- "Facilitar a apresentação do empreendimento a possíveis parceiros comerciais, como, por exemplo, sócios e investidores."

- "Orientar o empreendedor a iniciar uma atividade econômica, testar a viabilidade de um conceito de negócio, orientar o desenvolvimento das operações e estratégia, atrair recursos financeiros, transmitir credibilidade, desenvolver a equipe de gestão."

- "O objetivo do plano de negócios é estimular as pessoas a serem mais criativas na criação de novos negócios de sucesso."

- "Desenvolver os conceitos do negócio, com base nas informações coletadas na primeira pesquisa, identificar experiências similares e avaliar os riscos, quantificar o potencial de lucro e crescimento e definir a estratégia competitiva."

- "Apresentar e orientar o empreendedor às ameaças/oportunidades e forças/fraquezas de um negócio para garantir o sucesso empresarial."

- "O plano de negócios é ideal para organizar ideias, definir diferenciais competitivos, analisar concorrência e ter uma estratégia de entrada e expansão no mercado."

- "Analisar a viabilidade do negócio e apresentá-lo como documento para captação de empréstimos ou para atrair investidores."

Apresente recomendações que podem ser efetuadas na elaboração de um plano de negócios.

Seguem as respostas mais significativas:

- "A recomendação é pesquisar muito sobre os aspectos positivos e negativos do negócio para que principalmente a análise SWOT possa ter dados importantes e que faça diferença em relação aos demais concorrentes."

- "Procure ferramentas de planejamento estratégico que possibilitem organizar informações e mostrar resultados. Periodicamente, alimente essa ferramenta, pois o micro e macroambientes de uma empresa mudam constantemente. Assim, não tomarão decisões ultrapassadas, possibilitando o fracasso."
- "O plano de negócios deve ser um processo contínuo e necessita ser revisado sempre que novas informações de mercado forem obtidas e novas oportunidades visualizadas. O empreendedor precisa ser flexível para adaptar o plano às mudanças de ambiente."
- "Recomenda-se que, na elaboração de um plano de negócios, realize-se um documento contendo informações sobre o que fará a empresa, quem são os empreendedores, qual produto ou serviço será oferecido, quem administrará a empresa, quais serão as vantagens competitivas, os objetivos estratégicos, que apresente a análise do mercado, qual a fonte e o uso dos recursos e o demonstrativo financeiro e suas projeções."

Finalmente, a partir das respostas, defina em poucas palavras os termos "empreendedor" e "empresário".

Seguem as respostas mais significativas:

- "O empreendedor é um ser social e, assim sendo, é fruto da relação constante entre os talentos e características individuais e o meio em que vive. Sendo motivado pelo desejo de realizar-se, com alta capacidade de análise, confiando em si mesmo e sabendo aonde quer chegar. Empresário é aquele que exerce profissionalmente atividade econômica que implica na circulação de bens e serviços com a finalidade de lucro."
- "Empreendedor é aquele que detém determinadas habilidades e competências para criar, abrir e gerir um negócio. Empresário: prestador de serviços, aquele que desenvolve atividades de produção."
- "Empreendedor é 'alguém' que tem uma ideia inovadora e resolve colocá-la em prática. Muitas vezes, funciona com base na emoção, motivação e entusiasmo, porém sem o conhecimento técnico necessário, pois o seu real objetivo é a busca de novos desafios. Empresário é a pessoa que, ao longo dos anos, se profissionalizou e se capacitou para que o negócio adquirido alcance o sucesso."
- "Empresário: pessoa sem personalidade jurídica com iniciativa de tomada de decisões empresariais. Empreendedor: pessoa física inovadora que tende

a iniciativas de mudanças utilizando o planejamento empresarial com visão de futuro e sucesso da organização."

- "O empreendedor é alguém que, não somente na abertura da empresa, mas em toda a existência dela, está sempre inovando e renovando. Está sempre atualizado e anda de acordo com as atualizações do mercado. O empreendedor sabe enxergar oportunidades nas situações mais improváveis. O empresário tem uma visão mais limitada. Sua atuação se limita em administrar o negócio da maneira em que foi inicialmente montada. É tradicional e conservador, não acredita em mudanças estrondosas."

- "O empresário tem visão de sustentabilidade, tem foco no lucro e exerce atividade econômica organizada para a produção ou circulação de bens ou serviços. O empreendedor inova, agrega valores, é criativo, tem iniciativa, é bem informado e atua no meio de forma ética e sustentável."

- "O empresário que não tem visão inovadora, não é empreendedor. O empreendedor que é dono de empresa é empresário."

Principais razões de encerramento dos negócios no Brasil

Conforme os levantamentos do Sebrae, a grande causa de fechamento dos negócios no Brasil continua sendo problemas com a gestão da empresa, ou seja, a pesquisa demonstra que, na grande maioria dos casos, o próprio dono tenta gerir, mas o faz de forma amadora e, quando tenta reverter, fracassa devido à criticidade da situação. Seguem as principais causas:

- 1º lugar: Práticas de gestão: administração do capital de giro;
- 2º lugar: Práticas de gestão: grau de endividamento da empresa;
- 3º lugar: Práticas de gestão: falta de conhecimento técnico e de gestão do negócio;
- 4º lugar: Conjuntura econômica: taxa de juros; inflação; taxa de câmbio; etc.

Conforme relata o Sebrae, 60% das empresas fecham antes de completar os cinco anos de atividade.

Observando essas informações, ficam muito claros os motivos das falências dos empreendimentos, bem como a necessidade de se fazer um plano de negócios estruturado e executá-lo adequadamente para minimizar os riscos de fechamento da empresa antes do quinto ano de atividade.

Considerações finais

O empreendedorismo é uma das chaves para o desenvolvimento econômico, pois quase todas as empresas atualmente gigantes um dia foram pequenas e, consequentemente, obras de empreendedores que procuraram desenvolvê-las até as tornarem um sucesso. É muito importante o desenvolvimento do empreendedor para a correta escolha do ramo de atividade na qual deve empreender, bem como fazê-lo corretamente e, para isso, são necessárias orientações, as quais podem ser por especialistas, outros empreendedores, órgãos governamentais etc., profissionais que o ajudarão a formatar um plano de negócios contendo todo o planejamento da futura empresa. Por fim, não custa relembrar que empreender é diferente de gerir o negócio, e que a maioria absoluta das empresas que fecham tem como causa principal a falta de gestão adequada para manter e expandir o negócio. Assim, se o empreendedor não tem conhecimento para gerir, deve ter alguém na empresa que saiba fazê-lo. Depois de todas essas reflexões e aprendizado, chegou a hora de ir à luta. E jamais se esqueça das principais premissas do empreendedorismo:

- É fundamental fazer o que gosta;
- Antes de empreender é imprescindível elaborar um plano de negócios;
- Não desista nunca de seus objetivos;
- Ser empreendedor é uma coisa e gerir a empresa é outra coisa.

O capítulo em questão trouxe noções fundamentais para que o futuro empreendedor reflita acerca das necessidades prementes em elaborar um planejamento adequado, considerando todos os pontos importantes antes de empreender; não resta dúvida de que um plano de negócios bem elaborado e assertivo diminui os riscos de insucesso do tão sonhado negócio próprio.

Questões para reflexão

1. Todo empreendedor tem um perfil com algumas características fundamentais. Defina-as e explique o que ocorreria na sua falta.

2. Quais pontos devem ser observados pelo empreendedor para que o sonho de abrir o próprio negócio se torne realidade?

3. A afirmação de que um empreendedor é, além de tudo, um bom administrador é verdadeira? Explique.

4. O que é um plano de negócios? O que se espera dele e quais pontos devem ser observados para a sua elaboração?

5. O que é sumário executivo? Explique suas principais etapas.

6. O mercado, os concorrentes e os clientes observam, sempre com muita atenção, a missão e a visão da empresa entrante. Por quê?

7. Como os produtos e/ou serviços e os recursos estruturais para fabricá-los devem ser apresentados no plano de negócios?

8. O custo de entrada em um determinado mercado é um dos grandes entraves para abrir o negócio. Portanto, quais são os cuidados que se deve ter?

9. Quais são os cuidados que se deve tomar com os concorrentes e fornecedores?

10. Dois pontos são fundamentais e devem estar muito claros aos clientes: o produto final e cumprir o prometido. Como você os descreveria no plano de negócios?

11. Após a descrição do produto final é preciso precificá-lo. Como deve ser feito e quais são os cuidados para tal?

12. Para que o produto final consiga competir e vender são necessários atributos e um planejamento. Quais são?

13. Prever receitas de vendas e as despesas da empresa é fundamental. Como essas variáveis impactam no negócio? Como essas projeções devem ser descritas no plano de negócios?

14. Enumere e explique as principais dúvidas dos empreendedores quanto ao plano de negócios.

15. Quais são as principais causas de fechamento das empresas e como fazer para que não ocorra?

Estudos de Caso

Caso 1

Nas últimas décadas, várias empresas multinacionais do segmento de restaurantes, mais precisamente da alimentação rápida (das conhecidas *fast food*), se instalaram no país após um extenso estudo econômico-financeiro e de marketing, focados inicialmente em grandes centros e explorando os mais diversos tipos de comida, como hambúrguer, pizza, frango, comida chinesa, sanduíches especiais etc. Algumas dessas empresas, bem como seus produtos e serviços, se posicionavam no segmento de clientes de alto poder aquisitivo, e outras preferiram o segmento popular; entre outros fatores, tinham como características em comum:

- Boa acessibilidade com várias lojas espalhadas, principalmente em grandes centros comerciais;
- Sistema de entrega de encomenda com rapidez e boa área de abrangência;
- Sistema de compra na loja sem precisar sair do carro, ou seja, sem perda de tempo em ter de estacionar e entrar para comprar;
- Atendimento padronizado e rápido nas lojas;
- Produtos padronizados e de pouca possibilidade de customização, porém a sua qualidade permanece sempre uniforme;
- Pacotes de produtos contendo o prato principal, o acompanhamento e a bebida;
- Serviço ao consumidor padronizado e de baixo poder de relacionamento com os clientes.

Com a forma de operar muito próxima entre as empresas e, apesar da sensação do consumidor final na maioria das vezes de ter recebido exatamente o prometido, nem todas as empresas conseguiram ter sucesso e várias delas diminuíram sua operação e participação no mercado, ou simplesmente foram embora do país alegando não adaptação e retorno do investimento abaixo do esperado.

Responda:

1. Analisando o contexto do caso, as empresas fizeram bem em escolher o país para investir nesse tipo de negócio? Explique.

2. Quais são os pontos principais do plano de negócios para esse ramo de atividade e por quê?

3. Em sua opinião qual foi o impacto do custo de entrada e da concorrência no caso em questão? Explique.

4. Como você faria a análise dos clientes potenciais para esse tipo de negócio? Você acha que nesses casos houve uma análise adequada conforme o plano de negócios?

5. A partir de estudos comparativos com as empresas que não obtiveram sucesso, o que você faria de diferente? Enumere e explique.

Caso 2

Uma empresa do setor de agronegócios, mais precisamente usina de processamento de álcool e açúcar, precisa permanecer em constante expansão para aumentar sua participação de mercado, pois a concorrência é acirrada e com grandes empresas participantes. Por isso, vivem procurando abrir filiais, mas a tarefa é extremamente árdua, pois existem importantes fatores críticos impactantes, a saber:

- Terra para plantio da cana-de-açúcar. Nem todas as terras são próprias para plantio e também a maioria delas não está à venda. Portanto, são arrendadas;

- Localização da filial, se a terra for apropriada, ela deve estar em uma região de fácil escoamento da produção. Portanto, a logística deve ser bem avaliada;

- A escolha do tipo de cana a ser plantada deve ser considerada, pois existe variedade mais propícia a determinados climas e tipo de pragas, bem como variedade mais produtiva;

- A análise do clima local é muito importante, pois, se é uma região de clima muito árido, deve haver uma irrigação de água eficiente, ou seja, os extremos climáticos não são adequados;

- Plantio e colheita da cana-de-açúcar podem ocorrer até duas vezes ao ano, portanto há a necessidade de grandes extensões de terras, pois é necessário rodiziar com outra variedade de planta (milho) para o descanso das terras;

- A mão de obra para o campo é temporária e não especializada, por isso deve haver a disponibilidade na região;
- A manutenção dos equipamentos e fornos é contínua e deve ser feita por pessoal especializado, e a operação do processamento da cana deve ser automatizada, portanto esse tipo de mão de obra deve ser deslocada para a região;
- O controle da produção deve ser rigoroso, pois há um mínimo de coleta de cana por hectare para viabilizar toda a operação;
- A usina pode fabricar açúcar, álcool e energia, logo, a decisão do que fazer depende de um gestor experiente e em constante interação com o mercado e suas necessidades.

Responda:

1. Diante do exposto e avaliando o mercado interno e externo quanto ao álcool, açúcar e energia, você acha que vale a pena investir na expansão desse tipo de negócio? Por quê?

2. A empresa em que trabalha está escolhendo o funcionário para empreender e tocar este projeto. Em sua opinião, quais atributos e competências a pessoa escolhida deve possuir? Explique.

3. Supondo que foi escolhido, descreva como formataria o plano de negócios para a expansão do negócio.

4. Quais são os pontos principais que merecem atenção nesse plano? Explique.

5. No final do plano, você deve concluir fazendo as recomendações finais e elas devem ser sustentadas por argumentos destacando os pontos principais. Supondo que você recomendaria a continuidade do projeto, enumere e explique quais são os pontos que destacaria.

Referências bibliográficas

CHIAVENATO, I. *Vamos abrir um negócio?* São Paulo: Makron Books, 1995.

COVEY, S. *As dez características dos empreendedores de sucesso.* Disponível em: <http://revistapegn.globo.com>. Acesso em: 28 jan. 2013.

DORNELAS, J. C. A. *Empreendedorismo:* transformando ideias em negócios. São Paulo: Campus, 2001.

EMPREENDEDOR. Site *do empreendedor.* Disponível em: <http://empreendedor.com.br>. Acesso em: 28 jan. 2013.

GERBER, M. E. *Empreender fazendo a diferença.* São Paulo: Fundamento Educacional, 2004.

GITTMAN, L. J. *Princípios da administração financeira.* 10. ed. São Paulo: Pearson, 2004.

KOTLER, P.; KELLER K. L. *Administração de marketing.* 12. ed. São Paulo: Pearson, 2006.

MCKINSEY & ASHOKA. *Empreendedores sociais:* empreendimentos sociais sustentáveis, como elaborar planos de negócios para organizações sociais. São Paulo: Fundação Peirópolis, 2001.

SEBRAE. *Como elaborar um plano de negócio.* Disponível em:<http://sebrae.com.br>. Acessado em: 28 jan. 2013.

CAPÍTULO 11

Marketing empreendedor

> *Uma vez que a sua finalidade é criar um consumidor, a empresa tem duas funções básicas: marketing e inovação. Marketing e inovação produzem resultados; o resto são custos.*
>
> PETER F. DRUCKER

Claudio Sunao Saito

Objetivos

- Apresentar uma definição de Marketing aplicada ao empreendedorismo;
- Entender as principais estratégias de Marketing a serem definidas pelo empreendedor;
- Analisar as variáveis a serem consideradas na implementação dos programas de Marketing;
- Apresentar o plano de Marketing como ferramenta para a implementação de programas de Marketing.

Introdução

O Marketing é incompreendido por grande parte da sociedade. Para muitos é sinônimo de propaganda ou vendas, no sentido negativo, algo como "enganar o cliente e persuadi-lo a comprar produtos e serviços de que não precisam". Um fato que colabora para esse entendimento é a utilização da palavra para designar atividades que nem sempre se traduzem em experiências agradáveis, como, por exemplo, telemarketing, e-mail marketing e marketing político. Mas como sabem os estudiosos e profissionais da área de administração, Marketing é exatamente o oposto disso: trata-se de criar e oferecer ao cliente um produto ou serviço que ele realmente deseja e necessita, a exemplo do que afirma Drucker (1975, p. 70): "O objetivo do Marketing é conhecer e compreender o cliente tão bem que o produto e o serviço lhe sejam talhados e se vendam por si próprios".

O empreendedorismo também trata da criação de produtos e serviços com valor que os clientes queiram, fato pelo qual a utilização do pensamento e das estratégias de Marketing é essencial para qualquer empreendedor de sucesso. Por esse motivo, serão apresentados, neste capítulo, os principais conceitos e estratégias de Marketing que podem e devem ser utilizados por qualquer empreendedor que deseje alcançar seus objetivos de relacionamento e ganhos com o mercado. No entanto, ao mesmo tempo, devemos reconhecer que existem diferenças entre as organizações, seja no porte, seja na cultura, seja no modelo de gestão, que podem exigir diferentes abordagens na execução dos programas de Marketing. Esse é o caso do empreendedor que, na construção do seu negócio, muitas vezes deve adaptar e simplificar táticas e ferramentas tradicionais, desenvolvidas principalmente nas grandes organizações, e também buscar ferramentas diferenciadas na execução das estratégias estabelecidas. Portanto, nos próximos tópicos será apresentada uma abordagem mais prática e mais empreendedora em relação à implementação do Marketing.

A definição mais empreendedora de Marketing

Para que se possa discutir essa abordagem mais empreendedora de Marketing é importante definir pontos básicos sobre o conceito de Marketing e suas implicações nas organizações. A definição que conhecemos hoje é resultado do pensamento de diversos profissionais e pesquisadores, principalmente professores de escolas americanas de administração. Philip Kotler, um dos principais autores sobre o tema, cita, em seu livro (Kotler e Keller, 2006, p. 4), diversas definições de Marketing. A partir dessas definições, pode-se, sinteticamente, apresentar uma definição de Marketing adaptada ao empreendedorismo: o processo de troca onde o empreendedor visa atender às necessidades e desejos dos clientes, com lucro ou ganho (para transações que não envolvem dinheiro), objetivando relacionamento a longo prazo. Considerando que o principal ponto de partida do empreendedor é a identificação de uma oportunidade de negócio, a definição de Marketing apresentada indica o caminho para o encontro dessa oportunidade: entender melhor as necessidades dos clientes para então criar produtos e serviços com o valor que eles realmente desejam. Como se trata de um processo de troca, para receber o que desejam, os clientes entregam o que foi pedido pelo empreendedor, gerando lucro (ou ganho), o que garante o sucesso da transação. Por fim, esse processo não deve se extinguir na primeira transação, afinal, quando a troca é benéfica para ambas as partes, por que não mantê-la a longo prazo? Isso porque muitas pesquisas afirmam que o custo para conquistar novos clientes é muito maior do que o custo para mantê-los. Com essa "filosofia" em mente, deve-se identificar, atingir e fidelizar cada vez mais clientes, o que nos leva às estratégias e ferramentas de Marketing que veremos a seguir.

As principais estratégias de Marketing do negócio

Segundo Ansoff (1990, p. 95), estratégia de negócio é o conjunto de regras para o desenvolvimento da relação da empresa com seu ambiente externo: quais produtos e tecnologias irá desenvolver, onde e para quem os produtos serão vendidos e como a empresa obterá vantagens sobre os seus concorrentes.

Em negócios onde prevalece a visão de Marketing, os produtos e tecnologias a serem desenvolvidas e as vantagens a serem obtidas em relação aos concorrentes dependem, primordialmente, da definição dos mercados adequados. Porém, considerando que os mercados são compostos por pessoas e clientes com necessidades específicas e distintas (mercados heterogêneos), que não podem ser atendidos de forma genérica, qual seria a estratégia a ser adotada para aumentar a competitividade de um negócio? Kotler e Keller (2006, p. 236) apontam como resposta o marketing de mercado-alvo, composto por três atividades: segmentação de mercado, seleção de mercado-alvo e posicionamento. As duas primeiras atividades, relativas à segmentação e seleção de mercado-alvo, respondem a questão "para quem os produtos serão vendidos" e a última atividade, relativa ao posicionamento, responde as questões dos produtos e tecnologias a serem desenvolvidos e vantagens estabelecidas em relação aos concorrentes.

Portanto, pode-se considerar que a realização pelo empreendedor dessas três atividades corresponde à definição das principais estratégias de marketing do negócio. A seguir serão detalhadas as principais decisões estratégicas a serem tomadas no planejamento e execução de um marketing mais empreendedor.

Definição da segmentação do mercado

Muitos empreendedores observam o comportamento das pessoas em situações de compra ou utilização de algum produto e tem um *insight* sobre um novo produto ou serviço que considera uma oportunidade de negócio, por exemplo, o Facebook. Outros observam um produto ou serviço e descobrem novas formas de utilização ou aplicações deles em áreas nunca antes pensadas, como, por exemplo, venda de livros dentro da estação do metrô por meio de máquinas automáticas de salgadinhos. Um terceiro tipo de empreendedor não descobre nada novo, reproduz um produto ou serviço já existente, mas acredita que pode fazer melhor ou mais barato que os negócios estabelecidos ou simplesmente atinge localidades onde existem clientes precisando de algo e que ninguém se propôs a atender antes, como, por exemplo, uma loja de material de construção que prospera em um bairro periférico e longínquo de uma grande cidade. Não importa qual o tipo de negócio, o tamanho ou a região onde atua, em algum momento o empreendedor se confrontará com a decisão em relação à forma de segmentação de mercado.

Houve uma época em que consumidores não tinham muitas opções em relação à variedade e qualidade dos produtos e serviços. No Brasil dos anos 1970 e 1980, por exemplo, um único tipo e marca de creme dental, sabonete ou shampoo era utilizado por toda a família: pai, mãe, filho, filha ou até mesmo um bebê. Atualmente, essas marcas e produtos são segmentados de acordo com o tipo de cliente: shampoo para bebês, para cabelos lisos, para cabelos crespos, para cabelos claros ou escuros, anticaspa, condicionador, com cheiro e sem cheiro, natural etc. Mesmo uma simples lanchonete acaba não atendendo todo tipo de cliente, podendo ser direcionada para pessoas de baixa renda, para pessoas mais abastadas, para famílias ou para jovens. Portanto, independentemente do tipo de negócio, é importante que todo empreendedor defina a forma pela qual irá segmentar o seu mercado e clientes.

Segmentar o mercado é dividir o mercado em grupos para melhor entender e atender às suas necessidades, afinal, clientes e consumidores são diferentes entre si, e dificilmente podemos atendê-los com um único tipo de produto ou serviço. A questão principal, portanto, passa a ser a forma pela qual as empresas devem segmentar seus clientes. Segundo Kotler e Keller (2006, p. 244), existem quatro grupos de variáveis que podem ser utilizadas para a segmentação de mercado: as empresas podem segmentar o mercado com base na região onde estão localizados os clientes e consumidores (variáveis geográficas), com base na idade, sexo, renda dos consumidores (variáveis demográficas), com base no tipo de personalidade e estilo de vida dos consumidores (variáveis psicográficas) e, finalmente, com base na ocasião de uso e benefício esperado pelos consumidores e clientes (variáveis comportamentais). Essas variáveis podem ser utilizadas isoladamente ou de forma combinada, gerando a segmentação de mercado. Voltando ao exemplo da lanchonete, para segmentar o mercado, o empreendedor pode estabelecer que atenderá somente ao público que frequenta a rua comercial da cidade, com baixo poder aquisitivo, que está em atividade de compras e precisa de alimentos baratos e rápidos principalmente para saciar a fome naquele momento. Por outro lado, também existe um outro segmento formado por pessoas que circulam pela mesma rua, com mesmo poder aquisitivo, mas que busca uma lanchonete para conversar com amigos ou mesmo passar um momento agradável com a família. Nesse caso, são dois segmentos diferentes com necessidades distintas que devem ser avaliadas. Então, surge a questão: uma vez identificados os segmentos, como agir para melhor atendê-los? Em geral, não é possível atender aos dois segmentos ao mesmo tempo, é preciso definir uma forma de seleção e de abordagem deles, como será discutido no tópico a seguir.

Seleção da estratégia de cobertura de mercado

O grande problema de muitos empreendedores na condução de seus negócios é a tentação de atender, ao mesmo tempo, aos diversos tipos de segmentos. Quando não existe uma concorrência forte, os clientes podem até mesmo aceitar uma oferta genérica ou uma proposta de valor não diferenciada, mas, quando têm escolha, acabam se direcionando para o produto ou serviço que atenda melhor às suas necessidades. No exemplo da lanchonete, o empreendedor pode ter a pretensão de atender aos dois segmentos, tanto aqueles que querem apenas lanches rápidos e baratos como os que desejam um lanche mais elaborado e ambiente mais agradável. Alguns dos conflitos gerados: privilegiar a bancada de salgadinhos rápidos ou cardápio com lanches mais elaborados? Mesas simples ou mais confortáveis? Salão pequeno para reduzir custos ou grande para aumentar o conforto e o tempo de permanência? Em geral, a escolha do público determina as características do negócio. Portanto, é preciso selecionar os segmentos a serem atendidos e decidir a forma de atendimento. Para isso, existem três estratégias principais de cobertura de mercado: o marketing indiferenciado, marketing diferenciado e o marketing concentrado.

No marketing indiferenciado, todos os segmentos são abordados sem diferenciação na oferta de marketing (conjunto integrado de ações e ferramentas relacionadas à definição dos produtos e serviços, estabelecimento de preços, formas de distribuição e comunicação). Em geral, produtores de *commodities* utilizam essa abordagem, por exemplo, pequenos produtores embalam poupas de diversas frutas para uso em bares, lanchonetes ou venda em supermercados para consumidores finais, não existindo nenhuma diferença entre os produtos vendidos a segmentos distintos. Na segunda estratégia, o marketing diferenciado, vários segmentos são abordados, mas de forma distinta, por meio da criação de ofertas de marketing específicas para cada segmento-alvo. Em geral, essa estratégia é mais dispendiosa, mas gera maior proximidade com os clientes. No exemplo da lanchonete, caso o empreendedor considere viável atingir os dois segmentos, poderia atingir o primeiro deles, de consumidores dispostos a adquirir lanches rápidos e baratos, com uma lanchonete pequena com balcão e poucas mesas, e o segundo segmento, de consumidores dispostos a lanches mais elaborados, com outra lanchonete maior e mais confortável. Esse é a estratégia mais adotada por grandes empresas, que criam linhas de produtos e marcas diferentes para atingir segmentos distintos, por exemplo, o GPA (Grupo Pão de Açúcar), que atinge consumidores de varejo distintos, de forma distinta, através das bandeiras Pão de Açúcar, Extra e Assaí. Na última estratégia de cobertura de mercado, o marketing concentrado, o empreendedor deve selecionar um segmento e definir uma oferta de marketing mais adequada para atingir somente esse segmento. O empreendedor da lanchonete poderia, por exemplo, focar no público que deseja lanches rápidos, reduzindo custos com espaço e buscando variedade de lanches com qualidade, mas rápidos e baratos. Essa estratégia também é utilizada por diversas empresas no mercado, sejam as grandes como a fabricante de acessórios de luxo Louis Vuiton, que concentra esforços em um segmento de clientes sofisticados com alta renda, ou redes de lanchonete como o Habib's, que atingem principalmente consumidores que buscam baixo preço. Em geral, essa também é a estratégia mais adequada para novos empreendedores, que pode escolher um segmento com necessidades específicas, podendo reconhecê-los e atendê-los de forma mais adequada e rápida que outras empresas já estabelecidas no mercado.

Posicionamento da oferta

Uma vez definida a estratégia de cobertura de mercado, torna-se fundamental se diferenciar dos concorrentes e ser reconhecido pelos consumidores e clientes desses segmentos. Para isso, é preciso desenvolver produtos e serviços efetivamente diferentes dos demais concorrentes e fixar essa proposta de valor diferenciada na mente dos clientes e consumidores, construindo uma imagem positiva.

Na definição de Kotler e Keller (2006, p. 305), posicionamento é o ato de desenvolver a oferta e a imagem da empresa para ocupar um lugar destacado nas mentes dos clientes-alvo. Obviamente, é muito difícil para qualquer negócio se destacar em diversas dimensões ao mesmo tempo, desde o produto ou serviço oferecido, passando pelo preço, entrega e comunicação. É importante destacar que, quanto maior o número de fatores a serem diferenciados em um negócio, maiores serão os esforços e custos para a sustentação dessa estratégia. Além disso, existem variáveis que muitas vezes caminham para lados opostos, como, por exemplo, maior diferenciação do produto e maior redução de custo. Em algumas situações específicas até pode ocorrer de um produto ser o melhor do mercado e, simultaneamente, o mais barato, mas, mesmo nesses casos, em algum momento, o cliente será atraído por um produto semelhante, mais barato ainda, ou então por um produto superior, mesmo sendo mais caro. Portanto, o empreendedor precisa definir em qual(is) dimensão(es) o negócio pode realmente se destacar: automóveis confiáveis (Volkswagen), rede *fast-food* com baixo preço (Habib's), companhia aérea com melhor relação custo x benefício (linhas aéreas de baixo custo como a Easyjet e Ryanair etc.), equipamentos eletrônicos com melhor funcionalidade e *design* (Apple), refrigerante com maior tradição (Coca-Cola) etc. Uma vez escolhida a dimensão ou característica pela qual irá se posicionar na mente dos clientes e consumidores, o empreendedor deve destacar e ressaltar esse fator na mente das pessoas, em todos os momentos em que elas têm contato com produtos, serviços e toda a comunicação do negócio. Mas, ao mesmo tempo que realiza esse esforço de posicionamento, o empreendedor não deve descuidar das outras características dos produtos e serviços oferecidos, devendo buscar, na medida do possível e do bom senso, o equilíbrio com os concorrentes nas demais dimensões. Nem sempre existe esse equilíbrio, mas ele sempre deve ser buscado. Por exemplo, a Apple desenvolve produtos inovadores e altamente desejáveis e para isso cobra preços acima dos principais concorrentes de mercado, ela tenta reduzir os preços em outras versões dos produtos para que mais pessoas tenham acesso aos seus produtos, sem oferecer, entretanto, os menores preços do mercado.

No caso da lanchonete, o empreendedor poderia estudar uma série de posicionamentos, escolhendo aquela que seria a melhor de acordo com a sua capacidade e situação: a lanchonete que oferece os lanches mais saborosos da cidade, a mais barata, lanches de boa qualidade com preços justos, a mais "badalada", a mais divertida etc. Uma vez definido o posicionamento, todas as decisões do negócio devem ser tomadas no sentido de tornar cada vez mais forte a estratégia escolhida. Se a lanchonete é a mais barata, o que fazer na operação, no produto, no serviço, no salão para que isso se tornar cada vez mais verdadeiro? Trabalhar com estrutura administrativa enxuta, processos e produtos padronizados, redução no espaço etc. Como exemplo pode ser citada uma rede de franquias americana que atualmente faz sucesso nas grandes cidades: a Subway. A rede se destaca pela oferta de lanches rápidos (*fast-food*), porém com diferencial de ser mais natural e, em geral, menos calórico que as tradicionais e maiores concorrentes no mercado. Para ter preços competitivos e ser tão acessível quanto as grandes concorrentes já estabelecidas, ofereceu aos franqueados um modelo de franquia para espaços menores, com menor custo, muito deles, por exemplo, instalados em pequenas lojas em postos de gasolina. O lanche é preparado na hora em sistema semelhante ao que atualmente se encontra em sorveterias pelo Brasil: o cliente segue um balcão pedindo para o atendente as opções desejadas de recheio no sanduíche (tipo de pão, frios, carne, queijos, saladas e molhos) que é embrulhado em papel no final do "percurso" e pago em seguida no caixa ao final do balcão. Esse sistema de montagem permite diversas combinações de sanduíche com os mesmos ingredientes no balcão, o que oferece variedade para o cliente e menor custo para a lanchonete, além de ser rápido e barato, pois evita a presença do garçom e a espera na mesa. Não é preciso muito espaço, já que os próprios clientes "montam" o sanduíche e sentam nas mesas apenas para comer, o que fazem rapidamente e logo liberam o espaço para outros, fato que facilita a implantação desse tipo de negócio em locais com alto fluxo de pessoas onde valores do aluguel em geral são mais elevados. Da mesma forma, caso o empreendedor faça a escolha de outro posicionamento, mais relacionado ao lazer e à qualidade, todos os produtos e o próprio espaço devem ser adaptados para esse fim: mesas mais confortáveis, espaço decorado, garçons muito simpáticos, pratos mais elaborados e preços mais elevados.

Uma vez definidas as estratégias de marketing do negócio, o empreendedor deve partir para a definição do processo de implementação que serão detalhados nos próximos tópicos.

A implementação do marketing pelo empreendedor

A maior diferença entre o marketing tradicionalmente utilizado nas grandes empresas e do marketing com abordagem mais empreendedora não está na escolha das estratégias, mas sim na implementação dos programas de marketing. Grandes empresas possuem capital e estrutura para implementar programas muito mais agressivos e abrangentes, ao contrário dos negócios menores que, em geral, dispõem de menos recursos. É verdade que alguns empreendedores conseguem captar altos volumes de recursos financeiros junto a investidores, mas, no Brasil, a realidade é que a maioria sofre com a escassez de subsídios e isso modifica a forma tradicional de execução do processo de marketing. Com menos recursos, o empreendedor deve executar as mesmas atividades de marketing das grandes empresas de forma mais barata, rápida e criativa e, ao mesmo tempo, executar as diferenciadas por elas esquecidas ou desprezadas.

A implementação das atividades de marketing pode ser diferente nos menores negócios porque, em geral, o empreendedor está mais próximo dos clientes e consumidores, entendendo melhor os seus desejos e necessidades específicas, que pode suprir com maior acerto e velocidade por possuir uma estrutura organizacional enxuta em que decisões são tomadas e executadas com maior rapidez e liberdade criativa. Em uma pequena rotisseria de bairro, por exemplo, o dono e as funcionárias têm contato direto com a maioria dos seus clientes. Podem adaptar o cardápio de acordo com o gosto deles, criando novos pratos ou trocando ingredientes. Gerenciam seu próprio sistema de crédito, anotando os pedidos de alguns clientes no "caderninho" e cobrando o valor total somente no final do mês. Atendem os clientes pelo nome, conhecem seus hábitos e preferências, utilizando essas informações como fonte de relacionamento. Enfim, esse pequeno negócio tem nas mãos o que a maioria dos grandes não tem: um relacionamento muito forte com seus clientes. Claro que ainda falta muito para realmente ter um marketing eficiente nessa pequena rotisseria, mas existe muito potencial. Afinal, qual dos grandes produtores de alimentos prontos, congelados ou embalados a vácuo, ou mesmo grande rede de lanchonetes – mesmo aqueles que oferecem pratos à base de arroz e feijão no almoço – conhecem os clientes pelo nome e possuem tantas informações sobre eles? E quantos realmente podem atender às necessidades e desejos específicos desses clientes? Essa é a grande diferença entre o marketing das grandes empresas e o que pode ser executado por um empreendedor. Claro que um relacionamento tão ou até mais forte ocorre em grandes empresas por meio da chamada fidelidade à marca, mas isso geralmente é construído através de muito investimento, de dinheiro e de tempo, enquanto a rotisseria pode iniciar um relacionamento muito parecido em apenas um minuto: basta um sorriso e uma conversa com o cliente no momento do primeiro pedido.

A essa altura, alguém pode estar se perguntando se tudo o que foi discutido até o momento se aplica somente aos pequenos negócios. Não necessariamente, mesmo em grandes empresas estabelecidas ou *start-ups* (grupos de pessoas com ideias diferenciadas que iniciam um negócio enfatizando alto crescimento e lucratividade) altamente capitalizadas, o espírito empreendedor também pode ser manifestado e as técnicas aqui descritas utilizadas. A grande questão é se dentro dessa estrutura existe espaço para que um funcionário com espírito empreendedor, em cargo de gerência ou não, consiga criar e executar estratégias e programas para uma unidade de negócio ou novo negócio com a mesma autonomia e velocidade de um pequeno negócio.

O composto de marketing para empreendedores

Existe uma infinidade de ações e ferramentas de marketing a serem utilizadas pelas empresas, mas que, isoladamente, não trazem grandes vantagens competitivas. Uma sorveteria pode criar um programa de recompensa em que o cliente "ganha" um sorvete ao completar 10 carimbos no cartão, mas quantos concorrentes já não fazem o mesmo? O mesmo pode se dizer da criação de um novo *site* de vendas na internet ou uma embalagem de shampoo ou óleo de cozinha com um novo formato. Não estamos dizendo que as empresas não devem realizar esses tipos de ações, pelo contrário, não fazê-las pode trazer perdas para o negócio, mas será que não existiria uma forma melhor de executá-las? Resposta: sim, melhor que criar e executar ações de marketing isoladas é organizá-las e combiná-las dentro de uma estratégia.

A figura 2 ilustra o processo das definições estratégicas e operacionais de marketing. As definições estratégicas devem ser realizadas antes das definições operacionais. Portanto, em primeiro lugar, o empreendedor deve responder às seguintes perguntas: "De que forma devo segmentar o mercado?"; "Qual o segmento ou segmentos a serem atingidos e de que forma serão abordados?" e, finalmente, "Qual é a proposta de valor diferenciada a ser estabelecida no mercado e nas mentes dos clientes-alvo?" Na sequência, pode-se partir para as definições operacionais, com a definição do Composto de Marketing ou Marketing Mix, que consiste na escolha de um conjunto integrado de ações e ferramentas que, em geral, é agrupado de acordo com os "4 Ps": produto, preço, ponto de distribuição e promoção (comunicação). A seguir serão discutidas as principais questões relativas a cada variável do composto de marketing.

```
         Segmentação de mercado        ⎫  Definições
                                        ⎬  estratégias
         Seleção e abordagem de alvo   ⎪  de Marketing
                                        ⎭
         Posicionamento da oferta

                        ↓

         Composto de Marketing          ⎫  Definições
         (Integração dos 4Ps)           ⎬  operacionais
                                        ⎭  de Marketing
```

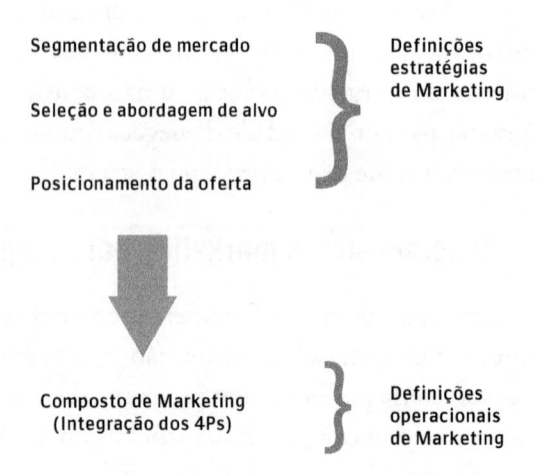

FIGURA 1: Processo das definições estratégicas e operacionais de Marketing
FONTE: Autor.

O composto de produtos e serviços

A ideia de um produto ou serviço a ser ofertado é, na maioria das vezes, a primeira coisa que os empreendedores pensam. São várias as situações que levam à criação de produtos e serviços. Abaixo estão algumas:

- Uma pessoa que trabalha como funcionário de uma empresa conhece muito bem o produto ou serviço oferecido e pensa que poderia ter ganhos maiores se abrisse sua própria empresa. Como exemplo pode-se citar uma empresa de produtora de expositores para varejista de roupas (manequins e bustos) que foi iniciada quando dois irmãos operários pediram demissão da empresa líder no ramo, alugaram o salão térreo de um prédio comercial e montaram a sua própria fábrica;
- O cliente não encontra um tipo de produto ou serviço que deseja e resolve desenvolver por conta própria. Por exemplo, uma indústria especializada em iluminação de piscinas surgiu quando o proprietário não encontrou produtos para a iluminação de sua piscina;
- O empreendedor desenvolve conhecimentos e habilidades para criar um novo produto ou serviço, extremamente revolucionário no mercado. Empresas como Apple, Facebook e Google podem ser citadas como exemplos desse tipo de situação;

♦ O empreendedor pesquisa os produtos e serviços já existentes e escolhe aquele que acredita ser mais adequado no mercado onde pretende atuar. Os proprietários de uma farmácia de bairro não conseguiam concorrer com as grandes redes de drogarias, para quem estavam perdendo toda a clientela. Fecharam a farmácia e abriram uma casa de material de construção no mesmo ponto comercial.

Os produtos e serviços inicialmente ofertados pelos empreendedores nem sempre são inéditos ou inovadores. Às vezes, em um negócio, basta oferecer um produto ou serviço diferenciado em um mercado onde exista demanda. A inauguração de um restaurante com refeições diferentes e ousadas pode atrair muita atenção e clientes de toda a cidade em busca de novidades, mas um restaurante de bairro, sem grandes inovações, com ótima comida e serviço, também pode se tornar um negócio de sucesso. Uma situação em que o empreendedor descobre uma oportunidade fantástica ou cria um produto inovador pode – e deve – ser aproveitada, mas nunca considerada como único fato gerador do negócio. Na verdade, muitos negócios não são iniciados a partir de grandes ideias ou oportunidades e mesmo assim alcançam o sucesso. Segundo Collins (1995, p. 39), muitas empresas como Sony, Disney, 3M, P&G, Merck, HP, Wal-Mart e Boing não tiveram início com base numa grande ideia ou num produto inicial fabuloso. Muitas delas, inclusive, tiveram grandes fracassos no começo de suas atividades. Portanto, o empreendedor deve analisar os clientes potenciais, identificando necessidades e desejos que ainda não foram atendidos pelas empresas que já atuam no mercado.

Na criação de produtos e serviços, outro fator não pode ser desconsiderado: seja numa indústria, prestadora de serviços ou varejista, o sucesso depende da capacidade de oferecer a melhor solução para seus clientes. Se o cliente quer o produto mais sofisticado, o empreendedor deve possuir competências e recursos para o desenvolvimento de produtos tecnologicamente superiores. Se o cliente quiser a melhor relação custo x benefício na compra, o empreendedor deve ser capaz de produzir produtos e serviços de qualidade média com maior eficiência que os concorrentes. Se o cliente quiser o menor preço possível, o empreendedor deve ser capaz de produzir produtos básicos com custos reduzidos mais reduzidos que os concorrentes. Portanto, seja qual for o mercado e o negócio, o sucesso dos produtos e serviços depende, basicamente, das capacidades e competências do empreendedor e da sua equipe de funcionários, de oferecer, da melhor forma, o que o cliente deseja ou necessita. Por exemplo, o proprietário de uma tradicional rotisseria em um bairro de São Paulo iniciou sua vida profissional como lavador de pratos em um restaurante industrial. Como o passar do tempo, aprendeu o ofício de cozinheiro, adquiriu competências no preparo de refeições em grandes volumes e chegou até o cargo de cozinheiro-chefe do restaurante. Então, pediu demissão de seu cargo para abrir, com suas economias, a sua própria rotisseria, onde construiu uma clientela fiel que permitiu o crescimento de seu negócio e a expansão para a abertura de outros restaurantes e indústrias de alimentos processados. O sucesso do empreendedor em todos os seus negócios foi baseado nas suas habilidades e competências de operação e gestão de restaurantes industriais, coisa que conhecia muito bem e, principalmente, adorava fazer. Outros empreendedores não iniciaram com capacidades e habilidades na área de atuação, mas desenvolveram na prática, durante a condução de seus negócios, seja pela afinidade com a atividade, seja pela necessidade de sobrevivência. Portanto, no negócio, é importante que o empreendedor identifique e desenvolva capacidades e competências principais, pessoais e da equipe, pois serão fundamentais na criação e desenvolvimento de produtos e serviços efetivamente diferenciados no mercado.

Outra importante análise a ser realizada pelos empreendedores é a análise dos níveis de produtos. Segundo Kotler e Armstrong (2007, p. 201), os planejadores de produtos precisam pensar em três níveis de produtos e serviços que podem agregar mais valor ao cliente (figura 3). O nível mais básico é o benefício central, que trata da questão *o que o comprador está de fato comprando?* Sob a ótica de marketing, produtos e serviços são formas de atender às necessidades e desejos dos clientes, portanto é preciso, em primeiro lugar, definir o que realmente o cliente está comprando, qual a necessidade atendida quando ele adquire um produto ou serviço. No início dos anos 1990, em um escritório de uma grande empresa multinacional no Brasil, os equipamentos indispensáveis para o trabalho no escritório eram as máquinas de escrever da Olivetti, os terminais de *mainframe* IBM (terminais de acesso a um grande computador central) e a fotocopiadora da Xerox. Com o passar do tempo, as Olivetti foram trocadas por microcomputadores IBM e impressoras HP. Um tempo depois, os terminais e microcomputadores IBM também foram trocados por microcomputadores HP e a fotocopiadora

Xerox continuava no escritório. Nesse intervalo de tempo, pode-se dizer que a Xerox foi a grande vencedora, resistindo bravamente no escritório enquanto os outros grandes fabricantes de equipamentos eram trocados. A verdade é que, na visão de marketing, a Xerox é a empresa que perdeu grandes oportunidades ao concentrar seu foco de atenção no produto vendido e não na necessidade dos clientes. O centro de pesquisas da Xerox, nos Estados Unidos, foi responsável pelo desenvolvimento de equipamentos e *softwares* que inspiraram e possibilitaram o surgimento do Macintosh da Apple e do Windows da Microsoft. Portanto, a Xerox, bem antes dos concorrentes, estava em posição privilegiada, tecnologicamente e comercialmente, para desenvolver e fornecer todos os equipamentos necessários para o escritório. Ao entender que oferecia aos clientes as melhores fotocopiadoras do mercado, a Xerox desprezou o fato de que, sob o ponto de vista do marketing, atendia às necessidades de registro e comunicação de informações do escritório. A máquina de escrever, o computador e a impressora são equipamentos que registram, armazenam e possibilitam a transferência de dados e informações, da mesma forma que uma fotocopiadora. Em outras palavras, a Xerox, que já estava presente no escritório com as fotocopiadoras, perdeu a oportunidade de equipá-lo com também com microcomputadores e impressoras. Portanto, mais importante que o produto ou serviço desenvolvido é a necessidade atendida pelo cliente. As empresas não vendem "furadeiras", vendem "furos na parede"; não vendem cosméticos, mas sim beleza. A correta identificação do benefício central do produto permite, além da melhoria dos produtos e serviços, a identificação de oportunidades de negócio e concorrentes.

No segundo nível, os planejadores de produtos devem transformar o benefício central em produto básico, desenvolvendo as características, o *design*, as embalagens, as marcas e definindo o nível de qualidade dos produtos e serviços. Obviamente, o esforço do empreendedor nesse nível é desenvolver um produto ou serviço que melhor atenda às necessidades dos clientes. Nesse caso, o produto pode variar de nível de qualidade e acessórios de acordo com o tipo de público-alvo. Por exemplo, na compra de automóveis, consumidores podem optar por um modelo compacto como Gol, Uno ou Onix com diversas opções de acessórios, dependendo da faixa de preço que está disposto a pagar. Os mais básicos oferecem acionamento eletrônico das portas e janelas e os mais caros ar-condicionado, direção hidráulica e controles eletrônicos de frenagem (ABS). Os motores variam de 1.0 a 1.6 cilindradas permitindo ao consumidor escolher, dentro de uma faixa de preço semelhante, entre um carro com menor potência e todo equipado com acessórios ou um carro com maior potência, mas com menos acessórios.

Produto núcleo: o benefício central ou necessidade atendida

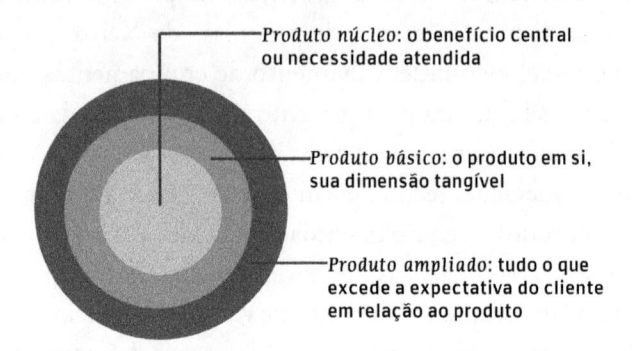

Produto básico: o produto em si, sua dimensão tangível

Produto ampliado: tudo o que excede a expectativa do cliente em relação ao produto

FIGURA 2: Níveis de produto
FONTE: Adaptado de Kotler e Armstrong (2007, p. 201)

Por fim, os planejadores devem preparar um produto ampliado ao redor do benefício central e do produto básico oferecendo serviços e benefícios adicionais ao consumidor, como instalação, garantias e assistência técnica. É nesse nível que o empreendedor pode e deve exceder as expectativas dos clientes e consumidores, pois, quando existe intensa rivalidade entre os fornecedores na oferta de bons produtos e serviços, a diferença pode ser alcançada com a oferta de serviços e benefícios adicionais. No Brasil, a seguradora Porto Seguro se diferenciou das concorrentes não somente pelos planos de seguro, condições de cobertura e serviço de atendimento aos sinistros, mas principalmente pelos serviços adicionais oferecidos aos clientes: lanches levados aos clientes durante o atendimento a sinistros, instalação gratuita de acessórios de segurança como gravação de número de chassi nos vidros e lanternas de sinalização auxiliares (*brake-ligth*), locação gratuita de automóvel durante o período de conserto do automóvel segurado, serviço de transporte para clientes que excederam na quantidade de bebida e não têm condições de dirigir, serviço de acompanhamento à delegacia para mulheres que necessitam registrar ocorrências e não querem ir sozinhas e, principalmente, oferta de serviços de emergência e reparo doméstico como chaveiros, encanadores, eletricistas e consertos de eletrodomésticos. Dentro desse nível, pode-se ainda trabalhar os aspectos intangíveis relacionados ao produto, como, por exemplo, a emoção relacionada a uma marca. Quando uma criança pede para ir à uma lanchonete McDonald's, não está pensando somente no sanduíche que irá comer e nos brinquedos que irá ganhar. Ela também está em adquirindo um pouco daquela "alegria" demonstrada pelos consumidores e funcionários no comercial de TV. Mas nada adianta a "alegria" ser demonstrada na TV e não estar presente na lanchonete, na atitude e no atendimento por parte dos funcionários.

Portanto, na definição dos produtos e serviços a serem ofertados, o empreendedor deve, em primeiro lugar, avaliar e desenvolver suas capacidades e competências, ou seja, o que sabe ou consegue fazer melhor. Na sequência, deve avaliar os mercado e tipos de negócios que deseja desenvolver. Então, avaliar os níveis de produto no negócio escolhido, iniciando pelo estudo das necessidades dos clientes (o que realmente estão comprando), desenvolvimento do produto e serviço adequado e, finalmente, serviços e benefícios adicionais a serem ofertados.

O composto de preço

A atividade de definição do preço é uma atividade de grande importância para todas as empresas, ou deveria ser. Nas grandes empresas, departamentos de custos e financeiros utilizam métodos e sistemas de informações sofisticados para definir o preço ideal e as faixas de desconto a serem praticadas por item a fim de obter a margem esperada pela organização. Nas micros e pequenas empresas, muitos empreendedores também já perceberam a importância da gestão dos custos e seu impacto nos resultados do negócio. Mas o conhecimento dos custos e despesas do empreendimento não é o único fator a ser considerado na formação de preços, é apenas o primeiro. Com essas informações em mãos, cabe ao empreendedor traçar uma estratégia para definir um preço que maximize não somente o lucro atual, mas, principalmente, os resultados de curto, médio e longo prazo resultantes de relacionamentos a longo prazo. Em outras palavras, segundo a teoria de marketing, o objetivo não é "tirar" o máximo de dinheiro do cliente hoje, mas, sim, lucrar com esse cliente para sempre. Para isso, é preciso definir uma estratégia de preço que ele acredite ser justo, tanto para ele quanto para o empreendedor, gerando confiança e relacionamento a longo prazo. Isso também não significa oferecer sempre os menores preços do mercado. Empresas como Apple, Nike, Sony, Disney oferecem produtos com preços mais elevados no mercado e ainda mantêm clientes fiéis às suas marcas, enquanto empresas como o Habib's e a companhia aérea Azul oferecem preços mais baratos e outras como Samsung e C&A (varejo de moda) atuam com preços médios. Tudo depende do posicionamento ou da proposição de valor da marca.

Para Kotler e Armstrong (2007, p. 184), a proposição de valor da marca é o *mix* de benefícios sobre os quais a marca é diferenciada e posicionada. A figura 3 mostra as possíveis proposições de valor sobre as quais uma empresa pode posicionar seus produtos. Nela, as cinco células cinza-claras representam posições de valor vencedoras que dão à empresa vantagem competitiva. Já as células cinza-escuras representam posições de valor perdedoras. E a célula branca do centro representa uma posição neutra, de igualdade frente aos demais concorrentes.

A posição "mais por mais" implica em oferecer um produto ou serviço superior a todos os concorrentes e cobrar um preço mais alto para cobrir os custos também mais altos. Em geral, além de trazer funcionalidades e benefícios elevados, essa posição oferece mais prestígio para clientes. No Brasil, a marca KitchenAid, da Whirlpool, oferece eletrodomésticos, eletroportáteis e acessórios para cozinha com mais *design*, funcionalidades e serviços e cobra mais por isso. Uma batedeira planetária, ícone da marca, conhecida pelo *design* sofisticado e funcionalidade é ofertada por aproximadamente R$ 1.800,00 e um refrigerador por cerca de R$ 16.000,00. Mas, ao adquirir um refrigerador ou um fogão, por exemplo, além do *design* e diversas funcionalidades do produto, o cliente recebe visitas técnicas ao imóvel antes da instalação e aulas de culinária e utilização dos equipamentos para as cozinheiras da casa.

As empresas podem fazer frente a uma posição "mais por mais" introduzindo uma marca que também oferece alta qualidade por um preço mais baixo. Nos EUA, a linha Lexus da Toyota utilizou a estratégia "mais por menos" para entrar no mercado de automóveis de luxo e concorrer com marcas já estabelecidas na categoria, como, por exemplo, Mercedes e BMW. Com o passar do tempo, estabeleceu posição de destaque no mercado, sendo adquirido por americanos que desejam o conforto e o desempenho dessas marcas, mas a um preço mais baixo que os praticados pelos concorrentes.

Oferecer "o mesmo por menos" pode ser uma posição valiosa, pois muitos clientes gostam de um bom negócio. A empresa produtora de microprocessadores AMD ofereceu seus produtos no mercado como alternativa aos "chips" produzidos pela Intel. Com o tempo, embora a Intel ainda desfrute de reputação e imagem de marca superior, a AMD é vista como uma boa alternativa em relação aos concorrentes líderes de mercado.

Quase sempre existe espaço para produtos que oferecem menos e, consequentemente, custam menos. No posicionamento "menos por muito menos", a empresa pode entregar produtos e serviços bons – mas geralmente básicos – aos consumidores a um preço muito mais baixo. No Brasil, a rede de supermercados Dia e a rede de hotéis da Accor com bandeira F1 são exemplos desse tipo de posicionamento. No caso do supermercado Dia, as instalações são simples, os produtos ficam acondicionados nas prateleiras dentro das caixas de transporte, o número de funcionários é reduzido, a variedade de marcas ofertadas para cada tipo de produto é limitada e a oferta de produtos com marca própria ampliada. Na rede F1, as acomodações são simples, as bebidas são disponibilizadas por meio de máquinas no corredor, o café da manhã não está incluso na diária. Em ambos os casos, a busca é pela redução de custos e oferta básica do que o cliente realmente necessita: produtos de qualidade e um quarto confortável, sem supérfluos ou excessos, com preço mais baixo.

A melhor proposição de valor para qualquer empresa seria a "mais por menos", onde uma empresa entrega o melhor produto do mercado pelo menor preço, mas é difícil para qualquer empresa sustentar esse posicionamento a médio e longo prazo. Entre as décadas de 1970 e 1980, a Toyota e outras empresas japonesas conseguiram oferecer automóveis com maior qualidade e menor preço que a maioria dos concorrentes no mercado americano. O segredo foi a utilização de sistemas de qualidade total que ao mesmo tempo reduziam custos e aumentavam a qualidade dos produtos. Mas com a adoção das mesmas técnicas, concorrentes conseguiram atingir níveis de qualidade e produtividade, se não iguais, próximos, reduzindo a grande vantagem das montadoras japonesas. Portanto, em algum momento, a empresa tem de escolher entre o foco na qualidade superior ou na redução de custos como vantagem competitiva.

Uma vez definida a estratégia de posicionamento de preço, cabe ao empreendedor adequar o produto e o serviço ao valor da oferta pretendida. Com os custos de operação e produção do negócio em mãos, informações sobre a demanda potencial do mercado (quantidade de produtos a serem vendidos), preços dos praticados pelos concorrentes, o empreendedor define os preços conforme o posicionamento e o retorno pretendido.

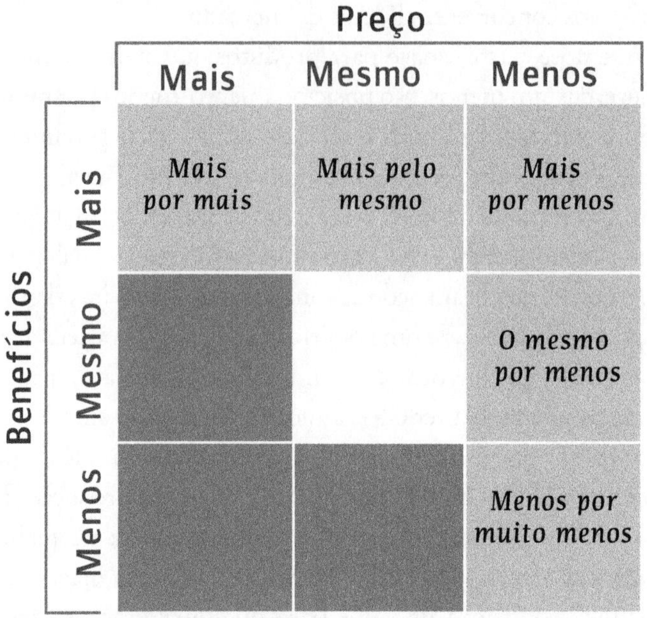

		Preço		
		Mais	Mesmo	Menos
Benefícios	Mais	Mais por mais	Mais pelo mesmo	Mais por menos
	Mesmo			O mesmo por menos
	Menos			Menos por muito menos

FIGURA 3: Proposições de valor possíveis
FONTE: Kotler e Armstrong (2007, p. 184)

Além da questão do posicionamento, é importante que o empreendedor avalie sua linha de produtos e defina qual é o objetivo de preço para cada item ou linha. Algumas linhas são responsáveis pela manutenção do faturamento do negócio e outras aumentam a rentabilidade. Por exemplo, em um restaurante, os pratos principais são responsáveis pelo giro do restaurante, afinal são eles que atraem os clientes e geram a maior parte das receitas para a manutenção do negócio. As entradas e as sobremesas, por outro lado, são aquelas que, em geral, são complementares e sozinhas não atraem os clientes, mas tem como objetivo de preço aumentar a lucratividade do restaurante. Em situações onde não é possível ou aconselhável aumentar o preço dos pratos principais para aumentar a lucratividade do negócio, a solução mais comum é vender mais entradas e sobremesas. Em outro exemplo, uma fábrica de biscoitos, as linhas de produtos simples como "água e sal", maizena, coco e leite não possuem margens unitárias elevadas, mas geram alto volume de vendas e são responsáveis pela maior parte das receitas da empresa. Para gerar maior lucratividade, a fábrica passa a produzir biscoitos com maior valor agregado, aqueles vistos como mais sofisticados pelos consumidores, que, apesar de não serem vendidos nas mesmas quantidades dos biscoitos mais simples e não conseguirem "sustentar" sozinhos a empresa, podem aumentar a sua rentabilidade.

Composto de ponto de venda (distribuição)

Essa variável do marketing *mix*, o ponto de venda, trata de todo o processo de distribuição dos produtos e serviços ofertados, o que envolve a localização dos pontos de venda, a posição dos produtos neles, a logística envolvida na entrega do produto ou serviço e as decisões que envolvem os canais de venda.

Em relação à localização dos pontos de venda, o empreendedor deve, em primeiro lugar, escolher as regiões a serem atingidas, seja um país, estado, região, cidade ou mesmo um bairro. Com base em dados demográficos – o IBGE, por exemplo – pode-se ter uma ideia do perfil dos consumidores de uma região ou até cidade e verificar se existe o potencial de demanda pretendido para seus produtos e serviços. Outra fonte podem ser as pesquisas já realizadas sobre o mercado e divulgadas por veículos de comunicação como jornais e revistas. Após a definição da cidade e bairro a ser atingido, o empreendedor deve verificar o local exato onde ofertará seus produtos e serviços.

No caso de prestadores de serviço ao consumidor e varejistas, é importante escolher um ponto onde, obviamente, exista muito movimento de clientes potenciais e também atentar para as condições do local escolhido. Ruas muito movimentadas costumam ter preços de compra e locação mais elevados, mas, em geral, valem mais a pena do que simplesmente procurar um lugar pelo preço mais baixo. Mesmo em uma avenida movimentada, o empreendedor deve verificar o comportamento das pessoas em relação à frequência e hábitos de acordo com o local pretendido. Por exemplo, uma lanchonete com apelo sofisticado no bairro de Santana teve que alterar toda a sua estratégia por escolher o ponto no lado "errado" da avenida. Após instalado, os proprietários perceberam que o público-alvo com maior renda por eles escolhido, localizados do outro lado da avenida, apesar da proximidade, não atravessava a avenida por considerar um lado muito popular. Decidiram, então, popularizar a faixada da lanchonete ao perceber que o público do local estava intimidado pela "ostentação" do estabelecimento. Cobriram a entrada com faixas coloridas promocionais e reduziram a formalidade do ambiente interno, baixaram os preços, mas descobriram que aquele não era o local para o tipo de negócio pretendido. Outro fator fundamental é a existência de estacionamento, o que amplia muito a possibilidade de sucesso do negócio.

No posicionamento dos produtos, o empreendedor varejista deve posicionar os produtos mais atraentes e, se possível, com maior margem nos expositores da frente deixando os produtos básicos mais no fundo da loja. Nas grandes redes de drogaria, por exemplo, os cosméticos e produtos de higiene mais caros estão posicionados na frente, pois os clientes podem visualizá-los e serem atraídos no momento que caminham para o fundo da loja para adquirir os medicamentos. Mesmo em supermercados, os produtos mais básicos como arroz, feijão e macarrão ficam localizados nas prateleiras do fundo, depois dos chocolates e guloseimas. Outra regra geral para varejo é que quanto melhor exposto e mais próximo do cliente estiver o produto, maior a probabilidade de venda. Por esse motivo, grandes fabricantes investem em expositores mais chamativos e com melhor localização nas gôndolas ou, no caso de produtos de venda por impulso como chicletes e chocolates, mais próximos aos caixas.

Além da exposição e venda física, os empreendedores podem oferecer produtos e serviços pela internet, principalmente em lojas virtuais e *sites* da própria empresa. A elaboração do *site* talvez seja a parte mais fácil do processo e a mais complicada seja a logística envolvida. O controle de estoques deve ser realizado de forma a não desapontar os clientes e inviabilizar vendas, afinal, o tempo de entrega dos produtos é fundamental para a compra pela internet. Já no caso do transporte, o envio dos produtos pequenos, que cabem em caixas de até 1 metro de comprimento, pode ser realizado através dos Correios para a maior parte do País. Mas, para produtos maiores que os permitidos pelo serviço postal ou produtos perecíveis, é preciso desenvolver métodos de transporte específicos para cada parte do País. Uma floricultura virtual desenvolveu um sistema híbrido de entregas, atuando com veículos próprios, com transportadoras ou parceria com floriculturas locais, dependendo da região.

Por fim, o empreendedor deve decidir pelo sistema de canais de venda e distribuição. As principais opções são os atacadistas, varejistas, loja própria, franquias ou venda porta a porta. No caso de atacadistas e varejistas, o empreendedor deve optar inicialmente pelas lojas e redes da região de origem do negócio, pois sempre existe o argumento da proximidade e valorização dos produtos regionais. Também deve buscar representantes de vendas que já possuem relacionamentos em suas regiões e podem ter maior facilidade na inserção dos produtos nas lojas. De qualquer forma, a concorrência pelo espaço nas prateleiras é intensa e a melhor forma de entrar nesses espaços é oferecer um produto diferenciado que ainda seja pouco explorado no mercado. A loja própria exige maior investimento e a expansão é mais limitada, podendo ser utilizada no início de novos negócios, até como modelo e aprendizado para o empreendedor. No caso de loja virtual, a dificuldade é, em primeiro lugar, ser reconhecido no meio da infinidade de lojas virtuais e, em segundo lugar, passar confiabilidade para que o cliente, afinal, existe o temor de que o site não seja real ou entregue o produto. Investir em links patrocinados (pagamento para que *sites* de busca e outros publiquem um link para a sua empresa) ou diretamente para *sites* de buscas pode ser uma forma de resolver o primeiro problema. O segundo problema pode ser solucionado por meio de parcerias com *sites* e contratação de sistemas de pagamento de empresas confiáveis na internet. A implantação de um serviço de atendimento telefônico também pode contribuir para o aumento de credibilidade, desde que utilize operadores extremamente treinados, demonstrando profissionalismo e seriedade. O sistema de franquia é interessante, mas exige um grande planejamento inicial relativo a processos e sistemas de gestão de negócios, sendo aconselhável a busca de consultores especializados que já possuem *know-how* para a estruturação desse tipo de operação. A última alternativa de canal é o sistema de venda porta a porta ou então em sistemas de "pirâmide". Os revendedores porta a porta são pessoas que buscam uma forma de remuneração por meio da venda de produtos para parentes, amigos e conhecidos. As empresas mais conhecidas que se utilizam desse sistema são fabricantes de cosméticos como a Avon e a

Natura. Nesse sistema, catálogos são distribuídos pelos revendedores para os clientes, os pedidos são realizados, faturados e enviados para o revendedor, que se encarrega da distribuição e cobrança dos valores, das quais ficam com uma parte. O problema do empreendedor é chegar até as pessoas que podem se tornar revendedores, afinal, nem todos têm perfil de vendedor e estão dispostos a se engajar nesse tipo de atividade. Além disso, todos conhecem a Natura e a Avon, mas por que investiriam na sua marca em vez das estabelecidas? Essa é a questão que o empreendedor deve responder se quiser utilizar esse tipo de canal.

Composto de promoção (comunicação)

Não basta oferecer bons produtos e serviços, ter preços justos e estar presente em diversos pontos de venda – é fundamental que os clientes-alvo saibam disso. Com a presença de diversos concorrentes é preciso chamar a atenção dos clientes, se destacar, comunicar o valor e os benefícios oferecidos, gerar interesse, posteriormente o desejo e, finalmente, levar o cliente à ação, ou seja, à compra dos produtos e serviços ofertados. Para isso, existem diversas ferramentas que devem ser combinadas de acordo com o objetivo e as necessidades do empreendedor. A seguir, serão discutidas as principais modalidades de ferramentas de comunicação.

PROPAGANDA

Em geral, principalmente no caso de bens de consumo, grandes empresas investem em anúncios que exigem altos volumes de investimento, atingindo maior número de clientes, gerando alto índice de reconhecimento de marca e altos volumes de vendas. Já as empresas menores, quando mais ousadas, repetem a mesma fórmula, mas com menor abrangência, investindo em anúncios em mídia regional ou local como retransmissoras de TV, rádios, revistas, jornais além de *outdoors* e placas de rua. Seja qual for o porte e local, esse tipo de ferramenta exige frequência, ou seja, não basta um único anúncio, é preciso repeti-lo várias vezes, o que exige maior investimento. Por exemplo, não basta uma única inserção na rádio, é preciso repeti-la diversas vezes para aumentar a possibilidade de atingir a maior quantidade possível de clientes e, ao mesmo tempo, atingir cada cliente a maior quantidade de vezes possível.

A propaganda também é mais utilizada na construção e reconhecimento de marcas e na comunicação de eventos e promoções, portanto, o empreendedor não pode esperar que ela resolva o problema de vendas a curto prazo sozinha. As Casas Bahia, por exemplo, utilizam a propaganda na TV para atrair os clientes com suas promoções de preço. Redes de concessionárias de automóveis anunciam feirões no fim de semana, mas o que realmente vende o produto são as promoções especiais de preço e o vendedor no feirão. Bancos utilizam propagandas para reforçar suas marcas nas mentes dos consumidores e laboratórios farmacêuticos para que os clientes se lembrem dos produtos em momentos de emergência. Enfim, essa ferramenta pode ser mais interessante para empreendedores com maior capacidade de investimento que buscam atingir grande número de clientes, muitas vezes espalhados geograficamente, para construir marcas ou atrair clientes para promoções da empresa.

Além dos anúncios, também pode ser destacado nesse tópico a utilização das ferramentas de internet para a comunicação com clientes, afinal, uma *home page* na internet também pode ser considerada como uma ferramenta de propaganda. A internet é mais democrática, afinal, não é preciso ter um escritório ou loja em endereço sofisticado ou uma fábrica gigantesca para impressionar na internet; basta ter um *site* bonito e moderno. Os consumidores buscam informações sobre as empresas e produtos na internet, portanto, essa é uma forma relativamente barata para impressionar e vender produtos relativos ao seu negócio, talvez até para fazer a oportunidade de uma empresa parecer maior do que ela realmente é. Mas não basta o *site* bonito, é preciso disponibilizar serviços de atendimento por telefone e *chats* no mesmo nível de qualidade demonstrado pelo *site*, afinal, como o cliente não está vendo a empresa, tomará como base para avaliação da empresa o nível de qualidade desse atendimento. Da mesma forma, ao construir *blogs* e criar comunidades em redes sociais, o empreendedor deve manter alto nível de interatividade nesses meios, pois nada demonstra mais amadorismo por parte de uma empresa do que *sites*, *blogs* e contas em redes sociais desatualizados. Se não consegue atualizar ou criar conteúdo, melhor nem fazer.

Promoções

Essa ferramenta pode ser utilizada com maior facilidade pelos empreendedores, pois podem ser realizadas em menor escala e maior controle. Entre as modalidades de promoção estão as amostras grátis, concursos culturais, programas de recompensa, programas de incentivo a vendas ou preços promocionais. Geralmente utilizados no lançamento de novos produtos e serviços, as amostras grátis facilitam o acesso dos consumidores, podendo gerar novos conhecimentos de produto e, claro, novas vendas. Nos supermercados, garotas simpáticas oferecem amostras de um novo bolo lançado naquela semana. Uma distribuidora de filmes e seriados na internet oferece aos potenciais clientes a oportunidade de conhecer o serviço oferecendo um mês de assinatura gratuita. Os concursos culturais são mais simples de operacionalizar do que os tradicionais sorteios que exigem o cumprimento de exigências burocráticas como a contratação de auditorias e autorização de órgãos por se tratar de um jogo de azar. Nos concursos culturais, os consumidores são desafiados a elaborar a melhor frase, o melhor desenho ou melhor utilização para um produto e, por sua vez, são submetidos à escolha de um júri. Os programas de recompensa por compra são muito utilizados por companhias aéreas na forma de milhagem, por cartões em forma de pontos ou restaurantes e pizzaria na forma de carimbos em cartões (10 carimbos dão direito a uma pizza de mozarela). Os programas de incentivo a vendas podem ser realizados com vendedores da própria empresa ou dos parceiros e distribuidores. Quando uma fábrica de tintas deseja aumentar as vendas em determinada loja, pode realizar uma campanha onde os vendedores são premiados de acordo com as vendas dos produtos da marca patrocinadora. Finalmente, a ação mais utilizada no varejo é a dos descontos promocionais. Podem ser utilizados de diversas formas: redução de preço em determinada seção de uma loja (semana dos móveis), redução de preço em um item específico (escova de dentes de R$ 10,00 por R$ 8,99), desconto de 30% na 3ª peça de vestuário adquirido na loja etc. Existe ainda a variante "leve 3 e pague 2", que funde a amostra grátis com a promoção de preço.

Existem diversas modalidades de ações promocionais, mas um fato importante que o empreendedor deve controlar é o prazo de execução da promoção. Uma promoção não deve ter longa duração, caso contrário pode perder o efeito. Por exemplo, um produto que é anunciado como oferta imperdível durante várias semanas deixa de ser novidade quando o cliente retorna à loja na segunda ou terceira vez e sempre vê o mesmo produto em oferta. O principal objetivo desse tipo de ferramenta é chamar a atenção, gerando experimentação e compra, portanto, o empreendedor deve ser criativo e alternar os tipos de promoção.

Eventos, feiras, assessoria de imprensa e relações públicas

As grandes empresas utilizam todas as ferramentas desse grupo, em geral, contratando empresas especializadas, mas os empreendedores também podem executar essas ações por conta própria. Eventos como comemorações ou palestras ajudam na construção do relacionamento com os clientes, pois são oportunidades de travar contato com os mesmos fora do momento de venda. As feiras são importantes para gerar novos contatos, afinal, em um único lugar estão reunidos os melhores fornecedores da área e, portanto, também estarão reunidos os compradores. As vendas podem ocorrer nas feiras, mas o mais comum é que o empreendedor mostre seus produtos, pegue o cartão do potencial comprador e depois da feira realize um trabalho de vendas. A assessoria de imprensa é uma forma de divulgar os produtos e a marca da empresa em veículos de comunicação de massa sem ter que pagar o espaço para isso. O empreendedor pode entrar em contato com jornalistas, enviando um "kit" com artigo na linguagem do jornal ou revista pretendido, foto digitalizada e, se for o caso, um presente ou amostra do produto (para ser simpático). Caso realmente o assunto seja notícia e interesse o jornalista, a empresa pode ser citada ou entrevistada em um artigo de um importante jornal. Por fim, o empreendedor pode realizar ações de relações públicas, mantendo contato com entidades de classe, governo e comunidades (talvez com ações sociais) que de uma forma ou outra possam estar ligadas ao negócio.

Equipe de vendas

O empreendedor sempre deve ser o principal vendedor da empresa, mas, se precisar de ajuda, deve contar com uma equipe de vendedores preparados. A questão mais importante em relação ao vendedor é o seu condicionamento, o conhecimento em relação aos clientes e produtos da empresa. Muitas empresas até alteram o cargo "vendedor" para "gerente de novos negócios" ou "consultor de negócios", deixando claro que essa pessoa não é somente um "tirador de pedidos" que aparece na frente dos clientes para puxar papo furado e apenas anotar pedidos de vendas. Portanto, antes de inserir o vendedor no mercado, ele deve ter o máximo de treinamento, não somente em técnicas de vendas, mas principalmente em relação às necessidades dos clientes e a forma como a empresa ou produto poderá solucionar seus problemas. Depois, o empreendedor deve supervisionar as vendas de perto, definindo regiões ou segmentos a serem abordados, cobrando metas "audaciosas", pagando boas comissões e criando programas de incentivo.

Marketing direto

Pode-se definir marketing direto como toda abordagem e comunicação estabelecida com uma pessoa identificada, ou seja, principalmente telemarketing, malas-diretas (envio de cartas, folhetos ou catálogos através de correios) e *e-mail*. Uma das perguntas mais frequentes sobre marketing direto: telemarketing funciona? As pessoas imaginam que se todos se aborrecessem com as intervenções dos operadores de telemarketing, ninguém compraria os produtos oferecidos por esse tipo de abordagem. Resposta: se não desse certo, você não continuaria a receber esse tipo de ligação. A verdade é que, para empresas como bancos, editores de revistas, operadores de telefonia e administradoras de cartões essa é uma ferramenta de vendas que funciona. Em um sistema quase terrorista, empresas de telemarketing ligam para várias pessoas e, devido à insistência e volume de ligações, acabam encontrando alguém que, naquele momento, realmente estaria precisando ou interessado no produto oferecido. Elas trabalham com estatísticas: quanto mais ligações, maior a probabilidade de fechar negócios. Mas esse tipo de telemarketing não é para todos, exige, entre outros fatores, empresas que podem arcar com os custos da ferramenta e ainda assim obter a rentabilidade desejada.

A qualidade das ações em marketing direto depende da qualidade do banco de dados utilizado como base. Tanto para enviar folhetos com propostas comerciais, como para realizar ligações de telemarketing com maior sucesso ou mesmo enviar *e-mails* comerciais, é necessário obter nomes qualificados de potenciais clientes. O maior esforço do empreendedor nesse caso é construir um banco de dados de clientes que realmente possam se interessar pelo produto, afinal, o maior desperdício de tempo e dinheiro ocorre quando envia um folheto ou realiza uma ligação para pessoas ou empresas que não têm interesse algum pelo produto ou serviço oferecido. Um erro comum é a compra de listagens de origem duvidosa, sem conhecimento do perfil dos clientes ou atualização dos endereços. O banco de dados da própria empresa, desde que bem trabalhado, pode ser utilizado para ampliar a venda para os clientes ativos (os que compram frequentemente) ou inativos (que já compraram uma vez mas não retornaram). A partir do banco de dados, pode-se identificar preferências dos clientes e ofertar produtos e promoções mais adequados, por meio de telefone, folhetos ou mesmo *e-mail*, este último com a vantagem de que o cliente já compra seus produtos e provavelmente não irá apagar a mensagem sem ler o seu conteúdo.

As ferramentas de comunicação são diversas, nem todas foram discutidas nesse capítulo e novas surgem a cada momento. Muitas delas são acessíveis para o empreendedor, que deve utilizá-las para construir sua marca, vender produtos e estabelecer relacionamentos. Mas não basta executá-las aleatoriamente; o empreendedor deve estabelecer objetivos de comunicação para o negócio e definir as ações e ferramentas mais adequadas para conquistar cada objetivo, atingindo os clientes com impactos sucessivos, de formas diferentes e sempre recebendo a mesma mensagem. O cliente não se lembra de uma marca ou faz juízo de valor em relação aos produtos e serviços oferecidos por meio de uma única propaganda, no primeiro acesso ao *site* ou na primeira compra do produto: é o conjunto de todos os impactos e a mensagem transmitida por cada ferramenta que poderá gravar a marca em um lugar valorizado em sua mente e, quem sabe, em seu coração.

Considerações finais

Com base em tudo o que foi discutido, na prática, qual seria a melhor forma para obter sucesso na implantação do marketing por parte do empreendedor? Resposta: o empreendedor deve começar o processo com a elaboração de um planejamento de marketing. O plano de marketing deve ser iniciado com a definição dos objetivos do negócio, ou seja, os objetivos quantitativos (por exemplo, números de faturamento, unidades vendidas, participação de mercado, número de clientes) e qualitativos (construção de imagem e reconhecimento de marca). Em seguida, o empreendedor deve definir a estratégia de marketing, respondendo às seguintes perguntas: quais são os tipos de clientes e seu comportamento de compra no mercado escolhido? Quais tipos de clientes (segmentos) serão atingidos e de que forma? Qual será o posicionamento da empresa e das marcas utilizadas na mente dos clientes? Por fim, o empreendedor deve definir os produtos e serviços que oferecem melhor valor para os clientes, o preço mais adequado para viabilizar as transações, a melhor forma de disponibilizar os produtos e serviços nos mercados escolhidos e, por fim, definir o público-alvo, o objetivo e a mensagem a ser transmitida por cada ferramenta de comunicação. O plano de marketing deve ser finalizado com o orçamento de todas as ações de marketing realizadas e um cronograma com prazos para execução.

Na implementação do plano, o empreendedor deve ser firme e não desanimar. Devido à limitação de recursos, muitas são as adaptações na execução das ações e, no início, algumas ações podem demorar ou mesmo não atingir os resultados pretendidos, necessitando de ajustes. Mas é importante que o empreendedor persista, invista em cada ação, lembrando que todas contribuem para a construção de uma oferta e imagem diferenciada que, no final, é o que realmente atrai e mantém clientes e consumidores. Essas são, portanto, as características de um marketing mais empreendedor: menos recursos, mais persistência e mais criatividade. Não tendo muitos recursos, investe em ações menores e ajusta criativamente as ações ao seu negócio; persistente, segue seu plano para que, com impactos pequenos, mas constantes e coerentes, consiga construir sua imagem atingindo os clientes e conquistando sua fidelidade.

Questões para reflexão

1. O marketing pode ser utilizado por qualquer empreendedor, mesmo em micro e pequenos negócios?

2. Quais são as principais atividades que determinam a estratégia de marketing de um negócio? Explique a importância de cada atividade.

3. O posicionamento de uma empresa pode ser estabelecido na mente dos clientes a partir de uma única ação de marketing, como, por exemplo, um anúncio publicitário na TV? Explique.

4. Como a estratégia de marketing por parte do empreendedor pode influenciar a definição do marketing *mix*?

5. Os novos negócios precisam ser baseados exclusivamente em uma grande ideia ou produto totalmente diferenciado? Por quê?

6. Como o estudo dos níveis de produto pode ajudar o empreendedor na melhoria de um produto ou serviço?

7. O estabelecimento de preços mais baixos do que os concorrentes sempre garante o sucesso de um empreendimento? Explique.

8. A distribuição de produto por meio de atacadistas e varejistas é a alternativa mais comum nos mercados. Quais seriam as outras formas de distribuição, considerando que a entrada em muitas dessas varejistas é difícil para novos empreendedores?

9. Todo empreendedor precisa utilizar os anúncios em mídia de massa para construir marcas e vender produtos e serviços? Em quais situações esse tipo de ação é mais aconselhável?

10. Considerando as restrições de recursos pessoais e financeiros, qual deve ser a postura do empreendedor na implementação do plano de marketing?

✓ Estudo de caso

Em uma cidade do interior de São Paulo, o empresário de um varejo na área de moda enfrentava um grande problema: a inauguração de um *shopping* na entrada da cidade. Sua loja, localizada na principal rua comercial da cidade, era considerada a maior e melhor da região até o momento, mas começou a perder clientes para o novo concorrente. Desde a fundação do negócio, a loja prosperou oferecendo grande variedade de itens de vestuário e acessórios de moda: camisas sociais, vestidos de algodão, camisolas, calças jeans, bermudas, camisetas, calçados, bolsas, meias, cuecas, enxovais, macacõezinhos para bebês etc. Os preços também eram variados, oferecendo desde artigos de marcas sofisticadas até itens de marcas populares. O grande orgulho do empreendedor era o fato de oferecer produtos para toda a família, qualquer que fosse a sua classe social, seu lema era: "Aqui o consumidor encontra de tudo em um único lugar". A fórmula funcionou até a abertura do *shopping center* na cidade, quando perdeu vendas e clientes, apesar de realizar promoções e ofertas especiais. Visitando o *shopping*, constatou que muitas lojas ofertavam produtos similares aos melhores artigos de sua loja, com maior variedade de marcas e modelos, mas preços mais elevados. Após a visita, decidiu alterar o mobiliário e a programação visual da fachada da loja, tornando-a mais moderna e atrativa, pois acreditava que essa era a grande diferença em relação às lojas concorrentes. Distribuiu panfletos, pendurou faixas nas ruas e utilizou carros de som para divulgar a reinauguração da loja com ofertas e promoções especiais. Nos primeiros dias, atraídas pela novidade, muitas pessoas visitaram a loja, mas, no final de um mês, o movimento retornou aos patamares anteriores à reforma. Avaliando as vendas e os clientes na nova loja, constatou que, apesar de seus esforços, muitos dos clientes que compravam produtos de maior valor não retornaram à loja e que os clientes remanescentes procuraram principalmente itens de menor preço, ou seja, artigos e marcas mais populares.

Responda:

1. A partir do caso descrito, é possível que á loja mantenha a fórmula "tudo para todos"?

2. Considerando a situação descrita, qual seria o perfil dos clientes a serem priorizados pela loja a partir desse momento? Explique.

3. Qual seria o posicionamento mais adequado para a nova realidade da loja?

4. Descreva as principais decisões relacionadas ao marketing *mix* da loja, considerando o público-alvo e o posicionamento escolhido.

Referências bibliográficas

ANSOFF, H. Igor. *A nova estratégia empresarial*. São Paulo: Atlas, 1990.

BURSKIRK, Bruce; LAVIK, Molly. *Entrepreneurial Marketing*: real stories and survival strategies. São Paulo: Thomson, 2004.

CARSON, David. *Marketing and Entrepreneuship in SMEs*: no innovative aproach. Prentice-Hall, Englewood Cliffs, 1995.

COLLINS, James C.; PORRAS, Jerry I. *Feitas para durar*. Rio de Janeiro: Rocco, 1995.

DAY, Robert A.; GASTEL, Barbara. *How to write and publish a scientific paper*. Grenwood, 2011.

DORNELAS, José Carlos Assis. *Empreendedorismo: transformando ideias em negócios*. 2.ed. Rio de Janeiro: Elsevier, 2005.

DRUCKER, Peter. *Administração*: tarefas, responsabilidades, práticas. São Paulo: Pioneira, 1975.

FOLHA DE SÃO PAULO. "Economia criativa". 16 fev. 2011, p. 2.

KOTLER, Philip; KELLER Kevin L. *Administração de Marketing*. 12. ed. São Paulo: Pearson Prentice Hall, 2006.

KOTLER, Philip; ARMSTRONG, Gary. *Princípios de Marketing*. 12. ed. São Paulo: Pearson Prentice Hall, 2007.

MARCONI, Marina de Andrade; LAKATOS, Eva Maria. *Fundamentos de metodologia científica*. 6. ed. São Paulo: Atlas, 2009.

SEBRAE. Serviço Brasileiro de Apoio às Micro e Pequenas Empresas. Disponível em: <www.sebrae.gov.br>. Acesso em: 12 ago. 2013.

STOKES, David. Entrepreneurial marketing: a conceptualization from qualitative research. *Journal of Research in Marketing and Entrepreneurship*. Bradford, 2000.

Capítulo 12

Gestão de pessoas aplicada a um plano de negócios novos

Prometa de menos e entregue demais.

GIULIANI, 2003, p.145

Edmir Kuazaqui

Objetivos

- Discutir o papel e a importância da área de gestão de pessoas para uma empresa e respectivo negócio;
- Conceituar e discutir as particularidades e necessidades dos colaboradores em empreendimentos novos;
- Indicar como desenvolver uma política que vise identificar, selecionar e manter colaboradores e talentos humanos;
- Discutir, de forma contextualizada, o tema com o empreendedorismo nas ações estratégicas da empresa;
- Indicar o perfil ideal de um profissional globalizado.

Introdução

A identificação, análise e manutenção de talentos humanos é uma obrigação para qualquer empresa. A partir da correta identificação das necessidades pertinentes ao momento e situação da empresa, o administrador deverá mensurar, de forma qualitativa e quantitativa, seu quadro de colaboradores, para adequá-lo aos objetivos do negócio proposto. Tratando-se de negócios novos, a empresa deverá ter alguns cuidados e adotar algumas precauções, uma vez que não possui experiência e histórico necessários para o dimensionamento correto a partir das necessidades efetivas do negócio a ser realizado. Muitas vezes, as atividades da empresa não estão devidamente identificadas e restritas e, com isso, a execução e solução de trabalhos e atividades acabam ficando sob a responsabilidade de seus colaboradores, os quais nem sempre foram contratados e remunerados para tal.

Este capítulo procura discutir as particularidades da gestão de pessoas a partir da identificação das necessidades do mercado, do negócio e da empresa. Para o seu desenvolvimento, foram realizadas: pesquisa quantitativa e qualitativa no mercado de trabalho; entrevistas com profissionais e acompanhamento técnico a partir de consultorias em empresas de características, setores e portes diferentes, a fim de traçar panorama da importância da área de gestão de pessoas para a criação e manutenção de atividades empreendedoras e criativas.

Gestão de pessoas contextualizada com os negócios de uma empresa

Mais do que bem atender ao cliente externo, as empresas devem buscar uma perfeita interação do seu público interno com os objetivos organizacionais e a satisfação de todos os seus grupos de consumidores. O aumento da competição mundial, que teve sua origem na acentuação da abertura dos mercados internacionais a partir da década de 1980, e o cenário da pós-crise, a partir de 2009, têm pressionado as empresas a produzirem a custos cada vez menores e comercializarem produtos e serviços a preços mais competitivos. Como a maioria do trabalho nas empresas está concentrada em processos, há ainda o predomínio da eliminação de níveis hierárquicos, a busca de novas formas de ganho de produtividade e de sinergia, bem como a implantação preventiva de programas de demissão, adequação, terceirização e quarteirização da mão de obra. As práticas são usuais, mas não totalmente corretas, pois existem outras estratégias de gerenciamento – seja por conta da gestão de custos e logística, por exemplo, seja pela administração financeira agressiva ou por um marketing mais adequado que contribua de forma mais significativa para a receita da empresa. Portanto, já foi o tempo em que a anorexia empresarial levava os empresários a descartar o seu quadro de colaboradores internos em prol de seus ativos físicos e materiais.

A evolução tecnológica, compreendida nos fatores acima citados, modificou as condições e o próprio conceito de emprego – hoje em extinção, segundo Rifkin (1995), que diferencia trabalho de emprego. Empresas e trabalho sempre existirão, mas não da forma como usualmente os conhecemos. O conceito de emprego tem diferentes variações, que envolvem desde a questão econômica e financeira até a satisfação pessoal e profissional daqueles que colaboram para o progresso da empresa. Nesse aspecto, um dos principais desafios de qualquer empresa é como identificar talentos e obter a perfeita integração e participação de todos os funcionários no processo de desenvolvimento dos negócios da organização. Essa questão se torna mais complexa quando se pensa em dimensionar o número de colaboradores na abertura de uma empresa ou de um novo negócio, inclusive quando se trata de micro e pequenas empresas.

A partir da identificação, interação e posterior análise e integração de seus colaboradores, a empresa se tornará mais competitiva com o aumento de suas possibilidades de sobrevivência, manutenção ou crescimento no mercado ou segmento em que atuará.

No Brasil, novos negócios costumam ser formatados inicialmente como empresas de pequeno porte, em parte devido a questões relacionadas ao espírito empreendedor, e em parte em virtude de questões situacionais – desemprego, por exemplo, e de oportunidades de mercado. Essas empresas apresentam, comumente, limitações dos mais diversos recursos, como conhecimentos e capacidade de remuneração adequada, não oferecendo perspectivas de carreira – também em decorrência do alto nível de mortalidade desse tipo de empresa no país. Assim, nem sempre é possível que empresas de pequeno porte consigam a captação e capacitação de colaboradores internos, limitando então a possível contribuição participativa de seus integrantes. Portanto, embora essas empresas denotem empreendedorismo por parte de seus criadores, não conseguem desenvolver todos os aspectos pressupostos na ação de empreender, como, por exemplo, promover a profissionalização de seus colaboradores.

Planejamento estratégico contextualizado com gestão de pessoas

A área de gestão de pessoas não está restrita somente à função de gestão de mão de obra. A criação e o desenvolvimento de uma cultura organizacional apropriada e bem posicionada no mercado envolvem a formação de valores comerciais, éticos e morais, bem como a criação e gestão de mecanismos e processos de integração dos funcionários dos vários setores da empresa, a fim de lhes permitir reagir às constantes mudanças que ocorrem em um mercado global. Torna-se necessário, então, o desenvolvimento de novas formas de pensar e agir, administrar e gerir, que possibilitem a redução dos impactos da concorrência e promovam a sobrevivência, manutenção e consequente crescimento das organizações, tendo a área de Gestão de Pessoas importância relevante nesse processo, no sentido de identificar, organizar e integrar os diferentes talentos humanos da empresa.

O planejamento é essencial para integrar as diferentes áreas da empresa, em especial marketing e finanças, aos objetivos e metas organizacionais. Cada área apresenta diferentes necessidades de mão de obra, relacionadas principalmente ao perfil técnico e aptidões individuais, por exemplo. Segundo Oliveira (1996, p. 103), entende-se como planejamento a

> identificação, análise, estruturação e coordenação de missões, propósitos, desafios, metas, estratégias, políticas, programas, projetos e atividades, bem como de expectativas, crenças, comportamentos e atitudes, a fim de se alcançar de modo mais eficiente, eficaz e efetivo o máximo do desenvolvimento possível, com a melhor concentração de esforços e recursos pela empresa.

O processo de elaboração de um plano empresarial é importante para a organização, a fim de que todos os seus integrantes venham a compreender e participar do processo de maneira cooperativa, criativa, analítica e, principalmente, contributiva. A estratégia é o ponto convergente de qualquer plano, pois é a chave para se responder às indagações referentes aos rumos de uma empresa ou negócio.

Considerando os grandes níveis hierárquicos, a amplitude e os impactos das decisões e ações, podemos distinguir três tipos de planejamento: o estratégico, o tático e o operacional. De forma resumida, o planejamento estratégico relaciona-se aos objetivos de longo prazo e às formas e ações adotadas para alcançá-los, as quais afetam a empresa como um todo. Já o planejamento tático relaciona-se aos objetivos de curto prazo e às formas e ações que, geralmente, afetam somente uma parte da empresa. Trata-se, essencialmente, de gerir o processo que conduzirá a instituição a atender o mercado. O planejamento operacional se refere aos níveis hierárquicos inferiores da organização, ou seja, às áreas funcionais da empresa. Esse é o modelo tradicional.

Nas últimas décadas, com a necessidade de as empresas se tornarem competitivas, houve um redimensionamento das estruturas já existentes, considerando um número menor de cargos hierárquicos.

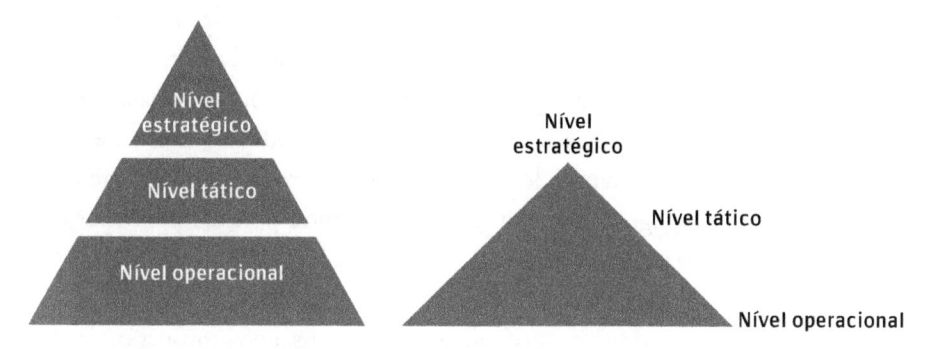

Figura 1 – Visão comparativa dos níveis hierárquicos – tradicional e contemporâneo
Fonte: Autor.

A redução foi obtida por meio da informatização e da mecanização mais eficientes, bem como com a terceirização, que impactou principalmente o nível operacional, fortalecendo as ferramentas de gestão. Empresas de pequeno porte ou mesmo em início de operações podem optar por uma estrutura mais enxuta, fazendo, posteriormente, o incremento, de acordo com a complexidade das operações, adotando, então, uma estrutura mais formalizada, mas com risco de perda do controle sobre a gestão.

Os resultados empresariais não devem se originar da relação de quantidade de recursos e méritos individuais, mas devem ser provenientes da melhor harmonia entre seus diferentes talentos. Lodish, Morgan e Kallianpur (2002, p. 217) observam, sob o prisma da formação da equipe de trabalho e cultura corporativa, que:

> Embora toda decisão de contratação seja fundamental e deva ser considerada em base individual, o conjunto das primeiras decisões de contratação determina que tipo de espírito de equipe e cultura corporativa será criado. Para uma corporação ser bem-sucedida ela precisa ter cada um dos tipos básicos de personalidade, bem como cada uma das aptidões fundamentais. Precisa-se de pessoas que apreciem as tarefas

administrativas orientadas ao detalhe, empreendedores e visionários que possam trabalhar em um nível muito elevado.

O planejamento estratégico isolado é insuficiente para que a empresa atinja seus objetivos, uma vez que o estabelecimento de resultados de longo prazo, bem como seu alcance e amplitude, podem resultar numa situação que requer integração e coordenação, pois não existem ações isoladas que operacionalizem de forma completa o planejamento estratégico. Portanto, o desenvolvimento e a implantação dos planejamentos táticos e operacionais, de forma mais integrada, são essenciais. Há, assim, a necessidade de se entender que, embora ocorra a natural divisão de responsabilidades, toda a organização deve estar devidamente integrada e motivada, contribuindo pontualmente para os resultados esperados pela empresa.

No processo de definição de estratégias, podem-se identificar diferentes áreas dentro de uma organização, que possuem importância variável, conforme o segmento de negócios e estrutura da empresa, e que contribuem para a criação e execução de estratégias, como os produtos e serviços, marketing, finanças, organizacional e de pessoas, por exemplo.

Conforme pesquisa qualitativa que realizamos, grande parte dos gestores atesta que o grande desafio enfrentado pelas empresas, de qualquer porte e setor econômico, não é só criar estratégias que possam ser implementadas, mas sim adquirir capacidade organizacional suficiente para operacionalizar e pôr em movimento contínuo essas estratégias. Rhinesmith (1993, p.1) afirma que 80% dos esforços ficam por conta da implementação e operacionalização da estratégia, havendo a necessidade da identificação e análise dos talentos humanos de uma organização, o que, na verdade, sustenta o modelo tradicional mostrado na Figura 1. Embora, contemporaneamente, a estrutura organizacional tenha se transformado, ainda existe a necessidade de grande esforço para a concretização das estratégias.

A cultura organizacional envolve valores e processos de integração entre os setores ou unidades da empresa, permitindo-lhes reagir às mudanças do ambiente e obter postura e posicionamento competitivos. Doz e Prahalad (1999) já relacionavam a capacidade estratégica ao aprendizado constante, apontando-os como geradores de conhecimento e capital intelectual. Enfatizam um conjunto de ferramentas gerenciais para gerir a cultura organizacional:

- Ferramentas gerenciais de informação, abrangendo os sistemas de informação e de medição, procedimentos para melhor alocação de recursos, métodos de planejamento estratégico, processos de planejamento e aprovação de orçamentos. A empresa é administrada pela análise e interpretação de dados e fatos;
- Ferramentas gerenciais de pessoas, incluindo a seleção de gerentes, planos de carreira para executivos, sistemas de recompensas e de penalidades, desenvolvimento de gerenciamento e padrões de socialização. A empresa é administrada por uma visão humanística, integrada às ferramentas gerenciais de informação;
- Ferramentas para a solução de conflitos, como atribuição de responsabilidades pelas decisões, estímulo a profissionais integradores, desenvolvimento de equipes de negócios, uso de comitês de coordenação, criação de equipes especiais e desenvolvimento de procedimentos para a solução de problemas. A empresa é administrada sob o enfoque da agregação de valor, a partir da relação orgânica das ferramentas citadas.

Essa visão orgânica e holística preconiza a possibilidade de a empresa obter melhor produtividade a partir das motivações endógena e exógena. Se assim o fizer, poderá ter um diferencial competitivo importante neste mundo de grandes turbulências econômicas e sociais.

Função estratégica da área de gestão de pessoas

A empresa pode ser definida, sob o ponto de vista do marketing, como o conjunto de produtos e serviços que atendem às necessidades específicas do mercado. Já sob o ponto de vista de gestão de pessoas, pode ser definida como o conjunto de colaboradores e talentos humanos com as suas respectivas capacidades, habilidades e competências. Milkovich e Boudreau (2000, p. 31) dizem que "as atividades de RH são programas desenhados em resposta à fixação dos objetivos e gerenciados para sua obtenção". Os autores mencionam grandes categorias de atividades, destacando a identificação, desenvolvimento, recompensa e relações trabalhistas. A área, então, torna-se relevante, pois é de sua responsabilidade o portfólio de talentos humanos e que servirá como reflexo da empresa na sociedade onde atua. Chiavenato (2005, pp. 14-15) observa que "gestão de pessoas é um conjunto integrado de processos dinâmicos e interativos", destacando os processos de agregar, aplicar, recompensar, desenvolver, manter e monitorar pessoas.

A área de gestão de pessoas direciona a própria composição humana da empresa, promovendo a sua variação, conforme os objetivos traçados no plano de negócios e segundo diversas questões, como política salarial, seleção, recrutamento, treinamento, avaliação de pessoal e de plano de carreira. Alguns aspectos que devem ser levados em consideração para uma análise interna organizacional são descritos a seguir, conforme Oliveira (2012):

- Quais são as atitudes e o grau de importância da alta administração quanto ao assunto fator humano na empresa? Empresas procuram valorizar determinados elementos e características, conforme sua estrutura e mercado. Algumas necessitam de uma valorização maior e melhor daqueles que contribuem organicamente para os negócios da empresa; outras necessitam de colaboradores mais operacionais, o que pode determinar o grau de importância e até a política de remuneração da empresa.

- Qual a eficácia dos programas de recrutamento, seleção e admissão de funcionários? E dos programas de treinamento e promoção? Já foi o tempo em que a área executava somente processos burocráticos de recrutamento e seleção, e era conhecida como o setor do Departamento Pessoal. Atualmente, a área desempenha funções e ações que visam os melhores resultados corporativos.

- Qual o índice de rotatividade dos empregados? Além da questão da rotatividade, outros aspectos a tangenciam, como o próprio interesse do mercado em trabalhar na empresa e continuar a desenvolver suas ações de trabalho. Caso a resposta seja negativa, talvez a empresa possa necessitar de mão de obra menos qualificada ou esteja errando em algum ponto de seu planejamento e gestão.

- Como está o quadro de carreira, plano de cargos, salários e benefícios? O que pode indicar se a empresa possui uma estrutura já definida, bem como o entendimento da importância de aspectos motivacionais que podem impulsionar os negócios da empresa; e finalmente,

- Qual é o clima organizacional? Tal pergunta pode ser respondida de forma mais pontual a partir das diferentes respostas às perguntas anteriores, pois pode se relacionar a diferentes estratégias adotadas pela empresa e que abordaremos posteriormente neste capítulo.

O planejamento estratégico de gestão de pessoas compreende a análise do ambiente externo, ou seja, daquele em que a empresa está inserida, bem como do ambiente interno, alinhado à missão e visão que norteiam o caminho e o futuro da organização. Envolve o dimensionamento de pessoal e respectivo orçamento, constituindo-se, nessa perspectiva, numa relação comparativa entre resultados e objetivos propostos ao longo do tempo – curto, médio e longo prazo. O planejamento de gestão de pessoas integrado ao planejamento estratégico visa dimensionar, de forma quantitativa e qualitativa, as necessidades específicas dos profissionais com seus respectivos perfis, onde os profissionais irão desempenhar atividades relacionadas às suas habilidades, capacidades e competências equivalentes às funções necessárias da empresa. Para tanto, é necessária a composição de talentos organizados em um organograma funcional. Chiavenato (2005, p. 190) denomina como job *design* a especificação dos conteúdos de cada cargo, dos métodos de trabalho e das relações com os demais cargos. Diz que

> Desenho de cargos é o processo de organizar o trabalho através das tarefas necessárias para desempenhar um específico cargo.
> Desenho de cargos envolve o conteúdo do cargo, as qualificações do ocupante e as recompensas para cada cargo no sentido de atender às necessidades dos empregados e da organização.
> Desenho de cargos é a informação utilizada para estruturar e modificar os elementos, deveres e tarefas de determinados cargos. (CHIAVENATO, 2005, p. 191)

Embora necessária, mas nem sempre efetuada na prática, a descrição de cargos e características, bem como de um plano de carreira bem definido são essenciais para uma boa gestão de recursos. Conforme Mooler (1993, p. 160),

> A qualidade da empresa pode ser definida pelo grau até o qual o desempenho global da empresa ou organização satisfaz as exigências e expectativas "técnicas" e "humanas". Essas exigências e expectativas são fixadas tanto pelo mundo exterior como pelos próprios funcionários da empresa.

Pela contribuição das diferentes habilidades e competências de seus colaboradores internos, a empresa deverá determinar a sua política de remuneração, cargos e salários. Isso deve ocorrer não só devido à reciprocidade legal de pagamento, mas também em virtude de se constituir num veículo de motivação e desenvolvimento pessoal e profissional. Giuliani (2003, p. 146) já afirmava:"O líder deve gerenciar não só resultados, mas também expectativas".

Remuneração, salários indiretos e benefícios

De acordo com Milkovich e Boudreau (2000, p. 381),"a remuneração inclui o retorno financeiro e os serviços e benefícios tangíveis que os empregados recebem como parte de pagamento em uma relação de trabalho."

O salário é a remuneração total recebida integralmente e diretamente pelo trabalhador, como contraprestação pelo serviço ao empregador. Essa remuneração subdivide-se em três partes, a saber: salário contratual recebido mensalmente, inclusive férias; salário diferido (ou adiado), recebido uma vez a cada ano (13º salário e 1/3 de férias); salário recebido eventualmente (FGTS e outras verbas rescisórias). Para o Plano de Negócios, a partir de pesquisa de remuneração básica setorial, é possível identificar e avaliar a base de salários diretos e as necessidades de capital.

Um dos recursos mais importantes de uma empresa são as pessoas, os funcionários, enfim, os talentos que integram a organização. São os indivíduos que realizam negócios, planejam e implementam ações, portanto, além da remuneração pela função, pelo trabalho e resultados auferidos, os salários indiretos e benefícios constituem-se como formas de incentivar tais talentos.

O salário indireto é a chamada remuneração acessória, com o propósito de complementar o salário básico de um cargo ou função, e os benefícios são os componentes referentes à remuneração indireta dos funcionários. Como dito anteriormente, para que um profissional se sinta plenamente satisfeito e estimulado dentro de uma empresa, salário e benefícios são importantes como motivadores – devendo-se considerar também a gama desses mesmos benefícios, tais como: adicionais por produtividade; assistência médica; assistência odontológica; auxílio-creche; auxílio-doença; auxílio-educação; auxílio-funeral; auxílio-psicoterápico; café da manhã; cesta básica; complementação de aposentadoria; convênio-berçário; convênios para descontos em farmácias; convênios com supermercados para desconto de despesas; empréstimo social; garantia de emprego e salário; gratificação de férias; lanche; remuneração de plantões efetuados a distância; participação nos resultados da empresa; plano de desenvolvimento profissional; restaurante no local de trabalho; vale-alimentação, entre outros.

A Constituição Federal assegura obrigatoriamente aos trabalhadores com vínculo empregatício (registro em carteira), a exceção dos avulsos, os seguintes benefícios: relação de emprego protegida por meio da indenização compensatória na despedida arbitrária, com ou sem justa causa; seguro-desemprego, em caso de desemprego involuntário; Fundo de Garantia por Tempo de Serviço (FGTS); salário mínimo fixado em lei; piso salarial proporcional à extensão e à complexidade do trabalho; irredutibilidade do salário, salvo o disposto em convenção ou acordo coletivo; décimo terceiro salário com base na remuneração integral ou no valor da aposentadoria; remuneração do trabalho noturno superior à do diurno; repouso semanal remunerado, preferencialmente aos domingos; férias anuais remuneradas com, pelo menos, um terço a mais do que o salário normal; licença-maternidade e licença-paternidade; aviso prévio proporcional ao tempo de serviço etc.

Dentre os diferentes objetivos de uma política de remuneração e benefícios, podemos destacar:

- Cumprimento da lei em vigor e devidos acordos coletivos de trabalho, tendo a empresa a necessidade de incorporar em seu plano orçamentário e financeiro as saídas de caixa provenientes dos haveres diretos e indiretos de seus colaboradores internos e externos. Existe a necessidade gerencial de uma provisão orçamentária, bem como previsão para evitar a entropia em decorrência da possibilidade de falta de profissionais em decorrência de questões salariais;

- Melhorar a produtividade do colaborado, no sentido de atender ao mercado externo. Comumente, aspectos motivacionais devem ser inseridos no sentido de colocar em movimento positivo as engrenagens da empresa, otimizando e trazendo maior valor agregado às relações de trabalho;

- Acompanhar e aperfeiçoar o desempenho individual e também da equipe de trabalho, a fim de trazer resultados mais orgânicos e crescentes para a empresa.

```
                Pagamento base,
               pagamento variável,
                 recompensas,
                   comissões
                   Pagamento
        ─────────────────────────────
         Creche, horários    Vendas especiais,
        individualizados,      empréstimos,
        previdência privada,  bolsa de estudo,
        assistência à saúde,    educação,
             seguros           treinamento.
                               Serviços aos
             Benefícios         empregados
```

FIGURA 2 – Composição da remuneração
FONTE: Adaptado de CASCIO; BOUDREAU, 2010, p. 383.

Conforme Ferraz (2002, p. 140), há princípios geralmente aceitos e que estão relacionados às políticas de remuneração, tais como:

- Disposição dos gestores para realizar as avaliações objetivas de seus funcionários, com comunicação clara e concisa e, principalmente, periódica, a fim de possibilitar o acompanhamento efetivo do colaborador interno;
- Diferenciação dos desempenhos que atendem ou não às expectativas da empresa, unidade ou setor, com critérios e justificativas claros, tanto para aqueles que avaliam quanto para os avaliados;
- Mensuração do desempenho dos funcionários, tendo por base as competências, mas sempre na ótica do conjunto de seus comportamentos básicos que podem gerar impacto real no negócio da empresa. Neste caso, além da clareza dos critérios, deve ocorrer a definição dos comportamentos, já que estes serão avaliados em conjunto;
- Os pagamentos dos benefícios devem ser feitos periodicamente e não como ocorre em algumas empresas, como uma espécie de adicional anual;

- Devem ocorrer avaliações periódicas de acompanhamento, dentro de um plano de desenvolvimento pessoal;
- O plano deve ser comunicado de forma clara, frequente e simples. Evidencia-se, assim, a importância da comunicação interna e até de ferramentas mais sofisticadas, como as de endomarketing;
- O sucesso depende do treinamento, reforço e comprometimento de toda a empresa.

Muitas empresas iniciam seu funcionamento com estruturas usuais de atividades (organogramas) que nem sempre são necessárias para o pleno e bom atendimento ao mercado. Na verdade, o gestor de um novo negócio deve buscar responder à seguinte questão: qual estrutura a empresa deverá ter para bem atender o mercado e obter o retorno financeiro e econômico para a sustentabilidade de suas operações? O ambiente contemporâneo globalizado sugere que as empresas tenham novos modelos de estrutura. Cascio e Boudreau (2010, p. 289) afirmam que:

> A importância crescente do talento para o sucesso estratégico implica que as organizações que tomarem as melhores decisões a respeito de pessoas cumprirão suas missões estratégicas mais eficientemente. Isto significa que as organizações precisam parar de pensar em estruturas rudimentares baseadas apenas no custo para tomar decisões de RH. Embora isso certamente seja um grande desafio para os líderes fora da área de RH, também eleva a profissão de RH a um alto padrão. Se os líderes precisam agir com mais sofisticação, precisam ter estruturas que lhes permitam isso.

Dessa forma, o perfil do futuro colaborador deverá ser repensado no contexto da estrutura orgânica da empresa. Esse perfil está devidamente relacionado à identificação de que talentos são necessários para a construção de relacionamentos internos e externos. Rosa Maria Fischer (2002, p. 154) afirma que:

> Em seu *design*, o processo deve admitir, necessariamente, os parâmetros de abrangência, integração e sustentação. O processo precisa ser abrangente, a fim de conter, simultaneamente, os aspectos organizacionais e os aspectos técnicos e comportamentais que configuram o cenário específico de cada organização. Integrada, para atuar em diversas esferas

e através de diferentes linhas de ação, mantendo a consistência interna essencial à manutenção e à solidez do processo. Sustentada, com o objetivo de buscar a consecução de metas concretas de transformação, com resultados observáveis através de indicadores de desempenho das pessoas e dos negócios.

Nessa perspectiva, a identificação, análise e manutenção de talentos humanos para um novo negócio conduzirão a empresa a uma estrutura ideal de organização e, com o passar do tempo e ganho de experiência, poderão levar a um nível que possibilite a transformação organizacional contínua, chegando a modelos que possibilitem a maior competitividade no mercado em que a empresa está inserida. Esse "crescer" está devidamente relacionado à construção de habilidades e competências de seus colaboradores internos, além do capital intelectual.

Estratégias relacionadas à gestão de pessoas

Dentre as diversas técnicas, podem-se destacar marketing interativo e o marketing interno ou endomarketing que se apresentam como alternativas que podem possibilitar o sucesso a uma empresa em um determinado mercado. Além disso, são ferramentas para se preservar o nível de empregos, uma vez que essas técnicas necessitam da perfeita integração entre empresa e funcionários.

Entende-se, conforme Kotler e Armstrong (2008, p. 416), por marketing interativo como "o marketing executado por uma empresa que reconhece que a qualidade de serviço percebida depende enormemente da qualidade da interação cliente-vendedor", seja no ambiente interno, seja no ambiente externo à empresa. Além disso, instituições que não compartilham o conhecimento limitam a criatividade conjunta, diminuindo a possibilidade de sinergia no trabalho e consequente diminuição dos resultados da empresa. Portanto, as alianças cliente-fornecedor constituem-se como técnicas que auxiliam as empresas a atingirem seus objetivos. Percebe-se, então, que tanto o marketing interno quanto o integrado precedem o marketing externo; ambos dependem da boa gestão de pessoas de uma organização, oferecendo estratégias e técnicas às empresas, que possibilitam uma melhor seleção e aproveitamento de talentos humanos, frente às expectativas das organizações.

Conforme Kotler e Armstrong (2008, p. 416), marketing interno ou endomarketing "implica que a empresa de serviços deve treinar e motivar seus funcionários que contatam os clientes e todo o pessoal de apoio ao serviço como um time para proporcionar satisfação ao cliente". O endomarketing consiste em programas, projetos, ações e motivações que a empresa deve cultuar para consolidar a cultura organizacional integrada, envolvendo e, principalmente, comprometendo seu público interno para bem desenvolver suas atividades e obter melhores índices de produtividade e de qualidade.

No decorrer do processo de implementação do que está sendo proposto, são possíveis a administração e a gestão participativas. Projetos de marketing interno requerem forte apoio de comunicação integrada, envolvendo o relacionamento interpessoal e as relações entre seus pares. Capodagli e Jackson (2000, pp. 58-59) recomendam que as empresas sejam solucionadoras dos problemas de seus clientes e que sempre busquem seu *feedback*.

Por meio de treinamento, é possível repassar aos colaboradores internos a missão, visão, valores, produtos e serviços que a empresa oferece ao mercado. Também é possível obter *feedback* – sentimentos, percepções e sensações. Importante ressaltar que nem sempre as ações de treinamento são relevantes para incorporar sentimentos, valores e posturas, principalmente aquelas relacionadas ao meio ético e moral. Outras técnicas destacam-se para compor o perfil da equipe de trabalho e para gerar mudanças e transformações para o desenvolvimento sustentado da empresa. Senge (2000, p. 7) questiona:

> Como levar adiante o processo de mudança? Pela autoridade ou pelo aprendizado? A autoridade é mais eficiente e eficaz, a curto prazo, e mais fácil de ser aceita pela maioria das pessoas que compõem a organização, pois deixa a salvo a responsabilidade social. Se tudo der certo, os resultados podem ser excelentes, sempre e quando alguém pressionar, e enquanto o líder injetar entusiasmo, iniciativas e ideias. Se este perder interesse ou energia, ou as ações não gerarem os resultados esperados, o vigor da iniciativa diminui. Quando o impulsionador do processo é o aprendizado, é preciso gerar oportunidades repetidas de pequenas ações que os indivíduos possam projetar, iniciar e implantar por si sós. Primeiro, numa escala reduzida e, em seguida, agregando mais pessoas.

Para a implementação de programas que visem mudanças e transformações significativas, tanto gestores quanto colaboradores necessitam de esforços adicionais, bem como de uma cultura relacionada ao empreendedorismo, criatividade e inovação contínua.

Sob o ponto de vista da gestão, complementam as estratégias algumas técnicas, como o *Employeeship*: em que o profissional assume adequadamente responsabilidades e poder. Nesse caso, o funcionário é o sujeito principal da ação, mas a empresa deve criar um ambiente adequado para que ele se desenvolva. A prática do *empowerment* também é necessária, pois ambas são complementares e necessitam de perfeita interação, pois exigem atividades em grupo. Conforme Mooler (1996), a técnica é constituída por três elementos, sendo a responsabilidade o elemento central, alicerçada pela lealdade e iniciativa. A somatória dos elementos perfaz o compromisso do indivíduo perante a empresa, equipe e sociedade. *Empowerment*, conforme Bohlander, Snell e Sherman (2003, p. 43):

> é uma técnica que consiste em envolver os funcionários em seu trabalho por meio do processo de inclusão. Ela incentiva os funcionários a fazer inovações e gerenciar seu próprio trabalho e os envolve de modo que eles tenham mais controle e autonomia para tomar decisões.

É uma técnica que deve ser transformada em prática na empresa, descentralizando, delegando responsabilidades e poder aos funcionários. Nesse caso, o gestor deve ser o principal compartilhador. Requer capacidade de reconhecimento dos diferentes valores dos funcionários e delegação de responsabilidades e, consequentemente, poder de decisão, com o intuito de fazê-los desempenhar suas tarefas e resolver e diminuírem problemas sozinhos.

É também fato que as organizações, na atualidade, devem se ajustar diante das constantes mudanças da economia mundial e não podem mais garantir empregos como antigamente. Se o emprego, durante muito tempo, representou para as pessoas uma forma de estabilidade e de segurança de vida, pois elas conseguiam ingressar numa empresa após o ensino superior e se aposentar nessa mesma organização, nota-se que essa já não é mais uma realidade. A cada dia que passa a permanência de indivíduos nas empresas tem diminuído consideravelmente.

Por consequência, os empregadores devem adotar uma política que vise preparar seus funcionários para que estejam em condições de oferecer resultados à empresa e que fora dela tenham condições de se recolocarem. Em decorrência da globalização e do desemprego, o conceito de empregabilidade torna-se muito importante.

Dimensionamento das necessidades de pessoas em negócios novos

De forma geral, parte das necessidades iniciais de um novo empreendimento é suprida pelos seus fundadores, que absorvem principalmente as responsabilidades de gestão. Nessa fase, é comum a centralização de atividades por parte de seus fundadores, bem como uma maior produtividade por pessoa, pois, sendo um novo negócio, os participantes tendem a trabalhar mais com a intenção de obter melhores resultados em menor espaço de tempo.

Demanda do mercado → Operações → Pessoas

FIGURA 3 – Visão sistêmica do dimensionamento de pessoas
FONTE: Autor.

Toda empresa deve atender as necessidades e desejos do mercado. Tais necessidades podem e devem ser mensuradas de forma quantitativa e qualitativa, para que a empresa possa entender a magnitude e analisar como atender, de forma pontual, o mercado.

Como nem sempre a nova empresa tem condições de absorver todo o potencial do mercado, mas apenas parte deste, em decorrência de limitação de recursos iniciais, deverá adequar seus processos e estrutura organizacional (com os cargos, salários e funções) a esse público. Assim, a identificação da estrutura organizacional é o primeiro passo, a fim de que a empresa possa definir como agregar os demais colaboradores. Conforme Cecconello e Ajzental (2008, p. 206), "uma forma de se dimensionar o quadro de pessoal é pelo cálculo da quantidade de atividades operacionais-padrão, necessárias para o negócio". Todo negócio é composto por atividades que podem ser desdobradas em processos e atividades sistêmicas. Dessa forma, é possível mensurar as necessidades de pessoal, levando-se em consideração a remuneração, entre salários diretos e indiretos, além de um programa de benefícios compatível com o momento da empresa.

Conforme pesquisa que realizamos, uma das grandes dificuldades para novos empreendimentos, além da identificação, é a manutenção de colaboradores, em virtude principalmente do nível de remuneração e benefícios adicionais, havendo uma correlação direta entre formação acadêmica e profissional com a escala de vencimentos.

Por outro lado, Bohlander, Snell e Sherman (2003, p. 97) atestam que:

> Em geral, os custos podem ser divididos em três categorias: de saída para o funcionário que está saindo, de reposição e de treinamento para um novo funcionário. Esses custos são estimados conservadoramente como de duas a três vezes o salário mensal do funcionário que está saindo, e eles não incluem custos indiretos como a baixa produtividade antes de sua saída e o baixo moral e horas extras de outros funcionários em função do cargo vago.

Ressalvamos que, na verdade, a contraprestação dos colaboradores não deve ser considerada como mero custo e despesa, mas como investimento, em decorrência das diferentes contribuições que os talentos humanos podem trazer para o sucesso da empresa. Porém, em se tratando de um plano de negócios, devemos contemplá-la de forma contábil e financeira no processo, tentando, em alguns momentos, a aplicação e o monitoramento de outros aspectos mais qualitativos. Esses aspectos qualitativos podem estar relacionados ao perfil estrategista e empreendedor, motivacional, de forma a tentar agregar ações que visem sair do aspecto regional e resgatar a possibilidade de integrabilidade das potencialidades do ser humano.

Perfil empreendedor/estrategista

A administração como ciência é um composto relacional de disciplinas exatas aplicadas, que permitem ao profissional desempenhar funções, tomar decisões e enfrentar problemas com toda segurança e eficácia. Nesse aspecto, a função do profissional de administração é selecionar, entre todas as alternativas disponíveis, a mais indicada para solucionar seu problema.

Weisselberg e Cowley (1990) detectaram situações indicadoras de um perfil empreendedor:

- Busca de oportunidades e iniciativa; desenvolvimento de atividades e funções antes de serem solicitadas, mostrando proatividade, com o intuito de expandir o negócio, novas áreas, produtos e serviços;
- Persistência; age com constância, mesmo diante de obstáculos significativos, assumindo responsabilidades pelo desempenho necessário para atingir metas e objetivos;
- Capacidade de assumir riscos calculados, mas sempre avaliando alternativas, a fim de desafiá-los e eliminá-los; tem a capacidade de se colocar em situações que implicam desafios ou riscos moderados;
- Exigência de qualidade e eficiência, encontrando meios de atender melhor e de forma mais efetiva as atribuições; age de acordo com os padrões de excelência necessários;
- Comprometimento e envolvimento; faz até concessões pessoais, colaborando com os outros empregados. Coloca em primeiro lugar a satisfação dos clientes em detrimento do lucro de curto prazo.

As empresas devem, mas nem sempre conseguem, incorporar em seu planejamento estratégico resultados relacionados ao empreendedorismo, criatividade e inovação. Geralmente, as pessoas que trabalham nas organizações estão limitadas a cargos e respectivas funções, nem sempre com a abertura necessária para incorporar outros elementos. Por outro lado, às vezes, as empresas não possuem programas e ações motivacionais que visem incorporar elementos mais qualitativos; e, na verdade, suas métricas nem sempre são conhecidas e de domínio das partes envolvidas.

Avaliação de desempenho e política de remuneração

Ações destinadas à gestão de pessoas não devem ser práticas pró-forma, como entendem algumas empresas. A avaliação de desempenho não deve prestar-se somente à separação e classificação daqueles que têm melhor performance, de acordo com os critérios da empresa; mas deve servir para fazer com que o grupo de colaboradores internos possa agregar e contribuir para o sucesso do negócio.

Qualquer avaliação deve envolver um processo sistêmico, mas que, ao mesmo tempo, precisa ser dinâmico, efetivo e trazer as contribuições necessárias ao atingimento das metas e objetivos do negócio. Dessa forma, não se deve avaliar somente o resultado final, mas todo o processo. Assim, a prática de avaliação comum pode ser substituída por um Programa de Desenvolvimento Contínuo, que permita, a partir da identificação das necessidades dos colaboradores, acompanhar e monitorar suas carreiras, no sentido da sua contribuição efetiva. Existem diferentes formas de efetuar o acompanhamento de desempenho, destacando-se:

- Avaliação informal, que geralmente é efetuada sem o planejamento estratégico e consiste em conversas informais, que podem ser um importante complemento do acompanhamento do desenvolvimento do funcionário. Geralmente, novos negócios ou mesmo empresas que possuem uma administração mais informal adotam este modelo, tornando intangível a avaliação e respectivos critérios;
- Avaliação individual, em que o chefe avalia o subordinado, sendo uma das mais usuais e tradicionais, pela facilidade e hábito. Não deixa de ser um método eficaz, mas depende muito de como a organização consegue formar gestores integrados e capazes de fazer uma avaliação independente de critérios pessoais e, por vezes, subjetivos e situacionais;
- Avaliação 180 graus, que consiste na avaliação do gestor e na autoavaliação, com um consenso de ambos a partir do *feedback*. Essa autoavaliação é realizada pelo funcionário e com itens em que se possa avaliar a convergência dos critérios avaliativos. É uma das formas de tentar a integração e buscar consenso da avaliação, não se constituindo, assim, numa via de mão única;
- Avaliação 360 graus, em que, além da avaliação do gestor e da autoavaliação, realiza-se também avaliação feita pelos seus pares, que podem ser subordinados, clientes e superior hierárquico, entre outros. Dessa forma, pode-se obter uma avaliação mais integrada, que deixa de ser um instrumento "de dentro para fora". Requer uma visão mais integrada, bem como contextualizada num planejamento estratégico de carreira;
- Comitê de avaliação. A avaliação é realizada por comissão formada por representantes das áreas internas, e nela se procura mais organicidade e participação. Pode avaliar, por exemplo, a efetividade e integração entre a performance do funcionário e o respectivo potencial, com foco nas competências necessárias.

Mas o que acompanhar? Dentro de um pensamento sistêmico, considerando a evolução do colaborador interno e sua contribuição ao negócio, pode-se monitorar o seu desenvolvimento e hábitos no ambiente de trabalho, sua contribuição e resultados em suas funções, conforme a seguir:

- Desenvolvimento. A partir de seu histórico de contratação, a empresa deve considerar como deverá desenvolver as capacidades de seu público interno e como incentivará o seu autodesenvolvimento. Geralmente, programas de treinamento integrados, cursos e palestras servem para sensibilizar os colaboradores. Além disso, um bom plano de carreira pode motivar os colaboradores a procurarem outras formas de crescimento profissional;

- Desempenho. Diz respeito à qualidade da performance do profissional no decorrer de sua carreira, tendo em vista as metas preestabelecidas. Comumente, é comparado a partir de critérios objetivos. A avaliação deve analisar as competências gerenciais, organizacionais e funcionais;

- Aspectos comportamentais. Existem comportamentos pessoais, profissionais e sociais. Tratando-se de ambiente interno à empresa, deve-se considerar que comportamentos, posturas e atitudes são recomendáveis para que a organização tenha uma boa integração. Considerando os aspectos éticos e morais, Srour (2008, p. 7) destaca que:

> A Ética é um saber científico que se enquadra no campo das Ciências Sociais. É uma disciplina teórica, um sistema conceitual, um corpo de conhecimentos que torna inteligível os fatos morais. Mas o que são fatos morais? São fatos sociais que dizem respeito ao bem ou ao mal, juízos sobre as condutas dos agentes, convenções históricas sobre o que é certo e errado, justo e injusto, legítimo e ilegítimo, virtude e vício, justificável ou injustificável.

Como se trata de um conjunto de valores qualitativos, é importante o estabelecimento de padrões e regras de comportamento, que podem derivar do código de ética profissional ou do código de ética da empresa. O importante é ter os padrões atualizados e conhecidos por todo o público interno, bem como as consequências e impactos decorrentes de seu não cumprimento. Como observa Srour (2008, p. 103): "Quando os 'de cima' perdem a vergonha, os 'de baixo' perdem o respeito", por isso, para o funcionamento de padrões e valores comportamentais pela comunidade interna, é fundamental que ocorra a "venda" dessa imagem por parte daqueles que a solicitam;

- ♦ Resultados. Consistem nas métricas adotadas e relacionadas com as metas e os objetivos da empresa. Os resultados devem ser contextualizados de forma efetiva, considerando as diferentes contribuições de cada departamento. Cada departamento pode ter a autonomia para a avaliação de resultados e para a premiação pela obtenção destes. Nesse caso, a área de gestão de pessoas deve colaborar no sentido de indicar e gerenciar as possíveis diferenças e conflitos que podem surgir.

Sob o ponto de vista do funcionário, a avaliação de desempenho pode gerar expectativas e é condição essencial lhe oferecer o *feedback* adequado. A criação de uma cultura interna relacionada à avaliação de desempenho pode ser consolidada com palestras, *workshops* e conversas entre gestores e funcionários.

Recomendações nas práticas de gestão de pessoas

Lodish, Morgan e Kallianpur (2002, p. 215) afirmam que "os três fatores principais que alimentam o crescimento empresarial são ideias, pessoas e dinheiro". E geralmente os três itens caminham de forma planejada e coordenada nas empresas, pois em muitas delas as áreas envolvidas andam de forma hermética, fechada, sem a devida interconectividade que poderia possibilitar uma visão e gestão mais orgânicas. Nem sempre as novas empresas possuem colaboradores com formação específica em gestão de pessoas ou mesmo em psicologia organizacional, tendo conhecimentos fragmentados em diferentes áreas do saber.

No decorrer das últimas décadas, as empresas passaram por profundas mudanças e transformações, com a finalidade de se tornarem mais competitivas em cenários turbulentos. Essas transformações ocorreram principalmente em sua estrutura organizacional, ferramentas de gestão, bem como nas formas de pensar e agir. Termos como reengenharia, terceirização, quarteirização, *rightisizing* e *downsizing*, por exemplo, povoaram o dia a dia das empresas, sempre em busca de resultados no curto e médio prazo. Justificaram a utilização de forma situacional sempre sob a égide de aspectos conjunturais, como crise mundial, recessão econômica e mudança dos sistemas de produção. Nesse sentido, a área de Recursos Humanos passou por diferentes mudanças, como no que diz respeito à aplicação de treinamentos. Antes, era obrigação de toda boa empresa oferecer a seus funcionários cursos e similares para bem desenvolver suas atividades; hoje, boa parte das empresas investe menos em treinamento, passando a responsabilidade de desenvolvimento ao funcionário, que deverá procurar formas de atualização e garantir a sua empregabilidade. Outras adotam políticas e tipos de contratação mais dinâmicos, e elegem programas de avaliação de desempenho mais sofisticados e motivacionais. A bem da verdade, o progresso de toda organização está associado à sua capacidade de interpretar, analisar, prever, manter, controlar e avaliar os processos dinâmicos e resultados da empresa, inseridos no ambiente de negócios.

A própria formação da equipe está se tornando um sinal de competência por parte do empresariado, pois a criação de boas equipes, sintonizadas com as metas e objetivos gerais, é, por si só, um fator de diferencial competitivo. Reter e manter motivados os bons profissionais tem se revelado um sofisticado exercício de flexibilidade, criatividade, bom senso e manutenção da qualidade, pois é relativamente simples demitir aqueles menos preparados, mas manter os mais preparados motivados e compromissados com a organização tem-se mostrado uma tarefa árdua, que necessita de uma base estrutural e gerencial, que algumas empresas não possuíam e hoje têm de criar, desenvolver e preservar.

As empresas compreendem que a realidade da geração passada, denominada X, que tinha baixa rotatividade na sua vida profissional, está em processo de extinção. Por esse motivo, preocupam-se com a formação de uma mão de obra externa, possivelmente terceirizada, mas compromissada e tecnologicamente qualificada. Essa preocupação contemporânea na identificação e manutenção de profissionais tem grande consequência no futuro da empresa. As empresas devem se preocupar em identificar e gerenciar a manutenção de seus talentos internos – responsabilidade que não deve estar somente a cargo da área de gestão de pessoas, mas de toda a organização. Nesse contexto, deve criar mecanismos que valorizem, incentivem e motivem seus profissionais de maneira clara, além de manterem ambientes propícios ao autodesenvolvimento. As instituições também devem continuar a utilizar os métodos tradicionais – sejam eles no intuito de identificar, analisar, incentivar ou motivar seu público interno, porém buscando alternativas conscientes que lhes confiram vantagem competitiva.

Sintetizando com Bohlander, Snell e Sherman (2003, p. 470), é possível dizer que um sistema de trabalho de elevado desempenho deve ter a "combinação específica de práticas, estruturas de trabalho e processos de RH que maximizam o conhecimento, as habilidades, o compromisso e a flexibilidade dos funcionários". Este é o papel de gestão de pessoas.

Considerações finais

Um dos grandes desafios para o empreendedor que abre seu primeiro negócio é entender a importância de seus futuros colaboradores internos e externos. Por vezes, o novo empresário se depara com diferentes termos, normas e leis que podem influenciar a vida útil comercial de seu empreendimento. Dessa forma, ao fazer um *check-list*, é importante dimensionar as necessidades de recursos humanos, a fim de atender, de forma pontual, as carências e desejos detectados pelo marketing em relação ao seu mercado-alvo. Depois, devem-se identificar os futuros colaboradores e, se admitidos, como mantê-los e obter o melhor de suas potencialidades.

Pensando dessa forma, a área de gestão de pessoas, como todas as outras da empresa, deve estar devidamente e efetivamente contextualizada em seu planejamento estratégico. Por mais que haja processos e tecnologias envolvidas, não devemos esquecer que as empresas são constituídas por pessoas e nelas reside um dos principais diferenciais competitivos da atualidade.

O desemprego tecnológico, a realidade do mercado aberto e outros fatores contemporâneos conduziram as empresas a uma condição mais competitiva. Em décadas passadas, elas necessitavam de um grande corpo de colaboradores para a execução de suas atividades; com o passar dos tempos, com o apoio da tecnologia, postos de trabalho foram sendo eliminados, aumentando o nível de desemprego na sociedade, incentivando as chamadas práticas empreendedoras.

Tratando-se da abertura de novos negócios, um dos principais desafios dos futuros gestores é o dimensionamento quantitativo e qualitativo dos diferentes colaboradores, que devem compor a equipe e se transformar em talentos que contribuam significativamente para o desenvolvimento da empresa numa perspectiva econômica e social. Como pequenos e novos negócios podem ter limitações de resultados e remuneração no curto prazo, é a capacidade empreendedora, inovadora e criativa de seus talentos que pode fazer a diferença e trazer resultados mais significativos a médio e longo prazo.

Assim, a empresa deve estar devidamente formatada em relação ao ambiente legal (neste caso, trabalhista), porém, deve procurar novos modelos para que consiga se tornar mais competitiva, ressaltando que esta afirmação não se refere à redução de custos e despesas por processos de demissão ou terceirização, mas à melhor identificação e análise das necessidades humanas, e à implementação de ações que visem manter e motivar a permanência e desenvolvimento de pessoas, transformando-as em talentos humanos.

Alguns gestores pensam de acordo com dados e informações financeiras e econômicas; outros se atêm a processos e tecnologias; os mais inteligentes pensam em tudo o que foi citado, mas numa perspectiva integrada, ou seja, na de gestão de pessoas.

Questões para reflexão

1. Qual a importância da área de gestão de pessoas para uma empresa?
2. Qual a relação da gestão de pessoas com as outras áreas da empresa?
3. Que fatores e variáveis externas à empresa devem ser levados em consideração na abertura de um novo negócio?
4. Que fatores e variáveis internas devem ser levados em consideração na abertura de uma empresa?
5. Que características geralmente possuem os colaboradores internos em uma empresa?
6. Como mensurar as necessidades de capital humano?
7. Identifique as formas de motivar e comprometer os talentos internos de uma organização.
8. Como estabelecer um programa de remuneração condizente com o momento de uma empresa?
9. Como desenvolver um programa de carreira coerente com os objetivos e metas de uma empresa?
10. Enumere os pontos positivos e negativos da adoção da terceirização em novos negócios.

Estudo de caso

Cinco recém-formados pretendem abrir um novo negócio. Atuam em áreas diferentes, mas já conversaram com os gestores das empresas em que trabalham e conseguirão levantar recursos provenientes dos direitos trabalhistas, aos quais somarão aqueles provenientes de suas poupanças individuais, num montante de R$ 300.000,00, que serão distribuídos em quotas iguais para os sócios.

Pretendem abrir uma cafeteria no bairro da Vila Madalena e estimam que dentro de três meses já esteja funcionando.

Os sócios estarão à frente do negócio, atuando nas diferentes áreas de gestão e administração, mas várias dúvidas afloraram nas reuniões iniciais, uma vez que nenhum deles tem experiência em gerir esse tipo de negócio, nem experiência em administração e gestão. Assim, tiveram a ideia de contratar um gerente com experiência na área, que os ajudará, inclusive, na contratação da equipe operacional (atendimento).

Estão bastante otimistas em relação à abertura do novo negócio, já pensando num plano de expansão por meio de franquias.

Responda:

1. Que cuidados os novos empreendedores devem ter ao iniciar esse tipo de negócio?

2. Que tipo de análises devem desenvolver para que o negócio se concretize com êxito?

3. Você considera a contratação do gerente com experiência uma decisão acertada?

4. Considerando a vontade dos sócios de trabalharem no novo negócio, que cuidados e precauções devem ter para evitar problemas no decorrer da atividade proposta?

5. Que recomendações diretas você daria em relação à formação do grupo de trabalho?

Referências bibliográficas

BOHLANDER, G.; SNELL, S.; SHERMAN, A. *Administração de recursos humanos*. São Paulo: Thomson, 2003.

BRASIL. Constituição brasileira. Disponível em: <http://www.planalto.gov.br/ccivil_03/constituicao/constituicao.htm>. Acesso em: 25 jan. 2013.

CAPODAGLI, Bill; JACKSON, Lynn. *O estilo Disney*: aplicando os segredos gerenciais da Disney em sua empresa. São Paulo: Makron, 2000.

CASCIO, W.; BOUDREAU, J. *Investimento em pessoas*: como medir o impacto financeiro das iniciativas em recursos humanos. Porto Alegre: Bookman, 2010.

CECCONELLO, A.R.; AJZENTAL, A. *A construção do plano de negócios*. São Paulo: Saraiva, 2008.

CHIAVENATO, Idalberto. *Gestão de pessoas*. 2. ed. São Paulo: Campus, 2005.

DOZ, Yves L.; PRAHALAD, C. K. *The multinacional mission*: balancing local demands and global vision. New York: Simon & Schuster, 1999.

MTE – Ministério do Trabalho e Emprego. Encargos sociais no Brasil: conceito, magnitude e reflexos no emprego. DIEESE, 2006. Disponível em: <http://portal.mte.gov.br/data/files/FF8080812BA5F4B7012BAB0ABAFF6414/Prod04_2006.pdf>. Acesso em: 24 jan. 2013.

FERRAZ, Serafim. Remunerar por desempenho funciona? *HSM Management*, n.30, ano 5, p. 134-140, jan-fev. 2002.

FISCHER, Rosa Maria. "Mudança e transformação organizacional". In: FLEURY, Maria Tereza L. (Coord.). *As pessoas na organização*. São Paulo: Editora Gente, 2002, p. 147-164.

GIULIANI, Rudolph. *O líder*. Rio de Janeiro: Campus, 2003.

KOTLER, Philip; ARMSTRONG, Gary. *Princípios de marketing*. 12. ed. São Paulo: Prentice-Hall, 2012.

KUAZAQUI, Edmir. *Marketing internacional*. Construindo e desenvolvendo competências em cenários internacionais. São Paulo: M. Books, 2007.

LOSIDH, L.; MORGAN, H.; KALLIANPUR, A. *Empreendedorismo e marketing*. Lições do curso de MBA da Wharton School. Rio de Janeiro: Campus, 2002.

MILKOVICH, G.; BOUDREAU, J.W. *Administração de recursos humanos*. São Paulo: Atlas, 2000.

MOLLER, C. *Employeeship*. O lado humano da qualidade. Maximizando a qualidade de produtos e serviços através do desenvolvimento das pessoas. São Paulo: Pioneira, 1993.

_____. *Employeeship*. Como maximizar o desempenho pessoal e organizacional. São Paulo: Pioneira, 1996.

OLIVEIRA, Djalma P. R. O. *Planejamento estratégico*. 30. ed. São Paulo: Atlas, 2012.

ORGANIZAÇÃO INTERNACIONAL DO TRABALHO (OIT). Disponível em: <http://www.oit.org.br>. Acesso em: 25 jan. 2013.

RIFKIN, J. *The end of work*: the decline of the global labor force and the dawn of the post-market era. New York: The Putnam Berkley Group, Inc. 1995.

RHINESMITH, Stephen H. *A manager's guide to globalization*: six keys to success in a changing world. New York: American Society for Training, 1993.

SENGE, Peter. A dança das mudanças. Book Summary. *HSM Management*, 1, p. 4-21, 2000.

SROUR, R. H. *Ética empresarial*. O ciclo virtuoso dos negócios. 3. ed. São Paulo: Campus, 2008.

WEISSELBERG, R. C.; COWLEY, J. G. *The executive strategist*. New York: McGraw-Hill Book Company, 1990.

Capítulo 13

Análise da demanda

> *If you can look into the seeds of time, and say which grain will grow and which will not, speak then unto me.*
>
> WILLIAM SHAKESPEARE

Gustavo Corrêa Mirapalheta

Objetivos

- Apresentar os principais métodos de análise, modelagem e previsão da demanda;
- Discutir exemplos bem-sucedidos de aplicação em seu contexto de desenvolvimento original;
- Apresentar e discutir, a partir de um estudo de caso, a aplicabilidade da análise da demanda no ambiente de negócios contemporâneo.

Introdução

A análise da viabilidade de um negócio deve partir do princípio de que existe demanda, isto é, interesse pelo produto ou serviço que será comercializado. Como os empreendimentos (em especial aqueles ligados a algum tipo de inovação) tratam essencialmente de produtos e serviços que serão comercializados no futuro, essa análise requer o uso de algum tipo de técnica de previsão, seja ela de cunho qualitativo ou quantitativo, causal ou de série temporal. Sendo assim, o objetivo deste capítulo é explorar as possibilidades de análise da demanda e a previsão de seus valores futuros que estejam à disposição dos empreendedores.

Em princípio, podemos dividir as técnicas em quantitativas e qualitativas. Como o próprio nome sugere, as técnicas qualitativas estão ligadas a fatores subjetivos, relacionados com a experiência daquela pessoa ou grupo que irá realizar a análise do mercado e elaborar uma previsão com base nela. As técnicas qualitativas mais comuns são: a) o Método Delphi e b) a análise de cenários. Por outro lado, as técnicas quantitativas são divididas em três grupos: a) os modelos de causa e efeito determinísticos, b) os modelos de causa e efeito estocásticos, ou seja, que incorporam incerteza em sua formulação e c) os modelos de séries temporais. Deve-se enfatizar que essas técnicas não são mutuamente excludentes, já que o uso de uma delas não impede a utilização de outra, seja em paralelo, seja de forma subsequente, sendo, na verdade, muito comum o uso de várias técnicas em conjunto.

Técnicas qualitativas

As técnicas qualitativas aplicam-se, em geral, nas situações em que não existem dados disponíveis a respeito de um determinado produto ou serviço, seja porque nunca foi elaborada uma base de informações a respeito, seja porque o produto ou serviço existe apenas como conceito na mente do empreendedor. Elas normalmente tentam utilizar-se da experiência passada de especialistas ou do próprio empreendedor, procurando melhor entender as situações futuras, pela simples extrapolação (não quantitativa) das tendências atuais ou baseando-se em alguma abordagem específica que justifique uma mudança de paradigma no mercado (comumente chamada de *ruptura*), a qual ocorre de forma muito frequente nas chamadas situações de transição tecnológica (Christensen, Roth, & Anthony, 2004).

No presente texto, serão analisadas duas técnicas qualitativas: o Método Delphi e a análise de cenários. Ambas produzem resultados que podem ser utilizados pelos empreendedores de forma a melhor calibrar suas expectativas e/ou como *input* para técnicas quantitativas de modelagem e análise da demanda.

Método Delphi

O Método Delphi baseia-se na capacidade intuitiva de conhecimento de grupos de especialistas. O nome tem sua inspiração no famoso Oráculo de Delfos (*Delphi*, em inglês), o qual era utilizado, segundo a mitologia grega, na Grécia antiga por nobres que desejavam prever o resultado de batalhas e acontecimentos importantes.

Uma das primeiras aplicações bem-sucedidas desse método ocorreu no início da década de 1950, em plena Guerra Fria, quando a RAND Corporation foi comissionada pelo Departamento de Defesa do governo americano para "elaborar um relatório, utilizando a opinião de especialistas os quais analisariam, do ponto de vista de militares soviéticos, o problema de indicar as localidades industriais que seriam os alvos preferenciais nos Estados Unidos, em caso de ataque nuclear, e recomendariam uma estratégia visando minimizar as perdas e o uso de munição nuclear na resposta a ser oferecida" (Dalkey & Helmer, 1963). Desde então, a técnica tem sido amplamente utilizada, sendo as pesquisas comissionadas tanto por órgãos governamentais, corporações e entidades sem fins lucrativos quanto em diversos setores (tecnologia da informação, telecomunicação, química, construção, varejo, turismo, etc.) (Linstone & Turoff, 2002).

Para a aplicação dessa técnica, são elaborados questionários que procuram medir a percepção dos *experts* convidados a participar da pesquisa. A obtenção da estimativa final (normalmente feita pelo de consenso entre os respondentes) pode ser feita por meio de reuniões presenciais ou por envio das respostas dos participantes a todos os membros do grupo.

A elaboração dos questionários é uma parte importante do processo, pois o tipo de pergunta pode gerar uma tendenciosidade nas respostas, que deverá ser minimizada. Quanto à forma de obtenção do consenso, se houver tempo disponível, deve ser dada preferência às formas não presenciais. Isso decorre de diversos fatores. Existem pessoas que são capazes de expor melhor do que outras seus pontos de vista, levando a opinião do grupo na direção de sua preferência, a qual não necessariamente pode ser a melhor. Além disso, sempre existe um fator de hierarquia entre os participantes, sendo a opinião de alguns, muito respeitada por seu passado de contribuições ao setor em que é realizada a pesquisa, ou então por ter uma relação de trabalho (presente ou passada) direta com um ou mais participantes. Outro fator considerável é a dificuldade das pessoas de mudar de opinião em reuniões presenciais, quando fatores de caráter pessoal são muito evidentes.

Quando o consenso puder ser obtido de forma não presencial, as respostas deverão ser trocadas entre todos os participantes, porém de forma anônima, mais uma vez para evitar a tendenciosidade no resultado. Esta etapa, na qual os respondentes, sempre de forma anônima, têm a oportunidade de ler a opinião média do grupo e quaisquer comentários específicos que tenham sido feitos, é então repetida várias vezes. Espera-se, dessa forma, que a opinião do grupo seja convergente na direção do melhor valor ou opinião sobre o tema.

Análise de cenários

Nesse caso, é elaborado um modelo do ambiente de negócios e no mesmo modelo são criadas três opções futuras (ou cenários) sob as quais poderão se desenrolar os acontecimentos. Os três cenários são normalmente designados pessimista, neutro e otimista. Os próprios nomes dos cenários explicam o objetivo de cada um.

Na qualificação das variáveis que irão definir cada um deles, são aplicados valores que refletem o *status* de cada um, algo como: um cenário em que as coisas vão mal, um cenário no qual os eventos se desenvolvem de acordo com uma tendência neutra e um cenário em que tudo vai bem. A partir dessas três possibilidades, é esperado que o empreendedor torne-se capaz de melhor calibrar suas expectativas, entendendo os riscos associados com um determinado projeto e consequentemente ajustando suas próprias decisões.

A principal crítica que é feita à análise de cenários vem do lado das técnicas quantitativas, as quais serão vistas mais adiante. O problema é que os cenários recebem probabilidades iguais de ocorrência (pois é muito difícil estimar de forma subjetiva o efeito de diferentes probabilidades nos eventos futuros). Sendo assim, as três opções são analisadas com igual peso, mesmo que ao ser elaboradas tenham sido utilizadas premissas com probabilidades de ocorrência muito baixas. Para contornar tal problema, utilizam-se técnicas de simulação, as quais incorporam tais probabilidades aos cenários futuros melhorando a qualidade da previsão.

Ainda assim, a análise de cenários é uma técnica amplamente utilizada pela sua facilidade de aplicação. Quando utilizada em conjunto com uma metodologia específica de desenvolvimento de cenários (*vide* a seguir), os resultados podem se mostrar excelentes.

Tome-se, por exemplo, a metodologia de previsão de tendências tecnológicas de ruptura (Christensen, Roth, & Anthony, 2004), a qual procura determinar a possibilidade ou não de uma mudança súbita na tecnologia subjacente a uma indústria. De acordo com esta análise, o fator mais importante é a existência de clientes sub ou sobreatendidos que, por sua vez, determina as futuras disputas competitivas e as opções estratégicas disponíveis.

No caso de existir clientes sobreatendidos, eles passam a não pagar mais por melhorias nos produtos e serviços, o que pode levar a inovações que reduzam o escopo dos produtos e serviços de uma indústria, com subsequente ajuste de preço. Um exemplo desse cenário ocorreu na indústria de informática nos anos 1980, quando empresas tradicionais no segmento corporativo (como a IBM) se defrontaram com um novo segmento de mercado (o dos computadores pessoais e da computação cliente-servidor), em que os clientes achavam importante a qualidade dos produtos e do atendimento, mas não se dispunham a pagar mais por isso, gerando uma oportunidade de mercado que foi capitalizada por empresas como Intel e Microsoft, entre outras.

O cenário inverso ocorre quando existem clientes com demandas maiores que a capacidade de atendimento da indústria. Nesse caso, cria-se uma situação na qual os fornecedores irão promover mudanças incrementais ou de ruptura sempre no sentido de aprimorar e integrar as tecnologias, produtos e serviços existentes. Um exemplo de tal situação ocorreu no Brasil, na década de 1990, no segmento de telecomunicações. Existia uma enorme demanda represada no setor (a qual até recentemente não tinha sido atendida de maneira satisfatória), que requereu um esforço primeiro de privatização, depois de maciços investimentos privados no setor. Esses investimentos diminuíram o *gap* entre a demanda e a oferta de serviços, porém ainda não o eliminaram, e seja no Brasil, seja nos demais países, existe uma grande oportunidade para novos produtos e serviços, decorrentes da convergência das novas opções introduzidas pelo uso generalizado da internet.

Por último, poderá existir um segmento potencial de clientes ainda não atendido (seja de forma adequada ou inadequada), o qual, ao despertar para uma nova tecnologia, pode gerar uma ruptura de mercado, produzindo um cenário de crescimento explosivo. Nesse caso, a inovação traz produtos que, se por um lado, quando comparados com possíveis substitutos nos mercados tradicionais, têm uma incipiência tecnológica evidente, nos novos segmentos de mercado, para os quais eles se destinam, oferecem conveniência de uso, capacidade de customização ou simplesmente um preço bem inferior, o que os leva a uma aceitação rápida e imediata. O exemplo mais simples de ser citado é o das facilidades proporcionadas pela internet, entre elas a possibilidade de encontrar a informação que se deseja no momento em que se necessita, por meio dos sistemas de busca dos quais o Google é o caso mais famoso. Até quinze ou vinte anos atrás nem mesmo se cogitava essa possibilidade, algo que hoje em dia passa despercebido pela maioria das pessoas.

Essas três opções poderiam então configurar uma gama de opções para uma empresa que estivesse lançando um novo produto. Estas possibilidades iriam desde a um cenário conservador, apenas com clientes sobreatendidos no segmento atual e com vários concorrentes já estabelecidos, os quais tentariam manter sua posição de dominância simplesmente reduzindo o preço de seus produtos e serviços, até um cenário otimista com muitos clientes novos ou mal-atendidos e poucos competidores possíveis entre as empresas tradicionais do setor.

Esses exemplos mostram opções estratégicas desenvolvidas a partir do uso de cenários futuros que poderão ser definidos por uma empresa, como já mencionado, em pessimista, neutro ou otimista e, a partir de tal conjunto, seria possível projetar os investimentos e subsequentes decisões executivas.

Técnicas quantitativas

Quando estão disponíveis dados numéricos, é possível a utilização das chamadas técnicas quantitativas. Deve ser enfatizado que essas técnicas não são intrinsecamente melhores ou piores que as técnicas qualitativas. A qualidade dos resultados oferecidos por um modelo depende, em primeiro lugar, da qualidade dos dados de entrada do dele, ou como se costuma dizer no jargão da informática: *garbage in, garbage out* (isto é, "entra lixo, sai lixo").

Seja como for, devido ao seu cunho matemático, elas têm um apelo muito forte. Além disso, os resultados que elas muitas vezes oferecem mostram os efeitos de relacionamentos cruzados entre as diversas variáveis de um sistema, relacionamentos estes que são de difícil caracterização *a priori* quando a análise é feita por uma técnica qualitativa.

As técnicas quantitativas se dividem em três grupos: técnicas de tendência (ou extrapolação) e modelos de causa e efeito, determinísticos e estocásticos.

Técnicas de tendência

Nesse caso, a premissa básica é que o futuro será uma repetição do passado, ou seja, existe uma tendência nos dados que pode ser percebida e extrapolada. A seguir são descritas, principalmente por exemplos, as principais técnicas de tendência comumente utilizadas na previsão da demanda.

Média e desvio padrão

A medida mais simples de tendência é a média. Ela possui a vantagem de suavizar as oscilações de curto prazo, porém, em geral, precisa ser utilizada com uma medida da dispersão dos dados, ou seja, o quanto eles podem se distanciar da própria média.

Supondo que você possua como valores passados, nos últimos seis meses, da demanda de um determinado produto, as quantidades $q_1=100$, $q_2 = 125$, $q_3 = 95$, $q_4 = 88$, $q_5 = 118$ e $q_6 = 121$, a média será calculada como:

$$q_m = \frac{\sum_{i=1}^{6} q_i}{6} = \frac{100 + 125 + 95 + 88 + 118 + 121}{6} = 107.8$$

Observe que o valor obtido pode ser quebrado (isto é, com vírgula) mesmo que a previsão diga respeito a produtos que sejam vendidos de forma inteira. Isso ocorre porque a média é o valor esperado de uma operação matemática feita com uma determinada quantidade de dados e não o valor esperado para a próxima observação da série. O que se está fazendo, nesse caso, é utilizar o valor numérico desta operação matemática (ou seja, da média) para que seja criada a partir dele uma previsão para o próximo valor da série. Tomando por base o resultado obtido acima, poderíamos prever o próximo volume de vendas como 107 ou 108 ou até mesmo um valor um pouco mais distante.

A próxima pergunta a ser respondida é: quão boa será nossa previsão, ou, em outras palavras, quão certos podemos estar de que o valor que iremos medir no próximo mês estará próximo de 107,8? Para responder essa pergunta, precisamos lançar mão de uma medida de dispersão para os nossos dados históricos. A maioria das inconsistências que se observa na utilização da média enquanto medida de previsão decorre da sua utilização de forma isolada. Se, por um lado, o cálculo da média é simples, o cálculo de uma medida de dispersão como o desvio padrão é razoavelmente mais complexo, fazendo com que muitas pessoas simplesmente o ignorem, com consequências às vezes desastrosas.

Para os dados apresentados acima, e supondo-se que existem mais dados disponíveis a respeito do volume de vendas de nosso produto, embora desconhecidos de nossa parte, o desvio padrão da série será calculado como:

$$q_s = \sqrt{\frac{\sum_{i=1}^{6}(q_i - q_m)^2}{6}}$$

$$q_s = \sqrt{\frac{(100-107,8)^2 + (125-107,8)^2 + (95-107,8)^2 + (88-107,8)^2 - (121-107,8)^2}{6-1}}$$

$$q_s = 15,73$$

Apesar de "misteriosa" (a princípio), a fórmula acima segue uma lógica que não é difícil de ser entendida. Primeiro a diferença entre cada termo da série e a média é fácil de ser explicada, uma vez que queremos uma medida de dispersão. Sendo assim, precisamos obviamente calcular as diferenças entre os valores observados e o valor central, isto é, a própria média. O que é estranho, à primeira vista, é calcular cada diferença ao quadrado para somente depois somar os resultados!

O raciocínio para trás desse cálculo é o seguinte: se for calculada a diferença entre cada termo e a média, alguns serão maiores, outros serão menores. Como a média está no centro exato do conjunto, existirão termos negativos (aqueles provenientes de valores que estão abaixo da média) e termos positivos (aqueles provenientes de valores que estão acima da média). Ora, quando são somados termos negativos com positivos, o resultado poderá ser até mesmo nulo (e no caso das diferenças em relação à média é exatamente o que ocorre). Tal medida de dispersão não seria muito útil, pois as diferenças (que é o que se quer medir) estariam se eliminando umas às outras. É por essa razão que cada diferença é elevada ao quadrado. Ao serem elevadas ao quadrado (isto é, quando são multiplicadas por si próprias), os termos negativos tornam-se positivos e as diferenças passam a somar sempre, sejam elas provenientes de valores menores que a média, sejam de valores maiores que a média.

O problema seguinte é a divisão por cinco, ou seja, seis menos um. Por que não dividir simplesmente por seis, afinal existem nesse conjunto seis elementos? A razão diz respeito à estatística, isto é, a ciência dos grandes agrupamentos de dados e das conclusões que se pode tirar de um subconjunto (em termos técnicos uma amostra) desse grande agrupamento de dados. Foram utilizados seis elementos e calculada uma média. Depois essa média foi utilizada para calcular o desvio padrão. Agora, deve-se observar o seguinte: se existirem seis espaços para ser preenchidos livremente, com os números que se desejar (isto é, as observações que serão feitas de um determinado fenômeno), é óbvio que existirão seis graus de liberdade, ou seja, poderão ser feitas seis escolhas livres. Agora é dito que se forem somados os valores e divididos pela quantidade de dados disponíveis, o resultado dará 107,8, isto é, a média dos valores dará 107,8 como resultado. Pergunta-se então: quantos "espaços" livres existem para ser escolhidos? Existirão apenas **cinco** espaços livres para escolher os valores, pois ao escolher o quinto valor, sabendo quanto deverá ser a média, o sexto valor estará automaticamente determinado! É por isso que se divide o valor da soma dos quadrados das diferenças por *n-1* ao invés de *n*.

É preciso, no entanto, comentar o seguinte: a premissa básica para dividir por *n-1* é a de que existem mais valores possíveis para os dados da série do que aqueles que se está utilizando para calcular a média, ou seja, se está calculando o desvio padrão a partir de uma *amostra* do conjunto total de dados, o que em geral é verdade. Se isso não for verdade, nesse caso a divisão deverá ser feita por *n*. Como regra geral (*rule of thumb* em inglês), divide-se por *n-1*. Mesmo que o resultado não esteja correto, a divisão por *n-1* dará uma medida conservadora da dispersão, pois dividir por um número menor dará sempre um resultado maior.

Por último, a raiz quadrada. Deve-se recordar que os dados foram todos elevados ao quadrado. Sendo assim, se a série dizia respeito a reais, se estará falando nesse momento de reais^2, m passa para m^2, s para s^2 etc. Para poder comparar a dispersão com a média, as unidades devem ser equivalentes. É por isso que se calcula no final a raiz quadrada do resultado. Quando essa operação de raiz quadrada for executada, ela trará as unidades ao quadrado para as unidades originais do problema (reais^2 para reais, m^2 para m, s^2 para s etc.).

O número que mede a dispersão dos dados está calculado, as razões para ele ser calculado dessa forma estão entendidas e o resultado numérico (no exemplo atual) deu 15,43 unidades de produto. O que esse valor significa? A estatística entra em ação novamente. O que será explicado a seguir tem uma demonstração puramente matemática, e está além do escopo deste texto. As razões podem, no entanto, ser facilmente compreendidas.

Quando se está tratando com valores que apresentam variações as quais não são passíveis de ser descritas de maneira 100% precisa, diz-se que os dados têm uma componente *aleatória*. Ao longo do tempo, percebeu-se, por meio da observação de uma grande quantidade de dados que apresentavam aleatoriedade, um fenômeno interessante. Os dados tendiam a se distribuir ao redor do valor esperado (isto é, da sua média) criando uma curva com forma de sino. Essa curva apareceu (e continua a aparecer) em tantas situações que se passou a esperar que os dados se distribuíssem de acordo com ela. Essa suposição foi verificada em tantas situações que passou a ser considerada a "normalidade" dos casos. Diz-se que os dados que seguem tal curva têm uma distribuição *normal* ou *Gaussiana* (em homenagem ao matemático que a descobriu, Carl Friedrich Gauss). A normalidade é mais presente no mundo real do que se supõe à primeira vista. É possível provar que a distribuição de uma série de médias seguirá forçosamente uma curva normal, à medida que cresce o número de elementos *n* em cada conjunto em que se calculou as médias.

Pois bem, o estudo da curva normal, isto é, da distribuição da maioria dos dados que apresentam algum tipo de aleatoriedade, mostra que, aproximadamente, 66% dos casos se encontram em até um desvio padrão da média, 95% dos casos em até dois desvios padrões e 99% dos casos em até três desvios padrões da média. É possível agora oferecer uma previsão para o próximo valor da série temporal. Pode-se dizer que, se a hipótese da normalidade dos dados puder ser utilizada, o próximo valor terá:

66% de probabilidade de ficar entre 107,8 +/−15,4
95% de probabilidade de ficar entre 107,8 +/− 30,8 (isto é, 15,4 x 2)
99% de probabilidade de ficar entre 107,8 +/− 46,2 (isto é, 15,4 x 3)

Quando são utilizadas em conjunto, essas duas medidas proporcionam uma série de conclusões, as quais não podem ser obtidas por meio do uso da média em separado. Além disso, grande quantidade de inconsistências (ou perigos) decorrentes do uso da média isoladamente deixa de existir. Invariavelmente, as situações ditas perigosas envolvem utilizar a média como valor que descreve os elementos de um conjunto quando existe uma grande variabilidade (ou seja, um desvio padrão) entre eles. À medida que a variabilidade fica menor (isto é, diminui o desvio padrão), mais os dados, um a um, passam a ser parecer com o seu valor médio. Estes dois conceitos, média e desvio padrão serão fundamentais na análise da demanda a partir de dados históricos, isto é, para a análise das séries temporais.

Média móvel

Um problema decorrente do acúmulo de dados quando se calcula a média é que conforme mais e mais valores são utilizados, o peso individual de cada um torna-se cada vez menor. Se o acúmulo for muito grande, valores muito antigos podem acabar tendo um peso muito maior que sua importância real para a formação da média dos valores atuais. Para minimizar tal efeito, utiliza-se o conceito de *média móvel*.

Como o próprio nome já diz, é uma média com um número fixo de valores. Conforme novos valores vão sendo obtidos (isto é, conforme passa o tempo), eles vão substituindo os valores mais antigos, os quais são descartados. Na tabela a seguir, são apresentados os valores mensais de venda de um produto e a média móvel de seis meses dele. Deve ser observado que a média móvel de seis meses só pode ser calculada a partir do sétimo mês.

Mês	Quant.	MM 6m
1	100	
2	90	
3	76	
4	140	
5	90	
6	112	
7	109	101.33
8	94	102.83
9	92	103.50
10	103	106.17
11	138	100.00
12	162	108.00

TABELA 1 – Média móvel de 6 meses

Como pode ser visto na tabela acima, a utilização da média móvel tem dois efeitos: a) valores muito antigos passam a não influenciar na previsão atual e b) ocorre um efeito de suavização das previsões, decorrente da própria utilização de uma média no cálculo da previsão.

A média móvel é amplamente utilizada tanto na previsão de demanda de produtos e serviços quanto no mercado financeiro na previsão do preço de ativos financeiros, na chamada análise técnica. Esse tipo de análise procura determinar padrões para os preços dos ativos ao longo do tempo e realizar previsões tomando por base esses padrões. O objetivo na maioria das vezes é prever quando o mercado irá mudar de tendência e se antecipar a ela, obtendo retorno financeiro (essa técnica é chamada de *market timing*).

Um exemplo de estratégia de *market timing* é utilizar duas médias móveis, por exemplo, de doze e seis meses. Quanto mais termos forem utilizados no cálculo da média móvel, mais suave ela será, ou seja, mais lentamente o seu gráfico irá variar. Sendo assim, quando a média móvel de seis meses, mais rápida, cruzar a média móvel de doze meses, de baixo para cima, isso significa que o preço do ativo no mercado está em fase de crescimento, logo seria um bom momento para a sua compra. Quando a média móvel rápida, de seis meses, cruzar a média móvel lenta, de doze meses, de cima para baixo, isto é, em queda, significa que o preço do ativo tende a cair no curto prazo, logo estaria na hora de vender (encurtar).

Regressão linear

Uma premissa ficou implícita no raciocínio desenvolvido na etapa em que foram estudados a média e o desvio padrão. Os dados não apresentavam tendência de crescimento ao longo do tempo. Eles tinham uma característica chamada estacionária. Em grande parte das vezes, os dados apresentam uma tendência a crescer ou a diminuir ao longo do tempo. Utilizar a média dos dados históricos, pura e simplesmente, pode ser errado, se eles estiverem em uma rota ascendente ou descendente. Portanto, torna-se necessário calcular uma média que cresça ao longo do tempo, e a técnica que permite tal análise chama-se regressão linear. Para entender como tal técnica é empregada, tome-se como exemplo a sequência de pontos a seguir:

Tempo	Quant.
0	100
1	105
2	109
3	113
4	122
5	129
6	131
7	144
8	141
9	142
10	151

Tabela 2 – Dados para previsão de demanda

Quando são apresentados em forma gráfica (tempo na horizontal, eixo dos x e quantidades na vertical, eixo dos y), os dados apresentam o seguinte formato:

Quantidade x Tempo

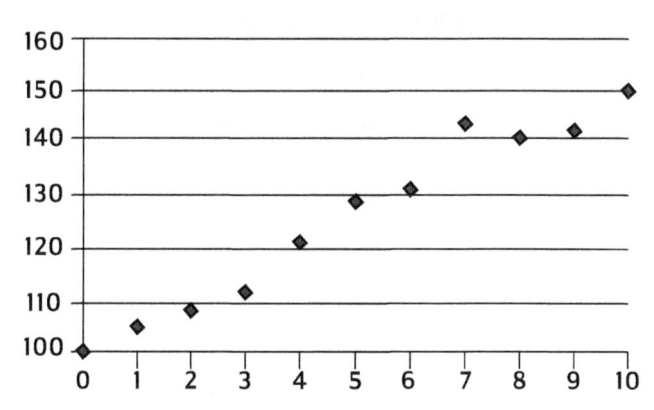

Figura 1 – Quantidade vendida ao longo do tempo

Basta olhar para o gráfico e percebe-se que existe uma tendência de crescimento na quantidade vendida. Para capturar essa tendência em uma previsão da demanda futura, deve-se calcular uma média *ascendente*, isto é, que siga um determinado gráfico, uma tendência ao longo do tempo, na maior parte dos casos uma reta.

Planilhas eletrônicas incorporam em seus sistemas de geração de gráficos a capacidade de inserir uma reta de tendência. Qual a lógica por trás de tal cálculo? Para entender esse raciocínio, deve-se responder a questão: como escolher a reta mais apropriada?

Primeiro, seja qual for a reta que venha a ser escolhida, se for adotada a letra x para designar a variável tempo e a letra y para designar a variável quantidade, a para um valor constante e b para uma taxa de crescimento, a reta será então representada pela expressão $y = a + b.x$. Para escolher a melhor reta, deve-se então determinar quais os valores corretos para a e b. Mas qual o critério que irá determinar se uma reta é "melhor" que outra? Mais uma vez será utilizado o conceito de dispersão dos dados.

Para cada ponto da tabela de dados históricos (pares (x,y) de tempo, quantidade), é possível calcular um outro par $(x,y^\wedge)$ a partir do valor de x e da expressão da própria reta. Supondo que a reta tem como expressão $y^\wedge = 80 + 3x$, é possível calcular para cada valor de x um valor de $y^\wedge$ de acordo com esta expressão e colocar esses valores ao lado dos valores de y, originais da própria tabela. O resultado pode ser visto logo abaixo:

Tempo	Quant.	Quant.$^\wedge$
x	y	$y^\wedge = a+bx$
0	100	80
1	105	83
2	109	86
3	113	89
4	122	92
5	129	95
6	131	98
7	144	101
8	141	104
9	142	107
10	151	110
	a=	80
	b=	3

TABELA 3 – Dados históricos x Dados calculados para a demanda

Observa-se agora que existe uma diferença (como era de se esperar) entre os dados calculados e os dados originais de quantidade da tabela. Esses dados históricos serão chamados a partir de agora de *dados observados*. Os valores "corretos" de *a* e *b* serão aqueles que produzirem o menor *erro total* entre o conjunto dos dados *observados* e o conjunto dos dados *calculados*. Qual a medida de erro que deve ser utilizada? A soma dos erros? Não! A soma dos quadrados dos erros! Por quê? Porque assim como no exemplo anterior (cálculo da média e do desvio padrão), no qual erros negativos somados a erros positivos poderiam, e efetivamente anulam, o resultado final, aqui também ocorre o mesmo problema, pois a melhor reta irá passar *entre* os pontos, acima de alguns e abaixo de outros, produzindo erros positivos e negativos. Sendo assim, para evitar tal situação, mais uma vez elevam-se as diferenças ao quadrado. Essa técnica de minimizar a soma dos erros quadrados é chamada, muito apropriadamente, de método dos mínimos quadrados.

Tempo	Quant.	Quant.^	erro^2
x	y	y^=a+bx	(y−y^)^2
0	100	80	400
1	105	83	484
2	109	86	529
3	113	89	576
4	122	92	900
5	129	95	1156
6	131	98	1089
7	144	101	1849
8	141	104	1369
9	142	107	1225
10	151	110	1681
		Soma=	11258
	a=	80	
	b=	3	

TABELA 4 – Dados históricos, calculados e erros quadrados

Como executar tal cálculo em uma planilha eletrônica, como, por exemplo, Microsoft Excel? Existem três maneiras. A primeira é simplesmente gerar o gráfico dos dados históricos em formato de pontos e pedir para a própria planilha que insira a reta de tendência. No caso do exemplo atual, isso fornece $y = 5,1818x + 100,18$, como pode ser visto na próxima figura.

Quantidade x Tempo

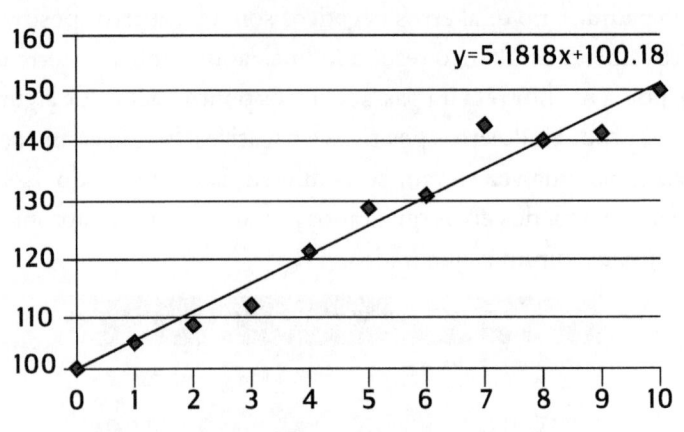

FIGURA 2 – Dispersão e tendência dos dados

Outra forma é pedir ao Excel que minimize a célula onde está calculada a soma dos quadrados (a qual com $a=80$ e $b=3$ dá como resultado, no momento, 11.258,00). Isso pode ser feito através do pacote Solver, o qual vem incluído no Excel. O Solver pode ser encontrado na aba de *Dados*. Ao clicar na opção Solver do menu *Dados*, aparece uma tela onde é possível informar qual célula deve ser otimizada e se a otimização é uma procura de mínimo ou máximo (nesse caso um mínimo). Após executar o Solver, a tabela acima apresenta os seguintes resultados:

Tempo	Quant.	Quant.^	erro^2
x	y	y^=a+bx	(y−y^)^2
0	100	100,18	0,03
1	105	105,36	0,13
2	109	110,55	2,39
3	113	115,73	7,44
4	122	120,91	1,19
5	129	126,09	8,46
6	131	131,27	0,07
7	144	136,45	56,93
8	141	141,64	0,41
9	142	146,82	23,22
10	151	152,00	1,00
		Soma=	101,27
	a=	100,13	
	b=	5,18	

TABELA 5 – Erros quadrados minimizados

Como pode ser visto, os valores calculados pelo Solver (*a*=100,18 e *b*=5,18) conferem com os valores apresentados pela inserção direta de uma reta de tendência no gráfico dos valores históricos da demanda.

A terceira maneira de se obter o resultado acima, a qual dispensa o uso de recursos específicos da planilha (a partir do gráfico ou do Solver) requer uma adaptação da tabela. Partindo da expressão para a qual queremos calcular os parâmetros e obter a melhor reta, tem-se: $y^\wedge = a + b.x$. É possível observar uma "assimetria" nessa expressão. O parâmetro *b* multiplica cada valor de *x*, porém o parâmetro *a* não multiplica ninguém. No entanto, pode-se imaginar que *a* multiplica o número "1". Sendo assim, a expressão fica: $y^\wedge = 1.a + b.x$. Para tornar a expressão ainda mais simétrica, ela deve ser escrita da seguinte forma $y^\wedge = 1.a + x.b$. Tem-se agora valores que vieram de uma tabela de valores históricos à esquerda de cada termo da soma e, à direita, parâmetros que deseja-se calcular. Pode-se em seguida adaptar a tabela de valores históricos para a seguinte forma:

	Tempo	Quant.	Quant.^	erro^2
	x	y	$y\hat{}=a+bx$	$(y-\hat{y})^2$
1	0	100	80	0,03
1	1	105	83	0,13
1	2	109	86	2,39
1	3	113	89	7,44
1	4	122	92	1,19
1	5	129	95	8,46
1	6	131	131,27	0,07
1	7	144	136,45	56,93
1	8	141	141,64	0,41
1	9	142	146,82	23,22
1	10	151	152,00	1,00
			Soma=	101,27
		a=	100,13	
		b=	5,18	

Tabela 6 – Tabela de valores históricos adaptados

Agora será definida como região X aquela que está pintada de verde na tabela acima (do primeiro número 1 até o número 10) e de região Y a região mais escura (do número 100 até o 151). Além disso, a outra região, a qual engloba os parâmetros a serem calculados é denominada região ß (da letra grega beta). Em matemática uma "região" de planilha é denominada uma matriz. Pois bem, não será demonstrado aqui, porque esse tipo de cálculo encontra-se fora do escopo deste texto, porém pode-se provar que os valores corretos de *a* e *b*, os quais estarão contidos na região ou matriz ß, são o resultado da seguinte operação matricial:

$$ß = (X^T.X)^{-1}.(X^t.Y)$$

O *t* indica transposição da matriz (isto é, troca de linhas e colunas) e o $^{-1}$ indica inversão de matriz. Essas operações podem ser calculadas diretamente em planilha pelas funções transpor e *matriz.inverso*. Além disso, para executar as operações matriciais, deve-se selecionar uma região de igual tamanho daquela que se espera para a matriz ß (no exemplo acima, uma região de duas linhas por uma coluna, ou simplesmente uma matriz [2x1]), colocar as expressões que se deseja calcular o resultado e, ao final, pressionar as teclas *ctrl+shift+enter*. As expressões (inseridas diretamente na planilha) podem ser vistas na próxima figura.

	A	B	C	D	E
1		Tempo	Quant.	Quant.^	erro^2
2		x	y	y^ = a+bx	(y-y^)^2
3	1	0	100.00	100.18	0.03
4	1	1	105.00	105.36	0.13
5	1	2	109.00	110.55	2.39
6	1	3	113.00	115.73	7.44
7	1	4	122.00	120.91	1.19
8	1	5	129.00	126.09	8.46
9	1	6	131.00	131.27	0.07
10	1	7	144.00	136.45	56.93
11	1	8	141.00	141.64	0.40
12	1	9	142.00	146.82	23.21
13	1	10	151.00	152.00	1.00
14				Soma =	101.27
15	a =	=MATRIZ.MULT(MATRIZ.INVERSO(MATRIZ.MULT(TRANSPOR(A3:B13),A3:B13)),MATRIZ.MULT(TRANSPOR(A3:B13),C3:C13))			
16	b =	5.18			

TABELA 7 – Expressão matricial para cálculo dos parâmetros *a* e *b*

Após pressionar *ctrl+shift+enter*, se obtém como resultado para *a* e *b*, respectivamente 100,18 e 5,18. A vantagem desse método é não necessitar de nenhum recurso específico da planilha (como gráficos ou o Solver). Além disso, caso estejam sendo feitas projeções que precisam ser constantemente alteradas, a simples modificação de qualquer valor na tabela de dados históricos automaticamente recalcula os parâmetros *a* e *b*. O método do Solver requer que ele seja novamente executado e o método do gráfico requer que os valores sejam atualizados manualmente na planilha.

Esse método da regressão linear, o qual se baseia na minimização da soma dos erros quadrados, é extremamente versátil e poderoso. Ele pode ser utilizado com outras expressões e outros parâmetros, bastando para isso criar uma nova expressão de regressão (por exemplo: $y = a + b.x + c.x2$), incluir os parâmetros adicionais na planilha e e calculá-los via a forma gráfica, Solver ou na expressão matricial. Essa facilidade de adaptação torna o método da regressão linear, em particular, e a técnica de minimização da soma dos erros quadrados em geral ferramentas poderosas na previsão de valores futuros de demanda.

Modelo de Difusão de Inovações

Uma variante de aplicação desse método da regressão linear no qual, ao invés de ajustar uma reta aos dados, é ajustada uma expressão um pouco mais complicada, denominada curva logística, é muito utilizada na previsão de vendas de produtos novos, principalmente se eles tiverem um componente tecnológico muito forte. Esse método (já clássico) é denominado de Modelo de Difusão de Inovações e será estudado agora.

O Modelo de Difusão de Inovações utiliza como premissa que os produtos que representam uma inovação tecnológica difundem-se em um mercado da mesma forma que uma partícula se difunde em um meio líquido ou gasoso. Pode parecer estranho à primeira vista, mas a analogia foi constatada ao longo do tempo, por vários pesquisadores, com variados graus de sucesso (Mansfield, 1961), (Bass F. M., 1969), (Bass F. M., 1980), (Bass, Krishnan, & Jain, 1994). Quando começou a aplicação dos modelos de difusão aos processos sociais, a matemática deles, oriunda da física e da química, já se encontrava muito bem elaborada, e o razoável ajuste entre a teoria e a prática, no caso da previsão de vendas de produtos novos e de cunho tecnológico, provou ser um forte argumento para a universalidade das premissas subjacentes a esses modelos.

Mansfield foi o primeiro a constatar, já no início da década de 1960, que a quantidade de empresas que adotavam uma novidade tecnológica seguia ao longo do tempo uma curva em forma de "S" denominada função logística. O autor analisou em geral a adoção de novos equipamentos (máquinas de mineração contínua, de fabricação de chapas em anel, empilhadeiras e controle centralizado de tráfego) em indústrias variadas (de carvão, aço, cerveja e transporte ferroviário), no período que vai do final do século XIX até o pós-guerra, na Europa e nos Estados Unidos. Uma "novidade" tecnológica era considerada difundida quando pelo menos 50% das empresas de um setor a adotavam. Os processos de difusão variaram de menos de um ano até quinze anos, sendo observado um valor médio de 7,8 anos. Foram propostos dois modelos para explicar tal fenômeno, um determinístico e outro estocástico, porém o que se tornou um clássico na análise e previsão da demanda de produtos foi o modelo determinístico. Tendo sido observado de forma visual que a adoção tecnológica, isto é, a quantidade de empresas em um setor que passava a utilizar uma determinada tecnologia seguia uma curva em "S", foi proposto que a curva logística (a qual tem a forma também de um "S") ajustaria os dados de maneira adequada; foram calculados parâmetros de ajuste para diferentes segmentos (assim como no exemplo anterior em que foram calculados parâmetros de ajuste de uma reta). No caso do modelo de Mansfield, além do tempo, foram utilizadas como variáveis independentes a lucratividade da indústria e o volume de investimentos associados à inovação, e testadas as hipóteses de que a taxa de adoção seria diretamente proporcional à lucratividade da inovação e inversamente proporcional ao investimento necessário. Os resultados, nas próprias palavras do autor, foram excelentes, tendo a correlação entre os valores previstos e observados sido da ordem de mais de 90% em todas as indústrias. Sendo assim, concluiu-se que: a) a adoção tecnológica seguia uma curva em "S" (logística) ao longo do tempo, b) dependia positivamente da lucratividade proporcionada pela inovação e c) dependia negativamente do volume de investimentos necessários para colocar a mesma em prática.

O problema com o modelo de Mansfield é que ele não explicava as compras iniciais, as quais dão início ao processo de difusão tecnológica. De certa forma, elas simplesmente "apareciam" no início da aplicação do modelo. Para endereçar tal dificuldade, Bass propôs em 1969 um modelo que incorporava características comportamentais dos tomadores de decisão, procurando estabelecer um padrão de longo prazo para as vendas *iniciais* de produtos duráveis (isto é, a primeira compra de um produto por um consumidor). O modelo de Bass inclui dois tipos de consumidores e dois tipos de compra: inovadores e imitadores, e compras iniciais e de reposição, respectivamente. Os inovadores não são influenciados pelo volume atual de adotantes enquanto que os imitadores são. O modelo concentrou-se nas vendas iniciais, ou seja, o autor estava interessado em determinar como ocorre a compra de um produto novo, isto é, quando ele é adquirido pela primeira vez. Diferentemente do modelo de Mainsfield que analisou produtos tipicamente B2B, Bass se concentrou nos produtos de consumo duráveis.

A lógica por trás do modelo de Bass está em calcular a probabilidade de ocorrer uma compra inicial no instante t de duas formas diferentes e, em seguida, igualar as expressões, de modo a prever o volume de vendas iniciais em um instante t, denominado $Y'(t)$ a partir do total acumulado até o instante *t-1*, denominado *Y(t-1)*, ao longo do tempo. Primeiro é desenvolvida uma expressão descritiva para a probabilidade de ocorrer uma compra inicial no instante *t*, *P(t)*. Se *m* é o total de consumidores potenciais em um mercado e *Y'(t)* a quantidade de consumidores que estão comprando o produto no instante *t*, a probabilidade *P(t)* de ocorrer uma venda inicial é dada por:

$$P(t) = \frac{Y'(t)}{m - Y(t-1)}$$

Esta expressão pode ser modificada colocando-se o total de consumidores *m* em evidência o que fornece:

$$P(t) = \frac{\frac{Y'(t)}{m}}{1 - \frac{Y(t-1)}{m}}$$

Y'(t) é o total de consumidores que compram o produto em *t* e *m* o total de consumidores potenciais, logo *Y'(t)/m* pode ser interpretado como o percentual de consumidores que estão comprando o produto no instante *t*. De maneira similar, *Y(t-1)/m* é o percentual do total de clientes em potencial que já adotaram o produto (isto é, até o instante *t-1*). Chamando *Y'(t)/m* de *F'(t)* e *Y(t-1)/m* de *F(t-1)* temos então :

$$P(t) = \frac{F'(t)}{m - F(t-1)}$$

Em seguida, é proposta uma expressão causal para *P(t)*, a qual é:

$$P(t) = p + \frac{q}{m} Y(t-1)$$

Nessa expressão, *p* será a probabilidade de ocorrer uma compra inicial no instante zero e este valor reflete a influência dos consumidores inovadores. Por outro lado, *q* é um fator que reflete a pressão dos inovadores sobre os imitadores, pois de acordo com a expressão acima, à medida que transcorre o tempo, *Y(t)* aumenta e, em consequência, *P(t)* irá aumentar também, o que implica que os imitadores irão passar a adquirir o produto. Agora se executam algumas passagens algébricas.

Primeiro as expressões para *p(t)* são igualadas:

$$\frac{F'(t)}{m - F(t-1)} = p + \frac{q}{m} Y(t-1)$$

Em seguida, *m* sai do denominador do segundo termo, através da multiplicação por *m* de ambos os lados da igualdade:

$$\frac{mF'(t)}{1 - F(t-1)} = mp + qY(t-1)$$

Depois, a expressão *1-F(t-1)* é retirada do denominador do lado esquerdo da igualdade, passando em forma de multiplicação para o outro lado da igualdade:

$$mF'(t) = [1 - F(t-1)][mp + qY(t-1)]$$

É feita a multiplicação do lado direito da igualdade, aplicando-se a propriedade distributiva da multiplicação:

$$mF'(t) = mp + qY(t-1) - mpF(t-1) - qF(t-1)Y(t-1)]$$

Retornam-se as expressões para *Y(t)* e *Y'(t)*, lembrando que $m.F'(t) = Y'(t)$ e $m.F(t) = Y(t)$, pois $F'(t)$ foi definido como $Y'(t) = F'(t)/m$ e $F(t)$ como $F(t) = Y(t)/m$:

$$Y'(t) = mp + qY(t-1) - pY(t-1) - \frac{q}{m} Y(t-1)^2]$$

Agrupa-se *Y(t-1)*, e se obtém a expressão final para *Y'(t)*, a qual, na prática, permite prever as vendas no instante *t*, a partir do volume de vendas acumulado até o instante *t-1* e dos parâmetros *m*, *p* e *q*:

$$Y'(t) = mp + (q - p)Y(t-1) - \frac{q}{m} Y(t-1)^2]$$

De forma inversa, se estiverem disponíveis os valores históricos de vendas de um determinado produto, pode-se estimar *m*, *p* e *q* através de uma regressão linear tal como descrito no exemplo anterior. Para tanto, partindo-se do histórico de vendas, calculam-se os valores de m, p e q que minimizam a soma dos erros quadrados entre a expressão: $Y'\wedge(t) = mp + (q-p)\,Y(t-1) - \frac{q}{m}\,Y(t-1)^2]$ e os valores históricos de $Y'(t)$. A planilha que pode ser vista na figura a seguir exemplifica este processo.

t	Y(t-1)	Y'(t)	Y'^(t)	erro^2		$Y'\wedge(t) = m.p + (q-p).Y(t-1) - (q/m).Y(t-1)^2$				
0	0	241	244	6		Mínimo				Máximo
1	241	347	325	472	m=	1,000	<=	15,192	<=	20,000
2	588	481	438	1,838	p=	0.00%	<=	1.60%	<=	100.00%
3	1,069	605	585	396	q=	0.00%	<=	36.10%	<=	100.00%
4	1,674	716	754	1,470						
5	2,390	863	932	4,785		Método do Solver: GRG com Multstart				
6	3,253	1,080	1,114	1,165						
7	4,333	1,269	1,292	528						
8	5,602	1,567	1,430	18,730						
9	7,169	1,463	1,495	1,034						
10	8,632	1,367	1,451	6,976						
11	9,999	1,344	1,317	734						
29	15,187	1	2	1						
30	15,188	0	1	2						
			Soma =	42,176						

FIGURA 3 – Modelo de Bass – Ajuste de parâmetros via regressão

O próprio Bass calculou os parâmetros m, p e q para uma série de empresas. Estudos posteriores (Sultan, Farley, & Lehmann, 1990) calcularam os valores de m, p e q de forma mais extensa, valores estes que podem ser vistos na tabela abaixo.

Product/Technology	Innovation parameter (p)	Imitation parameter (q)
B&W TV	0.108	0.231
Color TV	0.059	0.146
Room Air conditioner	0.006	0.185
Clothes dryers	0.009	0.143
CD Player	0.055	0.378
Cell telephones	0.008	0.421
Steam iron	0.031	0.128
Microwave Oven	0.002	0.357
Hybrid corn	0.000	0.797
Home PC	0.121	0.281

Sultan, Farley, and Lehmann em 1990 sugerem que os valores médios de p e q sejam 0.03 e 0.38.

TABELA 8 – Valores médios para p e q - Sultan, Farley & Lehmann, 1990

Apesar da grande concordância experimental do modelo com as vendas observadas de vários produtos, ele tinha limitações de ordem teórica, sendo a mais importante o fato de ele não incorporar variáveis de decisão gerencial, tais como *preço* e *propaganda*. A incorporação de tais fatores no modelo de difusão de inovações (Bass, Krishnan, & Jain, 1994) mostrou que os parâmetros calculados *m*, *p* e *q* não sofrem alteração significativa, tendo como explicação o fato de o preço e da propaganda serem variáveis fortemente correlacionadas com o tempo.

Na prática do marketing, isto é, no dia a dia, como o modelo é utilizado? Para a análise e a previsão da demanda futura de um produto novo é necessário estimar tão corretamente quanto possível os fatores m, p e q do modelo. Na maioria dos casos estudados, foi observado que $p+q$ fica normalmente entre 0,3 e 0,7, com uma moda de 0,4, sendo os gerentes de produto capazes de estimar subjetivamente a taxa de contágio $(p+q)$, as vendas do primeiro ano e o potencial de mercado *m* com razoável precisão, a partir de lançamentos feitos no passado e da própria experiência pessoal. Uma vez que se tenha uma estimativa para $(p+q)$ e o volume de vendas no primeiro ano é possível determinar a razão q/p. Caso queira-se utilizar o modelo generalizado de Bass (Bass, Krishnan, & Jain, 1994), deve-se também estimar a elasticidade *preço x propaganda*, mas, de novo, são estimativas que fazem parte do dia a dia de um gerente de marketing ou um gerente de produto.

Modelos de Causa e Efeito Determinísticos

Apesar da grande concordância entre os valores observados e aqueles previstos, o modelo de Bass não oferece nenhuma explicação causal do porquê ele funciona ou permite uma análise do efeito da variação dos seus parâmetros no resultado final de um empreendimento. Esse tipo de análise é realizado pelos chamados Modelos de Causa e Efeito. Como o próprio nome já diz, tais modelos procuram relacionar as variáveis de saída (volume de vendas) com alguma outra variável, preferencialmente aquelas que permitem a manipulação pelos gerentes (por exemplo, propaganda e/ou preço) e exploram o efeito da alteração destas variáveis nos resultados futuros. Sendo assim, o interesse deixa de se concentrar na previsão pura e simples do volume de vendas futuro para o entendimento de como as decisões tomadas no presente podem afetar os tais resultados.

Suponha, por exemplo, a tabela abaixo em que se pode ver o número de funcionários de determinados clientes de uma empresa e o volume de vendas em dólares (Lilien, Ragswamy, & De Bruyn, 2004):

Cliente	No.Func.	Ven ($000
1	110	9,8
2	141	21.2
3	204	14.7
4	377	22.8
5	395	48.1
6	502	42.3
7	612	27.8
8	618	40.7
9	707	59.8
10	721	44.5
11	736	77.1
12	856	59.2
13	902	52.3
14	926	77.1
15	1,045	74.6
16	1,105	81.8
17	1,250	69.7

TABELA 9 – Vendas x Nº de funcionários (Lilien, Rangaswamy, De Bruyn, 2004)

É possível elaborar um modelo baseado em regressão linear que relacione o número de funcionários de um cliente com o volume de vendas de uma empresa para o mesmo. Tal modelo teria como função *Vendas^* = *8,5165 + 0,0606 Nº Funcionários*. A empresa poderia então determinar quais clientes ela teria maior ou menor espaço para crescer suas vendas, comparando o valor esperado (obtido pela função de regressão) e o valor observado (real) de vendas.

Muitos exemplos concentram-se na relação entre vendas e propaganda. Um modelo clássico (VIDALE & WOLFE, 1957) relaciona a taxa de variação das vendas quando a propaganda possui não só efeitos imediatos, mas também continuados. De acordo com tal modelo:

$$\frac{\Delta Q}{\Delta t} = \frac{rX(V-Q)}{V} - \alpha Q$$

Onde:

Q = volume de vendas
dQ/dt = mudança nas vendas no instante t
X = ritmo de gasto com propaganda
V = potencial de mercado
r = coeficiente de resposta das vendas (vendas que serão proporcionadas por dólar gasto com propaganda, quando o nível de vendas for zero)
α = constante de decaimento das vendas (proporção das vendas perdidas por unidade de tempo quando a taxa de gasto com propaganda for igual a zero)

Esse tipo de modelo, dinâmico, pois os efeitos das variáveis de decisão são percebidos ao longo do tempo, precisa ser calculado instante a instante, e os efeitos da diminuição ou queda abrupta do gasto com propaganda podem ser previstos, conforme pode ser visto na tabela e no gráfico a seguir.

Modelo de Resposta das Vendas a Propaganda										
r =	10%		h=	2						
V =	1E+08		t	X (const.)	Q (const.)	dQ/dt	X (abrupta)	Q (abrupta)	dQ/dt	X (gradual)	Q (gradual)	dQ/dt
Q(0) =	0		0.0	5,000	0	500	5,000	0	500	5,000	0	500
alpha =	5%		2.0	5,000	1,000	450	5,000	1,000	450	5,000	1,000	450
			4.0	5,000	1,900	405	5,000	1,900	405	5,000	1,900	405
			6.0	5,000	2,710	364	5,000	2,710	364	5,000	2,710	364
			8.0	5,000	3,439	328	5,000	3,439	328	5,000	3,439	328
			10.0	5,000	4,095	295	5,000	4,095	295	5,000	4,095	295
			12.0	5,000	4,685	266	5,000	4,685	266	5,000	4,685	266
			14.0	5,000	5,217	239	5,000	5,217	239	5,000	5,217	239
			16.0	5,000	5,695	215	5,000	5,695	215	5,000	5,695	215
			18.0	5,000	6,126	194	5,000	6,126	194	5,000	6,126	194
			20.0	5,000	6,513	174	5,000	6,513	174	5,000	6,513	174
			90.0	5,000	9,912	4	0	3,399	-170	800	5,075	-174
			92.0	5,000	9,920	4	0	3,059	-153	600	4,727	-176
			94.0	5,000	9,928	4	0	2,753	-138	400	4,374	-179
			96.0	5,000	9,935	3	0	2,478	-124	200	4,017	-181
			98.0	5,000	9,942	3	0	2,230	-112	0	3,655	-183
			100.0	5,000	9,947	3	0	2,007	-100	0	3,290	-164

TABELA 10 – Resposta das vendas a diferentes estilos de propaganda

Vendas x Tempo

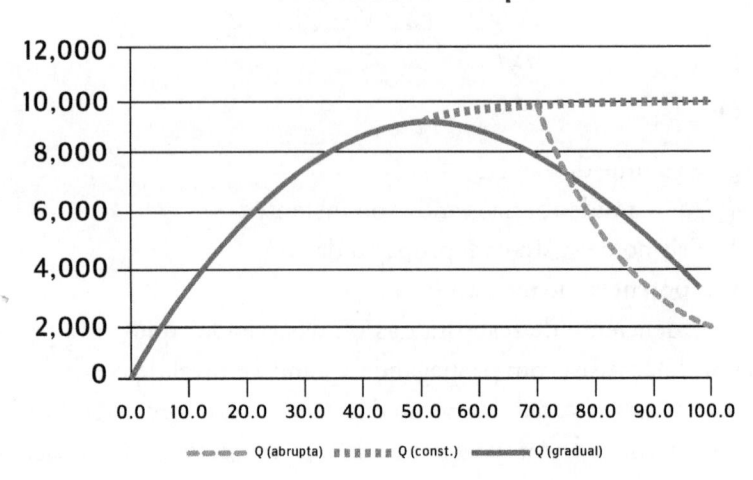

[Gráfico mostrando três curvas: Q (abrupta), Q (const.), Q (gradual), com eixo X de 0.0 a 100.0 e eixo Y de 0 a 12.000]

FIGURA 4 – Resposta das vendas a diferentes estilos de propaganda

Para calcular o volume de vendas período a período, parte-se de um volume inicial no instante zero, o qual pode ser visto na tabela 10 como sendo igual a zero. A inspeção na tabela mostra que a taxa de variação por unidade de tempo (dQ/dt) neste momento é de 500 unidades por período. Deseja-se calcular o volume de vendas dois períodos depois, sendo assim, este volume é calculado como: 0 + 500.2 = 1.000. Neste instante ($t=2$), a taxa é recalculada (pois o volume de vendas afeta a mesma de acordo com o modelo mostrado acima). Ela agora é de 450 unidades por período. Para calcular o volume no tempo $t = 4$, é feito o cálculo 1.000 + 450.2 = 1.900. Este cálculo iterativo segue por todo o intervalo de análise. Caso seja necessária maior precisão, o intervalo de tempo de um cálculo para outro pode ser diminuído para, por exemplo, um período de tempo ou até bem menos, como um décimo de período de tempo.

Após serem efetuados os cálculos para todos os instantes de tempo intermediários, o modelo mostra os resultados que devem ser esperados ao continuar o esforço de propaganda, quando a curva tende ao nível de saturação do mercado, ao diminuir gradativamente o volume de propaganda, quando a curva cai suavemente, quase em linha reta, e quando ocorre uma cessação abrupta da propaganda, quando as vendas apresentam uma queda contínua e acentuada.

Modelos de Causa e Efeito Estocásticos

Os modelos apresentados até o momento foram todos determinísticos (tanto os de causa e efeito quanto os de séries temporais). Isso impõe uma grande limitação na aplicabilidade deles, pois o gestor precisará incorporar a incerteza em suas previsões de forma intuitiva, por exemplo, combinando os modelos quantitativos aqui estudados com uma análise qualitativa de cenários.

Uma breve introdução à questão da incerteza foi apresentada ao se estudar a média como elemento de previsão, quando foi apresentada a questão da faixa de valores futuros possíveis para uma variável e a probabilidade desses valores se encontrarem em um determinado intervalo em relação à média.

O que se deseja agora é incorporar o elemento incerteza nas variáveis de entrada do modelo e analisar quais são os efeitos dessa variabilidade no resultado final que poderá ser esperado. Uma suposição recorrente no uso dos modelos quantitativos determinísticos em geral (sejam eles de séries temporais ou de causa e efeito) é que se forem utilizados os valores médios das variáveis de entrada, se obterá o valor médio na variável de saída, automaticamente. Essa suposição é, na maioria das vezes, errônea e leva a resultados muito diferentes do esperado. No entanto, a suposição de que a utilização da média nos valores de entrada levará automaticamente à média do valor da variável de saída é tão comum que costuma ser denominada "A Falácia das Médias" (Savage, 2009).

O modelo que será analisado a seguir é baseado em (Winston & Albright, 2009). Suponha uma livraria que deve decidir quanto comprar de um determinado lançamento na editora. O custo do livro para a livraria é de R$ 7,50, o preço de venda é de R$ 10,00, e os livros não vendidos no período regular podem ser reembolsados por R$ 2,50. A demanda pode ser qualquer valor entre 100 unidades (pior cenário), 175 (cenário mais provável) e 300 unidades (cenário otimista).

O cálculo do lucro partindo de uma quantidade para o pedido e uma quantidade para a demanda é simples. Basta calcular:

Primeiro o custo total, que será igual a R$ 7,50 vezes a quantidade de livros pedida pela livraria junto à editora:

$$\text{Custo Toral} = 7{,}50 \,.\, \text{Pedido}$$

Em seguida, é necessário calcular a quantidade vendida a preço regular (R$ 10,00), a qual será o menor valor entre a quantidade pedida e a demanda.

$$\text{Receita Regular} = 10{,}00 \,.\, \text{Menor (Demanda; Pedido)}$$

Se a quantidade pedida for menor que a demanda, então nenhum livro será enviado de volta à editora para reembolso. Senão, a quantidade de livros retornados para a editora será igual à diferença entre o pedido e a demanda.

Se Pedido< Demanda então Quantidade de Reembolso = 0

senão Quantidade de Reembolso = Pedido – Demanda

A receita (ou recuperação de custo) obtida pelos livros que foram retornados para a editora é calculada da seguinte forma:

$$\text{Reembolso} = 2{,}50 \,.\, \text{Quantidade de Reembolso}$$

E, por último, o lucro será igual à soma da receita regular com o reembolso menos o custo total.

$$\text{Lucro} = \text{Receita Regular} + \text{Reembolso} - \text{Custo}$$

Primeiro a conclusão tomando por base uma média dos valores aleatórios de entrada: a média de todas as demandas possíveis entre 100 e 300 é 200. Foi dito que o valor mais provável é um pouco menor, 175, portanto se for pedida esta quantidade seria natural esperar que o lucro esperado tivesse uma média de R$ 438,00. Acontece que essa análise não leva em conta as diferentes probabilidades de ocorrência da demanda. Cada valor tem uma probabilidade específica. Quando é executada uma simulação, em que uma grande quantidade de amostras da demanda, todas elas provenientes da demanda que foi informada, o lucro esperado, isto é, médio, torna-se bem menor, na faixa de $ 350,00!

A técnica para se chegar a esse resultado chama-se Simulação de Monte Carlo. Basicamente, é gerada uma grande quantidade de números aleatórios que seguem a distribuição de probabilidade da variável de entrada. Para cada número (ou seja, para cada amostra) referente a um valor possível para a demanda é calculado um resultado de lucro. Ao final, é calculada a média desses lucros. Essa técnica é muito útil quando as variáveis de entrada de um problema contém um forte elemento de incerteza, pois ela permite traduzir esta em um intervalo de confiança para a variável de saída, normalmente um lucro, um custo ou uma receita.

Uma maneira de executar tal análise em planilha é obtida determinando-se primeiro a média e o desvio padrão das variáveis de entrada, as quais serão neste exemplo supostas como normais. Podem ser geradas outras distribuições de probabilidade em planilha, mas uma descrição completa do método de simulação de Monte Carlo está além do escopo deste texto. Após determinar média e desvio padrão, os quais no caso deste exemplo são iguais a 200 e 58,17, deve ser gerada a amostra de uma variável que siga uma distribuição normal com média 200 e desvio padrão igual a 58,17. A função que gera tais amostras é =*inv.norm.p(aleatório();200;58,17)*. Em seguida, deve ser calculada uma grande quantidade de lucros, por exemplo, mil valores, um para cada amostra de demanda. Depois que os lucros estiverem calculados, aí sim poderá ser calculada diretamente a média deles. O cálculo em sequência das mil amostras de demanda e das subsequentes mil amostras de lucro pode ser automatizado por meio do recurso tabela de dados. Maiores detalhes a respeito da simulação de Monte Carlo em planilha podem ser obtidos em Winston & Albright, 2009 e Ragsdale, 2008. A planilha que gerou a simulação é apresentada na tabela a seguir:

								Lucro	
Custo	$	7.5	Lucro	$ 378					
Preço	$	10.0						Desvio	$207.5
Reemb.	$	2.5						Média	$335.5
									$377.5
Pedido		175	Menor	Provável	Maior		1		$10.0
Demanda		167	100	175	300		2		$437.5
			Média:	200			3		-$140.0
			Desvio:	58			4		$437.5
							5		$437.5
							998		$62.5
							999		$437.5
							1000		$437.5

TABELA 11 – Planilha para simulação de Monte Carlo

Esse exemplo simples mostra o potencial da simulação de Monte Carlo, em especial quando utilizada em conjunto com a análise de cenário na modelagem, análise e previsão da demanda.

Considerações finais

A análise da demanda é um elemento chave tanto no estudo da viabilidade de um empreendimento quanto na sua execução. No estudo da viabilidade, tal análise pode diminuir o risco associado a qualquer iniciativa empresarial, em especial naquelas que envolvem produtos e serviços novos, oriundos de uma inovação. Na fase de execução, tal análise permite o acompanhamento do projeto, orientando as decisões de curto e médio prazo.

Existe à disposição dos empreendedores uma gama de opções para executar tal análise, as quais vão do totalmente subjetivo até análises profundamente quantitativas. O valor de uma análise, no entanto, não está ligado ao tipo de técnica utilizada, até mesmo porque elas podem, e frequentemente o são, utilizadas em conjunto. Além da qualidade dos dados que irão compor as premissas do modelo, o encadeamento das ideias e a forma de apresentá-las são fatores determinantes no sucesso de tais análises.

Quando não existem dados disponíveis, podem ser utilizadas técnicas qualitativas, como o método Delphi, as quais se baseiam no julgamento de especialistas e produzem resultados que podem ser utilizados como *input* para análises posteriores. Quando já existem dados disponíveis, métodos quantitativos de extrapolação podem ser utilizados para se obter previsões de curto e médio prazo e métodos de causa e efeito para um melhor entendimento da estrutura de funcionamento de uma empresa ou um mercado.

Além disso, a combinação de técnicas qualitativas, como a da análise de cenários, com técnicas quantitativas que envolvem a questão da incerteza, por exemplo, a simulação de Monte Carlo, permitem análises complexas que endereçam questões relacionadas com a exposição ao risco em empreendimentos, bem como auxiliam na previsão ligada a questões estratégicas, envolvendo horizontes de longo prazo.

Questões para reflexão

1) Quais os fatores que podem introduzir tendenciosidade na aplicação do Método Delphi? Como mitigar tais riscos?

2) A análise de cenários produz geralmente três resultados, um cenário otimista, um cenário mais provável e um cenário conservador. Como relacionar tais resultados com a incerteza relativa às variáveis de entrada de tal modelo?

3) A análise de séries temporais envolve um horizonte de aplicação para os seus resultados. Quais os critérios que influenciam tal horizonte de aplicação?

4) Compare o modelo de Bass com os modelos de ciclo de vida dos produtos, os quais avaliam os consumidores em quatro categorias, inovador, pragmático, conservador e retardatário. Em que o modelo de Bass difere e em que ele se assemelha a tais modelos?

5) Em um modelo de causa e efeito, quais os fatores que afetam a robustez de tais modelos?

6) Proponha formas de mesclar a utilização de técnicas qualitativas com quantitativas. Quais os pares de técnicas que se prestam mais a tal utilização conjunta e por quê?

7) Quais os tipos de risco que se estará exposto ao supor que a média dos valores de entrada de um modelo produzirá a média dos valores das variáveis de saída dele?

8) Quando é preferível a aplicação de métodos qualitativos ao invés de quantitativos? E o contrário?

9) Técnicas quantitativas são inerentemente mais precisas que técnicas qualitativas? Por quê?

10) Quais os fatores que influenciam a coleta de dados para a elaboração de um modelo de análise, modelagem e previsão da demanda?

☑ Estudo de caso

Você é um gerente de marketing que deve avaliar dois produtos distintos, ambos fabricados pela sua empresa e decidir qual deverá ser lançado. Para que um produto seja considerado bem-sucedido, seu volume de vendas acumulado deve atingir R$ 48 milhões. Você sabe que um deles, o produto A, é um produto mais caro, com preço na faixa de R$ 2.500, destinado a mercados menores, nos quais o m fica em torno de 20, e o outro, produto B, com preço na faixa de R$ 1.000 destinado a um mercado com o potencial de clientes bem maior, cujo m fica na faixa de 40. Para comparação, foi fornecida uma tabela com as vendas anuais de 11 produtos (arquivo "análise da demanda.xls", em anexo).

Responda:

1) Qual o m, p e q de cada um dos onze produtos fornecidos no banco de dados?

2) Como você agruparia os onze produtos de modo a formar dois grupos, um de produtos com m similar ao produto A e outro com m similar ao produto B?

3) Qual o volume de vendas mensal que se pode esperar para o produto A e para o produto B?

4) Sabendo que o volume de vendas mensal do produto A tem um desvio padrão de 10% do seu valor mensal e que o volume de vendas mensal do produto B tem um desvio padrão de 30% do seu valor mensal, qual o volume acumulado que se pode esperar para o produto A e o produto B ao final de trinta e um meses?

5) Qual produto é menos arriscado? Considere bem-sucedido o produto que atingir $48 milhões em vendas.

Referências bibliográficas

BASS, F. M. (1969). A new product growth model for consumer durables. *Management Science*, pp. 15: 215-227.

BASS, F. M. (1980). The relationship between diffusion rates, experience curves, and demand elasticities for consumer durable technological innovations. *Journal of Business*, pp. 53: S57-S67.

BASS, F. M., Krishnan, T. V., & Jain, D. C. (1994). Why the bass model fits without decision variables. *marketing science*, pp. ABI/INFORM Global, p. 203.

CHRISTENSEN, C. M., Roth, E. A., & Anthony, S. D. (2004). *Seeing What's Next: Using theories of innovation to predict industry change*. Boston, MA: Harvard Business Review Press.

DALKEY, N., & HELMER, O. (1963, April). An experimental application of the Delphi method to the use of experts. *Management Science*, pp. 458-467.

LILIEN, G. L., & Rangaswamy, A. (2004). *Marketing Engineering*, Revised 2nd ed. Penn State Smeal College of Business.

LILIEN, G. L., RAGSWAMY, A., & DE BRUYN, A. (2004). *Principles of Mareting Engineering*. Penn State College of Business.

LINSTONE, H. A., & TUROFF, M. (2002). *The Delphi Method - Techniques and Applications*. Murray Turoff and Harold Linstone.

MANSFIELD, E. (1961). Technical change and the rate of imitation. *Econometrica*, pp. 29: 741-766.

RAGSDALE, C. T. (2008). *Spreadsheet modleing and decision analysis*. Mason, OH: Thomson South-Western.

SHAKESPEARE, William. *MacBeth, Banquo (o Bardo), Act I, Scene III, A Heath Near Forres*. Disponívem em: <http://shakespeare.mit.edu/macbeth/full.html>. Acesso em: mar. 2013.

SAVAGE, S. L. (2009). *The flaw of averages*. Hoboken, NJ: John Wiley & Sons.

SULTAN, F., FARLEY, J. U., & LEHMANN, D. R. (1990). A meta-analysis of diffusion models. *Journal of Marketing Research*, pp. 27, 70-77.

VIDALE, H., & WOLFE, H. B. (1957). An operations research study of sales response to advertising. *Operational research quarterly*, pp. Vol.5, pp. 236-244.

WINSTON, W., & ALBRIGHT, S. (2009). *Practical Management Science*, 3rd revised ed. Mason, OH: South Western-Cengage Learning.

Análise da demanda – complemento

	Electric Refrigerators	Home freezers	Black and White TV	Water softeners	Room air conditioners	Clothes dryers
1	105	308	2696	103	176	260
2	127	355	3279	131	247	346
3	154	406	3937	165	344	457
4	186	463	4653	206	474	594
5	225	524	5396	252	644	758
6	271	590	6117	304	857	942
7	326	658	6751	358	1108	1133
8	391	729	7225	408	1380	1308
9	467	798	7471	450	1633	1434
10	557	865	7440	477	1810	1479
11	660	927	7121	482	1852	1424
12	779	980	6546	464	1728	1273
13	912	1021	5786	424	1458	1057
14	1060	1048	4929	368	1115	819
15	1221	1059	4062	304	782	599
16	1391	1053	3252	241	512	417
17	1566	1030	2542	185	318	281
18	1737	990	1949	137	192	185
19	1896	936	1472	100	113	119
20	2033	871	1098	71	66	76
21	2136	799	812	50	38	48
22	2196	722	596	35	22	30
23	2207	644	436	24	12	19
24	2166	567	317	17	7	12
25	2074	494	231	12	4	8
26	1939	427	167	8	2	5
27	1771	366	121	6	1	3
28	1581	311	87	4	1	2
29	1384	263	63	3	0	1
30	1189	221	46	2	0	1
31	1005	185	33	1	0	0

	Power lawnmowers	Electric bed coverings	Automatic coffe makers	Steam irons	Recover players
1	411	450	1008	1595	544
2	545	557	1290	2057	877
3	718	686	1635	2609	1378
4	940	844	2047	3238	2072
5	1219	1033	2525	3906	2902
6	1560	1259	3056	4549	3634
7	1964	1525	3611	5070	3843
8	2421	1834	4143	5364	3206
9	2903	2185	4589	5346	2002
10	3365	2576	4877	4991	939
11	3741	2998	4947	4355	358
12	3959	3436	4770	3561	123
13	3959	3867	4361	2746	40
14	3722	4262	3783	2015	13
15	3284	4588	3124	1423	4
16	2723	4809	2469	975	1
17	2135	4897	1880	655	0
18	1596	4835	1390	434	0
19	1147	4624	1005	284	0
20	801	4283	714	185	0
21	548	3845	501	120	0
22	369	3353	348	78	0
23	246	2847	241	50	0
24	163	2361	166	32	0
25	107	1919	114	21	0
26	70	1534	78	13	0
27	46	1209	53	9	0
28	30	942	36	6	0
29	20	728	25	4	0
30	13	558	17	2	0
31	8	426	12	1	0

Capítulo 14

Vendas empreendedoras e construção de relacionamentos estratégicos

> *O termo comunicação, todavia, envolve uma esfera mais ampla. Tudo comunica. No campo da comunicação mercadológica, é impossível acreditar que um produto tenha sido adquirido, em qualquer circunstância ou local, sem que houvesse um elemento que informasse ao consumidor a sua existência.*
>
> Sant'Anna; Rocha Júnior; Garcia, 2009

Edmir Kuazaqui

Objetivos

- Discutir o papel e a importância da área de Vendas para uma empresa e respectivo negócio;
- Contextualizar Vendas com a empresa, bem como seu marketing *mix*;
- Discutir, de forma contextualizada, a Teoria do Comportamento do Consumidor Contemporâneo;
- Discutir o dimensionamento da equipe, a política de avaliação e remuneração para empresas novas;
- Contextualizar Vendas com o empreendedorismo necessário para a diferenciação competitiva, inclusive para pequenos negócios.

Introdução

O processo de comercialização de produtos e serviços de uma empresa envolve diferentes fatores e processos, relacionados ao marketing – pesquisa, planejamento e marketing *mix*, bem como produção, finanças, gestão de pessoas, serviços, entre outros setores. A área de Vendas situa-se, dentro de uma empresa, no final do processo, quando as trocas entre empresa e mercado se concretizam e há o retorno dos recursos financeiros investidos.

Assim, este, como o capítulo 14 do bloco Gestão de Negócios, procurará definir essa área, bem como discutir, de forma contextualizada, o espírito empreendedor e a construção de relacionamentos estratégicos, focando pequenos negócios.

A área de Vendas tem contato direto com o mercado consumidor e respectivos clientes, possibilitando uma série de formas de atualização e aplicação estratégica, nem sempre percebida pelos envolvidos, além da oportunidade de estreitamento dos vínculos de relacionamento estratégico.

Este capítulo tratará também da conceituação e discussão de vendas e marketing de serviços e sua importância na atualidade brasileira, no contexto da Teoria do Comportamento do Consumidor. Por fim, discutirá como a área de Vendas pode, de forma empreendedora e criativa, junto com os outros departamentos da empresa, gerir e gerar novos negócios, bem como novas formas de comercializar o produto ou serviço, trazendo melhor rentabilidade para os negócios de uma empresa.

Vendas contextualizadas com marketing

No chamado marketing *mix*, há a necessidade do equilíbrio perfeito entre os chamados 4Ps (produto, preço, ponto de distribuição e promoção). Nesse contexto, está o composto de promoção (que alguns autores também relacionam com a comunicação, mas que, neste capítulo, consideraremos da forma tradicional), formado por estímulos de curto e longo prazo, que visam construir os relacionamentos com o mercado onde a empresa está inserida e objetiva consolidar a venda.

Estímulos de longo prazo	Definição
Propaganda[1]	Estímulos que objetivam a criação, desenvolvimento e manutenção de conceito e posicionamento. As ferramentas de propaganda têm como metas informar e persuadir o consumidor. Como exemplo, temos uma campanha de refrigerante com marca identificada em diferentes meios eletrônicos (televisão e rádio), além de anúncios em jornais e revistas.
Publicidade	Estímulos que objetivam tornar pública uma ideia, conceito, sem necessariamente ter o vínculo de uma marca ou empresa. Como exemplo, temos as campanhas para a prevenção da AIDS ou aquelas para aumentar o consumo de leite (sem marca identificada).
Relações Públicas	Estímulos que visam criar imagem positiva para determinados grupos de interesse, franqueando determinado mercado a uma empresa, negócio ou produto. São exemplos as notícias que evidenciam a participação de uma empresa em determinado evento comunitário ou esportivo, bem como citações do nome da empresa em reportagens.
Estímulos de curto prazo	Definição
Promoção de Vendas[2]	Conjunto de ações que podem ser articuladas no sentido de promover produtos e serviços da empresa, como, por exemplo, descontos, ações de *merchandising* e degustação no ponto de venda. Tem como meta principal a experimentação do produto, bem como sua aquisição – primeira compra.

[1] Como observações pontuais, utiliza-se o termo publicidade, considerando a nomenclatura das agências de publicidade e propaganda, bem como a de cursos de graduação em ensino superior, embora alguns autores descartem este termo.

[2] Alguns autores utilizam a nomenclatura *marketing direto* em vez de *promoção de vendas*.

Venda Pessoal	Utilização de equipe de vendas e argumentação direta com o objetivo de criar vínculos de relacionamento com o mercado. É grande a sua importância na área de varejo como incentivadora da venda final, se bem realizada.

QUADRO 1 – Composto de promoção
FONTE: Autor.

De modo geral, consideram-se como de longo prazo os estímulos, geralmente de massa, que visam informar a existência da empresa, negócio, produto ou serviço. Para a concretização do processo de venda final ao consumidor, geralmente, é necessário que os estímulos de curto prazo sejam aplicados. Como exemplo, temos o Club Social, para o qual foi criado o conceito e todo o planejamento estratégico, utilizando a propaganda em televisão e a degustação em vários pontos, como a distribuição nas portas das faculdades na cidade de São Paulo.

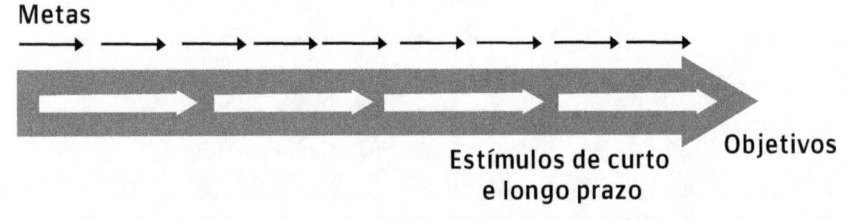

FIGURA 1 – Visão sistêmica da utilização dos estímulos de longo e curto prazo
FONTE: autor.

Na visão sistêmica de empresa, os estímulos citados devem ser utilizados de forma planejada e coordenada, no sentido da criação de um posicionamento estratégico, da construção da marca e da concretização da venda. O plano orçamentário deve indicar qual a distribuição dos recursos aos diferentes estímulos – mas que necessitará de ajustes periódicos.

Os estímulos de curto prazo ajudam a consolidar os estímulos de longo prazo, firmando e robustecendo a estratégia competitiva da empresa.

Vendas como área da empresa

A área de Vendas dentro de uma empresa apresenta certas particularidades. Considerando um varejo, por exemplo, a equipe de Vendas deve atuar de forma direta com o consumidor, já que o atendimento pessoal é relevante no processo de decisão de compra deste. Por outro lado, considerando um fornecedor de matéria-prima, este deverá atender, por meio de uma demanda derivada, as necessidades específicas de outra empresa, pois venderá insumos para um produto final. Pensando dessa forma, podem-se categorizar as vendas em para clientes pessoas físicas (o chamado B to C, *business to client*) ou para clientes pessoas jurídicas (o chamado B to B, *business to business*).

Este capítulo tratará essencialmente da venda para pessoas físicas, por possuírem características e comportamentos distintos, até em virtude da demanda derivada, que parte da premissa da venda de um produto que fará parte de outro, como, por exemplo, peças e acessórios – caso em que para calcular a demanda por pneus, por exemplo, deve-se prever a produção de automóveis no período. Deve-se destacar que, como as empresas podem ser constituídas por diferentes departamentos, a área de Vendas pode ser designada também como área Comercial. Independentemente do tipo de empresa, é importante ressaltar que essa área não pode ser simplesmente reativa ao mercado, mas deve ser proativa em relação a ele e procurar novas formas tanto de abordar o cliente quanto de comercialização.

Para bem atender o mercado, deve haver a integração entre os diferentes departamentos da empresa – Marketing, Produção, Estoques e Serviços, bem como com o ambiente externo à empresa, como o componente do canal de distribuição (atacado e varejo), fornecedores de matéria-prima e serviços, concorrentes, entidades e, é lógico, o consumidor final.

Às vezes, escutamos dizer que existem empresas mais vocacionadas para uma orientação de marketing ou mais orientadas para vendas. Na verdade, muitas delas são orientadas de acordo com o perfil dos consumidores de seus respectivos mercados.

Teoria do Comportamento do Consumidor

Todo mercado é composto por compradores potenciais, sejam pessoas físicas ou jurídicas. Considerando os comportamentos de compra, podem-se categorizar os mercados como Internacional, Governamental, Industrial, Distribuidor e Consumidor, este último objeto de estudo deste capítulo.

O Comportamento do Consumidor deve analisar o processo de estímulo de marketing e devida resposta. Empresas devem identificar as influências nas decisões de compra de seus consumidores, bem como conhecer que papéis executam as pessoas nesse processo. A comunicação mercadológica deve atingir e influenciar cada tipo de pessoa que executa o papel de compra. Todos têm necessidades gerais e específicas, no sentido de manter a sua sobrevivência, sua manutenção e seu crescimento e é importante para os profissionais de Marketing e Vendas entender e compreender as características particulares bem como os hábitos de compra e consumo de seus clientes. Hawkins, Mothersbaugh e Best (2007, p. 4) observam que:

> O campo do comportamento do consumidor envolve o estudo de indivíduos, grupos ou organizações e o processo que eles usam para selecionar, obter, usar e dispor de produtos, serviços, experiências ou ideias para satisfazer necessidades e o impacto que esses processos têm sobre o consumidor e a sociedade.

Dessa forma, para bem atender o mercado, a empresa deve entender de maneira mais profunda seus anseios e desejos, as influências diretas e indiretas que levam o consumidor a adquirir e consumir determinado produto ou serviço. A agregação de valor ao consumidor passa pelo pressuposto de que mais do que atender as necessidades da empresa e respectivos fornecedores de matéria-prima e serviços, a instituição deverá concentrar seus esforços no sentido de satisfazer seu mercado, apresentando soluções para as necessidades e desejos de seus consumidores.

| Reconhecimento da necessidade | → | Busca por informações | → | Avaliação das alternativas | → | Decisão de compra | → | Comportamento pós-compra |

FIGURA 2 – Processo de decisão do comprador
FONTE: Kotler; Armstrong, 2012, p. 127.

Conforme a Figura 2, ocorre inicialmente o reconhecimento do problema, quando o consumidor está no momento em que percebe que necessita de algo. A fim de atender seus desejos, poderá buscar fontes de informações – pessoais, familiares, comerciais e profissionais, por exemplo, para identificar que empresas, produtos e marcas podem atender às suas expectativas. A partir de diferentes fatores, como o nível de informações e recursos financeiros disponíveis, poderá avaliar as alternativas e decidir pela compra (ou não) do produto. Caso o processo se concretize, a empresa deverá se preocupar com a consolidação do relacionamento entre as partes por meio do pós-venda. Caso não obtenha êxito, deverá identificar onde houve a quebra do fluxo, analisar o ocorrido e tentar restabelecer o processo de interesse do consumidor, mas o processo poderá ser mais difícil e custoso para a empresa. Em assinaturas de periódicos, como revistas, algumas editoras conseguem novos assinantes, mas às vezes preferem renovações automáticas que nem sempre sensibilizam o interesse do leitor pela renovação. Então, com o objetivo de reconquistar o cliente, oferecem promoções tentadoras, cujos benefícios não são repassados aos assinantes fiéis. Isso ocorre em razão de diversas empresas tentarem mecanizar o processo de comercialização, que, se necessário, deve ser devidamente gerenciado para que as situações citadas não ocorram e interfiram no relacionamento comercial.

O comportamento pós-venda é essencial para a criação de demandas futuras. Existe todo um esforço da empresa para conquistar um cliente e tangibilizar a venda, mas em alguns casos não é realizado um trabalho eficaz a fim de manter o relacionamento e influenciar as compras futuras. Essa é uma fase em que a equipe de Marketing ou mesmo de Vendas pode se dedicar de forma a manter vínculos de relacionamento, lembrando o cliente da sua experiência com a empresa. É comum em nosso cotidiano nos hospedarmos num hotel, jantarmos num restaurante e até assistirmos a um filme no cinema, mas após o *check-out* ou a consumação do serviço, por exemplo, não recebemos mais contato algum. Várias são as razões para esse tipo de comportamento e apresento algumas ponderações e conselhos sobre o assunto:

- ♦ Existe forte demanda pelo produto ou serviço. Nesse caso, a empresa pode se despreocupar com a procura de dados e informações daqueles que são seus clientes. Mas esse não é o caso de muitas empresas na atualidade. Uma agência de turismo e viagens percebeu, por exemplo, que muitos de seus clientes não voltavam em decorrência de ações agressivas de Marketing e Vendas de concorrentes, que os fazia esquecer até dos bons serviços prestados pela empresa. O contato pós-venda é importante no sentido de estreitar e aumentar a frequência de consumo.

- Em consultoria, o proprietário de uma empresa de varejo da cidade de São Paulo informou que não sabia em que grupo estratégico estava a sua empresa, mas que vendia bem tudo o que oferecia em suas lojas. Na perspectiva da abertura de uma segunda loja, percebeu a necessidade de um contato maior com seu mercado por meio de Sistema de Informação de Marketing (SIM), cadastrando e efetuando pesquisas periodicamente.

- Médicos e dentistas, hospitais e clínicas, por exemplo, podem melhorar o "nível de lembrança do cliente", utilizando ações de contato direto, bem como convites para cursos e palestras que podem captar novos clientes e lembrar outros de seus serviços.

Compradores podem desempenhar, conforme comentado, diferentes papéis no processo de compra, a saber: o de *iniciador*, que é a pessoa que sugere a aquisição de um novo produto ou serviço; o de *influenciador*, cujo julgamento ou ponto de vista pode influenciar a decisão de compra; o de *decisor*, que é a pessoa que decide se irá comprar ou não; o de *comprador*, que é aquele que efetiva a compra; e, finalmente, o de *usuário*, que é a pessoa que vai consumir o produto ou serviço. Um dos desafios iniciais do profissional de Marketing é identificar os participantes do processo; outro é desenvolver ações para cada um deles, no sentido de consolidar o processo da compra. Como exemplo, podemos citar a necessidade de treinamento por parte de uma empresa:

INICIADOR	INFLUENCIADOR	DECISOR	COMPRADOR	USUÁRIO
Gerente da área de produção	Gerente de recursos humanos	Diretoria	Recursos humanos e financeiro	Colaboradores internos
↑	↑	↑	↑	↑
Ação diferenciada	Ação diferenciada	Ação diferenciada	Ação diferenciada	Ação diferenciada

FIGURA 3 – Exemplo de papéis no processo de compra
FONTE: Autor.

Kotler e Armstrong (2012, pp. 124-127) identificam quatro tipos de comportamento de compra:

- *Comportamento de compra complexo*, no qual os participantes – compradores e vendedores – estão muito envolvidos no processo de comercialização, mas percebem diferenças significativas e importantes entre as marcas oferecidas pelos fabricantes. Desse modo, o histórico pode possibilitar o aprendizado de ambas as partes. Ocorre, por exemplo, em vendas técnicas, novas tecnologias de computadores pessoais, entre outros.

- *Comportamento de compra com dissonância cognitiva reduzida*, no qual o investimento é alto; são percebidas poucas diferenças entre as marcas e a transação não é frequente. Após a aquisição, o comprador pode comparar o produto adquirido com os de outras marcas e perceber poucas diferenças entre eles. Exemplo: mármores e pisos importados.

- *Comportamento de compra habitual*, em que existe baixo envolvimento entre as partes; são percebidas poucas diferenças significativas entre as marcas oferecidas, portanto, ganha relevo a habitualidade, como é o caso do creme dental e dos produtos de limpeza.

- *Comportamento de compra em busca de variedade*, em que há baixo envolvimento por parte do consumidor e podem existir diferenças significativas entre as marcas. Como exemplo, temos o consumo de balas, biscoitos e bolachas.

O comportamento do consumidor deriva de situações simples e complexas, levando em consideração variáveis que estão em constante mutação. Um indivíduo que esteja à procura de informações sobre marcas de veículos pode entrar em qualquer banca de jornais que esteja em seu caminho e adquirir um exemplar de um jornal ou revista que contenha essas informações. Ao mesmo tempo, pode receber indicações de amigos e familiares. Ele pode, ainda, procurar outras fontes de informações, como internet e finalmente decidir visitar uma concessionária. Entretanto, um mau atendimento do vendedor, a dúvida se a compra será beneficiada pela redução de IPI etc., podem influenciar e tornar incerto o processo de aquisição por parte do consumidor. Em outro exemplo, considerando o setor turístico e de hospitalidade, hóspedes podem ter experiências gratificantes desde o *check-in*, seguindo pela hospedagem e serviços acessórios; porém, por alguma razão, houve pequena demora no *check-out*, e, assim, caem por terra todas as experiências positivas, fazendo com que o cliente guarde apenas o último momento do consumo do serviço. Então, pode-se perceber a importância da manutenção de todo o processo de oferta de produtos e serviços, além da necessidade de ações de pós-venda, que visem identificar tais situações e adotar ações corretivas.

Zaltman (s.d., p. 57) afirma que,

> Além de construções comuns, os consumidores compartilham a maneira como essas construções se relacionam entre si. Tal constatação tem especial importância porque são as associações entre construções – e não as construções de modo isolado – que impulsionam os comportamentos do consumidor.

Portanto, o modelo clássico da Figura 2 pode sofrer diferentes interferências que modulam a percepção e o interesse do consumidor por determinado produto ou serviço. Perceber essas situações efetivas de oportunidades é importante para consolidar o processo da venda, porém é mais importante a sensibilidade daquele que vende, a fim de transformar essa oportunidade de venda em vínculo de relacionamento estratégico com o seu futuro cliente. Caso contrário, pode-se efetuar a venda somente uma vez, se o consumidor tiver uma percepção diferente dessa "oportunidade". Conforme Lovelock e Wright (2001, pp. 113):

> Os clientes experimentam vários níveis de satisfação ou descontentamento após cada experiência de serviço de acordo com a medida na qual suas experiências foram atendidas ou ultrapassadas. Considerando que a satisfação é um estado emocional, suas reações pós-compra podem envolver raiva, insatisfação, irritação, indiferença ou alegria.

Muitas vezes, somos assediados por campanhas relâmpago do varejo que nos fazem adquirir produtos sem a devida necessidade ou mesmo em quantidade acima do necessário. Na verdade, qualquer ação de vendas que a empresa realizar deve ser efetuada num contexto e situada no plano de vendas. Isso porque, às vezes, essas campanhas fazem com que os consumidores adquiram produtos por impulso, levando, em alguns casos, num arrependimento posterior pela aquisição.

Deve-se lembrar, também, que, ao contrário do caso anteriormente exposto, consumidores podem ter alguma resistência à aquisição de novos produtos ou serviços. Conforme Hawkins, Mothersbaugh e Best (2007, p. 393), existem categorias de decisões de descarte, sendo as principais:

- Pode ocorrer uma resistência natural e racional à substituição de um item por outro mais novo. Mas a troca pode ocorrer quando há a percepção da perda de valor do bem atual ou, ao contrário, em decorrência da impossibilidade de mantê-lo devido a problemas financeiros, de espaço ou por outros motivos. Nessa ótica, a troca de um plano de saúde por outro ocorre a partir de algum benefício financeiro. Eletrodomésticos geralmente são utilizados até a sua exaustão e, no caso de outros produtos como o aparelho de ar-condicionado, só acontece quando ocorre algum problema grave detectado pelo usuário.

- Mercados de venda paralela e mesmo informal podem interferir na venda direta de produtos novos, como os acessórios e peças de carros usados. Exemplificando o extremo no Brasil, o mercado de DVDs piratas eliminou de forma quase completa o mercado de venda oficial dos que são originais.

- Finalmente, preocupações com a reutilização e a não agressão ao meio ambiente podem interferir em parte no processo de decisão de compra do consumidor. O descarte de pilhas e baterias, por exemplo, pode não comprometer diretamente o consumo desses produtos, mas pode influenciar nas decisões do canal de distribuição.

Conforme Blessa (2003, p. 39), existem barreiras invisíveis que podem bloquear o impulso de compra por parte do consumidor. Nesse caso, a equipe de Vendas pode estar bem-estruturada, mas a ambientação, por exemplo, pode interferir no processo de comercialização do produto. Ainda segundo Blessa, vários fatores podem criar o desestímulo à compra, como a localização, a fachada, as obstruções de todos os gêneros, as vitrines mal decoradas, a má distribuição de produtos no ponto de venda, o tráfego excessivo, além do mau atendimento e da ausência de empatia por parte dos funcionários. Além disso, existem empresas que são altamente burocráticas e que limitam as ações das equipes de Vendas. Às vezes, no trânsito do produto ou serviço, pode percorrer um grande número de processos e procedimentos, desde a produção até a venda do produto e a entrega ao consumidor final. Torna-se necessária, então, além do *empowerment* e *employeeship* daqueles integrantes do processo direto da venda, a adoção de práticas que visem à simplificação da compra, processamento e respectiva entrega. Segundo Quinn (1999, p. 62):

A adhocracia é duplamente vantajosa para uma empresa porque consegue conter, de um lado, suas estruturas analíticas – a visão, os critérios de sucesso e objetivos – e, de outro lado, equipes *ad hoc* (criadas conforme a situação e extremamente flexíveis) e sistemas não burocráticos – os sistemas que encurtam os sistemas de produção, aumentam a capacidade de aprendizagem e diminuem os riscos.

A equipe de Vendas poderá, assim, operar mediante as ferramentas usuais de gestão, mas com a possibilidade de procurar novas alternativas de abordar o mercado. O empreender, nesse sentido, pode estar relacionado à capacidade criativa e inovadora de como as equipes de Marketing e Vendas podem introduzir mudanças periódicas na forma de expor os produtos, serviços oferecidos, e no tratamento ao consumidor no momento da compra, como, por exemplo, com a utilização de cores e aromas no estabelecimento, com o intuito de criar uma atmosfera apropriada à compra ou venda.

Teoria do Comportamento do Vendedor

A Venda Pessoal consiste na utilização da comunicação persuasiva para influenciar o consumidor à compra do produto ou serviço. Nem todos os vendedores utilizam os mesmos métodos e técnicas, os quais derivam do tipo de produto, empresa, negócios ou mesmo consumidores.

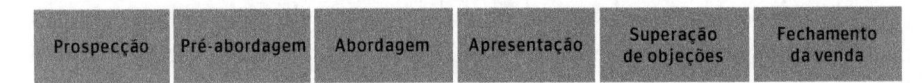

| Prospecção | Pré-abordagem | Abordagem | Apresentação | Superação de objeções | Fechamento da venda |

FIGURA 4 – Processo de venda pessoal
FONTE: Adaptado de Pride; FERRELL, 2001, p. 369.

A partir da análise da demanda, é possível identificar os potenciais clientes, sendo necessária a pesquisa para a obtenção de dados e informações que possibilitem a análise de perfil e a melhor forma de abordagem. Nesse aspecto, a abordagem e a apresentação são dois importantes passos no processo da venda ao consumidor, pois se traduzem no primeiro contato e na possibilidade de criação de vínculo entre as partes. Na apresentação, a argumentação torna-se necessária para evidenciar as qualidades do produto e suas diferenças e vantagens em relação às outras opções. Embora o fechamento do processo seja a concretização da venda, o pós-venda, o acompanhamento até a entrega do produto, o consumo e futura possibilidade de compra devem ser devidamente gerenciados pelo vendedor.

A ação de Vendas não pode ser um fato isolado da empresa junto aos compradores. Assim, a Figura 4 deve ser analisada em conjunto com a Figura 3 (exemplo de papéis no processo de compra), no sentido de buscar ações diferenciadas por parte da equipe de Vendas e de Marketing da empresa. Podem-se utilizar reportagens institucionais para gerar conhecimento do serviço prestado, mala-direta e e-mail de marketing, bem como visitação e telemarketing.

Uma das unidades usuais de controle é a Transação de Vendas, que consiste no pedido fechado dentro de determinadas condições impostas pela área. Algumas empresas identificam e classificam parte do processo evidenciado na Figura 3, deixando possíveis reclamações ou similares a critério de outras áreas, como o Serviço de Atendimento ao Consumidor (SAC) no sentido de separar e efetuar controles paralelos. Sobre tal situação, importante evidenciar as ferramentas de gestão que podem ser utilizadas para melhor administrar a empresa; por outro lado, cada vendedor ou grupo de vendedores deve ser responsável pela gestão de sua carteira de clientes. A equipe de Vendas deve estar ciente do desenvolvimento e evolução da carteira, bem como das opiniões desta.

Utilizando as duas teorias – a do Consumidor e a do Vendedor – é possível a criação e utilização de uma importante ferramenta de gestão, o CRM (*Customer Relationship Management*), que consiste na automatização e informatização de processos internos da empresa com o objetivo de identificar e descrever os clientes, os custos, a periodicidade e os volumes, indicando a relação de custo x benefício. O resultado imediato é a geração de relatórios e indicadores que podem modelar as estratégias para captação e manutenção da carteira de clientes.

Promoção de vendas

Dentre os estímulos de curto prazo, estão as ações promocionais que visam incentivar o ato da compra. Essas ações podem ser aplicadas em diferentes níveis: nas revendas, nas equipes de Vendas ou aos consumidores finais.

Tais estímulos envolvem menos custos financeiros do que os estímulos de longo prazo, e são complementares aos esforços de Venda Pessoal. Conforme Sant'Anna, Rocha Júnior e Garcia (2009, p. 32) sobre a promoção ao consumidor: "A promoção de vendas desempenha o seu único papel quando se faz junto ao consumidor. Nesse estágio, ela reforça e amplia a ação da propaganda, e essa ação pode ocorrer de múltiplas maneiras, como as ofertas de preço, os concursos, as amostras, etc".

As ações de promoção de Vendas não podem ocorrer de forma aleatória. Por um lado, devem estar de acordo com o planejamento estratégico e de sua respectiva capacidade de produção; mas sem se limitarem a essa realidade, pois precisam detectar e aproveitar oportunidades estruturais e situacionais de mercado. Por outro lado, as ações promocionais podem derivar do calendário oficial da região, município, estado ou país (encontrados nas respectivas entidades governamentais), bem como de outras fontes corporativas, de classe e de consulta, como, por exemplo, o disponível no *site* Janela Publicitária, criado por Márcio Ehrlich. Além disso, a empresa pode ter um calendário específico e próprio, com data de fundação, entre outros.

No mencionado *site* Janela Publicitária, existem diferentes itens que podem ser utilizados como promoção de vendas, itens promocionais (vale-brindes, sorteios, prêmios, *gift pack, banded pack*, concursos, cuponagem, brindes amostras), acontecimentos e eventos promocionais (liquidação, ofertas especiais, festivais, desfiles, entre outros), festejos e ocorrências sazonais, programa de incentivo de vendas, música ambiente e decoração, peças de ponto de venda, consórcios, *showroom*, marketing direto promocional, mala-direta promocional, audiovisual, embalagem e campanhas cooperativas. Para a adoção e implementação de ações promocionais, deve-se identificar a legislação vigente, que incorpora, em alguns casos como sorteios, a autorização prévia junto à Receita Federal, bem como o respectivo recolhimento de tributos.

Mesmo as ações mais simples dependem de recursos, estrutura e materiais dentro de um plano de marketing e metas, uma vez que envolvem diferentes materiais de apoio, como cartão de visitas, *displays*, folhetos, entre outros. Dessa forma, mesmo sendo consideradas como ações de curto prazo e de aplicação muitas vezes pontual, existe a necessidade de estar dentro de um planejamento prévio. Erram aqueles que consideram a Promoção de

Vendas composta de eventos aleatórios ou aplicados a partir de equívocos derivados da pesquisa, interpretação e análise de marketing.

Venda pessoal

Dentro do conceito de "vendas", temos a equipe de tal área, formada por profissionais que se enquadram em um organograma funcional, com responsabilidades distintas. Esse organograma deve ser criado a partir da mensuração da demanda que a empresa pretende atender. A empresa deve identificar e definir quem é o seu mercado-alvo, categorizando-o como público preferencial e secundário. Se a equipe for superdimensionada, trará custos e despesas desnecessárias que impactarão a margem de retorno, diminuindo-a; se for subdimensionada, com certeza, irá contribuir para o mau aproveitamento das possibilidades de ganho da empresa, gerando ineficiência operacional e comercial.

O público preferencial pode ser definido como aquele plenamente identificado como público-alvo da empresa, quer seja de produtos ou serviços, e que, a partir do plano de marketing, reage de acordo com os estímulos oferecidos pela instituição. Lojas podem segmentar o seu mercado a partir da política de preços, por exemplo. Já o público secundário é aquele que pode estar deslocado da segmentação original, mas que contribui para o negócio da empresa.

Dentro das categorizações, podem-se estabelecer critérios a partir do volume de vendas. *Heavy users* são aqueles que podem consumir muito, mas não frequentemente; do lado oposto estão os *light users*, que consomem pouco, mas periodicamente; há também os *medium users*, que consomem quantidades de forma efetiva. Bancos comportam as três categorias, numa carteira de clientes correntistas de pessoas físicas e jurídicas, na qual os *light users* contribuem pouco, mas sua importância se justifica pelo volume total e pela quantidade de agências, enquanto os *heavy users* contribuem mais pelo volume de negócios. A análise do perfil da carteira de clientes influencia tanto na qualidade do retorno financeiro da empresa quanto no dimensionamento da equipe de colaboradores internos.

Essas categorizações, devidamente planejadas e estruturadas, contribuem para a boa formação da equipe de Vendas. Mas as empresas deveriam substituir o termo "vendedor", com o intuito de quebrar o paradigma, associando a função à gestão de relacionamentos ou à criação de vínculos estratégicos. Pensando dessa forma, Churchill Jr. e Peter (2000, p. 508) afirmam que:

> Nos mercados globais, os vendedores precisam entender a língua e as nuanças culturais dos clientes [...] Ao interagir com os clientes, os vendedores também obtêm informações sobre os concorrentes. Desse modo, eles podem ser os primeiros na empresa a ouvir falar de inovações ou estratégias de comunicação formuladas pela concorrência. Assim, além de gerar vendas, os vendedores também desempenham papel fundamental na pesquisa de marketing, pois as informações coletadas por eles geralmente são incluídas nos relatórios de suas visitas.

Esses "gestores de vínculo e relacionamento estratégico" devem ser alguns dos principais meios de comunicação e integração com o mercado da empresa, trazendo importantes contribuições do mercado e respectivas mudanças e transformações, inclusive aquelas relacionadas aos concorrentes e outros *stakeholders*. O importante não é somente vender hoje, mas vender sempre!

Atividades	Responsabilidades
1. Função de vendas	Planejar as atividades de venda. Procurar indicação de novos clientes. Visitar contas potenciais. Identificar os tomadores de decisão. Preparar informações e apresentação de vendas. Fazer apresentação de vendas. Superar objeções. Apresentar novos produtos. Visitar contas novas.
2. Lidar com os pedidos	Redigir pedidos. Aviar pedidos. Controlar devoluções. Administrar problemas de entrega. Localizar pedidos extraviados.
3. Atendimento sobre o produto	Informar-se sobre o produto. Testar equipamentos. Supervisionar instalação. Treinar os clientes. Supervisionar reparos. Realizar manutenção.
4. Administração de informações	Fornecer informações técnicas. Receber e fornecer *feedback*. Confirmar as informações (checá-las com os supervisores).

5. Atendimento à conta	Abastecer prateleiras. Montar *displays*. Receber estoque para o cliente. Controlar propaganda e promoção local.
6. Comparecimento a reuniões e entrevistas	Participar de conferências e seminários de vendas. Comparecer a reuniões regionais de vendas. Trabalhar e dar apoio em conferências dos clientes. Organizar exposições dos produtos. Participar de sessões periódicas de treinamento.
7. Treinamento / recrutamento	Recrutar novos representantes de vendas. Treinar novos vendedores. Apoiar e trabalhar com *trainees* e novatos.
8. Entretenimento	Entreter clientes com esportes ou outras formas de diversão. Sair com os clientes para almoçar, *happy hour* ou jantar. Recepcionar e mostrar a empresa e a cidade aos clientes. Oferecer festas, palestras e eventos para os clientes.
9. Viagens	Viajar para fora da cidade, estado ou país. Passar noites na estrada, avião ou hotel. Conhecer a sua região "de cabo a rabo".
10. Distribuição	Estabelecer um bom relacionamento com os distribuidores. Controlar crédito. Controlar contas vencidas.

QUADRO 2 – Atividades e responsabilidades na venda pessoal
FONTE: William C. Moncrief III, Selling activity and sales position taxonomies for industrial salesforces, In: *Journal of Marketing Reserarch* apud CHURCHILL JR; PETER, 2000, p. 508.

Como mostra o quadro de Moncrief III (apud CHURCHILL Jr; PETER, 2000), a equipe tem diferentes responsabilidades que não podem ser abarcadas por uma única hierarquia, por isso, faz-se necessário um modelo caracterizado pela adhocracia, pautada principalmente pela perseguição sistemática e positiva de vendas cada vez melhores – o que resultaria em ótimo atendimento ao mercado por parte da empresa. Seguindo essa lógica e filosofia, vendedores devem vender, mas também ter a possibilidade de ser aconselhadores para o crescimento de seus clientes. Conforme Lovelock e Wright (2001, p. 221): "O aconselhamento é uma abordagem mais sutil da consultoria porque envolve ajudar os clientes a compreenderem melhor suas situações e os encoraja a apresentarem suas próprias soluções e programas de ação".

A equipe passa a ser, além do "pessoal da área de Vendas", um conjunto de importantes colaboradores internos, com capacidades, atitudes, conhecimentos, habilidades e competências distintas que se complementam organicamente às outras áreas da empresa e, consequentemente, com o ambiente externo, em casos como os dos bancos. Bancos sempre foram considerados "emprestadores de dinheiro", mas depois começaram a praticar o conceito de que seus produtos e serviços podem fortalecer e fazer crescer os negócios de seus clientes. Nesse sentido, o ato da vender se relaciona não somente aos serviços prestados internamente à empresa, mas torna-se um agregado importante que contribui significativamente para o desenvolvimento e crescimento de seus clientes e, como consequência, o próprio desenvolvimento do prestador de serviços.

Mas um dos principais desafios, considerando novos negócios, é o dimensionamento daqueles que irão contribuir para os negócios da empresa. Um dos pontos iniciais é que tipo de produto a empresa vende e que características têm o cliente e os processos envolvidos. Se o produto tiver um posicionamento mais elitista e uma distribuição mais seletiva, a equipe de Vendas deverá ter um perfil e conteúdos mais seletivos, como a venda de marcas de automóveis mais caros, destaque para a BMW, por exemplo. Entretanto, se o processo envolver produtos de massa, passíveis de pouca diferenciação, talvez a venda seja efetuada por um grupo maior de vendedores, com apelos mais voltados à promoção de vendas do que à construção de relacionamentos. Esse dimensionamento da equipe de vendedores, então, não envolve somente a quantidade de profissionais, mas as características e qualidades que podem trazer sinergia e maior produtividade ao grupo – a equipe de Vendas. Uma das formas mais tradicionais para o dimensionamento quantitativo de profissionais é levar em consideração a capacidade de visitação de cada um deles a partir da carteira de clientes da empresa, com adequação entre o perfil do vendedor e respectiva experiência ao perfil de seus clientes.

A partir dessa primeira análise, podem-se estabelecer diferentes conexões entre os vendedores, carteiras de clientes, CRM e ações de promoção de vendas. Na verdade, a melhor forma de vender está diretamente relacionada à capacidade de argumentação dos profissionais. Deve-se, então, a partir da identificação e contratação desses talentos, estabelecer como mantê-los sadios e motivados dentro da organização.

Toda empresa necessita de um plano de carreira e de critérios de avaliação de pessoas. A área de Vendas, em especial, além da avaliação de todos os seus funcionários, deve incorporar, ainda, os resultados comerciais estabelecidos efetivamente no orçamento da empresa.

Características de desempenho	Atributos pessoais
Produtividade	Entusiasmo
Conhecimento do trabalho	Lealdade
Qualidade do trabalho	Confiabilidade
Capacidade de organização	Liderança
Necessidade de supervisão	Maturidade
Prontidão	Estabilidade
Relacionamentos com colegas	Criatividade
Relacionamento com os clientes	Honestidade
Habilidade analítica	Iniciativa

QUADRO 3 – Critério de avaliação de pessoal
FONTE: Lewinson, Dale M. Retailing, 6ed. Englewood Cliffs: Prentice-Hall, 1997, p. 243 apud PARENTE, 2010, p. 366.

Percebe-se, portanto, a participação da área de Gestão de Pessoas na identificação, manutenção e avaliação da equipe de Vendas da empresa. Embora a área tenha metas e objetivos específicos, deve haver uma convergência entre a administração e a gestão comercial com todas as unidades empresariais. O plano de carreira individual deve estar ajustado de acordo com o plano de Gestão de Pessoas, bem como da área de Vendas. Como exemplo, as diferentes bonificações a partir das metas de Vendas devem estar devidamente adequadas ao *budget* da empresa.

Contextualizando com o empreendedorismo, os profissionais da área de Vendas devem ser flexíveis e criativos, com o objetivo de obter a melhor solução para a sua carteira de clientes. Para tal, esses profissionais precisam estar devidamente motivados, e o estabelecimento de premiações em dinheiro pela superação das metas de vendas, em determinado período de tempo, pode ser uma boa ferramenta para esse fim. Entretanto, se a prática for periódica, os profissionais podem perder essa noção de que o aumento de rendimentos é situacional, passando a senti-lo como uma incorporação direta, o que pode fazer com que deixe de ser um elemento motivacional com o passar do tempo.

Em consultoria a algumas empresas, conseguimos interferir no programa de desenvolvimento constante de profissionais, modulando as premiações de forma diferenciada, de acordo com o perfil e as características de cada profissional. Como exemplo, temos a substituição (ou além) da premiação em dinheiro por viagens e estadias para toda a família do colaborador, a partir dos resultados de avaliações do tipo 360 graus.

Finalizando, vale recordar a afirmação de Robert Heller (apud BLESSA, 2003, p. 137): "As pesquisas têm demonstrado que há uma forte correlação entre a alta rotatividade do pessoal e o baixo nível de satisfação por parte dos consumidores". Pensando nas entrelinhas, o consumidor pode perceber a insatisfação daqueles que o atendem e pode ter percepções diferentes relativas à qualidade da empresa e de seu portfólio de produtos e serviços.

Estratégias de vendas

As estratégias de Marketing e Vendas devem estar ajustadas e alinhadas de modo a se complementarem de forma sinérgica, já que a soma das partes pode trazer melhores resultados. Dessa forma, parte dos resultados adicionais pode se originar de aspectos intangíveis como do ato de empreender e, portanto, fora das métricas de planejamento estratégico. Então, pode-se estabelecer a seguinte relação:

Componentes	Exemplo
A empresa tem uma Missão, devidamente declarada em seu estatuto social e categorizada dentro de um setor econômico, o que já preconiza o estabelecimento de que necessidades e desejos atende e a que responsabilidades econômicas, tributárias, financeiras e sociais estará sujeita.	Varejo de médio porte, comercializando produtos alimentícios e hortifrutigranjeiros (neste caso, caracterizado como minimercado).

O estabelecimento da Visão possibilita à empresa ter um norteamento, um caminho, um futuro ideal, nem sempre igual e compatível ao mercado que a empresa atende no presente.	Atendimento de outras necessidades, como panificação e açougue (evolução para supermercado com portfólio maior).
A Missão e a Visão, analisadas de forma integrada, possibilitam a identificação da Meta Corporativa, que pode ser traduzida como o conjunto de ações das diferentes áreas da empresa.	Aumentar a participação no mercado regional, oportunidade detectada a partir de pesquisa de análise de rendimentos.
Então, pode-se identificar a estratégia corporativa de Marketing apropriada.	Intensificar os esforços de Marketing, no sentido de aumentar a frequência de visitação da carteira de clientes atuais, bem como incrementar o volume de vendas.
Definição das estratégias específicas de Marketing, envolvendo principalmente as questões relacionadas ao *mix* de produtos, e às estratégias de preço.	Aumentar a profundidade das linhas já existentes, bem como a incorporação de outras complementares; efetuar a administração de preços a partir do portfólio existente.
Definição das estratégias específicas da força de Vendas, em conjunto com a área de Gestão de Pessoas.	Treinamento da equipe de Vendas e Eventos, além de, por exemplo, café da manhã semanal com os vendedores e clientes.
Definição das estratégias complementares de Promoção de Vendas, que visa consolidar o processo de vendas da empresa.	Melhor disposição dos pontos de venda (PDV), além de outras ações relacionadas ao merchandising e decoração de loja e eventuais atividades promocionais.

QUADRO 4 – Visão sistêmica das estratégias da empresa
FONTE: Autor

Com as estratégias exemplificadas, é possível o aumento do portfólio inicial, que trará recursos suficientes para uma nova estrutura e portfólio mais robusto. Dessa forma, evidencia-se a importância do planejamento estratégico sistêmico, bem como a utilização assertiva das ferramentas de marketing e promoção de vendas e venda pessoal.

Vendas na internet

Quando da criação da internet, algumas empresas a consideraram como a ferramenta mais importante de vendas. Atualmente, limitada às devidas proporções, ela se constitui como uma importante alternativa para que as empresas comercializem seus produtos e serviços, em decorrência principalmente da amplitude do ponto de venda e acesso aos consumidores, bem como por permitir drástica redução de custos e despesas por meio da deslocalização física e automatização de processos. Embora a introdução de pontos de vendas virtuais necessite do apoio de outros meios e veículos mais tradicionais como os meios impressos e eletrônicos, a complementação das vendas virtuais se traduz não mais em apenas uma tendência, mas se constitui num hábito já consumado no mundo. Dessa forma, estar no ambiente virtual significa dizer que a sua empresa, seu negócio e respectivo portfólio podem ganhar visibilidade e até ajudar os meios tradicionais de comercialização, haja vista a inserção e participação cada vez maior de marcas e empresas no mundo virtual, em especial nas redes sociais.

Mesmo trabalhando em ambiente virtual e mecanizado, a presença de uma equipe de apoio pode fazer a diferença, segundo a concepção da teoria do Comportamento do Consumidor. Tratando-se de uma venda técnica, por exemplo, pode-se considerar que o futuro cliente inicialmente procure, em diferentes *sites* de busca, o produto de que necessita, e passe, posteriormente, a consultar os diferentes *sites*, encontrando produtos com características, marcas e condições similares. Nesse caso específico, a presença virtual de um consultor poderá favorecer a intenção de compra do consumidor. Em decorrência da gama de serviços, a dificuldade de escolha enfrentada pelo consumidor pode ser bem maior, e uma equipe de atendimento bem treinada e motivada pode tangibilizar a promessa de benefício do serviço ofertado. O importante é entender cada um dos meios e compreender que a sua inter-relação pode trazer resultados mais concretos para os negócios da empresa.

Vendas internacionais

Existem diversos benefícios em relação às vendas internacionais. Sob o ponto de vista econômico e financeiro, a empresa poderá ter diversificação e aumento de receitas, o que pode tornar seu crescimento mais sustentado. Por outro lado, o aprendizado com as experiências em mercados internacionais pode trazer contribuições significativas para as vendas internas, pois geralmente propiciam conhecimentos e inovações a partir do contato e troca com outras culturas e realidades.

Para atuar em cenários internacionais, a empresa deverá estar preparada para atender compromissos geralmente de longo prazo com seus *stakeholders*, bem como ter conhecimentos específicos que diferem daqueles relacionados às vendas internas. Além de habilidades relacionadas ao domínio de outros idiomas, por exemplo, capacidades e competências distintas são importantes, como as de adaptação, flexibilidade cognitiva e a de transitar na diversidade cultural.

Categorizações de níveis de conhecimento	Composição
Operacional	Trata essencialmente das questões burocráticas que envolvem documentos e respectivos cadastramentos. Essencialmente, documentos relacionados ao trânsito interno e externo da mercadoria, logística, embalagem e cadastramento no Sistema de Comércio Exterior (Siscomex).
Técnico	Envolve questões relacionadas à classificação da mercadoria, questões políticas e legais do país-destino, além daquelas relacionadas diretamente ao Comércio Exterior e Comércio Internacional. Aplicabilidades dos *International Commercial Terms* (Incoterms).

Comercial	Marketing e Vendas Internacionais. Este item envolve questões voltadas à negociação com diferentes culturas e situações, mudando fortemente as variáveis macroambientais, bem como o que foi discutido na Teoria do Comportamento do Consumidor. Necessidade de Gestão Multicultural.

QUADRO 5 – Níveis de conhecimentos em vendas internacionais
FONTE: Autor

As vendas da empresa são consolidadas nos processos de exportação indireta e direta. A primeira preconiza a utilização de terceiros – Comercial Importadora e Exportadora e também *Trading Company* –, quando a empresa não tem a estrutura necessária para efetuar todo o processo, bem como volume e periodicidade que justifiquem a incorporação dos custos e despesas provenientes das atividades e processos envolvidos. A exportação direta já pressupõe o fato de a empresa assumir todo o processo operacional e técnico da exportação. Tanto a exportação indireta quanto as primeiras exportações, independente do volume, são importantes no sentido de fazer com que a empresa conheça melhor o mercado, teste seus *stakeholders* e avalie sua capacidade, habilidade e competência no exercício de atividades comerciais internacionais.

Diante do exposto, migrar para o mercado internacional não pode ser uma ação aleatória, mas sim contextualizada com a necessidade de crescimento da empresa e com o espírito empreendedor, uma vez que, embora o produto possa ser o mesmo, devido à diversidade multicultural, cada operação pode ser diferente em relação às suas particularidades, bem como seus resultados e apreensão de conhecimentos, o aprendizado.

Vendas e as microempresas

As microempresas oferecem importantes contribuições para a sociedade, sob o ponto de vista econômico e social. Sob o ponto de vista econômico, servem como fontes de criação e distribuição de renda regional, empregos e impostos. Do ponto de vista social, a partir da evolução econômica, se dá a democratização de oportunidades e ocorre o aprimoramento da população local, com o acesso a outros produtos e serviços, ensino e educação. Por fim, sob o ponto de vista empreendedor, a microempresa, em virtude de seu porte, possibilita empreender, criar e inovar, gerando a necessidade de fazer as coisas acontecerem. Conforme Oliveira (2008, p. 3):

> O campo da responsabilidade social não trata somente de empresas multinacionais, que têm um impacto global. Empresas pequenas têm uma atuação econômica importante em nível local em muitos lugares do mundo. Além disso, muitas têm uma relação bem próxima com a sociedade, investindo em projetos sociais, mesmo que não sejam reconhecidos como ações de responsabilidade social.

Entretanto, conforme pesquisa que realizamos, gestores de empresas dessa categoria apresentam determinadas carências naturais decorrentes do próprio porte da empresa, tais como:

- Falta de conhecimentos específicos em administração e gestão de empresas;
- Limitação de recursos financeiros, produtivos, de pessoal, por exemplo, que interferem na produção e volume de vendas das empresas;
- Baixo poder de barganha junto aos fornecedores de matéria-prima e serviços;
- Dificuldade de acesso aos canais de distribuição, decorrente do volume de vendas e poder de barganha, limitando as possibilidades de expansão e condicionado a pequenos lotes por canal; e
- Consequente falta de amplitude em relação ao mercado consumidor.

Mesmo com tantas características, que para alguns podem ser agentes limitadores, a sua própria existência e características permitem pequenas doses de inovação e criatividade. Por vezes, embora a gestão seja centralizada sob a égide do proprietário, a estrutura funcional enxuta e a gerência direta podem possibilitar menores ruídos na comunicação e a introdução coordenada de pequenos ajustes e mudanças. Tratando-se de produtos e serviços, são exemplos de pequenas alterações efetuadas por algumas empresas em seus portfólios: criação de caderno para canhotos; adoção de um cardápio em braile, para atender determinados segmentos, respectivamente, dos mercados de papelaria e restaurante.

Em grandes empresas, os processos são devidamente controlados, pois qualquer desvio pode ocasionar grandes mudanças no ambiente de negócios onde a empresa está inserida, sendo o risco devidamente calculado. Numa grande montadora, por exemplo, a mínima mudança processual pode ocasionar impactos no fornecimento de matéria-prima, distribuições, produção e receita. Num pequeno negócio, a introdução de pequenas alterações e inovações pode ter pequenas consequências, mas que, se devidamente monitoradas, podem contribuir para a sua gradativa expansão. Pensando dessa forma, pequenas empresas podem ser verdadeiros laboratórios de construção de tecnologia e conhecimento.

Empreender em negócios que envolvem pequenos mercados passa a ser uma obrigação estratégica desta categoria de empresas, influenciando significativamente na sua sobrevivência e destaque competitivo. Criar e principalmente inovar de forma profissional pode agregar vantagens competitivas à empresa, possibilitando o seu crescimento sustentado.

Considerações finais

Toda empresa necessita de resultado comercial para a continuidade de sua existência, embora, segundo a ótica do Marketing, esse resultado seja consequência natural da satisfação de seus clientes. Dessa forma, independentemente do tipo de negócio, a empresa deverá ter em seu quadro funcional uma área de Vendas que compatibilize, de forma financeira, todo o processo de aquisição de matéria-prima e serviços (*input*), produção e processamento (*throughput*), pessoas, entre outros itens. Para bem vender (*output*), a empresa precisa entender que o processo de compra do consumidor é complexo, e envolve, além das variáveis quantitativas, o seu perfil qualitativo, as influências do ambiente interno e ambiente externo – concorrentes diretos e indiretos, e as próprias variáveis macroambientais.

A equipe de Vendas apresenta características particulares, que devem ser gerenciadas de acordo com as metas e objetivos corporativos. Portanto, são necessários tanto um plano de gerenciamento de carreira quanto um programa de benefícios, a fim de incentivar a ação e motivar as vendas. Nesse cenário, as microempresas e o próprio mercado internacional contribuem para o desenvolvimento das empresas e suas respectivas necessidades de vendas.

A partir dessa compreensão, a empresa deverá criar estratégias que vendam os produtos não somente no curto prazo, mas que estabeleçam vínculos duradouros de longo prazo, em virtude do aumento da concorrência interna e internacional. Então, além do constante monitoramento do mercado, a empresa deverá incluir um diferencial em relação aos seus concorrentes – em sua rotina e, consequentemente, nas ações e estratégias: o empreendedorismo em vendas!

Questões para reflexão

1. Conceitue e diferencie uma empresa com orientação para Marketing e outra com orientação para Vendas. Quais as diferenças mais significativas?

2. Qual a relação do marketing *mix* com a área de Vendas da empresa?

3. O que são estímulos de longo prazo? Que ferramentas do marketing *mix* devem ser utilizadas? Exemplifique.

4. O que são estímulos de curto prazo? Que ferramentas do marketing *mix* devem ser utilizadas? Exemplifique.

5. Qual a relação orgânica e funcional da área de Vendas com o restante da empresa?

6. Como mensurar as necessidades de vendedores para uma empresa nova? Que itens devem ser avaliados para uma análise quantitativa?

7. Que critérios devem ser utilizados na avaliação qualitativa? Por quais razões essa análise é importante na formação da equipe de Vendas?

8. Como estabelecer um programa de remuneração condizente, considerando que a equipe de Vendas é nova para a empresa?

9. Além da concretização das vendas, de que outra forma a equipe de Vendas pode contribuir para a empresa?

10. De que forma a internet pode contribuir para os negócios de uma empresa? Qual a participação da equipe de Vendas nesse processo?

11. Como as micro e pequenas empresas podem vender seus produtos, mesmo considerando suas características limitadoras?

12. Que diferenças significativas existem entre as vendas direcionadas para o mercado internacional e as para o mercado interno?

☑ Estudos de caso

Caso 1

Uma nova rede social está sendo criada, com o objetivo de atender jovens portadores de necessidades especiais. Consideram-se pessoas com possíveis deficiências de ordem física como as de locomoção, auditivas, de visão e fala. O grupo de empreendedores pesquisou o mercado de redes sociais, bem como o ambiente político-legal sobre o mercado-alvo, identificando grande demanda e interesse.

Esses empreendedores possuem conhecimentos sobre a tecnologia básica, que lhes permite estruturar a empresa e seus processos, mas têm dúvidas sobre como utilizar os conhecimentos de marketing e como realizar as vendas de seus espaços publicitários. Estruturaram dentro do ambiente virtual diversos serviços que entendem que são necessários.

A abertura desse tipo de negócio é relativamente simples, mas depende, para o seu desenvolvimento, de uma equipe técnica, a fim de alimentar, atualizar e movimentar o ambiente virtual, em decorrência da necessidade de divulgação inicial e consolidação de hábitos de seus clientes.

Responda:

1. Como a equipe pode dimensionar as necessidades de mão de obra interna, em especial da equipe de Vendas?

2. Que características deve ter o pessoal de Vendas desse tipo de negócio?

3. Que funções específicas esse pessoal deve ter para bem atender os seus clientes? Nesta questão, especifique quem é o cliente preferencial e secundário da empresa.

4. Como argumentar junto aos futuros anunciantes que eles terão os resultados esperados a partir da publicação de seus anúncios?

5. Que lições podem ser incorporadas a partir deste breve estudo de caso?

Caso 2[3]

Uma empresa que fabricava brinquedos populares à base de plástico injetável tinha como principal matéria-prima o polipropileno, derivado do petróleo. Empresa de pequeno porte, com produção estritamente manual e artesanal, tem a necessidade de receber mensalmente a quantidade de matéria-prima de que necessita e de vender a respectiva produção, no caso, para comerciantes da região da Rua 25 de Março. O atacado é responsável por aproximadamente 90% das vendas da empresa. As lojas efetuavam, geralmente, uma única compra grande e mensal.

Em decorrência do aumento do petróleo no mercado internacional e de erro de gestão da empresa fornecedora de matéria-prima, houve interrupção no abastecimento por três meses, o que impactou na produção e consequente receita.

Após a normalização, houve uma crise econômica internacional, que, por sua vez, influenciou nas compras dos principais comerciantes que adquiriam o seu produto. Tal fato fez com que a pequena área de estocagem ficasse abarrotada com produtos prontos. Como a produção se mantinha constante, mas as vendas estavam relativamente reduzidas, foram adotadas ações de emergência, como férias coletivas, entre outras.

Com as duas situações sequenciais, a empresa começou a ter graves problemas financeiros até que decidiu pela contratação de um vendedor comissionado, que negociou uma comissão maior sobre as suas vendas quando as efetuasse dentro de um período estipulado. Ao invés de vender em grandes lotes, ele preferiu vender em lotes menores, até unitariamente, em pequenos pontos de venda, como lojinhas de bairro, camelôs e afins. Em dois meses, conseguiu vender todo o estoque à parte da produção normal da empresa. Feito isso, os efeitos da crise foram atenuados sensivelmente, coincidindo com o início do quarto trimestre do ano, época em que os lojistas geralmente aumentam suas compras em virtude da prevenção para as festas de final de ano.

---

3 Caso vivenciado pelo autor deste capítulo.

Responda:

1. Que diagnóstico você analisa a partir do estudo de caso?
2. Que mudanças significativas ocorreram nas estratégias do vendedor comissionado em relação ao que a empresa realizava?
3. Que consequências estratégicas e financeiras podem ser evidenciadas a partir das novas estratégias desenvolvidas?
4. Que lições podem ser concluídas a partir deste estudo de caso real?
5. Como se relaciona o empreendedorismo com este estudo de caso?

Referências bibliográficas

BLESSA, Regina. *Merchandising no ponto-de-venda*. 2. ed. São Paulo: Atlas, 2003.

CECCONELLO, A. R.; AJZENTAL, A. *A construção do plano de negócio*. São Paulo: Atlas, 2008.

CHURCHILL Jr., Gilbert A.; PETER, J. P. *Marketing*: criando valor para os clientes. 2. ed. São Paulo: Saraiva, 2000.

EHRLICH, Marcio. Calendário Promocional. *Janela Publicitária*. Disponível em: <http://www.janela.com.br/referencias/calendario_promocional.html>. Acesso em: 8 mar. 2013.

HAWKS, Del I.; MOTHERSBAUGH, D. L.; BEST, R. J. *Comportamento do consumidor*: construindo a estratégia de marketing. Rio de Janeiro: Campus, 2007.

KOTLER, Philip; ARMSTRONG, G. *Princípios de marketing*. 12. ed. São Paulo: Prentice-Hall, 2012.

KUAZAQUI, Edmir. *Marketing internacional*: construindo e desenvolvendo competências em cenários internacionais. São Paulo: M. Books, 2007.

LOVELOCK, C.; WRIGHT, L. *Serviços*: marketing e gestão. São Paulo: Saraiva, 2001.

OLIVEIRA, José A. P. de. *Empresas na sociedade*: sustentabilidade e responsabilidade social. Rio de Janeiro, Campus, 2008.

PARENTE, Juracy. *Varejo no Brasil*: gestão e estratégia. São Paulo: Atlas, 2010.

PRIDE, W. M.; FERRELL, O. C. *Marketing*: conceitos e estratégias. 11ed. São Paulo: LTC, 2001.

QUINN, J. B. Unidades da adhocracia. *HSM Management*, pp. 62-66, n. 17, ano 3, nov.-dez., 1999.

SEBRAE. Serviço Brasileiro de Apoio às Micro e Pequenas Empresas. Disponível em: <www.sebrae.gov.br>. Acesso em: mar. 2013.

Sant'anna, Armando; Rocha Júnior; Ismael; Garcia, Luiz Fernando D. *Propaganda*: teoria, técnica e prática. 8. ed. São Paulo: Cengage, 2009.

Stanton, William J.; Spiro, Rosann. *Administração de vendas*. 10. ed. São Paulo: LTC Editora, 2000.

Zaltman, Gerald. Afinal, o que os clientes querem? O que os consumidores não contam e os concorrentes não sabem. *HSM Book Summary* 4, pp. 51-62, s.d.

Capítulo 15

Finanças para empreendedores

> *Nenhuma empresa é maior que a cabeça do próprio dono.*
>
> Cláudio Tordino

Antonio Renato Cecconello

Objetivos

- Caracterizar os impactos das ações do empreendedor, sob os pontos de vista econômico e financeiro;
- Apresentar os principais conceitos sobre gestão financeira;
- Justificar a razão de se ter controles financeiros;
- Contextualizar o ambiente administrativo empresarial;
- Detalhar os indicadores mínimos necessários à gestão financeira;
- Oferecer argumentos para a leitura e entendimento dos relatórios financeiros.

Introdução

Conforme já explorado nos capítulos anteriores, a abrangência das definições apresentadas sobre empreender pode assustar alguém não preparado. Entretanto, tomar decisão, tentar, executar e realizar são características natas do empreendedor, e o tamanho do empreendimento imaginado está sempre limitado àquilo que este tenha em seus sonhos.

Impactos de ações empreendedoras – sob os pontos de vista econômico e financeiro

Ações empreendedoras não são movimentos praticados somente por empresários que tocam seus próprios negócios. Estas também podem ser ações de profissionais que administram o patrimônio de terceiros. Vários profissionais com perfil empreendedor podem ser identificados no mundo empresarial, em épocas, setores da economia e países distintos. Lee Yaccoca[1] e Jack Welch[2], dos Estados Unidos, e Ozires Silva[3] e Carlos Ghosn[4], do Brasil, entre tantos outros, podem ser citados como gestores de grandes empresas com postura empreendedora, tanto no desenvolvimento de novos produtos quanto na identificação de novos mercados ou novas aplicações e ações gerenciais para garantir a continuidade das empresas que comandaram.

E o que pode haver em comum entre desenvolver novos produtos, novos mercados ou novas aplicações para produtos existentes? Com certeza uma boa dose do tino empreendedor, mas um componente relevante para o sucesso atingido por esses profissionais e todo empreendedor de êxito é o uso do planejamento e a gestão dos recursos disponíveis.

> "[...] até o primeiro ano de atividade 27% das empresas fecham, podendo chegar a 58% de taxa de mortalidade no quinto ano de atuação no mercado. Esses números comprovam que um comportamento empreendedor pouco desenvolvido, falta de planejamento e falhas da gestão do negócio e dos recursos financeiros são os principais fatores para o insucesso". (SEBRAE, 2013 – Grifo nosso)

É frustrante ver tantas boas ideias não irem adiante meramente por falta de uma gestão financeira, minimamente de qualidade. Periodicamente,

---

[1] Iniciou sua carreira profissional na Ford em 1946 como engenheiro, deixando a empresa em 1978 como presidente. Lançou o automóvel Mustang, ícone da indústria automobilística. Posteriormente, também como presidente, administrou a Chrysler durante 1979 a 1992, quando reergueu a empresa frente à crise em que se encontrava.

[2] Presidente do grupo General Electric Company, G&E, de 1981 a 2001, liderou a empresa à posição de segunda maior companhia do mundo, onde iniciou carreira em 1961.

[3] Liderou a Embraer, desde sua fundação, até o patamar internacional, a qual presidiu até 1986. Posteriormente foi presidente da Petrobras e também Ministro de Infraestrutura.

[4] Depois de trabalhar por 17 anos no Grupo Michelin, em 1996 assumiu a vice-presidência da Renault e, posteriormente como CEO, comandou a recuperação da Nissan no Japão.

o Sebrae faz pesquisa sobre o indicador de mortalidade de empresas, o qual recorrentemente ratifica a falha na gestão financeira como uma de suas principais causas.

E quais seriam os impactos das ações do empreendedor[5], sob os pontos de vista econômico e financeiro?

Primeiramente, é possível que o leitor queira entender melhor o que seriam esses conceitos, econômico e financeiro, os quais podem ser, de forma simplista, explicados da seguinte forma:

Econômico

De forma resumida, o lado econômico da atividade empresarial[6] se resume a duas atividades: **venda** de produtos, mercadorias ou serviços; e **consumo** de recursos utilizados para a consecução das vendas, programação de suas linhas operacionais, produção e a administração da empresa de um modo geral.

No caso das vendas, estas podem ocorrer nas condições à vista ou a prazo, e impactam diretamente no resultado econômico que uma empresa venha a obter num determinado período de tempo contemplado em uma análise de resultados econômicos, que pode variar entre o lucro e o prejuízo. No caso do consumo, são avaliados neste contexto de acordo com os itens gastos ou empregados na produção das atividades operacionais das áreas comercial e administrativa de uma empresa.

Uma venda para ser concretizada demanda esforços preliminares das diversas áreas operacionais da organização. A área comercial regularmente gasta recursos iniciais para a realização da venda objetivada pela empresa, e esses gastos são caracterizados, por exemplo, pelos salários dos vendedores, gastos incorridos para se chegar até os clientes (transporte, hospedagem, alimentação), comissões sobre as vendas realizadas, aluguel do prédio da área de vendas, entre outros.

---

[5] Como premissa para o desenvolvimento deste raciocínio, foi assumido que o empreendedor é o responsável pelas políticas operacionais em termos de prazos de compras e vendas, à vista e a prazo, assim como as políticas de estoque.

[6] No exemplo abaixo será utilizada a atividade de uma empresa industrial, entretanto facilmente adaptável para empresas com atividade comercial ou de serviços.

Para atender a venda efetuada, existem os gastos da **área de produção** decorrentes da transformação das matérias-primas e outros insumos nos produtos que a empresa oferece ao mercado.

Neste ponto, cabe uma pequena observação de caráter conceitual. Sob o ponto de vista contábil, a simples transformação das matérias-primas e insumos em produtos não impacta o resultado econômico da empresa. Num primeiro momento, após as transformações feitas, os bens produzidos são colocados no estoque, ou seja, a área de produção, de forma simplista, somente agregou valores, transformando matérias-primas, insumos, mão de obra e gastos gerais de fabricação num produto final. Em resumo, do ponto de vista contábil ainda não ocorreu o custo da venda propriamente dito, mas a transformação de bens, ainda sob a propriedade da empresa, isto é, recurso monetário transformado em bens para a venda.

O fato de o estoque de produtos acabados ter aumentado não traz nenhum resultado econômico à empresa; entretanto, uma venda feita implicará no compromisso de a empresa transferir para o cliente o estoque relacionado à venda feita, caracterizando uma atividade econômica em que o valor da venda subtraído do custo desta mesma venda contribuirá para o resultado econômico do período. Enquanto a venda é traduzida em um valor econômico que será pago pelo cliente, o valor do estoque referente à venda feita é identificado como Custo do Produto Vendido (CPV).

Outra **área** das empresas, que consome (gasta) recursos econômicos, é a **administrativa**. Sob esta área podem ser encontradas diversas atividades operacionais, entre elas, a seleção e o recrutamento de funcionários, segurança, compras, tesouraria, contas a pagar, contas a receber. De forma análoga às outras áreas, os seguintes gastos podem ser encontrados dentro da área administrativa: salários, encargos, benefícios, serviços de terceiros, assessoria contábil, entre outros.

O quadro 1 resume os principais gastos operacionais, passíveis de serem encontrados nas áreas de uma empresa.

Área/Gastos operacionais	Comercial	Produção	Administração
Salários, encargos e benefícios	X	X	X
Serviços de terceiros	X		X
Mão de obra de terceiros		X	
Aluguel	X	X	X
Condomínio	X	X	X
IPTU	X	X	X
Manutenção	X	X	X
Depreciação	X	X	X
Comissão de vendas	X		
Matérias-primas		X	
Embalagens		X	
Insumos diversos		X	
Assessoria contábil			X
Revistas e assinaturas	X	X	X
Transportes de compra de matéria-prima		X	
Fretes de entrega	X		
IPVA	X	X	X
Depreciação	X	X	X
....			

QUADRO 1: Gastos operacionais por área
Fonte: Autor

O resultado econômico será abordado com mais detalhes, quando falarmos, mais à frente, sobre o relatório Demonstração de Resultados do Exercício (D.R.E.).

FINANCEIRO

Enquanto a atividade de **venda**, à vista ou a prazo, contribui para o resultado econômico alcançado pela empresa, o **recebimento** desta venda afeta diretamente o resultado financeiro, impactando positivamente no fluxo de caixa.

De forma análoga, entretanto em direção inversa, o fluxo de caixa é impactado negativamente pelo **pagamento** de compras realizadas, sejam estas sido feitas à vista ou a prazo.

Os impactos das vendas e compras à vista e a prazo serão melhor detalhados quando abordarmos, mais à frente, o relatório Demonstração do Fluxo de Caixa.

Contabilmente, sob o ponto de vista econômico, as despesas realizadas pelas áreas comercial e administrativa são reconhecidas periodicamente, isto é, por mês, por semestre ou por ano. Por outro lado, os custos dos produtos vendidos são reconhecidos somente a partir de vendas realizadas. Os eventuais produtos que estejam em estoques, contabilmente, não representam custos, mas parte do patrimônio da empresa, registrados no relatório do balanço patrimonial, que será abordado mais adiante.

Enquanto, sob o ponto de vista econômico, **venda** e **consumo** (gastos) podem ser classificáveis como "**o que** foi feito", independentemente de a venda ter sido realizada à vista ou a prazo, ou o gasto (consumo), que pode ocorrer a partir de compras feitas também à vista ou a prazo, sob o ponto de vista financeiro, **pagamento** e **recebimento** podem ser entendidos como "**quando** foi feito".

Voltando ao impacto das ações do empreendedor, qualquer decisão assumida por este causará efeitos de caráter econômico e financeiro à empresa. Seja no início da empresa, ao **comprar** os primeiros equipamentos, maquinários ou veículos, ou durante as atividades operacionais, com as decisões de **vender** e/ou **comprar**, em ambas as situações, as decisões impactam duplamente nos resultados.

Na fase pré-operacional, no caso de compra de um veículo, a opção seria comprar por um valor menor, à vista, ou por um valor maior, pago em várias prestações. O valor da compra, independentemente da forma da aquisição, ficaria registrado no balanço patrimonial, sob o ativo imobilizado, e este bem seria "amortizado" ao longo do tempo na figura contábil conhecida como depreciação, como um gasto econômico mensal.

Exemplificando, uma compra, à vista, de um veículo no valor de 60 mil com vida útil de cinco anos apresentaria a seguinte distribuição de valores.

Área – Evento	Compra	Ano 1	Ano 2	Ano 3	Ano 4	Ano 5
Pagamento à vista	60.000					
Depreciação		12.000	12.000	12.000	12.000	12.000

Por outro lado, a compra a prazo desse mesmo veículo por um valor de 66 mil e pagamento em três anos, apresentaria o seguinte fluxo:

Área – Evento	Compra	Ano 1	Ano 2	Ano 3	Ano 4	Ano 5
Pagamento a prazo	22.000	22.000	22.000			
Depreciação		13.200	13.200	13.200	13.200	13.200

Comparativamente, no primeiro caso o resultado econômico seria melhor, uma vez que a despesa com depreciação seria menor, porém exigindo um desembolso à vista. No segundo caso, o fluxo financeiro ficaria mais folgado, entretanto com despesas maiores de depreciação, o que implicaria um resultado econômico menor nos períodos afetados.

Comprar, à vista ou a prazo, implica decisões frente à situação de se ter ou não o dinheiro e alternativas de financiamentos de compra e seus respectivos custos.

Já na fase operacional, compras e vendas, à vista ou a prazo, também trazem seus impactos, como é o caso de uma venda à vista por 15 mil ou em três parcelas de R$ 5.200. Neste caso, os fluxos econômico e financeiro poderiam ser representados das seguintes formas:

Área – Evento	Venda à vista	Mês 1	Mês 2
Econômico	15.000		
Financeiro	15.000		

Área – Evento	Venda a prazo	Mês 1	Mês 2
Econômico	15.600		
Financeiro	5.200	5.200	5.200

Vender, à vista ou a prazo, implica decisões a serem tomadas pelo "empreendedor" por conta de contextos operacionais distintos, sejam de ordem comercial (toda a concorrência vende a prazo) sejam de ordem de política de negócios da empresa (vendas à vista por aversão ao risco de dar crédito, decisão de aumento de participação mercadológica, via vendas a prazo, ou outros motivos).

Em resumo, quaisquer que sejam as decisões tomadas pelo responsável pela empresa, elas trarão impactos econômicos e financeiros à mesma. Por esse motivo é importante conhecer os **instrumentos** que permitem identificar esses impactos e acompanhar a saúde econômica e financeira da empresa, tema abordado mais adiante.

Conceitos fundamentais à gestão financeira

Antes de falar em como gerir financeiramente uma empresa, é importante apresentar alguns conceitos pertinentes ao tema **patrimônio**. Especificamente **balanço patrimonial, demonstração de resultados do exercício** e **demonstração do fluxo de caixa.**

Patrimônio: bens, direitos e obrigações

De acordo com o *Houaiss*, juridicamente, o patrimônio é definido como" conjunto dos bens, direitos e obrigações economicamente apreciáveis, pertencentes a uma pessoa ou a uma empresa".

Independentemente do tamanho ou ramo de atividade, todas as atividades operacionais de uma empresa afetam seus bens, seus direitos ou suas obrigações.

A título ilustrativo, em uma empresa os seguintes itens são classificáveis como bens: dinheiro em caixa, estoques, terrenos, veículos, máquinas, equipamentos, computadores, patentes, entre outros. Sob o tópico "direitos" são classificáveis os itens: valores em contas bancárias, aplicações financeiras, duplicatas a receber, investimentos em outras empresas, entre outros. Em síntese esses dois itens, bens e direitos, resumem todo o patrimônio bruto acumulado, num certo momento, por uma pessoa física ou jurídica.

Particularmente no caso de uma empresa, esse patrimônio foi construído a partir de recursos originários de fontes próprias, via dinheiro dos sócios, e de fontes de terceiros, entre elas: fornecedores de matérias-primas ou serviços; empréstimos; financiamentos bancários; e "outros credores", com os quais a empresa eventualmente ainda tenha alguma dívida. Esses "outros credores" podem ser representados por salários e impostos a pagar, impostos a recolher, entre outros.

A esse conjunto de bens, direitos e obrigações a contabilidade dá o nome de Balanço Patrimonial, representado na sequência.

O total do ativo também pode ser chamado de patrimônio bruto. Conforme já comentado, esse patrimônio foi acumulado a partir de recursos providos pelos sócios e por terceiros, contidos sob as contas **Passivo Circulante** e **Exigível de Longo Prazo**. A avaliação da riqueza da empresa pode ser avaliada na forma líquida pela subtração do total das fontes de terceiros do patrimônio bruto, resultando na conta **patrimônio líquido**.

BALANÇO PATRIMONIAL

ATIVO (bens e direitos, usos)	PASSIVO (fontes de recursos)
Ativo Circulante	Passivo Circulante
Disponibilidades (caixa e bancos)	Fornecedores
Aplicações financeiras	Contas a pagar
Duplicatas a receber	Salários a pagar
Estoques	Impostos a pagar
	Empréstimos e financiamento
Ativo não Circulante	
Investimentos	Exigível de Longo Prazo
Ativo imobilizado	Empréstimos e financiamento
Terrenos	
Construções e instalações	Patrimônio Líquido
Máquinas e equipamentos	Capital social
Veículos	Reservas
Móveis e utensílios	Lucros acumulados
Patentes	
(-) Depreciação acumulada	
....	

Pode não parecer, mas os conceitos acima estão muito mais presentes no dia a dia do cidadão comum do que ele possa pensar. Uma vez por ano, grande parte da população é chamada a prestar contas junto à receita federal por meio do preenchimento da declaração do imposto de renda. Se você tiver curiosidade, observe que parte da sua declaração à receita federal é composta da relação de bens, direitos e obrigações (dívidas).

Complementando, outra expressão pertinente ao balanço patrimonial, muito comum de ser ouvida, é "Fontes e Aplicações". Sob a expressão "Fontes" estão contemplados todos os valores acessados pela empresa através do capital dos sócios (Fontes próprias sob o Patrimônio Líquido) e por recursos de terceiros (Fontes de terceiros sob os grupos de contas: passivo circulante e exigível a longo prazo). Por outro lado, a expressão "Aplicações" abarca todos os valores registrados sob os ativos circulante e não circulante. Representam valores "aplicados" prioritariamente na operação da empresa. Nesse caso, duplicatas a receber, estoques (aplicações em giro) e ativo imobilizado (aplicações permanentes), recorrentemente, representam a parte maior dessas aplicações. Outras "aplicações" também são observáveis em balanços patrimoniais, e acontecem por diversos motivos, por exemplo: investimento permanente em outras empresas.

DEMONSTRAÇÃO DE RESULTADOS DO EXERCÍCIO

Enquanto o relatório financeiro **Balanço Patrimonial** permite avaliar a riqueza acumulada de uma empresa, a **Demonstração de Resultados do Exercício** mostra a "performance" da empresa ao longo de um período indicado, mensal, bimensal, semestral ou anual.

A demonstração de resultados, conforme o próprio nome indica, apresenta a composição das contas que levaram ao resultado apresentado. Lembrando que o resultado pode ser lucro, prejuízo ou até mesmo zero.

Esse relatório financeiro é apresentado na forma dedutiva, a partir da receita registrada. *Grosso modo*, as principais contas podem ser encontradas nos demonstrativos de resultados das diversas empresas.

Exemplo – D.R.E. – valores em R$ (estrutura Contabilidade Financeira)

	Receita bruta de vendas	100.000
(-)	Deduções da receita	(18.000)
=	Receita líquida	82.000
(-)	Custo das vendas (CPV, CMV, CSP)	(53.000)
=	**Lucro bruto**	29.000
(-)	Despesas operacionais	(13.000)
=	**Lucro operacional**	16.000
(-)	Resultados não operacionais	(4.000)
=	**Lucro antes do Imposto de Renda**	12.000
(-)	Imposto de Renda e Contribuição Social	(3.000)
=	**Lucro Líquido**	9.000

Sua apresentação pode diferir em detalhes, conforme o sistema de apuração do lucro[7] ao qual a empresa esteja submetida, entretanto permite

---

[7] Lucro real, Lucro presumido, Simples.

tomar conhecimento dos principais grupos de contas que levaram ao resultado alcançado.

Enquanto no modelo de D.R.E., contabilidade financeira, a estruturação das contas obedece aos padrões definidos pelas autoridades reguladoras e fiscais, a estruturação da D.R.E. nos moldes da contabilidade gerencial atém-se à melhor forma de fornecer informações de cunho gerencial para a tomada de decisão.

Exemplo – D.R.E. – valores em R$ (estrutura Contabilidade Gerencial)

	Receita bruta de vendas	100.000
(-)	Deduções da receita	(18.000)
=	Receita líquida	82.000
(-)	Gastos proporcionais vendas	
	Produção	
	. Matéria-prima	(32.000)
	. Embalagem	(7.000)
	. Outros gastos diretos	(4.000)
	Despesas comerciais	
	. Comissão de vendas	(3.000)
	. Royalties	(1.000)
=	Margem de contribuição	35.000
(-)	Gastos fixos	
	. Produção	(10.000)
	. Vendas	(5.000)
	. Administração	(4.000)
=	Lucro operacional	16.000
(-)	Resultados não operacionais	(4.000)
=	Lucro antes do Imposto de Renda	12.000
(-)	Imposto de Renda e Contribuição Social	(3.000)
=	Lucro Líquido	9.000

Basicamente, a diferença entre as duas demonstrações está na forma e não no conteúdo. O resultado final em ambas é o mesmo, entretanto a forma gerencial apresenta detalhes mais ricos e significativos à tomada de decisão. As duas formas de apresentação, contabilidade financeira e contabilidade gerencial, são adotadas, respectivamente, em custeio por absorção e custeio direto ou variável[8].

A Demonstração de Resultados do Exercício é um relatório de natureza econômica, isto é, todos os valores, apresentados nessa demonstração, representam fatos que contribuíram para o resultado alcançado, independentemente de terem sido recebidos quando de sua venda ou pagos quando do seu gasto ou consumo.

Um exemplo do dia a dia de uma empresa é a despesa com o 13º salário do funcionário. De praxe a empresa paga a cada funcionário o equivalente a um salário no final do ano, parte em novembro e parte em dezembro, entretanto, a título de reconhecimento de despesa esta é provisionada mensalmente à razão de 1/12 do salário de cada funcionário. Numericamente, para um funcionário que tenha um salário nominal de R$ 1.200, a empresa teria o seguinte registro para os primeiros seis meses de um ano:

Mês/Evento	Jan	Fev	Mar	Abr	Mai	Jun	...
DRE Provisão para 13º salário	100	100	100	100	100	100	...
Balanço Patrimonial 13º salário a pagar	100	200	300	400	500	600	...

A cada mês é reconhecida, na D.R.E., 1/12 da despesa com 13º salário e, em contrapartida, no passivo circulante, apontado o saldo a ser pago ao trabalhador ao final de cada período.

---

[8] O objetivo deste capítulo não é explorar formas de custeio, entretanto, a título de esclarecimento, no custeio por absorção, o CPV contempla todos os custos, variáveis e fixos, atribuídos ao produto dentro da área de produção. Já no caso do custeio direto, ou variável, os gastos variáveis e fixos de todas as áreas são apresentados separadamente, permitindo a identificação do valor relativo à margem de contribuição gerada na operação, no período retratado.

Demonstração do Fluxo de Caixa (D.F.C.)

Ao mesmo tempo em que a D.R.E. aponta o resultado econômico alcançado num período, a Demonstração do Fluxo de Caixa (D.F.C.) reflete o resultado financeiro decorrente das entradas e saídas de numerários, seja no caixa da empresa, seja em contas bancárias. Isto é, apesar de ser chamado de Fluxo de Caixa, seus valores contemplam também os valores disponíveis nas contas correntes bancárias.

A figura abaixo mostra, simplificadamente, as diversas formas de entrada e saída de dinheiro em uma empresa.

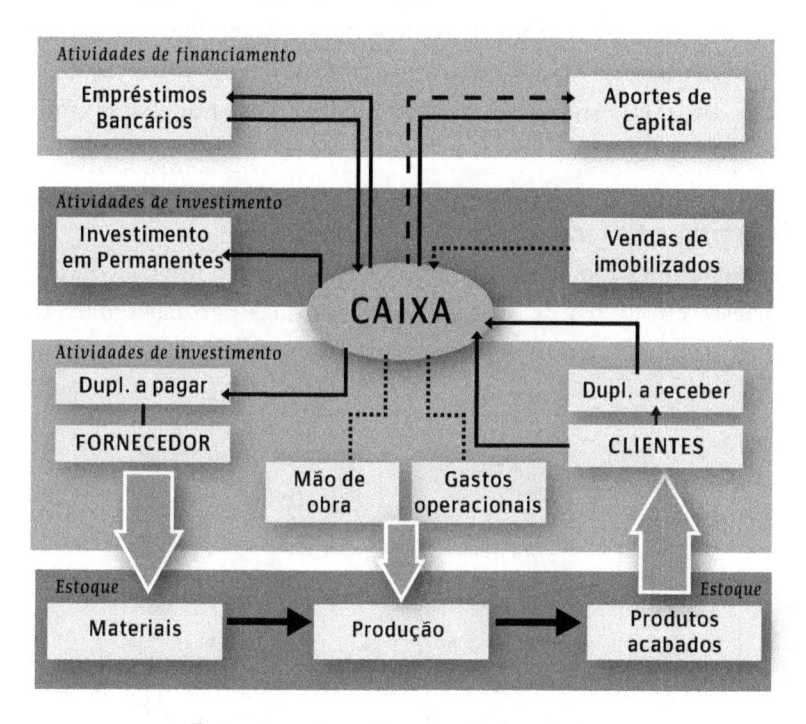

FONTE: baseado em Gitman & Madura, 2003

Resumidamente, em qualquer empresa, podem ocorrer fluxos de caixa de três naturezas distintas: Financiamento, Investimento e Operacional.

O fluxo de financiamento contempla as entradas e saídas de numerário decorrentes de aportes de capital dos acionistas e captação de empréstimos junto a instituições financeiras, assim como pagamento de dividendos para acionistas e de amortização de empréstimos e respectivos juros.

O fluxo de investimento abarca as movimentações de numerários decorrentes de pagamentos por compras de bens de natureza permanente (terrenos, maquinário, móveis, utensílios entre outros) e recebimentos em virtude de vendas de alguns dos itens imobilizados, por conta de reposição ou por se tornarem desnecessários.

Já o fluxo de caixa por atividades operacionais caracteriza-se por: **a)** pagamentos, à vista ou a prazo, de insumos de produção (matéria-prima, embalagens, serviços de terceiros, entre outros) e gastos operacionais (folha salarial e encargos, manutenção, propaganda e outros gastos operacionais) das áreas comercial, produção e administração e **b)** recebimentos originados por vendas à vista ou recebimentos de vendas a prazo feitas no passado.

A D.R.E. e D.F.C. podem ter comportamentos distintos e eventualmente opostos. Isso significa dizer que uma empresa pode estar apresentando prejuízo (resultado econômico), porém ter dinheiro em caixa (resultado financeiro). Uma situação dessas seria possível caso a empresa privilegiasse vendas à vista e compras a prazo.

Exemplificando, uma empresa que vendesse em um mês 85 mil à vista e incorresse em gastos de 90 mil, pagos em duas parcelas iguais, teria, no primeiro mês, seus valores registrados da seguinte forma:

Demonstração de Resultados do Exercício

	Receita de vendas	85.000
(-)	Custos e despesas	(90.000)
=	Resultado (prejuízo)	(5.000)

Demonstração do Fluxo de Caixa

	Saldo inicial de caixa	1.000
+	Valores recebidos	85.000
(-)	Valores pagos	(45.000)
=	Fluxo de caixa do período	40.000
=	Saldo final de caixa	41.000

Balanço Patrimonial (final do 1º mês)

ATIVO		PASSIVO	
Ativo Circulante Disponibilidades	41.000	Passivo Circulante Contas a pagar	45.000
Ativo não Circulante		Patrimônio Líquido Capital social Reservas Lucros acumulados	(5.000)

De forma análoga, porém com resultados opostos, uma empresa pode apresentar resultados positivos no período e lucros, entretanto, ao final do mesmo período, estar com o seu fluxo financeiro negativo.

Como exemplo, caso uma empresa vendesse em um mês 70 mil, para recebimento em duas parcelas iguais, a primeira à vista e a segunda em 30 dias, e incorresse em gastos de R$ 60.000, pagos à vista, teria, no primeiro mês, seus valores registrados da seguinte forma:

Demonstração de Resultados do Exercício

	Receita de vendas	70.000
(-)	Custos e despesas	(60.000)
=	Resultado (lucro)	10.000

Demonstração do Fluxo de Caixa

	Saldo inicial de caixa	28.000
+	Valores recebidos	35.000
(-)	Valores pagos	(60.000)
=	Saldo final de caixa	3.000

Balanço Patrimonial (final do 1º mês)

ATIVO		PASSIVO	
Ativo Circulante Disponibilidades Contas a receber	3.000 35.000	Passivo Circulante Contas a pagar	0
Ativo não Circulante		Patrimônio Líquido Capital social Reservas Lucros acumulados	10.000

O domínio dos conceitos contido nesses três relatórios é fundamental para se pensar em ter o controle financeiro de qualquer empresa.

Mas para que mesmo eu preciso de controles financeiros?

> "As decisões financeiras são tomadas em um ambiente de incerteza com relação ao futuro". (ASSAF, 2005)

Nenhum empresário gosta de investir seu dinheiro arriscando-o de maneira indevida. Toda iniciativa empresarial é concebida e gerida sob dois tipos de riscos: o econômico e o financeiro. Assaf destaca que o risco econômico é caracterizado pelas incertezas naturais da conjuntura econômica, imprevisibilidade do mercado no qual a empresa esteja inserida, e erros decorrentes do próprio planejamento da organização. Por outro lado, complementa que o risco financeiro está correlacionado com o endividamento da empresa e sua capacidade de fazer frente às suas dívidas. Assumi-las, pagá-las e geri-las é um desafio diário de todo empreendedor.

Frente aos cenários possíveis aos quais as empresas estão sujeitas, não ter instrumentos que permitam avaliar a sua saúde econômico-financeira representa uma temeridade à sobrevivência de qualquer organização. Sem dúvida, é impensável, a um piloto de avião, voar sem um mínimo de informação sobre a distância a ser percorrida, o peso a ser transportado e condições previstas do tempo ao longo da viagem. Vento, chuva e temperatura são variáveis vitais para a elaboração de um plano de voo.

A função gerencial de um empreendedor, à frente de seu negócio, não difere muito da assumida por um piloto. Enquanto o aviador busca levar seu avião de um ponto a outro, de forma segura, cabe ao empreendedor conduzir seu negócio ao longo de um período de tempo, de forma analogamente segura, buscando garantir resultados minimamente suficientes e necessários para preservar a saúde econômica e financeira da empresa.

Um piloto, normalmente, tem à sua disposição instrumentos no painel de controle do avião que permitem identificar a velocidade em que está voando, altitude em que o avião se encontra e nível de combustível disponível. Essas informações, aliadas à distância ainda por ser percorrida e condições meteorológicas, entre outras, permitem ao piloto tomar decisões de continuar sua viagem ou procurar pistas próximas para uma aterrissagem de emergência.

Conhecer o potencial de mercado a ser atendido, assim como as qualidades e debilidades da concorrência, saber a disponibilidade de estoques, capacidade de produção, entre outras informações operacionais, são fundamentais para a elaboração do "plano de voo" da empresa. Essas informações permitem ao empreendedor definir suas estratégias operacionais sobre vender e comprar, a prazo ou à vista, e volume de estoques, que influenciarão na qualidade do resultado a ser alcançado. A exemplo do aviador, o resultado das decisões assumidas pode ser avaliado por meio do painel de instrumentos da empresa, representado pelos relatórios de balanço patrimonial, demonstração de resultados e fluxo de caixa.

Todo ano do calendário, ou fiscal, pode ser visto como uma viagem, e não se faz uma viagem sem um mínimo de planejamento. Uma simples viagem de um fim de semana prolongado, independentemente do destino, exige cautela. Com maior ou menor nível de detalhe, é comum passar por nossa cabeça questões da seguinte natureza: qual a previsão de tempo? A que horas é melhor sair de casa? Por qual estrada iremos? Será que preciso fazer a revisão do carro? Roupa de calor ou de frio? Entre tantas outras.

Por qual razão não ter o mesmo cuidado com uma empresa?

Mais adiante falaremos sobre como perceber alguns sinais vitais da saúde econômico-financeira de uma empresa por meio da leitura dos instrumentos que formam seu painel de controle.

O ambiente administrativo empresarial

O mantra, ou ritual, que melhor representa a atividade de administração nas empresas é formado pelas atividades de **planejar**, **executar** e **controlar**.

Surpresas ou imprevistos representam grandes inconvenientes a qualquer administração minimamente organizada. Esses eventos podem trazer, em maior ou menor escala, inseguranças e consequências à saúde econômica e financeira da empresa. Por esse motivo, o exercício de prever potenciais cenários operacionais futuros treina e instrumentaliza o administrador para a tomada de decisões frente a situações que possam vir a acontecer.

PLANEJAMENTO

"Planejamento é a determinação dos objetivos a serem atingidos e dos meios pelos quais esses objetivos devem ser alcançados. É a ponte de elo entre o estágio onde estamos e o estágio para onde vamos." (MOSIMANN e FISCH; 1999, grifo nosso)

A construção ou simulação de cenários operacionais alternativos é uma das primeiras atividades da etapa de planejamento. A primeira vantagem da prática do planejamento está na possibilidade da melhoria progressiva, e para essa melhoria acontecer, pressupõe-se a existência sistemática de dados e informações de qualidade, conteúdos esses obtíveis a partir do registro e documentação das premissas assumidas, resultados alcançados e compreendidos.

De forma geral, todas as atividades operacionais de uma empresa são passíveis de planejamento e quantificações econômica e financeira. A partir de detalhes existentes nas áreas que executam as diversas atividades operacionais da empresa, com um mínimo de critérios e atenção, o dia a dia de uma organização permite a identificação de parâmetros das mais diversas naturezas para a elaboração de previsões com magnitude relevantes para a elaboração do "plano de voo" da instituição.

A atividade de planejamento deve ser entendida como uma atividade administrativa, de caráter higiênico à empresa, isto é, rotineiramente necessária. Não é aceitável pensar em elaborar um planejamento único e definitivo. As dinâmicas, às quais todas as empresas estão sujeitas, exigem o repensar diário, em maior ou menor escala desta ou daquela atividade ou área. Qualquer que seja a empresa, esta demanda um mínimo de programação. Tomando como exemplo um salão de cabeleireiros, que poderia até parecer de simples administração, ele demanda aspectos básicos de administração, que podemos chamar de premissas operacionais, necessárias à sua boa gestão.

Os parâmetros referenciais ao planejamento de valores para um negócio resumem-se a dois: 1) Capacidade instalada e 2) Volume de vendas potencial. Enquanto o primeiro pode ser dimensionado a partir das **informações internas**, disponíveis em termos dos seus bens imobilizados (área construída, maquinário existente, capacidade de armazenagem), processos operacionais (*know-how*) utilizados e qualificação da equipe técnica empregada, o segundo tem como referência **informações externas** à empresa, que levam em conta o tamanho da população e suas características intrínsecas.

Por exemplo, uma clínica pediátrica, voltada à população de baixa renda, que pretendesse se estabelecer em certo bairro de uma cidade, minimizaria suas chances de insucesso, se previamente identificasse as faixas etárias da população desse bairro, assim como as principais atividades econômicas existentes nele. A constatação de que o bairro tem população majoritariamente composta por idosos pode representar uma dificuldade à ocupação otimizada da clínica. Principalmente se esse bairro tiver atividades predominantemente industriais ou de difícil acesso via transporte público.

Voltando ao exemplo do salão de cabeleireiro, esse empreendimento certamente deve ter uma série de serviços oferecidos à sua clientela, cujo perfil, *a priori*, se não conhecido de forma total, deve ser minimamente "imaginado" a partir da experiência prévia do principal profissional responsável pelos cortes de cabelo, tintura e outros detalhes técnicos que façam esse salão merecer atenção do público-alvo para o qual ele tenha sido criado.

Do ponto de vista interno, sob o tópico ativo imobilizado, há um número conhecido de cadeiras, espelhos, cubas para lavar o cabelo, secadores de cabelo, tesouras, pentes e demais apetrechos típicos da atividade. Analogamente, os serviços oferecidos (corte e tintura, luzes, mechas e outras variantes) pressupõem o domínio de técnicas para a sua execução, por equipes, em número e com habilidades adequadas para garantir a qualidade mínima do serviço proposto.

Entretanto, conhecer o cliente potencial não é suficiente. Alguns parâmetros externos ajudam na adequação da melhoria do padrão de produtos, mercadorias ou serviços que se quer oferecer. Nesse sentido, conhecer melhor o padrão de outros que atuem no mesmo setor permite refletir sobre o nível do produto[9] que a empresa está oferecendo, referencial útil para a identificação de eventuais ajustes necessários nos processos operacionais ou gerenciais, inclusive novas ideias a partir daquilo que se identificou na concorrência. Ou seja, compreender o contexto operacional faz parte da etapa do planejamento.

---

[9] A expressão "produto", de forma genérica, refere-se também à mercadoria e ao serviço.

O instrumento-chave que pode auxiliar o empreendedor na simulação dos resultados futuros das atividades operacionais de uma empresa é a D.R.E., comentada previamente.

Utilizando a estrutura do modelo da D.R.E, cada item da demonstração de resultados pode ser projetado a partir de parâmetros que fazem parte do domínio técnico dos responsáveis por cada área de uma empresa, se esta for suficientemente grande, ou pelo responsável pela organização[10]. Um exemplo[11] singelo de projeção de resultados é apresentado na sequência.

Supondo uma empresa com três produtos A, B e C e as seguintes premissas operacionais:

Produtos	Produção mensal		Preço unitário	Custo unitário	Comissão de vendas	Impostos
A	2.000	unid	R$ 16,00	R$ 4,00	3%	20%
B	1.500	unid	R$ 20,00	R$ 6,00	4%	17%
C	500	unid	R$ 30,00	R$ 12,00	5%	15%

Sazonalidade de vendas

Mês	Fator
jan	0,52
fev	0,79
mar	0,94
abr	1,12
mai	1,22
jun	1,32
jul	1,28
ago	1,18
set	1,13
out	1,04
nov	1,01
dez	0,45

---

[10] Muitas empresas, por conta de sua organização departamental, têm um departamento de planejamento responsável pela coordenação de todo o planejar. Cabe a este gerir a distribuição das atividades aos diversos gestores responsáveis pelas áreas-chave (vendas, produção e demais departamentos envolvidos), para o fornecimento de premissas operacionais e/ou a projeção de valores de cada departamento, responsabilizando-se pela consolidação das premissas e projeção das peças orçamentárias (Projeção de Resultados, Fluxo de Caixa e Balanço Patrimonial).

[11] O objetivo primordial do exemplo é mostrar os benefícios do instrumental de planejamento. Dessa forma, por ser um exemplo simplificado, não considera os impactos das variações de estoque, o cálculo do I.R., entre outros aspectos representativos do dia a dia das empresas.

Políticas operacionais de prazos médios	Dias
Recebimento de vendas	28
Pagamento de impostos	30
Pagamento de fornecedores	20
Pagamento de comissões	30
Gastos fixos	*
13º salário	**

*) exceto 13º salário e depreciação
**) 50% em novembro e 50% em dezembro

Gastos fixos mensais	R$
Salários	12.000
Encargos	6.000
13º salário	1.000
Aluguel/condomínio	2.500
Manutenção	400
Divulgação	250
Depreciação	750
Despesas gerais	100
TOTAL	23.000

Frente às premissas acima, as seguintes projeções de grupos de valores poderiam ser feitas:

Projeção de valores – Simulação #1

Vendas (unidades)	jan	fev	mar	abr	mai	jun	jul	ago	set	out	nov	dez	Total
A	1.040	1.580	1.880	2.240	2.440	2.640	2.560	2.360	2.260	2.080	2.020	900	24.000
B	780	1.185	1.410	1.680	1.830	1.980	1.920	1.770	1.695	1.560	1.515	675	18.000
C	260	395	470	560	610	660	640	590	565	520	505	225	6.000

Faturamento (R$)	jan	fev	mar	abr	mai	jun	jul	ago	set	out	nov	dez	Total
A	16.640	25.280	30.080	35.840	39.040	42.240	40.960	37.760	36.160	33.280	32.320	14.400	384.000
B	15.600	23.700	28.200	33.600	36.600	39.600	38.400	35.400	33.900	31.200	30.300	13.500	360.000
C	7.800	11.850	14.100	16.800	18.300	19.800	19.200	17.700	16.950	15.600	15.150	6.750	180.000
TOTAL	40.040	60.830	72.380	86.240	93.940	101.640	98.560	90.860	87.010	80.080	77.770	34.650	924.000

Impostos (R$)	jan	fev	mar	abr	mai	jun	jul	ago	set	out	nov	dez	Total
A	3.328	5.056	6.016	7.168	7.808	8.448	8.192	7.552	7.232	6.656	6.464	2.880	76.800
B	2.652	4.029	4.794	5.712	6.222	6.732	6.528	6.018	5.763	5.304	5.151	2.295	61.200
C	1.170	1.778	2.115	2.520	2.745	2.970	2.880	2.655	2.543	2.340	2.273	1.013	27.000
TOTAL	7.150	10.863	12.925	15.400	16.775	18.150	17.600	16.225	15.538	14.300	13.888	6.188	165.000

Custos diretos (R$)	jan	fev	mar	abr	mai	jun	jul	ago	set	out	nov	dez	Total
A	4.160	6.320	7.520	8.960	9.760	10.560	10.240	9.440	9.040	8.320	8.080	3.600	96.000
B	4.680	7.110	8.460	10.080	10.980	11.880	11.520	10.620	10.170	9.360	9.090	4.050	108.000
C	3.120	4.740	5.640	6.720	7.320	7.920	7.680	7.080	6.780	6.240	6.060	2.700	72.000

| TOTAL | 11.960 | 18.170 | 21.620 | 25.760 | 28.060 | 30.360 | 29.440 | 27.140 | 25.990 | 23.920 | 23.230 | 10.350 | 276.000 |

Comissão R$	jan	fev	mar	abr	mai	jun	jul	ago	set	out	nov	dez	Total
A	499	758	902	1.075	1.171	1.267	1.229	1.133	1.085	998	970	432	11.520
B	624	948	1.128	1.344	1.464	1.584	1.536	1.416	1.356	1.248	1.212	540	14.400
C	390	593	705	840	915	990	960	885	848	780	758	338	9.000
TOTAL	1.513	2.299	2.735	3.259	3.550	3.841	3.725	3.434	3.288	3.026	2.939	1.310	34.920

Margem de contribuição

RESULTADOS (R$)	jan	fev	mar	abr	mai	jun	jul	ago	set	out	nov	dez	Total
Faturamento bruto	40.040	60.830	72.380	86.240	93.940	101.640	98.560	90.860	87.010	80.080	77.770	34.650	924.000
Impostos	-7.150	-10.863	-12.925	-15.400	-16.775	-18.150	-17.600	-16.225	-15.538	-14.300	-13.888	-6.188	-165.000
Faturamento líquido	32.890	49.968	59.455	70.840	77.165	83.490	80.960	74.635	71.473	65.780	63.883	28.463	759.000
Custos diretos	-11.960	-18.170	-21.620	-25.760	-28.060	-30.360	-29.440	-27.140	-25.990	-23.920	-23.230	-10.350	-276.000
Comissão	-1.513	-2.299	-2.735	-3.259	-3.550	-3.841	-3.725	-3.434	-3.288	-3.026	-2.939	-1.310	-34.920
Margem de contribuição	19.417	29.499	35.100	41.821	45.555	49.289	47.795	44.061	42.194	38.834	37.713	16.803	448.080
Gastos fixos	-23.000	-23.000	-23.000	-23.000	-23.000	-23.000	-23.000	-23.000	-23.000	-23.000	-23.000	-23.000	-276.000
Resultado antes I.R.	-3.583	6.499	12.100	18.821	22.555	26.289	24.795	21.061	19.194	15.834	14.713	-6.197	172.080

FLUXO DE CAIXA (R$)	jan	fev	mar	abr	mai	jun	jul	ago	set	out	nov	dez	Total
Entradas													
Recebimento	2.669	41.426	61.600	73.304	86.753	94.453	101.435	98.047	90.603	86.548	79.926	74.895	891.660
Saídas													
Impostos	0	7.150	10.863	12.925	15.400	16.775	18.150	17.600	16.225	15.538	14.300	13.888	158.813
Fornecedores	3.987	14.030	19.320	23.000	26.527	28.827	30.053	28.673	26.757	25.300	23.690	18.937	269.100
Comissão	0	1.513	2.299	2.735	3.259	3.550	3.841	3.725	3.434	3.288	3.026	2.939	33.611
Gastos fixos*	21.250	21.250	21.250	21.250	21.250	21.250	21.250	21.250	21.250	21.250	21.250	21.250	255.000
13° salário	0	0	0	0	0	0	0	0	0	0	6.000	6.000	12.000
Fluxo de caixa	-22.567	-2.517	7.869	13.394	20.317	24.051	28.140	26.799	22.938	21.172	11.660	11.882	163.137
Fluxo acumulado	-22.567	-25.085	-17.216	-3.822	16.495	40.547	68.687	95.485	118.423	139.595	151.255	163.137	

*exceto 13° salário e depreciação

Contas BALANÇO (R$)	jan	fev	mar	abr	mai	jun	jul	ago	set	out	nov	dez
Duplicatas a receber	37.371	56.775	67.555	80.491	87.677	94.864	91.989	84.803	81.209	74.741	72.585	32.340
Impostos a pagar	7.150	10.863	12.925	15.400	16.775	18.150	17.600	16.225	15.538	14.300	13.888	6.188
Fornecedores	7.973	12.113	14.413	17.173	18.707	20.240	19.627	18.093	17.327	15.947	15.487	6.900
Comissões a pagar	1.513	2.299	2.735	3.259	3.550	3.841	3.725	3.434	3.288	3.026	2.939	1.310
13° salário a pagar	1.000	2.000	3.000	4.000	5.000	6.000	7.000	8.000	9.000	10.000	5.000	0
Depreciação acumulada	-750	-1.500	-2.250	-3.000	-3.750	-4.500	-5.250	-6.000	-6.750	-7.500	-8.250	-9.000

Em uma primeira análise, como consequência da premissa sazonal, observa-se que a projeção de RESULTADOS (R$) apresenta lucro anual de R$ 172.080. Entretanto, destacam-se os **resultados negativos** de janeiro e dezembro, respectivamente R$ 3.583 e R$ 6.197, e o maior **resultado positivo** em junho no valor de R$ 26.289.

Enquanto a projeção de resultados econômicos[12] apresenta o lucro anual de R$ 172.080, a projeção do FLUXO DE CAIXA aponta **valores negativos** (necessidade de caixa) de R$ 22.567 e R$ 2.517, respectivamente em janeiro e fevereiro, implicando um fluxo negativo acumulado de R$ 25.085. Ou seja, gerencialmente já é possível identificar o valor do saldo mínimo necessário em caixa para suportar a operação, nos moldes planejados.

Adicionalmente, os saldos das contas de balanço permitem visualizar a evolução das principais contas operacionais: duplicatas a receber e impostos, fornecedores, comissões e provisão de 13º a pagar.

Um benefício dessa prática de planejamento é a possibilidade de simular vários cenários alternativos e, por meio da alteração de suas premissas, buscar a melhor adequação operacional.

Certamente, o dia a dia demanda atitudes práticas frente aos imprevistos que não atenderam necessariamente ao planejado. A função do planejamento não é ser uma "camisa de força" – afinal, a realidade não obedece ao planejamento –, mas simular alternativas frente a imprevistos.

De forma análoga a uma viagem de final de semana que fazemos com um carro próprio, a princípio, sabemos o ponto de partida, o destino previsto, estrada a ser utilizada, distância aproximada, gastos necessários em termos de combustível, pedágio, alimentação, hospedagem, entre outros. Em função de nossa experiência, e por mais que já tenhamos feito o percurso, sabemos que imprevistos podem acontecer. Congestionamentos na estrada, um pneu furado ou qualquer outro imprevisto pode interferir e alterar completamente a previsão inicial. Em resumo, realizar uma viagem é diferente de planejá-la.

---

[12] Em função das diversas variáveis operacionais que cada empresa pode contemplar na elaboração do seu planejamento, recomenda-se o uso de planilhas eletrônicas para sua documentação e simulações. Existem também *softwares* específicos para a simulação de sistemas corporativos, que permitem a extração de dados para a posterior comparação P x R (Previsto *versus* Realizado).

Execução

O cotidiano empresarial é recheado de imprevistos. Analogamente aos que podem acontecer como na viagem de carro do exemplo citado, uma empresa se vê com diversos fatores, vinculados a terceiros, que estão fora de seu controle. Desde o imponderável dos volumes de vendas mensais, passando pela produção, com riscos de quebras de máquinas, faltas de funcionários, atrasos de pagamento de clientes, entre outros, tudo conspira para que a execução não aconteça conforme o planejado.

Isso não é motivo para não fazer o planejamento, mas para aproveitar as experiências do dia a dia e sistematicamente observar suas frequências, intensidade, impactos e utilizar esses registros para ajudar no refinamento das premissas dos planejamentos seguintes.

Como exemplo, a observação de que feriados prolongados comprometem ou são favoráveis ao negócio da empresa pode ajudar na provisão de estoques, direcionamento de campanhas de divulgação e promoções, entre outras atividades que se veja necessidade.

Controle

Você começou uma atividade empresarial. Já tem as matérias-primas, os equipamentos, mão de obra para produzir e a equipe comercial para vender. E agora, como saber se a empresa está operando saudavelmente?

O grande desafio de qualquer gestor é como otimizar o uso dos recursos disponíveis, na busca da maximização dos resultados. O balizamento da qualidade do uso dos recursos é feito por meio do acompanhamento rotineiro dos principais indicadores operacionais.

Voltando ao exemplo da viagem de carro, a velocidade máxima permitida em uma estrada de 100 km/h é "controlada" pela observação do velocímetro, disponível no painel de comando do carro. Outros indicadores do painel do veículo podem também alertar para a necessidade de se colocar mais combustível no tanque, como o indicador de autonomia em quilometragem, disponível em muitos dos novos veículos.

Uma empresa, a exemplo de um automóvel, também pode contar com diversos instrumentos no seu "painel de comando", a começar por aqueles gerados na etapa de planejamento: Projeção de Resultados, Fluxo de Caixa e Balanço Patrimonial.

A comparação entre os resultados Previstos e os Realizados fornecem os indicadores da qualidade da operação que se está conduzindo. Tomando o exemplo apresentado nas páginas anteriores, se estivéssemos no dia 15 do mês de maio, isto é, 50% do mês cumprido, seria justo esperar que o faturamento acumulado, até a data, deveria ser de R$ 46.970, para 2.440 unidades planejadas (lembrando que o faturamento total previsto para o mês de maio é de R$ 93.940 para 4.880 unidades). Entretanto, caso o faturamento fosse de R$ 42.850, para 2.340 unidades vendidas, esse seria um indicador de que a média diária de vendas até a data esteve abaixo do previsto. Como consequência, se não houver uma ação que aumente o ritmo do faturamento, o resultado do mês ficará abaixo do previsto.

De forma análoga ao exemplo de controle acima, todas as outras variáveis podem receber atenção sistematizada para sua melhor gestão. O acompanhamento diário das variáveis-chave do processo operacional e a consequente identificação de desvios relevantes nos resultados planejados permite ao gestor antecipar ações corretivas no curso das operações, de modo a mitigar os riscos de insucesso.

Ampliando a visão sobre o uso dos instrumentos necessários à gestão financeira

Muitas vezes a contabilidade é vista como um instrumento burocrático, não se dando o devido valor a uma de suas funções principais que é a de auxiliar na análise da saúde econômica da empresa. Apesar de poder ser vista como parte de uma burocracia fiscal, a contabilidade em si, desde que bem utilizada, não só legalmente necessária, também é saudável à gestão empresarial.

Além dos benefícios comentados nos tópicos anteriores, a simulação de resultados permite projetar resultados e identificar as variáveis críticas em um negócio. Por exemplo, para se ter uma ideia do impacto da variável prazo no fluxo de caixa da empresa, a simples alteração do prazo de recebimento de 28 para 14 dias e do pagamento de fornecedores de 20 para 30 dias tornaria o fluxo de caixa positivo em todos os meses, conforme pode ser observado nas planilhas da Simulação #2 mais adiante.

Por outro lado, a adoção de um outro conjunto de premissas, por exemplo:

Premissa	Alteração
Recebimento de vendas	de 28 para 15 dias
Pagamento de fornecedores	20 para 30 dias
Volume de vendas	+ 5%
Preço unitário de venda	+ 5%
Custo unitário	- 5%

Apresentaria outro fluxo de caixa conforme pode ser analisado nas planilhas da Simulação #3 também mais adiante.

> "Não tem sentido falar em controladoria sem falar em planejamento" (MOSIMANN e FISCH; 1999).

De fato, não há como controlar uma empresa sem o seu planejamento. A melhoria de qualquer dinâmica relativa ao planejamento empresarial funda-se basicamente na qualidade das premissas assumidas. Nesse sentido, o registro histórico de operações passadas tem a função de alimentar e melhorar a qualidade de todo banco de premissas de qualquer atividade de planejamento.

Sem dúvida, a parte mais sensível de qualquer empresa é a sua disponibilidade de caixa, o "oxigênio" de uma empresa. É até possível sobreviver durante algum tempo sem realizar vendas, qualquer falta de dinheiro implicará a necessidade de recorrer a recursos próprios, o "bolso" do empreendedor, ou recorrer a terceiros que significará custos financeiros com juros de empréstimos.

Já que falamos do "Painel de Controle" para se dirigir à empresa, também é possível, por meio da análise dos valores projetados, e principalmente dos resultados alcançados, ter-se alguns indicadores para monitorar os sinais vitais da organização.

Simulação #2

Projeção de resultados com redução no prazo de recebimento de vendas de 28 para 14 dias e aumento do prazo de pagamento a fornecedores de 20 para 30 dias.

RESULTADOS (R$)	jan	fev	mar	abr	mai	jun	jul	ago	set	out	nov	dez	Total
Faturamento bruto	**40.040**	**60.830**	**72.380**	**86.240**	**93.940**	**101.640**	**98.560**	**90.860**	**87.010**	**80.080**	**77.770**	**34.650**	**924.000**
Impostos sobre faturamento	-7.150	-10.863	-12.925	-15.400	-16.775	-18.150	-17.600	-16.225	-15.538	-14.300	-13.888	-6.188	-165.000
Custos diretos das vendas	-11.960	-18.170	-21.620	-25.760	-28.060	-30.360	-29.440	-27.140	-25.990	-23.920	-23.230	-10.350	-276.000
Comissão por vendas	-1.513	-2.299	-2.735	-3.259	-3.550	-3.841	-3.725	-3.434	-3.288	-3.026	-2.939	-1.310	-34.920
Margem de contribuição													
Gastos fixos	-23.000	-23.000	-23.000	-23.000	-23.000	-23.000	-23.000	-23.000	-23.000	-23.000	-23.000	-23.000	-276.000
Resultado antes do I.R.	**-3.583**	**6.499**	**12.100**	**18.821**	**22.555**	**26.289**	**24.795**	**21.061**	**19.194**	**15.834**	**14.713**	**-6.197**	**172.080**

FLUXO DE CAIXA (R$)	jan	fev	mar	abr	mai	jun	jul	ago	set	out	nov	dez	Total
Entradas													
Recebimento	21.355	51.128	66.990	79.772	90.347	98.047	99.997	94.453	88.807	83.314	78.848	54.773	907.830
Saídas													
Impostos	0	7.150	10.863	12.925	15.400	16.775	18.150	17.600	16.225	15.538	14.300	13.888	158.813
Fornecedores	0	11.960	18.170	21.620	25.760	28.060	30.360	29.440	27.140	25.990	23.920	23.230	265.650
Comissão	0	1.513	2.299	2.735	3.259	3.550	3.841	3.725	3.434	3.288	3.026	2.939	33.611
Gastos fixos*	21.250	21.250	21.250	21.250	21.250	21.250	21.250	21.250	21.250	21.250	21.250	21.250	255.000
13º salário	0	0	0	0	0	0	0	0	0	0	6.000	6.000	12.000
Fluxo de caixa	**105**	**9.255**	**14.409**	**21.242**	**24.677**	**28.411**	**26.396**	**22.439**	**20.758**	**17.248**	**10.352**	**-12.534**	**182.757**
Fluxo acumulado	105	9.359	23.768	45.010	69.687	98.099	124.495	146.933	167.691	184.939	195.291	182.757	

*exceto 13º salário e depreciação

Contas BALANÇO (R$)	jan	fev	mar	abr	mai	jun	jul	ago	set	out	nov	dez	X-checking
Duplicatas a receber	18.685	28.387	33.777	40.245	43.839	47.432	45.995	42.401	40.605	37.371	36.293	16.170	
Impostos a pagar	7.150	10.863	12.925	15.400	16.775	18.150	17.600	16.225	15.538	14.300	13.888	6.188	
Fornecedores	11.960	18.170	21.620	25.760	28.060	30.360	29.440	27.140	25.990	23.920	23.230	10.350	
Comissões a pagar	1.513	2.299	2.735	3.259	3.550	3.841	3.725	3.434	3.288	3.026	2.939	1.310	
13º salário a pagar	1.000	2.000	3.000	4.000	5.000	6.000	7.000	8.000	9.000	10.000	5.000	0	
Depreciação acumulada	-750	-1.500	-2.250	-3.000	-3.750	-4.500	-5.250	-6.000	-6.750	-7.500	-8.250	-9.000	

Simulação #3:

Projeção de resultados com alterações nos prazos de recebimento de vendas (28 para 15 dias) e de pagamento a fornecedores (20 para 30 dais), e volumes (+5%), preços (+5%) e custos (-5%).

RESULTADOS (R$)	jan	fev	mar	abr	mai	jun	jul	ago	set	out	nov	dez	Total
Faturamento bruto	44.144	67.065	79.799	95.080	103.569	112.058	108.662	100.173	95.929	88.288	85.741	38.202	1.018.710
Impostos sobre faturamento	-7.883	-11.976	-14.250	-16.979	-18.494	-20.010	-19.404	-17.888	-17.130	-15.766	-15.311	-6.822	-181.913
Custos diretos das vendas	-11.930	-18.125	-21.566	-25.696	-27.990	-30.284	-29.366	-27.072	-25.925	-23.860	-23.172	-10.324	-275.310
Comissão por vendas	-1.668	-2.535	-3.016	-3.593	-3.914	-4.235	-4.107	-3.786	-3.625	-3.337	-3.240	-1.444	-38.499
Margem de contribuição													
Gastos fixos	-23.000	-23.000	-23.000	-23.000	-23.000	-23.000	-23.000	-23.000	-23.000	-23.000	-23.000	-23.000	-276.000
Resultado antes do I.R.	-337	11.430	17.967	25.812	30.170	34.529	32.785	28.427	26.248	22.326	21.018	-3.388	246.988

FLUXO DE CAIXA (R$)	jan	fev	mar	abr	mai	jun	jul	ago	set	out	nov	dez	Total
Entradas													
Recebimento	22.072	55.605	73.432	87.439	99.324	107.813	110.360	104.418	98.051	92.108	87.015	61.972	999.609
Saídas													
Impostos sobre vendas	0	7.883	11.976	14.250	16.979	18.494	20.010	19.404	17.888	17.130	15.766	15.311	175.091
Fornecedores	0	11.930	18.125	21.566	25.696	27.990	30.284	29.366	27.072	25.925	23.860	23.172	264.986
Comissão	0	1.668	2.535	3.016	3.593	3.914	4.235	4.107	3.786	3.625	3.337	3.240	37.056
Gastos fixos*	21.250	21.250	21.250	21.250	21.250	21.250	21.250	21.250	21.250	21.250	21.250	21.250	255.000
13° salário	0	0	0	0	0	0	0	0	0	0	6.000	6.000	12.000
Fluxo de caixa	822	12.873	19.547	27.358	31.807	36.165	34.581	30.291	28.055	24.178	16.802	-7.002	255.477
Fluxo acumulado	822	13.695	33.242	60.600	92.407	128.572	163.153	193.444	221.499	245.676	262.479	255.477	

*exceto 13° salário e depreciação

Contas BALANÇO (R$)	jan	fev	mar	abr	mai	jun	jul	ago	set	out	nov	dez	Total
Duplicatas a receber	22.072	33.533	39.899	47.540	51.784	56.029	54.331	50.087	47.964	44.144	42.871	19.101	
Impostos a pagar	7.883	11.976	14.250	16.979	18.494	20.010	19.404	17.888	17.130	15.766	15.311	6.822	
Fornecedores	11.930	18.125	21.566	25.696	27.990	30.284	29.366	27.072	25.925	23.860	23.172	10.324	
Comissões a pagar	1.668	2.535	3.016	3.593	3.914	4.235	4.107	3.786	3.625	3.337	3.240	1.444	
13° a pagar	1.000	2.000	3.000	4.000	5.000	6.000	7.000	8.000	9.000	10.000	5.000	0	
Depreciação acumulada	-750	-1.500	-2.250	-3.000	-3.750	-4.500	-5.250	-6.000	-6.750	-7.500	-8.250	-9.000	

A título de exemplo, seguem alguns indicadores[13] que podem ser utilizados na gestão econômico-financeira de uma empresa. A lista apresentada não esgota a gama de indicadores possíveis nas diversas empresas, ramos e atividades presentes na economia.

Área Comercial

- Vendas acumuladas[14] (volume e valor)
- Número de dias úteis do mês acumulado e % em relação ao total do mês
- Volume vendas acumuladas (em unidades) e % em relação ao previsto
- Preço médio unitário de vendas (R$/unid por produto) e % em relação ao previsto
- Desconto comercial praticado (em %)
- Prazo médio de vendas (em dias) e desvio em relação ao previsto
- % médio de devoluções
- Fatos geradores das devoluções (pedido errado, envio errôneo de produto, produto com defeito etc.)
- % médio de abatimentos para mitigar devoluções

Área de Produção

- Capacidade instalada por equipamento (unidades)
- Taxa de ocupação (em %)
- Equipamentos em manutenção (relação)
- Produção acumulada no período (unidades)
- Perdas na produção (quantidade de unidades por produto)
- Motivos das perdas (qualidade da matéria-prima, processo, mão de obra etc.)

---

[13] Não se espera que esses indicadores sejam calculados manualmente. Existem sistemas informatizados integrados de gestão, conhecidos pela sigla E.R.P, que, além da D.R.E., Gestão do Fluxo de Caixa e Balanço Patrimonial, permitem também a configuração de rotinas para a extração diária, acumulada do mês e do ano, e consequente comparação frente aos valores planejados.

[14] Vendas e faturamento não necessariamente têm o mesmo significado. Uma venda pode ter sido feita, entretanto ainda não ter sido faturada. Um departamento comercial pode fazer a venda de um volume anual, entretanto programado para ser faturado e entregue em lotes mensais.

- Saldos de estoques de matérias-primas e produtos (volume e valor)
- Prazos médios de matérias-primas e produtos (em dias)

Área Administrativo-Financeira

- Notas fiscais emitidas (quantidade e valor acumulados)
- Valores em atraso (R$)
- Prazo médio de atraso
- Variação de índices econômicos (inflação, dólar, desemprego etc.)
- *Turn over* de pessoal por área
- Acidentes ocorridos

Com relação à saúde econômico-financeira, comentados anteriormente, recomenda-se a manutenção saudável dos sinais vitais da empresa por meio da adequada gestão das variáveis que concorrem para o seu resultado econômico e consequente resultado financeiro.

O grande desafio, em qualquer situação, é equilibrar o binômio rentabilidade-liquidez. É possível aumentar a rentabilidade operacional de uma operação por meio do aumento de vendas de produtos com a concessão de prazos de recebimentos atraentes ao cliente; entretanto, essa ação pode comprometer a liquidez de caixa no curto prazo, que pode implicar a necessidade de captação de recursos de terceiros, que geram despesas financeiras e não necessariamente compensam um ilusório aumento da liquidez operacional.

Necessidades operacionais de estoque e concessão de prazos de pagamento aos clientes geram aumento do capital de giro bruto da empresa. Particularmente no caso dos estoques, esse aumento por necessidade de atender ao também aumento de vendas, mas principalmente por conta da natureza do processo necessário para sua consecução. Alguns produtos demandam maior prazo de estocagem, naturalmente, por conta do seu processo de produção. Por exemplo, a produção de um queijo curado ou a produção de vinho, que podem demandar muito mais que o período de alguns dias. Consequentemente, as políticas de prazos de pagamento de clientes, assim como prazos para a manutenção de estoques e também os prazos conseguidos junto aos fornecedores impactam diretamente no capital de giro da empresa.

Na prática, as contas "Estoques", "Fornecedores" e "Duplicatas a receber" são, de forma geral, as contas mais representativas no capital de giro e passíveis de alguma gestão orientada por parte do empreendedor. As demais contas, "Disponibilidade" (caixa e bancos), salários, encargos e benefícios de funcionários e demais despesas operacionais fazem parte do capital de giro necessário para a gestão do negócio, entretanto não oferecem grande margem de manobra quanto ao grupo anterior.

De forma simplificada, as três contas: "Estoques", "Fornecedores" e "Duplicatas a receber" podem afetar a variação em implicar a necessidade de maior ou menor volume de capital de giro. O quadro abaixo resume seus impactos:

Políticas operacionais e atos que podem alterar a necessidade de capital de giro por fato gerador:

Fato gerador	Aumento de capital de giro	Redução de capital de giro
Fornecedor	Compras à vista Reduções nos prazos de pagamento a fornecedores Adiantamentos a fornecedores	Maiores prazos de pagamento a fornecedores
Estoques	Processos mais longos de produção Manutenção de altos estoques	Redução nos processos de produção Redução dos níveis de estoques
Faturamentos	Vendas a prazo Concessão de prazos maiores de recebimento	Redução nos prazos de recebimento Adiantamento de clientes
Cobrança	Gestão ineficaz junto aos clientes Antecipação de pagamentos	Gestão eficaz Antecipação de pagamentos, porém mediante a desconto
Atos diversos	Investimentos em ativos operacionais e não operacionais Adiantamentos diversos a funcionários	Venda de ativos sem utilidade à operação

Além dos instrumentos apresentados, é importante a observação de algumas práticas administrativas, entre elas: a gestão de contas a receber, contas a pagar, níveis de estoque e o acompanhamento das contas bancárias e sua consequente conciliação. Particularmente a conciliação bancária envolve a comparação dos controles internos com os extratos bancários, ocasião para a verificação de eventuais erros ou acerto de valores pendentes e lançamento de despesas não previstas.

Outras informações úteis do painel de controle

Ainda falando sobre saúde financeira, a título ilustrativo, o quadro "Análise Vertical", na página seguinte, permite observar a representatividade de cada conta na Projeção de Resultados.

A leitura desse quadro dá-se a partir da conta "Faturamento líquido" representando 100% do total líquido disponível para a empresa.

Os itens identificados como "diretos", ou proporcionais de vendas, demais, neste caso, mostram-se representando 36,4% e 4,6%, respectivamente, para os custos diretos da produção e comissões, despesas variáveis de vendas. Consequentemente, a margem de contribuição projetada fica em 59%. Observe que, apesar das contas de Faturamento bruto, Impostos, Custos diretos, Comissão e Margem de contribuição terem apresentado variações no quadro de RESULTADOS, em função da sazonalidade adotada, do ponto de vista relativo, conforme mostrado no quadro ANÁLISE VERTICAL, os valores para essas contas mantêm as relações diretas dos seus valores relativos. Por outro lado, a conta Gastos Fixos, na ordem de 23 mil por mês, apresenta-se com valores relativos variando ao longo dos meses, com impacto na conta Resultado antes do I.R.

A propósito dos diferentes valores percentuais observáveis na conta "Resultados antes do I.R.", variando de -21,8% até 31,5%, apresentados no quadro da análise vertical, essa variação decorre justamente em função da confrontação dos valores projetados na conta "Margem de contribuição".

Essa técnica de análise de valores pode ser utilizada de forma análoga nas demonstrações de resultados reais.

Projeção de resultados e sua análise vertical

RESULTADOS (R$)	jan	fev	mar	abr	mai	jun	jul	ago	set	out	nov	dez	Total
Faturamento bruto	40.040	60.830	72.380	86.240	93.940	101.640	98.560	90.860	87.010	80.080	77.770	34.650	924.000
Impostos	-7.150	-10.863	-12.925	-15.400	-16.775	-18.150	-17.600	-16.225	-15.538	-14.300	-13.888	-6.188	-165.000
Faturamento Líquido	32.890	49.968	59.455	70.840	77.165	83.490	80.960	74.635	71.473	65.780	63.883	28.463	759.000
Custos diretos	-11.960	-18.170	-21.620	-25.760	-28.060	-30.360	-29.440	-27.140	-25.990	-23.920	-23.230	-10.350	-276.000
Comissão	-1.513	-2.299	-2.735	-3.259	-3.550	-3.841	-3.725	-3.434	-3.288	-3.026	-2.939	-1.310	-34.920
Margem de contribuição	19.417	29.499	35.100	41.821	45.555	49.289	47.795	44.061	42.194	38.834	37.713	16.803	448.080
Gastos fixos	-23.000	-23.000	-23.000	-23.000	-23.000	-23.000	-23.000	-23.000	-23.000	-23.000	-23.000	-23.000	-276.000
Resultado antes do I.R.	-3.583	6.499	12.100	18.821	22.555	26.289	24.795	21.061	19.194	15.834	14.713	-6.197	172.080

ANÁLISE VERTICAL (%)	jan	fev	mar	abr	mai	jun	jul	ago	set	out	nov	dez	Total
Faturamento Bruto	121,7%	121,7%	121,7%	121,7%	121,7%	121,7%	121,7%	121,7%	121,7%	121,7%	121,7%	121,7%	121,7%
Impostos	-21,7%	-21,7%	-21,7%	-21,7%	-21,7%	-21,7%	-21,7%	-21,7%	-21,7%	-21,7%	-21,7%	-21,7%	-21,7%
Faturamento Líquido	100,0%	100,0%	100,0%	100,0%	100,0%	100,0%	100,0%	100,0%	100,0%	100,0%	100,0%	100,0%	100,0%
Custos diretos	-36,4%	-36,4%	-36,4%	-36,4%	-36,4%	-36,4%	-36,4%	-36,4%	-36,4%	-36,4%	-36,4%	-36,4%	-36,4%
Comissão	-4,6%	-4,6%	-4,6%	-4,6%	-4,6%	-4,6%	-4,6%	-4,6%	-4,6%	-4,6%	-4,6%	-4,6%	-4,6%
Margem de contribuição	59,0%	59,0%	59,0%	59,0%	59,0%	59,0%	59,0%	59,0%	59,0%	59,0%	59,0%	59,0%	59,0%
Gastos fixos	-69,9%	-46,0%	-38,7%	-32,5%	-29,8%	-27,5%	-28,4%	-30,8%	-32,2%	-35,0%	-36,0%	-80,8%	-36,4%
Resultado antes do I.R.	-10,9%	13,0%	20,4%	26,6%	29,2%	31,5%	30,6%	28,2%	26,9%	24,1%	23,0%	-21,8%	22,7%

Além da análise vertical, outros tantos indicadores pertinentes à saúde financeira de uma empresa são passíveis de ser "lidos" nos relatórios financeiros, entre eles a análise vertical e os índices[15] de: liquidez, endividamento, rentabilidade e de atividade, abaixo resumidos:

Índice	Fórmula	Significado
Liquidez Corrente	Ativo Circulante / Passivo Circulante	Indica a capacidade de a empresa honrar suas dívidas no curto prazo
Endividamento Geral	(Passivo circulante + Exigível a longo prazo) / Patrimônio Líquido	Indica a representatividade do capital de terceiros sobre o capital próprio
Financeiro	(Empréstimos + Financiamentos) / Patrimônio Líquido	Indica a representatividade da dependência junto a instituições bancárias frente ao capital próprio
Cobertura de juros	Lucro operacional / juros de financiamentos	Indica a capacidade da operacional da empresa gerar lucros para fazer frente aos juros dos empréstimos e financiamentos
Rentabilidade Margem operacional	Lucro operacional / Receita operacional líquida	Indica a margem operacional para fazer frente aos juros bancários por empréstimos, às despesas não operacionais e ao imposto de renda aplicável ao resultado
Margem líquida	Lucro após impostos / Receita operacional líquida	Indica o valor líquido disponível ao final do exercício para alocação conforme decisão dos gestores
Rentabilidade bruta do ativo	Lucro operacional / Ativo total	Indica a rentabilidade proporcionada pelo ativo total
Rentabilidade Patrimônio líquido	Lucro líquido / Patrimônio Líquido	Indica a rentabilidade auferida pelo capital investido pelos acionistas

---

[15] Um sem-número de indicadores já existem e tantos outros podem ser criados, conforme a necessidade e inter-relação de contas observáveis pelo interessado.

Atividade		
Capital de giro bruto	Duplicatas a receber + Estoques	Representa o valor total necessário para financiar as compras dos clientes e o valor necessário para bancar os estoques
Capital de giro líquido	Capital de giro bruto – saldo de contas a pagar para fornecedores	Valor líquido necessário para fazer frente às atividades operacionais
PMRV – Prazo Médio de Recebimento de Vendas	Duplicatas a Receber / venda bruta diária	Indica o número de dias, em média, para recebimento
PMRE – Prazo Médio de Renovação de Estoques	Estoques / Custo das vendas diárias	Indica o número de dias que decorre entre a compra da Matéria-Prima ou Mercadoria e sua venda ao mercado
PMPC – Prazo Médio de Pagamento de Compras	Fornecedores / Compra bruta diária* *Compra bruta = Estoque final – Estoque inicial + Custo das vendas	Indica o tempo, em média, que a empresa leva para pagar seus fornecedores

Considerações finais

A ação empreendedora tem sido vital para a economia de qualquer país. São os empreendedores que melhor representam a expressão "acreditar no futuro", que enxergam e reconhecem necessidades nos diversos públicos que atendem, e muitas vezes antecipam tendências com suas invenções inovadoras, fomentando a criação de novas formas de negócio, comportamentos sociais, alternativas de produção ou busca de novas tecnologias.

Entretanto, uma boa ideia, por melhor que seja, pode ter seu sucesso comprometido dentro de um empreendimento que não seja minimamente bem administrado econômica e financeiramente.

Recordando o apresentado neste capítulo, empreender implica mobilizar recursos monetários, físicos, humanos e administrativos na busca de atingir objetivos e realizar sonhos empresariais. Dentro desse contexto, diversos instrumentos e práticas administrativas permitem ao empreendedor gerir seus empreendimentos de forma mais consciente, podendo antever cenários e buscar alternativas para mitigar eventuais riscos econômico-financeiros.

Neste capítulo, buscou-se apresentar tanto forma quanto conteúdo dos principais instrumentos gerenciais, vitais na gestão de qualquer empreendimento. Tanto para analisar a *performance* da empresa em períodos passados quanto para projetar resultados passíveis a partir de premissas baseadas em cenários operacionais futuros, os três relatórios Demonstração de Resultados, Demonstração do Fluxo de Caixa e Balanço Patrimonial representam o ponto de partida para qualquer tomada de decisão na gestão de qualquer negócio.

Enquanto a Demonstração de Resultados permite analisar a saúde econômica do negócio, lucro ou prejuízo, a Demonstração do Fluxo de Caixa tem como mérito apontar necessidades ou sobras de caixa decorrentes das políticas operacionais da empresa em termos dos prazos: praticados nas vendas a prazo, conseguidos junto a seus fornecedores e de manutenção de estoques.

Com relação ao Balanço Patrimonial, os valores contidos neste relatório são consequência das decisões tomadas na gestão dos recursos. Exemplificando: duas atividades operacionais, formação de estoques e vendas, refletem diretamente no Balanço Patrimonial, variando conforme as decisões gerenciais tomadas. Comprar um grande volume de matéria-prima tem como consequência dois fatos que afetam diretamente o patrimônio da empresa. De um lado, aumenta o nível de capital de giro em estoques; de outro lado, se a compra tiver sido feita à vista, implica a redução de recursos financeiros (caixa ou saldo bancário), ou aumento de contas a pagar, no caso de compra a prazo. De forma análoga, uma atividade de venda pode implicar em aumento do saldo bancário, para uma venda à vista, ou aumento de contas a receber, para uma venda a prazo.

Uma vez que as organizações são distintas, é justo dizer que seus instrumentos de gestão também têm suas particularidades. Um excelente relatório para uma instituição pode mostrar-se inútil para outra. Para facilitar o seu planejamento, condução das atividades operacionais e controle eficaz, recomenda-se o cuidado inicial na construção dos instrumentos gerenciais em questão. Entre os principais cuidados estão: terminologia adequada dos seus produtos, unidades de medida, identificação dos principais processos produtivos, plano de contas e de centros de resultado, entre outros aspectos, cruciais para trazer significância aos valores e indicadores que poderão ser obtidos nas análises passíveis de serem feitas.

Não faz sentido falar em controle se não houver um mínimo de planejamento, isto é, um referencial para a comparação. De forma análoga, nenhum controle é passível de ser exercido, se os fatos econômicos e financeiros não estiverem registrados. O controle, na sua melhor definição, não deve ser encarado como um restritor às atividades empresariais, mas como um aliado às tomadas de decisão.

Se sonhar, se aventurar, testar e inovar faz parte da natureza de um empreendedor, melhor ainda se isto ocorrer sem consequências traumáticas. O exercício de planejar e registrar as atividades permite a reflexão e a busca por melhores práticas gerenciais, e deve ser encarado como uma alternativa para a autonomia, liberdade e segurança econômico-financeira. Autonomia para depender menos de recursos financeiros de terceiros; liberdade para empreender com riscos calculados e maior segurança nas tomadas de decisão.

Sonhe, invente, teste e aventure-se, mas também procure mitigar os riscos. Se uma empresa não é maior que os sonhos do próprio dono, procure se cercar de recursos gerenciais que facilitem minimamente a verificação da viabilidade dos sonhos existentes e a criação de condições para suas consequentes realizações.

Questões para reflexão

Planejamento

1. Que linhas de produtos e serviços sua empresa está preparada para oferecer ao mercado?

2. Que impostos sobre as vendas são aplicáveis sobre os produtos e serviços de sua empresa?

3. Qual o nível de devoluções de vendas observado? Quais seriam as razões?

4. Qual o nível de descontos dados aos clientes para diminuir as devoluções?

5. Quais os principais insumos necessários à produção em sua empresa?

6. Quais os custos diretos/variáveis desses produtos e serviços?

7. Quais gastos fixos você identifica como necessários às atividades operacionais da empresa?

8. Que equipamentos, maquinários e infraestrutura são vistos como necessários à operação de sua empresa?

9. Que processos operacionais você enxerga como chaves para as atividades de natureza: Comercial, Produção e Administração da empresa?

10. Qual o orçamento operacional desse mês e acumulado do ano de sua empresa? Apresente na forma de uma D.R.E.

11. Qual a capacidade instalada de produção?

12. Qual o nível de estoques desejado para uma operação saudável?

13. Qual a política comercial prevista em termos de prazos de recebimento e de pagamento de fornecedores?

14. Que indicadores operacionais você destacaria como importantes de serem gerenciados em sua empresa?

A partir dos dados acima:

a) Projete os resultados operacionais para três anos.

b) Elabore a análise vertical dos resultados projetados.

c) Qual a representatividade (valor %) dos gastos variáveis?

d) Qual a margem de contribuição (%) obtida?

e) Analise a consistência dos valores projetados.

f) Quais são as variáveis-chave que merecem acompanhamento mais rígido?

A partir dos dados projetados, verifique a performance da empresa, ao final de diversos meses, observando as recomendações que seguem:

Controle

1. Quais os volumes de vendas (metros, kg, unidades etc.) do mês adotado para análise e o acumulado até a data observada?

2. Como são formados esses volumes de vendas, em termos de famílias de produtos e serviços?

3. Apresente os dados acima em unidades monetárias.

4. Quais os volumes de produção do mês de referência e da acumulada no ano dos principais produtos e serviços?

5. Qual o consumo dos principais insumos de produção, do mês e acumulado?

6. Como estão os comportamentos dos volumes e preços médios, em relação aos valores planejados para o mês e acumulados até essa data?

7. Qual a performance da empresa em termos de volumes vendidos *versus* planejados e preços médios previstos *versus* praticados?

Tomando um mês como referencial de observação:

a) Colete os dados desse período.

b) Identifique as diferenças entre os valores coletados e os previstos.

c) Que fatores operacionais justificam as diferenças encontradas?

d) Elabore a análise vertical dos resultados apurados (mês de referência e acumulado).

e) Quais as variáveis mais impactaram no resultado obtido?

Referências bibliográficas

Assaf Neto, Alexandre. *Finanças corporativas e valor*. São Paulo: Atlas, 2005.

Cecconello, Antonio Renato; Ajzental, Alberto. *A construção do plano de negócio*. São Paulo: Saraiva, 2008

Gitman, Lawrence J.; Madura, Jeff. *Administração financeira*: uma abordagem gerencial. São Paulo: Pearson, 2003

Mosimann, Clara Pellegrinello; Fisch, Silvio. *Controladoria*: seu papel na administração de empresas. São Paulo: Atlas, 1999.

Sebrae-Sp. *Sebrae Mais Gestão de Finanças chega a Bauru*. São Paulo: SEBRAE, 2013. Disponível em: <http://www.sebraesp.com.br/index.php/component/search/>. Acesso em: 29 mar. 2013.

PARTE IV

Estudo de caso

> A Cultura hoje, pós-monovisão conceitual e antropológica e simbólica, é bastante complexa e possui fortes intersecções com outras áreas como o direito, a tecnologia e a economia (...) a cultura passa a ter uma nova dimensão econômica e representativa para o país.
>
> CRIBARI, 2009, p. 11[1].

Esta quarta parte pretende apresentar e discutir um estudo de caso significativo e contributivo para o livro. Com a apresentação de um estudo de caso real, propõe-se a reflexão de parte dos conceitos e ideias discutidas no decorrer do livro.

---

[1] CRIBARI, Isabela. *Economia da cultura*. Recife: Fundação Joaquim Nabuco, 2009.

CAPÍTULO 16

A feira de artesanato do Trianon: a administração de um pequeno negócio na cidade de São Paulo

> *O fim do trabalho poderia também sinalizar uma grande transformação social, um renascimento do espírito humano. O futuro está em nossas mãos.*
>
> RIFKIN, 1996

Fernando Brasil da Silva e Edmir Kuazaqui

Objetivos

- Apresentar um estudo de caso que fortaleça os conceitos desenvolvidos anteriormente;

- Apresentar e discutir os conhecimentos gerenciais de pequenos empresários. Discutir as dificuldades e carências gerenciais dos pequenos empresários brasileiros, confirmando a necessidade de conhecimentos das áreas de Administração;

- Refletir sobre a importância e relevância das competências humanas no sucesso de empresas e negócios.

Introdução

"No Brasil, o artesanato movimenta aproximadamente R$ 28 bilhões por ano, o que corresponde a 2,8% do PIB. Segundo dados do governo, o País tem em média 8,5 milhões de artesãos" (SEBRAE, 2000). Entretanto, não existe uma distinção exata de como ou onde estão distribuídos nem a quantidade de artesãos que são expositores (vendedores) de artesanato. Há artesãos que não vendem, assim como há vendedores que não são artesãos.

Esses números não são específicos e não existe um órgão no Brasil que se responsabilize claramente por tal quantificação.

O Brasil tem dimensões continentais e boa parte das empresas está categorizada como micro e pequenas empresas. É notória a importância deste tipo de empresa. Conforme Teixeira (2004, p. 23):

> No Brasil ainda são muito escassos os estudos publicados que enfocam a gestão de empreendimentos turísticos e, dentre eles, observa-se uma escassez ainda maior de trabalhos voltados para a análise de pequenos empreendimentos, apesar de, a exemplo das demais atividades econômicas, a maioria das empresas do setor ser de pequeno porte. Na Europa, as pequenas empresas dominam a indústria de turismo, a exemplo do Reino Unido, onde as micro e pequenas empresas, com até dez funcionários, representam 91% dos estabelecimentos hoteleiros.

Este estudo não está voltado para a questão artesão/expositor, mas visa caracterizar um leque de dificuldades e o não conhecimento sobre instrumentos gerenciais exibidos pelos expositores da feira de artesanato do Trianon, localizada na cidade de São Paulo – independentemente da condição de serem artesãos/expositores ou somente expositores.

O interesse pelo tema "dificuldades e desconhecimentos gerenciais" dos expositores em uma feira de artesanato surge quando se tem em vista que muitos expositores têm esse negócio como única fonte de renda, e que o amadurecimento gerencial pode torná-los cada vez mais eficazes nos seus negócios.

Sendo assim, cabe salientar que a justificativa e relevância social do estudo residem na preocupação dos autores com o fortalecimento de um pequeno negócio e as suas implicações sociais referentes à estabilidade econômica dos expositores que poderão, futuramente (a gosto próprio), apoiar-se somente nas feiras como única forma de sustento. A preocupação com o incentivo ao aspecto turístico (lazer) das feiras também compõe a justificativa.

De forma complementar, sob o ponto de vista do varejo, Parente (2010, p. 17) evidencia que "a concorrência não mais é exercida entre varejistas de mesmo formato, mas também entre diferentes tipos de varejistas". Desta forma, o estudo visa também evidenciar a importância dos expositores para o crescimento e possível evolução para um modelo e formato mais elaborados.

Com base ainda na dificuldade social relativa ao desemprego no País, ser expositor em feiras pode ser uma alternativa consistente para muitos que não conseguem recolocação nem inserção no disputado mercado de trabalho, assim como pode ser uma possível complementação de renda para os que já trabalham.

Quem circula regularmente por feiras, como forma de lazer, percebe a dificuldade ou a falta de profissionalismo do expositor tanto com relação à imagem do seu produto quanto ao atendimento ao consumidor. De forma abrangente e explicativa, o esforço do expositor deve estar voltado para a questão da satisfação do cliente, que, segundo a afirmação de Semenik (1995, p. 20), "é a razão para que o cliente continue a comprar"; somente assim o negócio pode prosperar.

Voltando-se especificamente às feiras de artesanato, conforme informações obtidas nas páginas eletrônicas oficiais da Prefeitura de São Paulo (2010), dá-se o nome de feira ao local onde o homem expõe periodicamente suas mercadorias e obras de arte. Tais feiras eram regidas pelo Decreto 22.775/86 e pela Portaria 136/SEMAB-SEC/94, englobando atividades de artes plásticas, artesanato, filatelia, pedras, comidas típicas e plantas ornamentais, não sendo permitida a comercialização de artigos industrializados ou produtos de revenda, embora isso ocorra, na prática.

Atualmente, para ser expositor nas feiras, o interessado deve submeter-se ao processo gerido pelas subprefeituras. Mas, para aguardar a existência de vagas disponíveis em determinada feira, precisa apresentar à SEMAB uma obra ou objeto que pretende expor, passar por uma entrevista e em um teste de autenticidade, criatividade e conhecimento no assunto em pauta. Na entrevista, há também maiores informações e orientações para cada caso. Se aprovado, o expositor assume a obrigatoriedade de frequentar a feira com assiduidade e respeitar os horários de início e término do evento.

As feiras oficiais da cidade de São Paulo, regidas pela SEMAB, são: Trianon (fonte deste estudo); República; Liberdade; Praça do Doce e do Salgado; Moema; Arte-Marte; e Santo Amaro.

O objetivo principal deste estudo consiste em elaborar um "perfil de carência" dos expositores, por meio da análise qualitativa do desconhecimento sobre instrumentos gerenciais apontados pelos expositores da Feira Trianon, a fim de investigar as possíveis necessidades de ordem gerencial e outras necessidades ou privações citadas por eles.

Com base na hipótese de que o desconhecimento de instrumentos gerenciais não é o único responsável pela falta de evolução dos negócios do expositor da Feira de Artesanato do Trianon, a pesquisa foi do tipo qualitativa, para que se possa traçar, conforme o objetivo principal, um perfil carencial dos expositores em função de suas respostas frente às dificuldades que encontram, para evoluírem nos seus respectivos negócios. Nesta mesma condição, a pesquisa qualitativa, conforme a abordagem de Samara e Barros (2006, p. 26), remete a "compreender em profundidade as respostas expressadas [...] detectam tendências não mensuráveis, ou não quantificáveis" para que se possam levantar dados efetivamente relevantes para compreender o pequeno negócio do expositor.

Apesar da não obrigatoriedade de generalizar os dados levantados e interpretados para uma dada população (SAMARA; BARROS, 2006, p. 26), não será excluída a possibilidade de fazê-lo, como forma de entender o que "pode" estar acontecendo com os pequenos negócios em todas as feiras de artesanato da cidade de São Paulo, visto que o perfil básico dos expositores segue certa semelhança, conforme verificação feita em visitas exploratórias do autor pelas sete feiras consideradas oficiais pela Prefeitura desta cidade.

Por se tratar de um estudo de caso e por ser a população composta de um número suficientemente passível de ser pesquisado em sua totalidade, não houve a opção de realizar nenhuma técnica de amostragem.

Todos os questionários serão distribuídos num domingo (único dia da feira) com acerto para serem entregues no mesmo dia ou no domingo seguinte.

Fundamentação Teórica

Somente como dados informativos relativos a este estudo, o "negócio" do expositor será considerado como o conjunto de circunstâncias que abrange desde a compra da matéria-prima e a fabricação até a venda do produto ou serviços prestados na feira de artesanato, não importando se o produto é fabricado pelo próprio expositor ou adquirido de terceiros.

Independentemente de o expositor ser caracterizado como profissional autônomo ou microempresário, pois legalmente ambos estão no mesmo enquadramento frente às exigências para se expor em uma feira de artesanato, não será feita diferenciação entre ambos, porque serão considerados somente seus conhecimentos sobre a administração do negócio ou as dificuldades que enfrentam para continuar sendo expositores.

Segundo Gonçalves e Koprowski (1995, pp. 13-15), o negócio em pauta pode ser administrado ou dirigido por uma única pessoa que arca com o peso da "gestão centralizada". Não existem departamentalização, especialidades administrativas ou profissionalizadas, daí o desenvolvimento natural (não necessariamente) de uma visão ampliada dos processos de produção, dos produtos e dos mercados. Ainda de acordo com Gonçalves e Koprowski, quanto a esse administrador, "a empresa é o seu mundo, de onde tira o seu sustento, [...] é a quem eles se dedicam de forma integral".

Quanto aos aspectos qualitativos do negócio, destacam-se (referente à feira de artesanato) o uso do trabalho próprio ou de familiares; a não participação em grupos financeiros e econômicos; a não produção em escala; as organizações rudimentares; a estreita relação entre o administrador com os empregados, clientes e fornecedores; as dificuldades financeiras quanto a créditos e a falta do poder em negociações.

Segundo vários autores aqui citados, a questão da sobrevivência do pequeno negócio depende de um emaranhado e complicado conjunto de fatores internos e externos, que podem interferir em todo o seu desenvolvimento. Esses mesmos autores não explicitam o que é mais ou menos importante nesse contexto, entretanto, arrolam alguns pontos que julgam fundamentais para alicerçarem uma administração competente. São eles o conhecimento das finanças, do direito e da mercadologia, que serão expostos abaixo, sem excluir os conhecimentos do técnico-operacional que é voltado exclusivamente para a fabricação do produto.

As finanças serão representadas pelo fluxo de caixa e pela contabilidade, o direito será representado pelo jurídico e a mercadologia será representada pelo preço de venda, pelas técnicas de vendas e pelo marketing. Assim, tem-se:

FINANÇAS	Fluxo de caixa Contabilidade
DIREITO	Jurídico
MERCADOLOGIA	Preço de venda Técnicas de vendas Marketing

QUADRO 1 – Pontos de uma administração competente

Conforme Yanaze e Crepaldi (2006), a constante movimentação financeira que ocorre na empresa gera um fluxo de entradas e saídas permanentes de recursos que é o denominado fluxo de caixa. Uma eficiente gestão do caixa contribui para o aumento do patrimônio e elimina desperdícios de recursos financeiros. Deve ter característica de previsibilidade, pois, além de gerenciar os recursos presentes, deve prever os recursos futuros, valendo-se de previsões de vendas, de produção, de despesas, de investimentos, entre outros.

Dito de maneira simples, mas eficaz, Barney e Hesterly (2008, p. 282) definem fluxo de caixa como "a quantidade de dinheiro que uma empresa tem para investir depois que todos os investimentos de valor presente líquido positivo nos negócios atuais dela foram financiados" e algumas posturas incorretas do administrador que o levam a ficar sem caixa. Nesse estudo, voltado para o expositor, essas más posturas poderiam ser, conforme entrevistas: perder recibos ou anotações do que foi vendido; não procurar por aqueles que não pagaram (se vendido a prazo ou com cheque pré-datado); comprar muita matéria-prima só para obter desconto; contratar pessoas incapazes ou trabalhar com elas; não examinar papéis que assina; dar margem para roubos; manter instalações luxuosas sem a devida necessidade; não planejar com antecedência; aceitar encomendas gigantescas.

De modo geral, mesmo que não tenham sido esgotados, os itens acima descritos influenciam no fluxo de caixa, pois podem desbalancear as entradas e saídas de capital, gerando prejuízos. Concluindo, um desequilíbrio de caixa pode ser um sintoma de falta de gerenciamento, ou mesmo efetuado de formas ineficaz, pois não está havendo controle sobre disponibilidades com base em uma compreensão e planejamento das necessidades financeiras.

Já observou há muito tempo Resnik (1990, p. 136) que "Uma das principais causas dos desastres com pequenas empresas é não manter os registros e controles contábeis apropriados, precisos e atualizados – e não usá-los para administrar a empresa".

A ausência desses itens não permite à empresa compreender o seu dia a dia e implicará em prejuízos inevitáveis, porque não há registros e controles financeiros adequados. Pode até acontecer uma falsa sensação de senso administrativo, principalmente se os desperdícios forem *"aparentemente invisíveis"* e os ganhos suplantarem tais perdas, entretanto, a empresa não está sendo, efetivamente, administrada.

Um bom sistema contábil é composto por: registros, que incluem informações sobre total de vendas, caixa, desembolsos em cheque ou dinheiro, aumentos de capital, contas a pagar e receber; análise financeira para interpretar lucros e perdas; controles de caixa, estoque e contas a pagar.

Já a parte jurídica para este estudo pode ser diferenciada sob dois aspectos: para empresa juridicamente aberta (pessoa jurídica), minoria no caso dos expositores; ou trabalho autônomo (pessoa física).

Para ambos os casos, há direitos e deveres, porém, o que estará sendo considerado para os propósitos deste estudo não serão as questões legais de abertura de empresa, mas sim as possíveis consequências de um relacionamento em que ambos (expositor e cliente) podem ser prejudicados. Por um lado, tem-se o problema do pagamento daquilo que é adquirido numa barraca e, por outro, há a possibilidade de danos a quem compra. Nada garante a um expositor que ele receberá o valor expresso em um cheque pré-datado de um cliente, entretanto, um cliente pode exigir juridicamente (Lei Civil) um ressarcimento de algo que tenha dado errado com o produto comprado, como, por exemplo, um princípio de incêndio causado por uma ligação defeituosa em um abajur.

A formação do preço de venda, para este estudo, não visa a aprofundamentos referentes à elaboração correta dos preços de vendas, mas a uma abordagem teórica da sua importância.

Os preços de vendas são resultados de ponderações sobre o mercado que incluem as autopercepções dos clientes quanto às suas necessidades, benefícios e satisfações; custos de produção e outras despesas; pontos fortes do produto em relação à concorrência e os preços fixados por esta; a sensibilidade dos clientes em distinguir preços; e, finalmente o seu impacto no lucro.

Para encontrar preços "corretos", segundo Resnik (1990, p. 97), "É preciso, sim, um conhecimento dos seus clientes e dos seus objetivos de mercado, uma ponderação cuidadosa do número de considerações estratégicas e disposição para fazer reavaliações constantes e modificações apropriadas dos preços".

As técnicas de vendas aqui abordadas são aquelas que dizem respeito ao contato direto com o consumidor (o cliente da feira de artesanato), excluindo-se, assim, as técnicas voltadas para planejamentos de visitas a compradores de empresas, as apresentações sofisticadas de produtos utilizadas pela mídia, ou convenções suntuosas de lançamentos de novos produtos.

Deve-se considerar também que as técnicas de vendas nada mais são do que "aconselhamentos" de como o vendedor (no caso, o expositor) deve comportar-se no momento da venda.

Resnik (1990, pp. 70-1) aponta temas como *"dedicação e facilitação"*, para *"fazer o cliente sentir-se bem"*. A *dedicação* é entendida como um contato personalizado, no qual o sorriso, a manifestação de amizade e uma saudação demonstram ao cliente que ele é bem-vindo. É uma cortesia capaz de transmitir uma real preocupação com o cliente, e não um simples contato comercial. A *facilitação* refere-se à assistência de boa qualidade, assim como um desejo intenso de orientar no que for preciso, mostrando como funcionam os produtos (quando aplicável) e os benefícios de que se podem dispor ao adquiri-lo. Resnik cita um estudo que mostra que um cliente insatisfeito não reclamará diretamente com o vendedor, porém falará com dez pessoas em média sobre o assunto; em caso de satisfação, além de o cliente voltar, contará para outras cinco pessoas em média.

Tanto para Kotler (2006, pp. 160-173) quanto para Semenik (1995, p. 7), o propósito do Marketing na organização, independentemente de seu porte, consiste em atender e satisfazer as necessidades e desejos do consumidor. Por isso, deve-se estudar seus desejos, percepções, preferências e o seu comportamento de compra para que se possam desenvolver produtos, preços, canais, mensagens, entre outros, com todas as atividades integradas e sistematizadas para cultivar mercados e competir adequadamente nos respectivos segmentos. É o fenômeno da satisfação do cliente, que pode ser entendido como um sentimento de prazer vinculado a alguma necessidade satisfeita.

A pesquisa

A Feira Trianon é realizada aos domingos no calçadão da Avenida Paulista, em frente ao Parque Siqueira Campos, e tem um número médio de 160 expositores. Sua origem remonta ao final da década de 1970, quando um grupo de expositores exibia suas obras no passeio da Avenida Paulista. Em 1985, houve um remanejamento de expositores que se encontravam no bairro do Ipiranga para esta área, originando a feira de hoje.

Para efeito de explicações preliminares referentes aos dados expostos na sequência, cabem algumas considerações.

- O número de expositores, segundo a Prefeitura Municipal de São Paulo é de 160;
- O número médio de expositores verificado em duas visitas no local em dois domingos alternados foi de 120 expositores;
- No domingo escolhido para a entrega dos questionários, havia 115 expositores, dos quais 17 não quiseram respondê-lo, alegando desinteresse por qualquer tipo de pesquisa realizada;
- Dos 98 questionários distribuídos, que foram recolhidos no domingo subsequente, ocorreu que: dez expositores alegaram tê-lo esquecido e provavelmente faltariam no domingo seguinte, inviabilizando assim a retirada do questionário preenchido; 16 expositores alegaram não ter respondido o questionário por não terem a certeza de qual o *"direcionamento político"* que seria dado para o trabalho;
- A amostra deste trabalho está constituída por 72 expositores, ou seja, 60% de um universo de 120 expositores;
- Para certificar-se de que o material recebido foi respondido com isenção de dúvidas por parte dos expositores (para eliminar possíveis vieses), foi feita uma checagem individualmente, no ato da retirada do questionário, se haveria algum problema (principalmente por ser identificado pelo nome) quanto ao destino ou utilização da pesquisa, e *nenhum* dos expositores posicionou-se de modo contrário.

Cada uma das 13 perguntas do questionário será apresentada desmembrada, em tabulações simples ou cruzadas, seguidas de análise, quando cabível, e subdivididas em dados sobre os expositores, sobre a barraca, levantamento dos conhecimentos administrativos, de outras informações correlacionadas.

Dados dos expositores

Assim, os resultados da questão inicial que solicitava a identificação do expositor mostram que 43% são homens e 57% mulheres.

Desses, como dá conta a segunda pergunta, 55,55% possuem ensino fundamental, 31,94% concluíram o ensino médio, 12,5% fizeram curso superior, enquanto 0,01% tem pós-graduação.

A terceira pergunta traz a informação dos cursos superiores realizados pelos 12,5%: Artes, Psicologia, Educação Artística, Letras, Geografia, História, Contabilidade e Administração. Em outras palavras, há dois administradores e um profissional de cada área citada no rol de respondentes. E o expositor com pós-graduado é da área de Contabilidade.

Na sequência, os dados obtidos apresentam as faixas etárias: até 20 anos de idade: nenhum respondente; de 21 a 30 anos: 26,38%; de 31 a 40 anos: 25%; de 41 a 50 anos: 22,24%; acima de 50 anos de idade: 26,38%.

A quinta questão, de múltipla escolha, visava saber se a atividade de expositor era a única fonte de renda, e no caso de ser uma fonte secundária, qual a principal delas. Dessa forma, os resultados mostraram que: 65,27% têm a renda de expositor como exclusiva; 29,16%, como a mais importante; enquanto para 5,57% ela é secundária.

Esperava-se que os artesãos tivessem idade mais avançada, entretanto, os dados mostram que há um equilíbrio entre as idades absorvidas e as não absorvidas pelo mercado de trabalho, até porque há dois expositores na faixa dos 21-40 anos que têm outra fonte de renda principal proveniente de suas profissões de professor e bancário, respectivamente, e dois expositores na faixa acima dos 40 anos, nas mesmas condições, que exercem a função de despachante e contador, ambos autônomos. Mais um dado que evidencia o problema da idade e mercado de trabalho é que dos 47 expositores que vivem exclusivamente do artesanato, somente três possuem idade até 30 anos.

Se considerados os números que revelam a renda exclusiva e a renda principal dos expositores, 68 (94,43%) necessitam da renda proveniente do artesanato, o que confirma a necessidade proeminente do aperfeiçoamento da estruturação de cada negócio para que o sustento pessoal possa ser assegurado por tal atividade. Dos quatro expositores que se utilizam do artesanato como fonte secundária de renda, dois têm nível escolar superior (um pós-graduado) e dois com segundo grau, sendo que três estão na área de artesanato há menos de cinco anos. Mesmo havendo uma renda principal, três desses expositores são motivados pelo aumento da renda.

Sobre o tempo de atividade como expositor, a sexta questão mostra que 34,72% a exercem há até cinco anos, 26,38% entre seis e dez anos; 20,83% entre 11 e 15 anos.

É visível o prognóstico de que haja um crescimento cada vez maior no número de expositores em uma feira, pois a quantidade de expositores com até cinco anos de experiência é de 34,72%. Se for considerado que uma grande parte de expositores vive do artesanato e quer progredir no negócio, pode-se pensar que muitos ainda virão a ser artesãos e que, quem se firmar, poderá não mais desistir dessa atividade. Dos 25 expositores com até cinco anos na área, nove contam com o artesanato como fonte exclusiva de renda, 13 possuem renda secundária e três têm outra renda principal. Dos sete expositores que estão há mais de 20 anos na área, todos vivem exclusivamente do artesanato, possuem mais de 51 anos de idade, trabalham com pedras semipreciosas, cerâmica e tecelagem e cinco deles procuram melhorar seus negócios.

Caracterização da barraca

A sétima questão revela que cada um dos segmentos nomeados representa 1,38% das atividades totais da feira: peças de argila; bijuteria em metal; bijuterias com sementes e palha; bordados; caixas; camisetas estampadas; cerâmica/*decoupage*; cobre esmaltado; confecção/malha; confecção/couro, crochê; sisal; bolsas e cintos; máscaras; cerâmicas; peças luminárias em bambu; peças em epóxi; prataria; quadros; toalhas; vime. Com 2,77% cada, surgem: alimentação/salgados; porcelana; confecção em tear; bolsas em couro; velas; e com índice maior, 4,16%, estão: alimentação/doces; tapeçaria em sisal. Já 5,55% são: bijuterias em pedra; confecção indiana; peças em pedra; tapeçaria em tear. 6,94% representam as vendas de pedras semipreciosas; 9,72% peças em tricô, aliás, mesmo índice de barracas com peças em madeira.

Dos produtos mais expostos – madeira, crochê e tricô – que perfazem um total de 14 expositores, cinco estão na área até cinco anos, quatro até 15 anos e cinco até 20 anos. Mas nenhum afirmou que o negócio está bom: três afirmaram que está abaixo das expectativas e 11 possuem a intenção de fazê-lo progredir. O único expositor que afirmou que o negócio está bom trabalha com bijuterias – sementes e palha – está na área até cinco anos, tem mais de 51 anos de idade e possui segundo grau; alega que seu produto tem ótima aceitação pelos turistas, conhece todos os instrumentos gerenciais e apresentou quatro dificuldades que poderiam ser superadas. Dos cinco expositores das peças em pedras semipreciosas, todos estão há mais de 21 anos na área de artesanato.

No que diz respeito às expectativas em relação ao negócio, a oitava questão aponta que: 20,83% sentem-se frustrados; 77,77% acreditam na possibilidade de expansão; 1,40% creem que está tudo bem, e que não precisam melhorá-lo.

Com base em um dos objetivos secundários, que consiste em constatar a intenção dos expositores em fazer progredir o seu negócio, verifica-se um número significativo, pois 56 expositores posicionaram-se com tal intenção, o que proporciona um parâmetro para se concluir que há uma vontade explícita de progresso. Ampliando os aspectos dos resultados expressos, pode-se dizer também que 71 expositores veem seus negócios com certa limitação, daí as afirmações que indicam estar o negócio abaixo das expectativas, e o desinteresse por algum tipo de progresso. Dos 15 expositores que adotaram esta postura, há um equilíbrio entre tempo na área de artesanato (há artesãos em todas as faixas): oito vivem exclusivamente do artesanato, cinco possuem uma renda secundária e dois têm o artesanato como renda principal.

LEVANTAMENTO DE CONHECIMENTOS ADMINISTRATIVOS

A nona questão solicita aos respondentes que indiquem, num quadro, se conhecem ou desconhecem cada item apresentado. A seguinte situação foi revelada:

INSTRUMENTO	CONHECEM	%	DESCONHECEM	%	TOTAL	%
Fluxo de caixa	35	48,61	37	51,39	72	100,00
Preço de venda	56	77,77	16	22,23	72	100,00
Técnicas de vendas	66	91,66	06	8,34	72	100,00
Contabilidade	15	20,83	57	79,17	72	100,00
Marketing	27	37,50	45	62,50	72	100,00
Jurídico	18	25,00	54	75,00	72	100,00
Total	217		215			

Tabela 1 – Conhecimentos administrativos

Nota-se pelo quadro acima um equilíbrio na quantificação do grau de conhecimento dos instrumentos gerais, pois há 217 itens conhecidos e 215 itens desconhecidos. O instrumento gerencial mais conhecido – as técnicas de vendas – versava sobre como reconhecer e agradar o cliente e foram pontuadas por 66 dos 72 expositores. Dos seis expositores que afirmaram desconhecê-las, dois possuem nível superior (psicologia e educação artística), quatro o segundo grau, e foram unânimes na intenção de fazer progredir o negócio bem como ao afirmarem que os desconhecimentos retardam ou evitam a evolução do negócio. Dois desses expositores estão no ramo de artesanato no período de 11-15 anos e vivem exclusivamente dessa atividade.

O item gerencial menos conhecido – a contabilidade – foi referido no item como são conhecidos os registros e controles do quanto se tem e do quanto se deve (referência ao dinheiro), e o conhecimento do valor total de todo o empreendimento. 57 expositores alegaram não ter tal conhecimento e, destes, 46 querem progredir no negócio.

Percebe-se também que o desconhecimento dos aspectos jurídicos que retratam o Código de Defesa do Consumidor apresenta um alto índice (75,%) de expositores. Esse dado pode ser considerado preocupante quanto às possíveis consequências para os expositores, caso algum defeito em suas peças venha a prejudicar a saúde ou o bem material de algum cliente.

O marketing, que é explorado nos quesitos comportamento do comprador, tipos de mercado e diferenciações em relação à concorrência, também não foi bem pontuado, pois 45 expositores (62,50%) alegaram desconhecê-lo, dando a entender que possivelmente este fato venha refletir na manifestação sobre a falta de divulgação da feira, item mais considerado na pergunta 11, que aborda outras dificuldades enfrentadas pelos expositores.

Apenas os respondentes que assinalaram a opção "desconheço" na questão oito deveriam responder a nona questão: "Na sua opinião, o desconhecimento do(s) item(s) acima pode retardar ou evitar a evolução do seu negócio de expositor?". Desses, 15,84% não responderam; 21,78% acreditam que haveria mais conhecimento; 29,70% que o negócio poderia melhorar como um todo; 16,84% que melhoraria a estruturação do negócio; 15,84% que melhoraria a visão do dinheiro em termos de fluxo de entrada e saída.

Os expositores que assinalaram mais de dois desconhecimentos foram unânimes em afirmar que podem ter tido retardamento ou paralisação na evolução dos respectivos negócios.

Pode-se verificar, nesta questão, que 61 expositores (84,72%) têm a noção explícita que seu negócio pode ser estagnado em razão dos desconhecimentos apontados, o que revela um senso geral de administração e noção de negócio, mesmo que, destes expositores, somente 56 tenham alegado querer progredir, conforme se constata na questão oito. Esperava-se que dos 61 expositores que responderam ter percebido a não evolução dos negócios viessem a querer fazer progredi-lo, o que não foi confirmado pelas respostas apontadas.

LEVANTAMENTO DE OUTRAS DIFICULDADES

A décima questão propunha que o respondente falasse de eventuais dificuldades para o exercício da atividade. Dentre elas, foram mencionadas: localização da barraca não é boa – não é local de passagem dos clientes: 0,76%; faltam incentivos do governo estadual: 0,76%; preços elevados de matérias-primas: 0,76%; pré-seleção para ser expositor tem critérios duvidosos: 1,53%; falta apoio (não especificado): 3,07%; falta de segurança no local: 3,84%; falta de união entre os expositores: 7,69%; falta de infraestrutura local: 7,69%; burocracia para a obtenção de crédito/empréstimos: 7,69%; falta de apoio da rede hoteleira da região: 13,84%; falta de incentivo do governo: 17,69%; falta de divulgação da feira: 20,07%. Deve-se frisar que a soma dos percentuais acima é superior ao número total de expositores porque houve situações em que um único expositor especificou mais de um comentário.

A décima primeira questão procurou saber se o expositor acreditava que as dificuldades acima arroladas retardavam a evolução de seu negócio. 98,61% responderam que sim; e 1,39% que não.

Observa-se pelos dados apontados que os expositores reagem mais negativamente às outras dificuldades do que ao desconhecimento sobre instrumentos gerenciais, pois 71 deles (98,61%) afirmaram que as dificuldades retardam ou evitam a evolução do negócio, enquanto 61 (84,72%) disseram que os desconhecimentos administrativos têm o mesmo efeito. Percebe-se uma tendência dos expositores em colocar a culpa nos fatores externos pelo retardamento ou não evolução do negócio. O único expositor que se posicionou no sentido de afirmar que não há interferências negativas não exibiu nenhum comentário a respeito, porém foi um dos expositores que alegou falta de incentivos do governo na questão anterior, desconhece três itens administrativos (fluxo de caixa, contabilidade e jurídico) e atua na área de artesanato na faixa entre 11 e 15 anos.

Voltando-se para a questão da divulgação das feiras, 40 comentários (36,38%) dentre 110 se fizeram novamente presentes, pois parte deles associavam divulgação e valorização do trabalho, enquanto a outra parte associava divulgação ao atrair turistas ou clientes. Pode-se concluir que a divulgação passa a ser um item merecedor de atenção na ótica dos expositores, certos ou não, é assim que se posicionam. Por esse ângulo, as 26 citações sobre a falta de divulgação da feira expressa na questão anterior foram unânimes em considerar que o fato inibe os negócios. As dificuldades citadas também favoreceram 44 comentários (39,99%) sobre a repetição da ideia de que o negócio em si é prejudicado em vista de seu crescimento, como também diminuem a possibilidade de aumentar a renda, o que pode ser encarado como uma maturidade dos expositores com relação às percepções que envolvem o negócio como um todo.

Outros levantamentos

Assim, a décima segunda questão pretende verificar se os expositores conhecem e utilizam os serviços do SEBRAE. As respostas apontaram que a entidade SEBRAE não é utilizada por um número significativo de expositores, mesmo que conhecida. Apresenta-se um total de 69 respostas (95,82%)

que confirmam tal suposição, pois 31 expositores não conhecem a entidade e os 38 que a conhecem disseram não utilizar os seus serviços, o que, tomando-se por base todo um trabalho de qualificação realizada por essa entidade, há uma perda significativa de possíveis conhecimentos que poderiam fundamentar profissionalmente o expositor para administrar mais eficazmente seu pequeno negócio. Dos três expositores que conhecem o SEBRAE, todos vivem exclusivamente do artesanato, possuem até cinco anos de experiência na área e têm intenção de progresso, dois possuem o primeiro grau e um possui nível superior.

A questão 13 procurou conhecer o quê motiva (estimula) o indivíduo a ser ou a permanecer expositor em uma feira de artesanato. A questão financeira impera em termos de relevância por resposta dada, 39 deles (54,16% de um total 72 pesquisados) assim se posicionaram e, em termos gerais, 100% dos expositores alegaram razões para continuarem expositores. Somadas as questões relacionadas aos contatos com pessoas, 58 citações (53,70%) foram feitas em relação ao total, mas consideradas em relação ao número de pesquisados, esse percentual passa a ser 80,55%, o que transmite a impressão generalizada de que a questão de relacionamentos se sobrepõe à questão financeira. No restante, 11 citações foram voltadas para o prazer de expor o trabalho, independentemente do retorno financeiro ou do contato com pessoas.

Considerações finais

Com base no objetivo principal deste estudo – elaborar um perfil de carências dos expositores considerando os desconhecimentos de instrumentos gerenciais e dificuldades gerais encontradas para administrar o pequeno negócio de artesanato –, seguem abaixo as conclusões advindas da pesquisa.

Se consideradas as técnicas de vendas como atitudes que envolvem o contato direto com o consumidor ou, conforme Resnik (1990, pp. 70-71), comportamentos de "dedicação e facilitação", ambos voltados ao "fazer o cliente sentir-se bem", evitando-se atos que Fournies (1995, p. 87) identificou como "não conversar com o tomador de decisão, não estabelecer necessidades do cliente, demonstrar desconhecimento do produto, não falar sobre os benefícios, não permitir que o cliente pergunte e não perceber os sinais de compra", tem-se nos números apurados uma carência não significativa referente a esse quesito na totalidade da feira, porque somente seis expositores (8,34%) as desconhecem. Se há prejuízos pessoais decorrentes desse fator, estes não podem ser considerados um ponto restritivo para a evolução da feira, até porque estes expositores disseram que gostariam de progredir no negócio. Pode-se concluir que a grande maioria dos expositores acreditam dominar as técnicas essenciais de um relacionamento comercial com os clientes, extrapolando o fato de serem apenas executores de um dado objeto artesanal, enveredando-se pela arte do bom atendimento que é, de certa forma, visível para quem está sendo atendido.

Nos aspectos relativos à formação do preço de venda, 16 expositores (22,23%) o desconhecem, o que equivale a afirmar que há uma tendência expressiva em *"não ponderar o mercado"* (RESNIK, 1990, p. 86). Agindo assim, acabam por desprezar fatores importantes, tais como as autopercepções dos clientes quanto às suas necessidades, benefícios, satisfações, custos de produção, outras despesas, pontos fortes do produto em relação à concorrência e os preços fixados por esta, a sensibilidade dos clientes em distinguir preços e o impacto destes no lucro. Desta forma, há dificuldades em alterar os preços, experimentá-los e acompanhá-los quanto ao impacto. Nenhum desses expositores qualificou seu negócio como bom no sentido de não precisar de algum tipo de aprimoramento, o que leva à conclusão de estarem com incertezas se praticam o preço correto ou adequado às suas necessidades. Nota-se então que, apesar dos expositores posicionarem-se como "bons vendedores", há dúvidas quanto à acertividade dos preços estipulados para seus produtos.

Sobre o fluxo de caixa, detecta-se expressiva carência de conhecimento, pois 37 expositores (51,39%) afirmaram desconhecê-lo. Por isso, conforme pode haver desequilíbrio nesta gestão, acarretando uma falta de visão sobre o crescimento do patrimônio, possíveis aumentos de desperdícios de recursos financeiros e falta de previsibilidade para saldar compromissos. Se o caixa é, segundo Morris (1991, p. 78), "a única coisa com que se pode pagar as contas", percebe-se uma grande dificuldade dos expositores nesse assunto, pois 32, dentre os 37, vivem exclusivamente do artesanato. Nesse sentido, vale a assertiva de Resnik (1990, p. 172): "É a mais imperdoável das insuficiências". Nesse escopo, pode-se concluir que os expositores não possuem uma base sólida das técnicas que permitem averiguar se o negócio é viável para sua sustentação pessoal e sustentação do próprio negócio, aparentemente transparecendo que as administrações são mais intuitivas que racionais.

Confirmando e complementando os itens relacionados aos fatores financeiros, Cecconello e Ajzental (2008, p. 226): "Pode-se resumir o desenvolvimento da viabilidade econômico-financeira em cinco etapas: 1) Preparação de premissas; 2) Projeção do resultado operacional e definição de fontes e aplicações de recursos; 3) Análise de consistência das projeções; 4) Análise da viabilidade econômico-financeira; e 5) Análises de sensibilidade". Nota-se pela pesquisa a completa ausência de conhecimento desses fatores básicos.

Os fundamentos de marketing foram abordados como sendo os conhecimentos sobre o comportamento do comprador, tipos de mercado e diferenciações em relação à concorrência e, neste ponto, 45 expositores (62,50%) posicionaram-se não conhecedores desses assuntos, o que traduz uma dificuldade significativa no tocante às técnicas disponíveis para se adaptarem às exigências inerentes a um processo comercial. Sendo assim, considerado-se o conceito de Semenik (1995, p. 6) de que marketing "é o processo de planejamento e execução do preço, comunicação, distribuição de ideias, bens e serviços, de modo a criar trocas que satisfaçam objetivos individuais e organizacionais", nota-se e compreende-se por que um número expressivo de expositores é falho em relação ao estudo dos desejos do cliente, suas percepções, preferências e comportamento de compra, para que se possam desenvolver produtos, preços, mensagens, entre outros. Pode-se inferir que as dificuldades aqui citadas são reconhecidas pelos expositores, pois 37 entre os 45 que desconhecem fundamentos do marketing querem que seu negócio progrida. Se for considerado que as técnicas de vendas estão inseridas no contexto do marketing, pode-se concluir que parte deste é de domínio dos expositores, entretanto, se considerado todas as possibilidades que o envolvem, há restrições no domínio do todo.

A questão jurídica, expressa nos conhecimentos do Código de Defesa do Consumidor, apresentou uma alta porcentagem de desconhecimento, pois 54 expositores (75%) podem apresentar problemas nas questões que envolvem direitos e deveres juridicamente protegidos, pois os direitos civis são "estabelecidos com bastante clareza" (MORRIS, 1991, p. 127) para quem vende e para quem compra. Se inseridos em alguma situação que ocasione danos a terceiros, pecariam pelo desconhecimento das possíveis consequências. Consumidores têm direitos de proteção à vida, à saúde e à segurança contra riscos provocados por práticas de fornecimento de produtos considerados perigosos ou nocivos, devem ser esclarecidos sobre o consumo adequado dos produtos e a efetiva prevenção e reparação de danos patrimoniais e morais. Dessa forma, os expositores encontram-se vulneráveis por causa do desconhecimento do assunto, fruto talvez de uma possível ingenuidade quanto à importância das implicações jurídicas. Vistos de forma abrangente, há produtos vendidos em feira de artesanato que podem ser motivo de ameaça para quem os adquire, como, por exemplo, peças que possam ocasionar curto-circuito (os abajures e as fontes), as que podem causar alergia em função das essências utilizadas (velas aromáticas, incensos, óleos aromáticos), as que podem causar lesão física (brinquedos de madeira, bancos), entre outras. A questão principal não é exatamente a possível nocividade das peças, mas a provável reação de um cliente pleiteando algum ressarcimento e o poder de defesa de um expositor. Se totalmente desconhecedor dos seus direitos, pode sucumbir a uma pressão recebida por algum cliente que se sinta lesado (ou, infelizmente, mal-intencionado).

Tratando-se dos desconhecimentos de contabilidade, estes possuem o maior índice detectado, pois 57 expositores (79,17%) desconhecem-na, confundindo o que é de competência pessoal e corporativa. Pode-se perceber o quão inábil encontram-se os expositores, pois esta quantificação do patrimônio está extremamente prejudicada, de acordo com as posições de Resnik (1990, p. 136): "Uma das principais causas dos desastres com pequenas empresas é não manter os registros e controles contábeis apropriados, precisos e atualizados – e não usá-los para administrar a empresa". Vistos por este prisma, a ausência desses controles e registros de modo adequado provoca uma incompreensão sobre a empresa, e a queda é praticamente inevitável. Pode até acontecer uma falsa sensação de senso administrativo, principalmente se os desperdícios forem *"aparentemente invisíveis"*, e os ganhos suplantarem tais perdas, entretanto, a empresa não está sendo administrada. Se assim estiver configurada a posição dos 57 expositores, é extremamente compreensível que 46 deles queiram progredir no negócio, e 45 afirmam que o desconhecimento inibe o crescimento. Com mais profundidade e com base no relato espontâneo de alguns expositores, há muitos casos entre eles em que o negócio mal se iniciou e o *"colega"* teve que desistir sem saber exatamente o porquê, somente alegou que estava *"pagando para trabalhar"*. Se analisada a deficiência na questão da contabilidade, em que deveria ser considerado o investimento inicial, o retorno e o consequente lucro, pode-se inferir que não é tão simples expor, vender e sustentar o negócio em uma feira de artesanato.

Como conclusão e recomendação geral sobre o desconhecimento dos expositores quanto aos instrumentos administrativos, e dada sua importância em todo o contexto da feira de artesanato, é clara a necessidade de instrumentalizá-los no tocante a conhecimentos, seja por meio de cursos específicos e acessíveis como os do SEBRAE, seja por alguma outra entidade que assuma o papel de disseminar conhecimento, como, por exemplo, a Universidade. Esta sugestão não tem caráter de eliminar todos os problemas enfrentados pelos expositores em razão do seu desconhecimento dos itens gerenciais, entretanto, poderia contribuir de forma efetiva para o fortalecimento do negócio, gerando benefícios pessoais para o expositor ou para o turismo como um todo.

Vale destacar a afirmação de Lisboa (2009, p. 161):

> Nas tarefas diárias, ocorrem duas situações: necessidade de treinamento e necessidade de correção. Ao corrigir-se determinada forma de executar tarefas, enfatiza-se um padrão específico de desempenho ou ensina-se uma técnica básica. No treinamento, ocorre a melhoria da atuação ou da competência do trabalhador. Portanto, a correção está voltada para um comportamento anterior, e, o treinamento, para atuação futura.

Se considerada a soma das dificuldades, tem-se que num total de 72 expositores houve 130 citações de dificuldades, realçando que estas são mais inibidoras dos negócios do que os conhecimentos administrativos, pois 100% dos expositores destacaram alguma dificuldade conforme suas interpretações, o que não ocorreu com os instrumentos administrativos. Dessa forma, o problema básico deste estudo que versa sobre os desconhecimentos de instrumentos gerenciais como inibidores exclusivos da evolução dos negócios foi respondido conforme se evidencia na tabela acima, sempre considerado que se trata da visão dos expositores. De todo o exposto quanto às dificuldades encontradas pelos expositores, tem-se que destacar os aspectos voltados para a falta de divulgação da feira e a falta de incentivos governamentais que, se existem, não são de domínio dos expositores. Nas conversas informais com alguns expositores, houve muitas citações quanto ao possível *"descaso"* das autoridades governamentais e da rede hoteleira e, independentemente dos esforços que tinham para propalar o nome da feira, sentiam-se impotentes para uma divulgação maciça.

Como conclusão geral do que foi exposto sobre o perfil de carências, sejam elas de cunho administrativo, sejam voltadas para outras dificuldades, existe uma extensa lista de fatores inibidores da evolução dos negócios, o que poderia ser minimizado, a título de recomendação, por órgãos como a Prefeitura Municipal de São Paulo, SEBRAE e EMBRATUR, caso percebessem efetivamente a importância das feiras no contexto turístico, administrativo e social. Todas as entidades citadas acima foram comunicadas para que possa haver continuidade no processo de administração de todos os dados apurados e espera-se que as informações prestadas ressoem como significativas.

De acordo com Barros e Prates (2007, p. 99), "a criatividade do brasileiro dá uma capacidade de flexibilidade e de raciocínio capaz de vencer obstáculos", (o que pode ser comprovado pelos sucessivos planos econômicos) e "possuem uma capacidade incomum de reagir e se adaptar". Entretanto, e por conta desta criatividade, podem apresentar descuidos com o futuro, acreditando que improvisos serão suficientes. Nessa questão, e pelos resultados da pesquisa, não se trata apenas de descuidos futuros, mas sim de dificuldades presentes que somente a criatividade dos expositores já não é mais suficiente para uma eficaz administração de um pequeno negócio.

Finalmente, se os expositores assumissem mais riscos, mesmo que pequenos, se agissem com mais propostas empreendedoras em detrimento às amadoras, seja com a procura de pequenos cursos de capacitação gerencial ou formas alternativas do marketing para que seu negócio se tornasse mais conhecido, provavelmente teriam maior retorno do que se esperassem posturas assistenciais ou paternalistas das entidades citadas acima. Há equívocos de ambos, expositores e entidades, contudo o pior resultado fica para a feira de artesanato. Não há erro ou dificuldade que não possa ser revisto; os ataques devem ser substituídos por parcerias, e destas, quem sabe, um despertar profissional e pessoal que cada vez mais pode vir a ser um excelente pilar de sustentação, seja para o turismo, seja para os expositores.

Referências bibliográficas

BARNEY, J. B.; HESTERLY, W. S. *Administração Estratégica*: vantagem competitiva. São Paulo: Pearson, 2008.

BARROS, Betânia T. de; PRATES, Marco A. S. *O estilo brasileiro de administrar*. São Paulo: Atlas, 2007.

BRASIL, Fernando da Silva. A feira de Artesanato do Trianon: um estudo de caso sobre os expositores e a administração de um pequeno negócio na cidade de São Paulo. Dissertação de Mestrado defendida no Centro Universitário Ibero-Americano, 2001.

CECCONELLO, Antonio Renato; AJZENTAL, Alberto. *A construção do plano de negócio*. São Paulo: Saraiva, 2008.

FOURNIES, Ferdinand F. *Por que os clientes nunca fazem o que você gostaria que eles fizessem... e o que fazer a respeito*. São Paulo: Makron, 1995.

GONÇALVES, Antônio; KOPROWSKI, Sido Otto. *Pequena empresa no Brasil*. São Paulo: Universidade de São Paulo, 1995.

KOTLER, Philip. *Administração de Marketing*: análise, planejamento, implementação e controle. 12.ed. São Paulo: Atlas, 2006.

LISBOA, Teresinha Covas. *Gestão de pessoas em pequenas empresas*: um novo modelo. Administração de organizações complexas. Rio de Janeiro: Qualitymark, 2009, pp. 155-173.

MORRIS, M. J. *Iniciando uma pequena empresa com sucesso*. São Paulo: Makron, 1991.

PARENTE, Juracy. *Varejo no Brasil*: gestão e estratégia. São Paulo: Atlas, 2010.

PREFEITURA DA CIDADE DE SÃO PAULO. São Paulo em indicadores e metas – Metas para São Paulo 2009-2012. Disponível em: <http://www.nossasaopaulo.org.br/portal/files/saopaulo_indicadores_metas.pdf>. Acesso em: 9 de julho de 2010.

Resnik, Paul. *A Bíblia da pequena empresa*: como iniciar com segurança sua pequena empresa e ser muito bem-sucedido. São Paulo: Makron, 1990.

Rifkin, Jeremy. *O fim dos empregos*: o declínio inevitável dos níveis dos empregos e a redução da força global de trabalho. São Paulo: Makron, 1996.

Samara, Beatriz Santos, Barros, José Carlos de. *Pesquisa de Marketing*: conceitos e metodologia. 4. ed. São Paulo: Makron, 2006.

Semenik, Richard J. Bamosy, G. J. *Princípios de Marketing*: uma perspectiva global. São Paulo: Makron, 1995.

Teixeira, Rivando Meira. *Gestão de marketing em pequenos empreendimentos hoteleiros*. Turismo em Análise, São Paulo, v. 15, n. 1, pp. 22-41, maio, 2004. Editora Aleph / ECA/USP.

Yanaze, Mitsuru & Crepaldi, Ubaldo. "Como medir o retorno". In: Yanaze, Mitsuru Higuchi (Org.). *Gestão de Marketing e Comunicação*. São Paulo: Atlas, 2006, pp. 382-397.

Reflexões Finais

Por meio dos capítulos deste livro, os leitores puderam vislumbrar um pouco das teorias clássicas e contemporâneas da Administração, entre outras áreas das Ciências Sociais Aplicadas, e entender de forma contextualizada como se relacionam o empreendedorismo, a criatividade e a inovação. Posteriormente, as temáticas foram aprofundadas com outros assuntos relacionados com a ética, a responsabilidade social, a terceira idade e o marketing internacional, além de com o ensino e a educação. A partir de então, no sentido de tornar mais consistente a discussão teórica inicial, é apresentado o plano de negócios, em que é desenvolvido seus principais conteúdos, permeando a análise da demanda, marketing, gestão de pessoas, vendas e finalmente finanças. Para tangibilizar os conteúdos, um estudo de caso, que envolve o empreendedorismo e as características daqueles responsáveis pela gerência de pequenos negócios, é apresentado ao final.

Por vezes, discute-se se a Academia pode, além dos fundamentos teóricos, contribuir para as atividades práticas e profissionais de uma sociedade. Por outro lado, outra discussão se refere até que ponto as práticas podem ser correlacionadas como fundamentos que podem contribuir para o aprendizado. De forma geral, as experiências tendem a ser únicas e não podem ser reproduzidas em todas as situações e empresas apresentadas.

Essa discussão não é recente e talvez nunca obtenhamos uma resposta satisfatória final. Entretanto, o que pode nortear as atitudes e comportamentos das pessoas pode ser a busca inexorável de respostas a partir de perguntas mais profundas, mais abertas e sempre buscando o bem da humanidade. Se as pessoas se apegarem somente a perguntas e respostas padronizadas e simples, como surgirá o empreendedorismo, a criatividade e a inovação transformadora de uma sociedade? A sociedade, conforme já discutido neste livro, evolui a partir de situações que podem se tornar desafios pessoais e corporativos.

Neste pensar, o grande desafio não reside somente nas respostas, mas essencialmente nas perguntas a serem formuladas.

Edmir Kuazaqui
(Organizador)

Autores:

Antonio Renato Cecconello é professor e gestor do Programa de Trabalhos de Conclusão de Curso da Faculdade de Administração da ESPM. Professor da ESEG – Escola Superior de Engenharia e Gestão. Graduado em Matemática (FFCL Santo André), pós-graduado em Administração Contábil Financeira (FGV), mestre em Controladoria e Contabilidade Estratégica pela UNIFECAP e doutorando em Educação (PUC/SP). Previamente à carreira acadêmica, trabalhou nas empresas General Motors, Grupo Volkswagen, Kienbaum Consultores e é sócio da Approval Avaliações e Consultoria. Organizador e autor do livro *A construção do Plano de Negócio*; coautor do livro *Métodos e técnicas de pesquisa em Contabilidade*.

Antonio Vico Mañas é professor titular da Pontifícia Universidade Católica de São Paulo (PUC/SP). Pós-doutorado em Administração, pela FEA-USP, doutor em Ciências Sociais e mestre em Administração pela (PUC/SP). Administrador, contabilista e especializado em sistemas. Recebeu o título de Administrador Destaque do Conselho Regional de Administração de São Paulo. Exerce a cátedra no programa de pós-graduação em Administração, no curso de Administração da graduação e em MBAs, especializações e extensões, na PUC/SP, bem como na FAAP. Foi vice-reitor da PUC/SP até o final de 2012, exercendo anteriormente a Diretoria da FEA-PUC/SP e nesta a chefia do Departamento e Coordenação de Administração, de Estágios. Dirigiu também o curso de Administração da Universidade São Judas Tadeu. Além de empresário, foi executivo em empresas de diversos setores e colaborador constante em organizações do Terceiro Setor. No mundo empresarial, exerce a diretoria plena da Associação Comercial de São Paulo, tendo sido seu superintendente e Membro do Conselho Deliberativo. Participa de diversos colegiados, integrando também o Conselho Curador da Fundação Cásper Líbero, o da Fundação Cultural São Paulo e, em ocasiões esporádicas, o da Fundação Padre Anchieta e a função de diretor do Fórum de Desenvolvimento da Zona Leste de São Paulo. Membro do Fórum de Gestão de Instituições de Ensino Superior nos Países e Regiões de Língua Portuguesa (FORGES), com sede em Lisboa, e do Grupo de Excelência de Administração de Instituições de Ensino Superior do CRASP. Atuante na implantação de Parque Tecnológico e Incubadoras de empresas. Responsável por diversos eventos importantes da área. Reconhecido nacional e internacionalmente pelas suas apresentações, ideias e publicações, atuando como consultor empresarial e palestrante.

Claudio Sunao Saito é graduado em Administração de Empresas (PUC/SP), pós-graduado em Marketing (ESPM/SP) e mestre em Administração de Empresas (PUC/SP). Professor da Escola Superior de Propaganda e Marketing (ESPM/SP) e da ESAGS/STRONG, iniciou a carreira na área de Marketing/Vendas da SIEMENS, foi consultor do SEBRAE/SP e sócio-diretor da empresa de consultoria SHER MARKETING. Atua como consultor e desenvolveu trabalhos para empresas e instituições de diversos setores e portes, como American Express, Sabesp, Prossegur, América On Line, Atos, Memoconta, Telefônica, SEBRAE e Cietec/Ipen–USP.

Edmir Kuazaqui é doutor e mestre em Administração pela Universidade Mackenzie, nas linhas de pesquisa em Comércio Exterior, Marketing e Gestão de Pessoas. Pós-graduado em Marketing pela Escola Superior de Propaganda e Marketing (ESPM). Graduado em Administração com Habilitação em Comércio Exterior pelas Faculdades de Administração e Ciências Contábeis Tibiriçá. Coordenador dos cursos de pós-graduação em Administração Geral, MBA em Marketing Internacional e Formação de Traders, MBA em Comércio Exterior, Pedagogia Corporativa e MBA em Turismo de Eventos e de Negócios da Universidade Paulista (UNIP). Professor titular dos cursos de Administração de Empresas e de Relações Internacionais da ESPM. Professor convidado em programas de pós-graduação no Brasil. Participante do Grupo de Excelência de Instituição de Ensino Superior (CRA/SP). Palestrante e conferencista internacional, com experiências na França, Portugal, Finlândia, Lituânia, Turquia, Azerbaijão e Estados Unidos, entre outros. Ex-executivo de carreira em empresas multinacionais. Consultor-presidente da Academia de Talentos. Autor de livros, capítulos e artigos publicados no Brasil e internacionalmente.

Fernando Brasil da Silva é psicólogo (pela OSEC, atualmente Unisa) com especialização em Didática do Ensino Superior (FIZO) e mestre em Administração (UNIBERO). Atua também como consultor de RH em empresas e como professor de graduação em diversas disciplinas (Comportamento Organizacional, Processos Gerenciais, Teorias da Administração, Psicologia, Treinamento, Gestão de Pessoas, etc.) e em vários cursos tecnológicos e de graduações em Administração, Ciências Contábeis, Turismo e Hotelaria, Letras e Psicologia. Ex-coordenador de curso de RH e atual coordenador de curso de Psicologia (Anhanguera), exerce a função de professor de pós-graduação (UNIP, Torricelli, UNISA e Anhanguera). Além disso, é psicoterapeuta, palestrante, escritor e facilitador de encontros com temas de psicologia para a melhor idade.

Gustavo Corrêa Mirapalheta é engenheiro eletricista pela UFRGS (1990) e doutor em Administração de Empresas pela EAESP/FGV (2003). É sócio-diretor da Inventive Solutions, consultoria em otimização de desempenho e análise de risco. Foi diretor de *software* da Sun Microsystems e gerente de negócios na IBM Brasil. É professor de Modelagem Quantitativa na ESPM/SP e EAESP/FGV.

João Pinheiro de Barros Neto é doutor em Ciências Sociais pela PUC/SP (2002) e mestre em Administração pela mesma instituição (1998), possui especialização em Administração da Produção e Operações Industriais pela FGV/SP (1993) e graduação em Administração com Habilitação em Comércio Exterior pela FASP/SP (1991). Atualmente, é membro do Grupo de Excelência em Gestão de Instituições de Ensino Superior (GIES), do Conselho Regional de Administração de São Paulo (CRA-SP) e professor da PUC/SP, UNISA e UNINOVE. Facilitador do MBA em Liderança da FranklinCovey Brasil, tem experiência na área de Administração com ênfase em Comportamento Organizacional, atuando principalmente nos seguintes temas: Liderança, Empreendedorismo, Responsabilidade Social, Gestão de Pessoas, Qualidade e Planejamento Estratégico. Tem 13 livros publicados como autor, coautor e organizador, além de vários artigos. Além disso, é membro, desde 2002, da Banca Examinadora do Prêmio Nacional da Qualidade. Possui experiência de 28 anos em Planejamento Estratégico, Gestão da Qualidade, Educação Corporativa, Liderança e Implantação de Projetos. Foi premiado no 2º Prêmio DEST de Monografias do Ministério do Planejamento, Orçamento e Gestão.

José Predebon atualmente leciona Inovação e Criatividade em três instituições de ensino (ESPM, Fundace-USP e Instituto Mauá de Tecnologia). Tornou-se professor de Criatividade em 1986. Até então exercia a Criação Publicitária, atividade na qual recebeu vários prêmios, inclusive um Leão em Cannes. Criou e dirigiu de 1993 a 1996 um Departamento de Criatividade na ESPM. Estudou Sociologia e Propaganda, mas é principalmente poeta, condição da qual mais se orgulha. Tem quatro filhos, sete netos e treze livros publicados. Pretende continuar escrevendo, dando aulas e palestras.

Luiz Carlos Takeshi Tanaka é médico graduado pela Universidade de Mogi das Cruzes em 1990, especialista em Ginecologia e Obstetrícia pelo Hospital Umberto Primo (reconhecido pelo MEC) e especialista em Gestão de Negócios e Valorização de Empresas pelo Labfin (FIA/USP). Foi executivo da área administrativa médica em diversos grupos da área de saúde: Unimed Paulistana, Grupo São Francisco (RP--SP), Grupo Notre Dame, Intermédica, Grupo Carlos Chagas (Guarulhos - SP), Grupo Metropolitano, Grupo Santa Marina, Santa Casa de São Paulo, Unimed São Paulo e Hospital Nipo-Brasileiro. Atualmente, é diretor-geral corporativo do Hospital Novo Atibaia e AMHA Operadora de Saúde em Atibaia - SP. É coautor do livro: Marketing e Gestão Estratégica de Serviços de Saúde.

Maisa Emilia Raele Rodrigues é advogada especialista em Direito do Trabalho. Mestre em Direito das Relações Sociais pela PUC/SP, membro efetivo do Comitê de Direito Empresarial do Trabalho da Ordem dos Advogados do Brasil, Seção de São Paulo e ex-juíza classista do Trabalho do TRT da 2ª Região. Atua também como professora convidada do curso de Direito da Escola Superior de Advocacia (ESA) e do curso de pós-graduação em Gestão de Comércio Exterior da Fundação Educacional Inaciana Pe. Sabóia de Medeiros (FEI). É professora dos cursos de pós-graduação em Administração Geral e dos MBAs em Marketing Internacional e Formação de Traders e também de Comércio Exterior da Universidade Paulista (UNIP). Palestrante da C. P. de Educação Corporativa, é membro da comissão Jurídica da ADDPA, além de autora de livros e artigos.

Teresinha Covas Lisboa é sócia-diretora da TCL Consultoria e Assessoria S/C Ltda. e presidente da FAPESA (mantenedora da Faculdade INESP). Possui doutorado em Administração pela Universidade Mackenzie, mestrado em Administração Hospitalar, especialização na mesma área e também em Didática do Ensino Superior. É conselheira e primeira-secretária do Conselho Regional de Administração, presidente do Comitê de Ética do CRA/SP, membro do Grupo de Excelência de Administração em Saúde do CRA/SP, coordenadora do Grupo de Excelência de Instituição de Ensino Superior do CRA/SP, membro do Conselho Nacional de Saúde da Federação Brasileira de Administradores Hospitalares e segunda-tesoureira da Diretoria da Associação dos Administradores e do Sindicato dos Administradores. Além disso, atua como professora titular de programas de mestrado em Administração e de cursos de especialização/MBA. É autora e coautora de livros da área de Administração Geral e Administração Hospitalar.

Vera Lucia Saikovitch é administradora de empresas, com mestrado e doutorado na área pela FEA-USP. Especialista em Comércio Exterior pelo IPEA/CENDEC/UNB e em Bioética Aplicada pela ENSP/FIOCRUZ. Atuou na área de Exportação de 1975 a 2000, como executiva e consultora. Foi professora de ensino técnico, tecnológico, superior e de pós-graduação de 1988 a 2011. Membro de associações de classe (ADEDE/ADIFEA), de órgão consultivo acadêmico (Conselho Superior) e coordenadora do Comitê de Ética em Pesquisa do Instituto Federal de Educação, Ciência e Tecnologia de São Paulo, é coautora de livros de Administração em Marketing e Empreendedorismo. Atua também como parecerista de revista acadêmica e como palestrante sobre Empreendedorismo e Ética em pesquisa. Além disso, é voluntária na Instituição Beneficente Nosso Lar.

Contato com o autor: ekuazaqui@editoraevora.com.br
Este livro foi impresso pela Edições Loyola em papel *offset* 70 g.